日本思想大系21

中世政治社會思想 上

石井進
石母田正
笠松宏至
勝俣鎮夫
佐藤進一

岩波書店刊行

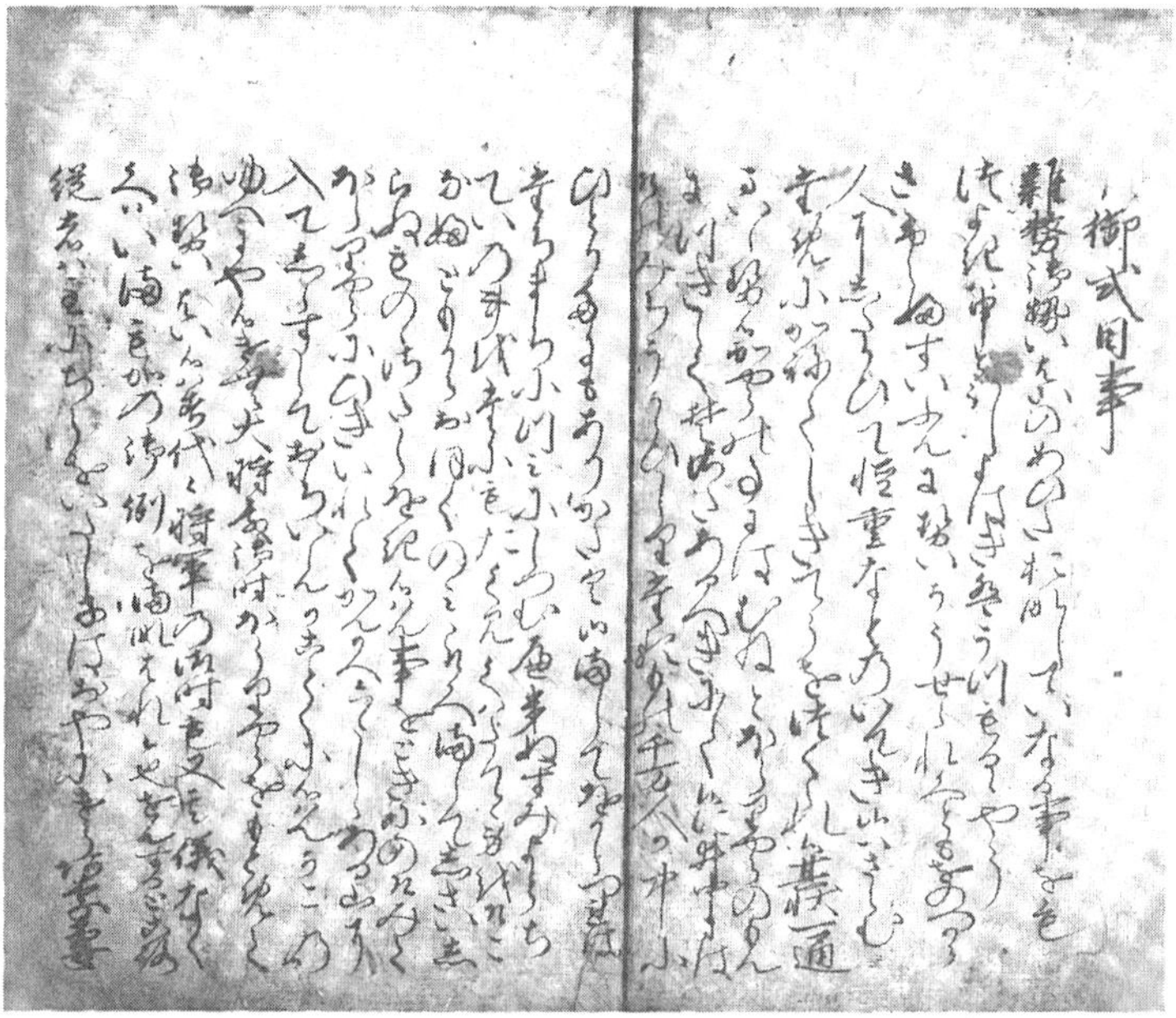

北条泰時消息　　　　尊経閣文庫蔵

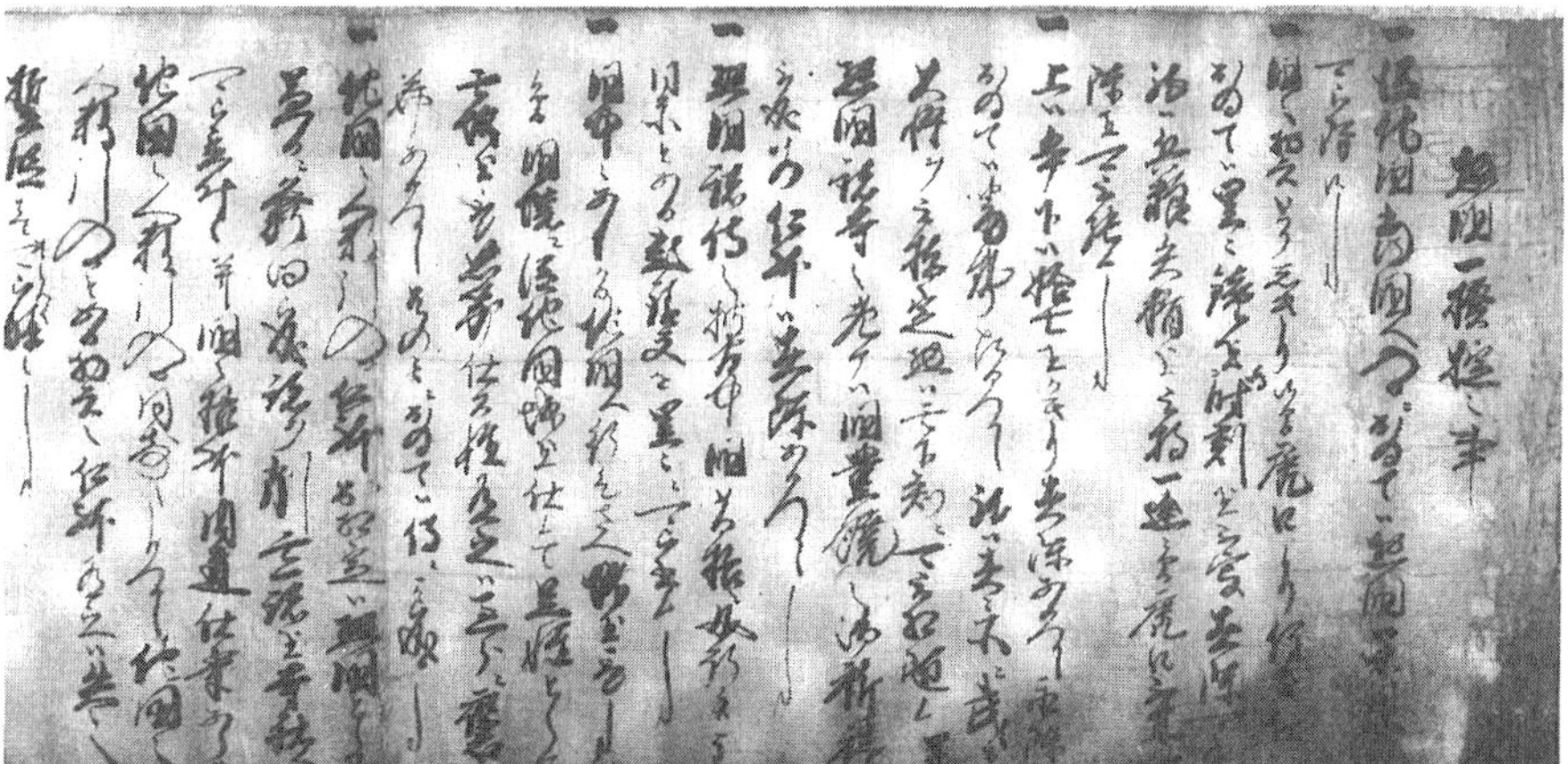

伊賀惣国一揆掟書　　　　神宮文庫蔵

目次

凡例

家　訓

置　文

一揆契状

鎌倉幕府追加法索引　太字は条文番号，(　)内は本書所載のページ．

凡　例

一　本巻には、わが国中世の幕府法・武家家法・家訓・置文・一揆契状等より、武家の政治社会思想の基本史料たるべきものを選んで収録した。

本　文

一　翻刻にあたって若干の整理を加えたが、原本の形を復元しうるよう留意した。原文が漢文で書かれているものについてはその訓み下し文をもって本文とし、原漢文を並べ掲げた。ただし、原漢文においては題号(例えば定・禁制など)・事書・日付・差出書・宛所等を省略した場合がある。

一　漢字の異体、仮名の変体等は原則としてこれを避け、今日通行の活字体に改めた。反復を示す躍り字は原文のままとした。

一　適宜、句読点や並列点(・)を施し、また、清濁の別をつけた。原漢文には読点のみをつけた。

一　読みやすさを考慮して、原文の仮名表記の語を適宜漢字に改めた。その場合もとの仮名表記を振り仮名の形で残した。

一　原文中の漢字に振り仮名が施されてあるときは、それを〈〉でかこんで、前項と区別した。

一　右二項とは別に、読みにくい漢字には、校注者において振り仮名を付した。これは、現代かなづかいに従い、平仮名を用い、()でかこんだ。ただし、訓み下し文にあっては()を省いた。

一　和文中にあらわれる漢文体の部分については、返り点を施し、必要に応じて送り仮名(片仮名)を付した。

一　原文における二行割書き(割注)は、小字で一行組とし、〈 〉にかこんだ。

一　太字で示した篇目・文書名等は、編集の便宜上、校注者の付したものである。

一　「御成敗式目」以下一ッ書きの体裁をとる文書については各条の頭に、また「竹崎季長絵詞」については各段に、一連番号を打った。ただし、幕府法に収めた「追加法」は『中世法制史料集』第一・二巻の各追加法より適宜抜萃編集したものであるから、同書に付されてある条文番号をそのまま用い、別に検索用の条文索引を作成付収した(目次第四頁)。

頭注・補注

一　頭注を施した語句には、本文中に*をつけた。

一　↓補、および条文番号の右傍に付した▼は、いずれも、補注を見よ、の意である。

一　頭注・補注においては左の略号を用いた。

式目(御成敗式目)　追　(追加法)　室町追(室町幕府追加法)　宗像(宗像氏事書)
相良(相良氏法度)　今川(今川仮名目録)　結城(結城氏新法度)　六角(六角氏式目)

底本

一　底本は、多く、既刊の校訂本に拠った。幕府法ならびに武家家法は『中世法制史料集』第一〜三巻所収の本文に拠る。家訓以下の底本については、それぞれの本文の末尾、【 】内に記した。なお、巻末解題を参照されたい。

一　本書の上梓に際して底本の使用を許諾された各位に厚く謝意を表する。また、校注・解説にあたっては先学諸賢の業績に負うところ大なるものがある。それらの方々に心からお礼申し上げる。

幕府法 1

御成敗式目

付 北条泰時消息

笠松宏至校注

御成敗式目《ごせいばいしきもく》

五十一箇条
貞永元年八月　日

1▼
一　神社を修理し、祭祀を専らにすべき事

右、神は人の敬ひによつて威を増し、人は神の徳によつて運を*添ふ。然ればすなはち恒例の祭祀*陵夷《りようい》を致さず、*如在《によざい》の礼奠《れいてん》怠慢せしむるなかれ。これによつて*関東御分《ごぶん》の国々ならびに庄園においては、地頭・神主らおのおのその趣を存じ、精誠を致すべきなり。兼てまた*有封《うふ》の社に至つては、代々の*符に任せて、小破の時は*且《かつがつ》修理を加へ、もし大破に及ばば子細を言上し、*その左右《さう》に随ひてその沙汰あるべし。

一　可修理神社専祭祀事

右神者依人之敬増威、人者依神之徳添運、然則恒例之祭祀不致陵夷、如在之礼奠勿令怠慢、因玆於関東御分国々幷庄園者、地頭神主等各存其趣、可致精誠也、兼又至有封社者、任代々符、小破之時且加修理、若及大破、言上子細、随于其左右可有其沙汰矣、

2
一　*寺塔を修造し、仏事等を勤行《ごんぎよう》すべき事

右、寺社異なるといへども、崇敬これ同じ。よつて修造の功、恒例の勤めよろしく*先条に准ずべし。*後勘《こうかん》を招くなかれ。ただし恣《ほしいまま》に*寺用を貪《むさぼ》り、その役を勤めざるの輩は、早くかの*職《しき》を*改易《かいえき》せしむべし。

一　可修造寺塔勤行仏事等事

---

1 添ふ　増す。40条にも用例があり、類従名義抄にみえる「マス」の訓をとるべきかも知れない。
陵夷　次第に衰える。
如在の礼奠　神前にささげられる供物。「如在」は普通「ないがしろ」の意に用いられるが、ここでは、「神が目前にいます如く」(論語、八佾)の意。
関東御分の国々ならびに庄園　関東御分の庄園は、いわゆる関東御領(将軍が本所・領家として庄務権をもつ庄園)を指す。御分の国々は、いわゆる関東御分国を意味するのではなく、成立期以来、幕府が特殊な行政権を公的に行使しえた一定政治領域「東国」を意味するものと思われる。本条を含めて広く寺社の修理造営と幕府の関係については、石井進「鎌倉幕府と律令国家」(『中世の法と国家』)第一章に詳しい。
有封の社　封戸(ふ)をもつ神社の意であるが、現実には国衙で認められた社領を有する社の意。
符　太政官符。小破の時に随時社司をして修理させるのが、その基本方針であった。→1条補
且　小破に見合うだけの「部分的な」。
その左右　幕府の指示・命令。

2 寺塔　普通には塔のみを指すが、この場合は広く堂舎一般の意であろう。
先条　第1条。
後勘　後日の咎め。
寺用を貪り　寺のために用うべき財物を

右寺社雖異崇敬是同、仍修造之功、恒例之勤宜准先条、莫招後勘、但恣貪寺用、不勤其役輩者、早可令改易彼職矣、

3 一 諸国守護人*奉行の事

右、*右大将家の御時定め置かるる所は、*大番催促《おおばんさいそく》・謀叛・殺害人〈*付《つけ》たり。夜討・強盗・山賊・海賊〉等の事なり。しかるに近年、代官を郡郷《ぐんごう》に分ち補し、*公事《くじ》を*庄保《しょうほ》に充て課《おお》せ、国司にあらずして国務を妨げ、地頭にあらずして*地利《ちり》を貪る。所行の企てはなはだもつて無道なり。そもそも重代の御家人たりといへども、*当時の所帯なくば駈《か》り催《もよお》すにあたはず。兼てまた所々の*下司《げす》庄官以下、*その名を御家人に仮り、国司・領家の下知を*対捍《たいかん》すと云々。しかるがごときの輩、*守護役を勤むべきの由、たとひ望み申すといへども、一切催《もよおし》を加ふべからず。早く右大将家御時の例に任せて、大番役ならびに謀叛・殺害のほか、守護の沙汰を停止《ちょうじ》せしむべし。もしこの*式目に背き、自余の事に相交はらば、或は国司・領家の訴訟により、或は地頭・土民《どみん》の*愁欝《しゅううつ》によつて、非法の至り顕然たらば、所帯の職を改められ、穏便《おんびん》の輩を補すべきなり。また*代官に至つては一人を定むべきなり。

一 諸国守護人奉行事

右右大将家御時所被定置者、大番催促謀叛殺害人〈付、夜討強盗山賊海賊〉等事也、而近年分補代官於郡郷、充課公事於庄保、非国司而妨国務、非地頭而貪地利、所行之企甚以無道也、抑雖為重代之御家人、無当時之所帯者、不能駈催、兼又所々下司庄官以下仮其名於御

私用して。
かの職 寺用を貪る僧侶の職。
改易 没収。罷免。↓補
3奉行 この場合、職務として遂行すべき事項。
右大将家の御時 ↓補
大番催促 御家人に課せられる一定期間の京都警衛の義務を、一国単位に指揮・督促する権限。
付たり 副次的な補足事項を示す語。幕府法では、10条にみえるように、関連する二法を一条に合叙する際に多く使用。
公事 年貢以外の雑税および夫役。
庄保 庄園および、国衙領の構成単位たる保。
地利 その土地から生ずる収益得分。
当時の所帯 いま現在知行する所領。
下司 預所以上を上司とよぶのに対応する庄官名称で、現地にあって庄務を総括した。寄進者たる在地領主が任ぜられた者、中央から派遣された者など種々であるが、多くは武士化し、幕府の御家人となる者もあった。
その名を… 御家人であると自称して。
対捍 不服従。敵対。
守護役 「そもそも」以下「催を加ふべからず」までは大番役に限定された規定で、守護役もこの場合、大番役を指す。大番の負担に堪えても、御家人たることを望んだ多くの武士の存在が注目され、他方、自らを御家人たりと主張する者は、大番勤仕の事実をもってその証とするのが常

家人、対捍国司領家之下知云云、如然之輩可勤守護役之由、縦雖望申一切不可加催、早任右大将家御時之例、大番役幷謀叛殺害之外、可令停止守護之沙汰、若背此式目相交自余事者、或依国司領家之訴訟、或依地頭土民之愁欝、非法之至為顕然者、被改所帯之職、可補穏便之輩也、又至代官者可定一人也、

4 一 同じく守護人、事の由を申さず、*罪科の跡を没収する事

右、重犯の輩出来《しゅつたい》の時は、すべからく子細を申し、その左右に随ふべきの処、実否を決せず、軽重を糺《ただ》さず、ほしいままに罪科の跡と称して私に没収せしむるの条、理《り》不《ふ》尽《じん》の沙汰はなはだ*自由の姦謀《かんぼう》なり。早く*その旨を註進し、よろしく裁断を蒙らしむべし。なほもつて違犯《いほん》せば、罪科に処せらるべし。

*次に犯科人の田畠・*在家《ざいけ》ならびに妻子・資財の事、重科の輩においては*守護所《しゅごしょ》に召渡《めしわた》すといへども、田宅・妻子・雑具に至つては付け渡すに及ばず。兼ねてまた同類の事、たとひ*白状に載するといへども、*贓物《ぞうもつ》なくばさらに沙汰の限りにあらず。

一 同守護人不申事由、没収罪科跡事

右重犯之輩出来之時者、須申子細随其左右之処、不決実否不糺軽重、恣称罪科之跡私令没収之条、理不尽之沙汰甚自由之姦謀也、早註進其旨、宜令蒙裁断、猶以違犯者、可被処罪科、次犯科人田畠在家幷妻子資財事、於重科之輩者、雖召渡守護所、至田宅妻子雑具者、不及付渡、兼又同類事、縦雖載白状、無贓物者更非沙汰之限、

5▼ 一 諸国地頭、年貢*所当《しょとう》を抑留せしむる事

であった。

式目 24条の「式目」、43条の「式条」とほぼ同じ用法で、単に規定とか道理とかいった軽い意味。

愁欝 具体的には訴訟を意味する。

代官 守護代。守護の直属被官がこれに任ぜられ、常に在国して守護の職務を代行する場合が多かった。

4 罪科の跡 犯罪者の知行していた所領以下の財産。

自由の 謂れのない。

その旨 これが単に犯人跡の処分についてのみなのか、或いはその前提としての刑事裁判をも含むのか、明らかでない。

次に 法文中の最も大きな段落を示す語。兼又・又などがこれに続く。「次に…の事」の部分は、独立法文の一つ書の下の事書に相当する。なお原文では「次」以下は改行されていないが、本書訓読文では原則的に改行する。

在家 農民の住居・園宅地等を一体的にとらえる収奪の単位。東国・九州に実例が多い。

守護所 守護の役所。多く国衙の近傍もしくは交通上の要衝に置かれていた。

白状 犯人の自白書。糺問者との問答形式をとるものなど、形式は一定しないが、必ず犯人の署判がある。高野山文書などに実物がのこされている。

贓物なくば… →補

5 所当 年貢と連結して用いられる場合

右、年貢を*抑留するの由、本所の訴訟あらば、すなはち*結解《けつげ》を遂げ*勘定を請くべし。犯用《はんよう》の条もし遁るるところなくば、員数に任せてこれを弁償すべし。ただし、少分においては早速沙汰を致すべし。過分に至つては三ケ年中に弁済すべきなり。なほこの旨に背き*難渋せしめば、所職を改易《かいえき》せらるべきなり。

一　諸国地頭令抑留年貢所当事

右抑留年貢之由、有本所之訴訟者、即遂結解可請勘定、犯用之条若無所遁者、任員数可弁償之、但於少分者早速可致沙汰、至于過分者三个年中可弁済也、猶背此旨令難渋者、可被改易所職也、

6▼ 一　国司・領家の成敗は関東御*口入《くにゅう》に及ばざる事

右、国衙《こくが》・庄園・神社・仏寺領、本所の*進止《しんし》たり。*沙汰出来においては、いまさら御口入に及ばず。*もし申す旨ありといへども敢て叙用されず。次に本所の*挙状《きょじょう》を帯びず*越訴《おつそ》致す事、諸国庄公ならびに神社・仏寺は本所の挙状をもつて訴訟を経《ふ》べきの処、その状を帯びずばすでに道理に背くか。自今以後、成敗に及ばず。

一　国司領家成敗不及関東御口入事

右国衙庄園神社仏寺領、為本所進止、於沙汰出来者、今更不及御口入、若雖有申旨、敢不被叙用、次不帯本所挙状、致越訴事、諸国庄公并神社仏寺、以本所挙状可経訴訟之処、不帯其状者、既背道理歟、自今以後不及成敗、

が多く、本文がこの二語を「右年貢」とうけているように、年貢とほぼ同義語である。

抑留　地頭が農民から徴収して本所・領家に送進すべき年貢を、おさえとどめること。

結解　決算。

勘定を請く　本所の監査を受ける。

難渋　速やかに履行しない。

6 口入　容喙・干渉。

進止　人身・物権を問わず、事物等に対するもっとも強力な一元的な支配権を示す語（石井良助『日本不動産占有論』二二九頁以下）。進退も同じ。

沙汰　この場合は、訴訟。

もし申す旨…　幕府に出訴しても。

挙状　一種の推薦状であるが、この場合、単なる推挙ではなく、本所固有の裁判権の移譲を明示するという重要な意味をもつ。なお、幕府手続法上、挙状を必要とするいま一つの場合は、地頭領内の名主百姓以下が幕府に出訴するときの地頭挙状である。

越訴　㈠原判決を不服とする敗訴人が要求する再審請求、㈡所定の手続きを経過しない違法なる訴え、の二種があり、多くは㈠であるが、この場合、㈡を指すことは明白。

7▼一　右大将家以後、代々の将軍ならびに*二位殿御時充《あ》て給はるところの所領等、*本主《ほんしゅ》訴訟によつて改補せらるるや否やの事

右、或は勲功の賞に*募《つの》り、或は*宮仕の労によつて拝領の事、*由緒《ゆいしょ》なきにあらず。しかるに先祖の*本領と称して御裁許を蒙るにおいては、一人たとひ喜悦《きえつ》の眉を開くといへども、傍輩《ほうばい》さだめて安堵《あんど》の思ひを成し難きか。濫訴《らんそ》の輩停止せらるべし。ただし、*当給人《とうきゅうにん》罪科あるの時、本主*その次《ついで》を守りて訴訟を企つる事、禁制にあたはざるか。

次に代々御成敗畢《おわ》りて後、申し乱さんと*擬《ぎ》するの事、その理《ことわり》なきによつて棄て置かるるの輩、歳月を歴《ふ》るの後、訴訟を企つるの条、*存知の旨、罪科軽からず。自今以後、代々の成敗を顧みず、猥《みだ》りに*面々の濫訴を致さば、すべからく*不実の子細をもつて、帯ぶる所の証文に書き載せらるべし。

一　右大将家以後代々将軍并二位殿御時所充給所領等、依本主訴訟被改補否事

右或募勲功之賞、或依宮仕之労拝領之事、非無由緒、而称先祖之本領於蒙御裁許者、一人縦雖開喜悦之眉、傍輩定難成安堵之思歟、濫訴之輩可被停止、但当給人有罪科之時、本主守其次企訴訟事、不能禁制歟、次代々御成敗畢後擬申乱事、依無其理被棄置之輩、歴歳月之後企訴訟之条、存知之旨罪科不軽、自今以後不顧代々成敗、猥致面々濫訴者、須以不実之子細被書載所帯証文、

8▼一　*御下文を帯ぶるといへども知行せしめず、*年序を経る所領の事

---

7 **二位殿**　北条政子。政子の執政期は一応、実朝暗殺の承久元年より歿年の嘉禄元年までとみられよう。

本主　当該所領の旧知行者。

募り　のっとって。「権門の威に募り」などのごとく、権威・価値を不当に誇張して利用する意にも用いられる。25・48条にもみえる。

宮仕の労　幕府に対する日常的奉公。

由緒　知行の正当性を裏づけるに足る謂われ。

本領　㈠根本私領、㈡旧領、の両義あり。この場合、㈡に比重があるが、㈠の意も含められているように思われる。

当給人　現在の知行者、すなわち頼朝以後の新給人。

その次を守りて　その機会をとらえて。

擬す　企つ。たくらむ。

存知の旨　ここでは動機・心情といった意か。

面々の　各自気ままな。

不実の子細を…　再び出訴を企てることを不可能ならしめるために、提出してきた証拠文書の余白もしくは裏面に、その証拠能力を否定する文言を加える意であろう。ただし実例はない。文永十年九月二十七日の宣旨に「兼又下勘記録所并法家之文書内、於偽作露顕之証文者、任康和五年符、言上紕繆之趣、令注毀破之旨…」(春日社記録、一)とあるのは、公家法上の先例とみなしうる。

8 **御下文**　具体的には本領安堵・新恩の

右、当知行《ちぎやう》の後、廿ヶ年を過ぎば、大将家の例に任せて*理非を論ぜず改替《かいたい》にあたはず。しかるに*知行の由を申して御下文を掠《かす》め給はるの輩、かの状を帯ぶるといへども叙用に及ばず。

一　雖帯御下文不令知行、経年序所領事

右当知行之後過廿ヶ年者、任大将家之例、不論理非不能改替、而申知行之由、掠給御下文之輩、雖帯彼状不及叙用、

9▼ 一　謀叛人の事

右、*式目の趣*兼日《けんじつ》定め難きか。且《かつう》は先例に任せ、且は*時議《じぎ》によつてこれを行はるべし。

一　謀叛人事

右式目之趣兼日難定歟、且任先例且依時議、可被行之、

10▼ 一　殺害・刃傷罪科の事〈付たり。父子の咎、相互に懸けらるるや否やの事〉

右、或は*当座の諍論《じようろん》により、或は*遊宴《ゆうえん》の酔狂《すいきよう》によつて、*不慮のほか、もし殺害を犯さばその身を死罪に行はれ、*ならびに*流刑《るけい》に処せられ、所帯《しよたい》を没収せらるるといへども、その父その子*相交はらずば、互ひにこれを懸くべからず。

次に刃傷の科の事、同じくこれに准ずべし。

次に或は子、或は孫、父祖の敵を殺害するにおいては、父祖たとひ相知らずといへども、その罪に処せらるべし。父祖の憤《いきどお》りを散ぜんがため、たちまち*宿意《しゆくい》を遂ぐ

下文で、幕府のもっとも公的な権利付与文書。

年序　相当期間の年数。本条以後、年紀と同様二十ヵ年を意味する用法も多い。

理非を論ぜず　権利の正当性の如何にかかわらず。

知行の由を申して　当知行であると偽って。→8条補

9 式目の趣　法文の具体的な内容。

兼日　あらかじめ。

時議　時宜とも。その時々の具体的な状況。

10 当座の諍論　その場の偶発的な争い。

遊宴の酔狂に　酒席での酔いまぎれに。

不慮のほか　思いがけざる事の成行きで。

ならびに　この場合、「もしくは」の意。

流刑　式目には、以下12・13条に流罪、34条に配流、28・34条に遠流などの規定がある。参68条に公家法の規定をそのまま載せた規定があるのをみても、幕府法上に遠・中・近流といった明確な区別があったとは考えられない。追704・707条(八四・八五頁)に伊豆大嶋への配流がみえる。

相交はらずば　共謀性が認められなければ。

宿意　兼ねて抱いていた遺恨・意趣。

るの故なり。

次にもしくは人の所職を奪はんと欲し、もしくは人の財宝を取らんがため、殺害を企つるといへども、その父知らざるの由、*在状分明《ざいじょうぶんみょう》ならば縁坐《えんざ》に処すべからず。

一　殺害刃傷罪科事〈付、父子咎相互被懸否事〉

右或依当座之諍論、或依遊宴之酔狂、不慮之外若犯殺害者、其身被行死罪幷被処流刑、雖被没収所帯、其父其子不相交者、互不可懸之、次刃傷科事、同可准之、次或子或孫於殺害父祖之敵者、父祖縦雖不相知、可被処其罪、為散父祖之憤、忽遂宿意之故也、次若欲奪人之所職、若為取人之財宝、雖企殺害、其父不知之由在状分明者、不可処縁坐、

11 一　夫の罪過によつて、妻女の所領没収せらるるや否やの事

右、謀叛・殺害ならびに山賊・海賊・夜討・強盗等の重科においては、夫の咎を懸くべきなり。ただし、当座の口論により、もし刃傷・殺害に及ばばこれを懸くべからず。

一　依夫罪過、妻女所領被没収否事

右於謀叛殺害幷山賊海賊夜討強盗等重科者、可懸夫咎也、但依当座之口論、若及刃傷殺害者、不可懸之、

12 一　*悪口の咎の事

右、*闘殺《とうさつ》の基《もとい》、悪口より起る。その重きは流罪《るざい》に処せられ、その軽きは*召籠《めしこ》めらるべきなり。*問註《もんちゅう》の時、悪口を吐かば、すなはち*論所《ろんしょ》を敵人に付けらるべきなり。

在状分明ならば　本来的な書面による陳弁の意から転じて、口頭によるもの、もしくは状況証拠などを含めた広汎な意に用いられたごとくである。式目抄は「在ハ察也、アキラカナルカタチヲ在状ト云、書状ノ心ニハアラズ」、関東武家式目は「在ハ明也、在状ヲ勒トス、此義歟、状有ニハアラス」と、いずれも「在状」を「分明」の同義語とする。

12 悪口　→補

闘殺　計画的な殺人ではなく、「悪口より起る」とあるごとく、単純な喧嘩から結果的に生じた殺人。律にいう闘殴殺人に当たる。

召籠　13・14・32条にみえる「召禁」と同義で、拘禁刑であるが、御家人の場合は牢舎などに拘禁されるのではなく、他の特定の御家人に身柄を預け置かれるのが一般的であったと思われる。

問註　問注と書くのが普通。㈠問い注す、すなわち裁判官が訴論人を訊問してその趣旨を記す(問注記)意であり、手続法上は対決をさしたが、後には広く、㈡訴訟一般の意にも用いられた。本条における問注が、対決の場における口頭の悪口のみを念頭に置いたのか、或いは訴陳状の文面に記された悪口をも含めたのか、明らかでないが、実例上では両者ともに本条の適用例が多い。

論所　当該訴訟の対象物権。

その理なくば　悪口を吐いた側に、論所

また論所の事*その理《ことわり》なくば他の所領を没収せらるべし。もし所帯なくば流罪に処せらるべきなり。

一　悪口咎事

右闘殺之基起自悪口、其重者被処流罪、其軽者可被召籠也、問註之時吐悪口、則可被付論所於敵人也、又論所事無其理者、可被没収他所領、若無所帯者、可被処流罪也、

13 一　殴人《おうじん》の咎の事

右、打擲《ちょうちゃく》せらるるの輩はその恥を雪《そそ》がんがため定めて*害心《がいしん》を露《あら》はすか。殴人の科、はなはだもつて軽からず。よつて*侍においては所帯を没収せらるべし。所領なくば流罪に処すべし。郎従以下に至つては、その身を召禁《めしきん》ぜしむべし。

一　殴人咎事

右被打擲之輩為雪其恥定露害心歟、殴人之科甚以不軽、仍於侍者可被没収所帯、無所領者可処流罪、至郎従以下者可令召禁其身、

14 一　*代官の罪科を主人に懸くるや否やの事

右、代官たるの輩、殺害以下の重科有るの時、くだんの主人その身を召進《めしすす》めば、主人に科を懸くべからず。ただし、代官を扶《たす》けんがため、咎なきの由を主人陳じ申すの処、*実犯《じっぽん》露顕せば主人その罪を遁れ難し。よつて所領を没収せらるべし。かの代官に至つては召禁ぜらるべきなり。兼ねてまた、代官或は本所の年貢を抑留し、或は*先例の率法《りつぽう》に違背《いはい》せば、代官の所行たりといへども主人その過に懸けらるべき

に対する正当な権限が認められなければ(当然、論所は相手側に引き渡されるのであるから)。

13害心　相手を殺害しようとする心。

侍　追260条(一二九頁)に、訴訟人の座籍が侍・郎等・雑人の三者に区別されていたように、幕府法上、侍とそれ以下の身分的差別は明確であり、式目においても、以下15・34条に刑法上の差別が規定されている。ただし当時、侍がどのような社会的標識をもって区別されていたかは明らかではないが、被物(かずけもの)の相違がその最も著しいものであったと思われる。

14代官　本条の規定が代官であって、一般の従者でない点に注意する必要がある。追161条(四八頁)にみられるように、従者の罪を主人に懸けざることは中世法の一貫した原則であり、その上に本条が立てられている。代官には、守護代・地頭代(本条はこれに当たる)、訴訟の際の代官などがあるが、いずれも代官としては正員(主人)の分身とみなされていた。

実犯露顕せば　代官の犯罪事実が明らかとなれば。

先例の率法　庄園における地頭以下の庄官は、給田・給名・年貢・公事等のそれぞれについて、各庄園ごとに一定の比率をもって定められた得分の先例があった。とくに承久の乱後には「新補率法」の地頭が置かれたことは有名であるが(追10～14条(九五～九六頁)参照)、本条にお

なり。しかのみならず、代官もしくは本所の訴訟により、もしくは訴人の*解状《げじょう》につきて、関東よりこれを召され、*六波羅《ろくはら》よりこれを*催《もよお》さるるの時、参決を遂げず、なほ*張行《ちょうぎょう》せしめば、同じくまた主人の所帯を召さるべし。ただし、事の躰《てい》に随ひて軽重《けいちょう》あるべきか。

一　代官罪過懸主人否事

右為代官之輩有殺害以下重科之時、件主人召進其身者、主人不可懸科、但為扶代官、無咎之由主人陳申之処、実犯露顕者主人難遁其罪、仍可被没収所領、至彼代官者可被召禁也、兼又代官或抑留本所之年貢、或違背先例之率法者、雖為代官之所行、主人可被懸其過也、加之代官若依本所之訴訟、若就訴人之解状、自関東被召之、自六波羅被催之時、不遂参決、猶令張行者同又可被召主人之所帯、但随事之躰可有軽重歟、

15▼一　*謀書《ぼうしょ》の罪科の事

右、侍においては所領を没収せらるべし。所帯なくば遠流《おんる》に処すべきなり。*凡下《ぼんげ》の輩は*火印《かいん》をその面《おもて》に捺さるべきなり。*執筆の者また与同《よどう》罪。

次に論人帯ぶるところの証文をもつて、謀書たるの由、多くもつてこれを称す。披見《ひけん》の処、もし謀書たらばもつとも*先条に任せてその科あるべし。また文書の*紕繆《ひびゅう》なくば、謀略の輩に仰せて神社・仏寺の修理に付けらるべし。ただし*無力の輩に至つては、その身を追放せらるべきなり。

一　謀書罪科事

いてはこれらを総称したものであろう。

解状　訴状に同じ。

六波羅　六波羅探題。承久の乱後、幕府の京都の出先機関としての権限が強化され、裁判機関としても、式目当時、尾張以西の訴訟を管轄した。

催す　上文「関東よりこれを召され」の「召され」と同義で、訴人との対決のために裁判所への出廷を命ずる意。

張行　強引に、或いは表立って事を行う意。なお召文違背については35条に罰則があるが、本条の場合は主人への連座を規定している。

15 謀書　偽造文書、または偽作行為。

凡下　甲乙人・雑人などと同じく、侍身分を除いた一般庶民の総称。なお本条の引写しである塵芥集134条(二三三頁)にはこの部分を「地下のもの」とするごとく、後には地下人の名が一般的となる。

火印　焼印。追706条(八五頁)にもこの刑があり、平家物語に「院使花方が顔に浪方と云ふ火印を指し」とあるごとく、中世的肉刑の一つ。

執筆の者　訴陳状の作製などは、特別な文筆能力をもつ者に依頼して行われるのがむしろ普通であり、時には草案の作製に幕府の奉行人が関与することさえあり、

右於侍者可被没収所領、無所帯者可処遠流也、凡下輩者、可被捺火印於其面也、執筆之者、又与同罪、次以論人所帯之証文為謀書之由、多以称之、披見之処若為謀書者、尤任先条可有其科、又無文書紕繆者、仰謀略之輩、可被付神社仏寺之修理、但至無力之輩者、可被追放其身也、

16 一 承久兵乱の時、没収の地の事

右、京方の合戦を致すの由、聞《きこ》し食《め》しおよぶによつて、所帯を没収せらるるの輩、その過なきの旨、証拠分明ならば、*その替《かえ》を当給人《とうきゅうにん》に充《あ》て給ひ、本主《ほんしゅ》に返し給ふべきなり。これすなはち、当給人においては勲功の奉公あるの故なり。

次に関東御恩の輩の中、京方に交はりて合戦の事、罪科ことに重し。よつてすなはちその身を誅《ちゅう》せられ、所帯を没収せられ畢《おわ》んぬ。しかるに*自然の運によつて遁れ来るの族、近年聞し食しおよばば、緈《こと》すでに*違期《いご》のうへ、もつとも寛宥《かんゆう》の儀につきて所領の内を割き、五分一を没収せらるべし。ただし御家人の外、下司庄官たるの輩、京方の咎たとひ露顕すといへどもいまさら改《あらた》め沙汰《ざた》に能はざるの由、*去年議定せられ畢んぬ。者《ていれ》ば異儀に及ばず。

次に同じく没収の地をもつて、*本領主と称して訴へ申す事、当知行の人その過あるによつてこれを没収し、勲功の輩に充て給ひ畢んぬ。*かの時の知行は非分の領主なり。相伝の道理に任せて返し給はるべきの由訴へ申すの類《たぐい》、多くその聞えあり。すでにかの時の知行につきて、普《あまね》く没収せられ畢んぬ。なんぞ*当時の領主を閣《さしお》きて、

謀書となれば一そうこの傾向は強かったであろう。なお文書の真偽決定のために、執筆者の訊問が行われることもあった。

先条 「次に」以前の本条の規定。正しくは、このような一条文中の段落は「先段」と称されるべきであった。

紕繆 あやまり。すなわち謀書でなければ。

無力の輩 神社・仏寺の修理に堪えるだけの財力のない者。

16 その替を… 没収地の恩給をうけた御家人には替地を与えて、旧知行者に返付する。

自然の運によつて… 万一運よく関東の追求の手からのがれて。

違期 時期を失する。

去年議定… 時日の確定はできないが、式目以前の幕府の正式な決定事項が条文中に織り込まれているのはここ一カ所であり、注目される。

本領主と称して… 京方の咎によって没収された者のさらにそれ以前に、当該地の知行者であったとする由緒によって。承久の乱に限らず、闕所地に対する本主権の主張は中世を通じて常に存在した。

かの時の… 承久の乱で没収された者の知行は正当な権利に基づくものではない、すなわちそれ以前の知行者たる私こそ正当な権利者であると称して。

当時の領主 新恩として与えられた今現在の知行人。

*往代《おうだい》の由緒《ゆいしょ》を尋ぬべきか。自今以後、濫望を停止《ちょうじ》すべし。

一　承久兵乱時没収地事

右致京方合戦之由依聞食及、被没収所帯之輩、無其過之旨証拠分明者、充給其替於当給人、可返給本主也、是則於当給人者、有勲功奉公之故也、次関東御恩輩之中、交京方合戦事、罪科殊重、仍即被誅其身、被没収所帯畢、而依自然之運遁来之族、近年聞食及者、縡已違期之上、尤就寛宥之儀、割所領内、可被没収五分一、但御家人之外為下司庄官之輩、京方之咎、縦雖露顕、今更不能改沙汰之由、去年被議定畢、者不及異儀、次以同没収之地称本領主訴申事、当知行之人依有其過没収之、充給勲功輩畢、彼時之知行者非分之領主也、任相伝之道理可返給之由訴申之類、多有其聞、既就彼時之知行普被没収畢、何閣当時之領主、可尋往代之由緒哉、自今以後可停止濫望、

17 一　同じき時の合戦の罪科、*父子各別《かくべつ》の事

右、父は京方に交はるといへども、その子関東に候《こう》じ、子は京方に交はるといへども、その父関東に候ずるの輩、*賞罰すでに異なり、罪科なんぞ混ぜん。また*西国の住人等、父たりといへども子たりといへども、一人《いちにん》京方に参ぜば、*住国の父子、その過を遁るべからず。同道せずといへども、同心せしむるによつてなり。ただし*行程《こうてい》境はるかにして音信《いんしん》通じ難く、共に子細を知らずば、互ひに罪科に処しがたきか。

一　同時合戦罪過父子各別事

往代の由緒…　遡って古い権利関係をいまさら問題にする必要があろうか。

17 父子各別　父子といえどもその取扱いを別々にする。

賞罰すでに…　一方を賞し他方を罰するという原則がすでに明らかである以上、縁座によって一方の罪を他に及ぼすことがあろうか。

西国の住人…　「同道せずとも同心す」という強い不信感の由来は、一つには京方武士の出自が東国に比べて西国が圧倒的に多いという量的な問題(田中稔「承久京方武士の一考察」(『史学雑誌』六五編四号))、一つには同じ御家人であっても(御家人以外は前条によって免責)、東と西では幕府との主従制のあり方に大きな差異があったこと(追68条(44頁))などにあったものと思われる。

住国の父子　西国の本拠にのこった父または子。

行程境はるか　父子の居所がはるかに隔たっていて。

18 悔い還す　譲与・和与・寄進などにおいて、所有権の移転が行われた後、本主が権利の移転を否定して自己に取り戻す行為。

法家の倫…　↓補

右父者雖交京方、其子候関東、子者雖交京方、其父候関東之輩、賞罰已異、罪科何混、又西国住人等雖為父雖為子、一人参京方者、住国之父子不可遁其過、雖不同道、依令同心也、但行程境遥音信難通、共不知子細者、互難処罪科歟、

18 一 所領を女子に譲り与ふるの後、不和の儀あるによつてその親*悔《く》い還《かえ》すや否やの事

右、男女の号異なるといへども、父母の恩これ同じ。ここに*法家の倫《ひと》申す旨ありといへども、女子はすなはち*悔い返さざるの文を憑《たの》みて、不孝の罪業《ざいごう》を憚《はばか》るべからず。父母また*敵対の論に及ぶを察して、所領を女子に譲るべからざるか。親子*義絶《ぎぜつ》の起《おこ》りなり。*教令違犯《いぼん》の基《もとい》なり。女子もし*向背《きょうはい》の儀あらば、父母よろしく*進退の意に任すべし。これによつて、女子は*譲状を全《まっと》うせんがために忠孝の節を竭《つく》し、父母は撫育《ぶいく》を施《ほどこ》さんがために*慈愛の思ひを均《ひと》しうせんものか。

一 譲与所領於女子後、依有不和儀、其親悔還否事

右男女之号雖異、父母之恩惟同、爰法家之倫雖有申旨、女子則憑不悔返之文、不可憚不孝之罪業、父母亦察及敵対之論、不可譲所領於女子歟、親子義絶之起也、教令違犯之基也、女子若有向背之儀、父母宜任進退之意、依之、女子者為全譲状竭忠孝之節、父母者為施撫育均慈愛之思者歟、

19▼ 一 親疎《しんそ》を論ぜず*眷養《けんよう》せらるる輩、本主《ほんしゅ》の子孫に違背する事

右、*人を憑《たの》むの輩、親愛せらるれば子息の如く、しからずばまた郎従の如きか。ここにかの輩、忠勤をいたさしむるの時、本主その志に感歎するの余り、或は*充文《あてぶみ》を

悔い返さざるの… 女子への譲与は悔い返し得ないという法令を拠り所として。

敵対の論に… 女子が悔い返しを拒絶して紛争になることを恐れて。敵対は親子敵対・主従敵対のごとく、上下関係にある者の相論に多く用いられる語。

義絶 親の子に対する最強の制裁権の発動形式で、22条からもうかがわれるように、義絶を受けた子は、一切の保護・相続期待権などを失い、親はまた子の犯罪から生ずる縁座から免れる。義絶に際しては義絶状がつくられ、上級権力者への申告、近隣への告知、などが行われた。不孝するともいう。

教令違犯 親の教え・命令にそむくこと。闘諍律「子孫違犯教令、及供養有闕者、徒二年」。

向背 親への反抗。

進退 6条の「進止」とほぼ同義語。ここでは、悔い返すも悔い返さざるも親の自由、の意。

譲状を全うせん… 悔い返しを防ぎ、譲状の内容、すなわち譲得財産を確保するために。

慈愛の思ひを均しうせん… 男女の別なく所領を譲るであろう。

19 眷養 慈しみ養う。具体的には、扶持し所領を給与する。

人を憑む 他人の保護を受ける。

充文 充行状。主人が家人に、領主が庄官等に新恩として所領・所職を給与するときに発行する文書。

渡し、或は譲状を与ふるの処、*和与《わよ》の物と称して本主の子孫に対論するの条、*結構《けっこう》の趣はなはだ然るべからず。*媚《こび》を求むるの時は、且《かつ》は子息の儀を存じ、且は郎従の礼を致す。向背の後は、或は*他人の号を仮り、或は敵対の思ひをなす。たちまち先人の恩顧を忘れ、本主の子孫に違背せば、譲りを得る所領においては、本主の子孫に付けらるべし。

一　不論親疎被眷養輩、違背本主子孫事

右憑人之輩、被親愛者如子息、不然者又如郎従歟、爰彼輩令致忠勤之時、本主感歎其志之余、或渡充文、或与譲状之処、称和与之物対論本主子孫之条、結構之趣甚不可然、求媚之時者、且存子息之儀、且致郎従之礼、向背之後者、或仮他人之号、或成敵対之思、忽忘先人之恩顧、違背本主之子孫者、於得譲之所領者、可被付本主之子孫、

20▼一　譲状を得るの後、その子父母に先だち死去せしむる跡の事

右、その子*見存《げんぞん》せしむるといへども、悔《く》い還《かえ》すに至つては何の妨げあらんや。いはんや子孫死去の後は、ただ父祖の意に任すべきなり。

一　得譲状後、其子先父母令死去跡事

右其子雖令見存、至悔還者、有何妨哉、況子孫死去之後者、只可任父祖之意也、

21一　妻妾《さいしょう》夫の譲を得、離別せらるるの後、かの所領を領知するや否やの事

右、その妻重科あるによつて*棄捐《きえん》せらるるにおいては、たとひ*往日《おうじつ》の契状《けいじょう》ありといへども前夫の所領を知行し難し。もしまたかの妻、功ありて過なく、*新《あたら》しきを賞

和与の物　↓19条補
結構の趣　たくらみの趣旨。
媚を求む　恩顧にありつこうとする。
他人の号を仮り　子息として譲与をうけたのでもなければ、郎従として恩給されたのでもない、他人和与であると称して。

20見存　現存。生存中。

21棄捐　すてさる。離別。
往日の契状　離別以前の契約状。この場合、旧夫よりの譲状。
新しきを賞して　新妻をめとらんがためというだけの理由で。賞は価値効力を認める意。

22配分　具体的には譲状の作成を指す。従ってこのとき、現実の知行を子に移転させるとは限らない。
成人　元服をすませた子。当時の武士社会では十五歳前後が普通。
吹挙　推挙。幕府への吹挙。
勤厚の思ひを…　具体的には親の代官な

して旧《ふる》きを棄《す》てば、譲るところの所領悔い還すにあたはず。

一　妻妾得夫譲、被離別後、領知彼所領否事

右其妻依有重科於被棄捐者、縦雖有往日之契状、難知行前夫之所領、若又彼妻有功無過賞新棄旧者、所譲之所領不能悔還之、

22▼一　父母所領*配分の時、義絶にあらずといへども*成人の子息に譲り与へざる事

右、その親、成人の子をもつて*吹挙《すいきょ》せしむるの間、*勤厚《きんこう》の思ひを励まし労功を積むの処、或は継母の讒言《ざんげん》*に付《つ》き、或は*庶子の鍾愛《しょうあい》により、*その子義絶せられずといへどもたちまち*かの処分に漏《も》る。*侘傺《たてい》の条、非拠《ひきょ》の至りなり。よつて*今立つるところの嫡子の分を割き、五分一をもつて*無足《むそく》の兄に*充て給ふべきなり。ただし少分たりといへども、*計《はか》らひ充《あ》つるにおいては、嫡庶を論ぜずよろしく*証跡によるべし。そもそも*嫡子たりといへども指《さ》したる奉公なく、また*不孝の輩においては沙汰の限りにあらず。

一　父母所領配分時、雖非義絶、不譲与成人子息事

右其親以成人之子令吹挙之間、励勤厚之思、積労功之処、或付継母之讒言、或依庶子之鍾愛、其子雖不被義絶、忽漏彼処分、侘傺之条非拠之至也、仍割今所立之嫡子分、以五分一可充給無足之兄也、但雖為少分於計充者、不論嫡庶、宜依証跡、抑雖為嫡子無指奉公、又於不孝之輩者、非沙汰之限、

23一　*女人養子の事

どとして大番役等の公事を勤め、或いは幕府に出仕して奉公の労を重ねる行為。

に付き　…を容れて。

庶子の鍾愛　若年の子を溺愛して。この場合、庶子は、惣領―庶子のそれではない。

その子　労功を積んだ成人の子。

かの処分に漏る　譲与の対象から除かれる。

侘傺　困窮、とくに経済的貧困。なお、当時は「侘傺」と書き「タクサイ」と訓ずるのが、むしろ普通であった。

今立つるところの嫡子…　譲状によって嫡子とされた子の相続分をけずって。親は子のうちから長幼にかかわらず自由に嫡子を選定し、これに本領を含む最も多くの所領を譲与するのが普通であった。

無足の　知行する所領のない。

充て給ふ　幕府の沙汰として充て行う。幕府が御家人の相続に公的に関与することは、27条にみえる未処分の場合を除いては、これが唯一の例外であった。

計らひ充つ…　譲与をうけていれば。

証跡　証拠文書。すなわちこの場合、譲状文面。

嫡子　ここでは上の嫡子と異なり、長子の意。

不孝　義絶と同義にも用いるが、この条文では事書において義絶をうけた者を一般的に除外しているので、上文の奉公に対比して普通の意の不孝であろう。

23女人養子　女性が養子を迎えること。

右、法意*の如くばこれを許さずといへども、大将家御時以来当世に至るまで、その子なきの女人ら所領を養子に譲り与ふる事、*不易《ふえき》の法*勝計《しょうけい》すべからず。しかのみならず*都鄙《とひ》の例先蹤《せんしょう》これ多し。評議*の処もつとも信用に足るか。

一　女人養子事

右如法意者、雖不許之、大将家御時以来至于当世、無其子之女人等譲与所領於養子事、不易之法不可勝計、加之都鄙之例先蹤惟多、評議之処尤足信用歟、

24▼ 一　夫の所領を譲り得たる後家《ごけ》、*改嫁《かいか》せしむる事

右、後家たるの輩、夫の所領を譲り得ば、すべからく他事を抛《なげう》ちて亡夫の*後世《ごせ》を訪ふべきの処、式目*に背く事その咎なきにあらざるか。しかるにたちまち貞心を忘れ、改嫁せしめば、得るところの領地をもつて亡夫の子息に充て給ふべし。もしまた子息なくば別*の御計らひあるべし。

一　譲得夫所領後家、令改嫁事

右為後家之輩譲得夫所領者、須抛他事訪亡夫後世之処背式目事、非無其咎歟、而忽忘貞心令改嫁者、以所得之領地、可充給亡夫之子息、若又無子息者可有別御計、

25▼ 一　関東御家人月*卿雲*客をもつて聟君《むこぎみ》となし、所領を譲るによつて、*公事《くじ》の足《あし》減少の事

右、所領においてはかの女子に譲り*各別《かくべつ》せしむるといへども、公事に至ってはその*分限《ぶんげん》に随ひて*省《はぶ》き充《あ》てらるべきなり。親父存日《ぞんじつ》たとひ*優如《いうじょ》の儀をなし、充て課《おお》せ

法意　↓補

不易の法　一般には追322（一三〇頁）・追446（一三一頁）・追619（一三六頁）のごとく、ある年代を限って、それ以前の裁決その他の幕府の決定事項を変更しない法令を意味するが、ここでは単に頼朝以来の先例を強調した語であろう。

勝計すべからず　かぞえられない。

都鄙の例　上文不易の法に対比して一般に行われている慣習を指す。鄙は田舎。

評議の処…　式目立法過程における評定会議の審議内容を示すものと思われる。

24 改嫁　再婚。

後世を訪ふ　後生の冥福を祈って仏事を営む。

式目　3条頭注参照。

別の御計らひ　没収して一族もしくは他人に充て行うことなどを予想したものであろう。

25 月卿　公卿、すなわち大臣・納言・参議および三位以上の貴族の美称。

雲客　公卿を月卿とよぶのに対比して、殿上人、すなわち四位・五位で昇殿を許された者の美称。

公事の足　足は22条の「無足」の「足」と同じ用語で、ここでは公事を勤仕する義務を負う所領の意。公事とは鶴岡神宝用途・走湯山仏事用途など、御家人に課される経済的負担の総称。

各別せしむ　独立の支配権を認める。

分限に随ひて…　譲得所領の大小に応じて充て課すべきである。

省き充つ　分配する『中世法制史料集』

ずといへども、逝去の後はもつとも催勤《さいきん》せしむべし。もし*権威に募《つの》りて勤仕《ごんし》せずば、永く件の所領を辞退せらるべきか。おほよそ*関東祗候《しこう》の女房たりといへども、あへて*殿中平均の公事に泥《なず》むなかれ。このうへ難渋せしむるにおいては、所領を知行すべからざるなり。

一　関東御家人以月卿雲客為聟君、依譲所領、公事足減少事

右於所領者譲彼女子雖令各別、至公事者随其分限可被省充也、親父存日縦成優如之儀、雖不充課、逝去後者尤可令催勤、若募権威不勤仕者、永可被辞退件所領歟、凡雖為関東祗候之女房、敢勿泥殿中平均之公事、此上於令難渋者、不可知行所領也、

26▼ 一　所領を子息に譲り、*安堵《あんど》の御下文を給はるの後、その領を悔い還し、他の子息に譲り与ふる事

右、父母の意に任すべきの由、具《つぶさ》にもつて先条*に載せ畢んぬ。よつて*先判《せんぱん》の譲につきて安堵の御下文を給はるといへども、その親これを悔い還し、他子に譲るにおいては、後判《こうはん》の譲に任せて御成敗あるべし。

一　譲所領於子息、給安堵御下文後、悔還其領、譲与他子息事

右可任父母意之由、具以載先条畢、仍就先判之譲、雖給安堵御下文、其親悔還之、於譲他子者、任後判之譲可有御成敗、

27▼ 一　*未処分の跡《あと》の事

右、且は奉公の浅深に随ひ、且は*器量《きりょう》の堪否《かんぷ》を糺《ただ》し、おのおの*時宜《じぎ》に任せて分《わか》ち

第三巻、補注53参照)。

優如の儀をなし　ゆるし免じて。結果的にはその分を親が代わって公事を勤仕すること。

権威に募りて　ここでは夫が高位高官たる権威を笠にきて、の意。

関東祗候の女房　将軍の御所に仕える女官。

殿中平均の公事に泥む　「泥」には「ナズム」のほか「カコツ」「ナヤマス」「トドコヲル」などの訓があり、従って、女房として当然課せられる公事を怠る、の意であろう。

26安堵の御下文　相続を認承するために相続人に向けて発せられる将軍家の下文。式目当時の様式でいえば政所下文。

先条　親の悔い返し権そのものを立法目的とした条文はないが(→解題)、18・20両条はこの原則的法理を前提としての立法であり、おそらくこの両条を指すものであろう。

先判の譲　後文の後判の譲に対比して、前に書かれた譲状を指す。武士社会では自筆の譲状が少なく、判(花押)のみが自署として尊重されたがゆえに先判・後判といい、公家社会の前状・後状との差異に注目する解釈もあるが、実例上では両者に厳密な用語上の区別は認められない。

27未処分の跡　被相続人が譲状を書き渡さざるうちに死歿した所領。

器量の堪否　才能・能力のあるなし。

時宜に任せて　その時々のケースに随い。

28掠め　あざむき。

充てらるべし。

一　未処分跡事

右且随奉公之浅深、且糺器量之堪否、各任時宜可被分充、

28 一　虚言《きょげん》を構《かま》へ、讒訴《ざんそ》を致す事

右、面《おもて》を和《やわ》らげ言《こと》を巧《たく》み、君を*掠《かす》め人を損《そん》ずるの属《たぐい》、*文籍《ぶんせき》載するところ、その罪はなはだ重し。世のため人のため誡《いまし》めざるべからず。*所領を望まんがため讒訴を企《くわだ》てば、讒者の所領をもつて*他人に充て給ふべし。所帯なくば遠流《おんる》に処すべし。*官途《かんと》を塞《ふさ》がんがため讒言を構へば、永くかの讒人を召仕《めしつか》ふべからず。

一　構虚言致讒訴事

右和面巧言掠君損人之属、文籍所載、其罪甚重、為世為人不可不誡、為望所領企讒訴者、以讒者所領、可充給他人、無所帯者可処遠流、為塞官途構讒言者、永不可召仕彼讒人、

29 一　*本奉行人《ほんぶぎょうにん》を閣《さしお》きて、別人に付きて訴訟を企つる事

右、本奉行人を閣きて、さらに別人に付きて内々訴訟を企つるの間、*参差《しんし》の沙汰不慮にして出来《しゅつたい》せんか。よつて訴人においてはしばらく*裁許を抑《おさ》へらるべし。*執《しつ》し申す人に至つては、*御禁制あるべし。奉行人もし緩怠《かんたい》せしめ、むなしく*二十ケ日を経《へ》ば、*庭中においてこれを申すべし。

一　閣本奉行人、付別人企訴訟事

右閣本奉行人、更付別人内々企訴訟之間、参差之沙汰不慮而出来歟、仍於訴人者暫可被抑裁

文籍　書物とくに漢籍。「和面巧言掠君損人」の出典は不明であるが、「属」の文字からして、古典よりの忠実な引用とみる必要はないであろう。

所領を望まんがため　讒言によって闕所とされた他人の所領を給与されようとたくらむ。44条と内容的に類似する。

他人　35条にもみえる。讒訴された者を除いた第三者。

官途を塞がんがため　自分の任官をはかるために他人の任官・昇進を妨げる。この場合官途とは、その処罰規定からうかがわれるように幕府部内のそれであろう。

29本奉行人を閣きて…　当該訴訟における本来の担当奉行をさしおいて。当時このように同一の訴件を異なった部局・奉行人を通じて二重に提訴することを「一事両様の訴」とよんで厳禁されていた。

参差　齟齬矛盾。

裁許を抑へらるべし　裁決を保留・延引し、それによって訴人に苦痛を与える。

執し申す人　前文の「別人」にあたる。

御禁制　内容不明であるが、恐らく出仕の停止などを想定しているものであろう。

二十ケ日　→補

庭中　→補

30問註を遂ぐ　12条頭注のごとく二様の解釈があるが、ここではいずれにせよ全審理過程の終了を意味するものであろう。

権門の書状　→補

裁許に預かる　勝訴する。

強縁の力　強力な縁故者の威力。

得理の方人　勝訴者を支援した者。

許、至執申人者可有御禁制、奉行人若令緩怠、空経二十ケ日者、於庭中可申之、

30 一 *問註《もんちゅう》を遂《と》ぐるの輩、御成敗を相待たず、*権門《けんもん》の書状を執《と》り進むる事

右、裁*許に預かるの者は*強縁《ごうえん》の力を悦《よろこ》び、棄て置かるるの者は権門の威を愁《うれ》ふ。ここに*得理《とくり》の方人《かたうど》は頻《しき》りに*扶持《ふち》の芳恩《ほうおん》と称し、無理の方人は竊《ひそ》かに*憲法の裁断を猜《そね》む。政道を黷《けが》す事、*職《もと》としてこれに由《よ》る。自今以後、慥《たし》かに停止すべきなり。或は奉行人に付き、或は庭中において*申さしむべきなり。

一　遂問註輩、不相待御成敗、執進権門書状事

右預裁許之者、悦強縁之力、被棄置之者、愁権門之威、爰得理之方人者、頻称扶持之芳恩、無理之方人者、竊猜憲法之裁断、黷政道事職而斯由、自今以後慥可停止也、或付奉行人、或於庭中、可令申也、

31 一 道理なきによつて御成敗を蒙らざる輩、奉行人の*偏頗《へんぱ》たるの由訴へ申す事

右、その理なきによつて裁許に*関《あずか》らざるの輩、奉行人の偏頗たるの由*構へ申すの条、はなはだもつて*濫吹《らんすい》なり。自今以後、不実を構へ濫訴を企てば所領三分一を収公せらるべし。所帯なくば*追却《ついきゃく》せらるべし。もしまた奉行人その誤りあらば、永く召仕ふべからず。

一　依無道理不蒙御成敗輩、為奉行人偏頗由訴申事

右依無其理不関裁許之輩、為奉行人偏頗之由構申之条、甚以濫吹也、自今以後、構不実企濫訴者、可被収公所領三分一、無所帯者可被追却、若又奉行人有其誤者永不可召仕、

扶持の芳恩と称し　権門の援助のたまものであると宣伝し。

憲法の裁断　公正な判決。

職としてこれに由る　専らこれに原因する。

申さしむべきなり　何を申せというのか。上文「奉行人につき」「庭中において」はいずれも正規のルートによるべき旨を記しているが、事書によれば問注終了後、判決以前の状態のみを問題にしている。とすれば、問注以後、裁許以前に、現在知られていない特別の手続きが存在したことを想定するか、或いは原式目を改めるとき、事書とマッチしない法文の一部を付加してしまった、とでも考える以外にあるまい。

31偏頗　えこひいき。

関　「預」に同じ。

構へ申す　強く主張する。

濫吹　みだりなこと。

追却　追放。

32悪党　→補

断罪　次条にもみえる。令の用法のごとく、流罪などを含めた広い範囲の刑に断ずることを指すのか、或いは死罪のみを意味するのか不明であるが、次条の竊盗をすべて死罪とみることは、式目に先行する追加21条(六七頁)等から無理があり、前者をとるべきか。

炳誡　明らかな誡め。

国人　現地の武士。

差し申す　犯人の名、犯罪の内容を明示して訴える。当事者主義を原則とした中

32 一　盗賊・悪党*を所領の内に隠し置く事

右、件の輩、風聞ありといへども露顕せざるによつて断罪*に能はず。*炳誡《へいかい》を加へず。しかるに国人*等*差《さ》し申《もう》す処、召上《めしあ》ぐるの時はその国*無為《ぶい》なり。在国の時はその国狼藉《ろうぜき》なりと云々。よつて*縁辺《えんぺん》の凶賊においては、証跡*に付きて*召禁《めしきん》ずべし。また地頭等賊徒を隠し置くに至つては、同罪たるべきなり。まづ嫌疑《けんぎ》の趣につきて地頭を鎌倉に召置き、かの国*落居《らっきょ》せざるの間は*身暇《みのいとま》を給ふべからず。次に守護使*の入部を停止せらるる所々の事、同じく悪党ら出来の時は*不日《ふじつ》守護所に召渡すべきなり。もし*拘惜《こうじゃく》においては、且《かつう》は守護使を入部せしめ、且は地頭代を改補すべきなり。もしまた代官を改めずば、地頭職を没収せられ、守護使を入れらるべし。

一　隠置盗賊悪党於所領内事

右件輩雖有風聞、依不露顕不能断罪、不加炳誡、而国人等差申之処、召上之時者、其国無為也、在国之時者、其国狼藉也云々、仍於縁辺之凶賊者、付証跡可召禁、又地頭等至隠置賊徒者、可為同罪也、先就嫌疑之趣召置地頭於鎌倉、彼国不落居之間、不可給身暇矣、次被停止守護使入部所々事、同悪党等出来之時者、不日可召渡守護所也、若於拘惜者且令入部守護使、且可改補地頭代也、若又不改代官者、被没収地頭職、可被入守護使、

33 一　強《ごう》・竊《せつ》二盗の罪科の事　付《つけ》たり。放火人の事

右、すでに断罪の先例あり。何ぞ猶予*の新儀に及ばんや。

世の刑事訴訟法では、被害者或いはその一族等が差し申さない限り、犯罪の捜査そのものが行われないのが原則であった。

無為　平穏。

縁辺　式目抄が「国境」とするごとく、辺境地域を指す。

証跡に付きて　召上無為、在国狼藉という徴証事実に照らして。

召禁ずべし　召禁ずる主体は、前文「召上」と同じく幕府。

落居　平静な状態を回復する。

身暇　鎌倉よりの帰国。

守護使の入部を…　いわゆる守護不入の特権を得ている庄園。このような庄園では守護は庄領の堺で犯人の引渡しをうけ、犯否の糺定を行った。本条では、守護不入地のうちとくに地頭が補任されている庄園を対象にしている。

不日　日ならず。速やかに。

拘惜　身柄の引渡しを渋る。

33 猶予の新儀に…　断罪の先例に背いてまで刑をためらい宥す必要があろうか。

禁遏　禁じとどめる。盗賊に対する刑にならって重刑を課し、それによって放火人への威嚇をます。

34 密懐　密通。

懐抱　抱き通ずること。

道路の辻において…　沙汰未練書に「女捕」、武政軌範に「路辺捕女」が、いずれも検断沙汰の対象とされている。4条頭注に記したように「次」以下は、事書の「他人の妻…」とは別個の強姦行為。

鬢髪　→補

次に放火人の事、盗賊に准拠してよろしく*禁遏《きんあつ》せしむべし。

右既有断罪之先例、何及猶予之新儀乎、次放火人事、准拠盗賊宜令禁遏、

一　強竊二盗罪科事　付　放火人事

34▼
一　他人の妻を*密懐《みっかい》する罪科の事

右、強姦《ごうかん》・和奸《わかん》を論ぜず人の妻を*懐抱《かいほう》するの輩、所領半分を召され、出仕を罷《や》めらるべし。所帯なくば遠流に処すべし。女の所領同じくこれを召さるべし。所領なくばまた配流《はいる》せらるべきなり。

次に*道路の辻において女を捕ふる事、御家人においては百箇日の間出仕を止むべし。郎従以下に至つては、大将家御時の例に任せて、片方の*鬢髪《びんぱつ》を剃《そ》り除くべきなり。ただし、*法師の罪科においては、その時に当たりて斟酌《しんしゃく》せらるべし。

一　密懐他人妻罪科事

右不論強姦和姧懐抱人妻之輩、被召所領半分、可被罷出仕、無所帯者可処遠流、女之所領同可被召之、無所領者又可被配流也、次於道路辻捕女事、於御家人者百箇日之間可止出仕、至郎従以下者、任大将家御時之例、可剃除片方鬢髪也、但於法師罪科者、当于其時可被斟酌、

35▼
一　度々*召文《めしぶみ》を給ふといへども参上せざる科の事

右、*訴状につきて召文を遣はす事三ケ度に及び、なほ参決せずば、訴人理あらば*直《じき》に裁許せらるべし。訴人理なくばまた*他人に給ふべきなり。*ただし、所従・牛馬ならびに*雑物《ぞうもつ》等に至つては、*員数《いんずう》に任せて糺《ただ》し返され、寺社の修理に付けらるべき

法師の罪科　→補

35 召文　召符ともいう。召喚状であり、51条にみえる問状とは異なる。関東・六波羅等の御教書、のちには引付頭人の奉書の形式がとられた。ただし本条は、これを検断沙汰手続きと見るならば、根本的かつ全文的に異なる理解が必要となる。→35条補

訴状につきて　一般に、訴状の提出後、直ちに論人に対して召文が発せられることはない。従ってこの訴状を、召文の発行を請求するいわゆる催促書状の意と解すべきか、或いは式目当時においては陳状の提出を求めることなく直ちに対決に至る手続きが広く存在したのか、不明である。

直に…　対決を省略し直ちに。

他人に…　この場合、訴人＝無理、論人＝召文違背者＝有理というケースを想定し、かつ論人＝当知行者という前提に立っている。従って、論所を論人から没収して訴人以外の第三者に給付するとの意。

ただし所従…　この部分は難解。召文違背によって所領は訴人あるいは他人に与えられても、それに付属する所従以下は没収して寺社修理の用に充てよ、の意とも解されるが、「糺返」の語法がぴったりせず、他の解釈の余地も大きい。式目抄は「但」以下を所領相論ではなく所従もしくは馬牛等の相論の場合と解しているが、これは無理であろう。

雑物　農具その他の動産。

員数に任せて　元来の数量を計算して。

なり。

一　雖給度々召文不参上科事

右就訴状遣召文事及三ヶ度、猶不参決者、訴人有理者、直可被裁許、訴人無理者、又可給他人也、但至所従牛馬幷雑物等者、任員数被糺返、可被付寺社修理也、

36 一　旧き境を改め、相論を致す事

右、或は往昔《おうじゃく》の堺を越え、*新儀の案を構へてこれを妨げ、或は*近年の例を掠《かす》め、*古き文書《もんじょ》を捧げてこれを論ず。裁許に預からずといへども指《さ》したる損なきの故、猛悪の輩ややもすれば謀訴《ぼうそ》を企つ。成敗の処その煩なきにあらず。自今以後、*実検使を遣はして*本跡《ほんせき》を糺明し、非拠《ひきょ》の訴訟たらば、*界《さかい》を越えて論をなすの分限《ぶんげん》を相計らひ、訴人の領地の内を割き分ちて論人の方へ付けらるべきなり。

一　改旧境、致相論事

右或越往昔之堺、構新儀案妨之、或掠近年之例、捧古文書論之、雖不預裁許無指損之故、猛悪之輩動企謀訴、成敗之処非無其煩、自今以後遣実検使糺明本跡、為非拠訴訟者、相計越界成論分限、割分訴人領地之内、可被付論人之方也、

37 一　関東御家人*京都に申して、*傍官《ぼうかん》の所領の*上司に望み補する事

右、大将家御時一向《いっこう》に停止せられ畢んぬ。しかるに近年より以降、自由の望みを企つ。ただに禁制に背くのみならず、定めて喧嘩に覃《およ》ばしむるか。自今以後、濫望を致すの輩は所領一所を召さるべきなり。

36 **新儀の案**　新儀今案などと用いられ、謀計の意。
近年の例を掠め　「往昔の…」の対句。「掠め」は無視するの意。
古き文書を捧げて　「新儀の…」の対句。「古き」は価値効力のない意。
実検使　堺相論においては普通二人の御家人が任ぜられ、紛争の現地に下向して牓示を点検し、在地古老人の証言を徴したりし、その結果を起請文に載せて報告した。実検使の派遣は、公武を問わず所務沙汰における堺相論の特徴的な性格である。
本跡　旧跡。正当なる堺。
界を越えて論をなすの分限　本跡を侵して不当に領有を主張した面積。
37 **京都**　朝廷ではなく庄園領主を指す。
傍官　傍輩たる他の御家人。
上司　預所職。→補
38 **惣地頭**　→補
名主職　本条の場合、惣地頭に対して小地頭ともよばれた存在で、惣地頭に対して公事その他の負担を負っており、これをめぐって両者の間に激しい争いがくり返された実例が多い。
各別の村　惣地頭の進止権の及ばぬ小地頭の私領。
別の御下文　独立した御家人として与えられた(補任・安堵の)下文。このくだり、文章がやや整然としないが「別の御下文を給わった御家人に対しその職がたとえ名主職であったとしても」の意であろう。
尫弱の隙を伺ひ　小地頭側の当主が幼少

一　関東御家人申京都、望補傍官所領上司事

右大将家御時一向被停止畢、而近年以降企自由之望、非啻背禁制、定令覃喧嘩歟、自今以後、

致濫望之輩者可被召所領一所也、

38 一　*惣地《そうじ》頭《とう》、所領の内の*名主職《みようしゆしき》を押妨《おうぼう》する事

右、惣領を給はるの人、所領の内と称して各*別の村を掠め領する事、所行《しよぎよう》の企て罪科遁《のが》れ難し。ここに別*の御下文を給はり、名主職たりといへども、惣地頭もし*尫《おう》弱《じやく》の隙を伺《うかが》ひ、限*りある沙汰の外、非法を巧《たく》みて濫妨《らんぼう》を致さば、*別納《べちのう》の御下文を名主に給ふべきなり。名主また事*を左右《さう》に寄せ、先例を顧みず地頭に違背せば、名主職を改めらるべきなり。

一　惣地頭押妨所領内名主職事

右給惣領之人、称所領内掠領各別村事、所行之企難遁罪科、爰給別御下文、雖為名主職、惣地頭若伺尫弱隙、有限沙汰之外、巧非法致濫妨者、可給別納御下文於名主也、名主又寄事於左右、不顧先例、違背地頭者、可被改名主職也、

39▼ 一　*官爵《かんしやく》所望の輩、*関東の御《ご》一行《いちぎよう》を申し請くる事

右、*成功《じようごう》を召さるるの時、*所望の人を註し申さるるは既にこれ公平《くびよう》なり。よつて沙汰の限りにあらず。昇進のため挙状《きよじよう》を申すの事、貴賤を論ぜず一向にこれを停止すべし。但し*受領《ずりよう》・*検非違使《けびいし》を申すの輩、理運《りうん》たるにおいては、御挙状にあらずといへども*ただ御免の由、仰せ下さるべきか。兼ねてまた*新叙《しんじよ》の輩、*巡年廻り来り、

だったりする内部的な弱体の機を捉えて。

限りある沙汰　「有限」は有限所当・有限道理のごとく、厳重の、尊重すべき、などの意があり、ここでは、惣地頭が正当に行使し得る権限の意。

別納の御下文　小地頭たる御家人が惣地頭を経由せず、直接年貢公事を上納することを認可した幕府の下文。

事を左右に寄せ　種々の理窟をつけて。

39 官爵　朝廷の官位。

関東の御一行　幕府の推挙状。後文「昇進のため挙状」に当たる。文書形式からいえば、書状形式以外には考えられない。

成功　平安時代以来、造寺・造宮などの費に充てるために盛んに行われた売官制度。↓補

所望の人を…　成功銭を払って官に就かんとする武士をリストアップして朝廷に注申するのは、いうまでもなく公平の処置であり、何ら問題とするに足りない。

受領　国司。

検非違使　↓補

ただ御免の由…　挙状を発行せず、単に希望する御家人に対し許可を与えるの意であろうが、それが何らかの文書形式をとるものか口頭にすぎぬものか不明。

新叙　新たに位を与えられた者。

巡年廻り来り　一定の年労を積んで昇進の機にあたれば。

40 官位　僧官・僧位。

綱位　僧綱。すなわち僧正・僧都・律師の位。

臈次　法臈の多少の順。法臈とは具足戒

朝恩に浴さば、制の限りにあらず。

一　官爵所望輩、申請関東御一行事

右被召成功之時、被註申所望人者、既是公平也、仍非沙汰之限、為昇進申挙状事、不論貴賤一向可停止之、但申受領検非違使之輩、於為理運者、雖非御挙状只御免之由、可被仰下歟、兼又新叙之輩、巡年廻来浴朝恩者、不在制限、

40　一　鎌倉中の僧徒、ほしいままに*官位を諍《あらそ》ふ事

右、*綱位《こうい》によつて*臈次《らつし》を乱すの故に、猥《みだ》りに自由の昇進を求め、いよいよ僧綱《そうごう》の員数を*添ふ。*宿老有《すくろうう》智《ち》の高僧たりといへども、少年無才の後輩に越さる。すなはちこれ且は*衣鉢《はち》の*資《たすけ》を傾《かたぶ》け、且は*経教の義に乖《そむ》くものなり。自今以後、免許を蒙らず昇進の輩、寺社の*供《ぐ》僧《そう》たらばかの職を停廃《ちょうはい》せらるべし。*御帰《おんき》依《え》の僧たりといへども同じくもつて停止せらるべし。*この外の禅侶《ぜんりょ》は、偏《ひとえ》に*顧《こ》眄《めん》の人に仰せて、よろしく*諷諫《ふうかん》の誡あるべし。

一　鎌倉中僧徒、恣諍官位事

右依綱位乱臈次之故、猥求自由之昇進、弥添僧綱之員数、雖為宿老有智高僧、被越少年無才後輩、即是且傾衣鉢之資、且乖経教之義者也、自今以後不蒙免許昇進之輩、為寺社供僧者可被停廃彼職、雖為御帰依僧、同以可被停止、此外禅侶者、偏仰顧眄之人、宜有諷諫之誡、

41　一　奴婢雑人《ぬひぞうにん》の事

右、大将家の例に任せて*その沙汰なく十箇年を過ぎば、理非を論ぜず*改め沙汰に

を受けて比丘(び)・比丘尼となった以後の年数をいい、安居(あんご)の終了をもってその起点とするが、後には具足戒や安居と無関係に、出家得度以後の年数をもって数えた。僧の序列は法臈の多少によって上臈・中臈・下臈と区別されていたが、官位の上下によってこの秩序が破られる現実を述べている。

添ふ　1条頭注参照。

宿老有智　下文「少年無才」の対語。臈次高く学識ある僧。

衣鉢　「衣」は僧衣、「鉢」は法具を意味し、普通は法統の意に用いられるが、ここでは経済的な意味であろう。

資を傾け　拠り所を失わさせ。

経教　仏教に説かれた教法。

供僧　たとえば鶴岡八幡宮の供僧のごとく、神社の構成メンバーとなっている僧侶を指すものであろう。

御帰依の僧　たとえば寿福寺の栄西のごとく、将軍の帰依のとくに深い僧侶。

この外の禅侶　供僧のごとく職を停廃できるほど幕府の支配が及んでいない一般の僧侶。もちろん、事書のいう鎌倉中という限定の下ですべては論じられている。

顧眄の人　親近者。

諷諫　婉曲にいさめること。

41その沙汰なく　具体的には奴婢に対する自己の所有権を主張する訴訟を提起することなく。

改め沙汰に及ばず　帰属について現状を変更しない。

及ばず。

次に奴婢所生《しよしよう》の男女の事、*法意の如くば子細ありといへども、同じき御時の例に任せて、男は父に付け、女は母に付くべきなり。

一　奴婢雑人事

右任大将家之例無其沙汰過十箇年者、不論理非不及改沙汰、次奴婢所生男女事、如法意者雖有子細、任同御時之例、男者付父、女者可付母也、

42 一　百姓*逃散《ちようさん》の時、*逃毀《にげこぼち》と称して損亡せしむる事

右、諸国の住民*逃脱《ちようだつ》の時、その領主ら逃毀と称して、妻子を抑留し、資財を奪ひ取る。所行の企てははなはだ仁政に背く。もし*召し決せらるるの処、年貢所当の未済あらば、*その償ひを致すべし。然らずば、早く*損物を糺し返さるべし。*ただし去留《きよりゆう》においてはよろしく民の意《こころ》に任すべきなり。

一　百姓逃散時、称逃毀令損亡事

右諸国住民逃脱之時、其領主等称逃毀、抑留妻子奪取資財、所行之企甚背仁政、若被召決之処、有年貢所当之未済者、可致其償、不然者、早可被糺返損物、但於去留者宜任民意也、

43 一　*当知行と称して他人の所領を*掠め給はり、*所出物《しよしゆつもつ》を貪《むさぼ》り取る事

右、無実を構へ掠領《りやくりよう》の事、*式条の推《お》すところ罪科脱《のが》れ難し。よつて押領物においては早く糺し返さしむべし。*所領に至つては没収せらるべきなり。所帯なくば遠流《おんる》に処せらるべし。

法意　↓補

42 **逃散**　農民の逃亡にも、(一)遠隔地への浮浪、(二)付近の山野に逃げ籠る、(三)近隣の郷村に縁故を頼って引き移る、など種々の形態があり、巨視的にみれば、(一)→(三)へと時代的に変化し、式目時点でいえば(二)の段階であるといわれている。

逃毀と称して　↓補

逃脱　逃散と同意。

召し決せらる　本条全体の理解にかかわることであるが、誰が誰と誰を召し決するのかが問題である。式目一般の「被」の用法からすれば召し決する主体は幕府であり、召し決せられるのは領主と百姓であるとみるべきかも知れない。しかし、逃散の百姓の訴えをうけてこのような裁判が幕府で行われる可能性は、現実にはきわめて小さく、なお疑問の余地がある。

その償　逃毀の対象となった財物の中から未済分相当を支払わさせる。

損物　領主の奪取した財物。

ただし去留においては…　↓補

43 **当知行と称して**　↓補

掠め給はり　具体的には当知行を条件として何らかの安堵をうけ、それを不当に利用して(利用しうる条件が、かなり一般的に存在したのであろう)、他人当知行所領への押領を企てたものと思われる。

所出物　年貢等の収益。

式条の推すところ　3条頭注「式目」参照。

所領　押領所領ではなく、押領者の本来の所領。

次に当知行の所領をもつて、*指したる次《ついで》なく安堵の御下文を申し給はるの事、もしその次《ついで》をもつて始めて*私曲《しきよく》を致すか。自今以後停止せらるべきなり。

一　称当知行掠給他人所領、貪取所出物事

右構無実掠領事、式条所推難脱罪科、仍於押領物者早可令糺返、至所領者可被没収也、無所帯者可被処遠流、次以当知行所領、無指次申給安堵御下文事、若以其次始致私曲歟、自今以後可被停止也、

44 一　傍輩《ほうばい》の*罪過未断《みだん》以前、かの所帯を*競望《けいもう》する事

右、*労功を積むの輩、所望を企つるは常の習ひなり。しかるに、所犯あるの由風聞せしむるの時、罪状いまだ定まらざるの処、件の所領を望まんがため、その人を*申し沈めんと欲するの条、所為《しよい》の旨あへて正義にあらず。*かの申状につきてその沙汰あらば、*虎口《ここう》の讒言蜂起して絶ゆべからざるか。たとひ*理運の訴訟たりといへども、兼日《けんじつ》の競望を叙用せられず。

一　傍輩罪過未断以前、競望彼所帯事

右積労功之輩、企所望者常習也、而有所犯之由令風聞之時、罪状未定之処、為望件所領、欲申沈其人之条、所為之旨敢非正義、就彼申状有其沙汰者、虎口之讒言蜂起不可絶歟、縦雖為理運之訴訟、不被叙用兼日之競望、

45 一　*罪過の由*披露《ひろう》の時、*糺決《きゆうけつ》せられず所職を改替する事

右、糺決の儀なく御成敗あらば、*犯否を謂《い》はず定めて欝憤《うつぷん》を貽《のこ》さんか。*者《ていれ》ば早く

指したる次　安堵をうけるには一般に当知行たることが必要条件である。従って、㈠相続による当知行人の交替、㈡将軍や執権の代替わりによる安堵発給側の交替、㈢他からの押妨排除、㈣戦乱・動乱による知行の混乱などの契機(次)がなければ、単なる当知行安堵は本来無意味・無価値である。しかし式目当時、すなわち承久の乱・義時の死去など、㈡㈢の要因からする安堵申請が急増し、同時に本条前半にいうごとき安堵の悪用が頻発したため、本条が立法されたものであろう。

私曲　不正行為。

44罪過未断以前　幕府が罪刑を決定するまえに。

競望する　不当に所領下付の申請を出す。

労功　7条にいう「宮仕の労」と同意で、日常的な奉公を主に念頭に置いたものであろう。

申し沈む　故意に罪科に陥れる。

かの申状　傍輩の罪科を理由に、その跡を給与せられることを望む申状。一般に所領給与の申請は、その対象地を特定して行われるのがむしろ一般的であった。

虎口の　罪なき者にとって危険きわまりない。

理運の訴訟　たとえば7条にみえる当該所領の本主であるとか、或いは当知行人の一族であるとか、もし現実にその地が闕所とされたならば給与をうけるべき正当な権利の保有者の訴え。

45罪過　下文「犯否」などから推して、検断沙汰に属する刑事犯罪を指すと考え

*淵底を究め裁断せらるべし。

一　罪過由披露時、不被糺決改替所職事

右無糺決之儀有御成敗者、不謂犯否定貽欝憤歟、者早究淵底可被裁断、

46 一　所領*得替《とくたい》の時、*前司《ぜんじ》・新司《しんし》の沙汰の事

右、*所当年貢においては新司の成敗たるべし。私物・雑具ならびに所従・馬牛等に至つては新司抑留に及ばず。況んや恥辱《ちじょく》を前司に与へしめば、*別の過怠《かたい》に処せらるべきなり。ただし重科によつて没収せられば、沙汰の限りにあらず。

一　所領得替時、前司新司沙汰事

右於所当年貢者、可為新司之成敗、至私物雑具幷所従馬牛等者、新司不及抑留、況令与恥辱於前司者、可被処別過怠也、但依重科被没収者、非沙汰之限、

47 ▼ 一　*不知行《ふちぎょう》の所領の文書をもつて、他人に寄附する事〈付たり。名主職をもつて本所に相触《ふ》れず、*権門に寄進する事〉

右、自今以後寄附の輩においては、その身を追却《ついきゃく》せらるべきなり。*請け取るの人に至つては、寺社の修理に付けらるべし。次に名主職をもつて本所に知らしめず、権門に寄附するの事*自然これあり。しかる如きの族は、名主職を召し、地頭に付けらるべし。*地頭なきの所は、本所に付けらるべし。

一　以不知行所領文書、寄附他人事〈付、以名主職不相触本所、寄進権門事〉

られるが、確証はない。

披露　もし検断沙汰に限られるとすれば、侍所の奉行人が評定に披露するものであろうが、これも明らかではない。

糺決　具体的には、文書あるいは口頭によって被告に陳弁の機を与えること。このような糺決を経ず裁決を下すことを、当時の所務沙汰では「一方向の沙汰」とよんだ。

犯否を謂はず　実犯たると無実たるとを問わず。

早く　底本になし。他本により補う。

淵底を究め　充分な審理をとげた上で。

46 得替　与奪などと同じく相反する意をもつ二字のうち一方のみの意をもつ熟語の一つで、普通には喪失・没収などの意に用いられたが、本条についていえば得と替、すなわち交替の意と解せられないこともない。

前司・新司　旧新知行人。

所当年貢　交替当年における所当年貢。

別の　格別の、重い。

47 不知行の所領の文書…　占有を確保していない所領の権利証文を他人に贈与する。この結果、贈与をうけた側と当知行者との間に新たな紛争が起こる。しかも一般に被贈与者は贈与者よりも有力者であるから、当知行者は大きな脅威をうける可能性を生ずることになる。

権門　式目では本条と30条にこの語がみえるが、中央の有力寺社・高級貴族などを指すいわゆる権門勢家に特定された意ではなく、幕府部内の有力御家人などを

右自今以後於寄附之輩者、可被追却其身也、至請取之人者、可被付寺社之修理、次以名主職不令知本所、寄附権門事、自然有之、如然之族者、召名主職可被付地頭、無地頭之所者、可被付本所、

48 一 売買所領の事

右、*相伝の私領をもつて、*要用の時沽却《こきやく》せしむるは*定法なり。しかるに或は勲功に*募り、或は*勤労によつて別の御恩に預かるの輩、ほしいままに売買せしむるの条、所行の旨その科なきにあらず。自今以後、慥《たし》かに停止せらるべきなり。もし*制符《せいふ》に背き沽却せしめば、売人といひ買人といひ、共にもつて罪科に処すべし。

一 売買所領事

右以相伝之私領、要用之時令沽却者定法也、而或募勲功、或依勤労預別御恩之輩、恣令売買之条、所行之旨非無其科、自今以後慥可被停止也、若背制符令沽却者、云売人云買人、共以可処罪科、

49 一 *両方の証文*理非《りひ》顕然《けんぜん》の時、*対決を遂げんと擬《ぎ》する事

右、かれこれの証文理非懸隔《けんかく》の時は、対決を遂げずといへども、直《じき》に成敗あるべきか。

一 両方証文理非顕然時、擬遂対決事

右彼此証文理非懸隔之時者、雖不遂対決、直可有成敗歟、

50 一 狼藉の時、子細を知らずその*庭に出で向ふ輩の事

含む普通の意味の有力者一般を指すものと思われる。

請け取るの人 文書の寄附をうけた人。

自然 16条にもみえる語で、普通には「万一」の意であるが、ここでは「時として」の方が近い。

地頭なきの所 地頭職不設置の庄郷。

48 相伝の私領 私領はこの場合、下文にみえる恩領の対立概念で、沙汰未練書に「本領トハ、為開発領主、賜代々武家御下文所領田畠等事也、又私領トモ云」とあるごとく、御家人の根本所領を指す。しかし恩領・私領の別はその獲得原因による厳密な区別があるわけではなく、むしろ相伝、すなわち何代かの相続を経たか否かが、重要な要素となっていると考えられる。

要用の時 支出の必要に迫られた時。

定法 →48条補

募り 7条頭注参照。

勤労 7条「宮仕の労」、44条「労功」と同意。

制符 本条そのもの。

49 両方 訴・論両者。

理非顕然 優劣が明白。

対決を遂げんと擬する あくまで対決にまでもち込むことを主張する。

50 その庭 狼藉の現場。

同意与力 一方に加担・加勢すること。

子細に及ばず 刑罰を課すことは当然であるが。

実否を聞かんがため 事件が本当におきたかどうかを確かめるため。

右、*同意与力《よりき》の科においては*子細に及ばず。その軽重《けいちょう》に至つては、兼ねて式条に定め難し。もつとも時宜《じぎ》によるべきか。*実否を聞かんがため、子細を知らずその庭に出で向ふにおいては、罪科に及ばず。

一　狼藉時、不知子細出向其庭輩事

右於同意与力之科者不及子細、至其軽重者兼難定式条、尤可依時宜歟、為聞実否、不知子細、於出向其庭者、不及罪科焉、

51▼ 一　*問状《もんじょう》の御教書を*帯《お》び、狼藉を致す事

右、訴状につきて問状を下さるるは*定例なり。しかるに問状をもつて狼藉を致す事、*姦濫《かんらん》の企て、罪科遁れ難し。*申すところもし顕然の僻事《ひがごと》たらば、問状を給ふ事一切停止せらるべきなり。

一　帯問状御教書、致狼藉事

右就訴状被下問状者定例也、而以問状致狼藉事、姦濫之企難遁罪科、所申若為顕然之僻事者、給問状事一切可被停止也、

貞永元年七月日

*起請

御*評定の間、理非決断の事。

51問状の御教書　訴状が受理され、これに対する陳状の提出を論人に命ずるために関東・六波羅より出される御教書。なお訴状そのもの、或いは35条にみえる召文と混用される場合が多い。

帯び　当時の民事訴訟は当事者主義の原則で一貫されており、従って問状の御教書を論人に交付する役割も訴人みずからに荷わされていた。これは訴人に重い負担であると同時に、本条にみるごとき違法行為の発生原因ともなった。

定例　当然であってなんら訴人の主張に正当性を認めたわけではない、の意。

姦濫の　詐欺的な。

申すところ　訴状の内容。

○起請　→補

評定　執権・連署・評定衆によって構成される幕府の最高議決機関。とくに建長元年、引付が設置される以前においては、司法機関としても実質的な審理が評定会議において行われた。

了見の…　考えの浅さから間違った意見を述べたとしても、それは一向悪意から出たものではない。

非拠の事を…　根拠のない訴えを証拠ありと主張し。

短　欠点・弱点。

善悪　この場合、「悪」にのみ意味をもたせた用法であろうか。

事と意と相違し　この場合、事＝言とみて、発言内容と本心が違って、の意か。

紕繆　そしり。非難。

事切れの条々　落着した結論。

右、愚暗《ぐあん》の身、*了見の及ばざるによつてもし旨趣《しいしゅ》相違の事、さらに心の曲《まが》るところにあらず。その外、或は人の方人《かたうど》として道理の旨を知りながら、無理の由を称し申し、また*非拠《ひきょ》の事を証跡ありと号し、人の*短《たん》を明らかにせざらんがため、子細を知りながら*善悪に付きてこれを申さずば、*事と意《こころ》と相違し、後日の*紕繆出来《ひびゅうしゅつたい》せんか。およそ評定の間、理非においては親疎あるべからず、好悪あるべからず。ただ道理の推《お》すところ、心中の存知、傍輩を憚《はばか》らず、権門を恐れず、詞を出すべきなり。御成敗*事切《ことき》れの条々、たとひ道理に違はずといへども*一同の憲法《けんぼう》なり。たとひ非拠《ひきょ》に行はるるといへども一同の越度《おつと》なり。自今以後、訴人ならびに*縁者に相向ひ、自身は道理を存すといへども、*傍輩の中その人の説をもつて、いささか違乱の由を申し聞かさば、すでに*一味の義にあらず。ほとんど諸人の嘲《あざけ》りを貽《のこ》すものか。兼ねてまた道理なきによつて、評定の庭に棄て置かるるの輩、*越訴《おっそ》の時、評定衆の中、*一行《いちぎょう》を書き与へられば、*自余《じよ》の計《はか》らひ皆無道の由、独りこれを存ぜらるるに似たるか。者《てい》ば条々の子細かくの如し。この内もし一事といへども曲折を存じ違犯せしめば、*梵天《ぼんてん》・帝釈《たいしゃく》・*四大天王、惣じて日本国中六十余州の大小神祇、*別して*伊豆・筥根《はこね》両所権現《ごんげん》、*三嶋大明神・八幡大菩薩・天満大自在天神の*部類眷属《けんぞく》の神罰・冥罰《みょうばつ》をおのおの罷《まか》り蒙《こうむ》るべきなり。よつて起請、件の如し。

貞永元年七月十日

沙《しゃ》弥《み》浄　円*

相模大掾《だいじょう》藤原業*時《なりとき》

一同の憲法　下文「一同の越度」に対比して、評定構成員全体の道理に叶った行為の意。

縁者　訴論人の。

傍輩の中…　他のメンバーの意見が採用されて誤った結論が出された。

一味の義にあらず　メンバーの一員としての連帯感・一体感を忘れた行為。

越訴　6条頭注のうち、㈠の用法。

一行　39条頭注「関東の御一行」参照。

自余の計らひ…　彼一人のみは、他のメンバーの意見がすべて無道であると思っているとみられても仕方ない。

梵天・帝釈　大梵天・帝釈天。ともに仏の付属をうけた国土の守護神とされる。

四大天王　持国・増長・広目・多聞の四天王。須弥山の四面に住し仏法を護持するという。

別して　中でも。この語以下に起請者とくに縁あつい神名が連記されるのが神文の通型。

伊豆・筥根両所権現　伊豆山・箱根ともに頼朝以来幕府の崇敬もっとも厚き神社。

三嶋大明神　伊豆の一の宮。伊豆・箱根と同じく将軍家の信仰を得、毎年正月には箱根とともに将軍の二所詣が行われた。なお後世一般の起請文の中に伊豆箱根三島社の名が広まるのは式目の影響であるといわれる。

部類眷属　一属一類。

浄円　俗名斎藤長定。清定の子。延応元年十月歿。式目制定当時四十歳。倫重・業時とともに式目起草者の一人とされる。

玄《げん》蕃《ばの》允《じょう》三善*康連
左衛門少尉藤原朝臣*基綱
沙弥*行然
散位三善朝臣*倫重
加賀守三善朝臣*康俊
沙弥*行西
前出羽守藤原朝臣*家長
前駿河守平朝臣*義村
摂津守中原朝臣*師員
武蔵守平朝臣*泰時
相模守平朝臣*時房

*問注奉行人の*起請詞《きしょうし》同前と云々

起請

御評定間理非決断事

右愚暗之身、依了見之不及若旨趣相違事、更非心之所曲、其外、或為人之方人乍知道理之旨、称申無理之由、又非拠事号有証跡、為不明人之短、乍知子細付善悪不申之者、事与意相違、後日之紕繆出来歟、凡評定之間、於理非者不可有親疎、不可有好悪、只道理之所推、心中之存知、不憚傍輩、不恐権門、可出詞也、御成敗事切之条々、縦雖不違道理一同之憲法也、設雖被行非

業時　佐藤。仁治二年、落書の科によって評定衆を解かれ鎮西に配流、建長元年六月歿。式目制定当時五十三歳。

康連　太田。康信の子。のち問注所執事となり康元元年十月歿。式目制定当時四十一歳。吾妻鏡によれば、式目編纂の最主要メンバー。

基綱　後藤。父は承久の乱で京方に参じて誅された基清。兄は幕府軍で戦死した基成。寛喜元年、使宣旨をうけ検非違使となる。17・39条の規定と関連ぶかい経歴をもつ人物。康元元年十一月歿。式目制定当時五十二歳。

行然　俗名二階堂行盛。行光の子。元仁元年以来政所執事、のち引付頭人を兼ね、建長五年十二月歿。式目制定当時五十二歳。

倫重　善信の孫、行倫の子。康連・康俊の甥に当たる。寛元二年六月歿。式目制定当時五十三歳。

康俊　町野。康信の子、康連の兄。暦仁元年の歿まで問注所執事。式目制定当時六十六歳。

行西　俗名二階堂行村。行政の子、行然の叔父。承久元年出家。暦仁元年歿。式目制定当時七十八歳。

家長　中条。八田知家の孫、義勝房盛尋の子。幕府草創以来の御家人。嘉禎二年歿。式目制定当時六十八歳。

義村　三浦。義澄の子。同じく幕初以来の豪族御家人。延応元年十二月歿。式目制定当時の年齢不明。

師員　師茂の子。貞永元年明法博士。関

拠一同之越度也、自今以後相向訴人并縁者、自身者雖存道理、傍輩之中以其人之説、聊違乱之由申聞之者、已非一味之義、殆貽諸人之嘲者歟、兼又依無道理、評定之庭被棄置之輩越訴之時、評定衆之中被書与一行者、自余之計皆無道之由、独似被存之歟、者条々子細如此、々内若雖一事、存曲折令違犯者、

梵天帝釈四大天王惣日本国中六十余州大小神祇、別伊豆筥根両所権現三嶋大明神八幡大菩薩天満大自在天神部類眷属、神罰冥罰於各可罷蒙也、仍起請如件、

（年次署名略）

問註奉行人起請詞同前云云

東に下った時期は不明だが、官歴からみてメンバー中もっとも公家法に精通せる人物であろう。建長三年歿。式目制定当時四十八歳。

泰時　執権北条泰時。

時房　連署北条時房。時政の子で泰時の叔父に当たる。承久の乱後六波羅探題となり、義時の死後、泰時とともに東下し連署となる。仁治元年正月歿。式目制定当時五十二歳。なお、幕府内部の地位は泰時より低位であるにもかかわらず、時房が最上首として末尾に署名しているのは、同じ従四位ながら時房の方が叙任が早いからである。

問註奉行人　12条頭注のごとく、問注には広狭二義あるが、ここでは広義すなわち訴訟一般を意味し、裁判にたずさわるすべての奉行人であろう。なおこの後、奉行人から私曲なき旨の起請文を徴することはしばしば行われた。

起請詞同前と云々　「同前」を厳密な意味での同文とは考えられない。たとえば「評定衆の中」の一句をとっても奉行人の起請文には適当でないからである。

雑務　狭義には所務・検断沙汰と区別する上から、主として売買・貸借関係の訴訟を意味する雑務沙汰を指すが、ここでは訴訟一般の意たる広義の用法。広義の用法では高度の国政に対して、狭義では所務・検断に対して、いずれも一種の卑称であり、公家では広義の用法しか見出

〔北条泰時消息〕

御式目事

*雑務御成敗《せいばい》のあひだ、*おなじ躰《てい》なる事をも、強《つよ》きは申とをし、弱《よは》きはうづもる〻やうに候を、ずいぶんに*精好《せいがう》せられ候へども、おのづから*人にしたがうて軽重などの出来《いでき》候ざらんために、かねて式条《しきでう》をつくられ候。その状一通まいらせ候。かやうの事には、*むねと*法令《ほうりやう》の文《もん》につきて、その沙汰《さた》あるべきにて候に、ゐ中にはその道《みち》をうかゞい知《し》りたるもの、千人万人が中にひとりだにもありがたく候。まさしく犯《おか》しつれば、たちまちに*罪《つみ》に沈《しづ》むべき盗人《ぬすみ》・夜《よ》討躰《うちてい》のことをだにも、たくみ企《くわだ》て〻、身をそこなう輩《ともがら》おほくのみこそ候へ。まして*子細《しさい》を知《し》らぬもの〻沙汰《さた》しおきて候らんことを、*時《とき》にのぞみて*法令《ほうりやう》にひきいれてかんがへ候はゞ、*鹿穴《あな》ほりたる山《やま》に入《い》りて、知《し》らずしておちいらんがごとくに候はんか。この故《ゆゑ》にや候けん、大将殿の御時、法令《ほうりやう》をもとめて御成敗《せいばい》など候はず。代々将軍の御時も又その儀《ぎ》なく候へば、いまもかの御例をまねばれ候なり。詮《せん》ずるところ、従者主に忠《ちう》をいたし、子親《をや》に孝《けう》あり、妻は夫にしたがはゞ、人の心の曲《まが》れるをば棄《す》て、直《なを》しきをば賞《しやう》して、おのづから土民安堵《あんど》の計《はか》り事《ごと》にてや候とて、*かやうに沙汰《さた》候を、京辺《へん》には定《さだ》めて物《もの》をも知《し》らぬ夷戎《ゑびす》どもが書《か》きあつめたることよなと、わらはる〻方《かた》も候はんずらんと、憚《はゞか》り覚《おぼ》え候へば、*傍痛《かたはらいた》き次第《しだい》にて候へども、

し得ないのは注目されよう。

おなじ躰なる事　同様の論点をもつ訴訟。

精好せられ…　念には念を入れて裁判を行っても。

人にしたがうて　当事者の強弱高下によって。

むねと　宗と。専ら。

法令の文　律令格式を主体とする公家法。

罪に沈むべき　罰せられることがわかり切っている。

子細を知らぬ…　罪の意識もなく。

時にのぞみて　裁判に際して。

法令にひきいれて　律令格式の条文に准拠して。朝廷の裁判では裁判者は必ず法令の明文をひいて事を論ずることを要求されていた。

鹿穴　鹿を捕えるための落し穴。

かやうに沙汰候を　式目の制定を指す。

傍痛き　心苦しい。恥かしい。

披露して…　「披露」「この意」などの表現からみて、披露する対象は式目ではなくて、この書状の内容であるとみたいが、下文との関連からいえば、式目本文をも含めたものと考えるのが妥当か。

守護所・地頭には…　この部分、菅孝次郎本には「すこ所へハめん〱にくはられ候へし」とある。地頭が下文の「地頭御家人」と重複しない点、守護のみの方が「その国中」によりよく対応する点からみて、地頭の二字なき菅本をとるべきか。

これ　式目五十一ヵ条。

追うて記し加へ…　追加法立法の意志を

かねて定《さだ》められ候はねば、人にしたがふことの出来《いでき》ぬべく候故《ゆゑ》に、かく沙汰候也。関東御家人・守護所・地頭にはあまねく*披露《ひろう》して、この意《こゝろ》を得《え》させられ候べし。且《かつ》は書き写《うつ》して、*守護所・地頭には面々《めんめん》にくばりて、その国中《うち》の地頭・御家人ともに、仰《おほ》せ含《ふく》められ候べく候。*これにもれたる事候はゞ、*追《お》うて記《しる》し加《くわ》へらるべきにて候。あなかしく。

貞永元
八月八日　　武蔵守 御判

*駿河守《するがの》殿

御成敗候べき条々の事注され候状を、*目録となづくべきにて候を、さすがに*政《(まつりごと)》の躰をも注載《(ちゆうしのせ)》られ候ゆへに、執筆の人々*さかしく式条と申《(もうす)》字をつけあて候間、その名を*こと〴〵しきやうに覚《(おぼえ)》候によりて式目とかきかへて候也。其旨を御存知あるべく候歟。さてこの式目をつくられ候事は、なにを*本説として被注載《(ちゆうしのせらるる)》之由、人さだめて*誹難《(ぼうなん)》を加《(くわうる)》事候歟。ま事にさせる*本文《(ほんぶん)》にすがりたる事候はねども、たゞ道理《どうり》のおすところを被記《(しるされ)》候者也。かやうに兼日に定《さだ》め候はずして、或はことの理非を*つぎにして其人のつよきよはきにより、或は、*御裁許ふりたる事をわすらかしておこしたて候。かくのごとく候ゆへに、かねて御成敗の躰を定《さだ》めて、人の高下を不論《(ろんぜず)》、偏頗《(へんぱ)》なく裁定せ

あらかじめ明らかにしたものであるが、「記し加へ」の表現から、それらの追加法が具体的に式目本文の奥に書きつがれ、或いは余白に書き加えられることを想定したことがうかがわれる。そこには、式目・追加両者の価値効力を差別する考え方は全く示されていない。↓解題

駿河守　北条重時。泰時の弟で、寛喜二年以来六波羅探題の職にあった。

目録　所領目録・文書目録のごとく、物の名称・数量などを列記し書き上げた文書の名称であって、法令集を目録と呼んだ例は見当たらない。「一、…事、一、…事」という形態上の類似と、本文にみるごとき公家法への卑下から出た言葉であろう。

政の躰をも　「をも」からみて1・2条の神社・仏寺に関する規定を限定的に指すとも考えられる。

さかしく　賢明にも。

こと〴〵し　大げさだ。

本説　依拠すべき法理上の原典。

本文　本説と同義。

誹難　非難。

つぎにして　ないがしろにして。

御裁許ふりたる事を…　「或は…或は…」の文体から「わすらかす」主体も「つぎにして」と同じく訴訟当事者ではなく裁判者みずからとみなければならない。従ってこの部分は、すでに判決ずみの案件を故意に知らぬ顔でふたたび評定の場に披露する、といった意であろうか。

られ候はんために、子細記録しをかれ候者也。この状は法令のおしへに違《（い）》するところなど少々候へども、たとへば律令格式《（りつりょうきゃくしき）》は*まなをしりて候物の*ために、*やがて漢字を見候がごとし。かなばかりをしれる物のためには、まなにむかひ候時は人の目を*しいたるがごとくにて候へば、この式目は只かなをしれる物の世間におほく候ごとく、あまねく人に心えやすからせんために、武家の人への計《はか》らひのためばかりに候。これによりて京都の御沙汰、律令のおきて聊も改《あらた》まるべきにあらず候也。凡*法令のおしへ*めでたく候なれども、*武家のならひ、民間の法、それをうかゞひしりたる物は百千が中に一両もありがたく候歟。仍諸人しらず候処に、俄に法意をもて理非を勘《（かんがえ）》候時に、*法令の官人*心にまかせて軽重《（けいちょう）》の文どもを、ひきかむがへ候なる間、其*勘録一同ならず候故に、人皆迷惑と云云、これによりて文盲の輩もかねて思惟《（しい）》し、御成敗も変々ならず候はんために、この式目を注置《（ちゅうしおか）》れ候者也。京都人々の中に謗難を加《（くわうる）》事候はゞ、此趣を御心得《え》候て御問答あるべく候。恐々謹言。

貞永元
九月十一日　　　　武蔵守 在―

駿河守殿

まなをしりて…　難解。漢字知りの漢字読み、とでも訳すべきか。いずれにせよ、もともと法律に通じている者のみを対象としていることを比喩した言葉であることは明らかであるが。

ために　為は「トシテ」ともよみ、「タメニ」と書いても「トシテ」の意味に用いられることがあり、ここでは恐らくその用法。

やがて　すなわち。

しいたる　「癈ふ」。機能を失わせる。

法令　律令格式。

めでたく　立派。

武家のならひ、民間の法…　武士・庶民を問わず律令に通ずるものは皆無である、の意。従って「武家のならひ、民間の法」に律令と対比した慣習法の意をもたせる解釈は誤り。

法令の官人　朝廷の裁判の実務にたずさわる明法家などの法曹官僚。

心にまかせて…　一般の人々が法文に通暁しないのをいいことにして、恣意的に律令格式の条文を引用するので。このくだり、下文「云々」と表現をやわらげながら朝廷裁判への批判をのぞかせている。

勘録一同ならず　当時の朝廷の訴訟手続きは明らかでないが、個別の事例でみれば、複数の明法官人などから複数の勘録(判決の草案、或いは意見書)を徴している。従って、それら相互の間に矛盾があるという意にもとれるが、或いは同一の争点をもった訴訟に時によって異なった勘録が出されるという意にもとれる。

追加法

笠松宏至 校注

主従法

34 一　*預け置くところの召人《めしうど》、逃失せしむる罪科の事　*去年(寛喜三)七月評

右、謀叛人を預け置くのところ、その召人逃失せしむるに於ては、重科の事たるによつて、所領を召さるべきなり。それ已下は重科に処すべからず。軽重《けいちょう》にしたがひて、過怠《かたい》に行はるべし。いはゆる*寺社の修理等これなり。ただし、逃脱《ちょうだつ》の後、尋ね求めしめんがために、三ヶ月は延引せらるべきなり。もし三ヶ月の内に尋ね出さずば、事の躰《てい》にしたがひてその沙汰あるべきか。

一　所預置召人、令逃失罪科事　去年七月評

右、預置謀叛人之処、其召人於令逃失者、依為重科事、可被召所領也、其已下者不可処重科、随軽重可被行過怠、所謂寺社修理等是也、但逃脱之後、為令尋求、三ヶ月者可被延引也、若三ヶ月之内不尋出者、随事之躰、可有其沙汰歟、

68 一　*西国御家人の所領の事

右、西国御家人は右大将家の御時より、守護人等*交名《きょうみょう》を注し、大番以下の課役を催し勤めしむるといへども、*関東の御下文を給はりて所職を領知せしむるの輩はいくばくならず。重代の所帯たるによつて、便宜《びんぎ》にしたがひ、或は本家領家の下知を給はり、或は*寺社惣官《そうかん》の下文をもつて相伝せしむるか。しかるに今、*式目につきて多く*違乱出来《しゅったい》すと云々。これすなはち承久兵乱の後、重代相伝の輩のうち、奸心を插《さしはさ》むの族、新地頭の所務を模し、国司・領家を蔑如《べつじょ》したてまつるの由、その聞えあるの間、しかるがごときの狼唳《ろうれい》を断たんがために、本所御成敗の事に於ては、関東御口入《くにゅう》に及ばざるの由、定められ畢《おわ》んぬ。*これにつきて、なんぞたちまち御家

34 **預け置く…**　囚人を預かりこれを拘禁しておくことは、鎌倉御家人の特異な義務の一つであった。本条以後においても、天福元年に大番衆が預かった囚人の逃失についての立法(61条)、仁治二年四月、同じ罪によって新田政義らが数千疋の過料を課せられる等の実例が知られている。

去年七月評　現存追加法令には、事書の下に、ここにみるごとく、年次や担当奉行人の名を注記するものが多い。「去年」は貞永元年すなわち式目立法時点に立った注記であり、追加集成立の原初的形態を示すものとして注目される(『中世法制史料集』第一巻、補注11参照)。「評」は評定の略で、追加法令の立法主体が評定会議であることを示す。

寺社の修理　61条では具体的に清水寺橋の修理、仁治の一件では徴収した過料を鎌倉大仏殿造営に寄進することを定めている(吾妻鏡)。

68 **西国御家人**　「鎌倉幕府の支配体制は、人身支配原理に基づく御家人制と土地支配原理に基づく地頭制とを二大支柱とし、かつこれを現実の場で結びつけうるよう構成された。しかしこの結合は決して全面的に貫徹されてはいないのであって、…西国御家人においては人身的には鎌倉殿に、所職の面では本所領家の支配下に属するという武士が少なくなかった」(佐藤進一「鎌倉幕府政治の専制化について」(『日本封建制成立の研究』))といわれるように、ゆるやかな支配制原理の中に包轄されていた近畿以西の御家人集団。

人等の佗傺《たてい》に及ぶべけんや。ただし*本所として奇怪を現はし、*その咎を蒙らば*勿論といふべきか。しからば訴訟出来の時、おのおの本所に触れ申し、罪科の有無を関東に注申せらるべきものなり。

兼ねてまた自今以後に於ては、子細を触れ仰せられば、*尋ね沙汰あるべきの由、*面々申し置かるべし。そもそも*名を下司職に仮るといへども、御家人の列にあらずば、守護人さらに大番役を催促せしむべからず。もしその役を充て催さば、本所の*欝訴《うつそ》たるべき故なり。この旨をもつて沙汰致すべきの状、仰せによつて執達件《くだん》のごとし。

天福二年五月一日　*武蔵守　判

*相模守　判

*駿河守殿

一　西国御家人所領事

右、西国御家人者、自右大将家御時、守護人等注交名、雖令催勤大番以下課役、給関東御下文、令領知所職之輩者不幾、依為重代之所帯、随便宜、或給本家領家之下知、或以寺社惣官之下文、令相伝歟、而今就式目、多違乱出来云々、是則承久兵乱之後、重代相伝之輩中、插奸心之族、擯新地頭之所務、奉蔑如国司領家之由、有其聞之間、為断如然之狼唳、於本所御成敗事者、不及関東御口入之由被定畢、就之、何忽可及御家人等之佗傺哉、但為本所現奇怪、蒙其咎者、可謂勿論歟、然者、訴訟出来之時、各触申本所、可被注申罪科之有無於関東者也、兼又於自今以後者、被触仰子細者、可有尋沙汰之由、面々可被申置、抑雖仮名於下司職、非御家人列者、守護人更不可令催促大番役、若充催其役者、可為本所之欝訴之故也、以此旨可致沙汰之状、依仰執達如件

88　一　京都大番の事。*月充《つきあて》を定めらるるの処、*替の番衆遅々の間、*前衆勤め越すの条、もつとも不

交名を注し　名簿を幕府に提出して。

関東の御下文　鎌倉殿と御家人とを結ぶ最高の紐帯である本領安堵もしくは相続安堵の下文。

寺社惣官　宗像10条頭注参照。

式目…　式目6条における本所領家の領域的支配権の一元的承認と、御家人制という人身的支配権の矛盾が西国御家人に集中的に現われていることを示す。

違乱　本所領家側より御家人に対する不法な処置。

これにつきて…　式目の規定があるからといって御家人が不当な困難にあうはずがない。すなわち本所側の一方的な自由裁量を放置しはしない、の意。本条の立法趣旨はこのくだりにあり、この法の系譜をつぐ追加法210・633条とともに本条が長く御家人保護法としての役割を果たす所以である。

本所として　「為本所」は或いは「本所のために」と読むべきか。意は、「…に対して」。

その咎　本所から下される刑罰。

勿論といふべきか　当然であり容喙の筋合いはない。

尋ね沙汰　事実を調査し処置を加える。明瞭な表現をとらないが、本所成敗の職といえども、御家人の所職についてはある程度の容喙を加えることを示したもの。

面々…　御家人に周知させる。

名を下司職に仮る　式目3条頭注「下司」参照。

欝訴　反撥。提訴。

便なり。一月遅参せしむるの輩は、二ケ月勤め入るべきなり。この率法《りつぽう》を守り、*精好《せいごう》せしめ給ふべきの状、仰せによって執達件のごとし。

文暦二年七月廿三日　武蔵守 判

相模守 判

駿河守殿

掃部助殿

一　京都大番事、被定月充之処、替番衆遅々之間、前衆勤越之条、尤不便也、一月令遅参之輩者、二ケ月可勤入也、守此率法、可令精好給之状、依仰執達如件、

96 一　御家人任官の事　嘉禎四・九・廿七評

右、御要によって*成功《じようごう》を召さるるの時、*功物《こうぶつ》を進納し所望を遂ぐるは、公益のその一なり。しかるに近代、*功人を語らひ付けんがために、*減納せしむべきの由、*京都奉行人内々相議するの間、*しかるがごときの便宜を伺ひ、*火急の御要の時、催促一切*合期《ごうご》せず。これすなはち*不忠の至りなり。たとひ神事・仏事の用途たりといへども、*不日《ふじつ》の究済にあらざるをもつて、*尫弱の計らひを扶《たす》けんがために、さらに減納の儀あるべからず。いはんやまた*本数すでに*建久以往《いおう》の本法につきて、減定せられ畢《おわ》んぬ。過分の煩ひを省《はぶ》かるるにあらざるか。

次に元より*成功に及ばざる官職の外、御推挙の儀あるべからず。しかのみならず、所望の輩に至つては、すべてもつて御沙汰に及ぶべからず。てへればおのおのこの旨を存ずべし。

一　御家人任官事　嘉禎四　九　廿七評

右、依御要被召成功之時、進納功物、遂所望者、公益之其一也、而近代為語付功人、可令減納之由、京都奉行人内々相議之間、伺如然之便宜、火急御要之時、催促一切不合期、是

武蔵守　執権北条泰時。

相模守　連署北条時房。

駿河守　六波羅探題北条重時。

88月充　京都大番の勤仕期間は幾度かの変遷があったが、多くは三ヵ月もしくは六ヵ月単位で、数ヵ国を一番にまとめて在京した。吾妻鏡によればこの前年に六ヵ月単位の編成が実施されたようであるが確かではない。月充は、某月より某月までという当番月の意。

替の番衆　交替に上洛してくる次の番の御家人。

前衆　すでに勤仕期間を了えた御家人。

精好　念を入れて齟齬のないよう。

96成功　式目39条頭注参照。

功物　成功銭。具体的な金額については式目39条頭注「成功」および補注参照。

功人を語らひ…　成功の希望者を多く誘引せんがために。

減納　成功銭を規定より減額する。

京都奉行人　六波羅の官途奉行。この頃は明らかでないが、建長に清原満定が任ぜられた頃より定職となり、弘安以降、評定衆をあてて異論の防止につとめた。

しかるがごときの便宜を伺ひ　減納の好機をねらって。

火急の御要の時　早急に成功銭を必要とするとき。

合期せず　間に合わない。

不忠　成功はもとより朝廷の支出を弁ずるために行われるものであるにも拘わらず、幕府が成功人を「催促」し、かつこれに応ぜざる者を「不忠」と断じている

則不忠之至也、縦雖為神事仏事用途、以非不日之究済、為扶尩弱之計、更不可有減納之儀、況亦本数已就建久以往之本法、被減定畢、非被省過分之煩哉、次自元不及成功官職之外、不可有御推挙之儀、加之、至所望之輩者、都以不可及御沙汰、者各可存此旨、

130 一 御家人のうち郎等《ろうとう》任官の事、自今以後、停止せらるべきなり。*所望の時、関東祗候人《しこうにん》の由、称し申さば、能々《よくよく》且は主人を糺明し、且は*重時に相触れ、申し任ぜらるべきの旨、かねて官の蔵人已下の*公事《くじ》奉行人に申し置かるべきの状、仰せによつて執達件のごとし。

延応二年三月十八日　*前武蔵守

相模守殿

一 御家人之中郎等任官事、自今以後、可被停止也、所望之時、関東祗候人之由称申者、能々且糺明主人、且相触重時、可被申任之旨、兼可被申置官蔵人已下公事奉行人之状、依仰執達如件、

137 一 *在京御家人*車に乗りて洛中を横行、所従*済々《せいせい》、その躰《てい》穏便ならざるの間、*しかるべき出仕の時、*無骨《ぶこつ》の由その聞えあり。事実《ことじつ》たらばもつとも穏便ならず。早く停止すべきの旨、下知せしめ給ふべきなり。

かねてまた関東御家人中*過差《かさ》の事、停止せらるべきなり。その旨を存ぜらるべきの状、仰せによつて執達件のごとし。

延応二年三月十八日　*武蔵守

相模守殿

一 在京御家人乗車横行洛中、所従済々、其躰不穏便之間、可然出仕之時、無骨之由有其聞、事実者尤不穏便、早可停止之旨、可令下知給也、兼亦関東御家人中過差事、可被停止也、

点が注目されよう。

不日の究済にあらざるをもつて　ただちに納付する必要はないのであるから。

尩弱の計らひ…　貧窮の御家人をたすけるために。

本数　成功銭の定められた金額。

建久以往の本法　建久年間以前に定められた定額。具体的な内容は不明。

成功に及ばざる官職の外　正確には「ざる」は誤り。成功の対象となる官職以外の官職の意。

130 所望の時　朝廷に対して任官の希望を申し出たとき。

重時　この御教書の充名、六波羅探題北条重時。

公事奉行人　ここでは、上文に「蔵人已下」とあるごとく、朝廷の実務官僚の総称であろう。

前武蔵守　泰時。嘉禎三年四月、武蔵守を辞す。

137 在京御家人　㈠大番などで滞京中のものを含めたすべての在京中の御家人、㈡常住的に在京して幕府の在京軍事力を構成し、かつ下文に「しかるべき出仕」とあるごとく朝廷の儀式などにも参列する特殊な御家人グループ、の広狭二義あり、普通には㈡を指すが、本条の場合、㈠を排除すべき特別の理由もない。

車　牛車。

済々　数多く威風盛んなるありさま。

しかるべき出仕　たとえば毎年五月に行われる小五月会には、在京御家人の主な武士が参列した。

可被存其旨之状、依仰執達如件、

161 一 所従の咎を主人に懸くるや否やの事 仁治二・三・廿五

加賀国*坎保《くぼのほ》の地頭*庄田四郎次郎行方と*岩本太郎家清相論、盗人新五郎男の事

仁治二・三・廿五の評定に云く、所従の盗犯を主人に懸くるの条、物議に背くか。*沙汰の限りにあらず。*奉行*対馬左衛門尉

一 懸所従咎於主人否事 仁治二 三 廿五

加賀国坎保地頭庄田四郎次郎行方与岩本太郎家清相論盗人新五郎男事

仁治二 三 廿五評定云、懸所従之盗犯於主人之条、背物議歟、非沙汰之限、奉行対馬左衛門尉

169 一 *御免許を蒙らず遁世《とんせい》を企つるの後、なほ所領を知行する事〈仁治二・十一・十七〉

右、或は老耄《ろうもう》に及び、或は病患によつて、所領所職をもつて子孫に譲与し、身暇《みのいとま》を給はり遁世を企つるは、普通の法なり。しかるにいまだ老年に及ばず、さしたる病悩なく、御免を蒙らずして左右なく出家せしめ、なほ所領を知行の事、はなはだ自由の所行なり。自今以後、かくのごときの輩は不忠の科に処し、所領を召さるべきなり。ただし兼日《けんじつ》子孫ならびに養子をもつて*代官となし、奉公を致すに於ては、子細に及ばざるか。遁世のために、俄かに養子と称し、*吹挙《すいきょ》せしむるに至つては、叙用《じょよう》に能はず。

兼ねてまた関東の御恩に浴しながら、京都ならびに他所に居住し、官仕《かんし》を致さずば、同じくもつて*その所を領知すべからず。そもそも本より*京都に祗候の輩、関東の御恩に預からば、沙汰の限りに非ず。

一 不蒙御免許、企遁世後、猶知行所領事〈仁治二 十一 十七〉

右、或及老耄、或依病患、以所領所職、譲与子孫、給身暇企遁世者、普通之法也、而未及

無骨 不作法。
過差 分にすぎた贅沢。
武蔵守 正しくは前武蔵守。
161 坎保 →補
庄田四郎次郎行方 不明。伊勢の御家人庄田氏の一族か。
岩本太郎家清 不明。石川県能美郡山上村に字岩本あり、補注「坎保」に所引の久保村に近接する。
沙汰の限りにあらず 罪科の有無を論ずる要はない。無罪。式目14条頭注「代官」参照。
奉行 本立法の担当奉行人。
対馬左衛門尉 三善仲康。
169 御免許を蒙らず遁世 →補
代官 この場合、地頭代のごとく所領支配のための代官ではなく、幕府公役を勤仕するための代官。
吹挙 代官として申請する。
その所 所領一般ではなく、幕府からの恩給地。
京都 朝廷および上級貴族などを指す。
204 式部丞 大丞・少丞ともに六位相当官であるが、特別に五位に叙せられるものがあり、御家人の官途にみえる式部大夫(大夫は五位の名称)はこのことである。
諸司助 この場合、「司」「助」の文字は特定的な用法ではなく、広く諸寮・諸司等の次官で六位以下の相当官を指すものと思われる。
靫負尉 衛門府の大尉・少尉。六位相当であるが五位の者を衛門大夫という。

老年、無指病悩、不蒙御免、無左右令出家、猶知行所領事、甚自由之所行也、自今以後、如此之輩、処于不忠之科、可被召所領也、但兼日以子孫并養子為代官、於致奉公者、不及子細歟、為遁世佯称養子、至令吹挙者、不能叙用、兼又乍浴関東之御恩、居住京都并他所、不致官仕者、同以不可領知其所、抑本自祗候京都之輩、預関東之御恩者、非沙汰之限、

204 一 *式部丞《しきぶのじょう》ならびに*諸司助《しょしのすけ》の事　仁治四・二・廿五

右、先度*靫負尉《ゆげいのじょう》の功に准じ、百貫文をもつて申し任ぜらるべきの由、その沙汰ありといへども、自今以後、*その儀あるべからず。且は*侍の所望に於ては、一向《いっこう》にこれを停止せらるべし。

一　式部丞并諸司助事　仁治四　二　廿五

右、先度准靫負尉功、以百貫文可被申任之由、雖有其沙汰、自今以後、不可有其儀、且於侍所望者、一向可被停止之、

255 一 謀叛の輩の事　（宝治元年六月五日）

宗《むね》たる親類・兄弟等は、子細に及ばず召し取らるべし。その外、*京都の雑掌、*国々の代官所従等の事は、御沙汰に及ばずといへども、委《くわ》しく尋ね明《あき》らめ、注申に随ひ、追つて御計らひあるべし。

一　謀叛輩事

為宗親類兄弟等者、不及子細可被召取、其外京都雑掌、国々代官所従等事者、雖不及御沙汰、委尋明、随注申、追而可有御計者、

265 一 *主従対論の事　宝治二・七・廿九評定

右、*去年冬の比、御沙汰あるか。自今已後に於ては、是非を論ぜず御沙汰あるべからず。

一　主従対論事　宝治二　七　廿九評定

その儀　成功銭の額ではなく、任官の挙申そのものの停止。

侍　追478条（五二頁）補注「諸大夫は…」参照。

255 いわゆる宝治合戦の乱後処理のための法令。相模の大豪族御家人三浦氏は当主泰村が泰時の女婿でもあり、幕府内部の一大勢力であったが、この年六月、北条時頼の挑発に乗って叛を起こし、鎌倉に族滅した。

京都の雑掌　当時、大社寺が訴訟その他のために鎌倉に沙汰雑掌を常駐させていたごとく、三浦氏ほどの大規模な御家人は、京都における事務処理のために雑掌を常駐させていたのであろう。

国々の代官所従　当時、三浦氏の分国は相模をはじめ河内・讃岐などがあり、所領はさらに広く分布していた。相模および近隣の武力は合戦で全滅したが、乱不参加の遠方の代官・所従は、その所領・所職は失っても原則的に連座を免れたことになる。

265 主従対論　→補

去年冬の比…　吾妻鏡、宝治元年十一月二十七日条に「又主従敵対事、不論理非、自今以後不可沙汰之由、被定云々」とあるに当たるものと思われる。なお、主従対論の禁令は前後数回にわたって立法されており、同一規範の繰返し立法が珍しくない幕府法中にあってもとくに注目されよう。

333 京上役　大番役、将軍上洛の随行、使

右、去年冬比有御沙汰歟、於自今已後者、不論是非、不可有御沙汰歟、

文応元年十二月廿五日戊午、京上所役《きょうじょうしょやく》の事その沙汰あり。今日法を定めらると云々。

333 一 *京上役の事〈付たり。大番役〉

諸国の御家人、ほしいままに銭貨といひ、*夫駄《ふだ》といひ、巨多《こた》の用途を貧民等に充て、*呵法《かほう》の譴責《けんせき》を諸庄に致すの間、百姓等侘傺《たてい》に及び安堵せざるの由、遍《あまね》くその聞えあり。しからばすなはち大番役に於ては、自今以後、段別に銭参百文、この上、五町別に官駄《かんだ》一疋、人夫二人充て催すべし。この外に於ては、一向に停止せしむべきなり。員数を定め下さしむる以後、*日来《ひごろ》沙汰の所々に於ては、この員数につき加増すべからざるなり。

文応元年十二月廿五日戊午、京上所役事有其沙汰、今日被定法云々、

一 京上役事〈付 大番役〉

諸国御家人、恣云銭貨云夫駄、充巨多用途於貧民等、致呵法譴責於諸庄之間、百姓等及侘傺不安堵由、遍有其聞、然則於大番役者、自今以後、段別銭参百文、此上五町別官駄一疋、人夫二人可充催之、於此外者、一向可令停止也、令定下員数以後、於日来沙汰所々者、就此員数不可加増也、

448 一 自今以後、御勘当を蒙るの輩あるの時、*追討使仰せを蒙りて相向はざるの外、左右なく馳せ向ふの輩に於ては、重科に処せらるべきの由、普《あまね》く御家人等に相触れしめ給ふべきの状、仰せによつて執達件のごとし。

文永九年二月十一日　　*左京権大夫判

謹上　*相模守殿

一 自今以後、有蒙御勘当輩之時、追討使蒙仰不相向之外、無左右於馳向之輩者、可被処重

節など幕府の公的任務を帯びて上洛する御家人役。この負担が本条にみえるごとくしばしば領内の農民に転課され、それらを含めて京上役とよんだ。

夫駄　人夫および役馬。たとえば嘉禎四年ころ、丹波雀部庄の地頭は在家別一年一度の夫役、番頭一人に一匹計十二匹の伝馬役を徴している。

呵法の譴責　苛酷な徴収。

日来沙汰の所々…　従来ここに定められたよりも低い割合の京上役が先例としてある所では、この立法によって増加させてはならない。

448本条は、執権時宗に対して謀叛の企ありとしてこの月の十五日京都に殺された探題北条時輔の一味として、十一日すなわち本条立法の日鎌倉で殺された名越教時事件を契機として立法された。このとき教時の兄時章は、一味でないにもかかわらず誤殺され、討手の大蔵頼季ら五人の武士が斬首され、教時を討った者さえも賞を与えられなかった。事件後即時の立法によって処罰が断行されている点、注目される。

追討使…　正式に追討の武士が任ぜられ、すなわち幕命として追討が決定され実行されるまでは。上文に勘当とあるのは、この点を考慮して漠然たる表現をとったものであろう。

左京権大夫　北条政村。

相模守　北条時宗。なおこの御教書が連署たる政村の奉によって執権時宗に充てられているのは、本法のごとき軍事立法

科之由、普可令相触御家人等給之状、依仰執達如件、

463 蒙古人対馬・壱岐に襲来し、すでに合戦を致すの由、*覚恵《かくえ》注申する所なり。早く来る廿日以前、*安芸に下向し、かの凶徒寄せ来らば、国中の地頭・御家人ならびに*本所領家一円地の住人等を相催《もよお》し、禦《ふせ》ぎ戦はしむべし。さらに緩怠《かんたい》あるべからざるの状、仰せによつて執達件のごとし。

文永十一年十一月一日　　*武蔵守 在判
相模守 在判

武田五郎次郎殿

蒙古人襲来対馬壱岐、既致合戦之由、覚恵所注申也、早来廿日以前、下向安芸、彼凶徒寄来者、相催国中地頭御家人幷本所領家一円地之住人等、可令禦戦、更不可有緩怠之状、依仰執達如件、

464 蒙古人対馬・壱岐に襲来し、合戦を致すの間、軍兵を差し遣はさるる所なり。且は九国の住人等、*その身たとひ御家人にあらずといへども、軍功を致すの輩あらば、*抽賞《ちゅうしょう》せらるべきの由、普《あまね》く告げ知らしむべきの状、仰せによつて執達件のごとし。

文永十一年十一月一日　　武蔵守 在判
相模守 同

*大友兵庫頭《ひょうごのかみ》入道殿

蒙古人襲来対馬壱岐、致合戦之間、所被差遣軍兵也、且九国住人等、其身縦雖不御家人、有致軍功之輩者、可被抽賞之由、普可令告知之状、依仰執達如件、

470 異賊去年襲来の時、或は戦場に臨みて進み闘《たたか》はず、或は*当境を守ると称して馳せ向はざるの輩、多くその聞えあり。はなはだ不忠の科を招くか。向後もし忠節を致さずば、注申せしむるに随

は侍所を経て御家人に通達されるべき性質のものであるため、侍所別当をも兼ねる時宗に充てる形式をとったものか。

463 約四万の蒙古軍は十月五日に対馬、十四日には壱岐に来襲して、それぞれ守護代以下の日本軍を全滅させてこれを占領、十九日には博多湾に上陸し少弐景資の率いる日本軍を圧迫　た。が二十日夜、暴風雨に見舞われて一挙にその戦力を失った。この吉報が京都に報ぜられたのが十一月六日で、本法の発布日たる一日には関東にはもちろん未着であった。

覚恵　武藤資能。豊前・肥前・筑前・筑後・壱岐・対馬の守護。

安芸　充名人たる武田信時の守護分国。

本所領家一円地の住人　→補

武蔵守　連署北条義政。

464 **その身たとひ御家人に…**　前条一円地の住人に対応。

抽賞　もし実際に恩賞の給付があれば、そこに幕府との間になんらかの主従制が設定されることになる。

大友兵庫頭入道　当時大友氏中でこの法令の施行を命ぜられる人物としては、大友氏の惣領で豊後守護の頼泰以外には考えられないが、彼はまだ出家以前で前出羽守を称しており、符合しない。後代、文書書写に際して、官途を改竄したものと考えられる（『中世法制史料集』第一巻、補注44参照）。

470 **当境**　現在地点。

478 **評定の儀を罷め**　評定会議の議題とすることを止め。

ひ、罪科に行はるべきなり。この旨をもつて、普く御家人等に相触れしむべきの状、仰せによつて執達件のごとし。

建治元年七月十七日　　武蔵守 在判
　　　　　　　　　　　相模守 同

大友兵庫頭入道殿

異賊去年襲来之時、或臨戦場不進闘、或称守当境不馳向之輩、多有其聞、甚招不忠之科歟、向後若不致忠節者、随令注申、可被行罪科也、以此旨、普可令相触御家人等之状、依仰執達如件、

建治三年六月十六日、(中略)諸人官途の事、自今以後、*評定の儀を罷《や》め、*御恩の沙汰に准じ、*直《じき》に聞しめされ、内々御計らひあるべきの由、定められ了んぬ。且は前々*名国司《みょうこくし》御免の時、*諸大《しょだい》夫《う》は成功《じょうごう》の沙汰に及ばず、侍は成功を進むるの条、御沙汰の趣*一准《いちじゅん》せざるか。公益を全うせられんがため、向後は諸大夫・侍を論ぜず、平均に*功要《こうよう》を召さるべきの由、同じく定められ了んぬ。

建治三年六月十六日、(中略)諸人官途事、自今以後罷評定之儀、准御恩沙汰、直被聞食、内々可有御計之由被定了、且前々名国司御免之時、諸大夫者不及成功沙汰、侍者進成功之条、御沙汰之趣不一准歟、為被全公益、向後者不論諸大夫侍、平均可被召功要之由、同被定了、

鎮西警固の事、蒙古の異賊等、明年四月中に襲来すべしと云々。早く*役所に向ひ、厳密に用心を致すべし。近年守護御家人、或は*所務の相論により、或は*検断の沙汰につきて、多くもつて不和の間、用心の儀なきの由、その聞えあり。*自身の宿意《しゅくい》をさしはさみ、天下の大難を顧みざるの条、はなはだ不忠なり。御家人已下の軍兵等は、守護の命に随ひ、防戦の忠を致すべし。

御恩の沙汰に准じ　恩賞給与の手続きに准じて。

直に聞しめされ　将軍の直断とする。ただし、当時の将軍惟康親王はまったくのロボットであり、官途の推挙権は直接には時宗の舅で恩沢奉行の安達泰盛に、事実上は執権時宗の手中に独占されていたことを示す(佐藤進一、前掲論文)。

名国司　国の守。受領に同じ。

諸大夫は…　↓補

一准　一定。なお吾妻鏡、承元三年五月十二日条に「故将軍御時、於侍受領者、可停止之由其沙汰訖」とあり、侍受領が一般的に禁止されていた時期のあったことを示す。

功要　成功銭。

483**役所**　定められた防備の持場。当時すでに異国警固番役の制が確立し、九州の御家人は国単位に固定的な場所の守備を命ぜられていた。

所務の相論　土地所有そのほか雑務(売買貸借など)を除く民事訴訟。

検断の沙汰　刑事訴訟。

自身の宿意　個人的なうらみ。

忠否を注申し…　竹崎季長絵詞によると、文永の役における季長の勲功は大将少弐景資の引付に記載され、これを守護少弐経資が関東に注進し、恩沢奉行安達泰盛らの判断によって恩賞が与えられていた。

486-489

487**降人**　元史日本伝によると、閏七月「七日日本の人来り戦ひ尽く死す。余るもの二三万其の虜と為つて去る。九日八

守護人また親疎《しんそ》を論ぜず、忠否*を注進し、賞罰を申し行ふべきなり。相互に仰せに背くに於ては、永く不忠の重科に処せらるべし。この旨をもつて国中に相触れらるべきの状、仰せによつて執達件のごとし。

弘安三年十二月八日　　相模守在判

大友兵庫頭入道殿

鎮西警固事、蒙古異賊等、明年四月中可襲来云々、早向役所、厳密可致用心、近年守護御家人、或依所務之相論、或就検断之沙汰、多以不和之間、無用心儀之由、有其聞、挿自身之宿意、不顧天下大難之条、甚不忠也、御家人已下軍兵等者、随守護命、可致防戦之忠、守護人亦不論親疎、注進忠否、可申行賞罰也、相互於背仰者、永可被処不忠之重科、以此旨、可相触国中之状、依仰執達如件、

486-489 条々

486 一　賊船の事、退散せしむるといへども、自由に任せて上洛遠行あるべからず。もし殊《こと》なる急用あらば、子細を申し左右に随はるべし。

487 一　異国の降人*等の事、おのおの預け置かしめ給ふ分、沙汰*未断《みだん》の間、津泊《しんぱく》往来の船、昼夜をいはず、大小を論ぜず、毎度検見《けみ》*を加へ、しかるがごときの輩、たやすく海上に浮かびて国を出《いだ》すべからず。海人《あま》の漁船といひ、陸地の分*といひ、同じくその用意あるべし。

488 一　他国よりはじめて来り入る異国人等の事、制止を加ふべし。

489 一　要害*の修固ならびに番役*の事、日来《ひごろ》のごとく懈怠なく勤仕せらるべく候。

条々緩怠の儀に及ばば、定めて後悔候か。よつて執達件のごとし。

弘安四年九月十六日　　左近将監*（花押）

角島（博多）に至り尽く蒙古高麗漢人を殺して謂へらく、新附の軍は唐人為りと殺さずして之を奴とせり」とあり、相当数の捕虜があったことは確実である。
沙汰未断の間　その処置がまだきめられていないので。
検見を加へ　船内を探索して。
陸地の分　漁船以外の船舶の意か。不詳。
489 **要害**　普通、軍事上の要衝・拠点をさすが、この場合、博多湾その他に構築された石築地を含めた意かもしれない。
番役　いわゆる異国警固番役と称せられるもので、制度的に明確化されるのは文永の役後の建治元年以後であり、その制も幾度か変遷して幕末に及んでいる。鎮西九ヵ国の御家人を国単位に番に編成し、三〜四ヵ月ずつ勤仕するなどの方法がとられた。この制によって九州御家人の京都大番役は免除されたとはいえ、その負担はきわめて重く、その影響は御家人の族制や所領形態にも大きく及んだ（相田二郎『蒙古襲来の研究』第五章）。
左近将監　大友親時。
野上太郎　資直か。豊後の御家人。
参97 **猪俣右衛門四郎入道蓮覚**　武蔵七党の一つ猪俣党。俗名不詳。
自由出家　→補
蓮光　法名のみを注している点からみて蓮覚の一族であろう。自由出家の罪によって収公された所領の給与をねらって一族よりの出訴がひんぴんたることを示す。
相模守　執権北条貞時。
陸奥守　連署北条業時。

野上太郎殿*

条々

一　賊船事、雖令退散、任自由不可有上洛遠行、若有殊急用者、申子細可被随左右矣、

一　異国降人等事、各令預置給分、沙汰未断之間、津泊往来船、不謂昼夜、不論大小、毎度加検見、如然之輩、輙浮海上不可出国、云海人漁船、云陸地分、同可有其用意矣、

一　従他国始来入異国人等事、可加制止矣、

一　要害修固幷番役事、如日来無懈怠可被勤仕候矣、

条々及緩怠之儀者、定後悔候歟、仍執達如件、

弘安八年十二月廿四日　　相模守*
　　　　　　　　　　　　陸奥守*

97参　一　猪俣*右衛門四郎入道蓮覚、自由*出家の由訴へ申すといへども、前々の出家の事、御沙汰に及ばざるの由、定め下さるるの間、蓮光*の訴訟を棄て置かるる所なり。存知せしむべきの旨、仰せによつて執達件のごとし。

是ハ越後国御家人也　安江太郎入道殿*　　奉行人皆吉四郎*

一　猪俣右衛門四郎入道蓮覚、自由出家之由雖訴申之、前々出家事、不及御沙汰之由、被定下之間、所被棄置蓮光訴訟也、可令存知之旨、依仰執達如件、

609　一　御家人たるべき輩の事　弘安十・五・廿五御沙汰

祖父母*御下文を帯《たい》するの後、子孫所領を知行せずといへども、御家人として安堵せしむるの条、先々の成敗相違すべからず。ただしその身の振舞により、許否の沙汰あるべきか。

一　可為御家人輩事　弘安十　五　廿五御沙汰

安江太郎入道　不詳。

皆吉四郎　文盛。

609　御家人制は外に向かって極めて閉鎖的であると同時に、内にあっては意外に脆弱な一面をもっていた。所領の喪失→無足御家人→御家人身分の否認によって、たとえば若狭では承久後の短期間に三十余人の国御家人の半数以上が御家人身分を失ったといわれる。本条はそれを何処まで救済するかという立法である。

祖父母…　祖父母の代に安堵(当知行を前提として下付される)を得ているもの、すなわちその後二代にわたって無足でも。

635　先例　弘長元年の関東新制の一ヵ条(追350条)に、「可定置評定衆幷引付衆及奉行人起請事…任故武蔵前司入道之時例、可被召起請文也」とあり、式目末尾の起請が先例となって、しばしばかかる起請が徴されたことがわかる。なお、次条と同じく、頼綱滅亡・貞時親政の開始に際しての処置とみられる。

評定　評定衆。式目51条頭注参照。

引付衆　建長元年、時頼執権のとき、裁判事務を促進するために評定の下部機関として引付が設置され、最主要訴訟対象としての所務沙汰を管轄した。引付は頭人たる評定衆および引付衆・引付奉行人によって構成され、三方ないし五方に分かれる。

賄賂を…　当時、裁判の進行その他の実務は担当奉行人の手中にあり、奉行人を籠絡せざれば勝訴なしとまでいわれ、縁をたどって賄賂がおくられた。

祖父母帯御下文之後、子孫雖不知行所領、為御家人令安堵条、先々成敗不可相違、但依其身之振舞、可有許否沙汰歟、

635 一 政務の事 正応六・五・廿五評

*先例に任せ*評定・*引付衆《ひきつけしゅう》ならびに奉行人等の起請文を召さるべし。且は賄賂*を取るべからざるの由、奉行人の誓状《せいじょう》を召さるべし。無足《むそく》の輩に於ては、御恩あるべし。廉直《れんちょく》の仁に至つては、賞翫《しょうがん》せらるべきか。

一 政務事 正応六 五 廿五評

任先例可被召評定引付衆并奉行人等起請文、且不可取賄賂之由、可被召奉行人誓状、於無足之輩者、可有御恩、至廉直之仁者、可被賞翫歟、

639 一 御家人たるべき輩の事

曾祖父の時、御下文を成さるるの後、子孫所領を知行せずといへども、御家人として安堵せしむべきか。

正応六年五月廿五日　評定

一 可為御家人輩事

曾祖父之時、被成御下文之後、子孫雖不知行所領、為御家人可令安堵歟、

78参 一 *放埒《ほうらつ》の輩安堵せしむる事

*葦名《あしな》遠江前司の子息次郎左衛門入道〈法名忍性〉*御勘気の時、*様摺に同道し、諸国流浪の後、*寿福寺に*入院《じゅいん》せしめ畢んぬ。子息宮鶴丸、同寺*喝食《かつじき》越一房と号す。しかるに*敵仁舎弟三郎左衛門尉、彼忍性は放埒の乞食《こつじき》たるの間、*御家人領たるべからざるの由、訴へ申すの処、*四番御引付雑賀《さいが》弥四郎入道を奉行として、これを沙汰せらる。勘気によつて諸国流浪の間、*放埒の条、

639 前々条に比べて一世代くり上がり、無足御家人の保護がさらに強化されたことを示す。佐藤進一氏はこれを、得宗専制化の立役者平頼綱が滅ぼされた直後の立法である点に注目して、一般御家人層の抵抗を押え慰藉するための保護立法であるとみる(佐藤進一、前掲論文)。

参78 放埒 自由気儘な。この場合、御家人としての日常的な規制を無視した行動。

葦名遠江前司 葦名は三浦の一族で会津を本拠とする御家人であるが、本条にみえる各人は確定し得ない。葦名系図・三浦系図等によれば、盛宗(遠江守)の子に盛員(二郎左衛門尉)および時盛(三郎左衛門尉)あり、盛員は建武二年、中先代の乱に戦死しており、年代および官名からみて、或いは本条の遠江前司を盛宗に、次郎を盛貞に、三郎を時盛に比定しうるかも知れない。

御勘気 具体的な事情は不明であるが、将軍の叱責をうけて、の意。

様摺 →補

寿福寺 臨済宗建長寺派。鎌倉五山の一寺。北条政子の開基にかかる関東御願寺。

入院 住僧として入寺すること。

喝食 禅宗寺院で衆僧の給仕などを務める稚児。

敵仁 訴訟の相手方。

御家人領… 或いは「御家人領を領すべからず」の誤りか。

四番御引付 五方引付のうちの四番。

放埒の条… 放埒については処罰の対象とならない。

沙汰の限りにあらず。はたまた寿福寺に入寺の事、かの寺は将軍家の御領たるの間、御家人に准ぜらるるの条、*封佐せらるるの上は、子細に及ばず。よつて忍性父子ともに御裁許に預かり畢んぬ。しかのみならず、*修業遁れ難きの時、諸人の愛顧《あいこ》を憑《たの》み、身命を助くるは通例なり。しかるに左右なく乞食・非人と称するの条、*悪口の咎遁れ難きによつて、三郎左衛門尉を召し籠めらる。三郎左衛門尉の子息*越訴《おつそ》を企つ。頓宮《とんぐう》入道を奉行として、*御沙汰の最中なり。

*嘉元四年八月七日　　評定

一　放埒輩令安堵事

葦名遠江前司子息次郎左衛門入道〈法名忍性〉御勘気之時、同道于様摺、諸国流浪之後、令入院寿福寺畢、子息宮鶴丸、同寺喝食号越一房、而敵仁舎弟三郎左衛門尉、彼忍性為放埒乞食之間、不可為御家人領之由、訴申之処、為四番御引付雑賀弥四郎入道奉行、被沙汰之、依勘気諸国流浪之間、放埒之条、非沙汰之限、将亦寿福寺入寺事、彼寺者為将軍家御領之間、被准御家人之条、被封佐之上者、不及子細、仍忍性父子共預御裁許畢、加之、修業難遁之時、憑諸人之愛顧、助身命者通例也、而無左右称乞食非人之条、悪口咎依難遁、三郎左衛門尉被召籠之、三郎左衛門尉子息企越訴、為頓宮入道奉行御沙汰最中也、

58参-62　関東御事書（元弘三年正月・二月?）

58 一　合戦の事、*三方*一揆《いつき》して発向すべし。陣頭に莅《のぞ》み、約諾を守らず、*先発を争ふの輩あらば、不忠の儀に処すべし。

59 一　一人疵をかうむるの刻《きざみ》、従類退散の条、*虎夫の名を失ふにあらず、悪徒の嘲《あざけ》りを招くべきか。或は子孫、或は親族、たとひ命を殆《あやう》くし、たとひ疵をかうむるとも、引き退かず戦ひ勝つべし。*且は疵をかうむらずといへども、殊《こと》なる忠節を抽《ぬ》きんぜば、その振舞にしたがひて恩賞あるべ

封佐　未詳。前後の文意からして、将軍家御願寺たる寿福寺の住僧は御家人に准ずる資格を認められ、従って御家人領を知行することを許されたと解される。

修業遁れ難き　生計立ちがたき、の意か。

悪口の咎　式目12条参照。「其軽者可被召籠也」。

越訴　式目6条頭注参照。

御沙汰の最中　当時の越訴手続きは明確でないが、正安三年越訴頭人の復活直後であり、恐らく専門機関越訴方の管轄であったと思われる。なお、越訴審議中の本件がすでに一つの傍例として、そのままの形で法例集に収録されている点は注目される。

嘉元四年…　この年次および「評定」は、本文にみる限り越訴ではなく、原判決結審のそれであろう。

参58-62 楠木合戦注文所載の本条々は、前年暮れ蜂起した正成・護良親王らの後醍醐軍を攻略するため東国から西上させた幕府軍を摂津・河内・紀伊方面に進発せしめるに当たって発せられた軍法であり、数少ない鎌倉幕府のそれとして興味深い。

58 **三方**　幕府軍は河内から赤坂へ向かう阿曾治時を大将とする軍、奈良から金剛山に向かう大仏家時軍、名越元心を将として紀伊から吉野へ向かう軍、の三つに分かれていた。

一揆して　緊密に連絡し合って。

先発　竹崎季長絵詞にもみられるように、当時の武家社会の中には、先陣をもって勲功の第一とする強固な風習が存在した。

きなり。

60 一 狼藉の事、*押し買《が》ひ・*押し捕《ど》り誡めざるべからず。よつて三方の勢の分は、*高真・*高景・*円光おのおの一人、その手に於て制止すべし。もし違犯せば、*凡下《ぼんげ》の輩に於ては*直《じき》に罪科に行ふべし。侍以上に於ては事の由を注申すべし。罪名に於ては兼ねて定め下し難し。早く事の躰《てい》に随ひ計らひ沙汰すべし。

次に兵粮に於ては、六波羅の計らひとして*下行《げぎょう》すべきなり。

61 一 *大塔《おおとう》の宮の御事

*籌策《ちゅうさく》を廻《めぐ》らし捕へ奉るべきの由、先日仰せらるるといへども、向後に於ては、すべからく誅《ちゅう》罰《ばつ》し奉るべし。たとひ諸寺諸山*非《ひ》職員外《そくいんがい》の住侶たりといへども、たとひ凡卑放埒の与党賊徒の類《たぐい》たりといへども、忠節を致すの輩あらば、近江国*麻生《あそう》の庄を充て賜ふべきなり。

62 一 楠木兵衛尉正成の事

誅戮《ちゅうりく》を加ふるの仁に於ては、丹後国*船井の庄を充て行はるべし。*その身の不可、*品秩《ほんちつ》の卑賤《ひせん》によるべからざるの子細同前。

関東御事書

一 合戦事、三方一揆可発向、莅陳頭不守約諾、有争先発之輩者、可処不忠之儀也、

一 一人被疵之刻、従類退散之条、非失虎夫之名、可招悪徒之嘲歟、或子孫或親族、縦殆命縦被疵、不引退可戦勝、且雖不被疵、殊抽忠節者、随其振舞可有恩賞也、

一 狼藉事、押買押捕不可不誡、仍三方勢分者、高真、高景、円光各一人、於其手可制止、若違犯者、於凡下輩者、直可行罪科、於侍以上者、可注申事由、於罪名者兼難定下、早随事躰可計沙汰、次於兵粮者、為六波羅計可下行也、

---

59 **虎夫** 勇猛な武人。

且は疵を… この表現によっても、当時の軍忠勲功の大小が、討死・手負の多少によって第一義的に決定されたことがうかがわれる。

60 **押し買ひ** 「押す」は強引に一方的に、の意で、押し買いの禁令は、市中法・市場法・軍法などに頻出する。きわめて低廉な価格で強制的に兵粮などを買い上げる行為。

押し捕り 人夫に使役するための徴発。

高真 河内軍の軍奉行長崎高真。

高景 大和軍の軍奉行工藤高景。

円光 紀伊軍の軍奉行安東円光。なおこれら三人はいずれも北条得宗の御内人である。

凡下 侍身分を除く百姓・雑人ら。

直に 高真ら軍奉行自身の判断で。

下行 給与。

61 **大塔の宮** 後醍醐天皇の子、護良親王。はじめ尊雲法親王として天台座主の任にあったが、討幕運動中に還俗、当時大和南部地方に出没して討幕軍を組織。

籌策 計略。

非職員外の住侶 寺の役僧などに任ぜられぬ下賤の僧侶。なお下文、凡卑放埒の与党とともに、護良親王軍の主力がよせ集めのゲリラ集団であったといわれる点を考慮に入れると、恐らく彼らの裏切りに期待したものとして興味深い。

麻生の庄 蒲生郡にあり、当時の領有関係は不明であるが、恩賞の対象とされた点、およびはるか後代であるが当庄が足

利幕府の御料所であった点を考え合わせると、恐らく関東御領もしくは北条得宗領であったと思われる。

62 **船井の庄**　船井郡。この庄も建武三年にその地頭職が尊氏によって北野社に寄進されている点からみて、麻生の庄と同様の性格の庄園であったろう。

その身の不可　これまでの行動のよしあし。

品秩　出自・身分。

一　大塔宮御事

廻籌策可奉捕之由、先日雖被仰、於向後者、須奉誅罰、縦雖為諸寺諸山非職員外之住侶、縦雖為凡卑放埒与党賊徒之彙、有致忠節之輩者　可充賜近江国麻生庄也、

一　楠木兵衛尉正成事

於加誅戮之仁者、可被充行丹後国船井庄、不可依其身之不可、品秩之卑賤之子細同前、

族縁法

72 一 評定の時、*退座《たいざ》すべき*分限《ぶんげん》の事

祖父母・父母・養父母・子孫・養子孫・兄弟・姉妹・聟〈姉妹孫の聟これに同じ〉・舅・*相舅《あいやけ》・伯叔父・甥姪・従父兄弟・小舅・夫〈妻訴訟の時これを退くべし〉・*烏帽子々《えぼしご》

文暦二年閏六月廿一日　右衛門大志清原季氏
左衛門尉*藤原行泰
図書允*藤原清時

一 評定時可退座分限事
祖父母　父母　養父母　子孫　養子孫　兄弟　姉妹　聟〈姉妹孫聟同之〉　舅　相舅　伯叔父
甥姪　従父兄弟　小舅　夫〈妻訴訟之時可退之〉　烏帽子々

98 一 御家人の後家、亡夫の譲に任せ、安堵の御下文を給はる事 暦仁元・十二・十六評

右*この条平均の例なり。ここに改嫁《かいか》せしむるの輩に於ては、他人に充て給ふべきの旨、*定め置かるるより以来、*その難を免れんがために、或は少年、或は無病の族、*事を所労に寄せ子息親類に譲与し、*安堵の御下文を申し給はるの後、改嫁に及ぶと云々。甚だもつて*濫吹《らんすい》なり。自今以後に於ては、重病危急に臨まずばその譲を免許せらるべからず。

一 御家人後家、任亡夫譲、給安堵御下文事 暦仁元 十二 十六評
右此条平均之例也、爰於令改嫁之輩者、可充給他人之旨、自被定置以来、為免其難、或少年或無病之族、寄事於所労、譲与子息親類、申給安堵御下文之後、及改嫁云々、甚以濫吹也、於自今以後者、不臨重病危急者、不可被免許其譲矣、

72退座　訴訟当事者と裁判官が一定の親縁関係にあるとき、該裁判官を訴訟審理の場から退席せしめることをいう。鎌倉時代末には親縁関係から利害関係にまで拡大される方向にあった。なお本条はいうまでもなく手続法に属するが、当時の親族関係の範囲をうかがいうる史料としてここに掲出した。

分限　適用範囲。

相舅　夫婦それぞれの両親間の関係。

烏帽子々　男子元服のときその証として烏帽子を着せ実名を与える者を烏帽子親といい、元服者を烏帽子子といった。主人や有力武士を烏帽子親に仰ぎ、強固な結合が生涯持続する。なお、正安二年の申状(近衛家領丹波国宮田庄訴訟文書)に、奉行と論人が烏帽子子なることなどを理由にその退座を要求している実例がある。

藤原行泰　二階堂。

藤原清時　斎藤。ここに連署の三名は、後に評定・引付衆となる法曹官僚であり、本法時点での所属部局は明らかでないが、本条の体裁および内容からみて、恐らく問注所奉行人であったと推定される。

98この条…　事書に述べたことは通常然の例である。

定め置かる　式目24条を指す。

その難　所領没収の難。

事を所労に寄せ　病気にかこつけて。

安堵の御下文　式目26条頭注参照。安堵発給の時期(被相続者の生前・死後)については、613条(六三頁)補注「存日の間」参照。

121 一 改嫁の事 延応元・九・卅評 〈*佐竹別当入道後家沙汰の時、定めらると云々〉

右*或は所領の成敗を致し、或は家中の雑事を行ひ、*現形《げんぎょう》せしむるに於ては尤もその*誡めあるべし。この外、内々の密儀に至つては、たとひ風聞の説ありといへども、沙汰の限りにあらず。次に尼還俗改嫁の事、その沙汰ありといへども記すに及ばざるの由、評定畢《おわ》んぬ。

一 改嫁事 延応元 九 卅評 〈佐竹別当入道後家沙汰之時、被定云々〉

右、或致所領之成敗、或行家中之雑事、於令現形者、尤可有其誡、此外至内々之密儀者、縦雖有風聞之説、非沙汰之限、次尼還俗改嫁事、雖有其沙汰、不及記之由評定畢矣、

143 一 *祖父母ならびに父母に敵対し、相論を致す輩の事 延応二・五・十四評

右*告言《こくげん》の罪軽からざるの処、近日ままこの事あり。*教令違犯の罪科これ重し。自今以後、停止せしむべきなり。もしなほ敵対に及ばば、慥《たし》かに*本条に任せ、重科に処せらるべし。信濃国*落合後家尼と*子息相論の間、これを定められ畢んぬ。

一 敵対于祖父母并父母、致相論輩事 延応二 五 十四評

右、告言之罪不軽之処、近日間有此事、教令違犯之罪科是重、自今以後、可令停止也、若猶及敵対者、慥任本条、可被処重科、

信濃国落合後家尼与子息相論之間、被定之畢、

237 一 *御《み》公事《くうじ》の間の事 (寛元二年十二月十二日)

勤仕の輩のうち、*各別に仰せ下されざるに於ては、*父祖の跡知行に付き、おのおの*寄合ひ、*分限《ぶんげん》に随ひてこれを勤めらるべし。またその跡にあらずといへども、勲功に充て行はるるの所領已下、*別の御恩地は*相加はりて勤仕せらるべきの由、仰せ下さるる所なり。自今以後、*子細を申すの族あらば、面々に仰せ含まるべきなり。

濫吹 無法狼藉。

121佐竹別当入道 これより十四年前、嘉禄元年に没した秀義(蓮実)か。なお秀義の妻に源国政の女あり(諸家系図纂)、後家あるいはこれか。

或は所領の… 以下「現形」までを、㈠亡夫の所領の成敗等を行いつつ、しかも改嫁の事実が現形せる場合とみる三浦周行の解釈、㈡改嫁先の所領の成敗などを行うことによってその事実が現形せる場合とみる、二様の解釈が可能であるが、追597条(六三頁)によって㈡を採るべきことが明らかである。

現形 公然化する。事実があらわになる。

誡め 式目24条により、後家分所領を没収し、子息へ給付するを指す。

143祖父母ならびに父母 これに外祖父母・継父母が含まれていないことに注意を要する。

告言の罪 →補

教令違犯 →補

本条 →補

落合後家尼 →補

子息 吾妻鏡はこれを子息太郎とする。同書、寛元二年七月条に、信濃市河女子と密通事件を起こした者に落合蔵人泰宗あり、或いはその族か。

237御公事 式目25条頭注参照。

各別に… 式目38条の「別納御下文」のごときを得て一族から離れ独立の公事勤仕の単位となることを認められた以外は。

父祖の跡 父祖から譲得した所領。

寄合ひ 寄合といっても一族間に平等の

一　御公事間事

勤仕之輩中、於不被仰下各別者、付父祖之跡知行、各寄合、随分限可被勤之、又雖非其跡、被充行勲功之所領已下、別御恩地者、相加可被勤仕之由、所被仰下也、自今以後、有申子細之族者、面々可被仰含、

435
一　離別の妻妾、前夫の所領を知行の事　文永四・十二・廿六

右、功ありて過《とが》なきの妻妾、離別せらるるといへども、前夫譲与するところの所領を悔い返すあたはざるの由、*式目に載せられ畢んぬ。しかるに離別の後、他夫に嫁し、なほかの所領を知行するの条、不義たるか。自今以後、他夫に嫁するに於ては、早く譲り得る所の所領を*召し上げらるべきなり。

次に非御家人の輩の女子、ならびに*傀儡子《くぐつ》・*白拍子《しらびょうし》、および凡卑《ぼんぴ》の女等、*夫の所領を誘ひ取り、知行せしめば同じくこれを召さるべし。ただし後家として貞節あらば制の限りにあらず。

一　離別妻妾、知行前夫所領事　文永四　十二　廿六

右、有功無過之妻妾、雖被離別、前夫不能悔返所譲与所領之由、被載式目畢、而離別之後、嫁于他夫、猶知行彼所領之条、為不義歟、自今以後、於嫁他夫者、早可被召上所譲得所領也、次非御家人之輩女子、幷傀儡子、白拍子、及凡卑女等、誘取夫所領、令知行者、同可被召之、但為後家有貞節者、非制之限矣、

462
一　*当知行の仁の罪科によつて所領を召さるる事　文永十一・六・一

右、*一期《いちご》知行の輩、罪科によつて所領を召さるるの間、*未来の領主その誤りなしといへども、永く佗傺《たてい》の条不便たるか。もし継母兄弟ならびに他人等、一期の領主として罪科あり、かの所領を召さるるの時は、*向後の領主に充て給ふべし。ただし*祖父母・父母の後、子孫知行すべき

関係があるわけではない。関東御公事の勤仕は一族への配分・徴収・納付に至るまで惣領の責任においてなされる。

分限に従ひて　譲得所領の大小に比例して。「関東御公事に於ては所領のぶんげんにしたがひて…きんしせしむべし」(詑磨文書、弘安二年譲状)。

別の御恩地　格別の恩領。

相加はりて　一族と合体して。

子細を申す…　寄り合って勤仕することに異議をとなえる者があれば個々に説諭を加えるべきである。

435 式目　式目21条参照。

召し上げ　↓補

傀儡子　平安時代に始まるといわれる、宿駅等を巡廻する流浪的な人形遣い。ここでは女くぐつ師のことであるが、彼女らは遊女的な色彩を強めていたといわれる。

白拍子　平安から鎌倉時代にかけて流行した舞を巧みとする遊女。

夫　御家人を指すことは明らか。

462 当知行の仁　この場合、主文にいう一期知行の輩を指し、未来領主(現在は不知行)と対比する。

一期知行　↓補

未来の領主　一期領主の死後、その一期分を相続し得る期待権をもつ者。多くは一族の惣領。

向後の領主　未来の領主に同じ。

祖父母・父母の後…　↓補

566 対捍　拒否して未進する。

寄子　追490条に「恒例臨時公事間事、或

所は、一期知行の仁の罪科たりといへども、収公せらるべきなり。

一　依当知行仁罪科被召所領事　文永十一　六　一

右、一期知行之輩、依罪科被召所領之間、未来之領主、雖無其誤、永侘傺之条、為不便歟、若継母兄弟并他人等、為一期之領主有罪科、被召彼所領之時者、可充給向後之領主、但祖父母父母之後、子孫可知行之所者、雖為一期知行之仁罪科、可被収公也、

566 一　所当公事を*対捍《たいかん》する輩の事

右、*寄子《よりこ》らに*支配の処、対捍の間、惣領これを勤め入れ、*訴へ申すの時、その沙汰あり。或は*一倍をもつてこれを弁償せしめ、或は*時儀によつて裁許せらるるといへども、所詮前々の分に於ては一倍をもつて弁を致すべし。自今以後は、未済の条遁るるところなくば、*かの所領をもつて惣領に*分ち付けらるべし。ただし惣領、事を左右に寄せて煩を致さば、*穏便の輩に仰せ付けらるべきなり。てへれば、仰せによつて執達件のごとし。

弘安七年十月廿二日　*左馬権頭

*陸奥守

一　所当公事対捍輩事

右、支配寄子等之処、対捍之間、惣領勤入之、訴申之時、有其沙汰、或以一倍令弁償之、或依時儀雖被裁許、所詮於前々分者、以一倍可致弁、自今以後者、未済之条無所遁者、以彼所領可被分付惣領仁、但惣領寄事於左右致煩者、可被仰付穏便之輩也、者依仰執達如件、

596 一　鎮西御家人の所領の事　弘安九・七・廿五

異国警固*落居せざらんの程は、女子に譲るべからず。男子なくば、親類をもつて養子となし、これに譲るべし。

就政所或定頭人、被仰下之処、給主并寄子等、称令対捍不遣其道」とあるように、納入責任者の下に統括されるグループのメンバーを指す語と思われる。本条の場合は庶子をいう。

支配　幕府から惣領に課された納入額を惣領が庶子に割り当て分配する行為。

訴へ申す　一応代済しておいて、その後庶子の対捍を幕府に訴える。

一倍　現在の二倍に当たる。

時儀　ケース・バイ・ケースで。

かの所領　庶子の所領。

分ち付け　追649条(六四頁)によると永仁二年以前に、未済五十貫につき田一町の率が定められていた。その日時は不明であるが、或いは本条と同時の決定かも知れない。

穏便の輩に…　具体的には、一族中から他の適当な公事徴収責任者を決定する意であろうと思われる。

左馬権頭　執権北条貞時。

陸奥守　連署北条業時。

596 **落居せざらんの程**　本条の効力が何時まで持続したかは不明。元徳元年の鎮西下知状(二階堂文書。参27条)によれば、「後家女子知行之鎮西所領」の収公が正応年中に立法され、規制が一段と強化されている。ただし実際の女子譲与が全く消滅したか否かは別問題である。

597 **式目追加**　追121条(六〇頁)。なお下文「本式目」とあり、両者を名称上も明確に区別する意識があらわれている点、注目されよう。

一　鎮西御家人所領事　弘安九　七　廿五
異国警固不落居之程者、不可譲女子、無男子者、以親類為養子、可譲之、

597 一　後家改嫁の事　弘安九・七・廿五
内々の密儀に至つては、たとひ風聞の説ありといへども、沙汰の限りにあらざるの由、*式目追加に載せられ畢んぬ。これによつて普《あまね》く現形せしむるといへども、密儀と称してその沙汰に及ばず。自今已後に於ては所領の成敗を致さず、家中の雑事を行はずといへども、*不調の聞えあらば、*本式目に任せてその科あるべし。

一　後家改嫁事　弘安九　七　廿五
至内々之密儀者、縦雖有風聞之説、非沙汰限之由、被載式目追加畢、依之普雖令現形、称密儀不及其沙汰、於自今已後者、不致所領成敗、雖不行家中之雑事、有不調之聞者、任本式目可有其科、

613 一　*御内 安堵の事（弘安年中？）
*本主の譲を得るの輩、*安堵を申す時、下文を成すは定法なり。本主*存日《ぞんじつ》の間、安堵の下文を成すか。自今以後、一向にこれを停止せしむべし。

一　御内 安堵事
得本主譲之輩、申安堵之時、成下文者定法也、本主存日之間、成安堵下文歟、自今以後、一向可令停止之、

638 一　惣領罪科の時、*各別相伝《かくべつそうでん》の輩の分、*混領せらるる事（永仁元年五月廿五日）
安堵の御下文を帯《たい》せずといへども、*各別の証拠分明ならば、返し付けらるべきの由、*本引付に仰せらるべきか。

不調の聞え　不都合なる噂。結局「風聞の説」のみによって処罰されることになる。前条と同日の立法である点からみて、後家改嫁の規制強化とみるよりは、女性の知行所領への圧力の増大を意図したとみるべきであろう。
本式目　式目24条。
613 御内　北条得宗家。従って本法は少なくも立法当初は北条得宗家の所領支配の法として立法されたもので、一般幕府法とは異なる。この類のものには、なお追561・613条等があり、本条のごとき傍注が欠失したため、今はそれと確定しえないが、本来御内法であった法令も少なくないと考えられる。追260条（一一九頁）補注「訴訟人の座籍」参照。
本主　この場合、被相続人。
安堵を申す　安堵状下付の申請をする。
存日の間　生存中。→補
638 各別相伝　略して別相伝ともいい、独自に処分権を行使しうる所領をいう。本条の場合は、庶子分として惣領分から明確に分離された所領の知行者。
混領　→補
各別の証拠　→補
本引付　本条の立法契機となった具体的な訴訟を扱った引付の意か。或いは「仰于引付」の誤字か、鎌倉年代記には「本」の字がない。
649 経入　定額を立て替え弁済すること。経替ともいう。
先日…　追566条（六二頁）頭注「分ち付け」参照。

一　惣領罪科之時、各別相伝輩分、被混領事
雖不帯安堵御下文、各別証拠分明者、可被返付之由、可被仰本引付歟、

649 一　所当公事を対捍する輩の事

右、公事等を庶子対捍の時、惣領*経《へ》入《いれ》の分五十貫をもつて、田一町を分ち付くべきの由、先*日定め下さるるといへども、惣領として*その益なきの間、庶子難渋《なんじゅう》の科を憚《はばか》らざるによつて、急速の公事闕如《けつじょ》に及ぶか。仍つて*旧例に任せ一倍の弁を致すべきの由、裁許せらるべし。違背せしめば、所領を*分ち召さるべきなり。且《かつう》は*問状《もんじょう》一箇度の後、一倍の下知を成さるべし。其後*違期《いご》せしめば、*日限《にちげん》を差し*糺し返さるべし。なほ遅引せしめば、所領を*収公せらるべきの状、仰せによつて下知件のごとし。

永仁二年七月五日

*陸奥守平朝臣 判
*相模守平朝臣 判

一　所当公事対捍輩事
右、公事等庶子対捍之時、惣領経入分以五十貫、可分付田一町之由、先日雖被定下、為惣領無其益之間、庶子依不憚難渋之科、急速公事及闕如歟、仍任旧例可致一倍弁之由、可被裁許、令違背者、可被分召所領也、且問状一箇度之後、可被成一倍下知、其後令違期者、差日限可被糺返、猶令遅引者、可被収公所領之状、依仰下知如件、

703 一　所領配分の事（嘉元元年六月十二日）

老若を論ぜず、病の有無によらず、配分せしむるの時は、*外題《げだい》を譲状に書き下すべし。次に*月卿雲客の事、元のごとく斟酌を加へ、申し沙汰すべきなり。

その益なし　当時の地価は、田地の得分、所職の形態によってその幅が大きいとしても、一町五十貫が不当に低い価格とは思われない。むしろ、たとえ訴訟によって庶子分給与の判決を得ることができるとしても、その間に要する日時・費用、さらに判決執行に対する庶子の反抗などが益なき理由であろう。

旧例　追566条(六二頁)参照。

分ち召さる　庶子分の惣領への分ち付けではなく、幕府への収公。

問状一箇度…　通常の三問三答→対決→判決を大幅に簡略化し、一問一答→判決とする。

違期　判決後も惣領への一倍弁を履行しない。

日限を差し　某月某日までと、日時を定めて。

糺し返す　立替分の返却。「仏心依為嫡流、雖相触庶子一正、無沙汰之間、所経入公用也、仍可糺返之由仏心訴申之処」(小早川文書、正安元年幕府政所下知状)。

収公　正安元年の追682条に「若猶対捍者、可被収公所領五分一」とあるのによっても、この収公令はあくまで罰則であって、それによって一倍弁が免除されたわけではない。

陸奥守平朝臣　連署北条宣時。

相模守平朝臣　執権北条貞時。

703 **外題**　譲状の袖(右余白)に「任此状可令領掌」のごとき文言をもつ、下知状を簡略化した文章を加えて安堵の証とする。従来、譲状とは別に関東下文または下知

一　所領配分事

不論老若、不依病有無、令配分之時者、可書下外題於譲状、次月卿雲客事、如元加斟酌可申沙汰也、

参35

肥前国国分寺の地頭又次郎長季法師〈法名浄光〉と中津隈六郎判官代法師〈法名寂妙〉の妻尼明了*と相論、異賊警固《けいご》番役《ばんやく》以下の事

右、(中略)しかるに徳治以後に於ては、法令を守り各*別の旨、明了申すといへども、庶子・惣領相並*ぶべきの由、定めらるる所は、各別の譲を得るの輩、分限*なきによつて、惣領に相加はりて勤仕せしむるの時、士卒*の員数を増さんがために、相並ぶべきの由、鎮西に於て定められ畢んぬ。別役を勤むべからざるの旨、本*主誡め置かしむるの地、彼*法により難きの由、浄光申す所、頗るその謂れあるか。(中略)てへれば仰せによつて下知件のごとし。

正和元年十一月廿二日　　前*上総介平朝臣(花押)

肥前国々分寺地頭又次郎長季法師〈法名浄光〉与中津隈六郎判官代法師〈法名寂妙〉妻尼明了相論、異賊警固番役以下事、

右、(中略)而於徳治以後者、守法令各別之旨、明了雖申之、庶子惣領可相並之由、所被定者、得各別譲之輩、依無分限、相加惣領、令勤仕之時、為増士卒之員数、可相並之由、於鎮西被定畢、不可勤別役之旨、本主令誡置之地、難依彼法之由、浄光所申頗有其謂歟、(中略)者、依仰下知如件、

参44

(上略)次に重名*に於ては、襁褓《むつき》の中より渋谷次郎左衛門尉頼重の後家字《あざな》*竹鶴女〈今は十町尼と号す〉に取り養はるるの間、養母の名字*を相続ぎ、童名を竹王と号するの条、一門みなもつて存知

状を発給していたのに比して、単に手続き上の簡易なるのみならず、上文にあるごとく被相続者の老若等を一切問題にせず、上掲追98・613条等の立場からは大きな転換といえる。さらに延慶二年の追712条に至って、外題安堵状の所持者は他からの侵害に対して特別有利な保護を加えられるに至る。

月卿雲客　式目25条頭注参照。なお幕府が御家人以外の者の相続に対して安堵状を発給することは原則的にあり得ない。考えられるのは、㈠式目25条・追144条のように月卿雲客を婿とする女子分への安堵、㈡関東進止の所領を知行する貴族の、当該所領についての相続安堵、などであるが、これらはその実例が乏しく、手続きの実態は不明である。

参35　この鎮西下知状は、「割分田畠雖譲庶子、不可勤各別御家人役」とする祖父の置文に背き、徳治元年・応長元年分の異国警固番役を独立に勤仕したとして庶子明了を訴えた惣領長季に対する勝訴の判決である。この相論中に明了側が「於徳治以後者、…庶子惣領可相並」とする幕府法を引用したわけであるが、本文に見えるごとく、鎮西探題の認める所とはならなかった。

明了　長季の叔母か。

各別　惣領から独立して公事を勤仕。

相並ぶ　番役の指揮者たる守護との関係でいえば、惣庶対等の立場に立つ。

分限なきによつて　譲られた所領の規模が小さいため。

する所なり。いかでか実父の遺領を悕望《きぼう》すべけんや。且《かつう》は元亨元年の御事書のごとくば、他人に養はるるの族は、たとひ実父の遺領を望み申すといへども、*譲状なくば沙汰に及ばずと云々。御事書厳重の上は、*未分《みぶん》といへども重名競望《けいもう》するあたはず。なんぞ況んや処分の地に於てをや。且は新法に任せ、且は別当次郎丸相伝に任せて、早く重名の押領を停止せられんと欲す。よつて追進言上《ついしんごんじょう》件のごとし。

正中二年六月

(上略)次於重名者、自襁褓之中、被取養渋谷次郎左衛門尉頼重後家字竹鶴女〈今者号十町尼〉之間、相続養母名字、童名号竹王之条、一門皆以所存知也、争可悕望実父遺領哉、且如元亨元年御事書者、被養他人之族者、縦雖望申実父之遺領、無譲状者不及沙汰云々、御事書厳重之上者、雖未分重名不能競望、何況哉於処分之地、且任新法、且任別当次郎丸相伝、欲早被停止重名押領、仍追進言上如件、

士卒の…　独立した御家人として軍役を勤めるときは、単位の軍団として一族・所従等を最大限に動員する。従っておのずから幕府軍の兵力の増加となることを期待したものであろう。

本主　長季の祖父忠俊、法名尊光。

彼法により難し　↓補

前上総介　鎮西探題北条政顕。

参44重名　この文書は、薩摩入来院内塔原郷の地頭職をめぐって、渋谷惟重の子重名と、その甥に当たる別当次郎丸との間に争われた惟重遺領についての相論において、次郎丸の提出した重訴状である(『入来文書』所収、寺尾家文書。式目27条補注参照)。次郎丸は、重名は他人養子でありかつ惟重の処分ありと主張するのに対し、重名は、他人の養子となった事実なくかつ未処分なりと弁論する(同上所収、清色亀鑑、正中二年七月重名重陳状案)。

竹鶴女　惟重の妹で重名の叔母。従って普通の「他人」とはいえないが、この相論では得分親か否かが問題であり、次郎丸側はかなり強引に本法を引用したものと思われる。

名字を相続ぎ　竹の字をもらって。

譲状なくば　譲与をうければ、他人に養われようと否と相続し得ることは当然であり、問題は未処分地の得分親(相続期待権者)たり得るか否かにある。

未分　未処分。式目27条頭注参照。

検断法

21 一 盗賊贓物《ぞうぶつ》の事 去年*四月廿日評定

右、すでに*贓物の多少によつて、罪科の軽重を定められ畢んぬ。*仮令《けりょう》銭百文もしくは弐百文以下の軽罪は、*一倍をもつて弁償せしめ、その身を安堵せしむべし。三百文以上の重科は、たとひ*一身の科に行ふといへども、さらに*三族の罪に及ぶなかれ。親類・妻子ならびに所従等に於ては、元のごとく*本宅に居住せしむべきなり。

次に*同じ宿所の家主、罪科を懸くるや否やの事、*その意を知らずば、家主の罪科に及ばざるの由、度々その沙汰を経《へ》畢んぬ。

一 盗賊贓物事 去年四月廿日評定

右、已依贓物之多少、被定罪科之軽重畢、仮令銭百文若弐百文以下軽罪者、以一倍令弁償之、可令安堵其身、三百文以上之重科者、縦雖行一身科、更莫及三族之罪者、於親類妻子幷所従等者、如元可令居住本宅也、次同宿所家主懸罪科否事、不知其意者、不及家主罪科之由、度々経其沙汰畢、

54 一 田地所領をもつて、双六《すごろく》の賭《かけ》となす事（貞永元年十二月以前）

右、*博戯《ばくぎ》の科、*禁制これ重し。しかるに近年ただに制符に背くのみならず、あまつさへ田地をもつて賭となすの由、ままその聞えあり。自今以後、停止に従ふべし。もしなほ違犯せしめば、早く重科に処せられ、その*賭を没収すべし。

一 以田地所領、為双六賭事

右、博戯之科、禁制惟重、而近年匪啻背制符、剰以田地為賭之由、間有其聞、自今以後、

21去年 寛喜三年。従って本条は式目以前の立法である。
すでに… 贓物の多少による刑の決定は賊盗律以来の伝統をもつが、幕府法として何時立法されたかは不明。式目4条補注「贓物なくば」参照。
仮令 たとえば。
一倍 今の二倍。「於三百以下盗犯者、以一倍可糺返之由被定置畢」(山田文書、正安二年鎮西下知状)。
一身の科 追706条(八四頁)によれば、乾元二年当時、配流・禁獄などの自由刑が課されていた。
三族 具体的な縁座範囲を限定したものではなく、下文に「親類妻子」とあるごとく、縁座一般を否定したものであろう。
本宅 現住の住宅。宅は家屋および付属の園地。
同じ宿所 塵芥集44条のごとき短期的な宿泊ではなく、恒常的な同居を指すものと思われる。宿所の用例としては追384条に「行向御家人宿所」。
その意を… 共謀性がなければ。
54博戯 双六・四一半・目勝などが当時の博奕の種類として知られている。
禁制 公家新制として多くの立法があるが、直接には嘉禄元年十月二十九日の新制で幕府がこれを諸国御家人に通達した追16条「可停止博戯輩事、…博戯之処不限度数、賭以宅財…」をうけている。
賭 賭の対象となった田地等。吾妻鏡、仁治二年四月二十五日条に、大宮盛貞と豊嶋時光が武蔵国豊嶋庄犬倉名を四一半

可従停止、若猶令違犯者、早被処重科、可没収其賭矣、

100 一　近年*四《し》一半《いちはん》の徒党*興盛《こうせい》と云々。偏《ひとえ》にこれ盗犯の基《もとい》なり。しかるがごときの輩、*左右なく召し取らんと擬《ぎ》すれば、狼藉の訴訟出来《しゅったい》か。京中に於ては*別当に申し入れ、*保《ほう》の官人をもつて*その家を破却せらるべし。*辺土《へんど》は、*本所に申し、同じく*沙汰あらば、定めて停止せらるるか。或はまた*野山の中に於てこれを打つと云々。見及ぶに随ひ、これを搦《から》むべし。おほよそ召し禁ぜらるるに随ひ、*その身を申し給ひ、関東に下さしむべきなり。かねてまた*銭切《ぜにきり》の事、同じく伺ひ搦め、関東に下し進めらるべきの状、仰せによつて執達件のごとし。

延応元年四月十三日　　*前武蔵守　判
*修理大夫　判

*相模守殿
*越後守殿

一　近年四一半之徒党興盛云々、偏是盗犯之基也、如然之輩、無左右擬召取者、狼藉之訴訟出来歟、於京中者、申入別当、以保官人、可被破却其家、辺土者、申本所、同有沙汰者、定被停止歟、或又於野山中打之云々、随見及可搦之、凡随被召禁、申給其身、可令下関東也、兼又銭切事、同伺搦可被下進関東之状、依仰執達如件、

117 一　重科の輩、放免せらるる事

右、軽罪の輩に於ては、赦免を行はるるの時、たとひこれを免ぜらるるといへども、重犯の族に至つては、*御計らひあるべきか。ゆゑんはなんぞ。傍輩《ほうばい》懲粛《ちょうしゅく》なくば、悪党人数を増すか。自今以後、*強盗ならびに重科の輩、*禁獄せらるるといへども、その身を申し出し、関東に進めらるべきの状、仰せによつて執達件のごとし。

の賭とし、これを没収された例がある。

100四一半　具体的なやり方は不明。嬉遊笑覧に、「四一半銭・目勝ハ二色ナリ。是マタ今のちよぼ一・重半ノ類ナルベシ」。

興盛　横行。

左右なく…　本条は六波羅充ての法文であり、京都を含む西国が当面の対象となっている。故に守護らの幕府武士が現行犯的に犯人を逮捕すれば、朝廷および本所と、警察権および刑事裁判権の帰属をめぐって紛争が起こることを予想し、下文に詳細な規定をおくわけである。

別当　検非違使庁の別当。洛中の警察権の行使者。

保の官人　→補

その家を…　犯人跡家屋の破壊もしくは焼亡は、公武を問わず中世の一般的な刑。

辺土　洛中洛外を除く山城国内に限定する用法か、或いは広く六波羅管轄の西国を含むか断定し得ぬが、恐らく前者か。

本所　属人的にか属地的にか、いずれにせよ犯人の所属する庄園の本所。

沙汰　京中と同じく家の破却。

野山　野山のみが武士による現行犯逮捕の対象とされている点が注目される。

その身を…　使庁もしくは本所に申し入れて犯人の身柄を受け取り。本条と同日付の追103条では狼藉神人の処置について、その張本のみを関東に送付すべしとする。

銭切　未考。

前武蔵守　執権北条泰時。

修理大夫　連署北条時房。

相模守　六波羅探題北条重時。

延応元年七月廿六日　　前武蔵守判
修理権大夫判

相模守殿
越後守殿

一　重科輩被放免事
右、於軽罪之輩者、被行赦免之時、縦雖被免之、至重犯之族者、可有御計歟、所以者何、傍輩無懲粛者、悪党増人数歟、自今以後、強盗并重科之輩、雖被禁獄、申出其身、可被進関東之状、依仰執達如件、

118 一　鈴*鹿山ならびに大*江山の悪賊の事、近辺の地頭の沙汰として、相鎮めしむべきなり。もし停止し難くば、*その仁を改補し、静謐《せいひつ》の計らひあるべきなり。この趣をもつて便宜《びんぎ》の地頭等に相触れ、*散状《さんじょう》を申さるべし。てへれば仰せによつて執達件のごとし。

延応元年七月廿六日　　前武蔵守泰時判
修理権大夫時房判

相模守殿
越後守殿

一　鈴鹿山并大江山悪賊事、為近辺地頭之沙汰、可令相鎮也、若難停止者、改補其仁、可有静謐計也、以此趣相触便宜地頭等、可被申散状、者依仰執達如件、

参73 一　紀伊七郎左衛門尉重経の所領、丹後国の地頭得分物、同所領の*夫《ふ》をもつて、*鎌倉に運上せしむる処、件の夫丸《ふまる》鎌倉に下*著す。*米町の辺に於てかの侍逃るる夫丸を見付け、召し捕へんと擬するの処、夫丸逃走の間、重経の下人追ひ懸くるの刻《きざみ》、*将軍御所の御台所に入る。重経の下人

越後守　同北条時盛。

117 御計らひ…　この部分の敬称および下文よりして、本条が非難するものが、京都朝廷の犯罪に対する放漫な処置・緩刑であることは明白であり、前条のごときも同様の立法契機をもつものであろう。

強盗ならびに重科の輩　↓補

禁獄　使庁は牢舎に罪人を拘禁したが、吉凶事に際しての赦免や脱獄は珍らしくなかった。

118 鈴鹿山　伊勢鈴鹿郡。鈴鹿関で知られるように伊勢との交通路。

大江山　山城乙訓郡。丹波に向かう路。

その仁を改補し　本条における改補、追593条(八二頁)における罪科等、いずれも検断権保持者としての地頭に領域内の平和維持を義務づけたものであり、地頭の官職的側面を物語る史料といえよう。

散状　請文散状などといい、略式の回答書。

参73 所領の夫　所領から徴発された人夫。

鎌倉に運上　上文、地頭得分物とある点からみて、在鎌倉の私用のための運送。

下著す　この記事を載せた吾妻鏡には、「去比乍荷負財産逐電訖」なる文言があり、これを補った方が解し易い。

米町　建長三年の追272条によると、店舗を設けることを認められた七ヵ所のうちの一つとなっており、米屋の集合した町であったと思われる。

将軍御所　建保元年、大倉の御所が焼失した後、宇津宮辻子にあり、その場所は、若宮大路と小町大路に狭まれ、宇津宮辻

なほもつて追ひ懸くるの間、昼番*以下の人々群集し、重経の下人といひ、夫丸といひ、召し取り、事の由を申すの間、御尋ねの処、子細相違なし。ただし主人重経この子細を知らずといへども、御所に追ひ入るの条、紲《こと》すでに*勝事《しようじ》たるの間、主人なほその科を遁れ難きの由、御沙汰あり。即ち重経の丹後の所領を召され畢んぬ。

この事、寛元年中*の比、武蔵前司*殿御時の事か。所領の名字といひ、年月といひ、委しく尋ね記すべきなり。

一　紀伊七郎左衛門尉重経所領、丹後国之地頭得分物、以同所領夫、令運上鎌倉之処、件夫丸下著鎌倉、於米町之辺見付彼侍逃夫丸、擬召捕之処、夫丸逃走之間、重経下人追懸之刻、入将軍御所御台所、重経下人猶以追懸之間、昼番以下人々群集、云重経下人、云夫丸、召取之、申事由之間、御尋之処、子細無相違、但主人重経雖不知此子細、追入御所之条、紲已為勝事之間、主人猶難遁其科之由、有御沙汰、即被召重経丹後所領畢、

此事寛元年中之比、武蔵前司殿御時事歟、云所領之名字云年月、委可尋記也、

263 一　盗人の罪科軽重の事〈宝治二年七月十日事書の内　明石左近将監奉行す〉

先日*定め置かれ畢んぬ。しかるにかの状を守り、小過たりと称して*一倍の弁を致すの後、なほもつて小過の盗犯を企つ。てへれば重科に准じ一身の咎に行はるべし。この趣をもつて雑人*奉行等存知せしむべきか。

一　盗人罪科軽重事〈宝治二年七月十日事書内明石左近将監奉行〉

先日被定置畢、而守彼状、称為小過、致一倍弁之後、猶以企小過之盗犯、者准重科可被行一身之咎、以此趣雑人奉行等可令存知歟、

282-294 諸国郡郷庄園の地頭代*、且は存知せしめ、且は沙汰致すべき条々。

子に面した所に比定されている(『鎌倉市史』総説編)。

昼番　吾妻鏡、寛元四年十二月二十八日条には「于時松田弥三郎常基昼番祗候之間、両方共搦取之」。

勝事　大事。

寛元年中　吾妻鏡は寛元四年十二月二十八日に載せる。ただし同書は年次不明の原拠史料からの記事を年末に載せたと推定される節があり、ここでも寛元の最末尾に収録した可能性が大で、少なくも月日は信をおき難い。もっともすでに注に記したごとく、同書は追加集とは別個の原拠史料によった(たとえば昼番の人名)とも考えられるので、断定はできない。

武蔵前司　泰時。

263 先日…　追21条(六七頁)参照。

称して　もし字義どおり犯人の主張の引用と解すれば、幕府法の意外な滲透を示す史料たり得る。

雑人奉行　各国ごとに担当者をおき雑人訴訟を管轄する奉行人。当時は問注所の所管。幕府訴訟法上、雑人とは侍身分の下に属する一般庶民の総称で、甲乙人・凡下等と同義(佐藤進一『鎌倉幕府訴訟制度の研究』三八頁以下参照)。なおこの語によって、本条の対象となった盗人の身分が限定できる。

282-294 地頭代　この十三ヵ条よりなる検断法規は、地頭領主法の内部に幕府法を滲透せしめ(あくまで検断面に限定されている点に注意)、地頭の対農民支配のあり方を一元的に規制せしめんとするもの

282 一 重犯〈山賊・海賊・夜討・強盗〉の輩の事

右、かの輩は重科なり。禁ぜざるべからず。すべからく罪科に処すべし。ただし重犯は、贓《ぞう》物《ぶつ》露顕せしめ、証拠分明《ぶんみょう》の輩の事なり。嫌疑をもつて左右なくその身を搦め捕へ、*拷訊《ごうじん》に及び*圧状《おさえじょう》を責め取り、*白状と称して断罪せしむるの条、はなはだ然るべからず。もしこの儀に背き、理不尽の沙汰を致さば、地頭代といひ、*沙汰人といひ、その職を*改易《かいえき》せしむべきなり。

283 一 殺害 付たり 刃傷人の事

右、*式目のごとくば、口論によつて殺害を犯さば、その父・その子に咎を懸くべからずと云々。しかるに風聞のごとくば、事を左右に寄せ、親類・所従等に至つて、*殺害被管と称して罪科に処せしむと云々。所行の企て、はなはだ濫吹なり。しからば、刃傷殺害人に於ては、その身ばかりを召し禁ずべきなり。父母・妻子・親類・所従等に至つては、咎を懸くべからず。本のごとく安堵せしむべきなり。

284 一 竊盗の事

右、銭三百文以下は、*式目に任せ一倍をもつてその弁を致し、安堵せしむべし。三百以上五百文以下は、科料弐貫文に行ふべきなり。ただし贓物に於ては、*盗まるるの主に返し与ふべし。六百文以上の重科は、一身の咎たるべし。*親類・妻子・所従等の咎に及ぶべからず。この儀に背き過分の沙汰を致すは、すこぶる撫民《ぶみん》の法にあらず。すべからく所職を改むべし。*ただし少犯たりといへども、両度に及ばば、一身の咎に准ずべし。

285 一 *放火人の事

右、強盗に准じ、よろしく禁遏《きんあつ》すべし。

286 一 *牛馬盗人・*人勾引《ひとこういん》等の事

であり、多くは従来の幕府法を再確認せしめ、地頭の検断面における苛政をチェックしようとする意図に一貫している。ここでとくに正員に代わって在庄し現実の検断権行使者である地頭代を名指したことは、法令の実際上の効果を高めるためと思われる。

拷訊 拷問。

圧状 強制的に作製せしめた文書。

白状 式目4条頭注参照。

沙汰人 名主沙汰人などといわれる、庄園組織の最末端に属する地下人。

改易 地頭代の補任改易権は正員地頭にあり、地頭に改易を義務づけたと理解すべきであろう。

283 **式目** 式目10条。

殺害被管… 殺人犯の被官人であるとの理由で。

284 **式目** 追21条(六七頁)。同条が三百文以上を一身の咎とするに比して、三百〜五百文に科料二貫文の規定を新設し、刑の緩和をはかる。

盗まるるの主に… 「われわれの間では、見付かった盗品は裁判官によって、その所有主の手に戻される。日本では…盗品は失われたものとして裁判官が没収する」(ルイス・フロイス「日欧文化比較」(『大航海時代叢書』XI))。今川追加16条に「雑物出問敷由先規」とあるごとく、検断権行使者の得分として没収されるのが、むしろ一般であったと思われる。

親類・妻子… 「盗人之罪科者懸妻子之条為傍例之間」(東寺百合文書、弘安元年

右、罪科これ重し。重科に処せしむべしといへども、寛宥《かんゆう》の儀につきて、*その身ばかりを召し禁ずべきなり。ただし所犯両三度に及ばば、妻子その科を遁るべからず。

次に人勾引の事、*親子兄弟等に於ては、人勾引の儀にあらず。その咎を懸くべからず。

287 一 土民の*身代《みのしろ》を*取り流す事

右、限りある所当公事を対捍《たいかん》するの時、その弁を致さしめんがため、身代をとらしむるの条、*定法なり。しかるに或は少分の未進により、或は吹毛《すいもう》の咎をもつて、身代を取り流すの条、もつとも不便なり。たとひ*年月を歴《ふ》るといへども、その負物《ふもつ》を償《つぐな》ひ、かの身代を請け出すの時は、これを返し与ふべし。また弁償に力なく、流れ質せしむべきの旨、*その父・その主申さしむるの時は、身代の直《あたい》の分限を相計らひ、*傍郷の地頭代に相談じ、*かの直物《じきもつ》を給与し、*放文《はなちぶみ》を取るの後、進退せしむべきなり。

288 一 諍論《そうろん》の事

右、土民の習ひ、*拏擢《だてき》せしむるといへども、その疵なきに於ては、罪科に処すべからず。しかるに遼遠《りょうえん》の地頭猛狂の輩、或は闘諍と称し、或は打擲《ちょうちゃく》と号して、*民の煩を致すと云々。自今以後に於ては、もつぱら撫民の計らひを致し、よろしく無道の沙汰を止むべし。

289 一 土民去留《きょりゅう》の事

右、よろしく民意に任すべきの由、*式目に載せられ畢んぬ。しかるに或は逃毀《にげこぼち》と称して、妻子資財を抑留し、或は*負累ありと号して、*強縁《ごうえん》の沙汰をもつてその身を取るの後、*相伝のごとくに進退せしむるの由、その聞えあり。事実《ことじつ》たらば、はなはだもつて無道なり。もし負物あらば、*結解《けつげ》を遂げ、遁るる所なくば、員数に任せてその身以下妻子・所従等の煩を成すべからず。

太良庄百姓申状)とあるごとく、旧来の地頭代の処置はこのような庄園法を背景としていたものであろう。

ただし… 追263条(七〇頁)参照。

285 **放火人** 式目33条参照。

286 **牛馬盗人** 正安二年の鎮西下知状(山田文書)に、馬盗人の一味・縁者に対する地頭の処罰がみえる。

人勾引 かどわかし。賊盗律以来しばしば公家法として禁制の対象となる。幕府も追15条で、嘉禄元年十月の宣旨をうけて搦め進むべき旨を御家人に通達。

その身ばかりを… 法曹至要抄は使庁の例として「令候獄舎幷政所屋而已」とする。

親子兄弟 親族をかどわかすことは一般的にあり得ず、ここでは当然勾引が目的とするところの人身売買を問題にするとみられる。律においても「売二等卑幼及兄弟孫外孫、為奴婢者徒二年半、子孫者徒一年、即和売者各減一等」と刑を減じてはいるが、勾引人の対象から全く除外した本条はさらに徹底している。

287 **身代** 債務の担保として提供された債務者自身もしくはその妻子等。ただし、一般債務の場合「人質」「質人」と称されるに比し、身代は年貢・公事・検断事件のそれに多く用いられる。

取り流す 質流れとして永代所有する。

定法 本条の立法趣旨は「取り流す」ことの可否にあり、「取る」こと自体は当面、問題にされていない。

年月を… 一般の質人については式目11

条を引いて「被押取質人之後、不経訴訟不致其弁、空過十ヶ年者、件質人可為物主之進退」とする年次不詳の追720条があり、年紀を認めざる本条との対比が一応可能である。

その父・その主 身代にとられた者の。

傍郷の… 本条は末尾の「寄合傍郷地頭代沙汰人名主等」と同じく地縁的な裁判権力を示す。

かの直物 人身の売価から未済分の債務を差し引いた金額であろう。

放文 売券を放券とも称するごとく、権利の所有者が物権・人身に対する権利の放棄を証明する文書。ここでは具体的には主人・親の人身売券を指すか。

288 **拏攫** 「拏攫」(だかくゃ)(つかみ合う、もみ合う)の誤りか。式目13条が殴人の咎として厳罰を課したのに比して明瞭な差がある。御家人を主要対象とした式目と、「土民の習い」によって地頭の恣意的な検断権行使をチェックしようとする本条の、基本的な相違。

民の煩 追286条(七二頁)頭注「牛馬盗人」所引の鎮西下知状には、地頭がきわめて瑣末な農民の犯罪を種に科料銭等を課している実例が、引用されている。

289 **式目** 式目42条。本条はその法意においては式目と全く同じである。しかし式目で「可被糺返損物」についての但し書にすぎなかった「土民去留」が本条では事書に掲げられ、それを原則的な規範として全文を叙述する点に注目を要する。式目42条補注参照。

290 一 博奕の輩の事

右、*禁制の旨に任せて一向にこれを停止すべし。もし違犯の輩あらば、その身ばかりを召し進むべきなり。妻子・所従等の煩に及ぶべからず。況んや田畠・資財・雑具を抑留すべからず。

291 一 奴婢《ぬひ》相論の事

右、その沙汰なく十ヶ年を過ぎば、理非を論ぜず沙汰に及ばざるの由、*式目に載せられ畢んぬ。*しかるに所領知行の間、百姓の子息・所従等を召し仕ふるの後、十ヶ年を過ぐと称して、永く進退服仕《しんたいふくじ》せしめ、或は*他所に移らしむるの時、所従と号して煩を相懸くと云々。事実たらばその謂なし。*田地に付して召仕ふる百姓の子息・所従等の事、たとひ年序を歴《ふ》るといへども、よろしくかの輩の意に任すべし。

292 一 他人の妻を密懐する罪科の事

右、同じく*式目に載せらるる所なり。ただし、名主百姓等の中、人妻を密懐の事、風聞の時、実否を糺明せず、証拠不分明の処、左右なく罪科に処するの条、はなはだ然るべからず。*もし訴人出来《しゅったい》せば、両方を召し決し、証拠を尋ね明かし、遁るる所なくば、名主の輩は過料弐拾貫文、百姓等は過料五貫文を充て行ふべし。女の罪科もつて同前。

293 一 撫民を致すべき事

右、或は非法をもつて*名田畠《みょうでんばく》を上取《あげど》り、その身を追ひ出し、或は*阿党《あとう》をなして民烟《みんえん》を煩はし、資財を奪ひ取るの由、その聞えあり。所行の企て、はなはだ政道の法にあらず。おほよそ少事をもつて*煩費《はんぴ》を致すべからず。もつぱら撫民の計らひを致し、農作の勇《いさみ》を成すべし。

294 一 *起請文を書かしむる間の事

右、讒言《ざんげん》によつて相論あり。起請文を書かしむるの時、*祭物料《さいもつりょう》と称して、絹布《けんぷ》已下の物を責め取らしむと云々。所行の企て、はなはだその謂れなし。たとひ先例たりとも、永く停止せしむべし。

以前の条々、この旨を守り、且はその沙汰を致し、且は存知すべし。一事といへどもこの旨に違背し、非法を致すに於ては、所職を改むべきなり。沙汰人等地頭代の非法を注進すべきなり。もし*権威を憚り、地頭代を恐れ、見隠し聞き隠すに至つては、同罪たるべし。実正《じっしょう》をもつて注申せしむるの輩は、勧賞あるべきなり。かねてまた大事の沙汰に於ては、傍郷《ぼうごう》の地頭代・沙汰人・名主等寄り合ひ、相互に談議を加へその沙汰致すべきの状、下知件のごとし。

建長五年十月一日　　相模守*
陸奥守*

諸国郡郷庄園地頭代、且令存知、且可致沙汰条々

一　重犯〈山賊 海賊 夜討 強盗〉輩事

右、彼輩者重科也、不可不禁、須処罪科、但重犯者、贓物令露顕証拠分明之輩事也、以嫌疑無左右搦捕其身、及拷訊責取圧状、称白状令断罪之条、甚不可然、若背此儀、致理不尽之沙汰者、云地頭代、云沙汰人、可令改易其職也、

一　殺害付刃傷人事

右、如式目者、依口論犯殺害者、其父其子不可懸咎云々、而如風聞者、寄事於左右、至于親類所従等、称殺害被管、令処罪科云々、所行之企、甚濫吹也、然者、於刃傷殺害人者、可召禁其身許也、至于父母妻子親類所従等者、不可懸咎、如本可令安堵也、

一　竊盗事

右、銭三百文以下者、任式目、以一倍致其弁、可令安堵、三百以上五百文以下者、可行科料弐貫文也、但於贓物者、可返与被盗之主、六百文以上重科者、可為一身之咎、不可及親

負累　借金・借物。

強縁の…　債権者の強力な縁怙者として、すなわち債権者の債権とり立てに便乗して強引に債務者の身柄を抑留するの意か。

相伝の…　相伝下人のごとく。

結解　勘定・決算。

290 **禁制**　追54条頭注(六七頁)参照。

291 **式目**　式目41条。

しかるに…　本条の前年追275条にすでに「雖過十ケ年、就所領召仕百姓等者、非進止之限矣」なる立法あり。要すれば、式目が奴婢の帰属を争う二者の裁判規範であったにもかかわらず、その取得年紀法を領内の農民に適用し、自由民を奴婢に転化せしめんとする地頭の非法を停止することに本条の趣旨がある。

他所に…　移る主体が地頭代か百姓か、どちらともとれるが、全文の意よりして前者すなわち地頭代の所領替えの際などを指すとみるべきか。なお「移他所」を「他行」につくる本もある。

田地に付して　所領の知行を通じて。すなわち直接地頭代の人身的隷属下にない百姓。

292 **式目**　式目34条。「彼女称有間夫咎、搦取其身令沽却之条無謂之由」(山田文書)は女性側に対する地頭苛政の一例。

もし訴人…　「無訴人之処誘取証人状、行罪科之条背理致歟」(同上)。この規定が刑事事件における当事者主義の一般原則から発したものか、密懐に特殊的な親告罪であるのか、断定し得ない。

293 **名田畠**　百姓名の田畠。

類妻子所従等之咎、背此儀致過分之沙汰、頗非撫民之法、須改所職、但雖為少犯、及両度者、可准一身之咎焉、

一　放火人事

右、准強盗宜禁遏矣、

一　牛馬盗人々勾引等事

右、罪科是重、雖可令処重科、就寛宥之儀、可召禁其身許也、但所犯及両三度者、妻子不可遁其科、

次人勾引事、於親子兄弟等者、非人勾引之儀、不可懸其咎焉、

一　取流土民身代事

右、対捍有限所当公事之時、為令致其弁、令取身代之条定法也、而或依少分之未進、或以吹毛之咎、取流身代之条、尤不便也、縦雖歴年月、償其負物、請出彼身代之時者、可返与之、又無力于弁償、可令流質之旨、其父其主令申之時者、相計身代直之分限、相談傍郷地頭代、給与彼直物、取放文之後、可令進退也、

一　諍論事

右、土民之習、雖令窂擢、於無其疵者、不可処罪科、而遼遠之地頭猛狂之輩、或称闘諍、或号打擲、致民煩云々、於自今以後者、専致撫民之計、宜止無道沙汰矣、

一　土民去留事

右、宜任民意之由、被載式目畢、而或称逃毀、抑留妻子資財、或号有負累、以強縁沙汰、取其身之後、如相伝令進退之由有其聞、事実者、甚以無道也、若有負物者、遂結解、無所遁者、任員数致其弁、不可成其身以下妻子所従等煩焉、

一　博奕輩事

右、任禁制之旨、一向可停止之、若有違犯之輩者、可召進其身計也、不可及妻子所従等之

阿党　原義では一味・仲間の意であり、かつその用例も存続するが（日ポ「組する・ともがら」）、中世では逆に、敵対する・悪意を抱く、の意に用いられることが多く、その点で「阿容」に類似する。なお近畿地方の方言「あたん」（復讐・仕返し）はこの流れか。

煩費　百姓に罪を科す。

294 **起請文**　証人として起請文を徴することも多いが、本条では「讒言によって」からみて、自己の無実を神仏に誓言するためのものであろう。

祭物料　起請文は発生的に祭文につながり、祭文を捧げるときは祭壇を設けて、幣帛・穀物・酒などの供物を供えるのが通例であるとされる（佐藤進一『古文書学入門』二二六頁）。地頭代が祭物料と称する根拠は恐らくここにあったと思われる。

権威　この場合、正員地頭を指すか。

相模守　執権北条時頼。

陸奥守　連署北条重時。

煩、況不可抑留田畠資財雑具矣、

一　奴婢相論事

右、無其沙汰過十ヶ年者、不論理非、不及沙汰之由、被載式目畢、而所領知行之間、召仕百姓子息所従等之後、称過十ヶ年、永令進退服仕、或令移他所之時、号所従相懸煩云々、事実者無其謂、付田地召仕百姓子息所従等事、縦雖歴年序、宜任彼輩之意、

一　密懐他人妻罪科事

右、同所被載式目也、但名主百姓等中、密懐人妻事、風聞之時、不糺明実否、証拠不分明之処、無左右処罪科之条、甚不可然、若訴人出来者、召決両方、尋明証拠、無所遁者、名主輩者、過料弐拾貫文、百姓等者、過料五貫文可充行之、女罪科以同前焉、

一　可致撫民事

右、或以非法上取名田畠、追出其身、或成阿党煩民烟、奪取資財之由、有其聞、所行之企、甚非政道之法、凡以少事不可致煩費、専致撫民之計、可成農作之勇矣、

一　令書起請文間事

右、依讒言、有相論、令書起請文之時、称祭物料、令責取絹布已下物云々、所行之企、甚無其謂、縦為先例、永可令停止焉、

以前条々守此旨、且致其沙汰、且可存知、雖一事違背此旨、於致非法者、可改所職也、沙汰人等可注申地頭代之非法也、若憚権威恐地頭代、至見隠聞隠者、可為同罪、以実正令注申之輩者、可有勧賞也、兼又於大事沙汰者、寄合傍郷地頭代沙汰人名主等、相互加談議、可致其沙汰之状、下知如件、

309 一　勾引人ならびに人売りを禁断すべきの事（建長年中？）

件の輩*本条に任せ断罪せらるべし。且は*人商人、*鎌倉中ならびに諸国の市の間、多くもつてこれありと云々。自今以後、鎌倉は*保《ほう》の奉行人に仰せ、交名の注申に随ひて、追放せらるべし。

309 **本条**　この場合、朝廷の禁制。追286条（七二頁）頭注「人勾引」参照。

人商人　この頃から幕府の看視は専ら人身売買を業とする者に向けられてくる。仁治元年の「売買仲人」の関東召下（追156条）、正応三年の火印刑の実施（追625条）など。

鎌倉中　宝治二年、肥後の御家人相良頼重は相論中の一族の所従を搦め取って、これを鎌倉で売却しようとした（相良文書、建長元年関東下知状）例のごとく、人商人は京・鎌倉などで奴隷を買い集め、需要の多い辺境地帯で売り捌いた。

保の奉行人　追122～129条にみられるごとく、延応二年には、京の保制および保官人制（追100条（六八頁）頭注参照）を真似た保・保奉行人の制が布かれていたが、この時の創始か否かは断定し得ない。保奉行人は鎌倉市中の検断を担当する政所に属した。

諸国に至つては、守護人に仰せ科断せしむべし。

一　可禁断勾引人幷人売事
件輩任本条可被断罪、且人商人、鎌倉中幷諸国市間、多以在之云々、自今以後、鎌倉者仰保奉行人、随注申交名、可被追放、至諸国者、仰守護人可令科断、

320 一　国々の悪党*蜂起せしめ、夜討・強盗・山賊・海賊を企つるの由、その聞えあり。*狼唳《ろうれい》のはなはだしき、誡めざるべからず。見隠し聞き隠すべからざるの旨、*度々《どど》仰せ下され畢んぬ。早く警固を加ふべきなり。実犯《じつぼん》の族に於ては、その身を召し進ましむべし。且は権門勢家の領たりといへども、守護人の下知に背き、悪党を*拘惜《こうじゃく》するに於ては、注申に随ひてその科に処せらるべきなり。この趣をもつて*淡路の国中に触れ廻《めぐ》らし、沙汰致さしむべきの状、仰せによつて執達件のごとし。

正嘉二年九月廿一日　*武蔵守判
*相模守判

*淡路四郎左衛門尉殿

一　国々悪党令蜂起、企夜討強盗山賊海賊之由、有其聞、狼唳之甚、不可不誡、不可見隠聞隠之旨、度度被仰下畢、早可加警固也、於実犯之族者、可令召進其身、且雖為権門勢家之領、背守護人下知、於拘惜悪党者、随注申可被処其科也、以此趣触廻淡路国中、可令致沙汰之状、依仰執達如件、

407–416

407 一　公家より召し渡さるる輩の事
*預かり人、或は私の計らひをもつて*縁者に預け置くによつて、*本所に還住し、或は自由に任

320 **悪党**　式目32条補注「悪党」の㈡の段階。
狼唳　狼藉。
度々…　建長八年六月、奥州路に沿う地頭二十四人に対し「不嫌自領他領、不可見聞隠之由、召取住人等之起請文」（追307条）、さらに本条の前月にも出羽・奥羽両国地頭に「籠置悪党之所々、不可見聞隠之旨、可被召沙汰人等起請文」（追319条）を命じ、地頭職の改替を賭して治安の維持に当たらせている。本条はこれを全国に拡大したもの。
拘惜　かくまう。
淡路　本条は淡路一国に充てた関東御教書の体裁をとるが、吾妻鏡がこの部分を「某国中」と置きかえるごとく、全国の守護に発せられたと思われる。
武蔵守　執権北条長時。
相模守　連署北条政村。
淡路四郎左衛門尉　淡路の守護長沼宗泰。
407–416　ただし、411条と415条は省略。
407 **預かり人**　武家法上、「預」は、㈠未決囚の拘禁、㈡判決の執行としての拘禁、の二者があるが、ここでは以下の文よりして㈠。
縁者　被疑者の。
本所　本の在所。

せて洛中を横行するの由、あまねくその聞えあり。自今以後、*その儀を停止せらるべし。且は*急ぎ申し沙汰せしめ、落居せらるべきなり。また召人《めしうど》の身として、数多《あまた》の従類等を相具し、刀剣を持たしむと云々。はなはだ然るべからず。早く停止せしむべきなり。

408 一 *山僧*寄せ沙汰を請け取るの事

*先度誡め仰せ下さるるの処、近年無沙汰の間、狼藉過法の由風聞すと云々。*直《じき》に訴訟を経といへども無沙汰か。しかるにかくのごときの濫吹《らんすい》、はなはだ然るべからず。然るがごときの時は、*付け沙汰の輩といひ、これを請け取りて沙汰を致す山僧といひ、子細を公家に言上し、その身を関東に召し下さるべきなり。

409 一 *武家相交はらざるの沙汰、公家より仰せ下され、*狼藉の条に於ては、事の躰に随ひその沙汰致すべし。

410 一 *悪党を籠め置き無沙汰の所々の事

地頭・御家人等の領に於ては、子細を尋ね明らめ注申すべし。その左右に随ひ誡め沙汰あるべし。また本所、件の輩を拘惜《こうじゃく》するの地に至つては、早く注申せらるべし。

412 一 *好みて悪党を召し仕ふる輩の事

狼藉の基たり。早く交名を注申すべし。ことにその沙汰あるべきなり。

413 一 *悪党跡《あと》の事

前々のごとく、委細を尋ね明かし、注申すべし。

414 一 *召人逃失の預かり人の咎の事

罪科の軽重《けいちょう》に随ひ、六波羅に於て計らひ沙汰あるべし。

416 一 悪党張本の事

その儀 ㈠「本所還住」「洛中横行」の行為、㈡在京武士への「預」それ自体、のいずれを指すか不明だが、恐らくは㈡か。
急ぎ… 六波羅検断方の沙汰として判決を急がしめる。
408 **山僧** 延暦寺の僧。同寺の傑出した宗教的権威や商業的特権を背景に、庄園の請負的代官として(追120条(一〇三頁)等)、或いは本条のごとく公武の法廷において猛威を振った。
寄せ沙汰 本来訴訟の当事者であるAが、政治的優位者もしくは法廷内において特権を有するBに依頼して表面上の当事者を変更する行為。AがBに沙汰を寄せるといい、BはAから沙汰を請け取ると称する(請取沙汰)。AがBに代償を支払うことは当然である。山僧の場合、追33条にみえるごとく、寄附の神領・供用物等と称して自ら当事者となる。
先度 公家新制としてもたびたびの立法があるが、幕府にも寛喜三年の宣旨を施行した追33条以下数回の立法がある。
直に… 山僧を統治すべき延暦寺の別当貫主に直接申し入れても、恐らく何の処置もとるまい。
付け沙汰 寄せ沙汰に同じ。
409 **武家相交はらざるの沙汰** 原則的に幕府側の関与しない問題。
狼藉の条に於ては 所務沙汰その他については不干渉の原則を守るべきだが、狼藉の一事についてのみは。
410 **悪党を…** 本条は式目32条をうけた立法であるが、ここでの立法眼目は式目にことに*人口に乗るの輩に於ては、聞き及ぶに随ひ、その身を関東に召し進むべきなり。已前条々事書これを遣はす。その間の子細、*重家法師に仰せ含めらるる所なり。その旨を存ぜらるべし。てへれば仰する所件《くだん》のごとし。

弘長二年五月廿三日　　武蔵守判

*陸奥左近大夫将監殿　　相模守判

一　自公家被召渡輩事

預人或以私計依預置縁者、還住本所、或任自由横行洛中之由、普有其聞、自今以後、可被停止其儀、且急令申沙汰、可被落居也、又為召人之身、相具数多従類等、令持刀剣云々、太不可然、早可令停止也、

一　山僧請取寄沙汰事

先度被誡仰下之処、近年無沙汰之間、狼藉過法之由風聞云々、直雖経訴訟、無沙汰哉、而如此濫吹、太不可然、如然之時者、云付沙汰之輩、云請取之致沙汰山僧、言上子細於公家、可被召下其身於関東也、

一　武家不相交之沙汰、自公家被仰下、於狼藉之条者、随事躰可致其沙汰、

一　籠置悪党無沙汰所々事

於地頭御家人等之領者、尋明子細可注申、随其左右、可有誡沙汰、又本所至拘惜件輩之地者、早可被注申、

一　好召仕悪党輩事

為狼藉之基、早可注申交名、殊可有其沙汰也、

一　悪党跡事

如前々委細尋明、可注申、

みられぬ「また本所」以下にある。

412 **好みて…**　本年閏七月の醍醐寺衆徒申状(醍醐寺文書)は「又近日被降関東十箇条之厳旨被鎮世上衆庶人之濫悪、其中好召仕悪党之輩幷悪党張本事(416条)、殊有御沙汰」と本条を引き、座主定済が「好召仕数多之悪党」を訴えている。

413 **悪党跡**　寛喜三年の追35条では「縦雖搦取其身、於所領者不及没収、早可被返付本主」なる方針を示したが、建長二年守護不設置の大和悪党について、「至彼等跡者可令注進」として、悪党跡に地頭補任をもって威嚇する。取締りの強化とともに、悪党跡の幕府収公へと、方針を移しつつあったものと思われる。

414 **召人逃失**　追34条(四四頁)参照。

416 **人口に乗る**　播磨の寺田法念のごとく、いわゆる「天下名誉の悪党」と称され、近隣に聞えた悪党。

重家法師　未詳。この御教書を六波羅に届けた使者の御家人か。

陸奥左近大夫将監　六波羅探題北条時茂。

一　召人逃失預人咎事
随罪科之軽重、於六波羅可有計沙汰、
一　悪党張本事
殊於乗人口之輩者、随聞及可召進其身於関東也、
已前条々事書遣之、其間子細所被仰含重家法師也、可被存其旨、者所仰如件、

532–539 守護人ならびに*御使存知すべき条々（弘安七年五月廿七日）

532 一　夜討・強盗・山賊・海賊殺害の罪科の事
*御家人に於ては、その身を六波羅に召し進め、所領を注進せしむべし、非御家人凡下《ひごけにんぼんげ》の輩に至つては、所犯の軽重に随ひ、罪科の浅深あるべきなり。*両人相議し、計らひ沙汰せしむべし。

533 一　悪党の由その聞えある輩の事
所犯の条、分明の証拠なしといへども、風聞の説あらば、地頭・御家人に相尋ぬるの処、聞き及ぶの由*差し申さば、御家人に於ては、六波羅に召し進めしむべし。非御家人凡下の輩に至つては、*同じく計らひ沙汰せしむべし。

534 一　博奕《ばくえき》の輩の事
守護人御使の沙汰として、禁遏《きんあつ》を加ふべし。違犯の輩あらば、御家人に於ては、所領を召さるべきなり。非御家人凡下の輩の事、同前。

535 一　罪科遁れ難きにより、本《もと》の在所を捨て、他国に逃げ去る悪党の事
*国、本の在所と各別せしむるといへども、事の由を相触れ、まず相互に*これを召し渡し、余党の事、同じくその沙汰を致すべし。

536 一　犯人の在所につきて*斟酌すべき事

532–539 **御使**　幕府は承久の乱の処理、大風の対策（追55条（一一〇頁））などについて西国へ使節を派遣した前例があるが、本条については、翌年正月ごろ「徳政之御使」が博多に下向しているところから見て（豊後国図田帳）、前月の時宗死去と関連する使節かも知れない。

532 **御家人に於ては**…　事書にみえるのはいずれも大犯三カ条に属する重罪であり、その刑事裁判権が犯人の身分によって六波羅と守護并御使の二者に区分されている。

両人　守護と御使。これによると使節は各国ごとに派遣され、追593条（八二頁）にみえるごとく、弘安十年頃まで常駐したものと思われる。

533 **差し申す**　容疑者の名前を明示する。

同じく　前条と同じく両人相議して。

535 **国**…　逮捕された所と犯人の本在所とが国を異にしても。

これ　犯人の身柄。

536 **斟酌**　考慮。

本所一円の地に於ては、犯人を*召し渡すべきの由、かの所に相触るべし。もし叙用《じょよう》せずば、事の由を注申すべし。*関東御分《かんとうごぶん》の所に至つては、*守護の綺《いろい》先例なしといへども、今度に於てはその沙汰を致すべし。

537 一　獄舎の事

538 一　*官食《かんしょく》の事

539 一　*兵士の事

以上三ヶ条、*守護役として沙汰を致すべし。

　守護人幷御使可存知条々

一　夜討強盗山賊海賊殺害罪科事

於御家人者、召進其身於六波羅、可令注進所領、至非御家人凡下輩者、随所犯軽重、可有罪科浅深也、両人相議、可令計沙汰之、

一　悪党由有其聞輩事

所犯之条、雖無分明証拠、有風聞之説者、相尋地頭御家人之処、聞及之由差申者、於御家人者、可令召進六波羅、至非御家人凡下輩者、同可令計沙汰、

一　博奕輩事

為守護人御使沙汰、可加禁遏、有違犯之輩者、於御家人者、可被召所領也、非御家人凡下輩事、同前、

一　依難遁罪科、捨本在所、逃去他国悪党事

国雖令各別本在所、相触事由、先相互召渡之、余党事同可致其沙汰、

一　就犯人在所可斟酌事

於本所一円之地者、可召渡犯人之由、可相触彼所、若不叙用者、可注申事由、至関東御分所者、守護之綺雖無先例、於今度者、可致其沙汰、

召し渡す　「夜討強盗放火殺害山賊海賊、此六品ハ守護方江渡之時請取也」(光明寺旧記)。引渡しは庄の境界で行われた。

関東御分の所　ここではいわゆる関東御領を指すと思われる。

守護の綺先例なし　関東御領と推定される信濃春近領(稲垣泰彦「春近領について」(『一志茂樹博士喜寿記念論集』))に与えた守護北条重時嘉禄二年の御教書(工藤文書)は、「守護所使入部事被止候了、但謀叛、殺害…如此犯科之輩出来之時者、於其所之堺可令請取犯人給候」とし、本所一円領と同じ扱いをうけている。

537 以下三項目は守護所に置かれた牢についての規定。

538 **官食**　官から支給する食物。この場合、罪人に対する給与。

539 **兵士**　獄舎警備の兵士。

守護役　守護の負担として。本来国衙の沙汰として行われていたものと思われる。

一 獄舎事
一 官食事
一 兵士事
以上三ヶ条、為守護役可致沙汰、

591 一 *悪党を所領の内に隠し置く輩の事 弘安九・二・五
自身は関東に参住の間、在国の事は知り及ばざるの由、申さしむるによつて、前々罪科を遁るるか。自今以後に於ては、悪党を所領の内に隠し置かしむるの由、露顕せしめば、自身は在国せずといへども、所領の三分一を召さるべきなり。ただし所領に来住し、百日ばかり居住の族、悪党をなすといへども、存知すべからざるの間、鎌倉参住の仁、罪科に及ぶべからず。代官に至つては在国たるの間、その咎を遁るべからざるによつて、*永く召し仕ふべからず。もしなほ召し仕ふれば、主人その科あるべきなり。*正員《しょういん》また在国せしめば、百日居住の浪人たりといへども、所帯を改めらるべし。

一 隠置悪党於所領内輩事 弘安九 二 五
自身者関東参住之間、在国事不知及之由、依令申之、前々遁罪科歟、於自今以後者、令隠置悪党於所領内之由、令露顕者、自身雖不在国、可被召所領三分一也、但来住所領、百日計居住之族、雖為悪党、不可存知之間、鎌倉参住之仁、不可及罪科、至代官者、為在国之間、依不可遁其咎、永不可召仕之、若猶召仕者、主人可有其科也、正員又令在国者、雖為百日居住之浪人、可被改所帯、

593 一 *遠江・佐渡両国悪党の事
守護人緩怠《かんたい》なく沙汰せしむべし。*御使に於ては、明春帰国せしむべきなり。白状につきて子

591 悪党を… 式目32条・追410条(七八頁)参照。

永く… 地頭代は地頭の一族あるいは直属の被官であり、その関係を永久に断たしむることは、極めて厳しい処罰といえよう。

正員 代官に対して本官、すなわち地頭。

593 遠江・佐渡 本条もまた追320条(七七頁)と同じく、両国に限らず全国的な法令であろう。なおこの御教書は充所を欠くが、このとき両国守護を兼帯する大仏宣時充てであることは確実。

御使 追532-539(八〇頁)頭注参照。

細を地頭に相触るるの処、兼日《けんじつ》逐電の由申さしむるによつて、その科に及ばざるか。*これ日来《ひごろ》*経廻《けいかい》の悪党逃散《ちょうさん》せしむと云々。その所の地頭、*清廉《せいれん》の沙汰を致さば、なんぞ退散せしむべけんや。これまた*領主その科遁れ難しといへども、自今以後はかくのごときの所に至つては、地頭罪科あるべし。

次に*押し買ひ・*迎へ買ひ・*沽酒《こしゅ》以下の事、禁制条々、*先度仰せ下され畢んぬ。かれといひこれといひ、違犯の輩に於ては、注申せしむべし。注進せずば、守護人その科あるべきの状、仰せによつて執達件のごとし。

弘安九年三月二日　　*相模守判
　　　　　　　　　　*陸奥守判

一　遠江佐渡両国悪党事

守護人無緩怠可令沙汰、於御使者、明春可令帰国也、就白状相触子細於地頭之処、兼日逐電之由依令申、不及其科歟、此日来経廻之悪党令逃散云々、其所地頭致清廉沙汰者、何可令退散哉、是又領主雖難遁其科、自今以後者、至如此所者、地頭可有罪科、次押買、迎買、沽酒以下事、禁制条々、先度被仰下畢、云彼云是、於違犯之輩者、可令注申、不注進者、守護人可有其科之状、依仰執達如件、

702

豊後国津々浦々船の事、海賊を鎮められんがために、大小を論ぜず、船の*見在《げんざい》に随ひ、たやすく削り失ひ難きの様、在所ならびに船主交名をかの船に彫り付け、来月中に員数を注申せらるべし。且は海賊の聞えあらば、守護・地頭・沙汰人等、早船を構へ、時剋を廻《めぐ》らさず、追ひ懸けしむべし。しからば乗人はたとひ陸地に赴き、逃脱せしむるといへども、船に至つては、棄て置かしむるの時、船主の所行か、他人の借用か、尋ね明かさば露顕すべきの故なり。また

これ…　以下「云々」まで地頭請文の引用。
経廻　へめぐる。出没する。
清廉の…　経廻の事実を認めながら、退散せしめたことに、地頭の黙認・内通を推定している。
領主　文意から地頭とは別。在国する地頭代その他の小領主を指すか。
押し買ひ　低廉な価格での強制的な買い上げ。
迎へ買ひ　市場へ運送途上での買い取り。
沽酒　建長四年九月、全国的な沽酒禁止令を定め、とくに鎌倉においては、三万七千余口の民家の酒壺のうち、一屋一壺を除いて他を破却し(吾妻鏡)、以後たびたびの禁令を発布する。その理由は、酒造米の急増の忌避、道徳的な原因等といわれるが、明らかでない。
先度…　弘安七年諸国守護充ての禁制四カ条(追540〜543条)中に、押し買い・沽酒はみえるが、迎え買いはない。
相模守　執権北条貞時。
陸奥守　連署北条業時。
702　本条は島津家文書にあり、追加集には不載。他国にも発せられたものか否か不明。
見在に随ひ　現在ある船のすべてに。

追ひ懸くるの時、知り及びながら、合力せざるの輩は、交名を注進せらるべし。よつて執達件のごとし。

正安三年三月廿七日　　＊前上総介（花押）

＊下野彦三郎左衛門尉殿

豊後国津々浦々船事、為被鎮海賊、不論大小、随船見在、輙難削失之様、彫付在所幷船主交名於彼船、来月中可被注申員数、且有海賊之聞者、守護地頭沙汰人等、構早船、不廻時剋、可令追懸、然者、乗人者縦赴陸地、雖令逃脱、至船者、令棄置之時、船主之所行歟、他人之借用歟、尋明之者、可露顕之故也、又追懸之時、乍知及、不合力之輩者、可被注進交名、仍執達如件、

704-709 侍所方　乾元二年六月十二日評定

704 一　殺害・刃傷・打擲の事

＊式目に載せらるるの上は、子細に及ばず。凡下の輩に至つては、殺害は斬罪《ざんざい》に処せられ、刃傷は伊豆大嶋に遣はされ、＊打擲は＊禁獄六十日たるべきか。

705 一　夜討・強盗・山賊・海賊等の事

かの輩断罪せらるべきの旨、＊定め置かるるか。しかるに大略流刑に処せらるるの間、或は配《はい》所《しょ》に於て悪行を致し、或は本国に帰りて＊重科を犯す。これによつて＊預かり人等、重きは所領を分《わか》ち召され、軽きは＊過怠《かたい》に行はる。ただに悪党等倍増するのみならず、あまつさへ＊御家人の侘《た》傺《てい》たるか。遁るる所なきの輩に至つては、斬罪に処すべきの旨、仰せ下さるべきか。ただし御家人に於ては、＊評議を経て斟酌あるべきか。

706 一　竊盗の事

前上総介　鎮西探題北条実政。

下野彦三郎左衛門尉　島津久長。前年十一月、彼は守護人とともに豊後国の検断を奉行すべきことを命ぜられた（島津文書）。

704-709　この六カ条は同時に立法された検断法規で、検断沙汰管轄部局たる侍所に通達された条々。→補

式目　式目10・13条。

打擲　追288条（七二頁）参照。

禁獄六十日　式目での郎従以下についての「可召禁其身」を具体化したもの。自由刑の刑期の明文化は、現存法ではこれが初見。

705 **定め…**　強盗については、式目33条に「既有断罪之先例…」とするが、他の犯罪については規定がない。前条が子細に及ばずとするのに対し、本条が「…るるか」という曖昧な表現をとった原因であろうか。

重科　「重ねたる科を」と読むべきか。

預かり人　追34条（四四頁）頭注「預け置く」、407条（七七頁）頭注「預かり人」、および追704-709条補注参照。

過怠　追34条に「随軽重可被行過怠、所謂寺社修理等是也」。

御家人の侘傺…　召人逃失罪に問われた御家人の経済的困窮を招く。

評議　本法立法時点においては、侍所は引付から独立した刑事裁判機関となり、判決も侍所の全責任においてなされたと思われる。従ってこの評議は侍所内のそれであろう。

或は配流、或は禁獄、御家人の煩ひたるの条、同前。よつて初度に於ては、*火印をその面《おもて》に捺すべし。三ヶ度に及ばば、誅さるべきか。ただし侍に至つては、一ヶ度たりといへども、遠流に処せらるべきか。

707 一　博奕の事

侍に於ては*斟酌あるべきか。*凡下に至つては、一二箇度は*指を切られ、三箇度に及ばば伊豆大嶋に遣はさるべきなり。

708 一　放火人の事

*盗賊に准ずべきの由、仰せ下さるるか。

709 一　勾引人《こういんにん》の事

*売買のためにその業をもつぱらにするの輩、盗賊に准じ、その沙汰あるべし。

向後この法を守り、施行せらるべし。*先日罪名分《わか》たるる輩、悪党・殺害・謀書以上の重科のほか、竊盗・刃傷・博奕・謀略以下の軽罪は、*年紀の遠近を謂はず、ことごとく厚免《こうめん》せらるべきか。

侍所方　乾元二年六月十二日評定

一　殺害刃傷打擲事

被載式目之上者、不及子細、至凡下之輩者、殺害者被処斬罪、刃傷者被遣伊豆大嶋、打擲者禁獄可為六十日歟、

一　夜討強盗山賊海賊等事

彼輩可被断罪之旨、被定置歟、而大略被処流刑之間、或於配所致悪行、或帰本国犯重科、依之、預人等重者被分召所領、軽者被行過怠、匪啻悪党等倍増、剰御家人佗傺歟、至無所遁之輩者、可処斬罪之旨、可被仰下歟、但於御家人者、経評議可有斟酌歟、

706 **火印**　式目15条頭注参照。

707 **斟酌**　追233・534条等、従来の罪科はいずれも所領収公であり、ここにいう斟酌の内容不明。

凡下…　同じくこれまでの罪科は遠流が原則。

指を切られ　中世では類例の乏しい肉体刑であり、同害刑の一種かも知れない。

708 **盗賊に准ず**　式目33条「准拠盗賊…」。

709 **売買のため…**　追309条(七六頁)頭注「人商人」参照。

先日罪名分たるる輩　すでに刑の判決が下った者。追704－709条補注参照。

年紀の遠近　判決以後現在までの拘禁期間の長短。

一　竊盗事
或配流、或禁獄、為御家人之煩之条、同前、仍於初度者、可捺火印於其面、及三ヶ度者、可被誅歟、但至侍者雖為一ヶ度、可被処遠流歟、
一　博奕事
於侍者、可有斟酌歟、至凡下者、一二箇度者、被切指、及三箇度者、可被遣伊豆大嶋也、
一　放火人事
可准盗賊之由、被仰下歟、
一　勾引人事
為売買専其業之輩、准盗賊可有其沙汰、
向後守此法、可被施行、先日罪名分輩、悪党、殺害、謀書以上重科之外、竊盗、刃傷、博奕、謀略以下軽罪、不謂年紀之遠近、悉可被厚免歟、

奴婢雑人法

15 下す　諸国御家人等　（嘉禄二年正月廿六日）

早く*宣旨の状を守り、禁断せしむべき条々の事

一 *勾引人ならびに*売買人の輩を搦め禁ぜしむべき事

右、嘉禄元年十月廿九日宣旨の状に偁《いわ》く、人を略するの罪、和誘の科、*章条差す所、給恰《かれこれ》軽からず。両事の禁、相犯すの輩、*時俗積習、いまだ懲改せず。たしかに京畿諸国*所部の官司等に仰せて、かの輩を搦め進めしむべし。知りて糺さざれば、与同罪てへり。

（以下略。執達文言・年次・奉者等は追17条（一〇九頁）に載せる）

下　諸国御家人等

可早守宣旨状令禁断条々事

一 可令搦禁勾引人幷売買人輩事

右、嘉禄元年十月廿九日宣旨状偁、略人之罪、和誘之科、章条所差、給恰不軽、両事之禁、相犯之輩、時俗積習、未懲改、慥仰京畿諸国所部官司等、可令搦進彼輩、知而不糺、与同罪者、

112 一 *寛喜三年餓死のころ、飢人として*出来《しゅつたい》の輩は、養育の功労につきて、主人の*計らひたるべきの由、*定め置かれ畢んぬ。およそ人倫売買の事、禁制ことに重し。しかれども飢饉の年ばかりは、免許せらるるか。*しかるにその時減直《げんじき》の法につきて、糺し返さるべきの旨、沙汰出来の条、はなはだその謂れなきか。*ただし両方和与《わよ》せしめ、*当時の直法《じきほう》をもつて糺し返すに至つては、沙汰の限りにあらざるか。

15宣旨の状　↓補

勾引人　追286条（七一頁）頭注「人勾引」参照。

売買人　追309条（七六頁）頭注「人商人」参照。

章条　法令。

時俗積習　現時の風潮。昔よりの慣わし。

所部の官司　担当官衙。

112寛喜三年　前年の風害・冷害によって収穫は激減し、この年春には全国的な大飢饉となった。追20条参照。

出来　この場合、飢餓を逃れるために富家に身を容れ、その奴婢となること。

計らひたるべし　進止権を認める、すなわち売買の合法性を容認する。

定め置く　参64条に「飢饉眷養、自寛喜三年至同四年秋、為眷養」とある所からみて、恐らく四年（貞永元）末頃の立法か。

しかるに…　飢饉当時の低廉な価格で、売主（すなわち飢人を養育した主人）が買主から奴婢を取りもどす訴を起こすことは謂れのないことである。

ただし…　売買両者が談合の結果として、現在の価格で奴婢を返還することは差し支えない。

当時の直法　立法時点の価格。これによって現実に行われつつある人身売買の事実を、禁令の主体である幕府みずからが法文中に折り込まざるを得なかったことがわかる。

延応元年四月十七日

*平判
*散位判
*前甲斐守判
前山城守判
*前大和守判
*沙弥判

一　寛喜三年餓死之比、為飢人於出来之輩者、就養育之功労、可為主人計之由、被定置畢、凡人倫売買事、禁制殊重、然而飢饉之年計者、被免許歟、而就其時減直之法、可被糺返之旨、沙汰出来之条、甚無其謂歟、但両方令和与、以当時之直法、至糺返者、非沙汰之限歟、

114 一　人倫売買の事、禁制これ重し。しかるに*飢饉のころ、或は妻子眷属《けんぞく》を沽却して身命を助け、或は身を富徳の家に容《い》れ置きて*世路《せろ》を渡るの間、寛宥の儀につきて、*自然無沙汰の処、近年甲乙人等面々の訴訟、成敗に煩あり。所詮*寛喜以後、延応元年四月以前の事に於ては、*訴論人ともにもつて*京都の輩たらば、武士の口入に能はず。関東御家人と京都の族と相論の事に至つては、*当家定め置かるるの旨に任せて、下知せらるべし。おほよそ自今以後、一向に売買を停止せらるべきの状、仰せによつて執達件のごとし。

延応元年五月一日
*前武蔵守判
*修理権大夫判
*相模守殿
*越後守殿

一　人倫売買事、禁制重之、而飢饉之比、或沽却妻子眷属、助身命、或容置身於富徳之家、

平　不詳。以下の署名は最末尾の執事行盛を筆頭とする政所奉行人の連署。
散位　太田康連か。
前甲斐守　大江泰秀。
前大和守　宇佐美祐時。
沙弥　政所執事二階堂行盛。法名行然。

114 飢饉のころ　追112条(八七頁)参照。
世路を渡る　生計を立てる。
自然無沙汰　非常措置として禁制の効力を中断する。前条「定め置く」に対応する。「自然」は現代語の「不自然」。
寛喜以後…　飢饉から前条発令までの人身売買を発端とする訴訟。
訴論人ともに…　幕府法効力の属人法的限界を示す。→補
京都の輩　関東御分に属する者以外の凡ての総称。前項補注および追253条(九一頁)参照。
当家定め…　幕府の法、すなわち前条延応法。公家法ではこの間にあっても非常措置はとられず、売買禁止令が一貫していた。
前武蔵守　執権北条泰時。
修理権大夫　連署北条時房。
相模守　六波羅探題北条重時。
越後守　同じく北条時盛。

渡世路之間、就寛宥之儀、自然無沙汰之処、近年甲乙人等面々訴訟、有煩于成敗、所詮於寛喜以後、延応元年四月以前事者、訴論人共以京都之輩者、不能武士口入、至関東御家人与京都族相論事者、任被定置当家之旨、可被下知、凡自今以後、一向可被停止売買之状、依仰執達如件、

209 一 *境を越す下人の事、*去ぬる四月廿日の御教書のごとくば、地頭の所従に於ては、前々の事、改め沙汰に及ばず、自今以後はこれを糺し返さしむべし。百姓の下人に至つては、十ケ年の内たらば返し与ふべしと云々。しかるに地頭の所従と百姓の下人と分別せしめば、かへつて沙汰の煩あり。さらに落居の儀なきか。てへれば地頭の所従といひ、百姓の下人といひ、前々の事に於ては、ともにもつて*沙汰に及ばず。自今以後に至つては、相互に糺し返さしむべきなり。早くこの旨を守り、下知を加へらるべきの状、仰せによつて執達件のごとし。

寛元々年七月七日　　*左近将監 判

*加賀民部大夫殿

一 境越下人事、如去四月廿日御教書者、於地頭所従者、前々事不及改沙汰、自今以後、可令糺返之、至百姓下人者、為十ケ年内者可返与云々、而地頭所従与百姓下人令分別者、還有沙汰之煩、更無落居之儀歟、者云地頭所従、云百姓下人、於前々事者、共以不及沙汰、至自今以後者、相互可令糺返也、早守此旨、可被加下知之状、依仰執達如件、

214 一 *男女子息の事、十歳の内は、*父母に付けらるべし。*十歳以後は、定め置かるるの旨に任せて、年紀につき成敗せしめ給ふべきなり。ただしこれ関東御家人たる輩の事なり。*京都の族に於ては、口入に及ばざるの状、仰せによつて執達件のごとし。

寛元々年十二月廿二日　　*武蔵守 判

209 **境を越す下人**　他領に逃亡した下人の帰属をめぐる紛争。式目41条参照。

去ぬる…　本年四月二十日の追207条。以下「と云々」までその趣意引用文。下人を、地頭の所従と百姓の下人に分け、前者は「不論年紀」ず現主につけ、後者は式目41条を適用して、十年以上経過したものは現主に、以下は本主に返付と定めた。

沙汰に及ばず　本主の返還請求をとり上げない。

左近将監　執権北条経時。当時連署なし。

加賀民部大夫　問注所執事町野康持。

214 **男女子息**　主人を異にする奴婢間に生まれた男女の子。式目41条参照。

父母に…　式目の規定により男は父の主人に、女は母の主人に、の意。

十歳以後は…　式目41条はその前半に十年の取得年紀を、後半は性別による権利を定めた。従って十歳以後は、そのいずれを規範とすべきかという問題が生ずる。本条において年紀を理とすべき旨が定められた。

京都の族　追114条(八八頁)頭注参照。

武蔵守　執権北条経時。七月武蔵守補任。

242-244　以下三ヵ条は寛元三年二月十六日に一括立法されたもので、「後日之式条」は首に「御成敗状追加」なる題目を加えている。

242 **進退の者と号して**　自由に処分権を行使しうる対象であると主張して。従って「養子でなく売買し得る者があったこと

謹上　相模守殿

一　男女子息事、十歳内者、可被付父母、十歳以後者、任被定置之旨、就年紀可令成敗給也、
但是為関東御家人之輩事也、於京都族者、不及口入之状、依仰執達如件、

242-244

242 一　養子の事（寛元三年二月十六日）

*進退の者と号して、売買に及ぶべからず。本のごとく養子たるべきなり。

243 一　*寛喜以来飢饉の時、養助の事

無縁の非人は、御成敗に及ばず。*親類境界に於ては、*一期の間進退せしむるといへども、売買に及ばず。また子孫相伝に及ぶべからざるなり。

244 一　人倫売買*直物《じきもつ》の事　寛元三・二・十六

*御制以前の事に於ては、*本主糺し返さるべし。御制以後の沽却に至つては、直物を糺し返すべからず。*本主分の直物は、祇園・清水寺橋の用途に付せらるべし。又*その身に於ては、本主に返し給ふべからず。放免せらるべきなり。

一　養子事
号進退者、不可及売買、如本可為養子也、

一　寛喜以来飢饉時、養助事
無縁之非人者、不及御成敗、於親類境界者、一期之間雖令進退、不及売買、又不可及子孫相伝也、

一　人倫売買直物事　寛元三 二 十六
於御制以前事者、本主可被糺返、至御制以後沽却者、不可糺返直物、本主分直物者、可被付祇園清水寺橋用途、又於其身者、不可返給本主、可被放免也、

を示す」という牧英正氏の解釈（『人身売買の研究』）が成り立つ可能性をもつ。

243 **寛喜以来飢饉**　追112・114条（八七・八八頁）参照。

親類境界　親類に含まれる者。

一期の間…　一生涯奴婢として扱うことはできるが、売買は許されない。

244 **直物**　代貨。

御制　→補

本主…　追112条にみるごとく、この間の売買を取り消し、奴婢を取り戻そうとする訴えが頻出したらしい。本主は奴婢の本主すなわち売主を指し、直物を買主に返却すべしとの意。

本主分の…　本主が買主に支払うべき分の直物を没収して。

その身　売買された奴婢。従って「御制以後」の取引きは、売買銭の収公、奴婢の放免によって、売買両者ともに経済的な罰をうけることになる。

253 **両方**　訴論人双方ともに。追114条（八八頁）補注参照。

関東定め置かる…　式目41条。ただし、式目が十年を年紀とするに対し、本条は二十年とする。石井良助氏のごとくこれを十年の誤りとみるべきか（『人身法制雑考』）、或いは立法者自身、知行年紀法の二十年と混じての誤解か、決し難い。

道理　追114条（八八頁）では京都の族・御家人間の相論に幕府法を適用する。従ってこの「道理」も幕府法を「不論是非」に排除するものではなく、すなわち、必ずしも常には幕府法は適用しない、の意

253 一 雑人の事（寛元三年）
*両方御家人の事は、*関東定め置かるるごとく、是非を論ぜず、廿箇年を限り成敗せらるべし。一方京都、一方御家人の事は、*道理に任せ裁許せらるべきなり。

一　雑人事
両方御家人事者、如関東被定置、不論是非、限廿箇年可被成敗、一方京都一方御家人事者、任道理可被裁許也、

299 一 *人質の事、人倫売買の御制以前、*訴訟を致し*問状《もんじょう》を給ふに於ては、*証文に任せ質人を流すべきなり。次に御制已前、*入れ流すといへども、御制以後、訴訟を経るに至つては、早く*一倍の弁を致し、人質の事*沙汰に及ぶべからず。およそ御制已後の人質の事は、一向停止に従ふべきなり。この趣をもつて奉行せしめ給ふべきの旨、仰せ下され候なり。よつて執達件のごとし。

建長六年五月一日
*勧　甚判
実　綱判
*寂　阿判

*太田民部大夫殿

一　人質事、人倫売買之御制以前、致訴訟於給問状者、任証文可流質人也、次御制已前、雖入流之、御制以後、至経訴訟者、早致一倍之弁、人質事不可及沙汰、凡御制已後人質事者、一向可従停止也、以此趣可令奉行給之旨、被仰下候也、仍執達如件、

304 一 人倫売買の銭の事、*大仏に寄進せられ畢んぬ。しかるに国々より運上の事、その煩あるの由、*小聖これを申す。しからば*地頭の沙汰として、送り進むべきの由、下知せしめ給ふべきの旨候

であろう。

299 **人質**　人質には見質(抵当)と入質(質)の両者があるが、本条は見質の場合のみを対象とするものであろう。

訴訟を致し　債権者が抵当すなわち質人を取り立てるための訴え。

問状を給ふ　幕府より債務者に陳弁を求めるための文書。訴訟が開始されたことの証。

証文に任せ　借用証文の文面どおり。

入れ流す　この場合、流質の期限が延応元年以前に過ぎたとの意であろう。

一倍の弁　借用額の倍額。吾妻鏡、建長二年七月五日条によると、二貫文以上の借銭については本利一倍に達したとき、はじめて取り流しが許される旨が定められている。

沙汰に及ぶべからず　取り流し請求の訴えを取り上げない。

勧甚　同じ連署者をもつ同形式の法令が同年四月(追298条)・次条と発せられている。恐らく本立法を奉行した評定奉行人であろう。

寂阿　吾妻鏡、寛元二年七月二十日条に、起請失の検使として平右近入道寂阿がみえる。

太田民部大夫　問注所執事太田康連。貸借は雑務沙汰として問注所所管であるが、この時すでにこうした訴訟対象による分化によって、この法令が問注所充てになったのか否かは不明である。

304 **大仏**　鎌倉の大仏。建長四年八月、将軍宗尊親王の病気平癒を祈るため金銅八

なり。よつて執達件のごとし。

建長七年八月九日　　実　綱判
　　　　　　　　　　勘　甚判
　　　　　　　　　　寂　阿判

太田民部大夫殿

一　人倫売買銭事、被寄進大仏畢、而自国々運上之事、有其煩之由、小聖申之、然者為地頭之沙汰、可送進之由、可令下知給之旨候也、仍執達如件、

323 一 *山野江海の煩を止め、浪人の身命を助くべき事

諸国*飢饉の間、遠近*佗傺《たてい》の輩、或は山野に入りて*薯蕷《じよよ》・*野老《やろう》を取り、或は江海に臨みて魚鱗・海藻を求む。かくのごとき業をもつて、*活計《かつけい》を支ふるの処、在所の地頭堅く禁遏《きんあつ》せしむと云々。早く地頭の制止を止め、浪人の身命を助くべきなり。ただし事を*この制符に寄せ、過分の儀あるべからず。この旨を存じ、沙汰致すべきの状、仰せによつて執達件のごとし。

正嘉三年二月九日　　*武蔵守
　　　　　　　　　　*相模守

*駿河守殿

一　止山野江海煩、可助浪人身命事

諸国飢饉之間、遠近佗傺之輩、或入山野取薯蕷野老、或臨江海求魚鱗海藻、以如此業、支活計之処、在所之地頭堅令禁遏云々、早止地頭制止、可助浪人身命也、但寄事於此制符、不可有過分之儀、存此旨可致沙汰之状、依仰執達如件、

676 一 *訴訟人のために*所生の男女の子の事（永仁五年六月一日）

丈の釈迦如来像の鋳造を開始した。

小聖　聖は寺院から離れて山中や諸国を遊行して修行する僧の謂であり、寺院修造の勧進僧を勤めることが多い。ここでは大仏の勧進物の運送などに直接従事した卑賤の僧であろう。

地頭の沙汰として　鎌倉までの運送を地頭の負担として。

323 山野江海の煩　領主が自己の所領内の山野河海からの産出物を独占し、他の採取を禁ずること。「山川藪沢の利は公私これを共にせよ」は雑令の規定であるが、中世においても、寛元二年の大友氏の法令（追226条）に山野河海の所出物を領主に無断で押し取ることを禁じながら、他方「相憑近辺之条、世間之習、領主又弁事情、強不可拘惜」と定めている。

飢饉　前年の冷害・風水害によってこの年全国的な大飢饉となった。「就中当年者依存諸国平均之飢饉、自関東停止臨時之課役、不可禁制山海之由被下御教書於諸国之間、或所者開領家之御倉与粮於百姓」（高野山文書、正元々年十月藤原光信申状）。

佗傺　困窮。

薯蕷　山芋。

野老　ところいも。「味苦少甘無毒焼蒸充粮」（和名抄）。

活計を支ふ　生計を維持する。

この制符に寄せ　この立法をいいことにして。

武蔵守　連署北条長時。

相模守　執権北条政村。

妻女*懐孕《かいよう》の後、三ヶ月を経て、その父を売らしむるの後、所生の男女の子は、父に付けらるるや否やの*事。懐孕の実否、*仮令《けりよう》*着帯《ちやくたい》をもつてこの証となすか。三ヶ月の証拠たをもつて、その父たるの由、定め行はるるの条、すこぶるもつて*髣髴《ほうふつ》たるか。

右の条、*極楽寺公文所《くもんじよ》より御尋ねにつきての*勘録

一　為訴訟人所生男女子事

妻女懐孕之後経三ヶ月、令売其父之後、所生之男女子者、被付父哉否事、懐孕実否、仮令以着帯為此証歟、以三ヶ月之証拠、為其父之由、被定行之条、頗以為髣髴乎、

右条自極楽寺公文所就御尋勘録

719 一　雑人を逃げしむる*咎の分限《ぶんげん》の事（年代未詳）

右、人の下人を*拘《かか》へ置くの処、本主人と*雑人と問注を遂ぐるの日、*地頭、雑人の*方人《かとうど》として、代官をもつて対決を遂ぐるといへども、相伝に任せて*召し渡すべきの由、御成敗を蒙る。本主人行き向ひ、請け取らんと欲するの処、その*庭にありながら、後園よりかの奴を逃失せしめ畢んぬ。よつて*日限《にちげん》を差し、その内に尋ね出さずば、咎あるべきの由、仰せ含めらるるといへども、いまに尋ね出さざるの咎、分限の傍例不審に候。*本主人道理あらば、*その代を弁ずるのほか、別の科あるべからず候。本主*顕然の僻事《ひがごと》たらば、沙汰に及ばず候か。

*問注所返答　　執筆長田

一　令逃雑人咎分限事

右、拘置人下人之処、本主人与雑人遂問注之日、地頭為雑人方人、以代官雖遂対決、任相伝可召渡之由、蒙御成敗、本主人行向、欲請取之処、乍有其庭、自後園彼奴令逃失畢、仍差日限、不尋出于其内者、可有咎之由、雖被仰含、于今不尋出之咎、分限傍例不審候、本

駿河守　異本にはこれを陸奥留守殿とする。各国守護充て御教書であろう。

676 **訴訟人のために**　訴訟人を父母のいずれかとしても解し難い。本条は以下の文のごとく極楽寺公文所よりの諮問に対する回答であり、従って「所生男女子」をめぐる極楽寺への訴訟人の意か。

所生の男女の子　式目41条・追214条参照。

懐孕　妊娠。

事　以上が質問内容で、以下が回答文。

仮令　たとえば。

着帯　普通、妊娠五ヵ月目から妊婦がまくいわたおび。

髣髴　まぎらわしい。建長二年の追270条では「懐妊後離別之男子事、可付父」とあり、「男は父、女は母」の式目の原則を父母離別のケースにも適用する。ところが本条では父の認定の根拠のみが問題とされ、父と定まれば子は男女を問わず父(従って買主)に付せられるという構成をとる。性別や年紀による幕府法の原則は極楽寺の規範の中では問題にされず、回答者もまたそれを当然としたのであろうか。

極楽寺　北条重時の建立にかかる鎌倉市内の真言律宗寺院。

勘録　一般に上部機関よりの諮問に対する意見書であるが、ここでは上下関係はない。

719 **咎の分限**　咎の程度。刑量。

拘へ置く　かくまい留める。

雑人　逃亡した下人。上文「人の下人」。

地頭　逃亡下人を拘え置いた地頭。

主人有道理者、弁其代之外、不可有別科候、本主為顕然之僻事者、不及沙汰候歟、

734
一　人質の事（年代未詳）

奴婢、質物として人の許に入れ置かしむるの事、*利平《りへい》あるべからず〈ただし証文によるべし〉。質の所に於て子を生ましめば、*銭を弁じてその身を出さしむるの時は、かの子*主人の進退たるべし。

一　人質事

奴婢為質物令入置于人許事、不可有利平〈但可依証文〉、於質所令生子者、弁銭令出其身之時者、彼子可為主人之進退、

方人　本主人は逃亡下人自身よりも地頭を相手として訴えを起こす場合が多かったであろうから、方人は単なる加勢者ではなく実質的当事者といってよい。
召し渡す　本主人への返還。
庭　地頭住居を中心とする園宅地。
日限を差し　期日を定めて。
本主人　以下が返答部分。
その代　下人の代価。
顕然の僻事　明白な虚訴。
問注所返答　条文の内容からみて、前条のごとき幕府外への返答とはみられない。とすれば幕府の他の部局（たとえば引付など）へのそれとなるが、訴訟対象による裁判機関の分化以後では、この訴えは雑務沙汰として問注所自体の所管であり、勘文を出す立場にはない。
734 **利平**　利足。この場合、入れ質であり、債権者は質たる奴婢を使役し、それをもって利子に充てることができる。
銭を弁じて　本来の債務を弁済して質の下人を請け出す。
主人　質取人ではなく、質入者。

所務法

10-14 *去々年の兵乱以後、諸国の庄園郷保《ごうほ》に補せらるる所の地頭、沙汰の条々

10 一 得分の事

右、*宣旨の状のごとくば、*仮令《けりよう》、田畠各拾一町の内、十町は領家国司の分、一丁は*地頭の分、広博狭小を嫌はず、*この率法《りつぽう》をもつて免給の上、*加徴《かちよう》は段別に五升を充て行はるべしと云々。もつとももつて*神妙。ただしこの中、本より将軍家の御下知を帯《たい》し、地頭たるの輩の跡、没収の職として、改補せらるる所々に於ては、*得分たとひ減少すといへども、いまさら*加増の限りにあらず。これ旧儀によるべきの故なり。しかのみならず、新補の中、*本司《ほんし》の跡、得分*尋常の地に至つては、またもつて*成敗に及ばず。ただ得分なき所々を勘注し、宣下の旨を守つて計らひ充てしむべきなり。よつておのおの*成敗の状を賦《くば》り給ふべきなり。且はこれこの状を帯びざるの輩、*張行《ちようぎよう》の事出来せば、交名を注申せらるべし。*状に随ひて過断《かだん》せらるべきなり。

11 一 *郡内寺社の事

右、件の寺社は、多くこれ領家の進止たるか。もしまた地頭の氏寺・氏社のごときは、*私の進止か。所詮先例にまかせ、いまさら自由の新儀を致すべからず。

12 一 *公文《くもん》・田所《たどころ》・案主《あんず》・*惣追捕使《そうついぶし》*有司等の事

右、件の所職は、所に随ひ、或はこれあり或はこれなし。必ず一様にあらずといへども、所詮先例に任せ、領家国司進止の職に於ては、地頭さらに妨ぐべからず。もしまた乱逆の時、*さしたる犯過の跡たるによつて、その*職を兼帯すといへども、旧のごとくに領家国司の*所務に従ふべし。

10-14 去々年の兵乱 承久の乱。
宣旨の状 十町別免田一町、段別五升加徴米を定めた六月十五日付宣旨(追9条)。吾妻鏡、七月六日条は「彼状到来之間、任其旨可令遵行之由、今日被施行」と伝える。
仮令 たとえば。
地頭の分 庄園領主に対する年貢所当弁済の義務のない地頭給田。
この率法 一〇対一の比率。いわゆる新補率法。
加徴 地頭給田以外の庄領から地頭得分として徴収し得る年貢米。追23条(九七頁)にみえるごとく、加徴米は正税官物すなわち庄園領主の得分中から割り取るのを原則とした。
神妙 感にたえるほどの道理の処置。
得分たとひ減少 「減少」の語義からみると、やや強引な解釈であるが、「本地頭の先例得分が新率法に比して乏少の所でも」と解するほかあるまい。或いは「オトリ少シ」と訓ずべきか。
加増 率法と同等までの得分の増加。
本司 承久京方として改替された旧知行者。すなわち本来ならば率法を適用さるべき所職でも。
尋常 世間一般の水準。
成敗に及ばず 率法を根拠とする加増要求の訴えを取り上げない。
成敗の状 内容的には上文「守宣下之旨、可令計充」なる文書であろうが、実例が現存せず、具体的には不明とする以外ない。

13 一　*山野河海の事

右、領家国司の方、地頭の分、*折中《せっちゅう》の法をもつて、おのおの半分の沙汰を致すべし。しかのみならず、先例*限りある年貢物等、*本法を守りて違乱すべからず。

14 一　*犯過人紏断の事

右、領家国司*三分二、地頭三分一、沙汰致すべきなり。

以前五ヶ条、且は宣下の旨を守り、且は時儀によつて、計らひ下知せしむべきなり。およそこの状を帯せざるの輩、もし事を左右に寄せ、猥《みだ》りに張行の事出来《しゅったい》せば、領家国司の訴訟断絶すべからず。*交名の到来に随つて、過断せしむべきなり。この旨をもつて兼ねて普《あまね》く披露せらるべきなりてへり。仰する旨かくのごとし。よつて執達件のごとし。

貞応二年七月六日　　*前陸奥守判

*相模守殿

去々年兵乱以後、所被補諸国庄園郷保地頭沙汰条々

一　得分事

右、如宣旨状者、仮令、田畠各拾一町内、十町領家国司分、一丁地頭分、不嫌広博狭小、以此率法免給之上、加徴段別五升可被充行云々、尤以神妙、但、此中本自帯将軍家御下知、為地頭輩之跡、為没収之職、於被改補之所々者、得分縦雖減少、今更非加増之限、是可依旧儀之故也、加之、新補之中、本司之跡、至于得分尋常地者、又以不及成敗、只勘注無得分所々、守宣下之旨、可令計充也、仍各可賦給成敗之状也、且是不帯此状之輩張行事出来者、可被注申交名、随状可被過断也、

一　郡内寺社事

右件寺社者、多是為領家進止歟、若又如地頭氏寺氏社者、私進止歟、所詮任先例、今更不

張行　違法濫妨。

状　宣下の状の意か。

11 **郡内寺社**　郡内は寺社の格を示す形容か。社では一・二宮、寺では官寺・祈願寺などに比して格の低い一般寺社の意であろう。

私の進止　→補

12 **公文・田所・案主**　いずれも預所の下にあって庄園の収納・事務などを掌る庄官名であるが、本文にいうごとく各庄常置の職でもなく、また職務上一律的な区別があったわけでもない。

惣追捕使　国におかれた同名の職と同じく、庄内の検断にあたった庄官とされるが、これも前項同様、明確な職務内容をもつとはいえない。

有司　役人。ここでは、並列的に「その他庄官」の意か、惣追捕使のみにかかる語(検断有司)か、不明。

さしたる　特別の。

その職を兼帯す　→補

所務　「公文職地頭進止之条勿論也、但随領家之所務、恒例課役等任先例可致其沙汰矣」(小早川文書、仁治元年関東下知状)とあるごとく、地頭の進止ではあっても、公文として領家に上納すべき貢納等の負担を果たすべきことを命じている。

13 **山野河海**　追323条(九二頁)参照。前注の例では、河からの漁獲、山の材木などが相論の対象となり、いずれも原則的に領家・地頭折半の判決が下されている。このほか、「於浦者自承久三年至貞応二年三箇年、一向地頭方致沙汰之処、被下

可致自由新儀、

一　公文、田所、案主、惣追捕使有司等事

右件所職、随所或在之、或無之、必雖非一様、所詮任先例、於領家国司進止之職者、地頭更不可妨、若又乱逆時、依為指犯過之跡、雖兼帯其職、如旧可従領家国司之所務、

一　山野河海事

右、領家国司之方、地頭分、以折中之法、各可致半分之沙汰、加之、先例有限年貢物等、守本法不可違乱、

一　犯過人糺断事

右、領家国司三分之二、地頭三分之一、可致沙汰也、

以前五ヶ条、且守宣下之旨、且依時儀、可令計下知也、凡不帯此状之輩、若寄事於左右、猥張行事出来者、領家国司之訴訟不可断絶、随交名到来、可令過断也、以此旨兼普可被披露也者、仰旨如此、仍執達如件、

23-27　諸国の*新補《しんぽ》地頭得分条々

23　一　本年貢のほか半分の事

右、田畠に於ては、十一町別に給田畠おのおの一町、加徴は段別に五升てへり。*正税官物《しようぜいかんもつ》の内たるの条もちろんなり。山野河海の所出に至つては、*本年貢を除くのほか、半分の沙汰を致すべきの由、*御下知先に畢んぬ。しかるにいま、地頭は*神社・仏寺の上分《じようぶん》、本家・領家の召物《めしもの》をもつて、本年貢たるの由申し、*雑掌は預所定使《じようし》の得分、皆もつて年貢の内なり、*割分《かつぶん》すべからざるの由申すと云々。預所定使の得分をもつて年貢と号さば、なんの余剰をもつて半分の沙汰を致すべけんや。地頭申す所、その謂れなきにあらず。

24　一　本司跡の名田の事

平均御下知之後者、致半分沙汰畢」(高野山文書、寛元三年六波羅下知状)のごとく、本法の適用例は少なくない。

折中の法　平安以来、公武の裁許状などに頻出する語で、対立する当事者の主張の中間点に理を見出そうとする場合に用いられる。中世の法思想を考える上で注目すべき語。

限りある　式目38条頭注参照。

本法　各庄園に固有の年貢率法。

14 **犯過人糺断**　本文にあるごとく、犯過人跡として没収した財産の分配率の規定であり、検断権の所属の問題ではない。

三分二　「検断事、両方相共任御式目、於三分二者可為進止領家方、於三分一者可為地頭得分也」(東寺百合文書、正嘉三年弓削島地頭雑掌和与状)など本法の適用例は広汎で、常に紛争の対象となる検断跡分配に長く有力な規範となった。

交名の到来…　追10条にも同文がある。濫妨人の氏名が注進されると、その陳弁を求めることなく直ちに判決を下して罪科に処するの意と思われる。

前陸奥守　執権北条義時。

相模守　六波羅探題北条時房。

23-27 新補地頭　追10条(九五頁)にみられるごとく、承久新補地頭のうち、旧地頭跡や本司得分尋常地跡に補された地頭は率法を適用されない。従って以下五カ条は新補率法地頭にのみ適用される得分の細則であり、六波羅が実際の裁判に当

右、地頭は、件の名田の内をもつて*新給田に引き募《つの》り、その残りは所当を弁済して公事を勤むべからざるの由申し、雑掌は、給田のほかは、百姓のごとく所当公事を弁勤すべきの旨申す。*雑公事、領家預所の免許を蒙らずして、自由に任せ*立用《りつよう》に及ばず。雑掌申す所その謂れあるか。しからば給田の余剰に於ては、所当公事を弁勤せしむべし。

25 一 *桑代《くわしろ》の事

右、地頭の分、割分すべきや否やの由、*篇目に載するといへども、*両方申す旨子細つまびらかならず。ただしその所に随ひてみな差別あり。山の所出たるに於ては、本年貢を除くのほか、半分の沙汰を致すべし。*在家役《ざいけやく》たるに至つては、在家の率法によるべし。

26 一 *苧《お》の在家役、麻樹木の*五節供《ごせちのぐ》以下の事

右、地頭は、毎物わかち充てらるべきの由申し、雑掌は、新補率法条々のほかなり、一塵といへども*交はるべからざるの由申すと云々。いま本家・領家の年貢を除くのほか、半分の沙汰たるべきなり。しかれども領家定使の得分なきの所々に於ては、地頭得分の沙汰に及ぶべからず。ただし五節供に至つては、一向に地頭の口入《くにゆう》を停止せしむべきなり。

次に白苧の事、*先々御成敗の所々は沙汰の限りにあらず。

27 一 地頭方の*厨《くりや》の事

右、*長日の厨の事、一向に停止すべきの由、*御下知先に畢んぬ、よつて異儀に及ばず。

以前条々、この旨をもつて下知を加へらるべきの状、鎌倉殿の仰せによつて執達件のごとし。

寛喜三年四月廿一日午《うま》の時

*武蔵守 在御判

*相模守 在御判

*駿河守殿

たって、論点となった問題を関東に伺問したのに対する回答と思われる。

正税官物 追10条(九五頁)頭注「加徴」参照。

本年貢 正税官物に同じ。それ以外が折半されるから、地頭は本年貢をなるべく限定的に解釈しようとするに対し、雑掌は多くを本年貢に含み込もうとする。

御下知 追13条。

神社・仏寺の上分 定例的に棒げられる贄物や上進物。追12条(九五頁)頭注「所務」所引小早川文書の川魚についての例では、「彼御贄二箇日(七月一・二日)并白干魚者為本年貢歟、此外預所地頭可致半分沙汰」き旨が判決されている。

雑掌 法廷における本所領家側の代官、沙汰雑掌。

割分 地頭との折半。

24 **新給田に…** 十一町別一町の地頭給田として我が物にし。

雑公事 いわゆる万雑公事といわれる雑税。

立用 自分の用途に使用する。

25 **桑代** 桑畠に対する課税。

篇目 前頁「新補地頭」頭注の記述のごとく、本条は六波羅の照会に対する回答であり、篇目は質問事項の意。

両方 地頭および雑掌。

在家役… 在家役(式目4条頭注参照)であれば、在家が領主地頭それぞれに負担する割合に従って分割せよ。

26 **苧** からむし。麻の一種。

五節供 正月十五日の七種粥、三月三日

掃部助殿*

諸国新補地頭得分条々

一　本年貢外半分事

右、於田畠者、十一町別、給田畠各一町、加徴段別五升者、為正税官物内之条勿論也、至山野河海所出者、除本年貢之外、可致半分沙汰之由、御下知先畢、而今地頭者、以神社仏寺之上分、本家領家之召物、為本年貢之由申之、雑掌者、預所定使得分、皆以年貢内也、不可割分之由申之云々、以預所定使得分、号年貢者、以何余剰、可致半分之沙汰乎、地頭所申、非無其謂焉、

一　本司跡名田事

右、地頭者、以件名田内、引募新給田、其残者弁済所当、不可勤公事之由申之、雑掌者、給田之外者、如百姓可弁勤所当公事之旨申之、雑公事不蒙領家預所之免許、任自由不及立用、雑掌所申、有其謂歟、然者於給田余剰者、可令弁勤所当公事矣、

一　桑代事

右、地頭分可割分否之由、雖載篇目、両方申旨子細不詳、但随其所皆有差別、於為山所出者、除本年貢之外、可致半分之沙汰、至為在家役者、可依在家率法焉、

一　苧在家役、麻樹木五節供以下事

右、地頭者、毎物可被分充之由申之、雑掌者、新補率法条々之外也、雖一塵不可交之由申之云々、今除本家領家年貢之外、可為半分之沙汰也、然而於無領家定使得分之所々者、不可及地頭得分沙汰、但至五節供者、一向可令停止地頭口入也、次白苧事、先々御成敗之所々者、非沙汰之限矣、

一　地頭方厨事

右、長日厨事、一向可停止之由、御下知先畢、仍不及異儀焉、

の桃花餅、五月五日の粽、七月七日の索麪、十月初亥の餅など。追11条（九五頁）補注「私の進止」所引の弘長の裁許状の例では、「地頭方五節供并責取方違引出物事、同以任傍例可令停止之也」。

交はる　地頭の干渉。

先々御成敗…　六波羅は具体的な事例をあげて伺問したものと思われ、すでに白苧について判決の出ているケースは率法によって変更しないの意。

27 **厨**　日常生活を弁ずるための課役。房仕役ともいう。

長日の厨　地頭の在庄期間、或いは元三などの短期間の厨役ではなく、長期間にわたる厨役。「地頭長日厨并五節供者一向可停止之」（石清水文書、弘安元年地頭雑掌和与状）。

御下知　これによると、貞応と寛喜の間にも新補率法に関する細則が立法されたらしい。

武蔵守　執権北条泰時。

相模守　連署北条時房。

駿河守　六波羅探題北条重時。

掃部助　同じく北条時盛。

以前条々、以此旨、可被加下知之状、依鎌倉殿仰執達如件、

32 一 海路往反の船の事

右、或は漂倒に及び、或は難風に遭ひ、自然吹き寄するの処、所々の地頭等*寄船《よりぶね》と号し、左右なく押領の由その聞えあり。所行の企て、はなはだもつて無道なり。たとひ先例たりといへども、諸人の歎なり。*なんぞ非拠をもつて証跡《しょうせき》に備ふべけんや。自今以後、慥かに聞き及ぶに随ひて、且はかの押領を停止せしめ、且は*損物を糺し返さるべきなり。もしなほ事を左右に遁れ、制法に拘《かかわ》らずば、交名を注進せらるべきの状、鎌倉殿の仰せによつて執達件のごとし。

寛喜三年六月六日　　武蔵守 判

相模守 判

駿河守殿

掃部助殿

一 海路往反船事

右、或及漂倒、或遭難風、自然吹寄之処、所々地頭等号寄船、無左右押領之由有其聞、所行之企、太以無道也、縦雖為先例、諸人之歎也、何以非拠可備証跡哉、自今以後、慥随聞及、且令停止彼押領、且可被糺返損物也、若尚遁事於左右、不拘制法者、可被注進交名之状、依鎌倉殿仰執達如件、

92 嘉禎三年八月十七日の追加に云く、

一 廿ケ年以後訴訟の事　嘉禎三年八月十七日の評定に云く

右、*式目のごとくば、当知行の後、廿ケ年を過ぎば、故大将家の例に任せ、理非を論ぜず、改替する能はずと云々。しかるに或は*謀書を構へ、押領せらるるの由訴へ、或は御下文を掠め

32寄船　領内の海岸に難破漂着した船舶。以下の文に「先例」とあるごとく、領主はその積荷とともにこれを没収する権限を慣習的に行使し、筑前宗像社が造営用途の大半をこれをもって宛てたといわれるように、沿岸領主の収益源であったといわれる。

なんぞ非拠をもって…　どうして根拠のない先例をもって行為の合法性を主張し得ようか。

損物　没収した船体および積荷。

92『中世法制史料集』第一巻、補遺(四五三頁)参照。

式目　式目8条、同条補注参照。

謀書を構へ…　㈠敵方の知行が謀書による押領であると訴える、㈡敵方の(正当なる)知行を謀書によって押領であると訴える、の二様の解釈ができるが、全文の趣旨からいえば㈠をとるべきか。

文書の紕繆　当知行人の権利を証明する文書の法的な瑕瑾。すなわち上文にいうごとく、謀書であったり、正当な手続きによらず発給された下文であったりした場合。

吉田鰹毛渕　未考。

八ケ条目の追加　具体的な相論を契機として八ケ条もの立法があったとは考えられず、式目8条に関する追加の意か。

94両様を混領す　本司のもっていた権益を既得権として残存させ、これに新補率法の得分を併せもつこと。両様兼帯ともいい、追152条(一〇四頁)にみるごとく、相論を多発させた。両様兼帯と判定され

給ひ知行の条、この式目によるべからざるの旨、欝《うつ》し申すの輩、その数ありといへども、理非を論ぜざるの詞、この儀に相叶はざるか。自今以後、*文書の紕繆《ひびゅう》ありといへども、廿ヶ年を過ぎば、式目の趣を守り、理非を顧みず、知行の年紀につきて御成敗あるべし。〈越後国*吉田鰹毛淵沙汰の時、これを加へらる。*八ヶ条目の追加〉

嘉禎三年八月十七日追加云

一　廿ヶ年以後訴訟事　嘉禎三年八月十七日評定云

右、如式目者、当知行之後、過廿ヶ年者、任故大将家之例、不論理非、不能改替云々、而或構謀書、被押領之由訴之、或掠給御下文、知行之条、不可依此式目之旨、欝中之輩、雖有其数、不論理非之詞、不相叶此儀歟、自今以後、雖有文書之紕繆、過廿ヶ年者、守式目之趣、不顧理非、就知行之年紀、可有御成敗矣、〈越後国吉田鰹毛淵沙汰之時、被加之、八ヶ条目之追加〉

94

嘉禎四年九月九日御評定の事書の中　斎藤兵衛入道奉行

一　新補ならびに本地頭、御下知を叙用《じょよう》せざる事

右、新補地頭は、本司の跡といひ、新補の率法といひ、*両様を混領すべからざるの由、下知せらるるの処、その状を叙用せず、なほ違犯せしめば、その所を改易し、*勲功未給の輩に充て行はるべきなり。

次に本地頭の輩、或は先例に背き、或は父祖の例に違《たが》ふの由、訴訟の時、御下知に従はずば、その所を召し、*官仕《かんし》忠労《ちゅうろう》の輩ならびに*所知《しょち》の替《かえ》に充て行はるべきなり。

次に*御祈勤仕人の跡の事、*先条のごときの子細あらば、その所を召し、御祈勤仕の仁に充て給ふべきなり。ただし巳上三ヶ条、*この式目に就きて所々の訴訟定めて多く出来せんか。委細

た場合、「可為本司跡歟、将又可為新補歟、随望申可被仰下」(吾妻鏡、建長二年五月二十八日)と地頭に撰択を認めたケース、また和与によって「両様兼帯事者、付新補率法、可致其沙汰也」(東寺百合文書、正嘉三年弓削島和与状)と決めた例などがあり、追10条のごとく本司の形態による区分は守られていない。

勲功未給　嘉禎二年当時なお承久の勲功賞に預かっていない者の存在が、吾妻鏡にみえる。

官仕忠労　前段勲功賞と対比される、日常的な奉公に対する恩賞。新補地頭跡を勲功賞に、本地頭跡をこの賞に充てたのには、然るべき理由があったものと思われる。

所知の替　所領替。失われていた本領地が闕所となった場合の所領替の希望などが、当時にあっては一般的であった。「闕所随出来、所領替、巡恩、旧恩労、可有御恩事」(追512条)。

御祈勤仕人　将軍家の護持僧として所領を恩給されている者。

先条　下文に「巳上三ヶ条」とあるのと同様、正しくは先段・三段とあるべきところ。「次に本地頭…」の項を指す。

この式目に…　本法は率法・先例の違反の禁止を命ずるよりは、むしろその跡地の再給与についての原則を定めることに主眼がある。従って闕所地の恩給を志向する者が、それを目的として他の御家人の率法違反等を訴えるケースが頻発することを予想したものであろう。

を糺明し御成敗あるべし。

嘉禎四年九月九日御評定事書中　斎藤兵衛入道奉行

一　新補幷本地頭不叙用御下知事

右、新補地頭者、云本司跡、云新補率法、不可混領両様之由、被下知之処、不叙用其状、猶令違犯者、改易其所、可被充行勲功未給之輩也、

次本地頭之輩、或背先例、或違父祖例之由、訴訟之時、不従御下知者、召其所、可被充行官仕忠労輩幷所知之替也、

次御祈勤仕人之跡事、有如先条之子細者、召其所、可充給御祈勤仕之仁也、但已上三ヶ条、就此式目、所々訴訟定多出来歟、委細糺明可有御成敗、

99 一　陸奥国郡郷の所当の事

*准布《じゅんぷ》を止めらるるの例をもつて、沙汰人百姓等、私に*本色《ほんしき》の備へを忘れ、銭貨《せんか》の所済を好むの間、年貢の絹布追年《ついねん》不法の条、ただに自由の企てに非ずして、すでに*公損の基なり。自今以後、*白河《しらかわ》の関《せき》以東は、銭の流布《るふ》を停止せしむべきなり。且は*下向の輩の所持に於ては、商人以下たしかに禁断すべし。ただし上洛の族の所持に至つては、禁断に及ばず。兼ねてまた絹布麁《そ》悪《あく》のはなはだしき、その謂れなし。早く旧を存じ、所当の本様弁進せしむべきの由、下知せしめ給ふべきの状、仰せによつて執達件のごとし。

暦仁二年正月廿二日　　*修理権大夫判

*武蔵前司殿

一　陸奥国郡郷所当事

以被止准布之例、沙汰人百姓等、私忘本色之備、好銭貨所済之間、年貢絹布追年不法之条、

99准布を止めらるるの例　吾妻鏡、嘉禄二年八月一日条に「今日止准布、可用銅銭之由被仰下、武州殊令申沙汰給云云」とあるのを指すか。准布とは、ここでは銭に准じて(同価値の)上納される布。

本色　本来定められている年貢物。

公損　本法がとくに陸奥に充てられた理由は明確でないが、想像されるごとく陸奥に関東御領が多く存在したとすれば、幕府が絹布の供給源としてこの地に期待するところ大であったと思われる。鎌倉中期以後長い相論の行われた美濃茜部庄でも、代銭納を主張する地頭に対し領主東大寺は絹現物納をあくまで求めている。

白河の関　現在の福島県白河市旗宿。勿来関とともに奥州への二大関門。

下向の輩　陸奥への旅行者。

修理権大夫　連署北条時房。

武蔵前司　北条泰時。陸奥の場合、法令の伝達は留守所や直接郡郷地頭に充てられたが、本条が泰時充ての形式をとった理由は判然としない。ただ北条氏は奥州に広大な所領を有していたことは明らかで、地頭の最大の者として泰時の名があげられた可能性はある。

119地頭に違背する咎　「案事情、有名主背先例、令違背地頭之時者、被付名主職於地頭歟」(青方文書)とか、「当名者一円進止之上者、真忠雖敵対于地頭」(島津文書)のごとく、地頭違背・地頭敵対の語はかなり広汎に見出されるが、具体的にどのような範囲の行為をもってこのように言うのか、明らかにし得ない。ただ地

只非自由之企、已公損之基也、自今以後、白河関以東者、可令停止銭流布也、且於下向之輩所持者、商人以下慥可禁断、但至上洛之族所持者、不及禁断、兼又絹布麁悪甚無其謂、早存旧所当本様可令弁進之由、可令下知給之状、依仰執達如件、

119 一 *地頭に違背する咎によつて、召し置くところの庄官・百姓等の事

自今以後に於ては、その身を召し誡むるに及ばず。所詮、罪科遁るる所なくば、その所に居住すべからず。早く*追ひ出すべきの由、*下知せらるべきの状、仰せによつて執達件のごとし。

延応元年七月廿六日　前武蔵守判

一　依違背地頭咎、所召置庄官百姓等事

於自今以後者、不及召誡其身、所詮、罪科無所遁者、不可居住其所、早可追出之由、可被下知之状、依仰執達如件、

120 一 諸国の地頭等、*山僧ならびに商人・*借上《かしあげ》の輩をもつて、地頭代官に補するの事

右、*当時の利潤を貪《むさぼ》らんがため、後日の煩費を顧みず、かくのごときの輩をもつて地頭代官に補する間、ひとへに*公物の備へを忘れ、ただ私用の計らひを廻《めぐ》らす。ここによつて新儀の非法止《や》まず、本所の訴訟絶ゆるなし。*前々は代官咎あるの時、*正員誡めを加へらる。しかれどもその代官等さらに見懲《みこ》りざるか。自今以後に於ては、罪科の軽重に随ひ、その科に行はるべきなり。しかれば則ち、かくのごときの輩をもつて代官に補する事、一切停止に従ふべきの由、かねて下知を加へしめ給ふべきの状、仰せによつて執達件のごとし。

延応元年九月十七日　前武蔵守判
*修理権大夫判

*相模守殿　*越後守殿

頭の行政的職権に対する反抗（「閣地頭御方、於公方経沙汰之条…敵対之罪科争可遁哉」(吉田神社文書)）、もしくは身分的な差異を無視した誹謗（「以土民之身、猥地頭構謀書之由称申之条難遁罪科」(入来文書)）などがこれに含まれるものと思われる。内容が漠然たるものだけに、かえってこの咎による地頭刑罰権の存在が注目される。

追ひ出す　「召誡」と「追出」は単に刑の軽重に過ぎないのか、或いは地頭の処罰権を追放に限定し、これによって庄官百姓側の反訴の道を開き、「地頭違背」の濫用を防止しようとするのか、式目42条の去留自由の条項とも併せて考えるべきか。

下知せらる…　本条は充所を欠くが、恐らく六波羅充てであろう。

120山僧　比叡山延暦寺の僧。追408条(七八頁)頭注参照。なお同年七月二十六日の追116条も、地頭が山僧を地頭代に補すること、および本所が山僧を預所に補することを禁じており、本条は前者に関する繰り返し立法である。

借上　高利貸。

当時の利潤　眼前の利益。山門のもつ政治的・経済的バックを利用した山僧の力を利用することによって、庄内および対本所関係において利を得ることを示す。

公物の備へ　本所への年貢公事の備進。

前々は…　式目14条「兼又代官或抑留本所之年貢…雖為代官之所行、主人可被懸其過也」。

正員　地頭本人。

一 諸国地頭等、以山僧幷商人借上輩、補地頭代官事
右、為貪当時之利潤、不顧後日之煩費、以如此之輩、補地頭代官之間、偏忘公物之備、只廻私用之計、因玆、新儀之非法不止、本所之訴訟無絶、前々者代官有咎之時、正員被加誡、然而其代官等更不見懲歟、於自今以後者、随罪科之軽重、可被行其科也、然則以如此之輩補代官事、一切可従停止之由、兼可令加下知給之状、依仰執達如件、

*左近将監 判
*相模守 判

152 一 本司・新司*両様混領《りょうようこんりょう》の事 仁治元・十一・廿三評
右、所領を召さるれば、これに就きて*所々の訴訟*尽期《じんご》なきか。よつて*篝屋用途《かがりやようと》を召さるべきなり。ただしその所の多少に随ひ、これを召さるべきなり。仮令《けりょう》五十町の所は、銭五十貫文を召さるべきなり。ただし*地頭得分なり。事を左右に寄せて、土民の煩をなすべからず。

一 本司新司両様混領事 仁治元 十一 廿三評
右、被召所領者、就之所々訴訟無尽期歟、仍可被召篝屋用途也、但随其所之多少、可被召之、仮令五十町所者、可被召銭五十貫文也、但地頭得分也、寄事於左右、不可成土民之煩、

261 一 諸国地頭の所務の事、承久兵乱以前の本地頭は、所務の先例あり。さらに新儀あるべからず。同じく兵乱以後の新地頭は、率法を定め置かれ畢んぬ。なんぞかの状に背かんや。しかれば則ち自今以後に於ては、たとひ*押領の後、二十箇年を過ぐるといへども、年紀によるべからず。本地頭は先例に任せ、新地頭は率法を守り、沙汰致すべきの由、裁許せらるべきなり。この趣きを存ぜらるべきの状、件のごとし。

宝治元年十二月十三日

*相模左近大夫将監殿

修理権大夫 連署北条時房。
相模守 六波羅探題北条重時。
越後守 同北条時盛。
152両様混領 追94条(一〇一頁)頭注参照。
所々の訴訟 追94条がその末尾で予想した恐れが現実となったことを示す。
尽期なし 際限がない。
篝屋用途 京都市中の群盗を取り締まるため、暦仁元年、辻々に篝屋を置きその役を御家人に充てた。以後その数を増し四十八ヵ所に及んだという。用途はその費用。
地頭得分… 地頭得分の中から弁ずべきで、これを百姓等に転課することを認めない。
261押領の後… いわゆる「所務の押領は年紀に依らず」と称される法理。式目8条は「不論理非」すなわち一般の押領をも含めて二十年の年紀を優先させる法理であったが、立法当初の意図はあくまで御家人間の土地所有をめぐる裁判規範たるべきものであった。しかるに新補率法の定立(追10条)以後二十五年を経過したこの時点で、地頭側は対庄園領主の収益(所務)の分配をめぐる紛争(たとえば両様兼帯)にも式目8条の適用を迫るという、立法当初の予期せぬ事態に遭遇し、所務の押領を年紀法から除外する本条となった。
左近将監 執権北条時頼。
相模守 連署北条重時。
相模左近大夫将監 六波羅探題北条長時。
420その跡に麦を蒔く わが国の二毛作は

平安時代に始まり、鎌倉中期以後広汎に普及したといわれる。本条は備前・備後の守護に充てる形式をもつが、同じ法が肥前にも施行されたことが確認され（『中世法制史料集』第一巻、補注40）、二毛作の普及を示す史料として用いられる。

租税の法　少なくとも室町以降にあっては「夏年貢」として裏作に所当を課することは一般的に認められる事実である。二毛作の初期においてこの問題に関する慣習的な法律が未成立であり、従って多くの紛争がおきたことは充分想像されるが、何故幕府がかかる撫民法を広く公布したのか全く不明である。

依怙　自専。天正十八年本節用集「自由――」。

武蔵守　連署北条長時。

相模守　執権北条政村。

因幡前司　備後・備前の守護長井泰重。

426-427　本法の充所については、本条頭注「その跡…」参照。

426 **農時**　農繁期。幕府訴訟手続き面でも、遠国雑訴人に対する西収（収穫）以前の召文御教書の発行停止（寛元二年）、訴論人は勧農以後同時に参決すべしとする立法（延応元年）などによって、農繁期の農民の保護を行っている。

夏三ケ月　陰暦四・五・六月。

領主等の作田畠　地頭門田など領主の直営田畠。領主の下人のみならず一般の百姓が夫役としてその耕作に動員された。

427 **臨時の徴下**　恣意的な付課徴収。

一　諸国地頭所務事、承久兵乱以前之本地頭者、有所務之先例、更不可有新儀、同兵乱以後之新地頭者、被定置率法畢、何背彼状哉、然則於自今以後者、縦押領之後、雖過二十箇年、不可依年紀、本地頭者任先例、新地頭者守率法、可致沙汰之由、可被裁許也、可被存此趣之状如件、

420 一　諸国の百姓、田の稲を苅り取るの後、*その跡に麦を蒔く。田麦と号して、領主等件の麦の所当を徴取すと云々。*租税の法、あにしかるべけんや。自今以後、田麦の所当を取るべからず。よろしく農民の*依怙《えこ》たるべし。この旨を存じ、備後・備前両国の御家人等に下知せしむべきの状、仰せによつて執達件のごとし。

文永元年四月廿六日

*武蔵守判

*相模守判

*因幡前司殿

一　諸国百姓苅取田稲之後、其跡蒔麦、号田麦、領主等徴取件麦之所当云々、租税之法、豈可然哉、自今以後、不可取田麦之所当、宜為農民之依怙、存此旨可令下知備後、備前両国御家人等之状、依仰執達如件、

426-427

426 一　*農時に百姓を使ふべからざる事　文永元

*夏三ケ月の間、私にこれを仕ふべからず。ただし*領主等の作田畠・蚕養の事、先例の定役たらば、いまさら相違あるべからず。

427 一　百姓の臨時の所済を止むべき事

限りある所当のほか、*臨時の徴下の事、永くこれを停止すべし。

以前の両条、この旨を存じ、その国の御家人等に相触れしむべきの状、仰せによって執達件のごとし。

文永元年四月十二日　　武蔵守判

相模守判

諸国守護人

一　農時不可使百姓事　文永元

夏三ヶ月間、私不可仕之、但、領主等作田畠蚕養事、為先例之定役者、今更不可有相違、

一　可止百姓臨時所済事

有限所当之外、臨時徴下事、永可停止之、

以前両条、存此旨、可令相触其国御家人等之状、依仰執達如件、

485
一　*津料《つりょう》・河手《かわて》の事

*先年留められ畢んぬ。しかるに近年、所々の地頭等これを*押し取るの間、諸人の煩たりと云々。*御下知を帯するに於ては子細に及ばず。そのほか押し取るの輩に至つては、停止せしむべし。もし違犯せば、その科あるべきの由、その国中に相触れしむべし。なほもつて承引せずば、交名を注進せしむべきの状、仰せによつて執達件のごとし。

弘安四年四月廿四日　　*相模守判

某殿 守護人の事なり

一　津料河手事

先年被留畢、而近年所々地頭等、押取之間、為諸人之煩云々、於帯御下知者、不及子細、其外至押取之輩者、可令停止、若違犯者、可有其科之由、可令相触其国中、猶以不承引者、

485 **津料・河手**　陸路の関銭と同じく、領主が領内の港湾・河川に停泊・通過する船舶から徴収する公事銭。

先年…　「河手事、承久以後、於所々致新儀之煩之由、有風聞、可停止之」(弘長二年、追417条)、「西国新関河手等事、可停止之由、先日被下知之処、有違犯所云々」(建治元年、追469条)。

押し取る　強引に奪取する。

御下知　津料・河手の徴収を公認した下知状。なお、弘安七年の追540条において「於河手者、帯御下知之輩者、不及子細之由、先日雖被仰下、同被停止畢」と、旧来の認可を一切取り消した。

相模守　執権北条時宗。

637 **中分**　いわゆる下地中分。庄園領主と地頭の所務をめぐる紛争の解決手段として庄域を二分し、それぞれに一円的支配を認め、他方への干渉を断った。

新補地頭に於ては…　年代未詳紀伊国阿氏河庄条々に「中分事、新補率法之地頭非法過法之時、雑掌雖蒙御成敗、地頭不叙用之刻、就雑掌之所望有中分之例歟、承久以前之本補地頭者地頭不承伏之時、無中分之傍例」とあるごとく、新補地頭については、領家側の申請によって、地頭の承引如何にかかわらず中分の判決を得ることができたのに対し、本補地頭については、地頭の承諾が必要条件であった(石井良助『中世武家不動産訴訟法の研究』二五六頁)。

先々の沙汰　「沙汰」が立法を意味するのか個々の判決例を指すのか明らかでな

可令注進交名之状、依仰執達如件、

637 一 領家地頭*中分《ちゅうぶん》の事 (永仁元年五月廿五日)

*新補地頭に於ては折中せらるるの処、本補に限つて許容せざるの条、*先々の沙汰しかるべからず。向後は事の躰《てい》に随ひ、中分せらるべきか。

一 領家地頭中分事

於新補地頭者、被折中之処、限于本補不許容之条、先々沙汰不可然、向後者、随事躰可被中分歟、

683 一 *請所《うけしょ》の事 永仁七・二

寛元以前の請所は、*顚倒《てんとう》すべからざるの由、*先度定め下さるるといへども、*御口入《くにゅう》の地のほか、承久以後の請所に於ては、自今以後、*本所の進止たるべし。

一 請所事 永仁七 二

寛元以前請所者、不可顚倒之由、先度雖被定下、御口入地之外、於承久以後請所者、自今以後、可為本所進止、

717 一 *国領の地頭等、年貢を済ますべきの事 元亨二・正・十二

右、*西収《せいしゅう》の期に臨まば、急速の沙汰を致し、翌年二月皆済せしむべし。たとひまた*京進すといへども、六月を過ぐべからず。もし抑留の由、雑掌訴へ申さば、*結解《けつげ》を遂げ弁償すべきの旨、奉書を下さるべし。叙用せずば、使者に託し催促すべし。即ち参対に及び勘定を請けば、その*道を遣《や》るべきの由、下知状をなすべし。*結解難渋《なんじゅう》の輩は、*申し請くる員数に任せて成敗すべし。なほ対捍《たいかん》せば、重ねて使者をもつて実否を尋問し、未済の条遁るる所なくば、所職を改むべし。催促ならびに究済の期日に於ては、且はその地の遠近により、且は未進の多少につき、事の躰

いが、かりに後者としても、かなり明確に傍例化していた規範と思われる。なお吾妻鏡、建長三年四月二十日条に、「国司領家年貢事、…若春三月已後、就此事本所訴訟出来者、可被地頭(下地の意)於本所中分之由被仰出」とあるのは、本補についての強制的中分法かともみられる。

683 **請所** 一定額の年貢の納入を庄園領主に確約する一方、その他の収益や庄園支配権が全面的に請負者のものとなる契約関係。室町以降は守護請や禅僧・商人などの請所が多くなるが、ここでは地頭請を指す。

顚倒 ここでは地頭請の契約を破棄し、領家の直務を復活させる意。

先度定め下さる 文永五年四月二十五日に「雖為私之請所、廿箇年無相違者、今更不可有違乱」(式目8条補注参照)なる立法があり、これが実在の法令とすれば(真偽に多少問題がある)、さらに文永と永仁の間に「寛元以前」とする立法が行われたことになる。二十年以前→寛元以前→承久以前と、次第に顚倒不能の請所が古く限定されていったとしてよかろう。

御口入の地 幕府の仲介によって地頭請が成立した庄園。これに対して、当事者の合意のみによるものを「私の請所」という。

本所の進止 請所を継続するか破棄するかを本所の自由裁量に任せる。

717 **国領の地頭** 国衙領を知行する地頭。

西収 秋の収穫。

京進 国衙に納入せず、在京の知行国主

に随ひて斟酌すべきなり。

次に*前国司の時未済分の事、自今以後は*先司に弁ずべし。

次に同じく所領請所の事、前々下知を蒙り御口入に預かる地のほかは、*顛倒《てんとう》すべし。ただし*康元々年以前は、*私の和談たりといへども、相違あるべからず。弘安七年以後は、たとひ*裁許状を帯するといへども、よろしく国司の意に任すべし。

一　国領地頭等可済年貢事　元亨二 正 十二

右、臨西収之期者、致急速之沙汰、翌年二月可令皆済、縦又雖京進不可過六月、若抑留之由、雑掌訴申者、遂結解可弁償之旨、可被下奉書、不叙用者、託使者可催促之、即及参対請勘定者、可遣其道之由、可成下知状、結解難渋之輩者、任申請員数可成敗、猶対捍者、重以使者尋問実否、未済之条無所遁者、可改所職、於催促幷究済期日者、且依其地遠近、且就未進多少、随事躰可斟酌也、

次前国司時未済分事、自今以後者、可弁于先司矣、

次同所領請所事、前々蒙下知預御口入地之外者、可顛倒、但康元々年以前者、雖為私和談、不可有相違、弘安七年以後者、縦帯裁許状、宜任国司之意焉、

の許に進納する。

結解　決算・勘定。

道を遣る　進行させる。勘定に従って未済分の納入を急がせる。

結解難渋　参対して結解をとげることをこばむ。

申し請くる員数　雑掌側から申請のあった数量をそのまま未済分と認めて。

前国司　前任の国司。

先司　前国司に同じ。

顛倒すべし　ここでは、国司の請求の有無にかかわらず一切の国衙領地頭請所を改廃したものか。

康元々年　前条が承久を境としたのに反し、著しくその上限を下げたようにみえるが、本条は前項頭注のごとく政策的な請所廃止令であり、特殊なものとみなければならない。

私の和談　口入によるものでなく、当事者間の合意による私の請所。

裁許状　国領の例ではないが、円覚寺文書、永仁五年三月七日の関東下知状は、「為地頭請所已経六十余年之上者、任請文不可有相違」として地頭請を確認した裁許状の一例である。

17 宣旨の状　追15条(八七頁)頭注参照。なお、この二行にわたる事書は八七頁に既載してあるが、後出の日付との関連でここに重複掲出した。

私出挙　穀物その他の財物を貸し付け、利息を得る行為。古代で、国衙が収益を目的として強制的に行った公出挙に対し、民間富有者が行うものを私出挙と称した。

売買貸借法

（下す　諸国の御家人等
早く*宣旨の状を守り、禁断せしむべき条々の事）

17 一　*私出挙《しすいこ》の利*一倍を過ぎ、ならびに*挙銭《こせん》の利*半倍を過ぐるを禁断すべき事

右、同状に偁《いわ》く、出挙の利、*令格《りようきやく》相存す。しかるに下民の輩、期を過ぐるに至れば、*廻利《かいり》を本とし、過責《かせき》を先となす。いまだ幾歳を経《へ》ざるに、たちまち数倍に及ぶ。ほとんど王臣家を煩はし、ややもすれば諸庄園を妨ぐ。*かくのごときの漸《いたり》、費《ついえ》は朝家にあり。且は京畿諸国等に仰せ、且は*弘仁・建久の格に任せ、四百八十日を過ぐるといへども、一倍を過ぐるを得ざれ。挙銭に於ては、よろしく一年を限り、半倍の利を収むべし。たとひ年紀を積むといへども、加増せしむるなかれ。たとひ証文を出すといへども、叙用せしむるなかれ。もしなほ違犯あらば、*負人《おいびと》をして使庁《しちよう》に触れ訴へしめ、文書を糺し返し、*その物を没官《もつかん》せよてへり。

以前条々の事、宣旨到来の即、下知先に畢んぬ。状跡《じようせき》を守り禁断せしむべし。宣下の旨、その篇多しといへども、件の三ケ条に於ては厳制ことに重し。もし違犯の輩あらば、不日交名を注進すべきの状、鎌倉殿の仰せによつて、下知件のごとし。

嘉禄二年正月廿六日

武蔵守平判
相模守平判

一　可禁断私出挙利過一倍幷挙銭利過半倍事

右、同状偁、出挙之利、令格相存、而下民之輩、至于過期、廻利為本、過責為先、未経幾

一倍　二倍。
挙銭　元来の出挙物には銭も含まれ、これを出挙銭と称したが、中世では一般の出挙と区別して、金銭の貸付を略して挙銭といった。
半倍　今の一倍、すなわち元金と同額。
令格　雑令に稲粟出挙について「仍以一年為断、不得過一倍、其官半倍、並不得因旧本更令生利、及廻利為本」。財物出挙について「毎六十日取利、不得過八分之一、雖過四百八十日、不得過一倍」。格は「弘仁建久の格」（後出）頭注に記す。
廻利　前注所引の用例のごとく、利息を元本に加える複利。
かくのごとき…　結局その累は朝廷にまで及ぶことになる。
弘仁・建久の格　弘仁十年五月二日の太政官符は、雑令の文および「自今以後公私挙銭、宜限一年収半倍利、雖積年紀不得過責」とする延暦十六年の符を引いて、その厳守を令している。また建久二年三月二十八日の宣旨は「三代之格雖為半倍、雑令之文猶極一倍、云彼云此不可不用、但近年其利日加其物月増、…一年之中以半倍雖為利分、両年之後以一倍為定数、早下知京畿諸国、自今已後一倍之外、縦雖出証文、慥令従禁遏、不拘制法若猶違犯者、令負人触訴使庁、宜糺返文書慥没官其物」とする。本条はこの建久新制を文言の上でも多く踏襲している。
負人　債務者。
その物　債権者に返さるべき稲・銭など。

歳、忽及数倍、殆煩王臣家、動妨諸庄園、如斯之漸、費在朝家、且仰京畿諸国等、且任弘仁建久格、雖過四百八十日、不得過一倍、於挙銭者、宜限一年、収半倍利、縦雖積年紀、莫令加増、縦雖出証文、莫令叙用、若猶有違犯者、令負人触訴使庁、糺返文書、没官其物者、

以前条々事、宣旨到来之即下知先畢、守状跡可令禁断焉、宣下之旨、其篇雖多、於件三ヶ条者、厳制殊重、若有違犯之輩者、不日可注進交名之状、依鎌倉殿仰下知如件、

20 寛喜三年三月十九日乙巳、今年*世上飢饉、百姓多くもつてまさに餓死せんとす。よつて*武州、*伊豆・駿河両国の間に出挙米を施《ほどこ》し、その飢を救ふべきの由、*倉廩《そうりん》ある輩に仰せ聞かさる。*豊前中務丞これを奉行す。件の奉書に*御判を載せらると云々。

今年世間飢饉の間、人民餓死の由風聞す。もつとももつて不便。ここに伊豆・駿河両国の出挙に入るの輩、施《ほどこし》を始めざるによつて、いよいよ*計略を失ふと云々。早く*把馴《はじゆん》の出挙に入るべきの由、仰せ下さるる所なり。兼てまた、後日もし*対捍あらば、注申に随ひ御沙汰あるべきの由候なり。よつて執達件のごとし。

寛喜三年三月十九日　　中務丞実景　奉

*矢田六郎兵衛尉殿

寛喜三年三月十九日乙巳、今年世上飢饉、百姓多以欲餓死、仍武州、伊豆駿河両国之間施出挙米、可救其飢之由、被仰聞有倉廩輩、豊前中務丞奉行之、件奉書被載御判云々、

今年世間飢饉之間、人民餓死之由風聞、尤以不便、爰伊豆駿河両国入出挙之輩、依不始施、弥失計略云々、早可入把馴出挙之由、所被仰下也、兼又、後日若有対捍、随注申、可有御沙汰之由候也、仍執達如件、

55 天福元年四月十六日庚寅、*大風以前の出挙は、上下親疎を論ぜず、一倍を停止し、*五把利《ごわり》をも

20世上飢饉　追112条(八七頁)頭注「寛喜三年」参照。なお本法は吾妻鏡のみに載せるものであり(はじめの三行は同書の地の文)、いわゆる泰時エピソードの一つで、厳密には北条家法と称すべきもの。

武州　北条泰時。

伊豆・駿河　両国は時政以来、北条得宗家の守護分国であり、また同氏は「一般守護分国におけるより以上の権力、即ち国務知行の権をも獲得し」ていた(佐藤進一『鎌倉幕府守護制度の研究』四九頁)。

倉廩ある　米ぐらをもつ。富有な。

豊前中務丞　吾妻鏡、建久五年十二月二日条に、御願寺社奉行人の一人として豊前介実景の名が見える。

御判を載す　奉書の右余白部分に発給者たる泰時の花押を据える。なお、袖判の有無にかかわらず、奉書形式の文書は北条・足利など限られた有力武士のみに用いられた。

計略　生活の工夫。

把馴　未考。馴の草書体は利のそれに似ており、或いは「把利」の誤りか。いずれにせよ「寛大な条件における」の意であろう。

対捍あらば　出挙米を返弁しなければ。翌貞永元年三月九日の吾妻鏡によれば、伊豆仁科庄貧民のために三十石の出挙米を出さしめ、返済不能のときは泰時の沙汰として返弁することを保証している。

矢田六郎兵衛尉　前注所引の貞永の沙汰も彼に命ぜられており、実名不明ながら、豆駿両国の経済的実務を担当する得宗

被官か。
55大風　三年前の寛喜二年八月八日、全国的な大風に見舞われ、冷害に加えて大飢饉となった。
五把利をもって一倍となす　一倍法は元本に対する一〇〇%の利息超過禁止令であるのに比して、五〇%を一倍の内容とする、の意か。吾妻鏡、同年七月九日条に、本条を指して「被定減少之法」とする。なお同日の記事は、本法に違背して百姓を呵責した丹波の神人に関するものである。
六波羅に…　ここに西国分のみの挙げられているのは、六波羅管轄の尾張以西を掲げたもので、関東分は別に定められたものであろう。
宗監物孝尚　建保元年に武蔵新開田の実検使に派遣されたこともある実務官僚。
治部丞実成　吾妻鏡は宗成につくる。不詳。
左衛門尉明定　坂上明定。死後その遺領を子息明胤に安堵せる旨を伝える吾妻鏡、暦仁元年五月十一日条に、「明定依為名人、左京兆(泰時)頻憐愍遣孤給」とあり、精通の法曹官僚。
139御恩の所領　恩領の売買については式目48条参照。
質券に入る　入質、すなわち占有を債権者に引き渡す。
沙汰出来　債権者より債務履行を求める出訴。
弁を致さば　支払っていれば。
かの券契　借状。

つて一倍となすべきの由定めらる。あまねく諸国に下知せしめんがために、奉行人を差し定め、*六波羅に注し遣はさると云々。

御使
一手　*宗監物孝尚十ヶ国
河内・摂津・伊賀・伊勢・尾張・近江・飛驒・若狭・越前・美濃
一手　*治部丞実成九ヶ国
山城・丹波・丹後・但馬・因幡・伯耆・出雲・石見・長門
一手　*左衛門尉明定十一ヶ国
播磨・美作・備前・備中・安芸・伊与・土左・阿波・淡路・紀伊・和泉

天福元年四月十六日庚寅、大風以前出挙者、不論上下親疎、停止一倍、以五把利、可為一倍之由被定、遍為令下知諸国、差定奉行人、被注遣六波羅云々、

御使
一手　宗監物孝尚十ヶ国
河内　摂津　伊賀　伊勢　尾張　近江　飛驒　若狭　越前　美濃
一手　治部丞実成九ヶ国
山城　丹波　丹後　但馬　因幡　伯耆　出雲　石見　長門
一手　左衛門尉明定十一ヶ国
播磨　美作　備前　備中　安芸　伊与　土左　阿波　淡路　紀伊　和泉

139 一　*御恩の所領をもつて、負物*質券に入るる事　延応二・四・廿評
右、*沙汰出来《しゅったい》の時、過半分以上*弁を致さば、日数を差してこれを弁償せしめ、*かの券契《けんけい》を糺

し返さるべきなり。その弁半分に足らずば、すべからく所領を*他人に充て給ふべきなり。*前縫殿頭《さきのぬいとのかみ》文元朝臣の所領、紀伊国*高安庄沙汰の時、これを定められ畢んぬ。

一 以御恩所領、入負物質券事 延応二 四 廿 評

右、沙汰出来之時、過半分以上致弁者、差日数令弁償之、可被糺返彼券契也、其弁不足半分者、須充給所領於他人也、

前縫殿頭文元朝臣所領紀伊国高安庄沙汰時被定之畢、

145 一 凡下《ぼんげ》の輩、買領買地すべからざる事 延応二・五・廿五

右、私領をもつて沽却せしむる事、定習たるの由、*先度書き載せらるるといへども、自今以後は、たとひ私領たりといへども、凡下の輩ならびに*借上《かしあげ》等に売り渡すに於ては、*近例に任せかの所領を収公せらるべきなり。また侍已上たりといへども、非御家人は知行に及ばず。また*山僧をもつて地頭代官となす事、停止せらるべきの由、事書に載せられ畢んぬ。

一 凡下輩不可買領買地事 延応二 五 廿五

右、以私領令沽却事、為定習之由、先度雖被書載、自今以後者、縦雖為私領、於売渡凡下之輩并借上等者、任近例可被収公彼所領也、又雖為侍已上、非御家人者、不及知行、又以山僧為地頭代官事、可被停止之由、被載事書畢、

296–297 建長五年十月十一日丙辰、利売の*直法《じきほう》を定めらる。その上*押し買ひの事、同じく制を固めらる。*小野沢左近大夫入道、内島左近将監盛経入道等、奉行たり。

296 *薪・馬蒭《まぐさ》の直法の事

炭一駄代百文　　薪三十束三把《ば》別百文

他人　第三者。従って現実的には収公を意味する。

前縫殿頭文元　陰陽師。吾妻鏡、文永二年五月二十三日条に「高柳弥次郎幹盛与縫殿頭文元、就所領有相論事、幹盛確執之余訴申云、文元乍為陰陽師、其子息等帯太刀等、偏如武士…」とあり、その子孫は所領上総皆吉郷から皆吉を名乗り、奉行人を勤める。

高安庄　不詳。恐らく祈禱の功として与えられた所領であろう。

145 先度…　式目48条。

借上　高利貸。

近例に任せ　式目以後、式目と異なる判例が出たとみるよりは、式目は凡下借上に対する売却を規定せず、ために裁判官の自由裁量としてかかる判決が下されていたとみるべきであろう。

山僧を…　追120条(一〇三頁)参照。

296–297

296 **直法**　公定価格。

押し買ひ　参60条(五七頁)参照。本条は吾妻鏡のみに載せられており、地の文にみえる押買規定の本文は記載されていない。

小野沢左近大夫入道　仲実。法名光蓮。この頃、鎌倉市中法の立法担当奉行としてしばしばその名がみえる。小野沢氏は得宗被官の一とされている。

薪　以下いずれも鎌倉市中における商品の価格。

萱《かや》木一駄八束代五十文　　藁一駄八束代五十文
糠《ぬか》一駄俵一*文代五十文
件の雑物、近年高直過法《こうじきかほう》、商人に下知すべしてへり。また*和賀江津《わがえつ》の材木の事、近年不法の間、造作に用ひ難きによつて、その寸法を定めらる。いはゆる*榑《くれ》の長分は八尺、若くは七尺、不足せしめばこれを*点定《てんじょう》せしめ、奉行人子細を申すべしと云々。以下略す。

建長五年十月十一日丙辰、被定利売直法、其上押買事、同被固制、小野沢左近大夫入道、
内島左近将監盛経入道等為奉行、
　薪馬蒭直法事
　炭一駄代百文　　薪三十束三把別百文
　萱木一駄八束代五十文　　藁一駄八束代五十文
　糠一駄俵一文代五十文
件雑物近年高直過法、可下知商人者、又和賀江津材木事、近年不法之間、依難用造作、被定其寸法、所謂榑長分八尺、若七尺、令不足者、令点定之、奉行人可申子細之由云々、
以下略之、

炭・薪・萱・藁・糠の事
高直過法の間、諸人の煩たるによつて、先日*下直を定めらるるといへども、自今以後に於ては、その儀あるべからず。元のごとく*交易を免ぜらるべし。ただし押し買ひならびに*迎へ買ひに至つては、停止せしむべきなり。この旨をもつて、*相模国の然るがごときの物交易《こうえき》の所に相触れらるべきなりてへり。仰せによつて執達件のごとし。
　建長六年十月十七日　　*相模守
　　　　　　　　　　　　*陸奥守

文　誤字であろう。
297 **和賀江津**　現在の飯島に貞永元年つくられた築港。材木座の地名もここに発するという。
榑　まるた。
点定　差し押え。

297

302 **下直**　安い価格。前条をさす。
交易を免ず　自由な相対取引を許す。
迎へ買ひ　追593条（八二頁）参照。
相模国の…　「鎌倉中の物価統制が鎌倉周辺の物資の出廻りを阻止していたためかも知れない」（『鎌倉市史』総説編）。
相模守　連署北条時頼。
陸奥守　執権北条重時。
筑前々司　政所執事二階堂行泰。
305 **無尽銭**　無尽はその加入者より徴収した掛金を入札等の方法によって落札者に給付する組織であるが、落札者が以後の掛金を支払わないことを防ぐために質物をとることが始まり、転じて本条のごとく、土倉などの質屋業者の貸付金を無尽銭と称するようになったといわれる。
物具　調度品。
銭主　債権者、すなわち質屋業者。
その仁　贓物の入質者の氏名。
負人　債務者、すなわち入質者。

302

*筑前々司殿

炭薪萱藁糠事

高直過法之間、依為諸人之煩、先日雖被定下直、於自今以後者、不可有其儀、如元可被免交易、但至押買并迎買者、可令停止也、以此旨、可被相触相模国如然之物交易所也者、依仰執達如件、

305 一 鎌倉中の挙銭《こせん》、近年*無尽銭《むじんせん》と号し、質物を入れ置かざるのほか、借用を許さざるにより、甲乙人等衣裳*物具《もののぐ》をもつてその質に置く。盗人また贓物《ぞうぶつ》を売買せしめば、所犯たちまち露顕せしむべきの間、ひそかに贓物をもつて質物に入れ、借用せしむるの処、盗まるるの主、質物を見つくるの時、*銭主《せんしゅ》等世間の通例と称して、その*仁ならびに在所を知らざるの由申すと云々。所存の旨、はなはだもつて不当。自今以後に於ては、質物に入れ置くの日、*負人の交名・在所を尋ね知らしむべし。もし*沙汰出来の時、*手次《てつぎ》を引かざるに至つては、盗人に処せらるべきなり。この旨をもつて面々*奉行の保《ほう》の内に相触るべきの状、仰せによつて執達件のごとし。

建長七年八月十二日　相模守判
陸奥守判

*伊勢前司殿

一 鎌倉中挙銭、近年号無尽銭、不入置質物之外、依不許借用、甲乙人等以衣裳物具、置其質、盗人亦令売買贓物者、所犯忽可令露顕之間、竊以贓物入質物、令借用之処、被盗主見付質物之時、銭主等称世間之通例、不知其仁并在所之由申之云々、所存之旨、甚以不当、於自今以後者、人置質物之日、可令尋知負人交名在所、若沙汰出来之時、至不引手次者、可被処盗人也、以此旨面々可相触奉行保内之状、依仰執達如件、

沙汰　質物が贓物なりとする訴え。

手次を引く　普通は所有を証明するための文書(手継証文)を明示する意であるが、ここでは上文にいうごとく、質入者の名・住所を明らかにする意。なお贓物の質入、質屋の罰則などについては、塵芥集63条参照。

奉行の保　保奉行人として担当せる保。追309条(七六頁)頭注「保の奉行人」参照。

伊勢前司　二階堂行綱。彼は当時引付衆で政所執事行泰の弟である。本条の充所が何故に彼にされたのか不明であるが、或いは執事に故障があって、寄人の筆頭(彼は行泰のあと執事となる)たる彼に充てられたものか。

433-434　この二カ条は文永七年五月、棄破(廃止立法)されており(追443・444条)、短命な効力しかもたなかったが、幕府の徳政立法の最古のものとして注目されている。

433**本物を弁償…**　普通には支払いが銭をもって行われたときは本銭、米などの物をもって行われたときを本物、と区別するが、ここでは両者の総称で、原価格を買主に返済する、の意。売却物権は当然に本主(売主)に返却される。

延応の制　追145条(一二一頁)。この但し書によって、本条の本文すなわち本物を弁じて売主に返却される規定は、売買両者ともに御家人である場合に限定されていることがわかる(非御家人から御家人が買得した所領については、幕府法は関知しない)。

433―434 条々　文永四年十二月廿六日評定

433 一　所領をもって質券に入れ、売買せしむる事

右、御家人等、所領をもって或は質券に入れ、或は売買せしむるの条、佗傺《たてい》の基たるか。自今以後、御恩・私領を論ぜず、一向に沽却ならびに入れ流しの儀を停止し、*本物《ほんもつ》を弁償せしむべきなり。ただし非御家人の輩の事、*延応の制に載せらるるの間、子細に及ばざるか。

434 一　所領をもつて他人に*和与《わよ》する事

右、子孫を閣《さしお》きて他人に譲るの条、*結構の趣、はなはだ正義に非ず。御恩・私領をいはず、向後かの和与の地を召さるべきなり。ただし一族ならびに傍輩《ほうばい》の子息をもつて、年来《としごろ》*収養せしめば、制の限りにあらず。

条々　文永四年十二月廿六日評定

一　以所領入質券令売買事

右、御家人等、以所領或入質券、或令売買之条、為佗傺之基歟、自今以後、不論御恩私領、一向停止沽却幷入流之儀、可令弁償本物也、但非御家人之輩事、被載延応制之間、不及子細歟、

一　以所領和与他人事

右、閣子孫譲他人之条、結構之趣、甚非正義、不謂御恩私領、向後可被召彼和与之地也、但以一族幷傍輩子息、年来令収養者、非制之限焉、

参69 一　*式部十郎左衛門尉職綱《もとつな》申す、備前国*長田《ながた》庄の非御家人の輩ならびに凡下人、領名を買得するの事

右、凡下人等申す子細ありといへども、所詮、*定め置かるるの旨に任せて、元のごとく職綱

---

434 **和与**　無償の譲与。式目19条補注参照。

結構の趣　↓補

収養　やしない育てる。

参69式部十郎左衛門尉職綱　伊賀氏。弘安十年の関東下知状(神田孝平氏所蔵文書)によると、長田庄内の各村に頼泰・光藤・光高らの一族が地頭職をもっている。

長田庄　津高郡にあり、当時最勝光院領。

定め置かるるの旨　↓補

相模守　執権北条時宗。

左京権大夫　連署北条政村。

442 **作毛**　ここでは係争中の田地に現に植えられている稲およびその収穫。

時―・政―　時宗・政村。

本銭を…　本条は追433条の適用細則。売主が原価格を支払って後、売却地を取り戻すべきであるのに、それ以前に強引に耕作を開始し。

本物を…　逆に買主が本物の受取りを拒んでなお耕作を続け。

452 **質券・見質を論ぜず**　質たると抵当たるとを問わず。見質は現質とも書く。

本銭を…　無償で。追443条の有償取戻しとの差に注意。

本主領知を…　文永十一年一月の源某奉書(『萩藩閥閲録』Ⅱ)に「質券売買所々、云所名字分限、云領主交名可注申之旨、去年八月三日同被下御教書候」とあることよりすると、本法は本主の出訴をまたず幕府みずからの行政的な処置として、本主への返付を全面的に実現しようとし

領知せしむべきの状、件のごとし。

文永五年二月二日

*相模　守判
*左京権大夫判

一　式部十郎左衛門尉職綱申、備前国長田庄非御家人輩并凡下人買得領名事

右、雖有凡下人等申子細、所詮任被定置之旨、如元職綱可令領知之状如件、

442 一　質券田地、同じく*作毛《さくもう》の事　文永五・八・十評定〈*時―・政―〉御代

或は*本銭《ほんせん》を弁ぜざるの以前、所領を押し作り、或は*本物《ほんもつ》を弁ずといへども、これを請け取らず領作せしむと云々。彼といひ是といひ、はなはだ無道なり。しからば本主押し作るといへども、本物を弁ぜざるの以前は、作毛に至つては、銭主の進止たるべし。また前の銭主耕作すといへども、本物を弁ずるの後は、作毛に於ては、本主の進止たるべきなり。

一　質券田地同作毛事　文永五　八　十評定〈時―・政―〉御代

或不弁本銭之以前、押作所領、或雖弁本物、不請取之、令領作云々、云彼云是甚無道也、然者本主雖押作之、不弁本物之以前者、至作毛者、可為銭主之進止、亦前銭主雖耕作之、弁本物之後者、於作毛者、可為本主進止也、

452 一　質券所領の事　文永十・七・十二評定

今日以前分の事、*質券・*見質《げんじち》を論ぜず、*本銭を弁ぜずといへども、銭主の沙汰を止め、*本主領知を全うすべきなり。*御下文を成されば、改め沙汰に及ばず。ただし*正嘉元年以来の御下文は、理非につきて*越訴《おつそ》を致すの条、制の限りにあらず。入れ質の地は、今年中以後これを返さしむべし。

一　質券所領事　文永十　七　十二評定

た形跡があり、きわめて注目される。

御下文　銭主に対して与える質券地の安堵状。文書の様式は下知状であったと考えられる。

正嘉元年以来　文永八年の追446条によって康元元年までの成敗は不易化(沙汰を改めず)されており、それについて越訴を出すことはできない。

越訴　普通には裁判の判決に対する再審請求であり、本条のごとく安堵状への異議を越訴とよぶ例はほとんど皆無である。安堵の法的な変化に対応するものとして、注目を要する。

参70 鎌倉住人慈心　恐らく質屋業者であろう。なお鎌倉市中の雑務沙汰は当時政所の管轄に属し、本条はきわめて珍しい政所裁許状の一である(佐藤進一『鎌倉幕府訴訟制度の研究』一二四頁)。

腹巻　鎧の一種で、歩兵用の軽便なもの。

無尽銭　追305条(一一四頁)頭注参照。

抑留　ここでは、質銭を支払っても請出しに応じない意。

一倍已後　利子が本銭と同額すなわち本利合計二倍になったあとで。小早川欣吾氏は本法をもって「公家法の利息元本一倍以上徴収禁止の原則は武家法に於ては利息元本一倍超過質流の原則として解釈されている事を示す」史料として注目されている(『日本担保法史序説』二七一頁)。

沙汰の…　高家の訴えを却下する。

沙弥　前注のごとく本条は政所裁許状であって、最上首たる沙弥は時の政所執事二階堂行綱入道行願であり、他の二名は

今日以前分事、不論質券見質、雖不弁本銭、止銭主之沙汰、本主可全領知也、被成御下文者、不及改沙汰、但正嘉元年以来御下文者、就理非致越訴之条、非制之限、入質之地者、

今年中以後、可令返之、

70参 一　石原左衛門五郎高家と*鎌倉住人慈心と相論、*腹巻の事

右、訴陳の趣、枝葉多しといへども、所詮、件の腹巻をもつて、*無尽銭《むじんせん》質物に入れ置かしむるの処、慈心これを*抑留《よくりゅう》するの由、高家申すといへども、*一倍已後訴訟を経るの間、*沙汰の限りにあらずてへり。仰せによつて下知件のごとし。

弘安二年十一月卅日　　平　判

散位藤原朝臣　判

沙*弥　判

一　石原左衛門五郎高家与鎌倉住人慈心相論腹巻事

右、訴陳之趣、枝葉雖多、所詮、以件腹巻、令入置無尽銭質物之処、慈心抑留之由、高家雖申之、一倍已後、経訴訟之間、非沙汰之限矣者、依仰下知如件、

530-531 弘安七・五・廿七評

530 一　沽却質券地ならびに他人和与所領の事

御家人等、所領をもつて或は沽却し質券に入れ流し、或は他人に和与するの時、*子細を証文に載するといへども、限りある公事は、*本領主の跡に相加はりて、その沙汰を致さるべし。年貢等に至つては、*分限《ぶんげん》に随ひ進済すべし。

531 一　諸人所領の百姓負物の事

訴人の*申状につきて、*負人の在所に懸けらるるの間、難渋の輩あるの時、子細を知らざるの

政所寄人である。

530-531　一一四頁頭注に記したごとく、追433・434両条は文永七年に廃止され、この時点では沽却質券・他人和与ともに一応合法性を復活していた。

子細を…　→補

本領主の跡に…　買主に独立の公事勤仕を認めず、売主の他の所領分と一括して、すなわち売主の責任の下で勤仕すべし、の意。幕府の公事徴収は所領の譲与・売却などを無視して、かなり古い台帳に従って行われたとされている。

分限に…　買得所領の広狭に従って、その責任額だけを買主の責任で。

531 **申状につきて**　この表現を字句通りとれば、債権回収の訴状をうけて一方的に返済命令が出される(後代のいわゆる簡易訴訟手続き)かのごとくであるが、雑務沙汰手続きについてはほとんど不明の現状では、確定的なことは何もいえない。

負人の在所に懸く　債務者たる百姓の居住する庄・郷村など、すなわち実際上はその領主の責任として徴収する。

非分の弁　本来責任のない債務の支払い。

加署の状　領主として借用の事実を認知したことを示すために、借用状の余白に署判した文書(室町時代の売券などに実例がある)。請人・口入人などとしての加署ではあるまい。なお本条は翌弘安八年四月「去年雖被仰下之、自今以後者、可被止此儀也」(追579条)として廃止され、百姓負物に対する自動的な領主への責任が復活した。

領主、*非分の弁を致すか。自今以後に於ては、或は領主、或は代官、*加署《かしよ》の状にあらずば、尋ね沙汰に及ばず。

一 沽却質券地并他人和与所領事

弘安七 五 廿七評

御家人等、以所領或沽却入流質券、或和与他人之時、雖載子細於証文、有限公事者、相加本領主跡、可被致其沙汰、至年貢等者、随分限可進済、

一 諸人所領百姓負物事

就訴人申状、被懸負人在所之間、有難渋輩之時、不知子細之領主、致非分弁歟、於自今以後者、或領主、或代官、非加署状者、不及尋沙汰、

559-560

559 一 *雑人利銭負物《りせんおいもの》の事 弘安七・八・十七

訴訟を経ず十ヶ年を過ぎば、式目に任せ沙汰に及ばず。

560 一 *問注所《もんちゆうじよ》申す、鎌倉住人の利銭の事

*地主に懸くべからず。*下部《しもべ》をもつて*直《じき》に催促を加ふべし。

弘安七年八月十七日

一 雑人利銭負物事 弘安七 八 十七

不経訴訟過十ヶ年者、任式目不及沙汰、

一 問注所申鎌倉住人利銭事

不可懸地主、以下部直可加催促、

598 一 所領売買ならびに*請所《うけしよ》の事

御恩の地をもつて、甲乙人に相*逢ひ、或は沽却せしめ、或は請所と号して充て行はしむるの

559-660

559 **雑人利銭負物** 下文の「式目」をどうみるかによって、二様の理解が生ずる。㈠雑人が債務者である利銭負物。この場合、雑人とは名主・百姓以下の総称であり、「式目」は式目41条ではなく、「負物間事、如御式目者武家十ケ年、過此境者不可及沙汰」(東寺文書之六、貞和二年東寺政所上久世庄定書案)に引用されている、現在散失してしまった追加とみなければならない。㈡雑人を質物とする利銭負物。この場合、雑人は奴婢をさし、また「式目」は式目41条を指し、入質された雑人は式目41条の規定により、債務の支払い如何にかかわらず十年取得年紀を適用する、の意。㈡は事書の読みに不自然さを免れないが、式目41条との文章上の類似、本条文が簡略な取意文である可能性などを考慮すれば、あり得る解釈であると思われる。

560 **問注所申す** 鎌倉中の雑務沙汰を管轄する部局たる問注所よりの伺問に答えた立法。

地主に懸く 地主の責任として催促する。雑人訴訟の要件たる挙状の発行は、諸国は地頭、鎌倉中は地主と定められていた点を考慮すれば、追531条の百姓に本条の住人が、領主に地主が対応するものであることがわかる。

下部 問注所の下部(最下級職員)。

直に 直接債務者に。

598 **請所** 本条に「号請所令充行」、追670条に「不可違沽却之地」とあるごとく、

間、その地荒廃すと云々。向後これを停止せしむべし。違犯せしめば、所帯を改めらるべし。

弘安九年八月　日

一　所領売買幷請所事

以御恩之地、相逢甲乙人、或令沽却、或号請所令充行之間、其地荒廃云々、向後可令停止之、令違犯者、可被改所帯矣、

662-664 *関東より六波羅に送らるる御事書の法

662 一　質券売買地の事

右、所領をもつて或は質券に入れ流し、或は売買せしむるの条、御家人等佗傺《たてい》の基なり。向後に於ては、停止に従ふべし。以前沽却の分に至つては、*本主領掌せしむべし。ただし或は*御下文・下知状を成し給ひ、或は知行廿箇年を過ぎば、*公私の領を論ぜず、いまさら相違あるべからず。もし制符に背き、濫妨を致すの輩あらば、罪科に処せらるべし。

*次に非御家人凡下の輩の質券買得地の事、*年紀を過ぐるといへども、売主知行せしむべし。

663 一　利銭出挙《りせんすいこ》の事

右、甲乙の輩*要用の時、*煩費《はんぴ》を顧みず、負累《ふるい》せしむるにより、富有《ふゆう》の仁その利潤を専《もっぱ》らにし、窮困《きゅうこん》の族いよいよ佗傺《たてい》に及ぶか。自今以後*成敗に及ばず。たとひ下知状を帯し、弁償せざるの由、訴へ申す事ありといへども、沙汰の限りにあらず。

次に*質物を庫倉《こそう》に入るる事、禁制に能《あた》はず。

664 関東御教書、*御使は山城大学允同八月十五日京著す。

越訴ならびに質券売買地、利銭出挙の事、事書一通これを遣はす。この旨を守り、沙汰を致さるべきの状、仰せによつて執達件のごとし。

所領移動の規制を免れるため、請所に名をかりた所有権の完全な移転が行われていたらしい。
相逢ひ　対して・共謀して、のニュアンスがある。
662-664　661条は手続法として掲出した（一三六頁）
関東より…　↓補
662 **本主**　売主・質入者。本条では御家人のみを対象。
御下文・御下知　買得・質入等の安堵状。追452条（一一六頁）頭注参照。
公私の領　公領は恩領と同義か。
次に…　以下の規定により、前段は売買両者ともに御家人であるケースを対象としていることがわかる。
年紀　前段の「知行廿箇年」に同じ。式目8条参照。なおここに年紀のみがあげられ、前段の下文・下知状の有無についての規定がないのは、非御家人に対し買得等の安堵状が発せられることはないからである。
663 **要用の時**　金銭の必要に迫られた時。
煩費を顧みず　利息の累積などによって生ずる経済的急迫。
成敗に及ばず　債権取立ての訴えを取り上げない、すなわち債権は法の保護の外におかれる。
質物を…　零細な動産質を禁制の対象からはずし、従来通りの保護を加える。
664 **御使**　関東より六波羅に本御教書を伝達した使。

永仁五年七月廿二日　　　　陸奥守*在御判
　　　　　　　　　　　　　相模守*在御判
　上*野前司殿
　相*模右近大夫将監殿

一　質券売買地事
右、以所領或入流質券、或令売買之条、御家人等侘傺之基也、於向後者、可従停止、至以前沽却之分者、本主可令領掌、但或成給御下文下知状、或知行過廿箇年者、不論公私之領、今更不可有相違、若背制符、有致濫妨之輩者、可被処罪科矣
次非御家人凡下輩質券買得地事、雖過年紀、売主可令知行、

一　利銭出挙事
右、甲乙之輩要用之時、不顧煩費、依令負累、富有之仁専其利潤、窮困之族弥及侘傺歟、自今以後不及成敗、縦帯下知状、不弁償之由、雖有訴申事、非沙汰之限矣、次入質物於庫倉事、不能禁制、

関東御教書、御使山城大学允同八月十五日京著
越訴幷質券売買地、利銭出挙事、々書一通遣之、守此旨、可被致沙汰之状、依仰執達如件、

670-675

670 一　請所*の事　永仁五・六・一評に云く
沽却の地に違ふべからざるの間、沙汰*に及ばず。

671 一　売買地の事
作毛《さくもう》ならびに直銭《じきせん》*を糺《ただ》し返すべきの旨、裁許せらるるの処、叙用せざるの由、訴へ申す輩これありと云々。作毛に於ては、先下知状*に任せ、これを糺し返すべし。直銭に至っては、負物

陸奥守　連署北条宣時。
相模守　執権北条貞時。
上野前司　六波羅探題北条宗宣。
相模右近大夫将監　同北条宗方。

670-675　この六カ条は、徳政令が関東で立法され(三月)、六波羅に送られる(七月)その中間に定められた細則である。追662〜664条(一一九頁)補注「関東より…」参照。

670 **請所**　追598条(一一八頁)頭注参照。

沙汰に及ばず　徳政令の適用外であるとする当知行者の訴えを取り上げない。

671 **直銭**　売主が買主に支払い済みの代金であるとすると、無償取戻しの原則からは理解できない。以下の文に「准負物」とあるところからみて、売主が、売却地の返付と同時に未払いの代金を請求したケースであり、本条はその訴えを取り上げない旨を定めたものであろう。

先下知状　三〜五月と推定される追665・666条に「買地作毛事・同地直銭事、両条被成下知分、不可有相違」とあり、作毛についてはそれを踏襲し、直銭については前注のごとく変更せるもの。

に準じ沙汰に及ばず。
次に*一年作地の事、裁許せらるるの分は、施行《しぎょう》せらるべし。
次に質券売買地に*構へ置くの米穀・銭貨以下の事、買主進退たるべし。

672 一 *売買物の直《あたい》の事
負物に準じ難し。よつて*その沙汰あるべし。

673 一 *替銭《かえぜに》の事
尋ね沙汰あるべし。ただし利分を加ふべきの由、*証文に載するといへども、許容に足らず。*本物をもつて弁償すべし。

674 一 借物の事
その沙汰あるべし。ただし*利分を加ふべきの由、証文に書き載するは、沙汰に及ばず。

675 一 質人の事
*見質《げんじち》に於ては、沙汰に及ばず。*入れ質に至つては、券契《けんけい》によるべし。

一　請所事　永仁五　六　一評云
不可違沽却之地間、不及沙汰、
一　売買地事
可糺返作毛并直銭之旨、被裁許之処、不叙用之由、訴申輩有之云々、於作毛者、任先下知状、可糺返之、至直銭者、准負物不及沙汰、次一年作地事、被裁許之分者、可被施行、次構置質券売買地之米穀銭貨以下事者、買主可為進退、
一　売買物直事
難准負物、仍可有其沙汰、
一　替銭事

一年作地　一年の年紀売地か。
構へ置く…　未考。売買地の田倉などに備蓄されていた、の意か。
672 **売買物の直**　売買された商品等の未払い代金。
その沙汰…　取立ての訴えを認める。
673 **替銭**　AがBに支払うべき金銭の支払い人をCに指定する中世の決済方法の一つ。庄園年貢など遠隔地からの送金に利用された。
証文　AがBに与える借用状。
本物　利子分は認めず、元金のみ。
674 **利分…**　利子の支払いを伴う契約は負物とみなされて取立ての訴えを認めない。
675 **見質**　抵当。
入れ質　質として身柄が債権者に引き渡されている場合。

可有尋沙汰、但可加利分之由、雖載証文、不足許容、以本物可弁償、

一　借物事

可有其沙汰、但可加利分之由、書載証文者、不及沙汰、

一　質人事

於見質者、不及沙汰、至入質者、可依券契矣、

679一　質券売買地の事　永仁六・二・廿八

或は御下文ならびに下知状を成し給ひ、或は知行年紀を過ぐるの地のほか、公私領を論ぜず、本主に返し付くべきの由、*制符を下され畢んぬ。*いまさら改変に及ばず。ただし自今以後は、禁遏《きんあつ》するあたはず。前々成敗の旨に任せて、沙汰あるべし。

一　質券売買地事　永仁六　二　廿八

或成給御下文并下知状、或過知行年紀之地外、不論公私領、可返付本主之由、被下制符畢、今更不及改変、但自今以後者、不能禁遏、任前々成敗之旨、可有沙汰、

679 **制符**　追662条以下一連の徳政立法。
いまさら改変に及ばず　永仁五年三月以前の売買地についての無償取戻し法は、以後幕府の滅亡までその効力を持続した。従って一般に徳政令の「廃止」といわれている本法は、徳政令が有した二つの規範、すなわち㈠質券売買の禁止、㈡以前の沽却地の返付、のうち㈠を止めて以後の売買・質入れ等の合法性を回復せしめたに過ぎない。なお同時に解除された越訴禁止令については追661条(一三六頁)参照。

18 **是非のために**　理非を明らかにするために。
京都　六波羅。
問注　この場合、上文の対決と同じ。
正員　地頭(地頭代に対応)。
触る　連絡してその指示を仰ぐ。
面々に　各自勝手に。
殊なる御沙汰　厳しい処置。本法の五年後の式目の14条では、代官の不参決に対し地頭正員所領の収公が規定されたが、本条の「殊御沙汰」にかかる連座が含ま

れていたかどうかは不明。
武蔵守　執権北条泰時。
相模守　連署北条時房。
掃部助　六波羅探題北条時盛。
修理亮　同北条時氏。
30 **二ケ度は…**　召文違背について式目35条の先行法、同条補注参照。
関東に注進　当時の六波羅所管は、地理的には尾張・加賀以西の西国であったが(追83条)、多くの西国訴訟が関東で裁決されている事実が認められており、管内訴訟についても終局確定の判決権を保有しなかった。また本条にみるごとく、守護・地頭に対する科罪権ももたなかった(佐藤進一『鎌倉幕府訴訟制度の研究』二四〇頁以下)。
先日仰せ…　吾妻鏡、寛喜二年十一月七日条に「西国庄公地頭中、依領家預所之訴被糺断之時、二ケ度令下知之上、猶不叙用者可注申之由、又被仰六波羅」とある立法を指すか。ただし、同日付で類似の立法(追19条。召文違背の回数についての規定はない)があり、「先日」(多くは同年中)なる表現と併せて、吾妻鏡の立法時日については疑問が大きい。
優如の儀を存じ　寛大の処置を心がけて。
容隠なく　六波羅で内密にすませることなく。
掃部助　六波羅探題北条時盛。
42 **畿内近国ならびに西国**　当時の六波羅の管轄区域。なお本条は、西国堺聖断→東国堺幕府裁判→東国二本所間相論幕府裁判なる論理から、東国行政権の根拠と

手続法

18 一　諸国庄々の地頭の中、非法濫妨を致すの由、訴訟出来《しゅったい》の時、両方を対決し、*是非のために、*京都に於て、沙汰人預所と*問注を遂ぐべきの旨、下知せらるるの処、*正員《しょういん》に*触るると称して、地頭代*面々に対捍し、参決せしめず云々。事実《ことじつ》たらばはなはだ不当なり。代官たりといへども、いかでか難渋せしむべけんや。自今以後、なほ事を左右に遁れ、催促に随はざるの輩に於ては、*殊《こと》なる御沙汰あるべきなり。定めて後悔あるか。かねて此旨をもつて、触れ知らしむべきの状、仰せによつて執達件のごとし。

嘉禄三年閏三月十七日　*武蔵守判
*相模守判

*掃部助殿
*修理亮殿

一　諸国庄々地頭中、致非法濫妨之由、訴訟出来之時、対決両方、為是非、於京都与沙汰人預所可遂問注之旨、被下知之処、称触正員、地頭代面々対捍、不令参決云々、事実者甚不当也、雖為代官、争可令難渋哉、自今以後、猶遁事於左右、於不随催促之輩者、殊可有御沙汰也、定有後悔歟、兼以此旨、可令触知之状、依仰執達如件、

30 一　諸国の守護人地頭、或は正員、或は代官、領家預所の訴訟によつて、六波羅より対決を遂げんがために召文を遣はし、非法を停止せんがために下知を加ふるの処、承引せざるの族これありと云々。*二ケ度は相触るべし。三ケ度に及ばば、*関東に注申すべきの由、*先日仰せ下され畢んぬ。しかるに*優如《ゆうじょ》の儀を存じ、申されざるの由、その聞えあり。事実たらば狼藉いかでか相

鎮むべけんや。自今以後に於ては、*容隠《よういん》なく言上せしめ給ふべきの状、鎌倉殿の仰せによつて、執達件のごとし。

寛喜三年五月十三日　　武蔵守判

相模守判

駿河守殿

*掃部助殿

一　諸国守護人地頭、或正員或代官、依領家預所之訴訟、自六波羅、為遂対決、遣召文、為停止非法、加下知之処、不承引之族在之云々、二ケ度者可相触、及三ケ度者、可注申関東之由、先日被仰下畢、而存優如之儀、不被申之由、有其聞、事実者、狼藉争可相鎮哉、於自今以後者、無容隠可令言上給之状、依鎌倉殿仰執達如件、

42 一　*畿内近国ならびに西国の堺相論の事　*去ぬる閏九月一日評

右、*ともにもつて公領たらば、もつとも国司の成敗たるべし。*庄園に於ては、*領家の沙汰として、奏聞を経《へ》、聖断を蒙らしむべし。しかるに地頭等自由に任せて相論の条、慥《たし》かに停止せらるべし。

一　畿内近国幷西国堺相論事　去閏九月一日評

右、共以為公領者、尤可為国司之成敗、於庄園者、為領家之沙汰、経奏聞、可令蒙聖断、而地頭等任自由相論之条、慥可被停止、

73 定

*起請文の失《しつ》条々

一　鼻血出づる事。

された条文であり、その地域的考察を含めて、佐藤進一、前掲書に詳しい。

去ぬる　貞永元年。

ともにもつて公領　国衙領間の堺論。

庄園に於ては　庄園間の堺論であれば。

領家の沙汰として　結果的には庄域を争うわけであるから領家も無関心ではあり得ないが、以下の文にみえるごとく、本条は直接には庄内の地頭が自己の所領の堺をめぐって相論を起こす場合を想定しており、そのような場合でもあくまで領家の判断と責任において奏聞を経べきである、の意。かくて武家側の関与を一切とどめたが、堺論というきわめて現地性を要する相論の性格上、「猶可差遣六波羅之由、被仰下所々」あり、六波羅の伺問に対して幕府も「地頭不相件不事行者、随領家国司命可相交」旨を指令している（追65条）。

73起請文の失　中世の裁判において、刑事事件の被疑者が自己の無実を立証するために、あるいは民事事件における当事者が自己の主張の真実を証明するために（後出の追93条参照）、起請文を書いて一定期間神社に参籠し、その間に起請人の身辺に特定の現象（すなわち神の怒りの表現）が生じなければ宣誓の真実が立証された。以下の九項目がその特定現象の列挙であり、このうち一項目にでも触れればすなわち起請失のあらわれと判定される（中田薫「古代亜細亜諸邦に行はれたる神判補考」（『法制史論集』第三巻下）、石井良助『中世武家不動産訴訟法の研

一　起請文を書くの後、病の事。〈ただし*本《もと》の病を除く〉
一　鵄《とび》・烏《からす》尿を懸くる事。
一　鼠のために衣裳を喰はるる事。
一　身中より*下血《げけつ》せしむる事。〈ただし、楊枝を用ひる時、ならびに月水の女および痔病を除く〉
一　*重軽服の事。
一　*父子の罪科出来の事。
一　飲食の時、咽《むせ》ぶ事。〈ただし、背を打たるる程をもつて、失と定むべし〉
一　乗用の馬斃《たお》るる事。

右、起請文を書くの間、七箇日中その失なくば、いま七箇日を延ばし、*社頭に参籠《さんろう》せしむべし。もし*二七《にしち》箇日なほ失なくば、*惣道の理につきて御成敗あるべきの状、仰せによつて定むる所件のごとし。

文暦二年閏六月廿八日

右衛門大志《たいし》清原季氏*
左衛門少尉藤原行泰
図書少允藤原清時

定
起請文失条々
一　鼻血出事
一　書起請文後、病事〈但除本病者〉
一　鵄烏尿懸事

究』三〇二頁参照)。

本の病　以前からの持病。

下血　出血。

重軽服　喪に服すべき親族の死亡。服忌の制は喪葬令以来時代によって変化し複雑であるが、父母(満済准后日記によると灌頂師匠を含めており、中世では主人もこれに属するか)の場合を重服と称して最も長期間に服喪し、他の親族(令では夫以下兄弟の子に至る)の場合を軽服と称した。

父子の罪科　参籠起請者の父または子の罪科。この縁座規定については式目10条参照。

社頭　仁治元年十二月の追157条では、京都にあっては他社の社官といえども北野神社に参籠すべきことを命じており、鎌倉では鶴岡八幡宮が指定されていたといわれる。

二七箇日　十四日。寛元二年七月、密通の嫌疑をかけられた市河女子藤原氏が、起請文を書いて荏柄(えがら)神社に参籠すべき旨を命ぜられたときは、十四日ではなく七日であり、七日七夜の間に失なしと認められている(吾妻鏡)。

惣道の理　いわゆる道理と同義か。なお吾妻鏡は九項目の列挙の次に、「以上九ケ条是於政道以無私為先、而論事有疑、決是非無端、故仰神道之冥慮可被糺犯否云々」と載せる。

清原季氏　以下の連署および文書形式については、追72条(五九頁)頭注「藤原清時」参照。

一　為鼠被喰衣裳事
一　自身中令下血事〈但、除用楊枝時、幷月水女及痔病者〉
一　重軽服事
一　父子罪科出来事
一　飲食時咽事〈但、以被打背程、可定失者〉
一　乗用馬斃事
右、書起請文之間、七箇日中無其失者、今延七箇日、可令参籠社頭、若二七箇日猶無失者、就惣道之理、可有御成敗之状、依仰所定如件、

76 一　所職・所帯ならびに堺相論の事。*源底を尋ね極むるの日、一方の*嬌飭《きょうしょく》露顕するものなり。しかるに*沙汰の間、その煩あるか。しからば、申す所もし非拠たらば、所領を召さるべし。また所領なくば罪科に行はるべきの旨、両方の*請文を取るの後、糺明せらるべきなり。*掠訴《りゃくそ》の輩に於ては、*請文難渋《なんじゅう》する所なり。これ等の趣を存じ、沙汰致さしめ給ふべきの状、仰せによつて執達件のごとし。

文暦二年七月廿二日　　武蔵守 在御判
　　相模守 在御判
*駿河守殿　*掃部助殿

一　所職所帯幷境相論之事、源底尋極日、一方之嬌飭露顕者也、然沙汰之間、有其煩歟、然ハ、所申若為非拠者、可被召所領、又無所領者、可被行罪科之旨、両方之請文取後、可被糺明也、於掠訴輩者、請文所難渋也、存此等之趣、可令致沙汰給之状、依仰執達如件、

87 一　諸国庄公の預所地頭相論の時、両方を糺定するの処、地頭の非法に於ては罪科に処され、預所*定使《じょうし》に至つては、非拠ありといへども、*別の沙汰に及ばざるの間、恐るる所なきにより、国

---

76 **源底を尋ね極むるの日**　充分な審理を尽くした暁には。
嬌飭　虚偽。
沙汰の間…　審理を尽くすにはそれだけの煩わしい手続きが必要である。
請文　→補
掠訴　偽訴。
請文難渋　敗訴罰を恐れて請文を出すのを躊躇する。
駿河守　六波羅探題北条重時。
掃部助　同北条時盛。なお充名を一行に書くのは、紙に余白のない場合などに往々にして行われた。
87 **定使**　追23条（九七頁）にも預所と連記。国衙領において預所的職務をもつものか。
別の沙汰に及ばず　幕府は預所定使の改易権をもたず、従って民事訴訟においては彼らを処罰することはできない。
所務嗷々　収益の分配などをめぐる不平不満の声がかまびすしい。
仰せ下す　㈠幕府にその権限を移譲する、㈡幕府の裁判において非拠ありと裁定された預所定使は、本所・国司の処置として改易することを命ずる。以上二様の解釈ができるが、恐らく㈡であろう。
二条中納言家　前中納言定高。彼が如何なる立場で関東の申入れを取り次ぐ地位にあったのか不明。或いはそのころ関東申次だったと推定される九条道家の家司（この点も明らかでない）としての立場か。
93 **斎藤兵衛入道**　長定。法名浄円。
証文顕然の時…　→補
叙用　証拠として採用する。

々の所務*嗷々《ごうごう》の間、異論連々として絶えざるか。しからば向後の濫訴を絶たんがため、預所定使等非法あるの時は、かの職を改易《かいえき》せらるべきの旨、かねて仰せ下さるべきの由、二*条中納言家に言上せらるべきの状、仰せによつて執達件のごとし。

文暦二年七月廿三日　　武蔵守判
　　　　　　　　　　　相模守判

駿河守殿
掃部助殿

一　諸国庄公預所地頭相論之時、糺定両方之処、於地頭非法者、被処罪科、至預所定使者、雖有非拠、不及別沙汰之間、依無所恐、国々所務嗷々之間、異論連々不絶歟、然者為絶向後濫訴、預所定使等有非法之時者、可被改易彼職之旨、兼可被仰下之由、可被言上二条中納言家之状、依仰執達如件、

93　一　諸人相論の事　嘉禎四・八・五　*斎藤兵衛入道奉行

右、*証文顕然《けんぜん》の時は子細に及ばず。もし証文分明《ぶんみょう》ならずば、証人の申状を*叙用《じょよう》せらるべきなり。また証文顕然の時は、証人の申状叙用にあたはざるか。また証文と証人ともにもつて分明ならずば、*起請文に及ぶべきか。証文・証人顕然の時は、起請文に及ばざるなり。

一　諸人相論事　嘉禎四　八　五　斎藤兵衛入道奉行

右、証文顕然之時者、不及子細、若証文不分明者、可被叙用証人申状也、又証文顕然之時者、証人申状不能叙用歟、又証文与証人共以不分明者、可及起請文歟、証文証人顕然之時者、不及起請文也、

146　一　*雑人《ぞうにん》訴訟の事、国々を相分ち*奉行人を付せられ畢んぬ。しかるに奉行人度々*相触るといへ

起請文　追73条(一二四頁)頭注参照。

146雑人訴訟　雑人とは、追260条(一二九頁)にみられる区分のごとく、侍以上を除いた庶民の総称で、甲乙人・凡下等と同じ。奴婢雑人のそれとは異なる。雑人訴訟すなわち雑人間の相論は、本条にみえる専門担当官たる雑人奉行の設置をはじめ、手続き上にも一般と異なる特異な面をもっていたが、それは本来雑人訴訟が領主裁判権の内部に包括さるべきものであり、幕府裁判の対象としてはむしろ例外的な存在であったがゆえである。

奉行人　正式には雑人奉行とよばれる職で、吾妻鏡、建暦二年十月二十二日条に「下遣奉行人等於関東御分国々、於其国可成敗民庶愁訴」とされたのを初見とし、若干の事例が残されている。初期には問注所の管下にあったが、後にはその支配外に立つ(佐藤進一『鎌倉幕府訴訟制度の研究』三八頁参照)。

相触る　論人に対し陳状の提出、或いは出頭を求める。

御教書　陳状催促、或いは召文の関東御教書。

尫弱の訴人…　当事者主義を原則とする当時の訴訟制度では、御教書下付の申請・受理を鎌倉に上って行い、さらにこれを在地の論人に交付する等々、一切の進行は訴人自らの責任であり、尫弱(この場合、経済的貧困)な雑人の訴訟にあっては、その負担はきわめて大であった。

奉行人の奉書　雑人奉行は当時は現地に派遣されていたと思われ、その奉書に変

ども、事行かざるの時、*御教書を申し成すの間、*尩弱《おうじゃく》の訴人数返往反《すうへんおうはん》日月を経ると云々。もつとも不便。自今以後に於ては都《すべ》てもつて御教書を申しなすべからず。*奉行人の奉書をもつて、下知を加ふべきなり。三ケ度*叙用せしめずば、事の由を注申すべし。且は*傍輩の濫吹《らんすい》を懲《こ》らさんがため、且は雑人の愁訴を慰めんがため、罪科に行はるべきなり。この旨を存ぜらるべきの状、仰せによつて執達件のごとし。

延応二年六月十一日　　前武蔵守 判

*康持
加賀民部大夫殿

一　雑人訴訟事、相分国々、被付奉行人畢、而奉行人度々雖相触、不事行之時、申成御教書之間、尩弱之訴人数返往反経日月云々、尤不便、於自今以後者、都以不可申成御教書、以奉行人之奉書、可加下知也、三ケ度不令叙用者、可注申事由、且為懲傍輩之濫吹、且為慰雑人之愁訴、可被行罪科也、可被存此旨之状、依仰執達如件、

168 一　諸人訴訟対決の時、*懸物状《かけものじょう》を進むるの事 仁治二・八・廿八評

右、甲乙の輩訴訟の時、対問を遂ぐるの処、或は裁許に預からざるの族、欝憤を散ぜんがため、懸物と称して*押書《あつしょ》を捧げ、或は申す所非拠《ひきょ》たらば、*論人の所領をもつて敵人に充て給ふべきの由、相互にその状に載するの間、おのおの貪欲の心に*住《じゅう》し、いよいよ喧嘩の論を好むか。自今以後、懸物状を進むるの時、濫訴を致すに於ては、早く懸物状に載する所の所領をもつて、*他人に充て給ふべきの旨、書き載せしむべきなり。

一　諸人訴訟対決時、進懸物状事 仁治二 八 廿八評

右、甲乙之輩、訴訟之時、遂対問之処、或不預裁許之族、為散欝憤、称懸物捧押書、或所申為非拠者、以論人之所領、可充給敵人之由、相互載其状之間、各住貪欲之心、弥好喧嘩

えることによって少なくも鎌倉往反の労を免れしめた。

叙用　下知に従う。

傍輩の濫吹　具体的には奉書に応ぜざる者の濫行を指す。

康持　雑人奉行を管轄する問注所執事町野(三善)康持。

168懸物状　懸物はすなわち賭物であって、本条および次条にみえるごとく、自己の主張の正当性を強調するために、万一敗訴のときは自己の所領(当然論所以外の)を相手方もしくは第三者に去り渡すべきを誓約する文書。その形式から普通懸物押書とよばれた(三浦周行「鎌倉時代の訴訟に於ける懸物押書の性質」(『法制史の研究』)、石井良助、前掲書三六二頁、参照)。

押書　→補

論人の　幕府法では訴人もしくは論人の意をあらわすときに、単に訴人・論人のうち一方をもって表現することが普通で、ここでも「当事者の一方が自分の」の意。

住し　もっぱらにし。

他人に…　訴論人相互ではなく、第三者、すなわち実質的には収公。

212故武蔵入道沙汰の時　泰時の執政期に下された判決に対する越訴(再審請求)を制限しようとする方向は、本条を経て追322条(一三〇頁)によって不易化される。

懸物の押書　本条の趣旨からいって、押書の内容は前条に規定された「可充給他人」ものであったと考えられる。

問注を遂ぐ…　越訴の審理のための召文

之論歟、自今以後、進懸物状之時、於致濫訴者、早以所載懸物状之所領、可充給他人之旨、
可令書載也、

212 一 *故武蔵入道沙汰の時、御成敗ある事　寛元元・八・廿六　条々評定事書の内
訴人*懸物の押書を進めずば、たとひ*問注を遂ぐべきの由、書下しありといへども、いまさら召し決するに及ばざるの旨、遍《あまね》く奉行人等に相触るべきの由、*問注所に仰せらるべきか。

一　故武蔵入道沙汰之時、有御成敗事　寛元元　八　廿六　条々評定事書内
訴人不進懸物之押書者、縦可遂問注由、雖有書下、今更不及召決之旨、遍可相触奉行人等之由、可被仰問注所歟、

260 一 *訴訟人の座籍の事
侍は*客人の座　奉行人召すのほか、*後座に参ずべからず。
郎等は*広庇《ひろびさし》　召すのほか南の広庇に参ずべからず。ただし*陸奥沙汰の時は、召しに随ひて参ずべし。*郡郷の沙汰人は、時儀によつて*小縁《こえん》に参ずべし。
*雑人は*大庭《おおば》　*召しに応ぜざるのほか、相模・武蔵の雑人等、*南の坪に参入すべからず。

一　訴訟人座籍事
侍客人座　奉行人召外不可参後座、
郎等広庇　召外不可参南広庇、但陸奥沙汰之時者、随召可参、郡郷沙汰人者、依時儀可参小縁、
雑人大庭　不応召外、相模武蔵雑人等不可参入南坪、

264 一 御家人の輩、*本所成敗の職によつて、訴訟を致す事。本所に於て対決を遂げ、裁許せらるるの時、*非勘《ひかん》あらば御家人の愁《うれい》につきて、もつとも*子細を申すべし。その旨を存ぜらるべきの状、仰せによつて執達件のごとし。

宝治二年七月廿九日　　*左近将監　判

をすでに発給している場合でも。

問注所に…　本条を載せる吾妻鏡は「今日武州経時、被遣御書於問注所、…執事加賀民部大夫(町野康持)献請文」とする。
260 訴訟人の座籍　→補
客人の座　当時の武家の建築物の構造は不明であるが、侍のみが正規な客として遇されていたことがわかる。はるか後代の史料、色部年中行事に「客居坐」あり。
後座　未考。なお吉川本は「座庇」につくる。
広庇　寝殿造りの建物の外側に一段低くつくられた細長い室。
陸奥沙汰の時　何故陸奥国のみが例外とされたか不明。
郡郷の沙汰人　→補
小縁　狭い縁側。広庇のさらに外側にあったものか。
雑人　追146条(一二七頁)頭注参照。
大庭　建物の前の広場。
召しに応ぜ…　「不応召外」の「不」は衍字にみえるが、このままで、「召しに応ずるのほか」の意をあらわす、当時の慣用語法。
南の坪　大庭の内の南側の一区画。ここも相模・武蔵が特に問題とされたか不明。
264 本所成敗の職　→補
非勘　(本所の)不当な判決。
子細を申すべし　関東に報告せよ、の意であり、直接六波羅より本所へ申し入れることを命じたものではあるまい。なお島津家文書は「申」を「執申」につくる。
左近将監　執権北条時頼。

相*模守判

相*模左近大夫将監殿

一 御家人輩、依本所成敗職、致訴訟事、於本所遂対決、被裁許之時、有非勘者、就御家人愁、尤可申子細、可被存其旨之状、依仰執達如件、

303 一 問*注難渋の輩の事

右、遠*国に於ては、召文を下さるるの後、故なく五月〈百五十日〉に至って参対せずば、訴*人の申状につきて、その沙汰あるべし。近国に至つては、召*文の日限《にちげん》に随ひ、沙汰あるべきなり。次に両方参*対の後、問注を遁避《とんぴ》し、空《むな》しく二ヶ月〈六十ヶ日〉を過ぎば、そ*の節を遂げずといへども、直*《じき》に御成敗あるべきなり。よつて執達件のごとし。

建長七・三・廿九　相*模守

陸奥守

一 問注難渋輩事

右、於遠国者、被下召文之後、無故至于五月〈百五十日〉不参対者、就訴人申状、可有其沙汰、至于近国者、随召文日限、可有沙汰也、次両方参対之後、遁避問注、空過二ケ月〈六十ケ日〉、雖不遂其節、直可有御成敗也、仍執達如件、

322 嘉*禄元年より仁治三年に至る御成敗の事

右、自今以後に於ては、三*代将軍ならびに二位家の御成敗に准じ、改*め沙汰あるべからずと云々。故*武蔵前司入道殿の申し沙汰候ところは、嘉禄元年より仁治三年に至る御成敗、改めらるべからざるの由、今日十日御評定候。式*目の奥に書き載せられ候。案*文《あんもん》書き進ぜしめ候。御存知あるべく候か。恐々謹言。

相模守　連署北条重時。

相模左近大夫将監　六波羅探題北条長時。

303 **問注難渋**　対決のための出頭命令(召文)に違背すること。

遠国　→補

訴人の申状につきて　論人の出頭をまたず、訴人の判決下付の申請に従って。

召文の日限　召文に記載されていた出頭期限。

参対　六波羅の場合でいえば上洛、関東の場合は鎌倉到着。

その節　対決。

直に　対決を省略して直接。

相模守　執権北条時頼。建長元年、相模守に任ず。

322 **嘉禄元年より…**　泰時が執権を襲職したのが元仁元年六月、すなわちその翌年の嘉禄元年より歿年の仁治三年に至る執政期に下された判決。

三代将軍…　頼朝・頼家・実朝の三代将軍および北条政子の執政期の裁許。式目7条補注参照。

改め沙汰あるべからず　→補

故武蔵前司入道　泰時。

式目の奥に…　追加集の原型は式目の末尾の余白に立法ごとに書き加えられていったものにあることを推定させる、注目すべき史料。

案文　写し。追321条にみえる通常の事書形式の法文の案文であろう。ただし何故本法の六波羅通達がこのような書状形式をとったのか不明である。

武蔵守　執権北条長時。

正嘉二年十二月十日　武蔵守* 御判

*陸奥左近大夫将監殿

自嘉禄元年至仁治三年御成敗事

右、於自今以後者、准三代将軍幷二位家御成敗、不可有改沙汰云々、故武蔵前司入道殿所申沙汰候者、自嘉禄元年至仁治三年御成敗、不可被改之由、今日十日御評定候、式目奥被書載候、案文令書進候、可有御存知候哉、恐々謹言、

446 一 *寛元々年より康元々年に至る御成敗の事　文永八・八・十評

右、自今以後に於ては、三代将軍ならびに二位家の御成敗に准じ、改め沙汰に及ばず。

一 自寛元々年至康元々年御成敗事　文永八 八 十評

右、於自今以後者、准三代将軍幷二位家御成敗、不及改沙汰矣、

547 一 *引付衆《ひきつけしゅう》ならびに奉行人の事　弘安七・八・三

右、引付衆は殊に清潔を専《もっぱ》らにし、*参仕を励《はげ》むべし。奉行人廉直《れんちょく》にして忠勤を致さば、もつとも賞翫《しょうがん》せらるべし。奸心をさしはさみ私曲を現はさば、ながく召仕ふべからず。よつて引付衆の忠否といひ、奉行人の曲直といひ、*頭人人《ひと》を憚《はばか》らず、緩怠を存ぜず、連々注申すべきなり。引付のほかの奉行人の事、*政所・問注所の執事《しつじ》、同じく申し沙汰すべし。

一 引付衆幷奉行人事　弘安七 八 三

右、引付衆殊専清潔、可励参仕、奉行人為廉直致忠勤者、尤可被賞翫、挿奸心現私曲者、永不可召仕、仍云引付衆忠否、云奉行人曲直、頭人不憚人、不存緩怠、連々可注申也、引付外奉行人事、政所問注所執事同可申沙汰矣、

548-558 条々〈十一ヶ条新御式目　弘安七・八・十七〉

陸奥左近大夫将監　六波羅探題北条時茂。

446**寛元々年より…**　北条時頼の執政期。時頼が執権となったのは寛元四年であり、この間は経時が執権であるが、322条補注「改め沙汰…」所引の沙汰未練書のごとく、本法立法時点でも、すでにこの間を含めて時頼執政期とみる政治意識が生じていたのかも知れない。

547**引付衆**　→補

参仕　引付内談への出席。新設当初すでに「云頭人、云奉行人、莫及遅参」と命ぜられている(吾妻鏡、建長二年四月二日条)。

頭人　引付頭人。本条補注「引付衆」参照。

政所…　奉行人は引付・政所・問注所のほかにも専属奉行人が存在したが、それらの部局もその支配系統に従って政所・問注所執事の注申に委ねられたものと思われる。

548-558　この十一ヵ条は、訴訟対象による訴訟制度の分化、引付を中核として構成される諸機関、裁判をつらぬく当事者の権利保護思想の高揚等々、最高潮期にある鎌倉的訴訟制度の実態を示す史料として、注目される(佐藤進一、前掲書六九頁参照)。

548**評議漏脱**　裁許以前に審議内容が外部、とくに当事者にもれ伝えられること。正和頃の九条家雑掌二問状(九条家文書)に「就中武家評定之旨趣、下知以前之是非、円真(論人)争可存知之哉、如定置者、漏

脱之罪科尤不可遁之」と引用されている。
その人をもつて　漏脱者のみを。なお前注所引の史料では、情報の提供をうけた雑掌も「永被止武家出仕」れている。
訴人申状　漏脱の罪ありとして訴えた申状。もちろん訴論人を問わない。
不実の咎　いわゆる「奏事不実の咎」であるが、具体的な罪科は不明。
549 **引汲**　加勢。ひいきすること。
儀勢　気配。
550 **引付勘録**　引付が作成する判決案。これに基づいて評定会議が判決を下す。
二途三途を止め　→補
551 **沙汰の口入**　裁判に容喙し圧力をかけること。
式目　式目30条。弘安九年頃の追608条に「口入事、右或募権門之威、或称縁者之由、企口入之間、奉行人成怖畏之思歟」とあるほか、口入禁止令がこの頃しきりに立法されている。
交名　口入者のリスト。
552 **当参の訴訟人**　訴訟のためすでに鎌倉または京都に出頭している者。
貧道無縁　貧しく頼る者のない人。
京下りの雑掌　関東での訴訟のため鎌倉に下っている寺社本所らの雑掌。この場合、雑掌は裁判を専門に担当する沙汰雑掌であり、有力寺社の雑掌といえども長期間の滞在費や奉行人への贈り物などに要する費用の調達に追われていたことが、多くの史料に語られている。
精好　この場合、職務に細心な注意をは

548 一　評定引付の*評議漏脱《ろうだつ》の事
近日多くもつてその聞えあり。頭人これを糺明し申し沙汰すべし。漏脱の条遁るる所なくば、*その人をもつて罪科に処せらるべし。*訴人申状虚誕《きょたん》に於ては、*不実の咎に行はるべし。

549 一　引付衆ならびに奉行人、訴人に*引汲《いんぎゅう》の事
道理に背き、引汲の*儀勢《ぎせい》あらば、頭人見及ぶに随ひて注申すべし。

550 一　*引付勘録《かんろく》の事
*二途《にと》三途を止《とど》め、一途を勘じ申すべし。

551 一　内外に付きて*沙汰の口入《くにゅう》を致す事
権門の状を執進するの条、*式目に載せらるるの処、猥《みだ》りに口入を致す。すこぶる制法に背くか。しかるがごときの輩あらば、頭人已下引付衆、*交名《きょうみょう》を注進すべし。

552 一　*当参《とうさん》の訴訟人の事
頭人連々交名を注し置き、*貧道無縁《ひんどうむえん》ならびに*京下《きょうくだ》りの雑掌、および遠国の仁に於ては、急速に申し沙汰すべし。およそ奉行人の緩怠、殊に*精好《せいごう》を加へしむべし。

553 一　頭人ならびに奉行人、相互に*子細を譲り、*申し沙汰せざる事
訴人、頭人に愁ひ申すの時は、奉行人に触るべきの由返答し、奉行人に触れ訴ふるの日は、頭人に申すべきの旨これを称し、事行かずと云々。この儀を止め、*頭人一向に催促を加ふべし。

554 一　権門を憚《はばか》り、*事切《き》れざるの事
*理非顕然たりといへども、権門を憚り事切れざるの由、*謳歌《おうか》せしむるか。人を憚らず、事によらず、遅怠の儀なく、その沙汰を致すべし。

555 一　*安堵奉行の事

*訴陳状を召し調《ととの》ふると称して、いたづらに年月を送るの条、もっとも不便。譲状顕然たらば、早く*御下文を成し与へ、*子細あるの事に於ては、即ち引付に*賦《くば》り出すべし。

556 一 *表裏《ひょうり》の証文の事

貧道の御家人等、富有の輩に*相逢ひ、内に即ち沽却質券状《こきゃくしちけんじょう》を書き渡し、外にまた*親子契約の譲状を誘《こしら》へ取ると云々。所存の趣、奸謀の至りなり。かくのごとき地は、或は*本主に返し与へ、或は*闕所《けっしょ》となすべし。

557 一 頭人*退座《たいざ》の事

*頭人の訴訟ならびに退座の沙汰、*既に賦《くば》らるるの分は、他の引付に渡すべし。自今以後、この旨を守るべし。

558 一 六波羅ならびに鎮西守護人*注進状の事

訴人参向せずといへども、到来に随ひ早速に申し沙汰すべし。

以前条々、固くこの旨を守るべし。且は先々かくのごとく定め下さるる法ありといへども、*無沙汰か。いま条々違犯せしむる輩の事、注申せずば頭人緩怠に処せらるべし。

条々〈十一ヶ条新御式目　弘安七　八　十七〉

一 評定引付評議漏脱事

近日多以有其聞、頭人糺明之可申沙汰、漏脱之条無所遁者、以其人可被処罪科、訴人申状於虚誕者、可被行不実之咎、

一 引付衆并奉行人引汲訴人事

背道理有引汲之儀勢者、頭人随見及可注申、

一 引付勘録事

らう意。

553 **子細を譲り**　責任をなすりつけ合って。

申し沙汰せず　訴訟を進行させようとしない。当時の裁判は、幕府の行事、被告側の引き延ばし戦術、或いは奉行人の故意などによって、結審まで数年を要するのが普通であった。

頭人…　本条々を一貫しているものは、訴訟の全過程における引付、とくに引付頭人への全責任の付与であり、進行上の責任を頭人に限定した本法もまたその一つである。

554 **事切る**　結着をつける。具体的には引付勘録をつくり評定におくること。

理非顕然　訴訟の黒白が明確なこと。

謳謌　世間のあからさまな風評。

555 **安堵奉行**　→補

訴陳状を…　安堵の申請は相論ではなく、異議の申し立てによってはじめて訴陳の応酬となるが、前補注「安堵奉行」のごとく、その段階では安堵奉行の手を離れ、引付の管轄するところである。

御下文　文書様式上の下文に限定されない。安堵は外題安堵法の成立以前においては、惣領に対しては関東下文、庶子に対しては関東下知状によってなされるのが通例であった。

子細あるの事　「云相論是非、云得分多少、始終於引付可有沙汰」(追456条)とあるのよりみれば、単に異議の申し立てのみならず、「得分多少」(恐らく公事に関係する項目であろう)についての疑義も、引付で審議されたらしい。

止二途三途、可勘申一途、

一　付内外致沙汰口入事

執進権門状之条、被載式目之処、猥致口入、頗背制法歟、有如然之輩者、頭人已下引付衆可注進交名、

一　当参訴訟人事

頭人連々注置交名、於貧道無縁幷京下雑掌及遠国之仁者、急速可申沙汰、凡奉行人緩怠、殊可令加精好、

一　頭人幷奉行人、相互譲子細、不申沙汰事

訴人愁申頭人之時者、可触奉行人之由返答、触訴奉行人之日者、可申頭人之旨称之、不事行云々、止此儀、頭人一向可加催促、

一　憚権門不事切事

雖為理非顕然、憚権門不事切之由、令謳謌歟、不憚人、不依事、無遅怠之儀、可致其沙汰、

一　安堵奉行事

称召調訴陳状、徒送年月之条、尤不便、為譲状顕然者、早成与御下文、於有子細事者、即可賦出引付、

一　表裏証文事

貧道御家人等、相逢富有之輩、内即書渡沽却質券状、外亦誘取親子契約之譲状云々、所存之趣、姧謀之至也、如此地者、或返与本主、或可為闕所、

一　頭人退座事

頭人訴訟幷退座之沙汰、既被賦之分者、可渡他引付、自今以後、可守此旨、

一　六波羅幷鎮西守護人注進状事

訴人雖不参向、随到来、早速可申沙汰、

賦り出す　引付のある一方に一件書類を副えて案件を送付する。

556 **表裏の証文**　御家人所領の移転の規制を免れるために、裏契約とあわせて二通の証文を作成すること。実例の最も多いのは、売券と寄進状の両種をつくる場合。

相逢ひ　談合の上で。

親子契約の譲状　無償贈与は他人和与の禁令(追451条)に抵触するため、養子関係を設定したごとく擬制した譲状。

本主　売却質入人。

闕所となす　収公する。

557 **退座**　訴訟の一方当事者と親縁関係にある場合、裁判官たる地位を忌避される規定。追72条(五九頁)頭注参照。

頭人の…　頭人自身が当事者である訴訟、および退座規定にふれる訴訟。

既に…　現在当該引付の管掌しているものは他方の引付に与奪し、今後はかかることのないように賦るべし。

558 **注進状**　六波羅および鎮西において訴陳状・問注記等を調え、一件の裁決を委ねるために関東に送付せる文書。康元元年の追310～316条は六波羅注進状の書式について詳細な規定を設けている。なお九州は鎮西談議所設置の直前にあたり、各国守護は国内訴訟の少なくも一部分を管轄する権限を有していた(佐藤進一、前掲書二五七頁参照)。

無沙汰　法令が実際に守られていない。

574-577 **証人代官として**　訴訟代理人たる代

以前条々、固可守此旨、且先々雖有如此被定下之法無沙汰歟、今条々違犯輩事、不注申者、頭人可被処緩怠、

574－577

574 一 訴訟人の代官の事（弘安七年？）

*証人代官として沙汰致すの輩、はなはだ然るべからず。停止すべし。

575 一 召文問状の事

*引付頭人の奉書を下すべし。

576 一 引付評定の事

*二方寄合《にほうよりあい》の儀を止め、一方*一日廿ヶ条、申し沙汰すべし。

577 一 訴訟人*軽服《けいぶく》の事

或はすでに両方を召し決し、或は訴訟の状等につきて、沙汰あらんと欲するの処、*難渋の仁、俄かに禁忌《きんき》を構ふと云々。軽服出来《しゅったい》すといへども、沙汰の憚りあるべからず。

一 訴訟人代官事

為証人代官致沙汰之輩、甚不可然、可停止、

一 召文問状事

引付頭人可下奉書、

一 引付評定事

二方止寄合之儀、一方一日廿ヶ条、可申沙汰、

一 訴訟人軽服事

或已召決両方、或就訴訟状等、欲有沙汰之処、難渋之仁、俄構禁忌云々、雖軽服出来、不可有沙汰憚、

官がみずから証言をなすこと。㈠親縁関係者、㈡主従関係者、㈢利害関係者、などは証人能力を慣習的に制限されていたから（石井良助、前掲書三〇七頁）、代官の場合は多く㈠㈡にあたり、忌避されるのが当然であったろう。

575 **引付頭人の奉書** 従来の関東御教書による制を改めた本条は、「判決前準備手続に、たとえ形式的にせよ、執権連署の関与する機会を全く消滅せしめ、この手続を全然引付内に於いて完結せしめ、以て責任の明確と訴訟の敏活とを併せ得んとする意義を有すると同時に、引付頭人に対する強権の賦与を語るもの」と評価されている（佐藤進一、前掲書七五頁）。

576 **二方寄合** 二方の引付が連合して一つの案件を審理すること。二途三途の勘録の停止（追550）（一三二頁）と同じく、一方引付の責任を明確にする目的をもつ。

一日廿ケ条 室町初期の訴訟制度を記した武政軌範にも、一方の引付は月に六回、一日廿ヶ条の案件を処理することが定められている。

577 **軽服** 追73条（一一四頁）頭注参照。本条の規定にもかかわらず、妹の死去によって五十日の禁忌が認められた例がある（東寺文書之三、永仁二年正月加治木頼平書状）。

難渋の仁 訴訟を遅延させようと企図する当事者。なお元亨二年の追718条は、禁忌と称して自由に帰国せし当事者に対して召符を下さず、直ちに召文違背の咎をもって裁許すべき旨を定めている。

619 一 康元々年より弘安七年に至る御成敗の事 正応三・九・廿六

右、自今以後に於ては改め沙汰に及ばざるか。

一 自康元々年至弘安七年御成敗事 正応 三 九 廿九

右、於自今以後者、不及改沙汰歟、

650 一 直に聞《きこ》し食《め》され棄て置かるる輩、訴訟の事

永仁二・十二・二評 奉行〈豊後権守倫景・明石民部大夫行宗〉

御沙汰あるべからざるの由、*先日法を定めらるるといへども、永く*後訴を止めば、おのおの愁欝を含むか。越訴《おつそ》を企つること制の限りにあらず。

一 直被聞食被棄置輩、訴訟事 永仁二 十二 二評 奉行〈豊後権守倫景明石民部大夫行宗〉

不可有御沙汰之由、先日雖被定法、永止後訴者、各含愁欝歟、企越訴事非制限、

関東より六波羅に送らるる御事書の法（永仁五年七月二十二日）

661 一 越訴を停止すべき事

右、越訴の道、年をおつて加増す。*棄て置くの輩多く濫訴に疲れ、*得理《とくり》の仁なほ安堵しがたし。諸人の侘傺《たてい》、もととしてこれによる。自今以後これを停止すべし。ただし*評議に逢ひて未断の事は、*本奉行人これを執し申すべし。

次に本所領家の訴訟は、御家人に准じ難し。よつて以前棄て置くの越訴といひ、*向後成敗の条々の事といひ、一箇度に於ては、その沙汰あるべし。

自関東被送六波羅御事書法

一 可停止越訴事

右、越訴之道逐年加増、棄置之輩多疲濫訴、得理之仁猶叵安堵、諸人侘傺職而此由、自今

619 追322・446条に続く不易法。この期間内には、長時・政村・時宗三代の執権が在世したが、長時の襲職に際して時宗幼少の間の「眼代」と称されたごとく、一括して時宗の治世と認識されていたとみてよい。追322条(一三〇頁)補注「改め沙汰…」参照。なお本条の適用例として「且弘安四年之成敗難改変之間、宗仲之訴訟旁非沙汰之限」(島津家文書之一、永仁三年関東下知状)。

650 前年引付は廃止され執権貞時の直断の制が行われていた。従って、越訴の提起は貞時個人への反抗とみなされ、一時的に越訴は禁じられたが、御家人の不満を圧えきれず、本法によって復活したものとみられる(笠松「永仁徳政と越訴」(『荘園制と武家社会』)、参照)。

先日 永仁二年中とみてよい。

後訴 越訴と同義。

661 以下662・663の二カ条は売買貸借法(一一九頁)に載せた。執達文言・差出・充所等とともにその条参照。なお徳政令の一カ条として越訴が停止された意義については、前注所引の笠松、前掲論文参照。

棄て置くの輩 原判決の敗訴人、すなわち越訴申し立て者。

得理の仁 原判決の勝訴者。

評議に逢ひて未断 当時、越訴は越訴頭人と奉行人によって構成される越訴方によって審理された。現に越訴方に繋属中でなお判決に至っていない訴えの意。

本奉行人… 担当越訴方奉行人から引付に与奪すべし。

以後可停止之、但逢評議而未断事者、本奉行人可執申之、次本所領家訴訟者、難准御家人、
仍云以前棄置之越訴、云向後成敗之条々事、於一箇度者、可有其沙汰矣、

713 延慶三□二の評に云く、*苅田《かりた》狼藉《ろうぜき》の事、向後に於ては、*検断の沙汰に付し、厳密に制止を加へ、子細を注申すべきの由、守護人に相触れらるべきなり。

延慶三□二評云、苅田狼藉事、於向後者、付検断之沙汰、厳密加制止、可注申子細之由、可被相触守護人也、

714 正和四、*路次《ろじ》狼藉《ろうぜき》の事、検断に於て沙汰あるべきの旨、六・廿三、*評より仰せ出さる。

正和四、路次狼藉事、於検断可有沙汰之旨、六廿三自評被仰出之、

向後成敗の条々　旧判決のみならず、今後の判決にも一度に限って越訴を認める。

713 **苅田狼藉**　収穫以前の立稲を強引に苅り取る行為。多くはその田地に自己の領有を主張する者が、収穫を確保する目的で行った。すなわち所務相論から派生する狼藉行為であり、本条立法以前は所務沙汰に包括されていた。本法による検断移行は、一には悪党の横行による論所以外への苅田狼藉の頻発、一には幕府訴訟制度の職権主義への転換を示す。室町追28条（一五九頁）頭注「先例」参照。

検断の沙汰　御家人については侍所（六波羅検断方）、非御家人凡下については諸国守護の管轄。

714 **路次狼藉**　沙汰未練書は「於路次奪人物事也」と注するが、これも苅田狼藉と同じく本来自己の領有権を主張して行われた行為であり、単なる強奪ではない。

評　評定。

神官僧侶規制法

33 一　宣旨の事　寛喜三年六月九日

近ごろ山僧《さんそう》・神人《じにん》等、事を*面々の沙汰に寄せ、所々に於て□*を振るの風聞あり。その*旨趣《しいしゅ》由緒あらば、上奏を経、理非に随ふべし。しかるに或は寄附の神領と称して甲乙の庄園を押妨し、或は*供用の物と号して遠近の屋舎を煩はし、ほとんど恥辱を施す者あり。また*侘傺《たてい》に及ぶ輩あり。世のため人のため、禁ぜざるべからず。自今以後、停止せしむべし。もし*鳳銜《ほうがん》に背き、なほ狼藉を致さば、たとひ神人宮仕《ぐうじ》たりといへども、いかでか*皇憲朝章《こうけんちょうしょう》を遁れんや。その職を解かしめ、*有司ならびに武家に仰せて、すみやかに罪過を糺さば則ち禍《わざわい》なし。おほよそ*在家《ざいけ》に於て負累《ふるい》の物を*乱責《らんせき》せば、これを*緑林《りょくりん》に処し、行路《こうろ》に於て*運上物《うんじょうぶつ》を点定《てんじょう》せば、これを*白波に准じ、早くその愆《あやまり》に任せて、その科に行ふべしてへり。*本主および語《かた》ひを得るの人を断罪せよ。よろしく本社・本寺に下知し、この厳制を守り、失墜なかるべし。

一　宣旨事　寛喜三年六月九日

近曾山僧神人等、寄事於面々沙汰、有振□於所々風聞、其旨趣有由緒、経上奏、可随理非、而或称寄附神領、押妨甲乙之庄園、或号供用物、煩遠近之屋舎、殆有施恥辱者、又有及侘傺輩、為世為人、不可不禁、自今以後可令停止、若背鳳銜、猶致狼藉者、縦雖為神人宮仕、争遁皇憲朝章、令解其職、仰有司并武家、速糺罪過則無禍、凡於在家乱責負累物者、処之緑林、於行路点定運上物者、准之白波、早任其愆可行其科者、断罪本主及得語人、宜下知本社本寺、守此厳制、莫失墜矣、

70 一　僧徒の兵仗《へいじょう》禁遏せしむべき事

33 面々の沙汰に寄せ　各自勝手な訴訟にかこつけて。寄せ沙汰。追408条(七八頁)頭注参照。

□　「神輿」あるいは「威猛」のごとき文字が入るべきか。

旨趣由緒あらば　根拠あり謂れあるならば。

供用の物と号して…　仏神の供料物であるといいがかりをつけて各地から米穀等を強奪し。

侘傺　恥辱が精神的・肉体的であるのに対し、経済的な被害をいう。

鳳銜　勅命。

皇憲朝章　朝廷の定めた法の罪科。

有司　追12条(九五頁)に、「惣追捕使有司」とみえる。検非違使や国惣追捕使などの朝廷側の検断権者の総称か。

在家　ここでは単に民屋の意。

乱責　武家法に頻出する「糺返」と同義。

緑林に処し　盗人とみなし。

運上物を点定　本所・領家へ進納途上にある年貢その他を没収。乱責も点定も単なる強奪ではなく、自己の領有を正当化する主観的な根拠をもった行為である。

白波　盗人。

本主　ここでは張本人の意。

70 厳制　建暦二年の新制に「可停止僧侶

*厳制すでに重畳《ちょうじょう》、なかんづく山僧の武勇に至っては、承久兵乱の後、殊《こと》に停止せられ畢んぬ。しかるに近年、弓箭《きゅうせん》兵具を帯び、洛中を横行するの僧徒、多くもってその聞えあり。*直《じき》にかの物具《もののぐ》を奪ひ留めば、定めてまた喧嘩に及ぶか。自今以後に於ては、早く然るがごときの族を伺ひ見、京中といひ、*辺土《へんど》といひ、出入の所々を見知し、これを注申せらるべし。交名《きょうみょう》に随ひて*本所に触れ達し、その身を関東に召し下し、誡めの御沙汰あるべきの状、仰せによって執達件のごとし。

文暦二年正月廿七日　　*武蔵守

*相模守

*駿河守殿

*掃部助殿

一　僧徒兵仗可令禁遏事

厳制已重畳、就中至山僧武勇者、承久兵乱之後、殊被停止畢、而近年帯弓箭兵具、横行洛中之僧徒、多以有其聞、直奪留彼物具者、定又及喧嘩歟、於自今已後者、早伺見如然之族、云京中、云辺土、見知出入之所々、可被注申之、随交名触達本所、召下其身於関東、可有誡御沙汰之状、依仰執達如件、

75 一　*念仏者の事（文暦二年七月十四日）

道心堅固の輩に於ては、異儀に及ばず。しかるに或は*魚鳥を喰《くら》ひ、女人を招き寄せ、或は党類を結び、ほしいままに酒宴を好むの由、遍く聞えあり。件の家に於ては、*保々の奉行人に仰せて破却せしむべし。その身に至っては、鎌倉中を追却せらるべきなり。

一　念仏者事

兵杖事、…洛中洛外諸寺諸山槌加厳誡、任法科断」とあるごとき公家法を指す。寿永三年二月、頼朝は「於自今以後者、…至僧家武具者、任法奪取、可与給於追討朝敵官兵」旨を奏請しており、また、明月記、寛喜二年四月二十七日条に「近日法師兵具禁制、悪僧多搦取、為河東沙汰遣関東云々」のように、承久以後は武家の積極的な姿勢が現われはじめる。

直に…　直接兵具を帯びる僧徒から。

辺土　京中を除く山城国内を指すか。

本所　出入の所々を領有する本所。なお本条と同日条の吾妻鏡が「被禁断鎌倉中僧徒之兵杖儀」と載せるごとく、関東にあっては幕府の沙汰として禁令を実施し得たことは明らかである。

武蔵守　執権北条泰時。

相模守　連署北条時房。

駿河守　六波羅探題北条重時。

掃部助　同北条時盛。

75 念仏者　法然を祖とする浄土宗の信徒。専修念仏による往生を説く法然の教えは、民衆の中にあった浄土信仰に経論上の根拠を与え、同時に独立の教団としての浄土宗を成立させ、民衆の間のみではなく、九条兼実などの貴族社会にも浸透した。これに対する旧仏教の反撥も激しく朝廷を動かして、法然は承元元年流罪となり、彼の死後もその弾圧は続いた。

魚鳥を喰ひ…　法然が「七箇条制誡」の中で戒律を無視し淫・酒・食肉することを門下に誡めているように、浄土宗の中に弾圧の口実を与える退廃的な側面があ

ったことは否定できない。

保々の奉行人　追309条(七六頁)参照。

90称して　前条で「道心堅固の輩」を区別したごとく、幕府の禁令の対象は少なくも浄土宗そのものではなく、それによって醸成される社会不安にあった。

関東に於ては　幕府が独自の行政権をもつ東国では。

宣旨　建永二年二月の専修念仏停止令以後、たびたびの宣下が出されているが、たとえば嘉禄三年七月の宣旨では「而頃年以来、内不守三宝之戒行、外不顧数般之制符、建専修之一字、破自余之諸教、或卜京洛率無慚之徒、或交山林招不法之侶、以之為耽女色之縁、以之為黷仏道之基、濫吹之甚、職而斯由」と述べられている。

二条中納言家　定高。追87条(一二六頁)頭注参照。

97諸堂　条文自身には限定的な語がないが、式目40条・追203条と同様、鎌倉内の寺院のみを対象としたものであろう。

非器　器量のない。後継者としてふさわしくない。

附属　寺院僧侶の譲与。俗人における譲状を附属状という。

落堕　戒律を守らず、俗人と同様の生活をすること。

利潤　供僧としての得分。

兵庫頭定員　藤原。御所奉行を勤め将軍の側近の奉行として、本法のごとき将軍

於道心堅固輩者、不及異儀、而或喰魚鳥、招寄女人、或結党類、恣好酒宴之由、遍有聞、於件家者、仰保々奉行人、可令破却之、至其身者、可被追却鎌倉中也、

90 一　念仏者と称*して黒衣《こくえ》を着するの輩、近年都鄙《とひ》に充満し、諸所に横行し、ややもすれば不当の濫行を現はすと云々。もつとも停廃せらるべく候。関東*に於ては、仰せつけらるるに随ひ、沙汰致すべく候。この事、宣旨*度々に及ぶといへども、いまだ対治せられず。重ねてあまねく宣下せらるべきの由、二条中納言家*に申し入れらるべきの状、仰せによつて執達件のごとし。

文暦二年七月廿四日　　武蔵守判
　　　　　　　　　　　相模守
駿河守殿
掃部助殿

一　称念仏者着黒衣之輩、近年充満都鄙、横行諸所、動現不当濫行云々、尤可被停廃候、於関東者、随被仰付、可致沙汰候、此事宣旨雖及度々、未被対治、重遍可被宣下之由、可被申入二条中納言家之状、依仰執達如件、

97 一　諸堂*の供僧等、或は病患に臨みて非器*の弟子に附属《ふしょく》*し、或は名代《みょうだい》を立てて世間に落堕《らくだ》*し、なほその利潤*を貪る事〈暦仁元・十二・七　兵庫頭定員*奉行す〉

右、彼といひ此といひ、ともにもつて仏意に背くか。たとひ師の譲たりといへども、非器の輩を免許せらるべからず。器量の仁たりといへども、濫僧*の譲を用ひらるべからず。自今以後に於ては、固くこの炳誡《へいかい》を守り、法器《ほつき》*抜群の人を撰びてこれを譲り、戒行《かいぎょう》を専《もつぱ》らにし、あへて違越《いえつ》すべからず。

一　諸堂供僧等、或臨病患附属非器弟子、或立名代落堕世間、猶貪其利潤事〈暦仁元 十二 七

兵庫頭定員奉行〉

右云彼云此、共以背仏意歟、縦雖為師譲、不可被免許非器之輩、雖為器量之仁、不可被用濫僧之譲、於自今以後者、固守此炳誡、撰法器抜群之人譲之、専戒行、敢不可違越矣、

200 一 鎌倉中僧徒の従類の太刀・腰刀等を止めらるべき事

右、僧徒の所従、常に闘乱を致し、多く殺害に及ぶと云々。武士の郎従、なほもつてかくのごときの狼藉に及ばず。なんぞいはんや僧徒の所従に於てをや。これ則ち好みて*武勇不調の輩を召仕ひ、専ら禁遏《きんあつ》を加へざるの故なり。自今以後に於ては、僧徒の児《ちご》・共侍《ともざむらい》・中間・童部・*力者法師《りきしゃほっし》、*雄剣《ゆうけん》を横《よこ》たへ、腰刀を差すは、一向にこれを停止すべし。もしこの制止に背き、刃傷殺害に及ばば、よろしく*主人を過怠《かたい》に処せらるべし。堅くこの旨を存じ、違犯すべからざるの由、供僧等に相触れしめ給ふべきの旨に候ふ所なり。よつて執達件のごとし。

仁治三年三月三日　　前武蔵守 在御判

*大御堂執行御房

*若宮別当御房

*大夫法橋御房　　以上三ヶ所、各別書下之。

追つて仰す。

件の輩の剣刀は、*小舎人《こどねり》に仰せつけ、見合《みあひ》に随ひこれを抜き取り、*大仏に施入《せにゅう》すべきの由、仰せ下さる。同じくその旨を仰せ聞かさるべく候なり。

一 可被止鎌倉中僧徒従類太刀腰刀等事

右、僧徒之所従、常致闘乱、多及殺害云々、武士之郎従、猶以不及如此之狼藉、何況於僧徒之所従乎、是則好而召仕武勇不調之輩、専不加禁遏之故也、於自今以後者、僧徒之児、

固有の権限に基づく法令の立法にタッチした者であろう。

濫僧　世間落堕の師僧。

法器　僧侶としての器量。

200 **武勇不調**　武を誇り心操悪しき。

力者　主人の馬の口をとり輿をかつぐなどの業をもって仕える従者。

雄剣を横たへ　大剣を横にして帯び。

主人を過怠に処せらるべし　式目14条にみえるごとく、一般には従者の罪が主人に及ぶことはないのが武家法の原則であり、本条が具体的な内容は不明ながら、過怠という軽科にとどまらざるを得なかったのもその故であろう。なお条文にはみえないが、下手人たる従者が厳刑に処せられることは勿論である。

大御堂　頼朝が義朝の菩提のために建立した寺。現在廃寺。

若宮　鶴岡八幡宮若宮。当時の別当は内大臣法橋定親。

大夫法橋　未考。以上の三名がどのような立場で鎌倉中僧徒を統轄していたのか不明。なお本法と同日付・同内容で「勝長寿院僧房連々有闘乱事」と題する別の法文(追201条)が大蔵卿僧正なる者に充てられている。

小舎人　この場合、侍所の下級職員。

大仏に施入　追304条(九一頁)参照。

共侍、中間、童部、力者、法師、横雄剣差腰刀、一向可停止之、若背此制止、及刃傷殺害者、宜被処主人於過怠、堅存此旨、不可違犯之由、可令相触供僧等給之旨所候也、仍執達如件、

追仰

件輩剣刀者、仰付小舎人、随見合抜取之、可施入大仏之由、被仰下之、同可被仰聞其旨候也、

203 一 鎌倉中諸堂の別当職の事 仁治三・十二・五評定

右、*寺務職に於ては、*徳闌《た》け功積むの人をもつて、撰び補せらるべきの処、器量をいはず、*若﨟《じゃくろう》を顧みず、ほしいままに師範の譲ありと称して、一寺を管領す。ただに当時の哢《あざけ》りを招くのみならず、はなはだ仏意に叶ふべからず。自今以後に於ては、*一向に譲補の儀を停止し、よろしく時儀によるべし。

一 鎌倉中諸堂別当職事 仁治 三 十二 五評定

右、於寺務職者、以徳闌功積之人、可被撰補之処、不謂器量、不顧若﨟、恣称有師範之譲、管領一寺、非啻招当時之哢、甚不可叶仏意、於自今以後者、一向停止譲補之儀、宜依時儀矣、

251 一 *鷹狩の事、ことに*御禁制の処、近年甲乙人等、代々の御下知に背き、国々といひ鎌倉中といひ、多く狩を好むの由、その聞えあり。はなはだ濫吹《らんすい》なり。すでに*自科《じか》を招くものか。永く停止せしむべし。自今以後、なほ違犯せしめば、後悔あるべきなり。ただし*神社供祭の鷹に於ては、制の限りにあらず。この旨をもつて普《あまね》く相触れらるべきの条、仰せによつて執達件のごとし。

---

203 **寺務職** 別当職と同義。一寺の統率者。
徳闌け功積む 僧としての法徳を充分に備え、寺院の興隆に功績ある者。
若﨟を顧みず 﨟次の低いのを無視して。式目40条頭注参照。
一向に… 別当職に限定されるとはいえ、寺院内部での自由な相続を否定し、幕府の介入を法制化したものとして注目される。

251 **鷹狩** 飼いならした鷹・隼などの猛禽をつかって鳥を捕える狩。
御禁制 建久六年八月「可停止鷹狩」き旨が諸国御家人に通達されたのをはじめ、近くは延応二年三月の追133条など数次の禁令が出されている。
自科を招く 罪を免れ得ない。当時の慣用句。
神社供祭の鷹 神の供物を得るための放鷹。鷹狩禁制には常にこの除外規定が付属している。吾妻鏡、寛元四年三月三十日条に「甲斐国一宮権祝守村申、依被停止鷹狩、人々対捍供税鳥之由事、被経沙汰、供祭事者被免許之旨、被仰出」とあるごとく、禁令を利用した供物対捍があったことが知られる。

寛元三年十二月十六日　武蔵守判

*備前守殿

一　鷹狩事、殊御禁制之処、近年甲乙人等、背代々御下知、云国々云鎌倉中、多好狩之由、有其聞、甚濫吹也、已招自科者歟、永可令停止、自今以後、猶令違犯者、可有後悔也、但於神社供祭鷹者、非制之限、以此旨普可被相触之条、依仰執達如件、

文応元年正月廿三日辛酉、殺罪の輩を禁遏《きんあつ》すべきの由、その沙汰あり。事書を定めらるると云々。

326

一　*六斎日《ろくさいにち》ならびに*二季彼岸《にきひがん》の殺生《せっしょう》の事

右、*魚鼈《ぎょべつ》の類、禽獣《きんじゅう》の彙《たぐい》、命を重んずること山岳に逾《こ》え、身を憂ふること人倫に同じ。これによつて罪業の甚だしきは殺生に過ぐるはなし。ここをもつて仏教の*禁戒これ重く、*聖代の格《きゃく》式炳焉《しきへいえん》なり。しかれば則ち、件の日々、早く魚網を江海に禁じ、よろしく狩猟を山野に停むべきなり。自今以後、固くこの制を守り、一切停止に随ふべし。もしなほ禁遏に背き、違犯の輩あらば、*御家人に至つては交名を注進せしめ、凡下《ぼんげ》の輩に於ては、罪科を加ふべきの由、諸国の守護ならびに地頭等に仰せらるべし。ただし*限りある神社の*祭に至つては、制禁の限りにあらず。

文応元年正月廿三日辛酉、可禁遏殺罪輩之由、有其沙汰、被定事書云々

一　六斎日幷二季彼岸殺生事

右、魚鼈之類、禽獣之彙、重命逾山岳、憂身同人倫、因玆罪業之甚、無過殺生、是以仏教之禁戒惟重、聖代格式炳焉也、然則件日々、早禁魚網於江海、宜停狩猟於山野也、自今以後、固守此制、一切可随停止、若猶背禁遏有違犯輩者、至御家人者、令注進交名、於凡下

備前守　未考。本法を伝える吾妻鏡に「被仰諸国」とある点よりみて、某国守護であろう。

326 **六斎日**　月のうち八・十四・十五・二十三・二十九・三十日の六日をとくに斎戒を持すべき日と定めた仏教の行事。

二季彼岸　春分・秋分を中心とした七日間。僧俗を通じて彼岸会が行われる。

魚鼈　魚とすっぽん。

禁戒　殺生戒。ただし畜生の殺害は殺人に比べて軽罪とされていた。

聖代の格式　宝亀二年八月の太政官符に「応禁断月六斎日幷寺辺二里内殺生事」とあるのをはじめ、近くは建暦二年三月の新制にも「可禁断六斎日殺生事」き条がみえる。幕府も文治四年六月二十九日「二季彼岸放生会之間、於東国可被禁断殺生」(吾妻鏡)を定め、仁治三年正月の大友氏の立法(追173条)に「六斎日殺生事、右禁断之由、累代之厳制、関東之御定、重畳已畢」とあるごとく、独自にたびたびの禁令を発していたらしい。

御家人に至つては…　守護といえども御家人に対する処罰権は与えられていなかったから、単に違反者のリストの注進に止めている。

限りある　式目38条頭注参照。

祭　祭の供物のための殺生。

輩者、可加罪科之由、可被仰諸国之守護并地頭等、但至有限神社之祭者、非制禁之限矣、

573 一 寺社*御寄進所領の事（弘安七年？）

仏事・神事を*興行せしめ、*不退《ふたい》の御祈禱のため、寄せ奉るの処、別当神主*一向にこれを知行し、その沙汰に及ばずと云々。早く*年貢の分限、充て置かるべきの*用途等を尋ね明かし、鎌倉中は急速に申し沙汰すべきの由、引付に仰せらるべし。

一 寺社御寄進所領事

令興行仏事神事、為不退御祈禱、奉寄之処、別当神主一向知行之、不及其沙汰云々、早尋明年貢之分限、可被充置之用途等、鎌倉中急速可申沙汰之由、可被仰引付、

573 **御寄進所領** 将軍家の寄進領。
興行 さかんにする。
不退の御祈禱 将軍家護持のために断えることなく続けられる祈り。
一向にこれを知行し 彼らの私有物のごとく収益を独占し。
年貢の分限 寄進領の年貢高。
用途 銭。

幕府法3

室町幕府法

建武式目

追加法

笠松宏至校注

建武式目条々

*鎌倉元のごとく*柳営《りゅうえい》たるべきか、*他所たるべきや否やの事

右、漢家本朝、上古の儀*遷移《せんい》これ多く、*羅縷《らる》に遑《いとま》あらず。*季世《きせい》に迄《いた》り、煩擾あるによつて、移《い》徙《し》容易ならざるか。なかんづく鎌倉郡は、文治に*右幕下はじめて武館を構へ、*承久に義時朝臣天下を并呑《へいどん》す。武家に於ては、もつとも吉土と謂ふべきか。*ここに禄多く権重く、驕を極め欲をほしいままにし、悪を積みて改めず。果たして滅亡せしめ了んぬ。たとひ*他所たりといへども、近代*覆車の轍を改めずば、*傾危《けいき》なんの疑ひあるべけんや。それ周・秦ともに*崤函《こうかん》に宅するなり。秦は*二世にして滅び、周は*八百の祚を闢《ひら》く。隋・唐おなじく*長安に居するなり。隋は*二代にして亡び、唐は*三百の業を興す。しからば居処の興廃は、政道の善悪によるべし。これ*人凶は宅凶にあらざるの謂なり。ただし、諸人もし*遷移せんと欲せば、衆人の情《こころ》にしたがふべきか。

鎌倉如元可為柳営歟、可為他所否事

右、漢家本朝、上古之儀遷移多之、不遑羅縷、迄于季世、依有煩擾、移徙不容易乎、就中鎌倉郡者、文治右幕下始構武館、承久義時朝臣并呑天下、於武家者、尤可謂吉土哉、爰禄多権重、極驕恣欲、積悪不改、果令滅亡了、縦雖為他所、不改近代覆車之轍者、傾危可有何疑乎、夫周秦共宅崤函也、秦二世而滅、周闢八百之祚、隋唐同居長安也、隋二代而亡、唐興三百之業矣、然者居処之興廃、可依政道之善悪、是人凶非宅凶之謂也、但諸人若欲遷移者、可随衆人之情歟、

鎌倉　建武式目は、幕府の所在地を鎌倉に置くか他所に移すかを論じた第一項と、政治方針を定めた第二項「政道事」十七カ条に大別されている。→解題

柳営　→補

他所　具体的に京都の名は挙げられていないが、当時の状況からいって、この二者の択一にあったことは疑いない。

遷移　ここでは遷都を念頭におく。

羅縷　列挙する。

季世　末世、すなわち現在。

右幕下　右大将頼朝。

承久に…　承久の乱の勝利で幕権が一挙に全国的規模に拡大されたことを示す。

ここに…　巨大な得宗領と得宗分国を集積し、幕府の主要な権力機構を独占し、専制支配を行った鎌倉後期の北条氏に向けられた非難。

他所たりと…　他所に幕府を移しても。

覆車の轍　「前車覆後車戒」(西征賦)。政道を改めなければ。

傾危　権力のかたぶき。滅亡。

崤函　崤山と函谷関。ともに河南省の険要の地。「秦孝公拠崤函之固、擁雍州之地」(賈誼、過秦論)。ここでは険峻なる奥地すなわち鎌倉を指す比喩か。

二世　始皇帝政・二世皇帝胡亥の二代。前二〇七年滅亡。

八百の祚　武王発から赧(たん)王延まで三十七世、約八百年。前二五六年滅亡。

長安　陝西省西安府。京都を暗示する比喩か。

二代　高祖文帝堅・世祖明帝広の二代。

政道の事

右、*時を量《はか》り制を設く。和漢の間、なんの法を用ひらるべきか。まづ*武家全盛の跡を逐ひ、もつとも善政を施さるべきか。しからば*宿老《すくろう》・評定衆《ひょうじょうしゅう》・公人《くにん》等*済々《せいせい》たり。*故実を訪《とぶら》はんに於て、なんの不足あるべきか。*古典に曰く、徳はこれ嘉政、政は民を安《やす》んずるにありと云々。早く万人の愁を休むるの儀、速《すみや》かに御沙汰あるべきか。その最要あらあら左に註す。

政道事

右、量時設制、和漢之間、可被用何法乎、先逐武家全盛之跡、尤可被施善政哉、然者宿老評定衆公人等済々焉、於訪故実者、可有何不足哉、古典曰、徳是嘉政、々在安民云々、早休万人愁之儀、速可有御沙汰乎、其最要粗註左、

1一　倹約*を行はるべき事

近日*婆佐羅《ばさら》と号して、専ら*過差《かさ》を好み、*綾羅錦繡《りょうらきんしゅう》・*精好《せいごう》銀剣・*風流《ふりゅう》服飾、目を驚かさざるはなし。頗《すこぶ》る*物狂《ぶっきょう》と謂ふべきか。富者はいよいよこれを誇り、貧者は及ばざるを恥づ。*俗の凋弊これより甚だしきはなし。もつとも厳制あるべきか。

一　可被行倹約事

近日号婆佐羅、専好過差、綾羅錦繡精好銀剣風流服飾、無不驚目、頗可謂物狂歟、富者弥誇之、貧者恥不及、俗之凋弊無甚於此、尤可有厳制乎、

2一　群飲*佚遊《いつゆう》を制せらるべき事

六一八年滅亡。

三百　六一八〜九〇七年の約三百年間。

人凶は…　人の運の吉凶は居宅の吉凶に左右されない。

遷移せんと欲すれば　鎌倉を離れたいと望むなら。

時を量り…　時代に適応した法律制度をつくる。「格則量時立制、式則補闕拾遺」(類従三代格、弘仁格式序)。

武家全盛の跡を逐ひ　本法末尾に「以義時泰時父子之行状、為近代之師」とあるのに明らかなごとく、執権政治はなやかなりし頃の先例に拠って、の意。

宿老・評定衆・公人　→補

済々たり　数多く健在している。

故実を…　「武家全盛」期の古法・先例を尋ねることはいとたやすい。

古典　未考。

1倹約　平安以来の公家新制においては、必ず細かな倹約令を含むのが常であり、また幕府法においても、弘長の関東新制の中に、調度・造作・物具・衣服等にわたる過差停止令が出され(追356条以下)、室町幕府法では貞治六年十二月、倹約令五ヵ条が出されている(室町追86〜90条)。

婆佐羅　→補

過差　不相応なぜいたく。

綾羅錦繡　→補

精好銀剣　念入りに装飾を施した銀剣。

風流服飾　かざり立てた衣服や装身具。

物狂　狂気の沙汰。

俗の凋弊　民間の経済的困窮。

2佚遊　勝手きままな遊興。

格条*のごとくば、厳制ことに重し。あまつさへ好女の色に耽《ふけ》り、博奕の業に及ぶ。このほかまた、或は*茶寄合《ちやよりあい》と号し、或は*連歌会《れんがえ》と称して、莫太の賭に及ぶ。その費《ついえ》*勝計し難きものか。

一　可被制群飲佚遊事

如格条者、厳制殊重、剰耽好女之色、及博奕之業、此外又或号茶寄合、或称連歌会、及莫太賭、其費難勝計者乎、

3 一　狼藉を鎮めらるべき事

昼打入り、夜強盗、処々の屠殺《とさつ》、辻々の*引剝《ひつぱぎ》、叫喚さらに断絶なし。もつとも警固の御沙汰あるべきか。

一　可被鎮狼藉事

昼打入、夜強盗、処々屠殺、辻々引剝、叫喚更無断絶、尤可有警固之御沙汰乎、

4 一　私宅*の点定《てんじょう》を止めらるべき事

*尫弱《おうじゃく》の微力を励まして、構へ造るの私宅、たちまち点定せられ、また壊《こぼ》ち取らるるの間、身を隠すに所なし。即ち浮浪せしめ、つひに*活計《かっけい》を失ふ。もつとも不便の次第なり。

一　可被止私宅点定事

励尫弱之微力、構造之私宅、忽被点定、又被壊取之間、無所于隠身、即令浮浪、終失活計、尤不便之次第也、

5 一　京*中の空地、本主に返さるべき事

格条　貞観八年正月の太政官符「禁制諸司諸院諸家所々之人、焼尾荒鎮、又責人求飲、及臨時群飲事、…群飲等之類、積習為常、酔乱無度…」のほか、昌泰三年四月にも同様の官符が出されている。

茶寄合　いく種類かの茶を味別し、あて合う闘茶。二条河原落書に「茶香十炷ノ寄合」と詠まれるほどに流行し、賭金がつまれ飲酒乱舞となるのが常であった。

連歌会　同落書に「京鎌倉ヲコキマゼテ一座ソロハヌエセ連歌、在々所々ノ歌連歌、点者ニナラヌ人ゾナキ」といわれ、正成を千早城に囲んだ幕府軍が陣中に一万句の連歌を行ったように、貴族・僧侶・武士・地下を問わず流行した。高点を競って賭が行われたものであろう。

勝計し難し　かぞえることもできない。

3 引剝　→補

4 私宅の点定　→補

尫弱の微力を…　乏しい資力を傾けて。

活計を失ふ　生活の途をなくす。

5 京中の空地　同じく落書に「諸人ノ敷地不定、半作ノ家是多シ、去年火災ノ空地トモ、禍福ニコソナリニケレ」とあるごとく、元弘以来の合戦で市街の多くが焼失していた。なお源平合戦後にも本法と類似のケースが起きている。

巷説　ちまたの風説。

山上の臨幸　建武三年五月、九州から東上した尊氏軍に京都を占領された後醍醐天皇は、建武式目制定の前月に当たる十月までの約半年、山門延暦寺にあって抗戦を続けた。

当時のごとくば、京中の過半は空地たり。早く本主に返され、造作を許さるべきか。*巷説《こうせつ》のごとくば、今度*山上の臨幸*扈従《こじゅう》の人、*上下を論ぜず、虚実をいはず、大略没収せらると云々。*律条のごとくば、謀反逆叛の人、*協同と*駈率《くそつ》と罪名同じからざるか。もつとも尋ね究められ、差異あるべきか。およそ*承久没収の地、その数あらんか。今またことごとく召し放たれば、*公家被官の仁、いよいよ*牢籠《ろうろう》すべきか。

一　京中空地可被返本主事

如当時者、京中過半為空地、早被返本主、可被許造作哉、如巷説者、今度山上臨幸扈従之人、不論上下、不謂虚実、大略被没収云々、如律条者、謀反逆叛之人、協同与駈率、罪名不同歟、尤被尋究、可有差異哉、凡承久没収之地、有其数歟、今又悉被召放者、公家被官之仁、弥可牢籠乎、

6 一　*無尽銭《むじんせん》・*土倉《どそう》を興行せらるべき事

或は莫太の*課役を充て召され、或は*打入りを*制せられざるの間、已に断絶せしむるか。貴賤の急用たちまち*闕如《けつじょ》せしめ、貧乏の活計いよいよ*治術を失ふ。忩《いそ》ぎ興行の儀あらば、諸人安堵の基たるべきか。

一　可被興行無尽銭土倉事

或被充召莫太之課役、或不被制打入之間、已令断絶乎、貴賤急用忽令闕如、貧乏活計弥失治術、忩有興行之儀者、可為諸人安堵之基乎、

7 一　諸国の守護人、ことに*政務の器用を択《えら》ばるべき事

扈従の人　太平記は「此度ハ公家ニモ武家ニモ供奉仕ル者多カリケリ」として、公卿・殿上人・主な武士の名を列挙する。
上下を論ぜず　同じく太平記によれば、「衛府・諸司・外記…諸家ノ侍・官女・医陰両道ニ至マデ、我モ〳〵ト供奉仕ル」とあり、建武政府の官僚機構の大半が山門に逃れたことを記す。
律条　賊盗律謀叛条の本注に「謂、協同謀計乃坐、被駈率者非、余条被駈率准此」とあるのを指すか。
協同　謀叛条の注に「本情和同、共作謀計」とするごとく、共犯者。
駈率　謀議に預からず、単に扈従せる者。
承久没収の地　承久の乱で幕府に没収された京中の屋地。
公家被官　朝廷に仕える者。主に下級官人等を指すか。
牢籠　困窮。
6 無尽銭　追305条(一一四頁)頭注参照。
土倉　→補
課役　課税。
打入り　「敵ニテモナキモノヲ、財宝トランタメ、敵トイヒカケテ打入リナンドスルホドニ」(建武式目注)。3条の「昼打入り」も同義か。
制す　禁ず。
闕如　不足。
治術を失ふ　急場をしのぐ手段をなくす。
7 政務の器用　政治の練達者。武人としての能力の如何を否定するもので、建武式目立法の黒幕たる直義派の主張を直截に物語るもの。→解題

当時のごとくば、軍忠に募りて、守護職に補せらるるか。恩賞を行はるべくば、庄園を充て給ふべきか。守護職は*上古の吏務《りむ》なり。*国中の治否ただこの職による。もつとも器用を補せられば、撫民《ぶみん》の儀に叶ふべきか。

一　諸国守護人殊可被択政務器用事
如当時者、募軍忠、被補守護職歟、可被行恩賞者、可充給庄園乎、守護職者上古之吏務也、国中之治否只依此職、尤被補器用者、可叶撫民之儀乎、

8一　*権貴ならびに女姓・*禅律僧の*口入を止めらるべき事

9一　*公人の緩怠を誡めらるべし。ならびに*精撰あるべき事
この両条*代々の制法たり。さらに新儀にあらず。

一　可被止権貴幷女姓禅律僧口入事
一　可被誡公人緩怠、幷可有精撰事
此両条為代々制法、更非新儀矣、

10一　固く*賄貨を止めらるべき事
この条また今に始まらずといへども、ことに厳密の御沙汰あるべし。*仮令《けりょう》百文の分際たりといへども、賄賂をなさば、永くその人を召し仕はるべからず。過分たらば、*生涯を失はるべきか。

一　固可被止賄貨事
此条又雖不始于今、殊可有厳密之御沙汰、仮令雖為百文之分際、為賄賂者、永不可被召仕

上古の吏務　昔の国司。すなわち実際に国内の政治を行っていた本来の姿の国司に当たる、の意。
国中の…　「御下向之後、国中静謐目出候、諸国の守護の非法のみ聞候に、当国の沙汰如法殊勝之由、諸人申合候之間、感悦無極候」(建武四年五月、上野守護上杉憲顕充て直義書状)は本法と同様の直義の守護観が示されている史料。
8 **権貴**　権門貴族。
禅律僧　通常、禅・律二宗の僧と解されるが、幕府の部局たる禅律方が禅宗のみを対象とするように禅僧を指すものと解される。二条河原落書に「追従・讒人・禅律僧」と並べられたほど、禅僧が僧侶の中で悪玉の代表とみられていたらしい。
口入　政治への容喙。
9 **公人**　「政道事」の総論部分に宿老・評定衆と連記されている点よりみて、奉行人クラスの官僚層を指すものか。
精撰　公人登用の際における厳選。
代々の制法　→補
10 **賄貨**　賄賂。永禄年中制定の阿波三好氏の家法、新加制式の「固可有禁止賄賂事」条に、「建武式目殊立于此一篇」として本条を引用したことは有名。
仮令百文の分際　たとえば僅か百文ほどの額。
生涯を失ふ　死罪。
11 **殿中内外に付き**　将軍およびその夫人等に対する、の意か。「コレハ非義進物也」(建武式目注)、「在京人幷四方発遣人々進物、一向可被停止也、其外人々進物、

其人、為過分者、可被失生涯乎、

11 一 *殿中内外に付き諸方の進物を返さるべき事

上の好む所、下必ずこれに随ふ。もつとも*精廉《せいれん》の*化《か》を行はるべし。次に*唐物已下の珍奇、ことに賞翫の儀あるべからざるものなり。

一 殿中付内外可被返諸方進物事

上之所好下必随之、尤可被行精廉之化、次唐物已下珍奇、殊不可有賞翫之儀者也、

12 一 *近習の者を選ばるべき事

*その君を知らずばその臣を見よ、その人を知らずばその友を見よと云々。しからば君の善悪は、必ず臣下により、*即ち顕《あら》はるるものなり。もつともその器用を択ばるべきか。また党類を結び、互に*毀誉《きよ》を成す。闘乱の基、何事かこれにしかん。漢家本朝この儀多し。或は衣裳、或は*能芸已下、*好翫をもつて体となし、おのおの心底ことごとく相叶ふものか。違犯の輩に於ては、近辺に召し仕はるべからず。もつとも*遠慮あるべきか。

一 可被選近習者事

不知其君見其臣、不知其人見其友云々、然者君之善悪者、必依臣下即顕者也、尤可被択其器用哉、又結党類、互成毀誉、闘乱之基何事如之、漢家本朝此儀多之、或衣裳、或能芸已下、以好翫為体、各心底悉相叶者歟、於違犯輩者、不可被召仕近辺、尤可有遠慮乎

13 一 礼節を専らにすべき事

国を*理《おさ》むるの要、礼を好むに過ぐるなし。君に*君礼あるべし、臣に*臣礼あるべし。およそ上

可被止過分事」(追501条)。
精廉　心清く私欲のないこと。
化　教え。手本。
唐物　大陸からの輸入品。
12 近習　常に将軍の側近に侍する武士。諸国の地頭御家人から選出され、戦時に将軍の親衛軍となる。
その君を…　「不知其子、視其友、不知其君、視其左右」(荀子、性悪篇)。
即ち　直ちに。
毀誉　悪口と賛辞。この場合「毀」のみに意味があるか。
能芸　趣味にする芸能。
好翫をもつて…　好みが外に現われ、それによって心底まで見透すことができる。「善人ハシカルベキ能芸ヲ好ミ、衣裳モジチメナル物ヲキル也、悪人ハイタヅラゴトヲ好ミナラヒテ、人ニカハリタル異表ノ躰ヲスル也」(建武式目注)。
遠慮あるべし　先々のことまで配慮して近習をえらぶべきである。
13 理む　「治」に同じ。
君礼　臣下に対する礼儀。
臣礼　君主に対する礼儀。「殿中人礼儀礼法、可被直事」(追500条)。
分際を守り　地位・身のほどをわきまえ。
14 廉義　心正しく信義にあつい。
名誉あらば　名声が高ければ。
優賞　具体的には登用、或いは恩賞。
褒貶　この場合、「褒」のみに意味があるか。
15 貧弱の輩の訴訟　「貧人ノ訴訟ハ水ヲ以テ石ニ投ガ如ク、カ、ツテモシミ入ラ

下おのおの*分際を守り、言行必ず礼儀を専らにすべきか。

一　可専礼節事

理国之要、無過好於礼、君可有君礼、臣可有臣礼、凡上下各守分際、言行必可専礼儀乎、

14一　*廉義《れんぎ》の*名誉あらば、ことに*優賞《ゆうしょう》せらるべき事

これ善人を進め悪人を退くるの道なり。もつとも*褒貶《ほうへん》の御沙汰あるべきか。

一　有廉義名誉者、殊可被優賞事

是進善人退悪人之道也、尤可有褒貶之御沙汰乎、

15一　*貧弱の輩の訴訟を聞《きこ》し食《め》さるべき事

*堯舜の政、これをもつて最となす。*尚書のごとくば、凡人の軽んずる所、聖人の重んずる所と云々、ことに*御意に懸けらるべきなり。御憐愍《れんびん》はすべからく貧家の輩に在るべし。彼等の愁訴を聞し食し入れらるる事、御沙汰の*専一たるか。

一　可被聞食貧弱輩訴訟事

堯舜之政以之為最、如尚書者、凡人所軽、聖人所重云々、殊可被懸御意也、御憐愍須在貧家輩、被聞食入彼等之愁訴事、為御沙汰専一乎、

16一　*寺社の訴訟、*事によつて用捨あるべき事

或は*威猛を振ひ、或は*興隆と号し、または*奇瑞《きずい》を耀《かがや》かし、または*御祈と称す。かくのごときの類、もつとも*御沙汰を尽くさるべきなり。

ズ、貧者ノ訴訟ハ礼銭ヲセヌ故ニ、奉行頭人ガ不聞入、福祐者ノ訴訟ハ石ヲ以テ水ニ投ガゴトク、人ヤガテキ、入ルナリ」(建武式目注)は過大な表現ではない。

堯舜　いずれも中国の太古に君臨し、聖徳ある天子の代表とされる伝説上の人物。

尚書　書経ともいう。中国最古の史書で、真物である今文尚書三十三編のうちに、堯・舜らの記録も多く存するが、これは後代に付加された伝説であるという。

御意に懸く　心を用いる。

専一　第一とする。

16寺社　南都北嶺をはじめとする畿内の大寺社を指す。

事によつて…　訴えの内容、その理非に随って、容れるべきものは容れ、拒けるべきものは拒ける。

威猛を振い　彼らの常套手段たる神輿入京などをもってする強訴。追33条(一三八頁)参照。

興隆と号し　神事・仏事を盛んにし、或いは寺社領を充実させる等と称して。これらはいずれも公武を問わざる「徳政」の第一であり、その弱点をつく手段。

奇瑞を耀かし　神慮・冥慮を示す奇特神変ありと誇号して。

御祈と称す　公家・武家護持の祈禱の費用を弁達するための名目で。

御沙汰を尽す　充分な審理をつくす。従って無理な訴えは当然しりぞけられる。

17御沙汰の式日・時刻　裁判を行う定例日と開始の時刻。たとえば、武政軌範所載の一方内談は、二・七・十二・十七・

一　寺社訴訟依事可有用捨事
或振威猛、或号興隆、又耀奇瑞、又称御祈、如此之類、尤可被尽御沙汰也、

17 一　御*沙汰の式日・時刻を定めらるべき事
諸人の愁、緩*怠に過ぐるはなし。また事*を早速に寄せ、淵*底を究めずば然るべからず。彼*といひ此といひ、所詮人愁なきの様、御沙汰あるべきなり。

一　可被定御沙汰式日時刻事
諸人之愁莫過緩怠、又寄事於早速、不究淵底者不可然、云彼云此、所詮無人愁之様、可有御沙汰也、

以前十七箇条、大概かくのごとし。*是円《ぜえん》*李曹《りそう》の余胤《よいん》を受くるといへども、すでに草*野の庸愚たり。忝《かたじけな》くも政*道治否の諮詢《しじゆん》を蒙り、和漢古今の*訓謨《くんぼ》を*撫《ひろ》ふ所なり。方今諸国の*干戈《かんか》いまだ止まらず。もつとも*踢蹐《きよくせき》あるべきか。古*人曰く、安きに居てなほ危ふきを思ふと。今危ふきに居てなんぞ危ふきを思はざるや。恐るべきはこの時なり。慎むべきは近き日なり。遠くは延*喜・天暦両聖の徳化を訪ひ、近くは義時・泰時父子の行状をもつて、近代の師となす。ことに万人*帰仰《ききよう》の政道を施されば、四海安全の基たるべきか。よつて言上件のごとし。

以前十七箇条大概如斯、是円雖受李曹之余胤、已為草野之庸愚、忝蒙政道治否之諮詢、所撫和漢古今之訓謨也、方今諸国干戈未止、尤可有踢蹐歟、古人曰、居安猶思危、今居危盍思危哉、可恐者斯時也、可慎者近日也、遠訪延喜天暦両聖之徳化、近以義時泰時父子之行状、為近代之師、殊被施万人帰仰之政道者、可為四海安全之基乎、仍言上如件、

二十二・二十七日の式日と「自巳剋至未剋」る剋限を定めている。ただ本文との関連でいえば、ここにいう式日・時刻は、これをもって代表された訴訟制度一般の確立・遵守を意味していると思われる。

緩怠　訴訟の遅延。

事を早速に寄せ　審理を早めることを口実として。

淵底を究む　究極の理非に立ち入って充分な審理をとげることを意味する常用語。

彼といひ…　裁判のスピードアップと審理の充実。これが超歴史的な二律背反であることはいうまでもない。

是円　俗名中原道昭。→解題。以下、本式目勘申の責任者たる彼が、自己の立場を明示したくだり。

李曹の余胤　法曹をもって官仕した家(中原氏)の子孫。「雖為桑門之質、猶携李曹之文、嘲哲之基、兼以忸怩」(是円抄、奥書)。→解題

草野の庸愚　今は民間の一凡人にすぎぬ。すでに出家していることを意識した謙辞。

政道治否の諮詢　政策についての諮問。

訓謨　教訓。

撫ふ　ひろい撰ぶ。

干戈　戦乱。

踢蹐　自重。慎重。

古人　「居安思危、思則有備、有備無患」(左伝、襄公十一年)。

延喜・天暦両聖　醍醐・村上両天皇。聖徳の天子の君臨した古きよき時代として伝説化されていた。後醍醐天皇の建武新政もまた「延喜天暦への復古」をそのス

建武三年十一月七日　　*真恵
是円

*人衆《ひとしゅう》

*前民部卿　　是円
真恵　　*玄恵法印
*太宰少弐　　*明石民部大夫
*太田七郎左衛門尉　　*布施彦三郎入道

ローガンとしたことは有名。

帰仰　順い仰ぐ。

真恵　是円の弟。「真恵　是円舎弟」(建武元年雑訴決断所交名)。

人衆　立案者の交名。日下に連署した是円・真恵の名が重複している点からみて、人衆以下は元来別個に記されていたものであろう。

前民部卿　日野藤範。儒学と文章を家道として官仕した貴族であるが、鎌倉末には関東に下り、将軍に仕えた経歴をもち、或いはその頃から足利氏との接触があったのかも知れない。建武四年歿。なお彼の子有範は、後に禅律方頭人に登用されるなど直義派の異色の人物であり、本式目制定と直義の関係を考える上で注目される。

玄恵　玄慧とも。出自不明ながら、宋学をもって世に聞こえた学僧で、鎌倉の末、後醍醐天皇への宋学の講席で、討幕の議が練られたといわれる。観応元年八十二歳で死去。

太宰少弐　未考。文筆系の下級貴族か。

明石民部大夫　行連。

太田七郎左衛門尉　未考。

布施彦三郎入道　道乗。以上三名はいずれも旧鎌倉幕府の奉行人をつとめた人物であろう。なお行連・道乗は建武元年の雑訴決断所交名にその名がみえ、行連は貞和頃まで引付奉行人として活躍する。

追加法

2 一 諸国守護人の事〈建武五・後七・廿九御沙汰、奉行 *諏訪大進房円忠〉

右、*守護を補せらるるの本意は、治国安民のためなり。人のために徳ある者これを任じ、国のために益なき者これを改むべきの処、或は勲功の賞に募《つの》り、或は*譜第《ふだい》の職と称して、寺社本所領を押妨し、所々の地頭職を管領し、*軍士に*預け置き、*家人に充て行ふの条、はなはだ然るべからず。固く*貞永式目を守り、*大犯三ケ条のほか、相綺《いろ》ふべからず。

*ここに近年、*引付《ひきつけ》等の奉書を叙用せず、*請文に及ばずして、いたづらに*旬月に渉《わた》り、多く*催促を累《かさ》ぬ。愁欝《しゅううつ》の輩勝計《しょうけい》すべからず。政道の違乱、もととしてここによる。よつて*違背の科条につきて、すべからく*改定の沙汰あるべし。

一 諸国守護人事〈建武五 後七 廿九御沙汰 奉行 諏訪大進房円忠〉

右、被補守護之本意、為治国安民也、為人有徳者任之、為国無益者可改之処、或募勲功之賞、或称譜第之職、押妨寺社本所領、管領所々地頭職、預置軍士、充行家人之条、甚不可然、固守貞永式目、大犯三ケ条之外、不可相綺、爰近年不叙用引付等之奉書、不及請文、徒渉旬月、多累催促、愁欝之輩不可勝計、政道之違乱、職而由斯、仍就違背之科条、須有改定之沙汰矣、

6 一 寺社ならびに本所領以下押領の輩の事〈暦応三・四・十五御沙汰〉

近年武家被官人、甲乙の輩、*下知御教書に違背せしめ、あまつさへ*守護使ならびに使節等に対し、合戦狼藉に及ぶの由、その聞えあり。綷《こと》常篇に超ゆ。しからば別して厳密の沙汰あるべ

2 諏訪円忠 信濃諏訪社の神官の出で、旧幕府・雑訴決断所等を経て幕府に登用され、引付奉行人として活躍。
守護を… 以下建式7条と同趣旨で、政務を掌る直義の守護観が述べられる。
譜第の職 重代の由緒地。
軍士 下文「家人」に対比して、本来的には守護と同格の武士。
預け置く →補
家人 守護の被官。
貞永式目 式目3・4条。
大犯三ケ条 元来、大番催促・謀叛・殺害および、これに准ずべき重科を指すが、この頃では、大番催促は実質的な意味を失っていた。
ここに 文章の趣旨を大きく変えるときの用語。これまで守護自身の非法について記したのに対し、以下は守護の義務としての使節遵行の緩怠について述べる。
引付等の奉書 →補
請文 引付の命令を実行した旨の報告書。
旬月 本法を各国に施行した同日付の尊氏の御判御教書によれば、近国は来月十日以前、中国は来月二十日以前、遠国は来月中に「厳密可遵行」き旨が定められている。
催促 命令が実行されなければ、訴人は重ねて引付に申告し、その催促状を得なければならない。
違背の科 いわゆる使節難渋の咎。康永三年の室町追14条は「向後於難渋使者、須被収公所帯矣」とする。
改定 守護職の改替。

し。*奉行人文書を随身せしめ、直《じき》に披露せしめば、罪名を裁判せらるべきの旨、*五方の引付に触れ仰すべし。

一　寺社幷本所領以下押領輩事〈暦応三　四　十五御沙汰〉

近年武家被官人、甲乙之輩、令違背下知御教書、剰対于守護使幷使節等、及合戦狼藉之由、有其聞、緈超常篇、然者別而可有厳密之沙汰、奉行人令随身文書、直令披露者、可被裁判罪名之旨、可触仰五方引付焉、

15 一　*故戦防戦《こせんぼうせん》の事〈貞和二・二・五　斎藤四郎兵衛入道玄秀奉行す〉

たとひ*確論の宿意ありといへども、上意を仰ぐべきの処、*雅意に任せて闘殺に及ぶの条、罪科軽からず、所詮故戦に於ては、*理運ありといへども、御免あるべからざるものなり。防戦に至つては、もし*道理あらば免許せらるべきか。無理の輩に於ては、故戦の同罪に行はるべきか。

一　故戦防戦事〈貞和二　二　五　斎藤四郎兵衛入道玄秀奉行〉

縦雖有確論之宿意、可仰上意之処、任雅意及闘殺之条、罪科不軽、所詮於故戦者、雖有理運、不可有御免者也、至防戦者、若有道理者、可被免許者哉、於無理之輩者、可被行故戦之同罪歟、

25 一　国司領家の年貢対捍地の事〈貞和二・十二・十三沙汰〉

*貞永式目につきてその沙汰あり。地頭以下の領主、裁許に応ぜざるの日、所職を改補すといへども、本所の*乃貢《のうぐ》*失墜の条、*理致《りち》に背くか。よつて自今以後、*下知違背の期に及ばば、かの職を収公し、新司を補するの時、前司の*未済五分一に相応の地を本所に分ち付くべきなり。

次に後年の年貢の事、*同時の裁断なくば、相論また休むべからざるの間、毎年*々貢の分限を勘合し、彼是とも永代を限り、下地《したじ》を本所に分ち付くるの後、一向地頭の所役を止め、相互に

6下知御教書　押領を排除して寺社等の知行を回復せしめる判決。

守護使ならびに使節　所務沙汰の判決を執行する使節は、随時近辺の二人の武士を指名する両使の制から、前代末に守護を用いる方向に変化し、後出の室町追31条では守護の基本的職権の一に定められるに至る。本条当時は両使および守護使の併用が行われていたものと考えられる。

奉行人…　該判決の担当奉行が関係文書、とくに遵行不能なる旨の使節の請文等をたずさえて直接将軍に披露すれば、将軍の親裁として押領人の罪名を決定する。

五方の引付　2条補注「引付…」参照。

15故戦防戦　闘争を仕かけた者と防衛のために戦った者に対する罪科規定。→補

確論の宿意　確執に発する怨恨。

雅意に任せて　自由勝手に。

理運…　紛争の原因については故戦者に理が認められても。

道理あらば　紛争原因についても防戦者に理が認められれば。

25貞永式目　式目5条「猶背此旨令難渋者、可被改易所職也」。

乃貢　年貢。

失墜　損失する。

理致に背く　所職の改易のみでは国司領家の損失は補塡されず、道理の処置とはいえない。

下知違背　幕府からの年貢納入命令に従わない。

未済五分一に…　たとえば百石の未進があれば、年貢二十石分の下地。

知行を全うすべし。*ただし今年以前の分に於ては、近年の擾乱に諸人窮困の間、寛宥《かんゆう》の儀をもつて、所職に至つては改補に能はず。*前後の年貢に便補《びんぽ》し、下地を本所に避り渡すべきの子細同前。もしこの法に背き、*割分の地に於て、領主等違乱を致さば、先例に任せ、かの所領を収公さるべきなり。

次に*他の罪科によつて、所領を召さるる輩の事、未進《みしん》相積もるの由、*雑掌訴訟を経るの刻《きざみ》、地頭等*不慮にして件の所領を没収せらるれば、新給人治定《じじょう》の時、下地を分ち付くべきの子細、*初段に相同じ。

次に*得替《とくたい》の地の事、たとひ替を充て賜はらずといへども、他の所領あらば、*本知行の年貢、沙汰を致すべきの条勿論、なんぞいはんやその替を充て給はらば、予儀《よぎ》に及ばず、よろしく弁償せしむべきなり。

次に一旦の領主の事、或は*裁許未定の地と称し或は*料所ならびに預かり地と号して、領主等子細を申すにより、ややもすれば*施行《しぎょう》猶予の間、年月を渉《わた》るの後、本所年貢また失墜《しっつい》すと云々。はなはだ然るべからず。向後は未進といひ、現在分といひ、*当知行の仁に懸け課《おお》すべきなり。

次に非分押領の輩の事、*その名字を載せて施行をなし難きか。領主*治定の程、まづ*専使に仰せて、限りある年貢を検納せしめ、本所雑掌に勘じ渡すべし。

次に*武家領の*仏神用ならびに領家職・預所等の年貢の事、*本所乃貢に違ふべからず。よつて子細同前。

一　国司領家年貢対捍地事〈貞和二 十二 十三沙汰〉

就貞永式目有其沙汰、地頭以下領主、不応裁許之日、雖改補所職、本所乃貢失墜之条、背理致歟、仍自今以後、及下知違背之期者、収公彼職、補新司之時、可分付前司未済五分一

同時の裁断　これまでの未納分に対する判決と同時に、将来分の処置も定めておく。なお「次」で始まる各段はほぼ独立した一カ条とみてよく、従って本段は前段の新司について述べているのではない。

年貢の…　本所と地頭の得分の比率に従って下地を分割し、それぞれの一円知行とする、いわゆる下地中分。

ただし…　この但し書によって、前段にいう所職収公、未納分五分の一相当分の本所付与規定が、来年分年貢からの適用であることがわかる。

前後の年貢に便補し　未済分と年貢高を勘案して、の意か。

割分の地　本所に去り渡した所領。

他の罪科　年貢未進以外の一般罪科。

雑掌訴訟を…　年貢未進の訴えがすでに提出されているとき。

不慮にして　予期せぬ事件によって。

初段　未進の五分の一分を分付することを定めた第一項。

得替　所領替。普通は所領喪失の意に用いられるが、ここでは字義通りの用法。

本知行　旧来知行していた所領。

裁許未定の地と称し　恒久的な領有権は未決定であり、自分はかりの領主に過ぎぬと称し。

料所　幕府の直轄領。幕府はその直轄軍を構成する武士に料所を預け置き、一定の預かり料を徴収して、一面では幕府収入を確保すると同時に、直轄軍の経済的な基礎とした(佐藤進一「室町幕府論」(岩波講座『日本歴史』中世3)。

相応之地於本所也、
次後年々貢事、無同時之裁断者、相論亦不可休之間、勘合毎年々貢分限、彼是共限永代、分付下地於本所之後、一向止地頭之所役、相互可全知行、但於今年以前分者、近年擾乱、諸人窮困之間、以寛宥之儀、至所職者、不能改補、便補前後年貢、可避渡下地於本所之子細同前焉、若背此法、於割分之地、領主等致違乱者、任先例、可被収公彼所領矣、
次依他罪科、被召所領輩事、未進相積之由、雑掌経訴訟之刻、地頭等不慮被没収件所領者、新給人治定之時、可分付下地之子細、相同初段焉、
次得替地事、縦雖不充賜替、有他所領者、本知行之年貢、可致沙汰之条勿論、何況充給其替者、不及予儀、宜令弁償也矣、
次一旦領主事、或称裁許未定之地、或号料所幷預地、領主等依申子細、動施行猶予之間、渉年月之後、本所年貢亦失墜云々。太不可然、向後云未進、云現在分、可懸課当知行之仁也焉、
次非分押領輩事、載其名字難成施行歟、領主治定之程、先仰専使、令検納有限年貢、可勘渡本所雑掌矣、
次武家領之仏神用幷領家職預所等年貢事、不可違本所乃貢、仍子細同前焉、

26-30 諸国狼藉条々 貞和二・十二・十三沙汰

26 一 *故戦防戦《こせんぼうせん》の事

たとひ確論の宿意ありといへども、上訴を経て、よろしく裁断を仰ぐべきの処、雅意に任せて闘殺に及ぶの条、その科遁れ難し。所詮故戦に於ては、*本訴の道理を懐くといへども、濫吹《らんすい》の罪責を遁るべからず。なんぞいはんや*無理の仁に於てをや。自今以後、堅くこれを停止せしむべし。もしなほ違犯せば、*本条に准じ、ことごとく所領を召し上げ、遠流《おんる》に処すべし。

施行猶予 裁定が下っても、執行命令が出せない。本法当時、施行状は引付頭人の奉書をもってなされた。
当知行の仁 権利の確定にかかわらず、現に知行する者。この場合、事書の「一旦領主」に同じ。
その名字を… 押領者を文書の充名として年貢納入の施行状を発給することはできない。当然、押領人はそれを自己の領有権の根拠に利用するであろうから。
治定の程 決定までの間は。
専使 そのことのみを目的とした使節。
武家領 武家側が本所職を有する所領。
仏神用 社寺の維持経営のために、給人に付課する用途(銭)。
本所乃貢に… 本所年貢の場合と同様の規定を適用する。

26-30

26 **故戦防戦** 前掲の室町追15条参照。
本訴の道理を懐く 闘争の原因となった訴訟に道理ありと認められても。
無理の仁 逆に本訴に理のない者。
本条 式目10条「其身被行死罪幷被処流刑、雖被没収所帯」を指すか。ただし死罪の規定はここにはない。
非領主 論所に対して、領有の正当な権限をもたぬもの。すなわち故戦の場合の「非理」と同じ。
27 **補任** 補任状。本法時点では尊氏署判の下文。
裁判の公験 判決書。本法時点では直義の下知状。
使節の遵行 守護使による現地の引き渡

次に与力人《よりきにん》の事、所領を召し上ぐべし。所帯なくば、遠流に処すべきの子細同前。防戦に至つては、*非領主たらば、故戦同罪たるべし。もし理運の仁たらば、事の躰《てい》に随ひ、その沙汰あるべし。

27 一 他人の所領に乱入し、非分の押領を致す輩の事

*補任《ぶにん》・*裁判の公験《くげん》を帯びず、*使節の遵行《じゅんぎょう》を待たず、*左右なく乱入狼藉を致すの条、造意の企てはなはだもつて無道なり。誡めざるべからず。向後は堅くこの儀を停止すべし。もし違犯の族あらば、本人といひ、与力人といひ、所領三分一を収公すべし。所帯なくば流刑に処すべきなり。たとひ*奉書を遣はさず、いまだ*喧嘩に及ばずといへども、まずその場に馳せ向ひ、かの輩を追ひ出し、*本知行を沙汰し付くるの後、子細を注進すべきの旨、守護人に仰すべし。

次に使者遵行の地の事、本領・新恩*差別すべからず。厳密にその沙汰致すべきの*旨趣同前。

28 一 *苅田《かりた》狼藉《ろうぜき》の事

*先例に任せ、検断《けんだん》の沙汰として厳制を加へ、子細を注進すべし。所犯治定せば、所領五分一を分け召さるべきなり。所帯なくば流刑に処すべし。

次に与力人の事、子細同前。

29 一 *一揆衆《いっきしゅう》と号し濫妨致す事

近年或は他人の所領を押領し、*専使に対し遵行を妨げ、或は私の宿意を散ぜんがため、党類を率ゐて合戦に及ぶと云々。造意の企て重科遁れ難し。所詮*守護ならびに使者の注進につきて、すべからく罪科に処すべし。ただし事の躰に随ひて軽重あるべし。

30 一 *山賊・海賊の事

次に*使節難渋《なんじゅう》の咎の事、所領五分一を分け召さるべきなり。

し(沙汰付)。当然この場合は、「補任・裁判公験」を帯びていても、の意。

左右なく… 「左右なく乱入」「非分の押領」とはいっても、全く無関係な所領の奪取ではない。押領人は常に該所領に対する、少なくも主観的な権利主張をもつ。従って本法の禁ずる対象は、権利の有無にかかわらず、公的手続きを無視した自力救済、もしくは手続きの完了をまたざる実力行使(中間狼藉)にある。

奉書 押領排除を命じた引付頭人の奉書。

喧嘩… 闘乱が起これば、検断権をもつ守護は当然に現地に入部して鎮圧する権利と義務をもつ。

本知行を沙汰し付く 被押領人の知行を回復させる。

差別すべからず ↓補

旨趣同前 前段「守護人に…」をうける。

28 **苅田狼藉** 追713条(一三七頁)頭注参照。

先例 文言の類似からみても右の鎌倉幕府法を指すことは確実。ただ追713条には罰則がないが、これは同法が武家年代記のみによって伝えられているためで、本法と同じ罰則が追713条の原法令にも存在した可能性もある。

29 **一揆衆** 分割相続などによって結合力の低下した同族間に結成される一族一揆(たとえば観応二年の山内首藤氏の一揆)、地縁的な小武士間に結成される異姓一揆(たとえば正平二一年大友・戸次ら九州の南軍の一揆)があり、白旗一揆・桔梗一揆などと、紋章や旗じるしを名称にして活躍した。

*出入の在所を糺明し、領主同意の儀あらば、その所に於ては、永く地頭職を改補せしむべし。
*本所寺社領に至っては、*静謐《せいひつ》の程、地頭を補さるべきや否や、*奏聞を経べし。

諸国狼藉条々　貞和二 十二 十三沙汰

一　故戦防戦事

縦雖有確論之宿意、経上訴、宜仰裁断之処、任雅意及闘殺之条、難遁其科、所詮於故戦者、雖懐本訴之道理、不可遁濫吹之罪責、何況於無理之仁哉、自今以後、堅可令停止之、若尚違犯者、准本条悉召上所領、可処遠流焉、

次与力人事、可召上所領、無所帯者、可処遠流之子細同前、至防戦者、為非領主者、可為故戦同罪、若為理運之仁者、随事躰可有其沙汰矣、

一　乱入他人所領、致非分押領輩事

不帯補任裁判公験、不待使節之遵行、無左右致乱入狼藉之条、造意之企太以無道也、不可不誡、向後堅可停止此儀、若有違犯之族者、云本人云与力人、可収公所領三分一、無所帯者可処流刑也、縦雖不遣奉書、未及喧嘩、先馳向其場、追出彼輩、沙汰付本知行後、可注進子細之旨、可仰守護人焉、

次使者遵行地事、本領新恩不可差別、厳密可致其沙汰之旨趣同前矣、

一　苅田狼藉事

任先例、為検断之沙汰、加厳制、可注進子細、所犯治定者、可被分召所領五分一也、無所帯者可処流刑焉、次与力人事、子細同前矣、

一　号一揆衆致濫妨事

近年或押領他人之所領、対専使妨遵行、或為散私宿意、率党類及合戦云々、造意之企難遁重科、所詮就守護并使者注進、須処罪科、但随事躰可有軽重焉、

次使節難渋咎事、可被分召所領五分一也矣、

専使　室町追25条(一五七頁)頭注参照。

守護ならびに…　本条の規定のうち少なくも所領の押領は元来所務沙汰に属する。本条は一揆という集団行動に限定して、これを検断の対象とした点が注目される。

使節難渋の咎　守護等が使節としての義務を速やかに履行しない罪科。室町追2条(一五五頁)頭注「違背の科」参照。室町追55条では「於守護人者、改補其職、至御家人者、可被分召所領三分一矣」と、本条より罰則が強化されている。なお使節難渋の項目がここに付加されているのは、やや法文上の必然性に欠け、「次に」以下を欠く写本もあるが、他からの竄入とみるべき根拠もない。

30 **山賊・海賊**　貞和二年と推定される室町追19条に「尋究出入之在所、若領主有同心之儀者、令改替地頭職、可被入守護使歟」。なお盗賊と領主の連坐制については式目32条参照。

出入の在所　本拠地。

本所寺社領　この場合は地頭職の設置されていない寺社本所一円領。

静謐の程　秩序が回復されるまでの間。

奏聞を経べし　朝廷を通じて庄園領主との政治的折衝をとげるという一般原則を述べたに過ぎないが、これを法文に載せることによる威嚇力は明白。

31-42 同じく　前掲26条以下をうけて「諸国」の略。下文「同日」も貞和二年十二月十三日を指す。なお本条は26条以下の権限付与に伴なって、同時に守護に対する規制を強化したもの。

一　山賊海賊事
紛明出入之在所、有領主同意之儀者、於其所者、永可令改補地頭職、至本所寺社領者、静謐之程可被補地頭哉否、可経奏聞焉、

31–42 *同じく守護人非法条々　同日

31 一 *大犯三箇条（付けたり。*苅田狼藉・*使節遵行）のほか、*所務以下に相綺《いろ》ひ、地頭御家人の煩ひを成す事。

32 一 *公役《くやく》対捍《たいかん》と号し、*凶徒与同《よどう》と称して、左右なく同所領を管領せしめ、恥辱を与へ牢籠《ろうろう》に及ぶ事。

33 一 *論人・当知行人の*語らひを得、下地の遵行を難渋する事。

34 一 或は*訴論人の所領を分ち取り、或は*国中の闕所を押領し、*表裏の沙汰を構ふる事。

35 一 縁者の契約を成し、*無理の方人《かたうど》を致す事。

36 一 *請所と号し、*名字を他人に仮り、本所寺社領を知行せしむる事。

37 一 国司領家の年貢の*譴納と称し、*仏神用の催促と号して、使者を所々に放ち入れ、民屋を*追捕《ついぶ》する事。

38 一 兵粮*幷びに借用と号し、土民の財産を責め取る事。

39 一 *他人の借書を誘《こしら》へ取り、負人を呵責《かしやく》せしむる事。

40 一 *自身の所課をもつて、一国の地頭御家人に分配せしむる事。

41 一 *従人等の狼藉により、*市店《してん》*陵遅《りようち》の事。

42 一 新関を構へ、*津料《つりよう》と号して、山手・河手を取り、旅人の煩ひを成す事。

以前条々、非法*張行《ちようぎよう》の由、近年あまねく風聞す。*一事たりといへども違犯の儀あらば、たち

---

31 **大犯三箇条**　式目3・室町追2条参照。
苅田狼藉　室町追28条参照。
使節遵行　室町追27条頭注参照。
所務以下　所務は所領の経営・収益等を示す語で、「以下」を加えることによって大犯三ヵ条以外の行為を総称させたものであろう。
32 **公役**　→補
凶徒与同　南朝の一味。
32 論人・当知行人　中世の訴訟では原告（訴人）は被押領者（不知行人）であり、被告（論人）は押領者（当知行人）である場合が圧倒的に多いから、論人＝当知行人とみてよい。
語らひ　贈賄など守護への抱き込み工作。
訴論人の…　→補
国中の闕所を…　→補
表裏の沙汰　幕府に対する虚偽の注進等。
35 **無理の方人**　訴論人のうち理のない側に加担すること。
36 **請所**　いわゆる守護請。一定額の年貢を領主に渡すことを約束する代わりに、庄園の支配を行う。契約年貢を対捍して事実上の押領に転化する場合が多かった。
名字を他人に仮り　守護自身が表面に出ず、家臣などの名義で。これが請所の場合を指すのか、或いはより一般的な場合をいうのか不明。
37 **譴納**　取り立ての譴責。
仏神用　たとえば伊勢神宮の役夫工米のごとき、寺社の造営・御祈用途など。
追捕　検封・壊ち取りなどの差し押え。
38 **幷**　「米」に作る写本もある。すなわ

まち守護職を改易すべし。もし*正員《しよういん》存知せず、代官の*結構たるの条、蹤跡《しようせき》分明ならば、則ち*かの所領を召し上ぐべし。所帯なくば、遠流の刑に処すべし。

同守護人非法条々 同日

一 大犯三箇条〈付、苅田狼藉、使節遵行〉外、相綺所務以下、成地頭御家人煩事
一 号公役対捍、称凶徒与同、無左右令管領同所領、与恥辱及牢籠事
一 得論人当知行人語、下地遵行難渋事
一 或分取訴論人所領、或押領国中闕所、構表裏沙汰事
一 成縁者之契約、致無理方人事
一 号請所、仮名字於他人、令知行本所寺社領事
一 称国司領家年貢譴納、号仏神用催促、放入使者於所々、追捕民屋事
一 号兵粮幷借用、責取土民財産事
一 誘取他人借書、令呵責負人事
一 以自身所課、令分配一国之地頭御家人事
一 依従人等狼藉、市店陵遅事
一 構新関、号津料、取山手河手、成旅人煩事
以前条々、非法張行之由、近年普風聞、雖為一事、有違犯之儀者、忽可改易守護職、若正員不存知、為代官結構之条、蹤跡分明者、則可召上彼所領、無所帯者、可処遠流之刑矣、

66-77 *大小禅刹《ぜんさつ》規式《しき》条々

66 一 *諸山住持の事

寺院の興廃は、よろしく住持によるべし。*儀を寺家に訪《とぶら》はずば、容易に人を*請定《しようじよう》すべからず。住持その闕あらば、*叢林《そうりん》の法に任せ、*本寺大衆中に於て、公論をもつてこれを議定し、*三名を

ち「兵粮米の借用」となるが、いずれとも決し難い。

39 **他人の…** 他人の債権を利用し、守護の権威により債務者から強引な取立てを行うこと。鎌倉以来九州の守護は雑務沙汰の裁判権を有していたが、南北朝になると債権の回収を守護に訴える場合がふえ、これらの機会を捉えた非法であろう。

40 **自身の…** →補

41 **従人** 守護の家人。

市店 市場の店鋪。三八〇頁「安芸沼田庄市場禁制」参照。

陵遅 次第に衰退すること。

42 **津料** 関銭。河手とともに追485条(一〇六頁)頭注参照。山手も関銭の一種。

張行 露骨に強行すること。

一事たりといへども… ここにみられる強硬な守護規制法は、軍事指揮権によって守護を掌握する師直方に対する直義派の牽制策の一つともみられる。

正員 守護本人。

結構 仕わざ。

かの所領 守護代の私領。

66-77 **大小禅刹規式** →補

66 **諸山** ここでは五山・十刹・諸山の諸山ではなく、ランクにかかわりなく、諸禅寺の意。

儀を… 住持選定の議について寺中の衆僧の討議にかけなければ。

請定 招き定める。

叢林の法 禅寺内部の慣習法。すでに鎌倉幕府も、中国禅林の慣例に倣って、住持を各派から広く公選する十方住持制度

択び注進せられば、*官家に於て*拈鬮差定《ねんきゆうさじよう》せらるべし。

次に小刹の事、*寡衆《かしゆう》の定めにより、公論に及ぶべからざるか。よつて*諸方の公儀を訪ひ、三名を択ばるべし。*子細同前。

67 一 三名択用の事

国の遠近を論ぜず、その器用の仁を登庸せらるべし。且は*官方の施行につきて、*寺家の専使を遣はすべし。ただし*常住《じようじゆう》*淡薄《たんぱく》ならば、*その門下の人に*詫し、御教書を達せらるべし。

68 一 建長・円覚両寺住持の事

大刹の*最頂等たるの間、古今その任を重んぜられ、*その人を闕か□、*一人兼住の例あり。*取《しゆ》次《じ》の昇進に依るべからず。*前住在世の間は、重ねて勧請せらるべし。

69 一 同寺等*前板《ぜんばん》の事

その器にあらずば、衆心服すべからず。この職に人を欠かば、毎度*名徳《めいとく》を*諸山の西堂《せいどう》に請ぜらるべし。もし*異儀に及ばば、官方の沙汰として、請ぜらるべし。はたまた*出世の人は、一衆の公儀をもつて、人才を択ばるべし。

70 一 西堂同寺等に*参暇《さんか》の事

*十刹の西堂は、*出斑子細に及ばず、諸山*徒弟院《つちえん》の西堂に於ては、両寺の前板を経ずば、西堂たりといへども、*本の職位に帰るべし。

71 一 諸山住院年記の事

*新命の入院《じゆえん》、毎度寺家の煩ひたるの間、*年記を定めらるるの処、ややもすれば*官家の法に拘はらず、常住の費《ついえ》を顧みず、年記未満の中、濫《みだ》りに退院《ついえん》の条、はなはだ然るべからず。向後違犯の儀あらば、たとひ*三名の内に入るといへども、拈鬮の沙汰に及ぶべからず。

を、鎌倉五山に適用していた(玉村竹二「五山叢林の十方住持制度に就て」(『日本仏教史学』))。

本寺 一宗一派の本山。

三名 住持の候補者たる三名。

官家 本法の場合では鎌倉の関東府。

拈鬮差定 くじ引きによって決定する。

寡衆の… 多数決法によって公論を決することは適当でない。

諸方の公儀 本山の意向を指すか。

子細同前 官家において拈鬮差定することは前項に同じ。

67 **官方の施行** 三名の候補に選ばれたことを伝える関東府の御教書。

寺家の専使 御教書を伝達する寺の使者。

常住 寺財。

淡薄ならば 遠国に専使を派するだけの費用がなければ、の意か。

その門下の人 住持候補者たる人の門弟。

詫し 「詫」は「托」の誤り。依頼して。

68 **最頂等** 暦応四年の「五山次第」によって、建長寺は南禅寺とともに五山の第一、円覚寺は天竜寺とともにその第二に、位置した。

その人を闕か□ 適任者が求められなければ。欠字は「者」であろう。

一人兼住 両寺の住持を兼任する。

取次の昇進 低いランクの寺の住持から高いランクの住持へと進む機械的な昇進。

前住在世… 前の住持が生存中であれば再度住持たるべき旨を要請する。なお住持再住制などを含めて住持制度については、今枝愛真『中世禅宗史の研究』第二

72 一　僧衆行儀の事

*先事書に委細を載せらるるの処、かつてもつて叙用せず。*寺外昼夜の経廻《けいかい》、今に断たず。*寺中利銭の計略、日を逐つて倍増の由、巷説に堕す。仏法衰微の基、誡めざるべからず。住持・*評定衆相共に点検を加へ、違乱の輩あらば、不日出院せらるべし。もしまた寺家の沙汰難儀たらば、罪科に処せんがため、官方に相触れらるべし。

73 一　*職人等の事

近年或は*官挙と号し、或は*強縁《ごうえん》と称して、みだりに非器の人をもつてその職に補す。しかのみならず、一年の中、数人交代に及ぶの由、あまねくその聞えあり。はなはだ然るべからず。大小の職の事、*先事書を守り、公儀をもつてこれを撰び補し、固く*二節を遂げらるべし。節未満の仁に於ては、名字を*床歴《じょうれき》に載すべからず。

次に*暖寮《のんりょう》の事、*度々その法を出さるるの処、なほもつて*事を他に寄せ、*経営を致すの由その聞えあり。固くこれを停止せらるべし。もしなほ違犯せしめば、*子細同前。

74 一　*塔頭《たっちゅう》の事

所望の人、*御教書を帯ぶるといへども、敷地に於ては、寺家の評定衆ならびに官家の奉行人相共に、その地形を見知し、*山門のため風水相違なくば、寺家の注進につきて、その沙汰あるべし。

75 一　徒弟院住持の事

師門中器用を択ばず、*臈次《らっし》に任せて定むるの由その聞えあり。向後に於ては、門徒の吹挙《すいきょ》たりといへども、毎度諸方の公儀を相尋ねらるべし。その器にあらずば許容すべからず。*もし師門中その人なくば、広く祖翁の門庭に於て、その才を択び倩請《せんじょう》せらるべし。

章第四節に詳しい。
69 **前板**　前堂の首座。衆僧の頭首。
名徳　高徳の僧。
諸山の西堂　諸山十刹の住持を西堂とよび、これに対し五山の住持を東堂と称す。
異儀に…　招請を拒絶すれば。
出世の人　首座より住持となる者。
70 **参暇**　本来は暇を請うて外出し十五日以内に帰寺する意であるが、ここでは自己の寺を離れて(建長・円覚両寺に)寺住する意。「寺住ヲハ参暇ト云」(塵添壒囊抄)。
十刹　暦応四年の「十刹次第」では、浄妙寺を筆頭に、以下禅興・聖福・万寿・東勝・万寿(鎌倉)・長楽・真如・安国・万寿(豊後)の各寺の順。
出斑　斑は「班」の誤。東西両班の上位の座次を許されること。
徒弟院　「新しい十方住持制度に対して、公家社会などを背景とする顕密諸宗の間には、各寺は一定の門派に代々相続させるという旧来の伝統的な思想が根強く残っていた。このような寺院を門徒寺、または徒弟院という」(今枝愛真、前掲書三六九頁)。
本の職位　元来その僧が建長・円覚両寺において占めていた座位。
71 **新命の入院**　新住持の着任に当たっては、他山からの来賓列席のもとに、定められた入寺式を行うことが必要であり、多くの費用を要した。貞治七年の室町追91～95条に「入院之時礼儀物」等の規定がある。

76 一　寺中の刀杖狼藉の事

近来寺中に於て、僧衆相互に刃傷の由、連々その聞えあり。はなはだ然るべからず。所詮疵つけらるる人に於ては、是非を問はず出院せらるべし。犯人に至つては、厳密これを尋ね究め、出院せしむべきの上、*諸方の共住を許さるべからず。もし糺明緩怠せば、露顕の期に至つて、*当寺ならびに諸庵の訴訟等、その沙汰に及ぶべからず。

77 一　諸寺の*安衆・*寺務の事

安衆、大刹はややもすれば過増に及び、小刹はかへつて減少を致す。*或は修造と号して安衆せず、或は安衆と称して修造せず。ともにもつて過ぎたると及ばざるとなり。大刹に於ては、固く*先の事書の僧員を守らるべし。小刹に至つては、*寺領現納の土貢の多少に随ひ、修造・安衆相兼ね、寺家興隆の沙汰を致さるべし。

次に*寺用の事、*遷替《せんたい》の住持、*寺家の巨細《こさい》を知らされざるによつて、*知事或は常住を侵用し、*庄主或は年貢を対捍す。よつて送年《そうねん》寺家闕乏の間、僧衆いよいよ止住し難きの由その聞えあり。向後に於ては、知事、官家の奉行人に対し、*結解《けつげ》を遂げらるべし。これ則ち寺用を全うし、僧衆を安んぜんがためなり。

右、大小禅院、暦応以来、規式を定め置かるるの処、法則なほもつて陵遅《りょうち》の条、はなはだ然るべからず。向後に於ては、堅く度々の制法等を守り、違犯の儀あるべからざるの状、件のごとし。

文和三年九月廿二日　　*左馬頭源朝臣（花押）

大小禅刹規式条々

年記を定め…　応安元年の室町追98条「五山十刹已下住院年紀事」によれば、「如康永法者、限三箇年之処、近年僅四五ヶ月中退院」とあり、本法頃の年紀は三年であった。
官家の法　幕府法。
三名の…　冒頭の住持任用規定による候補者に挙げられていても。
72 **先事書**　暦応五年三月、直義が下した規式(円覚寺文書)に、「僧衆行儀事、近年諸寺之法則陵遅之上、或号縁者之在所、構居宅於寺外、致昼夜之経廻、或於寺中企利銭借上之計略由有其聞、仏法衰微之基、不可不誡…」を指す。
寺外昼夜の経廻　昼夜をかまわず自由に外出すること。
寺中利銭の計略　寺財を利用して高利貸を営むこと。当時、祠堂銭とよばれた。
評定衆　派内の住持などによって構成される一種の長老会議のメンバー。
73 **職人**　東西両班のメンバーたる役僧。すなわち東班の都寺・監寺・副寺・維那・典座・直歳、西班の首座・書記・知蔵・知客・知浴・知殿。
官挙　朝廷・幕府などからの推挙。
強縁　権力者との縁怙者。
先事書　暦応三年十一月、直義の下した規式(円覚寺文書)に「職人事、以公儀可令撰補之、一廻未満之仁、不可載名字於床歴、将又暖寮已下経営、堅可令停止之…」。
二節を遂ぐ　半年の任期を全うする。節は一季。

一　諸山住持事
寺院興廃、宜依住持、不訪儀於寺家者、容易不可請定人、住持有其闕者、任叢林法、於本寺大衆中、以公論議定之、択三名被注進者、於官家可被拈鬮差定焉、
次小刹事、依寡衆定、不可及公論歟、仍訪諸方公儀、可被択三名、子細同前、

一　三名択用事
不論国遠近、可被登庸其器用之仁、且就官方施行、寺家可遣専使、但常住淡薄者、詫其門下人、可被達御教書矣、

一　建長円覚両寺住持事
為大刹最頂等之間、古今被重其任、闕其人□有一人兼住例、不可依取次昇進、前住在世之間、重可被勧請矣、

一　同寺等前板事
非其器者、衆心不可服、玆職欠人者、毎度可被請名徳諸山西堂、若及異儀者、為官方沙汰、可被請之、将亦出世人者、以一衆公儀、可被択人才矣、

一　西堂参暇同寺等事
十刹西堂者、出班不及子細、於諸山徒弟院西堂者、不経両寺前板者、雖為西堂、可帰本職位矣、

一　諸山住院年記事
新命入院、毎度為寺家煩之間、被定年記之処、動不拘官家法、不顧常住費、年記未満中、濫退院之条、甚不可然、向後有違犯之儀者、縦雖入三名内、不可及拈鬮沙汰矣、

一　僧衆行儀事
先事書委細被載之処、曾以不叙用、寺外昼夜之経廻、于今不断、寺中利銭之計略、逐日倍増之由、堕巷説、仏法衰微之基、不可不誡、住持評定衆相共加点検、有違乱輩者、不日可

床歴　僧としての経歴を記した帳。すなわち半年未満で辞任した職は、経歴として認めない、の意。

暖寮　新しく入院した僧が、在住の者に茶菓等を饗応すること。

度々その法を…　前注所引暦応三年の規式参照。なお貞治七年二月の室町追95条では、招待をうけた僧に対しても厳科が課されている。

事を…　他の名目で。

経営　この場合、念をこらし費用をかけた饗応の意。

子細同前　法文の脈絡上では、前項「床歴…」にかかるが、法意および関係条文を参照すれば前条「不日出院…」をうけるとみるべきであろう。

74 **塔頭**　山内に建立される子院。元来、派の開祖などの塔所(墓)に付属する建物であるが、次第に独立寺院としての性格を強め、室町中期には本寺はむしろ空洞化する。

御教書　前掲、暦応三年の規式に「所望出来者、帯関東注進、可令参訴京都、不帯御教書者、兼不可及土木之沙汰」とあるよりみれば、塔頭建立の許可権は一元的に京都の幕府にあったと思われる。

山門のため…　一山の風致をそこなうことがなければ。

75 **臈次**　式目40条頭注参照。

もし師門中…　もし師の門下に器用の人材を見出せなければ、広く一派の僧の中から人材を選んで任用すべし。

76 **諸方の共住**　他寺に寄宿すること。

被出院、若又寺家沙汰為難儀者、為処罪科、可被相触官方矣、

一　職人等事

近年或号官挙、或称強縁、猥以非器人補其職、加之、一年中及数人交代之由、普有其聞、甚不可然、大小職事守先事書、以公儀撰補之、固可被遂二節、於節未満之仁者、不可載名字於床歴矣、

次暖寮事、度々被出其法之処、尚以寄事於他、致経営之由有其聞、固可被停止之、若尚令違犯者、子細同前、

一　塔頭事

所望人雖帯御教書、於敷地者、寺家評定衆幷官家奉行人相共、見知其地形、為山門風水無相違者、就寺家注進、可有其沙汰矣、

一　徒弟院住持事

師門中不択器用、任臈次定之由有其聞、於向後者、雖為門徒吹挙、毎度可被相尋諸方公儀、非其器者、不可許容、若師門中無其人者、広於祖翁門庭、択其才可被倩請矣、

一　寺中刀杖狼藉事

近来於寺中、僧衆相互刃傷之由、連々有其聞、甚不可然、所詮於被疵人者、不問是非、可被出院、至犯人者、厳密尋究之、可令出院上、不可被許諸方共住、若糺明緩怠者、至于露顕之期、当寺幷諸庵訴訟等、不可及其沙汰矣、

一　諸寺安衆寺務事

安衆、大刹者動及過増、小刹却致減少、或号修造不安衆、或称安衆不修造、共以過与不及也、於大刹者、固可被守先事書僧員、至小刹者、随寺領現納土貢多少、修造安衆相兼之、可被致寺家興隆沙汰矣、

次寺用事、遷替之住持、依不被知寺家巨細、知事或侵用常住、庄主或対捍年貢、仍送年寺家

当寺ならびに…　犯人の所属した本寺、および山内塔頭の訴訟を関東府は受理しない。

77 **安衆**　掛搭（かた）を許して山内に留まらすこと。交衆。

寺務　下文「寺用」に対応する語。

或は修造と号して…　修造費用を弁ずるためと称して安衆を認めず、或いは安衆を認めるためと称して修造を果たさない。

先の事書　前掲、暦応三年の規式に「僧衆事、不顧本願之素意、不量寺領之多少、連々加増之条無其謂、於当寺者、可為三百人也」。

寺領現納の土貢　寺領より現実に収納しつつある年貢高。

寺用　寺院経済。

遷替の住持　短期間の任期で交替していく住持。

寺家の巨細　寺の詳しい内情。

知事　東班に属する六人の役僧。東班は寺の俗的部門を主に管轄し、中でも副寺（ふうす）は常住の出納監督を掌る。

庄主　寺領庄園経営のために派遣された寺僧。一般庄園の預所的存在。

結解を遂ぐ　決算の報告書を出し審査をうける。

左馬頭源朝臣　関東公方足利基氏。兄義詮に代わって貞和五年以来在職した。

闕乏之間、僧衆弥難止住之由有其聞、於向後者、知事対官家奉行人、可被遂結解、是則為全寺用安僧衆也矣、

右、大小禅院、暦応以来、被定置規式之処、法則尚以陵遅之条、甚不可然、於向後者、堅守度々制法等、不可有違犯儀之状如件、

97 一　寺社本所領の事〈応安元・六・十七　布施弾正大夫入道昌椿これを奉行す〉

禁裏仙洞《せんとう》の御料所・*寺社一円の仏神領・*殿下渡領《わたりりょう》等、他に異なるの間、かつて*半済《はんぜい》の儀あるべからず。固く武士の妨げを停止すべし。そのほか諸国の*本所領は、しばらく半分を相分ち、*下地《したじ》を雑掌に沙汰し付け、向後の知行を全うせしむべし。この上もし*半分の預かり人、或は雑掌方に違乱し、或は*過分の掠領を致さば、一円本所に付けられ、濫妨人に至つては、罪科に処すべきなり。はたまた本家寺社領の号ありといへども、*領家人給《にんきゅう》の地に於ては、よろしく*本所領に准ずべきか。早くこの旨を守り、一円の地といひ、半済の地といひ、厳密に雑掌に打ち渡すべし。

次に*先公の御時より、本所一円知行の地の事、今さら半済の法と称して、改動すべからず。もし違犯せしめば、その咎あるべし。

次に本所領をもつて、*誤りて御下文を成さるる地の事、*替を充て行はるるの程、まず本所と給人と、おのおの半分知行たるべし。*守護人の綺《いろい》あるべからず。

次に*月卿雲客知行の地頭職の事、*武恩として補任せらるるの上は、本所領に混じ難し。半済の儀を停止すべし。

一　寺社本所領事〈応安元　六　十七　布施弾正大夫入道昌椿奉行之〉

禁裏　仙洞御料所、寺社一円仏神領、殿下渡領等、異于他之間、曾不可有半済之儀、固可

97寺社一円の仏神領　後出「領家人給の地」と区別された寺社一円知行地。
殿下渡領　藤原氏の氏長者職と一体不可分に伝領される特定の庄園。
半済　→補
本所領　一般の俗領。
下地を…　すでに武士に押領されている庄園は半分を領主に返付することを命じたもので、本法が一円領等の除外と併せて、一面で寺社本所領の保護法であると評価される理由。
半分の預かり人　半済分を預け置かれた武士。
過分の掠領　半分以上を押領する。
領家人給　俗人が領家職を知行する所領。
本所領に…　半済令を適用する。
先公の御時…　前年歿した将軍義詮の治世から一円知行を確保してきた本所領。
誤りて…　敵方もしくは犯罪人跡などと誤認して、新恩の下文を与えた地。
替を…　新恩の下文を得た武士に替地を与えるまでの間。
守護人の綺　国内闕所の処分権を増大し（室町追25条参照）、かつ遵行権をもつ守護は、給人と本所間に紛争が起これば、当然その裁定者として関与してくる可能性が大きい。
月卿雲客　式目25条頭注参照。
武恩　幕府の恩給。

停止武士之妨、其外諸国本所領、暫相分半分、沙汰付下地於雑掌、可令全向後知行、此上若半分之預人、或違乱雑掌方、或致過分掠領者、一円被付本所、至濫妨人者、可処罪科也、将又雖有本家寺社領之号、於領家人給之地者、宜准本所領歟、早守此旨、云一円之地、云半済之地、厳密可打渡于雑掌矣、

次自先公御時、本所一円知行地事、今更称半済之法、不可改動、若令違犯者、可有其咎焉、

次以本所領、誤被成御下文地事、被充行替之程、先本所与給人、各半分可為知行、不可有守護人之綺矣、

次月卿雲客知行地頭職事、為武恩被補任之上者、難混本所領、可停止半済之儀焉、

146-150 洛中辺土《へんど》に散在の*土倉《どそう》ならびに酒屋役条々

146 一 諸寺・諸社の神人ならびに諸権門の扶持奉公人躰の事

ことごとく*勘落《かんらく》せらるるの上は、*平均の沙汰を致すべし。

147 一 事を左右に寄せ、*異儀に及ぶ所々の事

法に任せ、*衆中としてその沙汰を致すべし。もしなほ難渋の在所に於ては、*注進につきて糺明の沙汰あり、*且は公物に立用し、且は寺社の修理に付せらるべし。

148 一 *政所方年中行事の要脚の内、六千貫文*支配の事

毎月*月別の沙汰たるの上は、たとひ*御急用ありといへども、寺社ならびに公方の臨時課役等は、永く免除せらるべし。

149 一 *閏月《じゅんげつ》役の事

すでに*員数を定めらるるの上は、かつて加増の儀あるべからず。

150 一 *造酒正《みきのしょう》申す酒*麴《こうじ》役の事

146-150 土倉ならびに酒屋役 →補

146 **勘落** 権利の否定。すなわち山門をはじめとする諸権門の隷属下にあることを理由に、特定の酒屋土倉がもっていた特権(幕府からの課税拒否など)を否定する。

平均の沙汰 一般酒屋土倉と同等の課税。すなわち本条によって、幕府はその収益源を拡大すると同時に、山門等に代わって彼らへの支配権を手中にしたといわれる。

147 **異儀に及ぶ所々** 後出「難渋の在所」と同義。課役を納付しない酒屋土倉。

衆中 納銭方一衆の略。幕府は、酒屋土倉の中の有力者をメンバーとする納銭方一衆に、課役の収納およびその付随する業務を委嘱する方法を用いた(桑山浩然「室町幕府経済機構の一考察」(『史学雑誌』七三編九号))。

注進に… 衆中からの報告をまって幕府みずからが処断する。

且は… 一部は幕府の収入とし、一部は寺社修理料に充当する。課役拒否によって没収された酒屋土倉の財産、もしくは罰金の処分法を指す。

148 **政所方年中行事の要脚** 政所がその財政を管轄する将軍家の年中行事の費用。

支配 割り充て。

月別の沙汰 月々の恒常的な徴収。

御急用 臨時支出。

149 **閏月役** 課役が月別の定額を建前とするために、閏月のある年はそれだけ増税となることになる。

員数 六千貫の年額。

往古より*限りある所課なり。*この沙汰によるべからず。

右この条々、さらに違依《いい》の儀あるべからず。存知せしむべきの状、仰せによって下知件のごとし。

明徳四年十一月廿六日　　左衛門佐源朝臣〈在判　*義将〉

洛中辺土散在土倉幷酒屋役条々

一　諸寺諸社神人幷諸権門扶持奉公人躰事
悉被勘落之上者、可致平均沙汰焉、

一　寄事於左右、及異儀所々事
任法、為衆中可致其沙汰、若尚於難渋之在所者、就注進有糺明沙汰、且立用公物、且可被付寺社修理矣、

一　政所方年中行事要脚内、六千貫文支配事
為毎月々別沙汰之上者、縦雖有御急用、寺社幷公方臨時課役等、永可被免除之焉、

一　閏月役事
既被定員数之上者、曾不可有加増之儀矣、

一　造酒正申酒麹役事
自往古有限所課也、不可依此沙汰焉、

右此条々、更不可有違依之儀、可令存知之状、依仰下知如件、

右筆治部越前守宗秀奉行

168-178 *御成敗条々〈応永廿九・七・廿六　*公人奉行《くにんぶぎよう》松田丹後入道浄胄満秀〉

168 一　*役夫工米《やくぶたくまい》以下の段銭*京済《きようせい》の事

---

150 **造酒正**　朝用に供する酒・酢などを醸造する役所造酒司の長官。

酒麹役　造酒司より洛中の酒屋に対する課税は、すでに仁治元年に酒屋一宇別一升の例があるが、恒常的なものとなったのは貞治元年頃であり、幕府の公認下に行われていたと考えられている（脇田晴子『日本中世商業史の研究』）。

限りある　厳重の。

この沙汰…　本条々の適用外で、従来通りの課税権を認める。

義将　管領斯波義将。

168-178 御成敗条々　所務や手続きに関する法規が乏しいこの時期にあって、比較的まとまった法令として義持執政期の本条々を掲出する。

公人奉行　その職掌は明確ではないが、「奉行人の進止をつかさどる職掌」「諸奉行には公人奉行を上首とす」とする武家名目抄の説はおおよそ妥当か。

168 **役夫工米以下の段銭**　伊勢神宮の改築費などの国家的用途に充てるために、全国一律に一段別何升と徴収される課税。南北朝末よりその賦課権・免除権が幕府に掌握されていく。

京済　京都において納入すること。通常段銭は国別に守護の責任において徴収されたが、守護の入部譴責を忌避するために、奉公衆などに京済が特権的に認められた（百瀬今朝雄「段銭考」（『日本社会経済史研究』中世編））。

日限を差して　何月何日という期日を明示して。

*日限を差して請文を捧げながら、その沙汰を致さざる在所に於ては、闕所せらるべし。

169 一 寺社本所領の訴訟の事

*文書の年紀によるべからず。ただし*公験《くげん》を帯びざるに於ては、御沙汰の限りにあらず。

170 一 諸国の寺庵、*御祈願寺の御判を望み申す事

且は門徒・*尊宿の吹挙を帯び、且はその所の領主の注進をもつて、申し給ふべし。しかるがごときの類にあらずば、一切停止せらるべし。

171 一 同じく寺庵安堵の事

或は甲乙人等の寄進と称し、或は*買得券契《けんけい》の由緒と号して、*御判を望み申すといへども、御許容あるべからず。ただし*地頭御家人等、御下文以下の証文を副へ渡すに於ては、子細に及ばず。

172 一 不知行所領の文書をもつて、権門に寄附する事

*先条法制たりといへども、近来かくのごときの輩まこれあり。本法に任せて停止せらるべし。

173 一 諸人訴訟の事

権門たりといへども、或は*年紀馳せ過ぎ、或は公験を帯びざるに於ては、御裁許あるべからず。

174 一 *論人催促の日限の事

訴人の解状《げじょう》につきて、*当知行の仁に相触るるといへども、*廿一ヶ日を経て出対《しゅったい》せずば、*違背の篇をもつて御成敗あるべし。

175 一 替地を充て給はるの事

169 **文書の年紀** →補

公験 私的な売券・寄進状などを除外し、院宣や幕府公文書に限定された証文。

170 **御祈願寺の御判** 将軍家の祈願寺たることを認可する御判の御教書。

尊宿 高僧。

171 **買得券契** 売券。

御判 寄進安堵状・買得安堵状。寄進状もしくは売券を副えた申状によってその下付を請求する。

地頭御家人等… （甲乙人ではなく）地頭御家人が下文等の根本券契を副えて寄進・売却した場合は安堵状を下付する。

172 **先条法制** 式目47条。ただし同条は「以不知行所領文書、寄附他人事」の主文と「以名主職不相触本所、寄進権門事」なる付則から成り立っており、本条は両者の傍点部分を併せた法文をなす。

173 **年紀馳せ過ぎ** 文書年紀(室町追169条)を超過した文書。石井良助氏は、その発行より二十年以上を経過した文書と推定している(『中世武家不動産訴訟法の研究』六〇二頁)。

174 **論人催促の日限** 被告が召文に応じて出頭すべき期日。

当知行の仁 すなわち論人。

廿一ケ日 式目35条以来の三ヶ度召文の制はこの頃も存続しており、廿一ヶ日は三度目の召文発行後の期限であろう。なお武政軌範所収の召文の雛形には、初度は七日、二度目は十四日、三度目は廿一・廿二・廿四日の日限が例示されている。

違背の… 召文違背の科によって訴人申

闕所《けっしょ》をもつて申賜はるは*定法なり。ここに年紀馳せ過ぐる文書をもつて、*由緒と称して、かの替を望み申すの族これ多し。自今以後、固く停止せらるべし。

次に替地を給はるといへども、*不知行によつて、立ち帰りて以前の在所を望み申すの条、自由の至りなり。固く禁制せらるべし。

176 一 不知行所領の事

たとひ*大間《おおま》の安堵を帯ぶるといへども、*未施行に於ては、*年紀を相続すべからざるなり。*紛失安堵、*子細同前。

177 一 諸人安堵の事

*当知行につきて安堵の御判を下さるるは、普通の儀なり。御施行を望み申すの条、*次《ついで》をもつて私曲を構ふるか。慥《たし》かに停止せらるべきなり。

178 一 紛失安堵の事

*文書の案文を帯ぶるといへども、年紀馳せ過ぐるに於ては、御許容あるべからず。当知行ならびに*年紀未満の文書の案文を捧ぐるに至つては、制の限りにあらず。

右条々、この旨を守り、おのおの申し沙汰すべし。もし違犯せしめば、厳科に処せらるべきなり。

御成敗条々　右筆治部越前守宗秀奉行　〈応永廿九　七　廿六　公人奉行松田丹後入道浄胄満秀〉

一　役夫工米以下段銭京済事

差日限乍捧請文、於不致其沙汰在所者、可被闕所矣、

一　寺社本所領訴訟事

不可依文書年紀、但於不帯公験者、非御沙汰之限焉、

状の通り裁決する。なお室町時代の召文違背制については、石井良助、前掲書四六五頁参照。

175 **定法**　前代弘安七年の追512条に「闕所随出来、所領替、巡恩、旧恩労、可有御恩事」。なお笠松「中世闕所地給与に関する一考察」(『中世の法と国家』)、参照。

由緒と称して…　闕所地が自己の旧領であると主張して、現有地との交換を申請する。

不知行によつて　替地の当知行を確保できず。

176 **大間の安堵**　未考。数子に分配する所領を一通の長大な譲状に作成したものを大間状という。また室町期には、将軍の代替わりに際して、寺領等を一括して安堵する制が生じ、とくにその場合、当知行・不知行にかかわりなく安堵の対象となったと推定される。これらとの関連が濃厚であるが、後者を大間の安堵と称した実例は未見。

未施行に於ては　安堵の効力によって不知行地の知行を回復していなければ。次条参照。

年紀を…　文書年紀を中断する効力はない。

紛失安堵　火災・盗難などによって文書が失われた場合、それと同様の案文を作成して、然るべき権力の承認(正文と同じ効力をもつことの)をうける。これを紛失状と称し、とくに幕府の下知状等によるものを紛失安堵状とよんだ。紛失安堵下給の条件は、在地人等による紛失の

一　諸国寺庵望申御祈願寺御判事
且帯門徒尊宿之吹挙、且以其所領主之注進、可申給之、非如然之類者、一切可被停止矣、

一　同寺庵安堵事
或称甲乙人等之寄進、或号買得券契之由緒、雖望申御判、不可有御許容、但地頭御家人等、於副渡御下文以下証文者、不及子細焉、

一　以不知行所領文書、寄附権門事
雖為先条法制、近来如此之輩間有之、任本法可被停止之矣、

一　諸人訴訟事
雖為権門、於或年紀馳過、或不帯公験者、不可有御裁許焉、

一　論人催促日限事
就訴人解状、雖相触当知行之仁、経廿一ヶ日不出対者、以違背篇、可有御成敗矣、

一　充給替地事
以闕所申賜之者定法也、爰以年紀馳過文書、称由緒、望申彼替之族惟多、自今以後、固可被停止矣、

一　不知行所領事
次雖給替地、依不知行、立帰望申以前在所之条、自由之至也、固可被禁制矣、
縦雖帯大間安堵、於未施行者、不可相続年紀者也、紛失安堵、子細同前矣、

一　諸人安堵事
就当知行、被下安堵御判者、普通之儀也、望申御施行之条、以次構私曲歟、慥可被停止也、

一　紛失安堵事
雖帯文書案文、於年紀馳過者、不可有御許容、至捧当知行幷年紀未満文書案文者、非制限焉、

証明および、次々条にみえるごとく当知行であること、の二点である。
子細同前　同じく文書年紀を中断し得ない。

177 **当知行につきて…**　安堵が権利の付与もしくは承認を意味せず、占有の事実のみの認定にとどまるという鎌倉以来の原則を再確認したもの。前代末以来の原則の部分的変化に対応して、前条・本条にみられるごとく、安堵を占有の回復にまで利用しようとする動きをチェックする目的の立法。
次をもつて…　当知行と偽って安堵を得、それを利用して。

178 **文書の案文**　紛失せる文書の案文。前々条参照。
年紀未満の文書　文書年紀に抵触しない、発給年次の新しい文書。

222 **222〜231徳政条々**　→補

222 **諸社神物**　神社を債権者とする貸付金。中世の「神物」特権法の一であるが、享徳三年以降の徳政令では「限伊勢熊野講銭」と大幅な制限をうける。
神明・熊野講要脚　伊勢神宮・熊野神社への参詣費用を得るためにつくられた講の保有財産からの貸付金。相互扶助的な目的から出発した無尽・頼母子講は、取逃げを防止するために担保・利息をとり、金融業の一種へと転化した。
改動の儀…　徳政令の適用を受けず、債

右条々、守此旨、各可申沙汰、若令違犯者、可被処厳科也、

222-231

*徳政条々　嘉吉元

222 一 *諸社神物 付たり、神明・*熊野講要脚《ようきゃく》の事

*改動の儀あるべからず。ただし*その社名を載せずば、信用せられ難きか。

223 一 *祠堂銭《しどうせん》の事 *弐文子《にもんし》に限る。

*子細同前。ただし*祠堂方の帳に載せずば、許容せられ難きか。

224 一 *永領地の事

改動の儀あるべからず。〈*ただし出銭主返状の年紀の内たらば、その沙汰あるべからず〉

225 一 *御判ならびに下知状を帯ぶる地の事

すでに御沙汰を経らるるの上は、悔い返すあたはざるものなり。

226 一 永代*売寄進地《うりきしんち》の事

改動の儀あるべからず。

227 一 *本銭返《ほんせんがえ》しの地、同じく屋の事

本主に返さるべきなり。

228 一 *借書の事 付たり、*徳政文言《とくせいもんごん》、文章によるべからず。同前。

子細同前。

229 一 *年紀《ねんき》沽却《こきゃく》地の事

子細同前。

230 一 質券地の事

子細同前。

権は保護される。

その社名を…　神社が債権者たるを、借用状に明記していなければ。

223 **祠堂銭**　主に禅宗寺院で死者の冥福を祈り、位牌を安置する建物たる祠堂に寄進された財貨。室町追72条にみられるごとく、盛んに貸付金として利用され、当時は伊勢・熊野・日吉三社のそれとならぶ代表的な寺社金融の一であった(宝月圭吾「中世の祠堂銭について」(『一志茂樹博士喜寿記念論集』))。

弐文子　月利二分。五文子・六文子が普通であった当時としては、低利の弐文子契約のものに限って保護された。

子細同前　改動せず。

祠堂方の帳　祠堂銭の出納帳簿。徳政を免れるために祠堂銭たる旨を偽称し、或いは進んで寺院に依頼して、祠堂方帳に書き加えてもらう者もあった(宝月圭吾、前掲論文)。

224 **永領地**　永代売買地。→補「徳政条々」

ただし…　この但し書は享徳三年以下の徳政令にもほとんど常に載せられているにもかかわらず、文意全く不明である。

225 **御判ならびに下知状**　売買もしくは質入れ等を認知する安堵状。御判は将軍の御判の下文・御教書、下知状は管領が奉ずる下知状。後者は前者の発給に故障のある場合にその代用として出されるもので、本条々立法の直前に当たる嘉吉の乱前後も、管領下知状が用いられた(佐藤進一『古文書学入門』一五二頁)。

226 **売寄進地**　半分寄進半分売却(寄進行

231 一　土倉已下の流質の事
約*月を過ぎば、法に任せて銭主の計らひたるべきなり。
以上

徳政条々　嘉吉元

一　諸社神物付、神明、熊野講要脚　事
不可有改動之儀、但不載其社名者、難被信用歟、
一　祠堂銭事　限弐文子
子細同前、但不載祠堂方帳者、難被許容歟、
一　永領地事
不可有改動之儀、〈但為出銭主返状之年紀之内者、不可有其沙汰之〉
一　帯御判幷下知状地事
既被経御沙汰之上者、不能悔返者也、
一　永代売寄進地事
不可有改動之儀、
一　本銭返地同屋事
可被返本主也、
一　借書事付、徳政文言不可依文章、同前、
子細同前
一　年紀沽却地事
子細同前
一　質券地事
子細同前

為を含めて低価格による売却)、もしくは、被寄進者から金銭を受理することによる寄進の再確認(既寄進地を後から売却によって確定する)地のこと(須磨千穎「美濃立政寺文書について」(『史学雑誌』七八編六号))。

227 **本銭返し**　本銭(売買原価)を返却すれば、一定期間内に限って売却地を取り戻し得ることを特約した売却。

228 **借書**　借銭。なお、農民の未進年貢も借銭と同様に扱われたとする説もある(黒川直則「徳政一揆の評価をめぐって」(『日本史研究』八八号)、永原慶二「嘉吉徳政一揆の性格について」(『一橋論叢』六四巻五号))。

徳政文言　徳政令の適用をうけざる旨を文書面に明記する特約文言。鎌倉後期に発生し、この頃の売券・借用状にはほとんど常用化した。

229 **年紀沽却地**　期限を切った有期売却地。期限がくれば自動的に(本銭を弁ずる要なく)本主に返還される。なお塵芥集96条参照。

231 **約月**　流質の法定期限。永享三年の室町追203条では絹布類十二ヵ月、武具二十四ヵ月、さらに長禄三年の室町追262～264条ではそのほかに、盆・香合等の二十ヵ月、米穀等の七ヵ月等が定められている。

238 **先度**…　享徳三年九月京都に起きた土一揆は土倉を襲って質物を取り戻し、いわゆる私徳政の目的を果たした。一揆がおさまった九月二十九日、幕府は「於土倉質物者、今更非沙汰限」と私徳政の既

成事実を追認する一方、借銭・預状以下については「堅被制禁」るべき旨の徳政禁制を発布した。
永地　永代売買地。
年記…　同日付の「諸人借物事」(室町追239条)によると、「年紀本物返之地、仏神物祠堂銭、預状、請取、寄進状、并売寄進、合力、敷銭等借書」がいずれも棄破(徳政令を適用する)の対象とされている。
請文　債務者の申請。
借銭の十分壱を　↓補
飯尾為数　布施貞基とともに債務破棄の奉書発給の責任者で、手続き上の失敗から、為数は罷免された(桑山浩然、前掲論文)。
320 **撰銭**　↓補
日本新鋳の料足　渡来銭を模した粗悪な私鋳銭。
撰るべし　撰銭の強制すなわち通用禁止。
根本渡唐銭　質量ともにわが国の標準通貨たるべき大陸からの輸入銭。
永楽・洪武・宣徳　いずれも明銭の名称。対明貿易の結果、莫大な明銭が輸入され、鎌倉以来の宋銭に代わって標準通貨の地位を占めつつあった。
取り渡すべし　通用の強制(良貨として備蓄することを禁止)。
自余の銭…　永正三年七月の室町追344条に「ゑいらく・こうふ・せんとく・われ銭以下、とりあわせて、百文に三十二銭、向後取わたすべし」とあるごとく、悪質な輸入銭を根本渡唐銭に一定の割合で混用せしめる意。

一　土倉已下流質事
　過約月者、任法可為銭主計也、
　　以上

238
*先度徳政の事、堅く制禁せられ、高札《こうさつ》を打たるるといへども、今に於ては、*永地を除き、*年記・本物返し地等を棄破《きは》せられ訖んぬ。早く*請文の旨に任せ、*借銭の十分壱をもつて、収納せらるべきの由候なり。よつて執達件のごとし。
　享徳三
　　十月廿九日
　　　　　　*飯尾下総守為数 在判
　　　　　　布施下野守貞基 在判
　　　　　　二 階 堂 忠 行 在判

先度徳政事、堅被制禁之、雖被打高札、於于今者、除永地、被棄破年記本物返地等訖、早任請文之旨、以借銭十分壱、可被収納之由候也、仍執達如件、

320
一　商売の輩以下*撰銭《えりせん》の事〈明応九・十〉
　近年ほしいままに撰銭の段、はなはだ然るべからず。所詮*日本新鋳の料足に於ては、堅くこれを*撰るべし。*根本渡《と》唐銭《とうせん》〈*永楽《えいらく》・洪武《こうぶ》・宣徳《せんとく》〉等に至つては、向後これを*取り渡すべし〈ただし*自余の銭のごとき相交ふべし〉。もし違背の族あらば、速かに厳科に処せらるべし。

一　商売輩以下撰銭事〈明応九 十〉
　近年恣撰銭之段、太不可然、所詮於日本新鋳料足者、堅可撰之、至根本渡唐銭〈永楽 洪武 宣徳〉等者、向後可取渡之〈但如自余之銭可相交〉、若有違背之族者、速可被処厳科矣、

武家家法 1

宗像氏事書

石井　進　校注

事書条々

右、神事を興行し、仏事を勤行し、諸社を修造し、寺堂を修理すべき事、幷びに*勧農以下所務雑務等条々の事は、固く正嘉三年二月八日*大札の旨を守り、厳密に沙汰致すべきなり。

右、可興行神事、勤行仏事、修造諸社、修理寺堂事、幷勧農以下所務雑務等条々事、固守正嘉三年二月八日大札之旨、厳密可致沙汰也焉、

1 一 社住の*甲乙人等、*松法師の所命に相従ふべき事

右、松法師の所命に背き、*内談の儀を破る輩《ともがら》においては、親類・兄弟を謂はず、祠官・名主を撰ばず、*不日、社内を追放せしむべきなり。

一 社住甲乙人等、可相従松法師所命事

右、於背松法師之所命、破内談之儀輩者、不謂親類兄弟、不撰祠官名主、不日可令追放社内也焉、

2 一 年貢*済物未進の事

右、前々の傍例に任せ、呵責《かしやく》を加へ、徴納せらるべきなり。なほもつて*叙用せざるの輩においては、下地を収公せしめ、*下作人に付すべきなり。たとひ少分たりといへども、分限《ぶげん》の科に行ふべきなり。

一 年貢済物未進事

勧農 広義には農業をすすめること。農業の再生産を可能ならしめること。具体的には、直接経営、農民への耕作地の割り宛てと農料給与等を意味する。

大札 宗像社領に公布されたこの事書条々に先行する法令。大きな木の札に書かれたのでこう呼ぶのであろう。

1甲乙人 庶民。

松法師 この事書条々を発布した宗像社の前大宮司宗像氏盛の嫡子。大宮司をついで、後に氏長と称し、さらに氏範と改めた。

内談 宗像氏の一族や親類中の有力者によって構成されていた合議機関で、幼少の松法師丸を後見する役割を果たしていた。なお3条参照。

不日 日ならずして。直ちに。

2済物 なし物。貢納物。

叙用せざるの輩 従わない者。

下作人 名主・領主などよりさらに下級の、土地に対する権利の保持者。必ずしも直接生産者ではない。

3憲法に 正当に。正義に。

衆中一同の儀 内談衆たちが全員で意見一致した件。

衆儀不同の時 内談衆間で意見が一致しない場合。

故実の人々 先例や法式などに精通した長老を指すのであろう。内談衆の構成員以外と解される。

右、任前々傍例、加呵嘖、可被徴納也、尚以於不叙用之輩者、令収公下地、可付下作人也、縦雖為少分、可行分限之科也焉、

3 一 内談の事

右、内談衆、起請文を書かしめ、*憲法《けんぽう》にその沙汰いたすべきなり。*衆中一同の儀においては、子細に及ばず。もし*衆儀不同の時は、*故実の人々に申し合ひ、相計らはるべし。但し、或は*今案《こんあん》を構へて姦曲《かんきょく》を企て、或は不参数箇度に及ぶの輩は、且は衆中を出し、且はその科あるべきなり。たとひ*合ふべき事なしといへども、限り有る*式日においては、*公文所《くもんじょ》に参会し、諸事を申し談ぜらるべし。松法師成長の後は、道理に任せて成敗せしむべきなり。

一 内談事

右、内談衆令書起請文、憲法可致其沙汰也、於衆中一同之儀者、不及子細、若衆儀不同之時者、申合故実之人々、可被相計、但、或構今案企姦曲、或不参及数箇度之輩者、且出衆中、且可有其科也、縦雖無可合事、於有限式日者、参会公文所、可被申談諸事、松法師成長之後者、任道理可令成敗也焉、

4 一 *諸郷納所《なっしょ》、御用修理料米、晴気《はるけ》・田久《たく》得分以下等勘定の事

右、公文所の*書下《かきくだし》に就きて*下行《げぎょう》せしめ、*方々の請取を取りて、書下と請取とを続《つ》ぎ、*勘定を遂ぐべきなり。*雅意《がい》に任せて散用せしむるの条、敢て許用すべからず。もし*沙汰人抑留を致さば、日限を指し、*経入《へい》るべきなり。もし違期《いご》せしめば、所職を改め、憲法の仁を補すべきなり。

今案　これまでに例のない新たな非法。

合ふべき事　話し合うべきことの意か。あるいは「申し合ふ」の「申」が脱落したのかも知れない。

式日　内談衆の会議の開かれる定例の日。

公文所　原文は「公所」となっているが、「文」を脱したものとみて、これを補った。宗像社領の支配機構のうち、もっとも主要なものの一つであり、年貢の配分をはじめとする財政事務を管掌していたことが、4・7条からわかる。

4 諸郷納所…勘定の事　宗像社領内の諸郷におかれた納所が、社家の御用の修理に要する米や、大宮司の所領である肥前国晴気領や筑前国赤馬庄田久村からの収入などを決算すること。

書下　下に命令する文書の意味で、書状に下知状の様式が加味された形のもの。差出者側の命令の下達や権利の付与・認定など、家務を執行する役割を果たす。

下行　米などを配分して与えること。下し給わること。

方々　宗像社家の親類以下、社の支配層を構成していた家の人々を指すらしい。8・9・10の各条参照。

勘定を遂ぐ　「勘定」とは勘え定めること、すなわち決算すること。配分を命令した書下と、これを受け取ったという請取をつぎあわせて、過不足の有無を検査するのである。

雅意に…散用せしむる　勝手に分配したりすること。

一　諸郷納所御用修理料米晴気田久得分以下等勘定事
右、就于公文所書下、令下行之、取方々請取、続書下与請取、可遂勘定也、任雅意令散用之条、敢不可許用、若沙汰人致抑留者、指日限可経入也、若令違期者、改所職、可補憲法之仁也、

5
一　諸郷*弁済使《べんざいし》、公文・名主以下沙汰人等、雅意に任せて百姓を仕ふべからざる事
右、殊に禁制を加へ、固く停止せしむべし。なほもつて叙用せざるの族《やから》においては、不日所職を改易し、穏便の輩を補すべきなり。
一　諸郷弁済使、公文名主以下沙汰人等、任雅意、不可仕百姓事
右、殊加禁制、固可令停止、尚以於不叙用之族者、不日改易所職、可補穏便之輩也焉、

6
一　*年貢加増の事
右、社家の大訴《たいそ》なり。*雑掌《ざつしよう》を関東に進め、歎き申すべきなり。而るに近年*公田をもつて恩給となし、*年貢の内をもつて給米に充つるの仁等、多くもつてこれあるか。悉く収公せしめ、御年貢を全うすべし。*訴訟入眼《じゆげん》の後は、元のごとく充て給ふべきなり。但し*無足の仁においては、内談を加へ、相計らはるべきなり。
一　年貢加増事
右、社家之大訴也、進雑掌於関東、可歎申也、而近年以公田為恩給、以年貢之内、充給米之仁等、多以有之歟、悉令収公、可全御年貢、訴訟入眼之後者、如元可充給也、但、於無足仁者、加内談、可被相計也焉、

7
一　*関東御使以下雑事課役等の事

沙汰人　5・10・11の各条にもみえ、諸郷や名などにおかれ、宗像社家の下部機構に組み入れられて年貢の収取や社領支配にあたる下級の役人。
経入る　立てかえる。

5弁済使　社領の諸郷におかれ、年貢の収納・弁済や支配にあたった下級の役人。

6年貢加増　解題で述べるように乾元元年(一三〇二)、当社の最高支配権がふたたび鎌倉幕府の手に帰し、実質上、北条氏の得宗領と化したことによる、庄園領主に納めるべき年貢量の増大のこと。
雑掌　庄園の管理などに当たり、とくに訴訟など渉外事務を行った者のこと。
公田をもつて恩給となし　「公田」とは、庄園領主に対して年貢・公事を負担する田のことで、こうした田地を宗像氏が従者に「恩給」として与えていたのである。
年貢の内を…充つるの仁　これも宗像氏がその従者に年貢米の内から「給米」として給与していたことを示す。なお、こうした従者への給恩が「近年」になって増大したことに注目する必要がある。
訴訟入眼　年貢量の減少をうったえることの訴訟が成功した時。
無足の仁　公田の恩給や給米の給与が停止された場合、無収入になってしまう連中。こうした層を宗像氏が主従関係の下に組織していっていた事実に注目する必要がある。

右、公文所配分の旨を守り、緩怠の儀無く、沙汰致すべし。もし難渋せしむるの輩においては、殊に重科に行ふべきなり。

一　関東御使以下雑事課役等事

右、守公文所配分之旨、無緩怠之儀、可致沙汰、若於令難渋之輩者、殊可行重科也焉、

8 一　*方々、雑掌・使節幷びに結番等奉公の事

右、或は巡儀を糺し、或は所帯の分限に依り、且《かつがつ》当座の器量に就きて勤仕すべし。もし御《み》公事《くうじ》の外、*指合《さしあい》と称し、辞退せしむるの仁においては、不忠の最一として、殊に罪科に行ふべし。将又《はたまた》、*社恩に過ぎ、傍輩《ほうばい》に越え、奉公致すの族に至りては、尤も忠賞あるべきなり。

次に結番の事。*奉行人の着到と番頭の着到とを続ぎ調へ、勘合せしむべし。*もし不参五ヶ度に及ばば、罪科に処すべし。非番の輩においては、*別功あるべきの旨、*右の状に載せ畢んぬ。

一　方々雑掌使節幷結番等奉公事

右、或糺巡儀、或依所帯之分限、且就当座之器量可勤仕、若御公事之外、称指合、於令辞退之仁者、為不忠之最一、殊可行罪科、将又過于社恩越於傍輩、至于致奉公之族者、尤可有忠賞也、

次結番事、続調奉行人之着到与番頭之着到、可令勘合之、若不参及五ヶ度者、可処罪科、於非番之輩者、可有別功之旨、載右状畢、

9 一　*田所の沙汰として諸郷に*夫・*伝馬を*支配の事

7 **関東御使…課役等の事**　宗像社が得宗領となったので、新たに入部してきた北条氏の使者「関東御使」に対して奉仕すべき雑事・課役のこと。

8 **方々…奉公の事**　宗像社家の親類以下有力者たちが、雑掌や使者の役をつとめ、また番をつくって奉公すること。

指合　さしつかえ。故障。

社恩に過ぎ…奉公致すの族　ここでは雑掌・使節・結番などの奉公が「社恩」に対する反対給付として観念されていることに注意。

奉行人の着到と…勘合せしむべし　「着到」とは番をつくっての奉公の際の出勤を証明する記録文書。ここは、奉行人の出した着到と、各番の指揮者である番頭の出した着到とをつぎあわせて比較し、勘え合わせよ、の意。

もし　底本「外」。意によって改めた。

別功　㈠別のつとめ、㈡別の功績、の二義が考えられるが、なお未詳。

右の状　不詳だが、あるいは前文にいう正嘉三年二月八日の大札のことかも知れぬ。

9 **田所**　公文所とともに宗像社領の支配機構の一つで、田地に関係することを取り扱っている。

夫　人夫。

伝馬　宿駅などに設けて公用に供した馬。宿次ぎの馬。

支配　割り宛てること。

右、大札の趣を案ずるに、当職は社家の*規模なりと云々。而るに*近年親類以下方々より、*内々召し仕ふの由、その聞えあり、太《はなは》だ以て謂《いわれ》なし。所詮*片日記《かたにっき》を公文所に置き、巡儀を糺し、偏頗なく支配せしめ、一年に両度勘定を遂ぐべきなり。

一　為田所沙汰、支配諸郷夫伝馬事

右、案大札之趣、当職者社家之規模也云々、而近年自親類以下方々、内々召仕之由有其聞、太以無謂、所詮置片日記於公文所、糺巡儀、無偏頗令支配之、一年両度可遂勘定也焉、

10 一 *浦嶋の事

右、方々より沙汰人を離れ、直《じき》に使者を遣はし、肴《さかな》以下御菜等を責め取る事、太《はなは》だ以て穏便ならず。固く停止せしむべし。もしなほ叙用せざるの輩においては、*惣《そう》官《かん》松法師に向ひて、異儀を存ずべきか。かの仁に昵親の族においては、さらに心を打ち解くべからざるものなり。

一　浦嶋事

右、自方々離沙汰人、直遣使者、責取肴以下御菜等事、太以不穏便、固可令停止、若尚於不叙用之輩者、向惣官松法師、可存異儀歟、於昵親彼仁之族者、更不可打解心者也焉、

11 一 *山の口の事

右、*山口山・*垂水山・*山田山、かの山の口においては、さらに制の限に非ず。禁制を致さば、還つて土民の煩となるべきものなり。このほか*屏風嶽・*極楽寺山・*用《もち》山《やま》・*高山・*帝賢寺山等は、用水たるに依り、固く禁制せしむべきの由、沙汰人等に相触れらるべきなり。

規模　権威・模範などの意。

親類以下方々　宗像氏の一族親類以下、社家の有力者たち。

内々召し仕ふ　内々に諸郷へ人夫・伝馬などをかけて召し仕う。

片日記　日記の片方の意か。田所と公文所の双方に人夫・伝馬などの使役の実体を記録した日記をおき、両者を比較して検査するのであろう。

10 浦嶋　宗像社領の浦や嶋。

惣官　神社におかれた支配の職である。

11 山の口　山野を利用するための、山の入り口。

山口山　現鞍手郡若宮町大字山口の山か。

垂水山　現宗像郡玄海町大字池田から西北に遠賀郡に越える峠の山か。

山田山　現宗像郡宗像町大字山田の白山か。

屏風嶽　現宗像郡玄海町大字吉田の鎮国寺の山。

極楽寺山　現宗像郡玄海町大字多礼字極楽寺の山か。

用山　現宗像郡宗像町大字用山にある山。

高山　現遠賀郡岡垣町大字尾崎にある山か。

帝賢寺山　現宗像郡津屋崎町大字奴山の縫殿神社背後の山か。なお以上の山名の比定は『宗像神社史』下巻四五一～四五二頁による。

一　山口事

右、山口山、垂水山、山田山、於彼山之口者、更非制之限、致禁制者、還而可成土民之煩者也、此外屛風嶽、極楽寺山、用山、高山、帝賢寺山等者、依為用水、固可令禁制之由、可被相触沙汰人等也焉、

12 一　早馬の事

右、*守文《まもりぶみ》に任せ、緩怠の儀なく、沙汰致すべし。もし違犯せしむるの輩においては、右の状の旨を守り、固くその咎に行ふべきなり。

一　早馬事

右、任守文、無緩怠之儀、可致沙汰、若於令違犯之輩者、守右状之旨、固可行其咎也焉、

13 一　鎧以下具足*等幷びに馬の事

右、天下の御大事出来の時は、薄広*に配分せしめ、落居以後は、元のごとく納殿*に入れ置くべし。私の借用においては、たとひ親類・兄弟たりといへども、敢て許用すべからざるものなり。次に馬の事、子細同前。

一　鎧以下具足等幷馬事

右、天下御大事出来之時者、薄広令配分、落居以後者、如元可入置納殿、於私之借用者、縦雖為親類兄弟、敢不可許用者也、次馬事、子細同前、

以前条々此のごとし。但し、この事書に載せず、かの一篇*に相漏るる子細等、勝《あ》げて計るべからざるか。然れば或は式目*の旨趣《ししゅ》を守り、或は先々の傍例を尋ね、且は理致の指す所に任せ、且は時宜の推す所に依り、内談を加へ、憲法にその沙汰致

12守文　守るべき文の意で、具体的には前文にみえる大札などを指すものかと思われるが未詳。

13具足　武具。

薄広　未詳だが、ひろく、一般に、の意か。

納殿　鎧以下の武具を収納しておく場所。なお本条のような武器の集中管理は、宗像氏の社家としての特殊性に基づくものかも知れぬが、それにしても注目すべき規定である。

かの一篇　前文にいう正嘉三年二月八日の大札を指すのであろう。

式目　御成敗式目を指しているとみて誤りあるまい。

さるべし。凡そ忠と不忠との浅深を糺明し、感と不感との軽重あるべし。理非を正すは則ち政道の肝心なり、賞罰を行ふはこれ治世の眼目なり。仍て事書の状、件のごとし。

正和弐年正月九日　　　　（宗像氏盛）（花　押）

以前条々如此、但、不載此事書、相漏彼一篇子細等、不可勝計歟、然者或守式目之旨趣、或尋先々之傍例、且任理致之所指、且依時宜之所推、加内談、憲法可被致其沙汰、凡糺明忠与不忠之浅深、可有感与不感之軽重、正理非則政道之肝心也、行賞罰是治世之眼目也、仍事書状如件、

武家家法 2

相良氏法度

勝俣鎮夫 校注

為続《ためつぐ》・長毎《ながつね》両代之御法式

申定条々

1▼ 一 *買免《かいめん》之事、売主・買主*過《すぎ》候て以後、子々孫々*無クㇾ*文《ふみ》候者、*無ク㆓相違㆒本主之子孫に可シㇾ返ス。

2 一 無キㇾ文買免之事、一*方過候者、本主可シ㆓知行ス㆒。

3 一 *買取候田地を又人に売候て後、其主*退転之時者、本々ノ売主ニ可シㇾ付ク。

4▼ 一 *普代《ふだい》之下人之事者、*無㆓是非㆒候。領中之者、婦子によらず、*来《きたりそうろう》候ずるを、相互ニ可キㇾ被ルㇾ返サ也。*寺家・社家可シㇾ為タル㆓同前㆒。其領中より*地頭に来候ずる*婦子は、其*領主のまゝたるべし。

5 一 悪銭之時之*買地之事。*十貫字大鳥《じおおとり》、四貫文にて可シㇾ被ルㇾ請ケ。*黒銭十貫文之時者、可シㇾ為ル㆓五貫㆒。

6▼ 一 何事にても候へ、*法度之事申出《もうしいだし》候ずる時は、いかにも堅固に、相互に被レ㆓仰セ定メ㆒肝要ニ候。*忽緒《こつしょ》に候ずる方は、*承出《うけたまわりいだし》、*無㆓勿躰《もったい》㆒之由、堅ク可クㇾ申ス候。

7 一 *四至境、其余之諸沙汰、以前より相定候ずる事は不ㇾ及バㇾ申スニ候。何事にても候へ、

---

1 買免　買戻しの意。具体的売買形式としては、年季明請戻特約本銭返のごとき性格をもつと思われる。「免」は「償う」の意。

過　死去の意。2条の「過」も同じ。

無文　売買契約状が作成されないこと。

無相違…可返　無償で返還すべきである。2条の場合も同じ。

2 一方　買主を指す。

3 買取　永代売買による買取りではなく、買免形式の買取。「人に売候」の「売」も同じで、買った期間内を売った。↓補

退転　没落・衰退の意。この場合、買い戻せなくなった状態を指す。

4 普代之下人　世襲的に主家に隷属する下人。

無是非　当然である。いうまでもない。

来候ずる　本来の領主の許から他の領主の許へ逃亡してくる。

寺家・社家可為同前　↓14条補

地頭　↓補

る　下に原文「を」あり。異本により削る。

領主のまゝ…　領主に返すべきである。

5 買地　異本には「買免」とある。「可被請」なる表現より、買免による買地の意。

十貫…にて　字大鳥十貫は良銭四貫文の値として。字大鳥は悪銭の一種。

黒銭　字大鳥と同じく悪銭の一種。

6 相良氏の法度の立法手続きに関する条文である。

法度之事…時は　法度の制定を相良氏に申請する時は。

其所衆以テ二談合ヲ一相計《あいはからい》ク可レ然ル候。誠ニ*無キ二分別一子細ヲ可レ有ル二披露《ひろう》一。*無理之儀被レ二申シ乱サ一候ずる方は、可レ為ル二其成敗一也。為メ二後日ノ一申候。

明応二年卯月廿二日

8 一 本田の水を以て、新田をひらくによて、本田の煩たる在所あり。たとひ本田よりあまり候水なりとも、能々《よくよく》本田の領主にこひ候て、領掌《りやうしやう》ならばひらくべし。

9 一 人の*内之者《うちのもの》、*其主人の在所を退出之時、又別人より扶持すべき事、*本主人え案内ありて、領掌ならば、相互に許容たるべし。

10 一 牛馬放《ゆる》すべき事、田畠の作毛取おさめ以後たるべし。*年明《あけ》候はゞ、在々所々に其定のごとくたるべし。*自然牛馬作毛を損《そん》さし候はゞ、其主人そんのほど礼あるべし。過分にそんさし候はゞ、*其牛馬をとゞめべし。

11 一 盗《ぬすみ》たる物をしらず候て買置候より、六ケ敷《むつかしき》子細あり。所詮売主をみしらざる物ならば、能々決《きめ》候て、売主をしらざるよしあらば、*其科《とが》たるべし。

12 一 讒者《ざんしや》之事、*篇目一定之時は、死罪・流罪、其時之儀によるべし。又不審なく申《もうし》ひらくにいたつては、*虚言を申候人、別而《べつして》の重科たるべき事。

13 一 *落書・落文取あげあつかひの事、*俗出上下によらず、科たるべし。自然あつかふ

忽緒に なおざりに。
承出 (相良氏が)聞き出し。
無勿躰 不都合である。不正である。
7 相良氏の裁判管轄に関する立法である。18条参照。
四至境 所領の境界に関する相論。
無分別…披露 所衆談合で決定しえない紛争を相良氏の許に訴えるべきである。
無理之儀…候ずる方 所衆の下した裁定に従わず、相良氏に上訴する者。
9 内之者 被官。従者。
主人の在所を退出 欠落・逃亡ではなく、主人の許可をえて主従関係を断つ。
本主人え案内… (退出の許可の確認のため)、本主人に届けて。
10 年明候はゞ 翌年ふたたび牛馬をつなぐ時期については。
自然 もしも。万が一。
其牛馬をとゞめべし (牛馬の所有者から損害賠償を請求するため)、牛馬を差し押えてよい。
11 其科たるべし 盗人の科である。塵芥集42条参照。
12 篇目一定之時は (誰々が讒者であるという)訴訟の事実が決した時は。
虚言を申候人 (誰々が讒者であると)虚偽の訴えをなしたもの。
13 落書・落文 犯人を告発する匿名の投書。
俗出上下… 俗人と出家、身分の上下を問わず。
其を主と心得 (落書により犯人をきめようとする)者を事件の犯人として。

者あらば、其*を主と心得ヘ、則《すなわち》科たるべし。

14▼一　寺*家・社家によらず、入*たる科人《とがにん》之事、則様《さま》*をかへ追出されべし。誠*於テ二重罪ニ一者、在所をきらはず成敗あるべし。

15　一　小*者いさかひの事、かちまけいかやうに候とも、主人いろふ*べからず。たがひに各々の小者の折檻《せんかん》すべし。

16　一　用*々によて文質《ふみしち》*物の事、かならず*いつよりいつまでと定あるべし。其レ過《すぎ》候者、請取主まゝたるべし。

17　一　他所より其人を尋来《たずねきたり》候者之事、男女童部《わらわべ》等いづれも、縦《たとい》路次などにて見合候共、其尋行《たずねゆく》在所へ付べし。

18▼一　諸沙汰之事、老若役人え申出候以後、*於テ二公界《くがい》ニ一論定あらば、申出候ずる人道理也*とも非義に可レ行。況《いわんや》*無理之由、公界の批判*有といへ共、一身を可レ失*之由、申乱《もうしみだす》者あり。至テレ爰《ここ》ニ、自然有ラバ*二慮外之儀一者、為ル*二道理一者不運の死ありといふとも、彼非義たる者の所帯を取て、道理の子孫に与べし。所領なか覧《らん》者は、妻子等ニいたるまで可シレ絶ヤス。よく〳〵分別有べし。殊更《ことさら》其あつて*の所へ行、又は中途*辺にても、惣而《そうじて》*面に時宜《じぎ》をいふべからざる事。

19　一　田*畠を売候て、年紀あかざるうちに、又別人え売者あり。又子共*を質《しち》にふたりの

14寺家・社家によらず　寺家・社家はもちろん一般も、の意ではなく、寺家も社家も。
入たる科人　保護を求めて逃げ入ってきた科人。
様をかへ　法体にして。
誠…成敗あるべし　重罪の場合は、(様をかえているからといって躊躇することなく)どこでも成敗してよい。
15小者　中間・若党などと同類のもので、雑役に従事する奉公人。
いろふ　「綺」。干渉する。手出しする。
16用々によて　「要用によて」。(入金の)必要があって。売券などで慣用的に使用される。
文質物　契約状を作成して質入れをすること。本条からは、担保物権に関する権利書を債権者に渡す無占有質の一種である「文書質」と解釈しうる余地は少ないと思われる。
かならず…定あるべし　質券に、必ず質入れの期間を明示すべきである。
18老若役人え申出候以後　相良氏の権力機構に出訴し、受理した後(であっても)。
於公界論定あらば　公界において、(道理なしと)裁定が下されたならば。公界は、世間・公衆の意。
申出候ずる人道理也とも　相良氏に上訴した者が、(相良氏からみて)道理の訴訟であっても。
非義に可行　敗訴とすべきである。
批判　判定・裁定の意。
一身を可失　訴訟相手の一命を奪う。

所へをき候。為《ル》ニ重罪一間、此両条は、何れも主人より可《シ》レ被《ル》ニ取《リ》置《カ》一。至《テ》ニ面々《ニ》一者、上*
様より直に可《ク》レ被《ル》ニ召《シ》上《ゲ》一候。
20 一 売買《うりかひ》の*和市《わし》の事、*四入《よついり》たるべし。としのきとく*によて、*斗《ます》のかず多少はあるべき
歟。此ますのほか用べからず。

有慮外之儀者 思いがけないことが起きれば。ここでは、訴訟の相手が死亡するというような事態が起これば、の意。
為道理…といふとも 訴訟相手が全く不慮の死であったとしても。
あつて 相手。
中途辺にても (往来などの)途中で相手に会っても。
面に時宜をいふ 直接会って交渉する。
19田畠…年紀あかざるうちに 田畠を年紀売(年限を定めて売り、その期間が経過すれば自動的に売主にもどる売買形式)、または年季明請戻特約本銭返で売り、その契約の期間が経過しないうちに。なお年紀売・本銭返は本来、買主に所有権が移るのであるが、当該期には買主が得分権のみを得るケースが多くなり、両売が可能となっている。六角11条参照。
子共を…をき候 この場合、債権者が担保物権を占有しない「見質」である。
上様 相良氏を指す。
20和市 市場での売買価格。時の相場。
四入 四升で一斗となる一斗枡。
きとく 豊年の意。
○底本には20条の奥に、「天文十八己酉五月吉日押レ之 税所新兵衛尉継恵(花押)」と記されている。→解題
21井手溝 用水路。
奔走 この場合、用水路の築造・修理に労働力を提供する意。
一同に 一向に。全く。
22買地 年季明請戻特約本銭返・年紀売などによる買地と思われる。もし永代の

晴広様被二仰定一候条々

21 一 *井手溝*奔走《ほんそう》題目候。田数次第に、幾度も人数《かず》出すべし。人いださざる方の水口、一*同に留《とゞ》むべし。

22 一 *買地の事、かひ主・うり主よりも、井手溝之時、十人ならば、五人づゝ出すべき事。

23 一 *田銭《でんせん》触《ふれ》の時、五日の内に相揃《そろえ》べき事。付《つけたり》。かひ地は、かひ主・うり主半分づゝいだすべき事。

24 一 *検断之所へ、*作子置候者、*主人可《ヘシ》レ返《ス》。但、当作刈《かり》取候者、其年者*公役《くやく》すべし。又置*主けんだん之時者、*置主の主人へ可レ付事。

25 一 検断之所へ、縁者*格護《かくご》之時、従《リ》二他領一、我々*兼日格護候が、*帰りに来《きたり》候などゝ申候。是は無二検断一さきに、連々彼者之事、*そなたへ誂《あつらえ》置候由、*点合《てんあい》なく候者、*可《キ》レ為《ル》二検断儘《けんだんまま》一事。

26 一 検断之時、むすめ兼てさきへ約束候共、むかへず候はゞ、けんだんまゝたるべし。至二其際《きわ》一、請取候はゞ、聟可《キ》レ為《ル》レ科事。

27 一 *百性検断之時、*殿原《とのばら》に仕《つかえ》候由共候。*其地を格護候上者、百性に伏《ふ》せられべし。

買地であるなら、年内の一時的処置を定めたものと解せるが、そのような限定はない。23条の「かひ地」も同じ。

23田銭 段銭。田地の段別に応じ賦課する税。

24検断 刑事犯人の検察・断罪を行うこと。→補

検断之所 検断の対象となった場所。

作子 南九州地方に多くみられる領主直属の隷属農民。身分的には下人と同類。

主人可返 土地検断であるから、主従関係に基づき、検断対象から除外して主人に返すべきである。

公役 大名の賦課する課役。

置主けんだん之時者 作子の主人が検断の対象となった時は。

置主の主人へ可付 →補

25格護 人や物に対する事実的支配を意味し、他からの侵害に対する抵抗意志を含めた語。

兼日 かねてより。

帰りに来候 帰って来たのであるという意と思われるが、「に」の用法は未考。

そなたへ誂置候由 検断をうける所へ帰してくれるよう頼んでいたと主張し。

点合 承諾の意。許可を求める意。

可為検断儘 検断の対象となり、検断を行うものの手中に帰すべきである。

27百性検断之時 百姓身分のものに対して検断が行われる時。

殿原に仕候由共候 自分は殿原に仕えるものであるから、百姓検断の対象とならないと主張する。殿原は、→補

けんだんまゝたるべし。

28▼ 一 *懸持《かけもち》検断之時、*百性を仮屋《かりや》などゝ候事候。*然《しか》と其在所を居屋敷《いやしき》ならず候者、検断まゝたるべし。

29 一 *やもめ女、女房と*かづし候而売候者、ぬす人たるべし。但、*代物に請《うけ》候而かづし候者、*躰《てい》に可《シ》レ寄《ル》。

30 一 縁者・親類と候而養置《やしないおく》後、或者売、或者質物になし候者、其科たるべし。其分候者、兼日格護無用《ニ》候。

31▼ 一 売地之事、本作人と候而、違《い》乱《らん》無用候。誰人にも可レ売事。

32 一 人の下人、*身をぬすみ候而出《いで》候事候。従《リ》ニ他方一、其身後悔候而、伝言など候者、請返《うけかえし》、やとはれ主計《ばかり》成敗あるべし。*科人両人同前と候者、聞えがたく候。

33 一 人よりやとはれ候而、夜討・*山立《だち》・屋焼之事、*やとはれ主・雇主同前に成敗。但、やとはれ主*聽而《やがて》*披露候者、可《キ》レ寄《ル》ニ時宜《ニ》一歟。

34 一 逃者*郡中に*留《とどめ》候者、三百文、*八代・蘆北へ留候者、互《ニ》五百文たるべし。従ニ*他方一来候ずるは、一貫文たるべき也。

35 一 他方より来り候ずる*祝《はふり》・山伏《ぶし》・*物しり、宿《やど》を貸《か》すべからず候。祈念等あつらへべからず。一向宗基《もとひ》たるべく候。

其地を格護候上者 (百姓として)土地を抱え持っている以上は。

28 **懸持検断之時** 懸持地(地頭・領主の居住していない、本拠地ではない預り地)に対する検断の時。

百性を仮屋などゝ候事候 百姓に対する検断を、自分の仮屋(仮のすまい)があるのであるから懸持地同然の検断を行ってはならないと主張するのか。

然と…ならず候者 はっきりその地に居屋敷をもっていることが証明されないならば、(懸持地として)。

29 **やもめ女、女房と** 寡婦を女房にすると(いって)、の意か。

かづす 誘拐する意。↓補

代物に請候而 質流れとして寡婦をとって。

躰に可寄 その状態によって有罪・無罪を定める。

32 **身をぬすみ** 逃亡する意。下人は主人の所有物という観念に基づく表現。

科人… 塵芥集69条では、雇い主も科人(盗人)とされている。

33 **山立** 山賊。

やとはれ主…成敗 塵芥集30・32条参照。

聽而 時をうつさず。そのまま。

披露… 返り忠をして訴えること。今川訴訟条目13条(二〇八頁)参照。

34 **郡中** 相良氏の本拠地人吉荘のある肥後国求磨郡。

留候者、三百文 他人が逃亡下人をとらえ返還してくれた場合、下人の主人は三百文を礼銭として支払うべきである。塵

36 一　一向宗之事、いよ〳〵法度たるべく候。すでに*加賀の白山もえ候事、*説々《せつせつ》顕然ニ候事。

37 一　男女によらず、素人《しらふと》の祈《き》念《ねん》・医師《くすし》取いたし、みな一向《かう》宗と心得べき事。

38 一　*男のいとま*然々《しかじか》きれず候女子、そこつに*中だち無用たるべき事。

39 一　*爰元《ここもと》*外城《とじょう》町におゐて、*なしか、何がしの被官などゝ申候而、*別当へなし不レ申候、曲事《くせ》に候。今よりは、誰々被官候共、売買いたし候上者、なしか先代のごとくなし可レ申事。付《つけたり》、すり取之事、*くみ候而すり申候間、袖をひかへ候ずる者、しか〴〵糺明たるべき事。

40 一　井手溝の*ふるの*いくゐ・樋《とひ》とり申候ずる者、罪科たるべき事。

41 一　さし杉その外竹木、案《あん》内なく切《き》り候者、*見あひに、主人へあひ点合《てんあひ》、其成敗あるべき事。

天文廿四年乙卯弐月七日

芥集47・48条参照。
八代・蘆北　肥後国八代郡・蘆北郡。求磨郡とこの二郡が戦国期相良氏の支配領域であった。
他方　相良氏の支配領域外。
35祝・物しり　共に祈禱・卜占を職業とし各地をめぐるもの。↓補
36加賀の白山もえ候　具体的には天文二十三年四月、白山が噴火したことを指す。加賀が一向宗の支配する国となって、神がいかって白山が爆発した、の意。
説々顕然候　ことこまかに伝えられ明かである。
38男のいとま…女子　夫より離婚の証明を得ていない女子。中世においては夫が妻を離別する際には、妻に「暇の印」(主として去状＝離別状。物の場合もある)を与えることが、慣習として存在した。
然々　しかと。まぎれなく。
中だち　「媒」。仲介。
39爰元　相良氏自身を指す。
外城　直轄領。
なしか…　なしかは「成箇」か。通常、年貢・公事を指すが、ここでは商業税もしくは市場税を、自分は誰かの被官などと主張して。
別当　町・港湾・市場などの管理責任者。
くみ候而　「くみ」は「与」。集団で。
40ふるの　古い。
いくゐ　井杭。ただし当地方では現在、杭のことをイグイ・イギーというという。単なる杭をあてるべきかとも思われる。
41見あひに　見つけ次第。

武家家法 3

今川仮名目録

勝俣鎮夫校注

1 一　譜代の*名田《みようでん》、*地頭無ニ意趣《いしゆ》一に取放事、停ニ止《ちようじ》之一畢。但年貢等無沙汰におゐては、是非に不レ及也。兼《かねて》又彼名田年貢を可ニ相増一よし、望《のぞ》む人あらば、本百姓に望《のぞ》みのごとく可ニ相増一かのよし尋《たずぬ》る上、無ニ其儀一ば、*年貢増に付て、可ニ取放一也。但地頭に本名主《ほんみようしゆ》を取かへんため、新名主を*かたらひ、可ニ相増一のよし虚言を構へば、地頭にをいては、かの所領を可ニ没収一。至ニ新名主一は、可レ処ニ罪科一也。

2▼ 一　*田畠幷山野を論ずる事あり。*本跡《ほんせき》紕明之上、剰《あまつさえ》*新儀を構《かま》ふる輩、於レ無ニ道理一者、彼所領の内、三分一を可レ被ニ没収一。此儀先年議定畢。

3 一　*川成《かわなり》・海成之地打《う》ち起《を》こすに付て、境を論ずる儀あり。彼地年月を経て、本跡知《しり》がたくば、相互に立《た》つる所の境之内、*中分に可ニ相定一歟。又各別《かくべつ》の給人《きゆうにん》をも可レ被レ付也。

4 一　*相論なかば手出《てだし》の輩、*理非を不レ論越度《おつと》たるべき事、旧規よりの法度也。雖レ然道理分明《ぶんみよう》の上、*横妨《おうぼう》の咎《とが》永代に及ばゞ不便《ふびん》たるか。自今以後は三ヶ年の後、*公事を翻《ひるがえし》、理非を紕明し可レ有ニ落居《らつきよ》一也。

5 一　*古被官他人めしつかふ時、本主人見合《あひ》に取事、停ニ止之一畢。たゞ道理に任《まかせ》、裁許《さいきよ》に預《あづ》かり、請取《うけとる》べき也。兼又本主人聞出し、当主に相届《あいとどくる》の上は、*被官逐電《ちくてん》せしめば、自余の者以ニ一人一、可ニ返付一也。

6 一　*譜代の外、自然めしつかふ者、*逐電の後廿余年を経ば、本主人是を紕《たゞ》すに不レ及。

1 名田　荘園制下の年貢・公事などの賦課単位。名田の保有者である百姓を名主、名主の名田に対する保有権を名主職という。
地頭無意趣に取放事　地頭が正当な理由なく没収すること。→補
年貢増に付て、可取放也　→補
かたらひ　「語ひ」。勧誘する。共謀する。
2 田畠幷山野を論ずる事　田畠・山野の境界をめぐる相論。→2条補
本跡　旧跡。正当な境。
新儀を構ふる輩　謀訴をなす者。
3 川成・海成之地　本来耕地であったものが、河原・浜辺になっている土地。中世では、耕地が不安定で、この種の土地が多くみられ、まず開墾の対象となった。
中分に…可被付也　→補
4 相論なかば手出の輩　中間狼藉を行った輩。裁判中、訴訟対象となった土地は、裁判権者により仮処分として凍結され、原告・被告の所務は禁止されるが、この禁を破ることを中間狼藉と称し、敗訴となった。六角26〜27条参照。
理非を…たるべき事　訴訟における理非に関係なく敗訴とする。
横妨　「押妨」。他人の知行を実力を行使して妨害すること。
公事を翻　裁判をやりなおし。
5 古被官　譜代の被官人。被官は「管轄される」の意から転じ家臣の意となる。は　恐らく「彼」の間違いと思われる。
6 譜代の外　譜代の下人のほか。譜代の下人には、所有権の消滅時効がない。

但失*あつて逐電《ちくてん》の者にをいては、此定《(このさだめ)》にあらざるべし。

7 一 夜中に及《(およひ)》、他人の門の中へ入《(いり)》、独《(ひとり)》たゝずむ輩、或《(あるいは)》知音《(ちいん)》なく、或は兼約なくば、当座搦捕《(からめとり)》、又ははからざる殺害《(せつがい)》に及ぶとも、亭*主其あやまりあるべからざる也。兼《(かねて)》又*他人の下女に嫁《(か)》す輩、かねて其主人に不レ届、又は傍輩《(ほうばい)》*に知《(しら)》せず、夜中に入来《(いりきたら)》ば、屋敷の者、其*咎かゝるべからず。但からめとり糺明之後、下女に嫁す儀於テハニ顕然タル一者、分国中を追却《(ついきやく)》すべき也。

8▼ 一 喧嘩に及《(およぶ)》輩、不レ論ニ理非《ぜ》ヲ一、両方共に可レ行キニ死罪フ一也。将又《(はたまた)》あひて取懸《か》くるといふとも、令メニ堪忍セ一、剰《(あまつさえ)》被ル疵ヲにをいては、事*は非儀たりといふとも、当座穏便《をんびん》のはたらき、理運たるべき也。兼又与力《(よりき)》*の輩、そのしば*にをいて疵を蒙《かうぶ》り、又は死するとも、不レ可レ及ニ沙汰一のよし、先年定了《(おわんぬ)》。次喧嘩人の成敗、当*座その身一人所罪《(しよざい)》たる上、妻子家内等にかゝるべからず。但しばより落行跡《(おちゆくあと)》*におゐては、妻*子其咎ニかゝるべき歟。雖モレ然リト死罪迄はあるべからざるか。

9 一 喧嘩あひての事、方人《(かたうど)》よりとり〴〵に申、本人分明ならざる事あり。所詮其しばにおゐて、喧嘩をとりもち、はしりまはり、剰疵を蒙《かうぶ》る者、本*人の成敗にをよぶべき也。於テニ以後ニ一本人露顕せば、主*人の覚悟に有べき也。

10 一 被官人ノ喧嘩并盗賊の咎、主人ニかゝらざる事は勿論也。雖レ然未ダ分明ならず、子細を可レ尋など号し、拘《(かかえ)》*をくうち、彼者逃《(にげ)》うせば、主人の所領一所を可ニ没収一。無クニ所帯一ば、可レ処ニ罪過一。

逐電の後廿余年…不及 ↓補

失あつて 過失をおかして。

7 亭主…あるべからざる也 その家の主人に咎はかからない。↓補

他人の下女に嫁す輩 他人が召使っている下女と婚姻関係を結び下女の許に通ってくる下人。結城15条参照。

傍輩 なかま。朋輩。

其咎かゝるべからず (殺害しても)罪とはならない。

8 事は非儀たりといふとも 喧嘩となる原因をつくったことはけしからんが。

与力の輩 加担者。方人。

しば 黒川本には「しばゐ」とある。「しば」「しばゐ」とも同義で、ある事柄の行われた場所・現場の意。

当座その身一人所罪たる上 式目10条を意識していると思われる。

落行跡 喧嘩人が逃亡してしまった遺跡。

妻子其咎かゝるべき歟 本人が逃亡した場合、妻子などに咎がかけられる例が多く、本人の身代わり的意味をもったものと思われる。

9 本人の成敗 喧嘩の張本人と同罪、すなわち死罪。なお結城4・5条参照。

主人の覚悟に有べき也 (主人が本人をかくまっていたのではないことを証明するために)、主人が本人を成敗すべきである。

10 拘をく 人や物に対する事実的支配を意味し、他からの妨害に対する保護の意志が含まれた語。

11 一 童《わらはべ》いさかひの事、童の上は不レ及二是非一。但両方の親、制止を加《くは》ふべき処、あまつさへ欝憤《うつぷん》を致さば、父子共に可レ為ス二成敗一也。

12 一 童部《わらわべ》あやまちて友を殺害の事、*無キ二意趣一の上は、不レ可レ及二成敗一。但、*十五以後の輩は、其とがまぬかれ難《がたき》歟。

13▼ 一 知行分無ク二左右《そう》一沽却《こきやく》する事、停二止之一畢。但難キレ去リ要用あらば、子細を言上せしめ、*以テ二年期《ねんき》ヲ一定《さだむ》べきか。自今以後、*自由之輩は、可レ処二罪過一。

14 一 知行の田畠、年期を定《さだめ》沽却之後、年期未《いまだ》をはらざるに、*地検を遂グル事停二止之一了。但、沽却以前に地検之儀令メ二契約セ一、沽券に載《のせ》、又は*百姓私として売置《うりおく》名田者、沙汰の限《かぎり》にあらざる也。雖レ然*地頭沽券に判形《はんぎよう》をくはへば、同ジク可レ停二止之一。

15 一 新井溝近年相論する事、毎度に及べり。所詮他人之知行を通す上は、或*替地《かえち》、或は*井料勿論也。然ば奉行人をたて、速に*井溝の分限を計《はか》らふべし。奉行人にいたりては、以テ二*罰文ヲ一、私なき様に可二沙汰一也。但自リ二往古一、井料の沙汰なき所にをいては、沙汰の限にあらざる也。

16 一 *他国人に出置《いだしおく》知行沽却する事、頗《すこぶる》いはれざる次第也。自今以後停二止之一畢。

17 一 故《ゆえ》なくふるき文書を尋取《たずねとり》、名田等を望《のぞむ》事、一向《いつこう》停二止之一畢。但、譲状あるにをいては、可シレ為ル二各別一。

18 一 借米之事、*わりは其年一年は契約のごとくたるべし。次の年より、*本米許《ばかり》に*一石には一石、五ケ年の間に、本利合《あわせて》六石たるべし。十石には十石、五ケ年の間に、

12無意趣の上は　意趣がない場合は、の意ではなく、意趣がないのであるから、の意。

十五以後の輩　→補

13以年期定　売却の年限を定めて。なお今川氏の領国下の場合、いわゆる年紀売ではなく、年季明請戻特約本銭返を指す。

自由之輩　わがまま勝手の者。先例・法令などによってつくられた秩序を乱す行為は、すべて「自由」と表現され非難の対象となる。

14地検　検地のこと。ただしこの場合の検地は大名による検地ではなく、地頭の増分獲得を目的とした私的検地。

百姓…名田　今川追加9条参照。

地頭…くはへば　(百姓の)売券に地頭が売却許可のしるしとして花押をすえる。

15替地　代替地。井料田と称した。

井料　用水路の借地料。

井溝の分限を計らふべし　井溝の設置による領主の損害の量を算定する。慶長六年五月十七日前田利家定書(加賀藩史料、一)には「本年貢相当分」とある。

罰文　起請文。

16他国人…沽却する事　他国人と主従関係を結び与えた給地を、他国人であるからといって一方的に売却すること。

18本条および次条は、出挙・貸借の契約期間が切れた後の利率その他の問題を規定したものである。

わり　和利・把利・割などと書く。率。この場合、利率の意。

本米許に　単利で。

本利合六十石たるべし。六年にをよびて、無沙汰に付ては、子細を当奉行幷領主にことはり、*譴責《けんせき》に可ㇾ及也。

19 一 借銭の事、*一倍《ばい》になりて後、二ケ年之間は、*銭主相待べし。*及二六ケ年一、不二返弁《レセ》一ば、当奉行幷領主にことはり、可ㇾ及二譴責一也。*米銭共に利分の事は、契約次第たるべし。

20 一 借用之質物に知行を入置《いれおき》、進退《しんたい》事尽るゆへに、或号《シ》二遁世《ト》一、或欠落《かけおち》のよし、*侘言《わびごと》を企る儀有ㇾ之。去《さる》*明応年中歟、庵原周防守《いはらすおうのかみ》此儀ありし。譜代の忠功*もだし難きにより、一旦随《ヒ》二其儀《ニ》一畢(但、以二*料所《りようしよ》*焼津ノ郷一、銭主に遣ㇾ之)。今年(大永五乙酉)、*房州此段しきりに言上難ㇾ去条、一往加《フル》二下知《ヲ》一ところ也。*一家と云、面々と云、一返《いつぺん》は其儀に任《まかす》といへども、自今以後、此覚悟をなす輩は、所帯を没収すべきなり。

21 一 他人の知行の百姓に譴責を入《いる》る事、兼日領主と当奉行人にことはり届《とゞ》けずば、縦《たとい》*利運の儀たりと云共《いうとも》、可《キ》ㇾ為《ル》二非分《ヲ》一也。

22 一 *不入之地の事、改《あらたむ》るに不ㇾ及《バ》。但其領主令《メ》二無沙汰《セ》一成敗に不ㇾ能《ハ》、*職《しき》より聞立《ききたつ》るにおゐては、其一とをりは、成敗をなすべき也。先年此定を置と云共、猶領主無沙汰ある間、重而《かさねて》載《スル》ㇾ之《ヲ》歟。

23 一 *駿府の中、不入地之事、*破《リ》ㇾ之《ヲ》畢。各不ㇾ可ㇾ及二異儀一。

24 一 駿・遠両国津料《つりよう》*、又遠の駄之口《だのくち》*の事、*停止之上、及二異儀一輩は、可ㇾ処二罪過一。

25 一 *国質《くにじち》をとる事、当職と当奉行にことはらず、為《シテ》ㇾ私《ト》とるの輩は、可ㇾ処二罪過一也。

一石には一石　一年で二倍になる利率。
譴責　負債取立てのための実力行使。
19 一倍になりて　本利合計が元本の二倍になって。利子一倍法は、(一)利息元本一倍以上徴収禁止、(二)利息元本一倍超過質流れ、という全く矛盾する二つの内容を有したが、この場合、(二)を指す。なお、一一一頁頭注「五把利…」参照。
銭主　貸主。債権者。

及六ケ年…譴責也　利子一倍の問題がない場合には、18条の出挙と同じ原則を適用する。

米銭共に…　この部分は契約状に定められた期間内についての事である。
20 侘言を企る　大名に救済を要求する。
明応年中　一四九二～一五〇一年。
もだし難き　「黙止難き」。そのまま捨ておきがたい。
料所　今川氏の直轄領。
焼津ノ郷　現静岡県焼津市。庵原氏が代官職を預かり、それを抵当に入れたものと思われる。
房州　某安房守。誰であるか不明。
一家　家格の一。大名家の血縁または擬制的血縁関係により、この頃には一家・一門・一族などと称する家格の序列が形成されている大名が多い。
21 六角21条参照。
利運　理運。
22 不入之地　守護不入地。今川追加5・20条参照。
職　当該の役職にあるもの。当職も同じ。この場合、検断をつかさどる役人。

26 一　駿・遠両国浦々寄船《よりぶね》*之事、不レ及二違乱一船主に返《かえす》べし。若《もし》船主なくば、其時にあたりて、及《ブ》二大破《ニ》一寺社の修理に寄《よ》すべき也。

27 一　河流《かわながれ》の木の事、知行を不レ論、見合にとるべき也。

28 一　諸宗之論之事、分国中にをいては、停二止之一畢。

29 一　諸出家取*たての弟子と号し、智恵の器量《きりよう》を糺《たゞ》さず、寺を譲《ゆずり》あたふる事、自今以後停二止之一。但、可《キ》レ随《フ》二事躰《ことのてい》《ニ》一歟。

30 一　駿・遠両国之輩、或わたくしとして他国より嫁《よめ》を取、或は婿《むこ》に取、娘《むすめ》をつかはす事、自今以後停二止之一畢。

31 一　私として、他国の輩《ノ》一戦以下の合力《ごうりよく》をなす事、おなじく停二止之一畢。

32 一　三浦二郎左衛門尉・朝比奈又太郎*、出仕の座敷さだまるうへは、自余の面々は、あながち事を定むるに不レ及。見合てよき様に、相計《はか》らはるべき也。惣別《そうべつ》弓矢の上にあらずして、意趣をかけ、座敷*にての事を心がくる人、比興《ひきよう》*の事也。将又《はたまた》*勧進猿楽・田楽・曲舞《くせまい》*の時、桟敷《さじき》之事、自今以後、鬮《くじ》*次第に沙汰あるべき也。

33 一　他国の商人、当座《ノ》被官に契約する事、一向停二止之一畢。

以上三十三ヶ条

右条々、連々思当るにしたがひて、分国のため、ひそかにしるしをく所也。当時人々小賢《こざか》しくなり、はからざる儀共相論之間、此条目をかまへ、兼てよりおとしつく*る物也。しかれば贔屓《ひひき》の誘《そしり》有べからざる歟。如レ此《かくのごとき》之儀出来《しゆつたい》之時も、箱の中を取《とり》

23駿府　今川氏代々の居所。現静岡市。
破之　(守護不入の特権を)破棄する。
24津料　水上商品運搬税。
駄之口　駄別銭(陸上商品運搬税)徴収の関所。
停止　個別領主の設置した関所の徴収権を否定し、大名権力のもとに吸収する。
25国質　塵芥集127・129条参照。
26寄船　追32条(一〇〇頁)頭注参照。なお「廻船大法」(『静岡県史料』一、旧松崎村民六左衛門文書)には、その在所の寺社の造営にあてることが記されている。
27流れついた材木などは、その在所のものの所有に帰するという慣習があり、**こ**れを「寄木沙汰」と称する。
28本条をうけて甲州法度22条には、浄土宗・日蓮宗の宗論禁止の条がたてられている。なお大内氏掟書174条にも「諸宗相論停止事」という規定がある。
29取たての弟子　法流の継承を予定されている弟子。長宗我部氏掟書81条には、「縦雖レ為二一弟子一、勿論可レ為二其器用次第一事」とあり、大名権力の統制がより強化されている。塵芥集9条参照。
30本条をうけて甲州法度4条に、「他国結縁嫁事」なる条がたてられている。なお結城23条参照。
32本条をうけて甲州法度23条に、「被官出仕座席事」なる条がたてられている。
朝比奈又太郎　掛川城主朝比奈泰能。三浦氏とともに家臣の筆頭に位置していた。
座敷にての事　出仕の座敷での座席の順序。

出《いだし》、見合《みあいに》裁許あるべし。此外*天下の法度、又*私にも自《リ》二先規一の制止は、不レ及レ載レ之也。

大永六丙戌年四月十四日

*紹　僖　在印判

比興　不都合なこと。非理なこと。

勧進猿楽　主として社寺の建立・修理等の費用を得るため、観客に金銭の寄付を求める目的で行う猿楽。

曲舞　中世の舞踊の一。鎌倉時代に始まるといわれ、室町時代、盛んに祭礼などで舞われた。江戸時代に入って幸若舞と呼ばれたのは、この一派である。

鬮次第…　くじを引いて座席の順序を定める。

○ひそかにしるしをく所也　裁判官のための裁判基準として、ひそかに作成されたことが記されているが、内容からいってもそのような性格の法でないことは明瞭であり、また現実にも領国にその内容が知られていたことが証せられる。

おとしつく　「落し着く」。おちつかせる。決定する。

天下の法度　鎌倉・室町幕府の法を指すのではなく、これらのうち現実に社会に定着した法、また広く社会に支持された慣習法などを含んだ、いわゆる「天下大法」と称されたものを指す。

私にも自先規の制止は　今川氏が従来発布した個別法令は。

紹僖　今川氏親の道号。大永四年以降の文書に、沙弥紹僖と署しているものがみられる。

かな目録追加

1 一 互ニ遂ゲ二裁許ヲ一*公事落着之上、重而*目安《めやす》を上《あげ》、訴訟を企る事、証文たゞしき事あらば、是非に不レ及。さもなくして、同口上の筋目申《もうす》に付ては、罪之軽重を不レ論、成敗すべき也。

2 一 *各同心《どうしん》・与力《よりき》の者、他人をたのみ、内儀と号し、訴訟を申事、停二止之一。其謂《いわれ》は、寄親《よりおや》前々訴訟の筋目を存、いはれざる事をば相押、加フル二*異見ヲ一により、前後しらざる者を頼み、我道理計《ばかり》を申により、無覚悟なる者共、取次《とりつぐ》事多也。但、寄親道理たゞしき上を、贔屓《ひいき》の沙汰をいたし押置《おさえおく》歟、又敵方*計策《けいさく》歟、又は国のため大事にいたりては、以二密儀一、便《たより》よき様に可レ申も、不ルレ苦カラ也。

3 一 各与力の者共、さしたる*述懐《じゆっかい》なき所に、事を左右《そう》によせ、みだりに寄親とりかふる事、*曲事《くせごと》たるの間、近年停止之処、又寄《より》親、何の*好《よしみ》なく、当座自然之言次《ことばのついでに》憑《たの》計《むばかり》の者共を、恩顧之庶子*のごとく、永《ながく》同心すべきよしを存《ぞんじ》、起請を書《かか》せ、永く同心ノ契約なくば、*諸事取次間敷《まじき》などゝ申事、又非分の事也。所詮*内合力《うちのごうりょく》をくはふるか、又寄親苦労を以、恩給*充行《あておこなう》者は、永同心すべき也。但寄親非拠《ひきょ》之儀あるに付ては、此かぎりにあらず。さあるとて、*未断《みだん》に寄親替《か》ふべきにはあらず。*惣別《そうべつ》各抽《ぬきんず》ル二奉公ヲ一の筋目あれば、当座の与力はつく事也。*一旦ノ奉公を以、数多《あまた》同心せしむるといふ共、寄親又奉公油断の無沙汰あるにより、昼夜ノ奉公の者によりそひ、一言

1公事　この場合は、訴訟・審理・裁判。
目安　訴状。陳状(被告の弁駁書)を指す場合もある。訴状をみやすいように箇条書きにしたことより始まり、そのような形式をとらなくとも目安状という。
2同心・与力の者　同心も与力(寄騎)も同じで、心を同じくし、力を与す(加勢する)の意から、そのような人または職名となる。通常、より有力な武士(寄親)に付属し、または大名より預けられ、その命令・指揮に従う武士。
異見　意見。反対意見。
計策　はかりごと。
3述懐　恨み。不満。
曲事　道理に背くこと。けしからぬこと。
好　主従関係を支える重要な要素として、恩給関係とともに、両者の人間的情誼関係を示す語としてしばしば現われる。
庶子　嫡子以外の兄弟。単独相続制が確立してくると、嫡子より扶持を与えられ、その家臣的性格が強くなる。
諸事取次　前条のごとく、同心・与力は寄親を通してのみ大名への上申が可能であり、寄親を取次・奏者ともいう。
内合力　内々の助力。私的援助。
充行　「アテガウ」ともよむ。給与する。
未断に　通告なしに。勝手に。
惣別　一般に。総じて。
一旦奉公　昼夜奉公に対するもので、戦場などでの一度の手柄。
別而　とくに。
己が奉公を先として　(今川氏に対する)自分の奉公を第一として。

をもたのむにより、もとより*別而《べつして》真切《しんせつ》の心ざしなき同心は、をのづから疎《うと》む也。*己が奉公を先として、各に言《ことば》をもかけをかば、故なき述懐なく同心すべき歟。能々《よくよく》可《キ》レ為《ス》二分別一也。

4 一 出陣の上、人数他の手へくはゝり、高名すと云共、背《ク》二法度《ヲ》一之間、不忠之至也。知行を没収すべし。無《ク》二知行一ば、*被官人を相放すべき也。軍法常の事ながら、猶書《かき》載《のする》也。

5 一 駿府不入之事停止之由、*かな目録に有うへは、不《ル》レ及《バ》二沙汰《ニ》一と云共、*馬廻《うままわり》之事は、*目代《もくだい》の手*入《い》るべからざる由、近年申来《もうしきたる》之間、近日及二沙汰一、*悪党之事は、家財あらたむるに不レ及、*雑物一色《ぞうもついっしき》あひそへわたすべきよし、議定畢。幷《ビニ》*不入之地準レ之。*但家来之悪党を家来之者聞立、成敗する事は、他之云事なき間、不レ及二是非一。訴人ありて申出《もうしいずる》悪党に至ては、当職に渡置、可二成敗一也。又*自二当職一申付者、悪党抱《かかえ》置《おく》にをいては、重罪の間、別而可レ加二成敗一也。か様之儀申出者にをいては、かゝへをくものゝ家財以下出置、其上可《キ》レ為《ス》二褒美《ほうび》一也。

6 一 各困窮せしむるにより、*徳政の沙汰にあらずといへども、或《あるいは》*年期を延《の》べ、或*以二連々一弁済之事、誠に非分の至也。如二*増善寺殿《ぞうぜんじ》時一、かたく停二止之一。如レ此相定上、訴訟のよし取次申出る者にをいては、知行三分一を可二没収一。訴訟人之事は、*一跡《いっせき》を改易《かいえき》すべき也。将亦《はたまた》*徳人《とくにん》等、或奉公の者、或*神社仏寺領売得《ばいとく》の事、一切不レ可レ有レ之。但奉公之者、陣参《じんさん》急用に付ては、二三ヶ年期之事は宥免《ゆうめん》也。神社仏寺領之事も、

4 結城71条参照。
被官人を相放す (今川氏との)主従関係を絶つ。→補
5 **かな目録に有** 今川23条参照。
馬廻 家臣団の中核的存在で、主君の馬側にそい護衛にあたった武士。
目代 国司の代官。この時期では守護代に近い性格となっており、駿府の検断を司どっていた。なお今川氏は南北朝以来守護と駿河の国務を兼帯していた。
手入るべからざる 不入。
悪党之事… (馬廻の所領内の)悪党に対する検断は、入部して犯人を逮捕し、家財を没収せずに。
雑物一色… (領主=馬廻が自ら検断を行って)、悪党に贓物のうち一品をそえて、目代に引き渡す。
不入之地準之 駿府以外の不入地の検断もこれに準ずる。
家来之悪党を家来之者聞立 (自分の)家臣が悪党であることを(その主人たる)家臣が聞き立て。
自当職申付者 担当の役人より悪党の引渡しを命ぜられたもの。
6 **徳政の沙汰にあらずといへども** 債権の取消しまではいかなくても。
年期を延べ 年紀明けに本銭を返さねばならないため、契約期間の延長をはかる。
以連々弁済之事 連々の訴訟により弁済の特例を要求する。今川20条参照。
如増善寺殿時 今川20条を指す。増善寺は今川氏親の法号。
一跡を改易 所領を没収する。

修造顕然たらば、同前に是を免許すべき也。此条兼日雖二相定一、条目に所二書《キ》載《スル》一也。

7 一 他国之者、*当座宿をかりたるとて、被官の由申事、太《はなはだ》曲事也。主従之契約をなし、*扶助《ふじょ》之約諾の上、証人あるにをいては、被官勿論也。惣別他国の者の事は、約束のごとく扶持《ふち》せざるに付ては、速に*暇《いとま》をとらすべし。扶持をばせずして、一度契約したるなどゝ、*譜代同前の申事は、非分の事也。

8 一 分国中諸*商買の役之事、自二先規一沙汰し来る事は、乍《ラ》二不便《ふびん》一*了簡に不レ及也。今に至て遁《のが》れ来る事とて、*新役望訴《のぞみうったうる》者、無二際《シ》限一といへども、*許容せざる也。自今以後、か様之訴訟取次者にをいては、知行十分一を没収すべき也。知行なくば、給*恩に随《したがい》可二改易一也。

9 一 百姓等地頭にしらせずして、名田売買之事、曲事也。但*為《テ》二年貢収納《ト》一、当座之儀にをいては、宥免《ゆうめん》あるべし。年期二三ケ年にをよばゞ、地頭・代官に相ことはるべし。*永代の儀は、不レ及二沙汰一也。

10 一 奉公の者子孫の事、嫡子《ちゃくし》一人之事は、*一跡相続之上、是非に不レ及。弟共に至ては、*知行を割分《さきわけ》、扶持を加《くわう》るの間、嫡子に与力すべき事勿論也。但割分之上に、*給恩を請《うけ》、内の合力にくはへ、*惣領につき奉公すべき事は、いはれざる也。速《すみやかに》*給分上置《あげおき》、兄一所《いっしょ》に奉公すべきなり。兄弟の間、契約の筋目ありて、割分に随ひ、*人数兄にくはへ、其身は*各別之奉公も随意たるべき約諾あるにをいては、其儀にまかすべき歟。父祖譲与の所を惣領非分を以《もって》*押領の上、公事に及、裁許を遂《とげ》、兄の非儀為《ラバ》二歴然一者、

徳人 有徳人。富裕者。分限者。
神社仏寺領売得の事… →補
7当座…被官の由申 寄宿することは、その家の主人の保護下に入るという考えから、主人によりその者が被官であるという主張がなされるのであろう。→補
扶助 扶持と同意。本来援助の意で、主人が従者に与える給分・俸禄をいう。
暇をとらす 主従の関係を解く。
譜代同前 譜代同然。扶持の有無がその主従関係を規定しない譜代と同じである。
8商買の役 商人が種々の特権を与えられて領国内で商売を行うことを大名より公許されるかわりに負担する課役。
了簡 勘弁。宥恕。
新役望訴 現在の商人にかわって(特権を与えられることを望んで)、新規の課役の負担(従前より大なる負担)を申し出る。
許容せざる也 許可しない。現在の特権の継続を保証する。
給恩 所領ではなく、特権賦与などの恩給を指す。
9為年貢…をいては 年貢収納の際、百姓が年貢を納入できず、その費用捻出のため一時的に土地を年紀売する場合は。
永代の儀 永代売。
10一跡 跡目。遺領。
割分 12条参照。
請 (今川氏から)給分を与えられ。
この場合、嫡子のこと。
返還する。
随ひ、人数兄にくはへ 割き分け
分限に応じた人数を兄に奉公させ。

弟各別之奉公、是非に不ㇾ及也。惣別嫡子之外、扶助すべきたよりなき者共、子共おほきまゝ、何《いずれ》も取ならべ、幼少之間、何《なに》となく出仕させ置、給恩を望事、甚《はなはだ》曲事也。嫡子一人之外は、堅可ㇾ停㆓止之㆒。但、弟たると云共、別而忠節奉公せしむるにをいては、各別として扶助すべき也。又*父一代の労功を以、給恩に預《あずかり》たるもの、子共に割分、何様《いかよう》に奉公さすべきのよし*内儀を得、兄弟共に同前に相ことはり、扶助するにをいては、*無㆓是非㆒歟。但、他国人・足軽之事者、*一かしらとして奉公走廻《はしりまわる》之間、不ㇾ準ㇾ之、器量を以、一跡可㆓申付㆒也。

11 一 父の*跡職《あとしき》、嫡子可㆓相続㆒事勿論也。雖ㇾ然*親不孝、其上無奉公之者にをひては、弟又は他人を養子としても、子孫奉公つゞくべき者に、可㆓申付㆒也。但*嫡子何之不孝成《なる》事なきを、親弟に相続すべき覚悟にて、非分の事共申かくる事、太《はなはだ》曲事也。時宜《じぎ》により可ㇾ加㆓下知㆒也。

12▼ 一 庶子割分之事、*本知行五分一、十分一程の儀にをいては、大方《おおかた》相当すべき歟。半分、三ケ一にいたりては、惣領の奉公迷惑たるべき歟。自今以後、各可ㇾ有㆓分別㆒也。

13 一 田畠・野山境問答対決の上、越度《おつと》の方、知行三ケ一を可㆓没収㆒之旨、*先条雖ㇾ有ㇾ之、あまり事過《すぎ》たる歟のよし、各訴訟に任《まかせ》、*問答之牓示《ぼうじ》境一ばいを以、公事理運之方へ、付置べき也。

14 一 *公事半《なかば》手出《てだし》、三年理非を不ㇾ論、公事を相手《あひて》に落着すべしと云々。雖ㇾ然、非儀をかまふるの輩、*公事を延《の》べ置、手出の咎をねらひ、先《まず》三年の所務をする事、太《はなはだ》

各別の奉公 別々の奉公。兄から自立して、今川氏に直接仕える。
押領 知行を実力をもって侵奪すること。
父一代の…預たるもの 家産として継承された恩給地ではなく、本人の勲功で給与された恩給地。前者の場合、今川氏が相続に対する決定権をもっていたと思われる。
内儀 （今川氏の）内々の意向。
無是非歟 やむをえない。（以上の手続きをふんだ場合は）、親の意志で（親の好む子に）譲与することが許される。
一かしらとして 一人で。その人個人の能力によって。
11 跡職 一跡・跡目などと同じ意で、遺跡のこと。
親不孝…にをひては 式目22条参照。
嫡子何之不孝… 結城51・52条、六角46条参照。
12 本知行五分一 庶子一人分ではなく、庶子分としての量。
13 先条 今川2条を指す。
問答之牓示境一ばいを以 境相論の訴訟対象となった土地（論所）の広さの二倍の土地を。
牓示 土地の境界のしるしで、木の杭・石柱などがたてられた。
14 公事半…すべしと云々 今川4条を指す。
公事を延べ置 審理をわざと遅延させる。
浅間 浅間神社。駿河国一の宮。静岡県富士宮市にある。
後年 翌年。

奸曲之至也。手出の越度あるにをいては、其年の年貢を*浅間《せんげん》造営に寄附し、*後年に至て、公事の是非を可㆓裁許㆒也。

15 一 *公方人《くぼうにん》与《と》号し、*田札《てんさつ》する事、*公事相手に、其旨趣をことはり、其上、田札すべし。公方人の奉行を定《さだむる》へは、奉行人に断《ことわり》、諸事可㆓*申付㆒也。

16 一 小身の者、盗人にあひ取《とら》るゝ所の財宝、纔《わずか》の事たりと云共、其身にをいては、進退つゞかざる由を存、彼盗人尋出《たずねいだ》す所に、*目代之手へわたるか、或は不入之地たる間、*雑物出間敷《いだすまじき》由先規より申と云共、無力の者にをいては、不便の儀たる間、贓物《ぞうもつ》一色悪党に付置、其外は本主に可㆓還附《げんぷ》㆒也。

17 一 自リ㆓他国㆒申通事《もうしかよわすこと》、内儀を得ずして、私之返答の事、かたく令㆑停㆓止之㆒也。

18 一 *祈願寺《きがんじ》之住持たる者、故なく進退あらためながら、寺を他人に譲与の一筆出《いだす》事、甚ダ以テ自由之至リ曲事也。出家*退屈《たいくつ》の上*落堕《らくだ》せば、寺は速《すみやか》に上置のよし、以㆓寺奉行㆒披露すべし。相応ノ住持可㆓申付㆒也。

19 一 諸事法度を定、申付と云共、各*用捨あるゆへ、*事を主《ぬし》になり申出《もうしいだす》者なきは、各の私曲也。制法にをいては、親疎《しんそ》を不㆑論、訴申事忠節也。自今以後、用捨をかへり見ず申出に付ては、可㆑加㆓扶助㆒也。

20 一 不入之地之事、*代々ノ判形を戴《たい》し、各露顕之在所の事は沙汰に不㆑及。新儀之不入、自今以後停㆓止之㆒。惣別不入之事は、*時に至て申㆓付諸役免許㆒、又悪党に付ての儀也。*諸役之判形申掠《かす》め、*棟別《むなべつ》・段銭沙汰《さた》せざるは私曲也。棟別・段銭《たんせん》等の事、前々より

15 **公方人**　公人ともいう。朝廷・大社寺、幕府の政所・問注所・侍所などに直属し雑事に従う下人・中間など。今川氏の場合、判決の執行者として、年貢未進の催促・諸役の徴収・借銭取立ての譴責・牓示の設定などを行っている。六角氏式目に多くみられる「御中間」と同じ。

田札　点札ともいう。裁判を行うものが訴訟物件の凍結のため論所にたてる札。今川4条参照。

公事相手に…　訴人が公方人をだきこんで、一方的に田札を行うことが多かったのであろう。

申付　事を行う。成敗する。

16 **目代之手へわたる**　すでに犯人が逮捕され、盗品が検断を行った目代の所有に帰している。

雑物出間敷由先規より申　5条参照。

17 同趣旨の立法が、甲州法度3条、結城79条にある。

18 **祈願寺**　朝廷・幕府・大名などが家の繁栄・国家の安全などを祈禱させるために指定した寺。六角6・7条参照。

退屈　緩怠と同意で、義務を怠ること。

落堕　堕落。この場合、俗人になること。

19 **用捨あるゆへ**　(訴訟を行おうとする際)、それぞれ利害関係など諸々の関係を顧慮して遠慮するゆえ。

事を主になり　当事者として積極的に責任をもって。

20 **代々判形を戴し**　今川氏当主の代々の(不入権を認めた)判物(発給者たる大名の判＝花押のすえてある文書)を所持し。

子細有て、相定《さだむる》所の役也。雖レ然*載《せ》二判形ニ一、別而以二忠節一扶助するにをいては、是非に不レ及也。不入とあるとて、分国中守護使不入など申事、甚曲事也。*当職の綺《いろい》、其外内々の役等こそ、不入之判形出す上は、免許する所なれ。他国のごとく、国の制法に*かゝらず、*うへなしの申事、不レ及二沙汰一曲事也。自二旧規一守護使不入と云事は、将軍家天下一同御下知を以、諸国守護職被二仰付一時之事也。*守護使不入とありとて、可レ背《ケンク》二御下知ニ一哉ヤ。只今はをしなべて、自分の以テ二力量ヲ一、国の法度を申付、静謐する事なれば、*守護《しゆご》の手、入間敷事、かつてあるべからず。兎角《とかく》之儀あるにをいては、かたく可二申付一也。

21▼一 *奴婢・雑人《ぞうにん》妻子の事。*夫婦各別の主人あるにより、男の主人は我下人の子たる間、被官之由を申、女の主人は、我下女の子たる由、*相論す。所詮幼少より扶助をくはふる方へ、落着すべき也。互に扶助せざるにをいては、親が計ひたるべき也。但*悴《かせ》者《もの》の事は、扶助をくはへずと云共、子一人の事は、譜代の奉公をつぐべし。*末子《ばつし》に至ては、親がはからひたるべき也。

以上廿一ヶ条

天文廿二年二月廿六日

「代々」は、代替安堵を前提にしたものではない。

時に至て 臨時に。大名から与えられた諸役免除の特権は、大名により破棄されることがしばしばあった。

諸役之判形申掠め 諸役(大名の賦課する諸々の雑税)免除の証文をもって、(棟別・段銭免除であると)偽りの主張をする。

棟別 棟別銭。家屋の棟数別に賦課する税。

載判形 棟別・段銭免除の文言が判物に明記されており。

当職の綺 (領主の所領支配に関する)担当の役人の干渉。たとえば今川氏の場合、不入地では大名の検地は行われていない。

かゝらず かかわらず。

うへなし 上を恐れざる。傍若無人の。

守護使不入とありとて、可背御下知哉 (そのような体制のもとで)守護使不入とあるとしても、将軍の下知には従わずにいることができようか。(それと同じ理屈で)。

守護の手、入間敷事 (守護が認めた守護不入地に対し)、守護の干渉を全く許さないということは。

21奴婢・雑人 ともに下人と同じ隷属民。

夫婦各別の主人あるにより 夫の主人と妻の主人が別であるので。

相論す 子供の所有権をめぐって争う。

悴者 結城1条補注参照。

末子 末の子ではなく、嫡子以外の子。

定

1 一 *毎月評定《ひょうじょう》六ヶ日。二日、六日、十一日者、駿・遠両国之公事を沙汰すべし。十六日、廿一日、廿六日は、三州之公事を沙汰すべし。但、半年は三州在国すべきの間、彼国にをひて、諸公事裁断すべし。雖レ然急用のため、*三日相定の日、*宿老幷奉行人数、*巳《み》之時よりあつまり、*申刻《さるのこく》まで、諸公事儀定、披露怠慢せしむべからず。此六ヶ日之外、訴訟・公事・急用之注進等は、夜中を論ぜず、可《キ》レ令《ム》二披露《セ》一也。

2 一 *たよりなき者訴訟のため、目安之箱、毎日門之番所に出置上は、たしかに箱《はこ》に入て、毎月六度之評定にこれをひらき、*名を沙汰し定《さだむ》べき也。但誰なにがし、いづれの在所と云事名不実之者、訴訟と号し、彼箱になげ入、*落書同前に披露すべきにをひては、讒言《ざんげん》の禍《わざはひ》たるべし。所詮五日に一度之評定の当日に、彼訴訟之人、門外に祗候《しこう》せしめ、箱之内之目安、一度に*合点せざる訴訟人は、落書たるべきの間、則《すなわち》衆中として、焼《やき》すつべし。若又其日不レ二出合《ハ》一ば、重而以二目安一可レ申事。

3 一 *互の日、*目安向《めやすむかい》ニ雖《モ》レ遂《グルト》二裁許《ヲ》一、三十日を経て、奉行人披露なきにをひては、*訴訟之鐘をつくべし。但公事おほきに付、遅引《ちいん》の事あらば、論人・訴人共に、奉行人かたより、其旨をあひことはるべき事。

4 一 訴人申により、論人に*奉書をなすの処に、罷出《まかりいずる》日限延引せしむるにをひては、*公事の道理を訴人に付《つ》くべし。但*歓楽《くはんらく》、又は他行歴然に付而は、奉行人へ即時に、

1毎月評定六ケ日 中世の武家の裁判制度は、月六回の開廷が一般的である。
三日相定の日 駿・遠および三河国に関するそれぞれ三日の評定日。
宿老 江戸時代の家老の前駆的職制である老(オトナ)の意が一般的であるが、ここでは評定衆を指す。7条参照。
巳之時 午前十時。
申刻 午後四時。
2たよりなき者 便なき者。訴訟の一般的手続きである寄親などの取次ぎを通す手段をもたないもの。
名を沙汰し… 姓名・住所・身分を確認し、訴訟受理の可否を定むべきである。
落書…禍たるべし 落書は無名入文(むめいいれぶみ)と称されるごとく、匿名の投書であり、受理されないのが一般的であった。相良13条参照。
合点 承知すること。この場合、(自分の訴状であることを)認めること。
3互の日 法廷に原告・被告が出頭して対決(口頭弁論)をする日か。未考。
目安向 訴陳状の筋にそって(対決し)。
訴訟之鐘をつくべし (訴論人が、まだ判決が下されないことを知らせるために)鐘を鳴らすべきである。
4奉書 主人の意を奉じて出す形式の文書の総称。召文(召喚状)は奉書形式をとる。
公事の道理を訴人に付くべし 召文違背の罪によって訴人方を勝訴とする。式目35条参照。なおこの場合、式目35条と違って「理非を論ぜず」訴人の勝訴となっ

其理《ことわり》可レ申事。

5 一 *条目之旨ニ相違に付而は、再三披露に可レ及。幷《ならびに》公事内儀として各披露、かたく令二停止一事。

6 一 訴訟之便《たより》有とて、謂《いわれ》なき事共かきあつめ、己《をのれ》が意趣計《ばかり》いひ立《たて》たらん奉公の者にをひては、*所帯名田なき者にをひては、分国中を追却すべし。事の様《やう》により成敗すべき事。

7 一 諸沙汰之座敷へ、無用之者不レ可レ出ル。但評定衆幷奉行人、同心一人召具《めしぐ》すべし。此外は堅ク停二止之一。此条、両人*同朋《どうぼう》毎度可レ改レ之。*制法おかす輩にをひては、及二披露一、可レ処二罪科一事。

8 一 直訴《じきそ》之事、諸沙汰之当日、*奉行人等相定《さだむる》上は、如ク二先例ノ一、理非を論ぜず、可レ加二成敗一之事。

9 一 訴訟人、事を左右によせ、万《よろず》*儀なきよしを申掠《もうしかすめ》、*判形を証跡として、公事をする輩にをひては、堅可レ加二成敗一也。取次申者にいたりては、罰金*千疋を出すべし。浅間造営のために寄附すべき也。

10 一 訴人・論人目安を出置、対決之上、*目安之筋目をかへ、口上申《こうじょうもうす》にをひては、不レ及二沙汰一事。公事を相手に落着すべき也。

11 一 目安披露之上、奉行人請取、公事落着なき間、論人・訴人共に、奉行の宿所へ出入すべからず。但奉行人かたへ、公事催促之儀は、出仕之上か、又寄親をもて催促

たものと思われる。

歓楽　所労・病気の忌詞。

5 条目之旨相違に付而は　(裁決が)法(仮名目録を指すと思われる)の趣旨と異なっていた場合は。

6 所帯名田なき者にをひては　上に「所帯名田を没収すべき也」のごとき文言が脱落していると思われる。

7 同朋　将軍・大名の側近に仕え雑役をつとめる僧体のもの。

制法　本条を指す。

8 直訴禁止の法は分国法に特徴的に多く現われ、六角65〜67条、甲州法度28条、結城49条等がある。

奉行人等相定上は　当該訴訟の担当奉行を定める以上は。

9 儀なきよしを申掠　事実でないことを偽って申し立て。

判形を…　(偽りの主張によって得た)判物を証拠として。

千疋　一疋は銭十文であるから、一万文。

10 目安之筋目をかへ、口上申にをひては　すでに提出した訴陳状の趣旨と異なったことを陳述するならば。

11 内儀相憑　訴論人の一方が奉行人に訴訟を有利になるよう頼む。

虚言申　相手方が奉行人に内々頼んだと虚偽の訴えをなす。

12 知行差出の員数　地頭が指出検地により今川氏に届け出た所領の高。この高をもとに軍役などの奉公の量が定められた。

私曲　不正の行為。この場合は届け出の分限と実際の高が異なること。

すべし。自然内儀*相憑《(あいたのむ)》之由、相手申かくる処に、頼処歴然に付而は、理非を論ぜず、公事を相手に落着すべし。又虚*言申にをひては、これも理非にをよばず可二落着一也。たのまるゝ奉行人にをひては、堅可レ処二罪科一事。

12 一　知*行差出の員数之外、私*曲之由訴人有て、百*姓前《まへ》検地すべきよし申に付ては、不*レ可レ及二披露一。但、地頭年来所務之内、隠《かく》し置分限、奉公せざるは私曲也。雖レ然随二分限一、*余慶《(よきよう)》はあるべき也。知行三ヶ一共かくし置証跡あるにをいては、か*くす所之十分一を、訴人に永《(ながく)》とらせ、残所は浅間造営のために、其年之年貢令二寄附一、翌年に至ては、本主に返しつけべき也。*向後《(きょうごう)》所務等増するに付而は、すみやかに*分限帳《(ぶげんちょう)》にのせ、相*当之奉公すべき也。

13 一　恩*顧之主人・師長・父母之是非、不レ可レ及二披露一。但、敵地之内通か、謀叛をくはだて、幷窃*盗・強盗・博奕《(ばくえき)》等之人数之返《(かえりちゆう)》忠者、但*、主人たりといふとも、国を守護する法度たるの間、可レ令二披露一事也。

右所レ定如レ件

百姓前　六角20条頭注参照。

不可及披露　訴訟を受理しない。百姓の隠田と異なり、原則としては地頭の指出を尊重し、保証している。

余慶　功徳の報いとしてきたる吉事。この場合、余地・余得の意。

かくす　今川本「返す」とある。意味の上からは隠匿知行の十分一と解すべきであるから、本来「かくす」とあったものを「く」と「へ」を読み誤って、書写の過程で「返す」となったものと思われる。

向後　今後。

分限帳　家臣の分限(所領高・扶持高)を記した帳簿。これにより大名は家臣に軍役その他の諸役を課した。「今川氏分限帳」と称するものが現存するが、後世の作で信憑性は高いとはいえない。

相当之奉公　(分限帳に記されている所領高に)み合った軍役などの奉公。なお、今川氏の所領高は貫高により表示された。

13結城51条、六角46条参照。

恩顧之主人…不可及披露　主人・師匠・父母に対する、従者・弟子・子の訴訟は受理しない。

窃盗…返忠者　このような犯罪をおかしたものでも、後で裏切って密告したものは当人の罪が許されるのが一般であった。相良33条、塵芥集60条、六角30・44条参照。

但　誤字と思われ、意味の上からは、「縦」のごとき字が妥当である。

武家家法 4

塵芥集

付 蔵方之掟

勝俣鎮夫 校注

塵芥集

*先々《せんく》の成敗《せいばい》におゐては、理非《りひ》を糺《たゞ》すにをよばず。今《いま》よりのちは、この状を相守《あひまも》り、他事にまじはるべからず。

1▼ 一　神社《じんじや》の事

祭礼《さいれゐ》の事は、年の豊《ゆた》かなるにも、悪《あ》しき年にも、増《まし》*減《おとり》なく、*嘉例《かれゐ》にまかせ、これを勤《つと》むべし。

2 一　村里《ざと》よりは、先規《せんき》のごとく、祭《まつり》のもの無沙汰《ぶさた》なきに、神職《しんしよく》かの*伝供《てんぐ》を貪《むさぶ》り、怠《をこた》りをなすに付ては、はやくかの職《しよく》を改《あらた》むべき也。

3 一　造営《ざうゑい》の事、神領《じんりやう》を*塞《ふさ》げ候はゞ、別当《べつたう》・神主《かんぬし》修理《しゆり》をなすべし。無沙汰《ぶさた》にいたつては、はやくかの職《しよく》を改《あらた》め替《か》へべし。たゞし大破《たいは》のときは、時宜《じぎ》によるべし。若又神領《じんりやう》なくば、その社《やしろ》の別当《べつたう》・神主《かんぬし》の役《やく》として、勧進《くわんじん》をもつて修理《しゆり》をなすべし。なを事ならずば、子細《しさい》を*披露《ひろう》のうへ、*合力《がうりよく》有べき也。

4 一　神領《じんりやう》の百姓《ひやくしやう》、*権門《けんもん》の威《い》をかり、年貢《ねんぐ》所当《しよたう》*抑留《よくりう》せしめば、成敗《せいばい》を加《くわ》ふべきなり。

5 一　神木《しんぼく》の事、造営《ざうゑい》に付て切《き》らば、是非にをよばず。自分《じぶん》の要用《ようく》として、切《き》り取売《う》る事、罪科《ざいくわ》たるべし。買手《かいて》又罪《つみ》を同《おな》じくすべし。

6 一　神社《じんじや》に*付《つ》くる所帯《しよたい》の事、時《とき》の別当《たう》・神主《かんぬし》みだりに売《う》るべからず。売手《うりて》・買手《かいて》共に

先々の成敗…　塵芥集の効力が過去に遡及しないこと、および今後の裁断はこの法典に基づき行うことを表明したもの。これは、一部の式目伝本にみられる「於二先々成敗一者、不レ論二理非一、不レ及レ改二沙汰一、至二自今以後一者、可レ守二此状一也」という前文を直訳したものである(植木直一郎『御成敗式目研究』参照)。

1 本条より7条まで神社法、8条より15条まで仏寺法がまとめられている。

減　「減、ヲトル」(易林本節用集)。

嘉例　めでたい先例。吉例。

2 伝供　「伝供、テング」(黒本本節用集)。神仏の供物を手より手に伝えて供えること。神仏の供物。

3 塞げ　みたす・うずめる・つめる、の意で、占有の事実を示す語。

披露　伊達氏への上申。

合力有べき也　伊達氏が金銭・物品を施与する意志を表明したもの。

4 権門　権勢を有する家柄。

抑留せしめ　押さえ留め置く。意図的に実力をもって納入しない。なお、「せしむ」には使役の意味はない。

5 何故神木を切るのを禁じたかについては、結城88条、菊池武重起請文3条参照。

6 付くる所帯　(伊達氏が)付けたる所領。

競望　一つのものを取得しようとして、他人とせり合うこと。通常、正当な権利を有さず強いて望む場合に使用される。

7 頭役　祭などに際して、神事を主宰したり、神職を助けて供饌や饗応をする役。

8 坊寺の事　この事書は、8条より15条

もつて罪科《ざいくわ》たるべし。又寄進《きしん》いたす子孫《しそん》、かの所帯《しよたい》*競望《けいばう》せしめ、違乱《いらん》にをよぶべからず。

7 一 祭礼《さいれゐ》の*頭役《とうやく》、代官《だいくわん》をもつて相勤《あひつと》むべからず。衆徒《しゆと》中《ちう》・神主《かんぬし》・禰宜《ねぎ》そのほか同前《どうぜん》。

8 一 *坊《ばう》寺の事
寺家の修理《しゆり》・仏事《ぶつじ》等の事、神社《じんじや》の沙汰《さた》におなじ。

9 一 住持《ぢうぢ》職《しき》は*師匠《ししやう》まかせたるべし。たゞし問答《もんだう》あらば、時《とき》の守護所《しゆごしよ》へ披露《ひろう》のうへ、その是非にしたがふべし。

10 一 住持《ぢうぢ》職《しき》さだまらざる以前《いぜん》、師匠早世《ししやうさうせい》の*跡《あと》の事、*且《かつ》はその人の器量《きりやう》により、且《かつう》は守護《しゆご》の計《はか》らいたるべき也。

11 一 出家の弟子《でし》、俗《ぞく》になる事、その*師匠《ししやう》に暇《いとま》を請《こ》はざる輩《ともがら》、*格護《かくご》いたすべからず。又その宗躰《しうてい》をあらため、*他宗《たしう》になる事同前《どうぜん》。つぎに比丘尼《びくに》の沙汰《さた》もかくのごとし。

12 一 出家《しゆつけ》所へ、女出《をんないで》入あるべからず。たゞし*ともんの*下人式《げにんしき》は、禁制《きんせい》にあたはず。

13 一 出家たるの人、刀《かたな》さすべからず。

14 一 寺領《じりやう》の事、わたくしの建立《こんりう》のところは、旦那《だんな》まかせたるべし。*公方所《くばうしよ》、其外さしいでたる寺《てら》へ寄進《きしん》の地の事、*本主《ほんぬし》の子孫《しそん》、先祖《せんぞ》の寄進《きしん》の地《ち》なるよし申、とりかへすべからず。時の住持《ぢうぢ》違目《ちがいめ》あらば、彼子細を披露《ひろう》せしむべきなり。

15 一 先々《せんぐ》よりの寺領《じりやう》、時《とき》の住持《ぢうぢ》みだりに沽却《こきやく》せしむる事、*余《よ》の所帯買得《しよたいばいとく》せしめ、かれは、わたくしに買得《ばいとく》のよし申、俗縁《ぞくゑん》の輩《ともがら》、又は寵愛《てうあひ》の人に譲《ゆづ》る事あるべからず。た

にかかる。
9 師匠まかせたるべし 相続人の決定権は師匠がもつ。今川29条参照。
10 跡 遺跡。跡目相続人。
且は…且は… 「…したり、…したり」と事柄を二つ重ねる場合に使用され、文章の上で対句になる。
11 師匠に…輩 師弟関係を解消することに関し師匠の承認を得ていないもの。
格護 相良25条頭注参照。
他宗になる事同前 転宗の一般的禁止の法は当該期に他法にみられず、伊達氏が僧侶の師弟関係を主従関係の方向で律していこうとする意図がうかがわれる。
12 ともんの 「とも(供)の」に「ん」が插入され「ともんの」になったと考えられている。
下人式 下人の類のもの。「式」は名詞の後に置かれた場合、「ごとく」と同じく類似しているという意を示す(ロドリゲス『日本大文典』)。
14 六角8条参照。
公方所…寺 室町幕府・鎌倉府の祈願寺、および世間の信仰をあつめた大寺。

本主の子孫… 一度仏寺や神社に寄進された所領は、その寄進者や子孫に悔い返しすることを許さないという法が、中世の大法として存在した(笠松宏至「仏陀施入之地不可悔返」(『史学雑誌』八〇編七号))。
15 六角8条参照。
余の所帯買得せしめ (先々よりの寺領を売却し、その費用で)、他の所帯を買得

ゞし先々《せんく》の寺領《じりやう》に手《て》を付《(つけ)》ず、時《とき》の住持《ぢうぢ》福裕《ふくゆう》のうへ、買地《かいち》をいかほどいたし候とも、その主《ぬし》のまゝたるべし。旦那《だんな》の競望《けいばう》あるべからざるなり。

16▼
一 殺害《せつがい》の科《とが》の事

右、人を殺《ころ》す合力《がうりよく》の族《やから》、*太刀取《たちとり》いたし候はゞ、*同罪《どうざい》たるべし。しかるにかの合力人《がうりよくにん》、*その科《とが》をまぬかれんために、本人《ほんにん》を討《う》ち罷《まか》り出《い》で候はゞ、宥免《ゆうめん》あるべし。又太刀取《たちとり》いたさず候とも、本仁《(ほんにん)》にあひかはり、とりたばねをなす族《やから》の罪科《ざいくわ》、本人《ほんにん》のごとくたるべき也。

17
一 *掛向《かけむかい》にて、*人を待《ま》ち、討《う》たれたる族《やから》、待《ま》たれて討《う》たるゝといひ、人を待《ま》ちたるものくちなしに討《う》ち、待《ま》たれたるに自分《じぶん》の働《はたらき》をもつて、待手《まちて》を討《う》つなどいひ、問答《もんだう》に及候はゞ、相互《たがい》の支証《ししやう》を尋《(たずぬ)》べし。*支証《ししやう》なくば、討《う》たれ候かたの理運《りうん》たるべきなり。

18
一 人の被官《ひくわん》以下《いげ》人を殺《ころ》し、*其則《(そのとき)》逐電《ちくてん》候はゞ、主《しう》人《にん》、殺害人《せつがいにん》を*許容《きよよう》にをゐては、*同罪《どうざい》たるべし。又くだんの科人《とがにん》、主人格護《しうにんかくご》のよし、*敵《てき》人相《にんあひ》*支《さゝ》へる事あり、*その当座《たうざ》ならば、主人《しうにん》*在《ざい》所を捜《さが》させべし。然《(しかる)》に後《のち》の日これを聞、その主《しう》人許容《きよよう》のよし*申出《い》づるのとき、証拠《せうこ》紛《まぎ》れなくば、*前《まへ》に載《の》するがごとし。又敵人の支《さゝ》へ候事証拠《せうこ》なくば、主人《しうにん》の咎《とが》あるべからざる也。たゞし又主人《しうにん》の遺恨《いこん》あるのあひだ、被官《ひくわん》その憤《いきどを》りをとげんために、人を殺《ころ》し逐電《ちくてん》のうへ、主人相知《しうにんし》らずといふとも、その咎《とが》をのがれがたし。然にかの*科人《とがにん》を、主人生害《しうにんしやうがい》させ、罷《まか》り出《い》で候はゞ、以前《いぜん》の咎《とが》をゆるすべきなり。

する。寺領の売却の禁止は当然のこととして省略し、その前提のもとで起こりうる個別例をあげる形で、本文の規定がなされているこのような条文の構成は、本法では他にもみられる。

16太刀取 現実に抜刀するという具体的行為を意味するというよりは、助勢における一定の型を示す語と思われる。

同罪たるべし 張本人と同じく殺害罪に処す。今川9条頭注「本人の成敗」参照。

その科…宥免あるべし 六角30条参照。

17掛向 差向。第三者を交えず、二人だけで相対すること。

人を待ち…討たるゝといひ 人を待伏せして討たれたのに、(被害者方は)待伏せされて討たれたと主張し。

くちなしに討ち 不意討に討ち。

支証なくば… 本法では喧嘩両成敗(今川8条補注参照)の法理がいまだ定着しておらず、故戦者が罪となることを前提にし、その証拠が不分明な場合、被害者側が勝訴とされる。なお38条参照。

18其則 「其時」と同じ意。

許容 主人が許容すれば、現実には格護の状態となる。

同罪たるべし 殺害人と同罪に処す。

敵人 被害者方のもの。

支へる 抗弁する。

その当座ならば 殺害の現行犯として追い来る場合は。なお62条参照。

在所 屋敷地。→補

申出づる 伊達氏に訴え出る。

前に載する 殺害人許容は同罪、を指す。

19 一 *科人《とがにん》命をまぬかれんため、人の在所へ走《はし》り入《い》らば、かの在所の主《ぬし》、はやく追《を》ひ出《いだ》し候べき也。もし追《を》ひ出《いだ》すにをよばずば、在所《ざいしよ》のうちを捜《さが》させべき也。同坊寺《ばうでら》へ走《はし》り入事、格護《かくご》あるべからざる也。

20 一 喧嘩《けんくわ》・口論《こうろん》・闘諍《(いさかい)》のうへ、理非披露《りひひろう》にあたはず、わたくしに人の在所へ差懸《さしか》くる事、たとひ至極《しごく》の道理《だうり》たりといふとも、差懸《さしか》け候かたの*越度《をつと》たるべし。

21 一 *酔狂《すいきやう》に人を殺《ころ》す事、*申むねありとも、罪科《ざいくわ》に処《しよ》すべし。人を斬《き》り、又は打擲《ちやうちやく》する事、*同罪《どうざい》たるべき也。

22 一 酒酔《さかゑひ》人を謗言《ばうごん》する事、時宜によるべし。*女房《ねうばう》・出家同前《しゆつけどうぜん》。

23 一 *科人《とがにん》を討《う》つのとき、贔屓《ひいき》の族《やから》、いかほど討《う》ち添《そ》へ候とも、討《う》たれたる者の不運《ふうん》たるべし。たゞし*人躰《にんたい》と同道《どうだう》候はゞ、その場《ば》をのがし、披露《ひろう》いたし下知を相待べきなり。

24▼ 一 親子《おやこ》兄弟の敵《かたき》たりとも、みだりに討《う》つべからず。たゞしくだんの敵人《てきにん》、*成敗終《せいばいをは》つてのゝち、*配領《はいりやう》中へ徘徊《はいくわひ》のとき、*むて人走《はし》り合《あ》ひ、親《おや》の敵《かたき》といひ、子《こ》の敵《かたき》といひ、討《う》つ事越度《をつと》有べからざる也。

25 一 親子《おやこ》の咎《とが》、互《たがひ》にかくるや否《いな》やの事

右、或《あるい》は当座《たうざ》の喧嘩《けんくわ》により、或《あるひ》は酒宴《しゆゑん》の酔狂《すいきやう》により、不慮《ふりよ》の外《ほか》に人を殺《ころ》すにおゐては、*その身を成敗《せいばい》を加《くわ》へ、所帯《しよたい》を闕所《けつしよ》すとも、その父《ちゝ》、その子《こ》相交《あひまじ》はらずば、互《たがひ》にこれをかけべからず。人を斬《き》る咎《とが》の事もこれに准《じゆん》ずべし。つぎに或《あるい》は子《こ》、或《あるひ》は孫《まご》、

かの科人… 今川9条参照。

19 本条と20条は在所の機能をめぐる立法として18条の後に置かれている。

科人…入らば 相良14条補注参照。

20越度 本法では具体的な刑を指すのでなく、理運に対する語として、過失・手落ちの意に用いている。

21酔狂 酒に酔って狂うこと。

申むねありとも 酒に酔っていたという理由を主張しても。

同罪たるべし 正気の時と同罪である。なお134条補注参照。

22 21条と関連して、酩酊状態での行為能力を問題とした立法である。なお塵芥集では式目(12条)にみられる悪口の咎の法が存在しないが、この立法の前提として、それが効力を有していたことがわかる。

女房・出家同前 普通人より酒酔状態での行為能力が弱いと認められていた。

23科人を討つ →補

人躰 身分の高い人。通常、59・108・116条のごとく一般の人を指す語として用いられるが、本法では本条のほか、150・157条でこのような特殊な意味をもたせている。

24成敗終つて… 伊達氏の処刑終了後。

配領中 分国中(晴宗公採地下賜録)。

むて人 むてな人。分別のない人。ものごとの道理が判らない人。55条および末尾の起請文にもある。

25 式目10条を直訳したものである。なお同条の事書は、「殺害刃傷罪科事〈付父子咎相互被懸否事〉」とあるが、塵芥集ではこの付属条項を本条の事書として採用し、

祖父《おほぢ》・親《おや》の讐《あだ》を殺《ころ》すにおゐては、親《おや》・祖父《おほぢ》たとひ相知《あひし》らずといふとも、同罪《どうざい》たるべし。親《おや》・祖父《おほぢ》の憤《いきどを》りをとげんため、たちまち害心《がいしん》を企《くわだ》つるのゆへ也。もし又人の所《しよ》帯《たい》を奪《うば》はんとし、もしは人の財宝《ざいほう》をとらんとして人を殺《ころ》すのとき、其父知《ちゝし》らざるのよし申事紛《まぎ》れなくば、其罪《つみ》に処《しよ》すべからざる也。〈*付たり。兄弟《きやうだい》の咎《とが》、互《たがひ》にこれに准《じゆん》ずべし〉

26 一　*他領《たりやう》にて、科人《とがにん》を討《う》つ時《とき》、そのところの者、*違乱《いらん》におよぶ事あるべからざる也。

27 一　人の被官《ひくわん》、本主人《しうにん》をすて、改《あらた》め主《しう》をとる事あらば、いま召使《めしつか》ふ主人《しうにん》のかたへ申届《とゞ》け候うへ、なを抑留《よくりう》いたし、本主人《しうにん》へ返《かへ》さず候はゞ、*一筆《ぴつ》をとり、見合《あひ》にこれを討《う》つべし。もし又、文《ふみ》の返事にもをよばずば、子細《しさい》を披露《ひろう》すべし。其是非により、くだんの被官《ひくわん》、ならびに許容《きよよう》いたし候族《やから》、ともにもつて成敗《せいばい》を加《くわ》ふべきなり。

28 一　泊《とま》り客人殺《きやくじんころ》さるゝ事、*亭主《ていしゆ》の越度《をつと》也。たゞし討手《うちて》紛《まぎ》れなくば、そのうへの時宜により、越度《をつと》あるべからざる也。

29 一　客人と客人喧嘩《きやくじんけんくわ》にをよび、一方《ばう》討たれ候はゞ、亭主《ていしゆ》くだんの殺害人《せつがいにん》を搦《から》め置《を》き、披露すべし。もし又その儀《ぎ》にをよばずば、斟酌《しんしやく》いたし、事のよしを申分べき也。

30 一　人の在《ざい》所の内《うち》より、人を呼《よ》び出《いだ》すのとき、呼《よ》び出《いだ》され候もの、そのまゝ何方《いづかた》へも*行《あり》き、闇打《やみうち》に討《う》たるゝ事あり。以前呼《いぜんよ》び出《いだ》し候ものゝ越度たるべし。たゞし*誤《あやま》りなき支証《しせう》あらば、罪科《ざいくわ》に処《しよ》すべからず。

31 一　人の方《かた》へ呼《よ》ばれ、そのところより帰《かへ》りの道にて、闇打《やみうち》に討《う》たるゝ事あらば、以前《いぜん》の呼手《よびて》の役《やく》として、*殺害人《せつがいにん》の支証《しせう》相尋べき也。

殺害科は本条をも含む16条に、刃傷科は39条においている。式目10条補注参照。

その身を成敗を加へ　式目10条に「被行死罪幷被処流刑」とあるのを改めたものであり、塵芥集における裁判官の擅断主義的傾向が認められる。なお、この傾向については、小林宏『伊達家塵芥集の研究』にくわしい。

付たり　この部分は、現存の式目10条にない。なお式目10条補注参照。

26 他領　伊達氏分国内の地頭・領主を異にする地。地頭・領主の支配地を領と称している。77・80・82・116条参照。

違乱に…　妨害してはならぬ。23条参照。

27 一筆をとり　自分の被官であることを確認させた文をとり。

28 本条より36条まで、殺害人同罪を意識して立法されたものと思われ(63条参照)、主として殺害の犯人が不明確な場合の責任の所在を規定したもので、原則としては疑わしきは処罰するという考えで貫かれている。

亭主の越度也　屋敷地内においては、主人の家刑罰権が認められているのであるから(今川7条補注参照)、そこにおける客人の保護については、主人の責任が問われるのは当然である。次条も同じ。

30 行き　「行、アリク」(易林本節用集)。

誤りなき支証　呼出行為と闇打行為とが無関係であること。現実には、自分で殺害犯人を捕え無実を立証すること。

31 殺害人…　前条より蓋然性の少ないという条件に応じ、即座に犯人とはされな

32 一　人の使《つかい》として、人を呼《よ》び出《いだ》し候とき、相たのみ候人、いま呼《よ》び出《いだ》す人を討《う》ち逐電《ちくてん》のうへ、かの使《つかい》にたのまれ候もの、根本《こんぽん》の子細《しさい》を知《し》らずといふとも、*同罪《どうざい》たるべし。*殺害人《せつがいにん》に与《くみ》するのゆへなり。たゞしこれを知《し》らざる支証《しせう》紛《まぎ》れなくば、其咎《とが》をのがすべし。

33 一　*他国《たこく》の商人《あきんど》・修行者《しゆぎやうじや》、殺《ころ》さるゝ事あらば、罪科《ざいくわ》にいたつては、*その村里《むらざと》にあひ留《とま》るべきなり。たゞしかの郷内《がうなひ》のもの一人なりとも、くだんの科人《とがにん》を申出《い》で候はゞ、その村《むら》中の安堵《あんど》たるべき也。

34 一　自害《じがい》の事、題目《だいもく》を申《もうし》をき死《し》に候はゞ、遺言《ゆいごん》の敵《かたき》、*成敗《せいばい》を加《くわ》ふべきなり。意趣《いしゅ》を申置《を》かずば、是非《ぜひ》にをよぶべからず。たゞし時宜《じぎ》によるべき也。

35 ▼ 一　人違《ちが》いいたし討《う》ち候事、罪科《ざいくわ》たるべし。しかるにもし討《う》たれ候もの、或《あるひ》は盗人《ぬすびと》と申偽《いつは》り、或《あるひ》は科人《とがにん》のよし申《もうし》のがるゝといふとも、そのもの生《い》きたるうちに、理非《りひ》を披露《ひろう》いたさず、すでに殺害《せつがい》せしむるのうへは、理非《りひ》を糺《たゞ》すにをよばず成敗《せいばい》を加《くわ》ふべきなり。

36 一　食違《くひちが》いの事、毒《どく》を飲《の》み食《く》い、死《し》ぬるうへは、其亭主《ていしゅ》の越度たるべし。たゞし*薬《くすり》の真偽《まことといつはり》いまだ定《さだ》まらざるにいたつては、時宜《じぎ》により罪《つみ》の深《ふか》き浅《あさ》き有べきなり。

37 一　科人《とがにん》格護《かくご》の在所《ざいしょ》へ申届《とゞ》けずして、これを討《う》つべからず。もし申届《とゞ》くるのうへ、承引《せういん》いたさず、強《し》ゐて格護《かくご》候はゞ、子細《しさい》を披露《ひろう》せしめ、その在所《ざいしょ》を捜《さが》すべきなり。

38 一　喧嘩《けんくわ》・口論《こうろん》により人を斬《き》る事は、手負《ておいおほ》多き方《かた》の理運《りうん》たるべし。たゞし手負《ておい》・死人《しにん》

いが、現実の犯人を明らかにしえない場合は、当然殺害人とされたと考える。

32同罪　殺害人と同罪。この場合、本人の逐電による身代わりという考え方が存在している。今川8条参照。

殺害人…ゆへなり　63条頭注「盗人」参照。

33他国　伊達氏の分国外の国。他国人が殺害された場合、被害者側の訴訟を、伊達氏の訴訟手続きに基づき行うことが不可能であるから、伊達氏による検断が職権的に行われたと思われる。なお、他国人殺害に関しては、130・131条参照。

その村里に…べきなり　殺害の行われた場所の郷村の連帯責任となる。

34自害を間接的殺害行為という認識により立法されている。

成敗を加ふべきなり　(伊達氏が自殺した当人に代わって)成敗をする。

35塵芥集の刑事法の特徴の一つである私的成敗の禁止の意図をよく示す立法。

36薬の…定まらざる　その食物が有毒であるか否か決定していない。板倉氏新式目31条には「或合二食禁一、或雖レ為二好物一、令二飽食一腹中不相応之故如二毒害一致二頓死一事可レ有レ之、全可レ糺二証拠実否一」とある。

3719条と逆の関係、すなわち在所に格護された科人成敗の手続きを規定したものである。なお18条補注「在所」参照。

38今川8条補注参照。

多《おほ》くとも、懸《かゝ》り候はゞ、懸手《かゝりて》の越度《をつと》たるべき也。

39 一 人を斬《き》る咎《とが》の事、披露《ひろう》のうへ成敗《せいばい》を待《ま》つべきのところに、其儀にをよばず、わたくしに斬《き》り返《かへ》しすべからず。かくのごとくの輩《ともがら》、たとい至極《しごく》の理運《りうん》たりとも、*法度《はつと》を背《そむ》き候うへ、成敗《せいばい》を加《くわ》ふべきなり。

40 一 人を打擲《ちやうちやく》する事、侍《さぶらゐ》においては、所帯《しよたい》を取《と》り放《はな》すべし。*無足《むそく》の族《やから》は、他国《たこく》へ追《を》い払《はら》ふべし。しかるに成敗《せいばい》を待《ま》たず、自分《じぶん》として打返《うちかへ》しする事有べからず。しかのごときの族《やから》、所帯《しよたい》を召上《めしあ》げべし。無足《むそく》の輩《ともがら》は、他国《たこく》へ追《お》い払《はら》ふべきなり。

41 一 窃盗《せつたう》・強盗《がうたう》・海賊《かいぞく》・*山落《おとし》の事

右、支証《しせう》なくば、*生口《いけくち》をとり、その沙汰《さた》有べきなり。同類《どうるい》の事、生口《いけくち》まかせたるべし。もし又、白状《はくじやう》の人数《じゆ》のうち、あやまりなきのよし申、*むかい生口《いけくち》をとり、咎《とが》なきの旨《むね》申分《わ》くるにいたつては、以前《いぜん》とり候生口《いけくち》、五十日のあひだ*沙汰所《さたどころ》につながせ、互《たがい》の口《くち》をきかせ、あやまりの方成敗《かたせいばい》あるべきなり。

42 一 盗《ぬす》むところの*贓物《ざうもつ》・下人《げにん》・牛《うし》・馬《むま》等の事、*手継《てつぎ》をひくべし。もし又他国《たこく》の者・名を知《し》らざる人・死人《しにん》などひき候はゞ、其身の越度《をつと》たるべきなり。

43 一 *倉役《くらやく》をせずして、盗物質《ぬすみものしち》にとる輩《ともがら》、盗《ぬす》人同類《どうるい》のよし申。しかるに取手《とりて》置主《をきぬし》を申出《い》では、咎《とが》あるべからず。たゞし質《しち》とり候もの、置主《をきぬし》を知《し》らずば、取手《とりて》の越度《をつと》たるべき也。

44 一 盗《ぬす》人と知《し》らずして、里《さと》・町屋におゐて、*宿《やど》いたし候とも、越度《をつと》たるべきなり。

39 **法度を背き候うへ** この表現は、他に78・152条にみられるが、ともに法の絶対性を強調し、一般的道理の感情を絶ち切る目的で用いられている。

40 式目13条「殴人咎事」を参照して立法されているが、立法趣旨は式目と異なって、後段の「しかるに」以下の防戦者は同罪ということにある。

無足の族 所領をもたないもの。

41 本条の事書は、本条の事書としてのみでなく、41〜75条にかかるものとして記されたと思われる。

山落 山賊。「落」は奪取の意。

生口 刑事訴訟における証人で、当該事件の容疑者の一人としての性格をもつ。

むかい生口 反対証人で、これも当該事件の容疑者と目される人間。

沙汰所 裁判所。

42 **贓物** 盗品。盗物。

手継をひくべし (自己の所有物が盗品であり、それゆえ盗人であると申しかけられた時は)、所有の由来を証明すべきである。動産の場合は、前権利者を指名することを意味する。170条参照。

43 **倉役** 質屋営業税。蔵方之掟12条参照。

44 **宿いたす** 宿泊させる。この宿の主人に対する強い連座については、67・155条、および結城99条参照。

45 **やりこ** ペテン師。人をだますことの意である。やりごと(遣事)の語尾がつまったと考えられている(『中世法制史料集』第三巻、補注46)。

さへ さゆる。阻止する。妨げる。82条

45 一 市町にて、*やりこ搦《から》め候とき、*相さへ候もの、同罪《どうざひ》たるべし。

46 一 盗人《ぬす》と申かけ候とき、其支証を乞《こ》うのうへ、互《たがひ》に論《ろん》にをよび、手負《ておひ》・死人《しにん》あり。盗人《ぬす》に有なしの支証おちつきの是非により、其成敗を加《くわ》へべきなり。

47 一 逃《に》ぐる人見つけ候はゞ、則主人《しうにん》の方《かた》へ返しをくべし。もし拘《かゝ》へをき、音信《いんしん》にをよぶのうへ、かの下人かさねて逃《に》げ候はゞ、見つけ候人、不運《ふうん》たるべし。しからば、*男《おとこ》は三百疋、女《をんな》は五百疋の代物を弁《わきま》へべし。

48 一 逃《に》げ人見つけ、音信《いんしん》あらば、一人に三十疋《びき》づゝの礼銭《れゐせん》をわたし、うけとるべし。たゞし遠《とを》き境《さかひ》よりつけきたらば、路銭《ろせん》・*雑事《ざうじ》以下、人主《ぬし》の方《かた》より償《つぐの》ふべし。*抱物《いだき》の事、相添《そ》へ返《かへ》し付べし。抱《かゝ》へ惜《お》しむにおゐては、*同罪《どうざひ》たるべし。若又逃《に》げ人、くだんの抱物《いだき》中途にて失《うしな》ひ、又は売《う》りなどいたす事ありて、いま見《み》つけ候人、これを知《し》らずば、かの*下人の口《くち》にまかせ是非《ぜひ》にをよぶべからざる也。

49 一 生口《いけくち》を取《と》るのとき、討《う》ち候事、*取手《とりて》の越度《をつと》たるべし。たゞし、かの類人《るいにん》をかさねて取《と》り、以前《いぜんう》討ち候を、白状《はくじやう》に載《の》するに付ては、取手《とりて》安堵《あんど》たるべきなり。

50 一 生口《いけくち》を取《と》り、*働《はたら》かざる事、取手《とりて》の越度《をつと》たるべし。たゞし、かの類人《るいにん》かさねて取、披露のところに、拷問《がうもん》にあはするのうへ、以前働《いぜんはたら》かざる生口同類《いけくちどうるい》のよし、白状《はくじやう》いたさば、取手《とりて》の理運《りうん》たるべきなり。

51 一 生口《いけくち》*代官《だいくわん》をもつて問《と》はせざるまへに、腹《はら》をきり、舌《した》をくいきり死《し》する事、*是非にをよぶべからず。たゞし時宜によるべし。

の「支ふ」と同義。

47 47・48条は逃亡下人の処置に関する条文であるが、逃亡下人の所有は「盗人の罪科」という意識でここに置かれたものと考える。

男は…代物を弁へべし 一疋は銭十文であるから三百疋は三貫文。女の下人の方が一般には高価であった。たとえば、慶長九年の上杉景勝法度の、欠落人の返還者に対する礼銭は、「女は三百文、男は二百文」と規定されている。

48 **雑事** 雑用と同じ。諸雑費。

抱物 下人が逃亡の際もちさった財物。

同罪たるべし 盗人同罪たるべし。

下人の口に…べからざる也 下人の証言によって、ことの当否を決定してはならない。

49 49〜53条に、刑事犯罪における証人(生口)に関する規定が一括されている。

取手 捕手。この取手は、伊達氏の役人ではなく、被害者側のものである。↓補

50 **働かざる** 取手の目的とする証言をしない。すなわち自白をしない。伺事記録には、数回の拷問を行って自白しない場合は放免する旨が記されている。

51 **代官** 伊達氏の裁判所の役人。

是非にをよぶべからず やむを得ない。この場合、取手の越度にはならないというのであろう。

52一 生口《いけくち》を取《と》り、曳《ひ》き候路次《ろじ》にて、其近《ちか》くの郷村《がうむら》のもの、又は主人《しうにん》・縁者《えんじや》・親類《しんるい》、大勢《ぜい》をもつて取返《かへ》す事、盗《ぬす》人同罪《どうざい》たるべし。然《しかる》にくだんの生口罷《いけくちまか》り出《い》で、誤《あやま》りなきのよし、*陳法《ちんはう》いたさば、則《すなわち》其身を搦《から》め拷問《がうもん》いたし、*是非《ぜひ》の沙汰《さた》あるべきなり。

53一 生口《いけくち》を取《と》るのとき、*仕合《しあはせ》とゝのはで、縄《なは》にもをよばず、追い逃《に》がす事あらんに、かの生口《いけくち》のがれきたり、取手《とりて》の人衆《しゆ》かへつて山*立《だち》・*引剝《ひつぱぎ》など申出*づ《い》るうへ、*取手《とりて》生《いけ》口《くち》に取《と》るのよし申、相論《さうろん》にをよぶ。互《たがひ》の支証《しせう》なくて決《けつ》しがたくば、相互に生口《いけくち》を取《と》り、罷《まか》り出《い》で、悪党落着《あくたうおちつき》のかた、成敗《せいばい》あるべきなり。

54一 盗《ぬす》人をわたくしに成敗《せいばい》する事、たとひ紛《まぎ》れなき盗《ぬす》人たりとも、成敗《せいばい》せしむるかたの越度《をつと》たるべし。たゞしその主《しう》人へ申届のうへ、主人《しうにん》の成敗《せいばい》につゐては、是非にをよばず。

55一 盗《ぬす》人成敗終《せいばいをは》つて後《のち》、くだんの*盗《ぬす》人格護《かくご》いたし候輩《ともがら》、同罪《どうざい》たるべし。同《おなじく》成敗《せいばい》を申請《う》け、むて人内輪《うちは》にて相済《す》ます事、両方《りやうはう》ともに罪科《ざいくわ》に処《しよ》すべきなり。次に盗《ぬす》人*沙汰《さた》なしに、相済《あひす》ますべからざるなり。

56一 人*勾引《かどひ》の事、*請返《うけかへ》し候ものゝ口《くち》にまかせ、その沙汰《さた》有べし。たゞし時宜によるべし。

57▼一 盗賊《たうぞく》に付て、親子《おやこ》の咎《とが》の事、親《おや》の咎《とが》は子《こ》にかけべし。*たゞし子《こ》たりとも、遠《とを》き境《さかい》談合《だんがう》なすべきやうなくば、これをかけべからず。同《おなじく》子《こ》の咎《とが》、親《おや》にかけべからず。たゞし一《ひとつ》家に候はゞ同罪《どうざい》たるべし。又時宜によるべきなり。

52**陳法** 否定。否認。弁解。
是非の沙汰… この者が生口として取られざるを得ない人間かどうかによって、生口を奪取したものを盗人の罪科に処するかどうかを決定する。
53**仕合** なりゆき。準備。
山立 山賊。
引剝 追剝。
申出づる 訴人として訴え出る。前条と比較して注目されることは、生口として捕縛され連行されてきたか否かの条件の相異により、前者は容疑者として扱われ、後者は一般の訴人の資格が認められている点である。
取手生口に取る 自分を生口として取ろうとしたものを逆に生口にとり、彼らが山立・引剝であることを証明する。
54 35条補注参照。
55**盗人…同罪たるべし** 60・61条参照。
沙汰なしに 裁判なしに。
56結城47条参照。
勾引 誘拐。「勾引、カドウ」(易林本節用集)。
請返し…有べし 取り戻した者(誘拐された本人)の証言のみで犯人を決定する。
57**たゞし…かけべからず** この文章は式目17条の「但行程境遥音信難通、共不知子細者、互難処罪科歟」をかりたものと思われる。
58前条の父子関係の次に置かれたことは、地主・名子関係を父子関係と同一次元で把握しているあらわれと思われる。
名子 地主(有力在家主)の許で、自立し

58 一 地主《ぬし》の咎《とが》*名子《なご》にあひかゝるべし。名子の咎《とが》、地主《ぢぬし》にこれをかけべからず。

59 一 科人《とがにん》成敗《せいばい》のとき、*財宝《ざいほう》・妻子《さいし》・眷属等《けんぞくとう》、縁者《えんじゃ》・親類《しんるい》走《はし》り入《(いり)》許容《きょよう》いたし候はゞ、*同《どう》罪《ざい》たるべし。たゞし*披露《ひろう》のうへ、罪《つみ》の軽《かろ》き重《おも》きに付て*容赦《ようしゃ》有べし。その*罪《つみ》を宥《なだ》むる輩《ともがら》におゐては、*格護《かくご》の人躰苦《にんたいくる》しかるべからざる也。

60 一 成敗《せいばい》の盗《ぬす》人ども、同類《どうるい》の中にて、其類人を討《う》ち、罷《まか》り出《い》で候はゞ宥免《ゆうめん》あるべきなり。

61 一 盗賊《たうぞく》として成敗《せいばい》の後《のち》、くだんの盗《ぬす》人ども、いかやうの忠節《ちうせつ》なし候とも*つや〳〵宥《ゆう》免《めん》あるべからず。ならびにかの盗《ぬす》人の子孫《しそん》、みだりに召使《めしつか》うべからず。又*指南《しなん》有べからざる也。

62 一 盗賊人《たうぞく》・*をつかけ人の在所《ざいしょ》へ*とめ*入、*牓示《ばうじ》を打《う》つと号《がう》して、門垣《もんかき》をきり、其亭主《ていしゅ》へ申届《とゞ》けずして罷《まか》り帰《かへ》り、盗《ぬす》人格護《かくご》のよし*申かへる事、非分《ひぶん》の沙汰《さた》なり。かくのごとくの*悪党《あくたう》、昼《ひる》にても夜《よる》にても、人頭《かしら》、或《あるひ》は牛《うし》・馬《むま》、或《あるひ》は手負《ておひ》など、在所のうちにて其者を指《さ》し、取《と》り出《いだ》すべき支証《しせう》あるの物ならば、亭主《ていしゅ》へ申届《とゞ》け、かの在所を捜《さが》すべし。捜《さが》させまじきのよし申に付ては、罪科《ざいくわ》たるべし。然にもし盗物《ぬすみ》と指《さ》し、盗《ぬす》人と号《がう》し、*申募《つの》るべき支証なきものならば、その在所へ申届《とゞ》くるにをよばず、生口《いけくち》を取《と》り披露《ひろう》すべき也。又人の在所を捜《さが》し、盗《ぬす》人あらはれざるに付ては、其在所の主《ぬし》・捜手《さがして》ともに越度《をつと》あるべからざるなり。

63 一 盗《ぬす》人同罪《どうざい》の事。贓物《ざうもつ》わけ*省《はぶ》くの時、その場《ば》へ出《い》でずといふとも、盗《ぬす》むところの物

えず、半奴隷的に駆使された農民。

59 財宝…候はゞ 縁者・親類が検断の対象となる妻子等の走り入りを許容するならば。151条、相良25条参照。

同罪たるべし 盗人同罪である。41〜75条が盗人の咎で一括されて立法されている証拠となりうる。

披露のうへ 科人に対する裁判の結果。

容赦有べし 走り入りを許容した者の咎は斟酌する。

罪を宥むる輩 無罪となった者。

格護… 走り入りを許容したものもまた無罪となる。

60 六角30条参照。

61 つや〳〵 すこしも。いささかも。

指南 133条補注「指南問答」参照。

62 をつかけ人 追剝。結城16・54・100条にもあらわれる。

とめ 求むの意。「尅、トム、モトム」(類聚名義抄)。

入 底本になく、佐藤本・狩野本により補う。「入」がない場合には、留牓示とも解せる。

牓示 通常、境の標識を指すが、ここでは、出入を禁ずることを目的としたシンボリックなしるしと思われる。

申かへる 言い改める。ごまかして言う。

悪党 (在所に逃げ入った)盗賊(の追捕に際しては)。

申募る 強く主張する。

63 本条より75条までが、盗人同罪の事としてまとめられている。

省く 割り当てる。分配する。

をとるに付ては、同罪《どうざい》たるべきなり。又盗賊《たうぞく》のとりたくみ*談合《だんがふ》の人数《しゆ》、俄《(にわか)》に覚悟《かくご》をひきかへ、*その場《ば》へ出《い》でざる事ありといふとも、*白状《はくじやう》に載《の》するにいたつては、罪科《ざいくわ》たるべし。*盗《ぬす》人に与《くみ》するのゆへなり。

64 一 他国《たこく》の商人《あき(んど)》、其外往復《わうふく》の万民《ばんみん》、或《あるい》は山立《たち》、或《あるい》は*事を左右《さう》によせ、人の財宝《ざいほう》を奪《うば》ひとる事、後先《あとさき》の郷村《がうむら》の越度《をつと》たるべし。たゞし、かの科人《とがにん》申出《い》づるにおゐては、其咎《とが》をのがれべきなり。

65 一 山中行《ゆ》き帰《かへ》りの人を、盗《ぬす》人、狩《かり》人と*なずらへ、人の財宝《ざいほう》を奪《うば》いとる事、その例多《れいおほ》し。しかるうへは、いまより後《のち》、狩《かり》人路次中より三里《り》の外《ほか》にしてこれをなすべし。三里《り》の内《うち》にて狩《かり》をいたし候はゞ、盗《ぬす》人の罪科《ざいくは》たるべし。たゞし狩《かり》人鹿《しゝ》に目《め》をかけ、追《を》ひ来《きた》らば、是非にをよばざるなり。又*山人《(やまびと)》たき木をもとめに深山《みやま》へわけ入《(いる)》のとき、山立狩《たちかり》人となずらへ、山人を取《と》る。しかるに山人不慮《ふりよ》にのがれきたり、狩《かり》人を見知《し》るのよし申出《い》でば、くだんの盗《ぬす》人、たとひ真《まこと》の狩《かり》人なりとも、*山人の口《くち》にまかせ盗賊《たうぞく》の罪科《ざいくわ》に処《しよ》すべき也。

66 一 人の在所《ざいしよ》のうちへ、垣《かき》をこえ入候者、盗《ぬす》人同罪《どうざい》たるべきなり。

67 一 *身売《うり》の事、*盗《ぬす》人の罪科《ざいくわ》たるべし。然《(しかる)》に買手《かいて》、くだんの身売《うり》*由来《ゆらい》なきのゆへに、*逃盗《にげぬすみ》の事、*判者《はんじや》を立《た》てゝ買《か》ふのときに、かの身売《うり》逃《に》げ失《う》するとき、判者《はんじや》の事は申《(もうす)》にをよばず、*宿《やど》いたし候もの共に、罪科《ざいくわ》たるべき也。

68 一 下人、其外売買《ほかうりかひ》の失物《うせ》の事、其売手《うりて》相失《う》せ候におゐては、*はさんの越度《をつと》たるべき

とりたくみ　くわだて。たくらみ。
その場へ出でざる　盗犯の行動には参加しない。
白状…罪科たるべし　式目4条には「兼又同類事、縦雖載白状、無贓物者更非沙汰之限」とあり、当然これを意識して立法されているのであるから、連座制の強化の意図が明瞭である。
盗人…　「ゆへなり」という文言は、32・73・82条にも見られるが、いずれも常識的な考えを破って強行しようとする際の理屈として使用されている。
64 33条が殺人、本条が盗犯という相違のみで、同趣旨の立法である。
事を左右によせ　いろいろ口実をもうけ。
65 なずらへ　「準」。よそおい。かこつけて。
山人　炭焼き・木こりなど、山で生活の資を得る職業の人。
山人の口にまかせ　山人の証言のみで。山中という特定の条件を顧慮している。
66 今川7条補注参照。
67 身売　自分で自身を売ること。
盗人の罪科たるべし　ここでは身売り一般を否定しているのではなく、下人などの身売りを念頭におき、主人の許可なく自身を自分の一存で売ることを盗人の罪科としていると思われる。
由来なき　由緒がはっきりしない。42条参照。
逃盗の事　逃亡下人ではないかと疑って。
判者　判形人。保証人。
宿いたし…　44条参照。なお吉川氏法度

なり。

69 一 譜代《ふだい》の下人、或《あるい》は逃《に》げ走《はし》り、或《あるい》は人に勾引《かど》はれ、売《う》られ、*ものゆくまゝに、自然《しぜん》*本国《ほんごく》に買《か》い留《と》められ、人に召使《めしつか》はるゝのとき、本《ほん》の主人《しう》、*彼《かれ》はすでに科人《とがにん》たり。しかるに召使《めしつか》はるゝ事、盗人《ぬす》のよし申懸《か》くる。いま召使《めしつか》ふところの主人《しうにん》、かのものは、某《なにがし》の方《かた》より*白《しろ》く買《か》いとるのよし、手継《てつぎ》を引《ひ》く。白黒《しろくろ》いまだ定《さだ》まらず、とかくの問答《もんだう》に月日を移《うつ》すのうへ、かの下人《げにん》なすところの罪《つみ》をおそれ、重《かさ》ねて逃《に》げ失《う》するのとき、まへに手継《てつぎ》を引《ひ》き候売手《うりて》、売《う》らざるよし問答《もんだう》にをよぶ。相互《たがい》に支証《しせう》まかせたるべし。もし支証《しせう》なく、相論決《さうろんけつ》しがたきに付ては、いま買《か》い留《と》めぬる人の越度《をつと》たるべし。盗《ぬす》人同罪《どうざい》たるべき也。

70 一 路次《ろじ》を通《とを》る族《やから》、或《あるい》は*作毛《さくもう》をとり、或《あるい》は店屋《てん》の物《もの》を盗《ぬす》む事あらば、すなはち其身を搦《から》め、披露《ひろう》すべきのところに、すでに人を殺《ころ》してのゝち、死人《しにん》の咎《とが》を披露《ひろう》いたすといふとも、理非《りひ》を糺《たゞ》すにをよばず、殺害《せつがい》の重科《ぢうくわ》に処《しよ》すべきなり。*死人《しにん》の誤《あやま》り支証《しせう》なきゆへなり。

71 一 道《みち》のほとりにて見つけ候拾物《ひろいもの》ゝ事、*西山《にし》の橋《はし》もとに*札《ふだ》をたて、かの落《おと》したるものゝ色品《いろしな》を、紛《まぎ》れなく申出《い》で候輩《ともがら》に、返し渡《わた》すべき也。しからば十分一の礼《れゐ》をいたし、うけとるべき也。もし又見付候ものながく拘《かゝ》へ置《を》くに付ては、*罪科《ざいくわ》たるべき也。

72 一 人の下人*小路隠《こうぢがくれ》の事、許容《きよよう》いたし候輩《ともがら》、時《とき》日を移《うつ》し出《いだ》す事あらば、盗人《ぬす》同罪《どうざい》たるべき也。たゞし子細《しさゐ》によるべし。

15条には、「走者其外不審に可レ存ものに、宿不レ可レ借之事」とある。

68 はさん 「和讒」。仲介。周旋。

69 ものゆく どことあてもなくゆく。

本国 この場合、他国に対する伊達氏の分国を指すのではなく、分国内の本来居住していた国を指す。なお他国よりの売買については146条参照。

彼はすでに科人たり この下人は、主人の許可なく主人の許を離れたものであるから、盗人である。

白く 合法的に。

70 作毛 田畑の作物。

死人の誤り… このような立法がわざわざなされた背景には、盗みの現行犯を被害者が殺害する一種の慣行が存在したものと思われる。永禄四年二月二十三日、松浦党一揆契諾状(1)3条(三九九頁)参照。

71 板倉氏新式目47条には、拾物をその場所に曝し置き、見付けたものが番をして、三日のうちに持主が現われない時には、見付けた者の所有に帰する旨が定められている。

西山 塵芥集制定者伊達稙宗の居城の存在した地。現福島県伊達郡桑折町万正寺。天文元年(一五三二)より同十七年まで伊達氏の本拠地であった。

札をたて…返し渡すべき也 このような手続きは拾得者自身の責任で行う。

罪科たるべき也 盗人の罪科たるべし。

72 小路隠 町小路などに行き隠れること。しばらく隠れて他所に居ること。

73 はづる 「迦」。逃亡の意。

73 一 盗《ぬす》人の在所《ざいしよ》へ押懸《おしかけ》候とき、かの科人《とが》あひ*はづるゝのうへ、盗《ぬす》むところの贓物《ざうもつ》尋《たづ》ぬるところに、隣《となり》の家《いへ》にあり。かの*家主《ぬし》も又逃《に》げ、ならびの在所へ走《はし》り入、其在所の主《ぬし》をたのみ、咎《とが》なきよし申事あり。走《はし》り入候もの、格護《かくご》いたし候もの、ともに罪《ざい》科《くわ》たるべし。科人《とがにん》を助《たす》けんと同心《どうしん》するゆへなり。

74 一 生口《いけくち》*死《し》に候ものを働《はたら》くのとき、*その年月をかんがへ、その子十よりうちの事ならば、親《おや》の咎《とが》をかけべからず。十才よりうへのときの事ならば、死《し》にたる*親《おや》と同罪《どうざい》。又婿《むこ》も*名代《みやうだい》つぎ候はゞ同罪《どうざい》たるべし。

75 一 人の家に火を付候事、盗《ぬす》人同罪《どうざい》たるべし。

76 一 *地頭《とう》と百姓《しやう》との間《あひだ》の事。*代々《だいく》の被官《ひくわん》たりといふとも、人の百姓《ひやくしやう》を*ふるのうへは、年貢《ねんぐ》所当《しよたう》の事、相定《あひさだ》まるごとくこれを働《はたら》くべし。無沙汰《ぶさた》のときは、かの*地けん余人《よにん》に相渡《あひわた》すべきなり。然に*由緒《ゆうしよ》のよし申、権門《けんもん》を*ひきかち、かの*在家に違乱《いらん》いたすに付ては、成敗《せいばい》を加《くわ》ふべきなり。

77 一 百姓《ひやくしやう》、地頭《ぢとう》の年貢《ねんぐ》所当《しよたう》相つとめず、他領《たりやう》へ罷《まか》り去《さ》る事、盗《ぬす》人の罪科《ざいくは》たるべし。仍《（よつて）》かの百姓許容《ひやくしやうきよよう》のかたへ、申届《とづ》くるのうへ、承引《せういん》いたさず候はゞ、格護《かくご》候族《やから》同罪《どうざい》たるべきなり。

78 一 所々《しよく》の地頭《とう》・*惣成敗《そうせいばい》・守護使《しゆごのつかい》、地下人《ぢげにん》にたいし、年貢・諸々《もろく》の公事《くうじ》無沙汰《ぶさた》のよし、*質取《しちとり》にをよぶのとき、*百姓《しやう》らはやく質《しち》を渡《わた》すべし。然処《（しかるところ）》に地下人この旨《むね》を背《そむ》き問《もん》答《だう》にをよぶのうへ、時《とき》の仕合《しあはせ》により、百姓《しやう》を討《う》つ事あらば、*被官《ひくわん》たりといふとも、

家主も又逃げ　この場合、家主は盗犯とは無関係であることが前提とされており、犯人逃亡の上、贓物所持により同類とされ、逮捕されるのを恐れて逃亡する。
74死に候ものを働く　すでに死亡した者を犯人として自白する。
その年月をかんがへ　犯行時点を調査し、(犯行時点か)。
親と同罪　57条参照。
名代　名跡。跡目。
75式目33条を意識して、塵芥集41条に始まる盗人の咎の最後に配されている。なお放火の罪は、結城56条、長宗我部氏掟書98条では、より重罪となっている。
76この事書は、76〜83条にかかる。
地頭　伊達氏の家臣である領主。
代々の被官　この場合、伊達氏と直接主従関係をもつ譜代の被官。
ふる　意味の上からは、「百姓として年月を経過する以上は」のごとき意となり、「経る」と思われるが、未考。
地けん　地券。土地の権利書。土地に対する権利。
由緒　知行の権原。正当な権利保持者たることの歴史的経過。
ひきかち　「たのむ」のごとき意と思われるが未考。なお83条にもある。
在家　荘園制下の後進地域に特徴的な、住屋・田畑を含めた収取単位。
78惣成敗　伊達領国下の郷・庄・郡単位に置かれ、検断・段銭徴収などを掌る職。九州の肥後地方にもみられる。
質取　この場合、百姓の年貢・公事の滞

法度《はつと》に背《そむ》くのゆへ、討《う》たれ候族《やから》の不運《ふうん》たるべし。如レ斯《(かくのごとき)》の子細《しさい》あらば、まづ〳〵質《しち》を相渡《わた》し、守護使《しゆごつかい》・惣成敗《そうせいばい》・地頭《ぢとう》申かくるところもし非分《ひぶん》たらば、其沙汰《さた》有べし。但其様躰《(ようたい)》によるべき也。

79 一 地頭《ぢとう》・＊領主子細《りやうしゆしさい》あつて、＊作毛《さくもう》に札《ふだ》を立《た》つるのとき、其百姓《しやう》、事のよしを申分《わ》けずして、かの札《ふだ》を抜《ぬ》き捨《す》て、作毛《さくもう》を刈《か》りとる事、罪科《ざいくわ》に処《しよ》すべき者也。

80 一 百姓由緒《しやうゆうしよ》の在家《ざいけ》をしさり＊、他領《たりやう》にして、＊出作《いでつくり》いたす事、かつてもつて禁制《きんせい》たるべし。此法度《はつと》を背《そむ》き、由緒《ゆうしよ》の在家《ざいけ》へ帰《かへ》らずば、いま住《す》むところの地頭《ぢとう》、くだんの百姓《しやう》ともにもつて、成敗《せいばい》を加《くわ》ふべきなり。

81 一 ＊地頭移《とううつ》りかはる所帯《しよたい》の事、当地頭《たうぢとう》かの在家《ざいけ》の境《さかひ》、田畠《でんばく》のありどころ知《し》らざるのゆへ、百姓田地《しやうでんち》を＊踏隠《ふみかく》し、年貢所当《しよたう》を抑留《(よくりゆう)》せしめば、重罪《ぢうざい》たるのうへ、妻子《さいし》・眷属《けんぞく》・名子《など》のもの以下、在家《ざいけ》一軒《けん》のうちの男《おとこ》・女《をんな》こと〴〵く重科《ぢうくわ》に処《しよ》すべきなり。たゞし其名子にても、＊百姓《しやう》の被官《ひくはん》にても、隠《かく》すところの田地《でんち》を申あらはすにいたつては、其者の咎《とが》をゆるすべし。仍地頭《とう》にたいして忠節《ちうせつ》たるのうへは、かの在家の由緒分《ゆうしよぶん》をわたすべきか。

82 一 在家一軒《けん》のうちの田畠《でんばく》、ならびの在家《ざいけ》に踏添《ふみそ》へ候事、＊踏添《ふみそ》へ候もの、踏添《ふみそ》へさせ候もの、ともにもつて罪科《ざいくわ》たるべし。すでに談合《だんがう》せしめ、同心《どうしん》いたすのゆへなり。又他領踏添《たりやうふみそ》へ候地、百姓《しやう》と百姓《ひやくしやう》同心之故、かの地は先々《せんく》より＊某《なにがし》もちきたるところ也。踏添《ふみそ》へ候事偽《いつはり》のよし申、又＊支《さゝ》へ候ものと問答決《もんだうけつ》し難《がた》きに付ては、其郷内の百

納に対して、領主が百姓またはその財産を差し押えること。追287条(七二頁)、六角23条参照。

百姓ら 段銭などに関しては、伊達氏分国内で郷村の百姓請が存在していたことが証される。

被官たりといふとも 討たれた百姓が、伊達氏の被官であっても。なお戦国期には、百姓が守護・他領の地頭と主従関係を結ぶ、いわゆる被官化現象が顕著にみられ、主人—従者、地頭—百姓の関係が入りくんで、多くの紛争を引き起こした。

79 領主 社寺領などの領主。

作毛に札を立つ 今川追加15条参照。

80 しさり 退く。辞退する。

出作 百姓が居住している地から出向いて他の領主の土地を耕作すること。

81 隠田に関して、板倉氏新式目40条にほぼ同趣旨のものがある。

地頭移りかはる所帯 当時の伊達氏分国内の地頭の所領の移動は、買売・替地などの理由ではげしく、所領の細分化・散在化の傾向が顕著である。

踏隠し 隠しもつ。「踏む」は、事実として土地を占有する意。

百姓の被官 被官百姓。通常、名子・被官と併称され、地主的百姓に従属して耕作などに駆使される隷属農民。

82 踏添へ候もの…罪科たるべし 同一領内の踏添行為が百姓の土地保有権をあいまいにさせ、隠田の原因となることを警戒して禁止している。

某 自称の代名詞。自分。

姓《しやう》ども召出《めしいだ》し、これを尋《(たずね)》さぐり、其うへの是非により、その沙汰《さた》有べきなり。

83 一 *由緒問答《ゆうしよもんだう》の事、地頭《とう》まかせのよし沙汰《さた》おはりぬ。しかるに百姓《しやう》、主人《しうにん》をひきかち、又は権門《けんもん》の力《ちから》をたのみ、或《あるひ》は作毛《さくもう》をなぎ、或《あるひ》は田地《でんち》をうち返《かへ》し、かの所帯《しよたい》をあらし、違乱《いらん》にをよぶ事あらば、百姓《しやう》の事は申にをよばず、合力《がうりよく》の族《やから》共にもつて罪科《ざいくわ》に処《しよ》すべきなり。

84 一 用《よう》水の事、*先規《せんき》まかせたるべし。然に先々《せんく》さだまり候*堰口《せきくち》をあらため、水上《みつかみ》の人是を通《とを》すまじきのよし、違乱《いらん》にをよぶ事、可《シ》レ為《ル》ニ越度一。又河下の人先規《せんき》まかせに通《とを》すべきのよし申、川上《かみ》の人は先規《せんき》より通《とを》さざるよし申、問答《もんだう》の儀《ぎ》あらんに、相互に支証なきのうへ、理非決《ひけつ》しがたきにいたつては、万民を*孚《はごく》むのゆへ、彼用水を通《とを》すべきなり。

85 一 用水に付て堰《せき》をあけ、堤《つゝみ》を築《つ》くのとき、先々《せんく》通《とを》り候溝《みぞ》・堀《ほり》、河崩《かはくづれ》として*退転《たいてん》のとき、ならびの在家之内に江堀《ほり》をたて、用《よう》水を通《とを》すところに、くだんの地頭《とう》・百姓違《ひやくしやうい》乱《らん》にをよぶべからず。*堰銭《せきせん》のありなしは、先例《せんれゐ》にまかせべきなり。

86 一 先々《せんく》の堰場《せきば》、或《あるひ》は深《ふか》き淵となり、或《あるひ》は荒野《くわうや》となり、修理《しゆり》*たいとたるのうへ、退転《たいてん》のとき、*地形《ぢきやう》のこしらへやすき*便《たより》に付て、川上《かみ》にても河下にても、堰場《せきば》を改《あらた》むる事、*一郷《がう》のうちたらば、是非《ぜひ》の違乱《いらん》にをよぶべからず。もし他郷《たがう》にいたつては、事の子《し》細《さい》を披露《ひろう》致べし。其上をもつてその沙汰《さた》有べきなり。

87 一 万人《ばんにん》の飲《のみ》水として、流《なが》れを汲《く》みもちゆるのところに、河上《かみ》の人穢《けがらは》しき物を流《なが》し、

支へ　反論する。抗弁する。

83 **由緒問答…おはりぬ**　百姓の在家に対する保有権をめぐる相論に関する決定権は、本来領主である地頭が有したわけであるが、百姓の力の増大によりその決定権が動揺しつつある状況のなかで、大名権力がこれをバックアップしてこの原則を再確認したものであろう。

84 本条より91条まで、用水関係の法がまとめられている。

先規まかせたるべし　従来よりの慣行に従って行うべきである。

堰　用水の取入れのため、水をせき止めたり、水路の流れを調節したりする目的で、水路中または流出口に筑造した構造物。

孚む　はぐくむ。養い育てる。

85 **退転**　没落。衰退。この場合、使用不能状態になること。

堰銭　堰を築造する際、その土地の所有者に支払う土地使用料。

86 **たいと**　「大途」。この語は、㈠大略・大概、㈡太守・国主、㈢大変な事・大事、の意に用いられるが、塵芥集(136条にもあり)では㈢の意(『中世法制史料集』第三巻、補注による)。

地形　地形(ちけ)・位置または場所の意。「地形、ヂキヤウ」(饅頭屋本節用集)。

便　てだて。便宜。

一郷のうち…　この場合、領主の所領が問題とされず、郷の相違が問題とされていることが注目される。

88 **連々**　ひきつづくさま。どんどん。

不浄《ふじやう》をゝこなふ事あるべからず。次に一人のために、其人の在所へ堰《せき》入、流《なが》れをとゞめ、飲《のみ》水に飢《う》へさする事、罪科《ざいくわ》たるべし。

88 一 用水のために堤《つゝみ》を築《つ》くのところに、※連々《れんく》水増《ま》し、人の領分この堤《つゝみ》ゆへに荒《あれ》地となる。仍かの地主《ぬし》違乱《いらん》にをよぶ、その謂《いはれ》なきにあらず。*たゞし用水は万民《ばんみん》の助《たす》けなり。一人の損亡《そんまう》によりこれをやめん事、すこぶる民《たみ》を孚《はごく》む道理《だうり》にかなはざるもの也。詮《せん》ずるところは、荒《あ》れつべき分際勘定《ぶんざいかんぢやう》をとげ、*相当《さうたう》の年貢《ねんぐ》をくだんの地主へ働《はたら》かせ、こしらへかたむべきなり。

89 一 先々《せんく》よりありきたる堤《つゝみ》、修理《しゆり》をなさずして、退転《たいてん》のとき、荒野《くわうや》となる。しかるを*惣領職《そうりやうしき》となずらへ、恣《ほしひまゝ》に耕作場《かうさくば》となす事有べからず、成敗《せいばい》あるべきなり。

90 一 河のほとりの所帯《しよたい》の事、*押切《をしきり》は本地に付べし。*川崩《くづれ》は押付《をし》次第たるべきなり。しかるに水除《よけ》をなす事あらば、本川を流《なが》るゝのやうに是をなすべし。又川向《むかい》の地主《ぬし》も同然たるべきなり。

91 一 水闘諍《みづいさかい》の事、用水の法《はう》にまかすべし。然に問答《もんだう》にをよび、人を打擲《ちやうちやく》せしむる輩《ともがら》は越度《をつと》たるべし。人を殺《ころ》すにいたつては、是非にをよばず其成敗有べき者也。

92 一 山川惣領職《そうりやうしき》のよしその例多《れいおほ》し。しかるに庶子方《そしかた》もちきたる地あり。先規《せんき》にまかせ是を改《あらた》むべからざるなり。

93 一 所帯《しよたい》*両売《りやううり》の事、*先判《せんばん》に付べし。売手《うりて》の咎《とが》の事は時宜によるべし。

94 一 所帯売《しよたいう》り買《か》ふのとき、*証文《せうもん》をとりわたすのうへ、買手代物《かいてだいもつ》を済《す》まさざるところに、

たゞし… 以下が伊達氏による新しい原則の主張である。
相当の年貢 損失に見合う量の弁償。
89惣領職 惣領が惣領としてもつ権利。この段階では不動産物権として売買の対象となっている。なお92条および伊達氏安堵状などにしばしば「山川惣領職」と現われるごとく、所領内の野山・河川などに対する支配権または得分権が、惣領の権利として残存していた。
90川によってしきられた所領が、川の流れの変化によって、その境界に変化をもたらした場合の規定である。
押切 川の流れが所領を二分してしまうこと。
本地に付べし (川によって切り離された所領は)もとの所領に属する。
川崩は押付次第たるべきなり 川の侵蝕により削りとられた部分については、川を境にして所属せしめる。
水除 堤防のように水を防ぐために造った構築物。
91用水の法 84~90条を指す。
93本条より120条まで、売買・貸借に関する法がまとめられている。
両売 一つの物権を二人に別々に売る。
先判に付べし 先に売買契約をした方に属せしめる。
94証文を…済まさざるところに 通常、代金の授受と同時に売買契約書が渡されるが、代金の支払いなしで、または手付金により契約書が渡される場合もあった。その場合、売手は代金の全部の支払いが

売主《うりぬし》申ごとくは、要用《ようく》有に付て、相伝《さうでん》の所帯《しよたい》を売《う》り渡《わた》すのところに、代物無沙汰《だいもつぶさた》のゆへ、余人《よにん》に売《う》るよし申、売手《うりて》越度有べからず。たゞし売手《うりて》・買手《かいて》納得《なつとく》せしめ、証《せう》文《もん》とりわたすのところに、価《あたい》の高《たか》き安《やす》きにより候て、先判《せんぱん》を*悔返《くゐかへ》し、別人《べつじん》に売《う》る事、売手《うりて》の越度也。仍所帯《しよたい》におゐては、先判につけ、後*判の方《かた》へは、うけとるところの代物を返《(かえす)》べきなり。

95 一 *質《しち》に書《かき》入候所帯《しよたい》、余人に談合《だんがう》せしめ永代売《う》り、かの借銭《しやくせん》を済《す》まし候に付ては、是非にをよばず。若又かの所帯流《なが》れ候に付而、一人は質《しち》にとり流《なが》すのよし申、一人は永代買置《かいをく》のよし申、問答あらば、*両買の沙汰《さた》のごとくたるべき也。

96 一 *年紀《ねんき》に売《う》り候所帯を、余人に談合《だんがう》いたし、永代売《ゑいたひう》る事、年紀《ねんき》のうちたらば、両売《りやううり》の准拠《じゆんきよ》たるべし。たゞし年記の末《すゑ》を買候者、売手《うりて》の越度あるべからざる也。*知行《ちぎやう》の事は、任《せ》二証文一たるべし。

97 一 年記に売《う》る所帯の事、たがいに証文をとりわたすといふとも、売手《うりて》にても買手《かいて》たりとも、罪科《ざいくわ》あるのときは、先*例にまかせ*闕所《けつしよ》の地たるべきなり。

98 一 買得《ばいとく》の所帯、*書下《くだし》をとり知行《ちぎやう》せしむるところに、くだんの所帯《しよたい》、要用《ようく》有によつて売《うり》地になす。しかるに売主罪科《うりぬしざいくわ》あるのとき、成敗を加《くわ》へ所帯等闕所《けつしよ》せしむ。科人《とがにん》の売《うり》地たるにより、同《おな》じく闕所《けつしよ》になる。然処《(しかるところ)》買主《かいぬし》、まへの所帯主《しよたいぬし》に書《か》き与《あた》ふる*判形《はんぎやう》を用て、書下《くだし》の地なるよし訴《そ》訟《せう》を企《くはだ》つ。なんぞ科人《とがにん》に与《あた》ふる判形相立《(あいたつ)》べけんや。かくのごとく心の私曲《しきよく》をかまふる輩《ともがら》、いまよりのち相やむべきものなり。

なされない期間は取戻しの権利を有した(中田薫「売買雑考」(『法制史論集』第三巻上))。

悔返し　譲渡行為を破棄して。

後判…　六角11条補注「御法ならびに放券状…」参照。

95 質　中世の質には、見質(非占有担保)と入質(占有担保)の二種があったが、この場合、前者である。

両買の沙汰　佐藤本には「両うり」とある。両売の沙汰と同義で、93条を指す。

96 年紀に売り　年紀売。一定の年限を限って売り、その期間が経過すれば自動的に売主にもどる売買形式。

知行の事は…　買手がいつからその土地を知行するかについては、売買契約状の記載による。

97 先例にまかせ　実例としては、すでに室町時代にみられる。

闕所　所領を没収すること。

98 書下　古文書の様式の一。公的命令の伝達、権利の付与・認定などの機能をもった下達文書で、戦国大名の領国支配文書として盛んに用いられた。この場合は、伊達氏の発給した買得安堵状を指す。

判形　書下と同じ。書下には発給者の判(花押)が書かれており、判物ともいう。

99 売手召出す　咎人となった売手の罪をゆるし、再出仕させる。

本領のよし…返し給ふに付ては　中世では本主の闕所地に対する潜在的本主権が強く存在し、再出仕の場合、本領としてその所領の再給付が要求され、これが認められることが多かった(笠松宏至「中世闕所地給与に関する一考察」(『中世の法と国家』所収))、参照。

100本銭返　この場合、年季明請戻特約本銭返。

傍例　一般の慣例。

平年記　年紀売。

証人　一般の証人ではなく、恐らく売買契約の際の保証人を指すと思われる。

其文言…　証文に本銭返か平年紀のどちらが記載されているかによって、土地の帰属を決定する。

101判の地　書下をとった買地。

書分いたし　譲状で分配し。

其者の名を判形に書き載せ候はゞ　買得安堵状の宛名に子供の名が記されている場合は。実例としては、親と子両者の宛名となっているものがみられる。

親の綺…　書下の効力を親権に優先させている。

102書下に…載する　「某被官某」という宛名の書下となっている。

余方へ…　一般の地下人の所有地に関しては、このような行為が禁止されていないわけで、この主人・被官(地下人)の関係は、必ずしも強固でなかったことが知られる。

103又被官　(伊達氏の)被官の被官。陪臣。

直に書下をなす　伊達氏が主人を通さず、又被官に直接、買得安堵状を与える。

99
一　書下《くだし》をとらざる買地《かい》の事。かの売主咎《うりぬしとが》あるのゆへ、闕所《けつしよ》の地となる。しかるに売*《うり》手召出《てめしいだ》すのうへ、*本領《ほんりやう》のよし申、訴訟《そせう》のとき返《かへ》し給《た》ぶに付ては、以前《いぜん》の買手《かいて》に返《かへ》し付らるべし。たとひ売手《うりて》の子孫《しそん》にあらずといふとも、其名代をあひ継《つ》ぎ候人躰ならば、売券《うりけん》の証文《せうもん》にまかせ、これを付与《あた》ふべきなり。但別人の恩賞《おんしやう》として充行《あてをこな》ふにいたつては、沙汰《さた》の限《かぎ》りにあらざるなり。

100
一　*本銭返《せんがへし》、年紀《ねんき》地の事。売手《うりて》・買手《かいて》互《たがひ》に証文とりわたし、一方《ばう》の文《ふみ》失するのときは、一方《ばう》の一証文《せうもん》をもつて、年記の限《かぎ》りを相済《す》ます事は*傍例《ばうれゐ》なり。然に一方《ばう》の証文《せうもん》ばかりにて売《う》るのとき、かの証文失《う》するのうへ、買手《かいて》は本銭返《せんがへし》のよし申、売手《うりて》は*平《ひら》年記のよし申、相論《さうろん》の時は*証人《せうにん》まかせたるべし。もし又証人もなくば、買手《かいて》の損《そん》たるべきなり。もし以後して、証文見出《いだ》し候はゞ、*其文言《もんごん》にまかせ知行《ちぎやう》を定《さだ》むべきなり。

101
一　書下《かきくだし》をとる買地《かい》の事、名跡相続《さうぞく》の子《こ》知行《ちぎやう》せしむる事、是非《ぜひ》にをよばず。然にその親《おや》、かの*判《はん》の地を*書分《かきわけ》いたし、末《すゑ》の子《こ》に譲《ゆづ》る事、親《おや》まかせたるべし。たゞし嫡子《ちやくし》にても、末子《ばつし》にても、*其者の名を判形に書《か》き載《の》せ候はゞ、書下《かきくだし》に載《の》る輩《ともがら》の知行《ちぎやう》たるべし。*親《おや》の綺《いろい》あるべからざる也。

102
一　地下人買地《かい》をいたし、*書下《くだし》にその主《しう》人の名を載《の》するのうへは、其被官《ひくわん》たるの子《こ》、知行《ちぎやう》すべきのところに、*余《よ》方《かた》へ奉公《ほうこう》の子に書分《かきわけ》をなし譲《ゆづ》る事、これ有べからざるなり。

103
一　*又被官《ひくわん》の買地《かい》、*直《ぢき》に書下《かきくだし》をなすのとき、主《しう》人かの所帯《しよたい》に競望《けいばう》いたすべからず。書《か》き載《の》するところの子孫《しそん》の*進退《しんたい》たるべき也。

104 一 *女子譲《にょしゆづり》の所帯《しょたい》の事、その親《おや》の書分《かきわけ》まかせたるべきなり。

105 一 惣領《そうりやう》と庶子《そし》の*洞《(うつろ)》より、互《たがい》に所帯売《しょたいう》り買《か》ふべからず。たとひ多《おほ》くの年を経《ふ》るといふとも、*本代《(ほんしろ)》をたて請返《うけかへ》すべし。この旨背《むねそむ》く輩《ともがら》におゐては、かの所帯闕所《しょたいけっしょ》たるべきなり。

106 一 惣領《そうりやう》より庶子《そし》の*扶持《ふち》分として所帯を貸《か》す事、いまよりのちは、互《たがい》に証文《せうもん》を書《か》きわたし是を貸《か》すべし。

*右、扶持《ふち》を得《え》るの輩《ともがら》、且《かつう》は子息《しそく》のごとく、且《かつう》は郎等《らうどう》のごとくたるべし。しかるに惣《そう》領《りやう》にたいし、不義《ふぎ》をなす事、まへの扶持《ふち》の報恩《はうおん》を忘《わす》るゝに似《に》たり。仍義絶《ぎぜつ》のみぎり、くだんの所帯《しょたい》、本主《ぬし》の子孫《しそん》とり返《かへ》すにいたつては、惣領《そうりやう》の儀まかせたるべし。たゞし*譲《ゆづ》り得《え》る扶持《ふち》の分、*各別の奉公《ほうこう》としてもちきたるに付ては、惣領《そうりやう》の競望《けいばう》有べからざる也。

107 一 質《しち》に書《かき》入候所帯の事、*向変《むかはり》月過候者《(すぎそうらわば)》、とり流《なが》したるべし。但*其内も借状《しやくじやう》の文言《もんごん》まかせたるべきなり。つぎに*請銭《うけせん》すこしもあひかゝり候はゞ、文《ふみ》をつくりかへべきなり。

108 一 *月日を限《かぎ》り、質《しち》にをき候所帯流《なが》るゝのとき、*かの所帯《しょたい》を年紀《ねんき》に売《う》り、借銭《しやくせん》を済《す》まし、質《しち》の文《ふみ》とり返《かへ》さず、自然《しぜん》に過《す》ごしきたるところに、代貸《しろか》し候人躰死去《にんたいしきょ》してのち、*一人の子は質《しち》にとり流《なが》すの文《ふみ》をもつ。一人の子は年紀《ねんき》の文《ふみ》をもち、二人互《たがひ》に譲《ゆづ》り得《え》

進退　進止ともいい、支配の意。

104 **女子譲の所帯**　女子に譲与した所帯。135条、六角48条参照。

105 **洞**　一家中。一家一門。

本代　本銭。元金。

106 本条より120条まで、ほぼ貸借関係の法がたてられている。

扶持　給分。俸禄。

右…惣領の儀まかせたるべし　式目19条「不論親疎被眷養輩違背本主子孫事」の文章をかりて書かれている。

譲り得る扶持の分　惣領より与えられたのではなく、父祖より譲与された所領。

各別の奉公　伊達氏との間に、惣領を介在させずに直接主従関係をもつこと。

107 **向変月**　満一年に当たる月。十二ヵ月。

其内も…　たるべきなり　一年未満でも、借状に期限が明記してあるならば、それに従うべきである。

請銭…候はゞ　質を請け出す期限内に請銭(本銭)を少しでも支払うならば、(その時々に)。

108 **月日を…過ごしきたるところに**　たとえばこのようなケースでという一例をあげているのであって、もしこのような事柄が明確ならば、以下の紛争は問題とならない。

かの所帯を年紀に売り　質入れした同一人に年紀売(本銭返)で売った。

たるのよし、問答《もんどう》にをよぶ。質《しち》の文《ふみ》・年紀《ねんき》の文《ふみ》、相論決《さうろんけつ》し難《がた》きに付ては、証人《せうにん》まかせたるべし。証人《せうにん》なくば、二の文《ふみ》をひきあはせ、文言《もんごん》の是非により其沙汰有べき也。

109 一 所帯質《しよたいしち》の事、置手《をきて》請返《うけかへ》すべきのよし申、代物をあひたて候ところに、*取手《とりて》かの所《しよ》帯《たい》に望《のぞ》みをかけ、とかくあひ述《の》ぶるにいたつては、取手《とりて》の咎《とが》たるべし。たゞし請返《うけかへ》し候はんよし申届《とゞ》くるの儀支証《ぎしせう》なくば、置手《をきて》の越度《をつと》たるべきなり。

110 一 質屋《しち》にて失物《うせ》の事、*蔵方《くらかた》の掟《おきて》のごとくたるべきなり。

111▼ 一 質屋《しちや》にて質《しち》の物失《う》せ候事、是は紛《(まぎれ)》なく無沙汰《ぶさた》の証拠《しやうこ》見え候はゞ、*不レ及ニ是非一候。たゞし*無沙汰《ぶさた》の証拠《しやうこ》見え候はずば、*半分まよいたるべき也。

112 一 *相当《さうたう》せざる質《しち》とりてのち、置主《をきぬし》のかたへ取手《とりて》違乱《いらん》に及《(およぶ)》事有べからざる也。

113 一 質《しち》なくして貸《か》し候代無沙汰《ぶさた》候はゞ、*盗《ぬす》人の罪科《ざいくわ》にひとしかるべきなり。

114 一 人の売《う》りものをうけとり、売《う》り候て、彼代物を其主《ぬし》へあひたてざる事、盗《ぬす》人たるべし。もしくだんの代物《だいもつ》しきりに催促《さいそく》のうへ、*其身逐電《ちくてん》候はゞ、かの妻子《さいし》に咎《とが》を懸《か》くべきなり。

115 一 *口入《くにう》を相たて、物を借《か》り候ところに、借主《かりぬし》無沙汰《ぶさた》にいたつては、口入《くにう》の弁《わきま》へ、是を済《す》ますべきなり。

116 一 人の*負物《おいもの》をあひ済《す》まさずして、他領《たりやう》へ逃《に》ぐる事、*いま住《す》むところの地頭《ぢとう》へ申届《とゞ》くるのとき、是を済《す》まさせ候はで、なを格護《かくご》候はゞ、盗《ぬす》人格護《かくご》に准《じゆん》じ、成敗《せいばい》を加《くわ》ふべき也。たゞしかの地頭《ぢとう》、くだんの無沙汰《ぶさた》の人躰《たい》追《を》い払《はら》ふにいたつては、越度《をつと》あるべ

一人の子…問答にをよぶ 買主の一人の子は期限の過ぎた質入証文をもち、もう一人の子は同じく期限の切れた年紀売証文をもち、その土地の所有権を主張する。

109 取手…いたつては 質の取手が、質流れによってその所領が自己の所有に帰するのを狙って、とやかく言って請銭を受け取らない。このような実例は多くみられる。六角50条、結城40条参照。

110 蔵方の掟 蔵方之掟6条参照。

111 不及是非 蔵方之掟6条によれば、質物の原価の弁償をすることになる。

無沙汰の証拠見え候はずば 火事・賊難による損失であって、質屋の手落ちによる失物でないならば。

半分まよい 質屋は質物の原価の半額を弁償する。すなわち貸金を放棄する(蔵方之掟9条補注参照)。なお「まよい」は弁償の意。

112 相当せざる質 蔵方之掟1・2条参照。なお甲州法度48条には「相当之質物之儀者、如レ定、若過分之質物、以二少分一取レ之者、縦雖レ過二兼約期一、聊爾不レ可二沽却一」とある。

113 盗人… 結城39・43条参照。

114 其身逐電… 今川8条参照。

115 六角51・52条参照。

口入 口入人。保証人。

116 負物 借用物。借物。

いま住む…申届くる 今川21条参照。

からざる也。

117 一 *人の子を質《しち》に書《かき》入、代物《だいもつ》を借《か》り用る輩《ともがら》死去《しきよ》の後、*其子に催促《さいそく》せしむるところに、無沙汰《ぶさた》ならば、*主人《しうにん》へ申届べし。もしその主人違乱《しうにんいらん》にをよぶに付ては、盗人格護《ぬすびとかくご》に准《じゆん》ずべき也。

118 一 娘《むすめ》を質《しち》に書《かき》入、*鳥目《てうもく》を借《か》るのとき、その親《おや》かの*代《しろ》無沙汰《ぶさた》いたし、死去《しきよ》してのち、質《しち》の文《ふみ》にまかせ、娘《むすめ》の方《かた》へ催促《さいそく》のところに、嫁《とつ》ぐところの夫《をつと》とかく違乱《いらん》する事あり。親《おや》の文《ふみ》に載《の》するうへは、はやくかの女《をんな》を相渡《あひわた》すべきなり。しからずば、無沙汰《ぶさた》するところの代《しろ》、その夫弁《をつとわきま》へ相済《あひす》ますべきなり。

119 一 *人に財宝《ざいほう》を誂《あつら》へ、死去《しきよ》のゝち、その子かの誂物《あつらへもの》を、*相返《あひかへ》すべきのよし申ところに、死去《しきよ》したる*親《おや》にこれを得《え》たるよし申、相論《さうろん》せしむ。支証《しせう》なくば、たとひ得《え》たる事紛《まぎ》れなくとも、その子に返《かへ》すべきなり。

120 一 売物《うりもの》の代、ひさしく無沙汰《ぶさた》せしめ候処、売主《うりぬし》死去《しきよ》のゝち、その子親《おや》の代を催促《さいそく》せしむるとき、死去の親存命《おやぞんめい》のうちに相済《す》ましたるよし、問答《もんだう》にをよぶ事あらば、死去《しきよ》の親《おや》の*日記《につき》にまかせ相済《す》ますべき也。もし又済《な》し候つる支証《しせう》あらば、不レ及二是非一。

121 一 旧《ふる》き境《さかひ》を改《あらた》め相論《さうろん》いたす事。

右、或《あるい》は聊《いさゝか》なりとも、昔《むかし》の境《さかひ》を越《こ》え、新《あたら》しき境《さかひ》をかまへ、ならびの所帯《しよたい》に妨《さまた》げをなし、或《あるい》は近《ちか》き年《とし》の例《れゐ》を*掠《かす》め、古《ふる》き証文《せうもん》などをもちいてこれを論《ろん》ず。理運《りうん》を遂《と》げずといへども、指《さ》せる損《そん》なきのゆへ、やゝもすればことを巧《たく》み、訴訟《そせう》を企《くわだ》つ、理非《ひ》を糺《たゞ》

117 **人の子…借り用る** 自分の子を担保として借金する。**其子に催促せしむ** 質流れとして担保物件(本人)の引渡しを要求する。**主人へ申届べし** 質流れとして強制的に差押え行為を行うに際しては、主人への届け出が必要である。

118 **鳥目** 金銭。**代** 代金。

119 **人に財宝を誂へ** この場合、代金の支払いは済まされていると思われる。なお板倉氏新式目35条には「一 職人誂物事、右約束之刻手間料三分一渡…」とある。**相返す** 引渡しを要求する。代金を支払っているため誂物はすでに注文主に属している、という意識から、このような表現になったものと思われる。**親にこれを得たる** 「…に…を得たる」という用法は、142・151・167条にも見られる。…より…を得たる、の意。

120 **日記** 覚書。書付。

121 121~123条は、境相論に関する立法である。なお本条は式目36条「改旧境致相論事」を直訳したものであり、本条と同趣旨の立法が169条にたてられている。**掠め** 欺く。

す事、煩《わづらい》なきにあらず。いまより後者、*まことある使を遣《つかは》し、本境《さかひ》の跡《あと》を糺《たゞ》し明《あき》らめ、いま申出《い》づる方《かた》、非分《ひぶん》の訴訟《そせう》たらば、境《さかひ》を越《こ》え、*論《ろん》をなすの分際《ぶんざい》を計《はか》らい、非《ひ》分《ぶん》の方《かた》の所領《しよりやう》のうちを割《さ》き分《わ》け、理《り》をもち候方《かた》へ付《つ》け添《そ》へられべきなり。

122 一 先々《せん〱》より境《さかひ》なく、入会《あひ》に刈《か》り候山野の事。*作場《さくば》にいたし候に付て問答《もんだう》あり。しからば山は山、野は野、先規《せんき》のごとく作場《さくば》をあひ止《や》めべきなり。なを此旨を背《そむ》き、強《し》ゐて作場《さくば》になす輩《ともがら》あらば、くだんの作場《さくば》を理運《りうん》の方へ付べきなり。

123 一 境《さかひ》相たゝざるの山の事、先規《せんき》まかせたるべし。かくのごとくの地、もし知行《ちぎやう》の儀《ぎ》あるなきの問答《もんどう》、相互《たがひ》に知行《ちぎやう》の年記をかんがへ、*当所務《たうしよむ》廿一ヶ年過候者、沙汰《さた》を改《あらた》むるにをよばず。しかるに一方《ばう》は、*年久しく所務《しよむ》のよし申、一方《ばう》は、近《ちか》き年無理《むり》に*手を入らるゝ、非分《ひぶん》のよし度々《たび〱》問答《もんだう》にをよぶといへども、*押掠《をしかす》めらるゝのゆへ年月を経《ふ》る、さらに由緒《ゆうしよ》なきにあらざるのよし訴訟《そせう》を企《くはだ》つ。しかのごとき輩《ともがら》、相互《たがひ》に申旨を糺《たゞ》しさぐり、理の推《を》す方《かた》へくだんの論所《ろんしよ》を付《つ》け、ならびに、*以前《いぜん》に載《の》するごとく、非分《ひぶん》*の申出《い》づる方《かた》の所帯《しよたひ》の内《うち》を割《さ》き分《わ》け、かの論所《ろんしよ》ほど道理《だうり》の方《かた》へ付べきなり。

124 一 *名代問答《みやうだいもんだう》の事、親《おや》まかせたるべし。*たゞし嫡子孝々《ちやくしかう〱》の道怠《をこた》らず、奉公《ほうこう》の事も年久しく勤《つと》めきたるといへども、或《あるひ》は幼《いとけな》き子をふかく最愛《いとをし》み、或《あるひ》は継母《まゝはゝ》の讒言《ざんげん》により、かの名跡《(みようせき)》を別人に渡《わた》すべきのよし申さば、親子《おや》不快《ふくわひ》のおこりを相互《あひたがひ》に尋さぐり、其子誤《あやま》りなくば、時宜《じぎ》により下知を加《くわ》ふべき也。他人の子を養《やしな》ひ契約《けいやく》の事も可レ為ニ同然一なり。

まことある使　実検使。実地で調査する使。

論をなすの分際　論所(訴訟対象になった土地)の分量。

122 通常、分国法においては、境界の明瞭でない野山の境論に対しては、「中分」(今川3条補注参照)による解決がなされているが、塵芥集では本条および次条とも「先規まかせ」という処置をとっている。

作場　耕作地。田畑。

123 当所務…改むるにをよばず　式目8条補注参照。

年久しく所務のよし申　二十一ヵ年以上所務を継続していると主張する。

手を入らるゝ　入手したのであって。

押掠めらる　実力で盗み取られる。

以前に載する　121条を指す。

の　中世後期の国語では撥音(ン)の後にくる「を」は、「の」と発音するのが一般の傾向という(ロドリゲス『日本大文典』)。

124 六角46・47条参照。

名代問答　家督相続に関する相論。

たゞし…渡すべきのよし申さば　式目22条「父母所領配分時雖非義絶不譲与成人子息事」の文章をかりて記されている。

125 一　細工《さいく》人の所帯《しよたい》、みだりに売《う》るべからず。買手《かいて》ともに罪科《ざいくわ》たるべきなり。

126 一　細工屋《さいくや》におゐて、或《あるひ》は火事、或《あるひ》は盗人《ぬす》のために失《う》する事、かの失物《うせもの》、支証《しせう》になるべきものは是非にをよばず。失《う》するところのもの、支証《しせう》になるまじきを、失《う》せたるよし申さば、*細工人《さいくにん》の弁《わきま》へ返《かへ》すべし。たゞし値《ね》の高《たか》き物ならば、*奉行《ぶぎやう》を付べし。*例《れい》式《しき》の物ならば、細工屋《さいくや》へ渡《わた》すのとき、その価《あたひ》を定《さだ》むべきなり。仍後日失《う》するのとき、以前定《さだ》めのごとく弁《わきま》へべきなり。

127▼ 一　*他国《たこく》の質《しち》を拘《かゝ》へ候事、その地頭《ぢとう》・主《しう》人へ談合《だんがう》の事は、申にをよばず、守護職《しゆごしき》へ披《ひ》露《ろう》せしめ、これを取《と》るべし。守護《しゆご》の儀《ぎ》をうけとるのうへ、そのところの地頭《ぢとう》、違乱《いらん》にをよぶべからざる也。

128 一　同国《おなじくに》の内にて他郷《たがう》の質《しち》にをよぶ事、その地頭《ぢとう》・主人《しうにん》へ二度三度談合《だんがう》せしめ、これを取《と》るべし。しかるに主人《しうにん》・地頭無沙汰《ぢとうぶさた》により、他郷《たがう》の地頭《ぢとう》へ申届《とゞ》けずば、取手《とりて》ならびに地頭《ぢとう》、ともにもつて越度たるべきなり。

129 一　同《おなじ》国のもの、他国《たこく》にて質《しち》に拘《かゝ》へられ候はゞ、*其根本の科人《とがにん》を尋《(たずね)》さぐり、成敗《せいばい》を加《くわ》ふべきなり。たゞしくだんの科人《とがにん》、*無沙汰《ぶさた》のものに相当《あひあた》るほど、*いま質《しち》に取《と》られ候方《かた》へ、こと〴〵く弁《わきま》へ済《す》まし、*侘言《わびごと》いたし候はゞ、以前《いぜん》の咎《とが》をゆるすべきなり。

130 一　人を斬《き》り、*人を殺《ころ》し候返報《へんぽう》として、*同《おなじ》国の者、他国《たこく》にて相拘《かゝ》へられ、又は討《う》たるゝ事あらば、根本犯《おか》し候罪《つみ》の族《やから》を尋さぐり、成敗《せいばい》を加《くわ》ふべきなり。

131 一　人に斬《き》られ、人に殺《ころ》され候返報として、他国《たこく》のもの理《り》を尽《つく》さず討《う》つ事、これ有べ

125 社領の場合(6条)と同規定であり、伊達氏の細工人に対する強い保護・統制がうかがわれる。

126 111条、蔵方之掟9条の質屋に関する立法と同趣旨の立法である。

細工人の弁へ　質屋の場合、質物の代価を弁償する規定であるが、細工人の場合は定めた価格の弁償をする。

奉行　細工屋担当の奉行人。

例式の物　普通のもの。

127 本条および129条は、国質をとる際の手続きに関する規定である。

他国の質を拘へ候事　他国人の債務不履行に対して、分国内にいる任意の他国人(債務者と同一の国人)、またはその財物を差し押えること。

128 本条は郷質をとる際の手続きに関する規定である。127条補注参照。

129 127条と逆に、国質に分国の者がとられた場合の処置を定めた規定である。

其根本の科人　他国人に負った債務を履行せず、国質にとられる原因となった者。

無沙汰のもの　(他国人に負った)債務。

いま質に取られ候方　国質にとられた分国内にいる被害者方。

侘言　謝罪。

130 本条と次条は、国質と同じ論理で、刃傷・殺害の復讐が行われる場合の処置に関する規定である。

人を殺し候返報として　分国内で分国の者が他国人を刃傷・殺害した返報として。

同国の者　殺害・刃傷を行った者とは無

からず。かくのごとくの沙汰《さた》あるのときは、*敵《てき》の国《くに》の人を拘《かゝ》へをき、守護《しゆご》所へ披露《ひろう》いたすべし。然《（しかる）》に犯《おか》し候罪《つみ》の輩《ともがら》を敵《てき》の国にて、成敗の支証《しせう》紛《まぎ》れなくば、かの拘《かゝ》へをき候人を急《いそ》ぎもとの国へ相返《あひかへ》すべきなり。

132 一 合戦場《かつせんば》にて、味方《みかた》に討《う》たれ候とも、*討死同然《うちじにどうぜん》たるべきなり。

133 一 *指南問答《しなんもんだう》の事、指南《しなん》とたのむ族《やから》、させる恨《うらみ》なく、余人をたのむにいたつては、相《あひ》互《たがい》の理非《りひ》を糺《たゞ》しさぐり、時宜《じぎ》によるべき也。

134 一 *謀書《ぼうしよ》の事、侍《さぶらい》たらば所帯《しよたい》を闕所《けつしよ》すべし。所帯《しよたい》なくば他国《たこく》させべし。地下のものたらば、その面《おもて》に焼金《やきがね》をあてべし。たのまれ書《か》き候筆取《ふでとり》、同罪《どうざい》たるべき也。次に問答《もんだう》の所帯の証文《せうもん》を謀書《ぼうしよ》たるよし、多《おほ》くこれを申出《い》づる。披見《ひけん》のところに、もし謀書《ぼうしよ》たらば、まへに載《の》する咎《とが》に行《をこな》ふべし。又*証文《せうもん》の誤《あやま》りなくば、くだんの論所《ろんしよ》、闕所《けつしよ》たるべきなり。

135 一 *先祖《せんぞ》の判問答《はんもんだう》の事、いま知行《ちぎやう》の人廿一年過候者、*改《あらた》め沙汰《ざた》に能《あた》はざるなり。但女《によ》子譲《しゆづり》の地たらば、たとひ*多《おほ》くの年《とし》を経《ふ》るといふとも、*書分《かきわけ》の文言《もんごん》に子細《しさい》なくば、惣《そう》領《りやう》へ返《かへ》し付べきなり。

136 一 道《みち》・橋《はし》の修理《しゆり》の事、少《せう》分たらば、其所の地主《ぬし》これをこしらへかたむべし。大途《たいと》にいたつては、*その郷村《がうむら》、又は地頭《ぢとう》の役《やく》たるべし。なを事ならずば、勧進《くわんじん》をもつて是をなすべき也。

137 一 *公界《くがい》の道《みち》を貪《むさぶ》りとり、作場《さくば》になす事、盗《ぬす》人の罪科《ざいくわ》たるべし。仍道端《みちばた》の地主《ぬし》、右左

関係で、偶然他国にいた伊達分国の者。

131 **敵の国の人**　殺害・刃傷が行われた国のもので、伊達氏分国にいる者。敵の国という表現は、被害者側からみた表現で、他国と同じ。

132 **討死同然…**　㈠恩賞の問題、㈡復讐の禁止、の二つが考えられるが、条文配列の上から㈠を意図したものと思われる。

133 **指南問答**　指南するもの・指南されるものの関係をめぐる相論。→補

134 式目15条「謀書罪科事」を直訳したもの。

謀書　自己の権利を主張するために作成した偽文書。

証文の誤りなくば…　→補

135 **先祖の判問答**　先祖の譲状に記された所領配分をめぐる相論。

改め沙汰　再審理。

多くの年を経る　二十一ヵ年以上経過する。

書分の文言に子細なくば　女子に対する譲渡形式は通常一期分(その身一生の間だけ所有させる譲渡形式)であり、譲状に特別の譲与形式の指定がない場合には、の意。なお、女子相続の地については、年紀法の適用外としていることが注目される。六角48条参照。

136 **その郷村…役たるべし**　長宗我部氏掟書72条には「若道悪時者、其地頭百姓より過銭弐貫文」とある。

137 **公界の道**　公道。世間の道。

ともに畔《くろ》をゆづり、先規《せんき》にまかせ、道《みち》のひろさ一丈《ぢやう》八尺《しやく》に改《あらた》むべき也。

138 一 路次《ろじ》をゆきゝの人、道《みち》のほとりの家垣《かき》を壊《こぼ》ち、松明《たえまつ》になす事あるべからず。堂塔《だうたう》の事は申にをよばざる也。

139 一 地下人、又被官《ひくはん》の子召使《めしつか》ふべからず、指南《しなん》いたすべからず。

140 一 地下人、他所《たしよ》へ*出上《いであがり》の事。*そのところをたのみ、栖《すまゐ》をなし、他所《たしよ》へ罷《まか》り越《こ》え候はゞ、*その地頭《ぢとう》、又は地主《ぬし》に暇《いとま》を請《こ》ひ、罷《まか》り出《い》でべきなり。たとひ親《おや》といひ、子といひ、遺《のこ》し置《を》くといふとも、其*地主政所《ぬしまんどころ》へ相ことはらず、他所へ荷物《にもつ》、其外運《はこ》び送《をく》るのとき、その村《むら》中のもの出合《いであひ》、かの出《い》づるところのもの相拘《かゝ》へ候輩《ともがら》、さらに*僻《ひが》事にあらず。仍*出迎《いでむかひ》の人衆《しゆ》、出上《いであがり》のものひきつれ候者、討留《うちと》め候共郷内《がうない》のもの越度《をつと》あるべからず。討《う》たれ候族《やから》、数多《あまた》候とも不運《ふうん》たるべきなり。たゞし出上《いであがり》の本人、かの在《ざい》所《しよ》へ帰《かへ》りすみ候はゞ、討手《うちて》の越度《をつと》たるべきなり。

141 一 下人の男《おとこ》・女《をんな》、そのほか*走入《はしり》の事、すこしの間《あひだ》も許容《きよよう》あるべからざる也。

142 一 下人の子よそへ走入《はしり》、或《あるひ》は主人《しうにん》の落胤《おとしだね》の子のよし申、或《あるひ》は主人《しうにん》に一度暇《たびいとま》を得《え》るのよし申、奉公《ほうこう》の旨《むね》を望《のぞ》むとも、いそぎ本主人《ほんしうにん》・親《おや》の方《かた》へ*糺《たゞ》し返《(かえす)》べきなり。

143 一 男《おとこ》・女《をんな》、主人《しうにん》まち〳〵の下人《げにん》の生《う》むところの子、男子《おのこゞ》は男親の方《かた》へつけ、女子《をんなご》は母親《はゝおや》の方《かた》へ付べきなり。

144 一 被官《ひくわん》・*下部《しもべ》よそへ走入《はしり》候とき、主人《しうにん》より申届《とゞ》け候処に、相返《かへ》さずして、余方《よかた》へこれを売《う》り候事、盗人《ぬす》たるべし。然にかの走入《はしり》のもの、もとの主人《しうにん》の方《かた》へ逃《に》げ帰《かへ》る事

139 本条をたてた大名の意図は明確にしえないが、次条との関連から考えると、武家の主従関係の系列と百姓を切り離す方向の萌芽的あらわれとも考えられる。

140 **出上**　出かけてそこにおさまること。

そのところ…栖をなし　一旦その地(現住所)に居住した以上。

その地頭…罷り出でべきなり　百姓の去留の自由(相良4条補注参照)を否定し、地頭または地主と百姓の関係を、主人—被官的関係に近い形で律していこうとするニュアンスがうかがえる。なお伊達氏の百姓土地緊縛の意図は、80条でもうかがえる。

地主政所　農業経営・所領支配の事務処理を行うところ。その存在は伊達氏分国内で証される。

僻事　道理に違うこと。不都合なこと。

出迎の…不運たるべきなり　地頭・地主の許可なく移住しようとする者を科人という意識でとらえている。23条参照。

141 本条より150条まで、主として下人の帰属に関する立法がまとめられている。

142 **紏し返**　強制的に返付させる。

走入　相良4条補注参照。

143 本条は式目41条の後段によったものと思われる。ここで注目されることは、前段の下人の年紀に関する部分が塵芥集で省略され、年紀なしという前提で各条項が立てられている点である。なお下人の子の帰属については、今川追加21条補注参照。

あり。仍いま買《か》いとめ候つる主人《しうにん》、某《なにがし》のかたより買《か》いをくのよし申。科人《とがにん》の方《かた》より買《か》いをくのうへは、*同罪《どうざい》たるべし。たゞし買手《かいて》誤《あやま》りなき支証《しせう》あらば、時宜によるべき也。

145 一 人の娘《むすめ》・嫁《よめはしり》走入の事、いかやうの子細申候共、其親・夫《おっと》の方《かた》へ返《かへ》しをくべきなり。

146 一 逃走《にげはしり》の下部《しもべ》、他国《たこく》にて、同国《おなじくに》のもの買《か》いとり帰《かへ》るのとき、*もとの主人違乱《しうにんいらん》にをよぶべからず。しかるに*もとの主人譜代《しうにんふだい》のものゝよし申、本代《ほんしろ》をたて買《か》い返《かへ》し候はんよし望《のぞ》み候はゞ、拘《かゝ》へとゞむべからず。若又かの下人売買《うりかい》のとき、本主人《しうにん》の名《な》を申出《い》づるのところに、*買手《かいて》本主人《ほんしうにん》の方《かた》へ届《とゞ》けずして、押《を》し隠《かく》し、別人に売《う》る事、盗人《ぬす》同罪《どうざい》たるべきなり。

147 一 下部《しもべ》の男《おとこ》・女《をんな》、*身の代《しろ》をたつべきのよし申、主人納得《しうにんなつとく》せざるのうへ、身《み》の代《しろ》たてたりといふとも、被官《ひくはん》に召使《めしつか》はれべきよし、深《ふか》く望《のぞ》みをなすによつて、主人《しうにん》身の代《しろ》をとる。然処、彼下人余《よ》の主《しう》をとる事あり、本主人《ほんしうにん》の方《かた》へ急《いそ》ぎ返《かへ》すべき也。又夫《おっと》の事は、本主人《ほんしう》に返《かへ》すといへども、*妻子《さいし》の事は返《かへ》すまじきよし、深《ふか》く拘《かゝ》へとゞむ。その謂《いはれ》なきものなり。その夫《おっと》・親《おや》に付て出《い》づるのうへは、罷《まか》り帰《かへ》りのときも、夫《をつと》に付《つけ》返《かえす》べきなり。

148 一 *宮仕《みやづかゐ》の女房《ねうばう》、その主人《しうにん》に暇《いとま》を請《こ》はずして、出走《いではし》る事、男《おとこ》・女《をんな》のかはり有べからず。男《おとこ》の奉公《ほうこう》のごとく、本主人《しうにん》の方《かた》へ返べき也。

149 一 子細《しさい》あつて、下人をひきあげ、*近習《きんじゆ》のものに召使《めしつか》ふところに、其子どもまちまち

144 **下部**　下人。
同罪たるべし…　買手が走り入りの下人と知って買った場合、盗人と同罪、知らずして買った場合、ケース・バイ・ケースに処置するというのであろう。

145 本条がここに置かれているのは、単に走り入りの規定としてではなく、娘・親と嫁・夫の関係においてであると思われる。

146 **もとの主人違乱にをよぶべからず**　他国という条件での売買であるため、手継(てつぎ)を引く義務からまぬかれ、正当な買取行為と認められている。
もとの主人…拘へとゞむべからず　本主の潜在的所有権が存在することが認められている。

買手本主人…　他国における買得でも、買手が同国人の所有する下人であることを知った場合は、同国での買得と同じ条件になる。

147 **身の代**　人身売買の代金。この場合、下人が自分の身を主人から自分で買い、下人身分から解放する代金。
妻子　このような自立化への条件をもった下人は、すでに家族を構成していることがわかる。

148 **宮仕**　奉公。

149 **近習**　主人の側近で奉仕する者。

の主《しう》をとる。謂《いはれ》なきものなり。*根本の道理《だうり》にまかせ、数多《あまた》ありとも、こと〴〵く本主人《しうにん》のまゝたるべきなり。

150 一　*相伝《さうでん》の下人見合《(みあい)》にとる事、其妨《さまた》げあるべからず。たゞし*人躰《たいめしつ》召連れ候はゞ、その方《かた》へ申届《とゞ》け、これをうけとるべし。しからばいま召使《めしつか》ふところの主人《しうにん》、本主《ほんしう》の方《かた》へ返《かへ》しをくべし。*かの口《くち》により是非の沙汰《さた》あるべきのところに、くだんの下人深《ふか》く拘《かゝ》へとゞむるにいたつては、盗《ぬす》人の罪科《ざいくわ》たるべきなり。

151 一　科人《とがにん》の在所成敗《せいばひ》のとき、財宝《ざいほう》・牛《うし》・馬《むま》・眷属《けんぞく》以下、その*たとうにて候はゞ、*代官《だいくわん》のもの奪《うば》ひ取《と》るとも、不レ及二是非一。其場《ば》を遁《のが》れてのち人を相《あひ》たのみ、或《あるひ》は*走《はしり》入と申、或《あるひ》はもとの主人《しうにん》に得《え》たるよし申族《やから》候とも、其地頭へ返《かへ》し付べき也。作毛《さくもう》の事は、代《だい》官衆《くわんしゅ》一向競望《かうけいばう》あるべからず。地頭之儘《(まま)》たるべき也。

152 一　*館廻《たてめぐり》にて、科人成敗《とがにんせいばい》のとき、かの在所放火あるべからず。仍*乱妨衆《らんばうしゅ》、その四壁《(しへき)》之木竹をきりとり、家垣《いへかき》をやぶる事、罪科《ざいくわ》に処《しよ》すべきなり。科人《とがにん》の助《たす》けにあらずといへども、すでに*法度《はつと》を背《そむ》くのうへ、罪科軽《ざいくはかろ》からざる也。

153 一　童部《わらはべ》いさかひの事、親《おや》・兄弟《きやう》・*老敷《おとなしき》ものゝ綺《いろい》あるべからざる也。

154 一　鷹《たか》見つけ候て、相返《あひかへ》さず候はゞ、盗《ぬす》人の罪科《ざいくわ》に行《をこな》ふべきなり。

155 一　博打《ばくち》の事、打手《うちて》の人衆《しゅ》は申にをよばず、*宿《やど》ならびに*貸《かし》いたし候輩《ともがら》、同罪《じうざい》たるべき也。付《(つけたり)》。双六《すぐろく》・*ふびき以下同。

156 一　馬《むま》・牛《うし》あひはなれ、作毛《さくもう》を喰《く》い候時、かの牛《うし》・馬《むま》をつなぎをき、主《ぬし》のかたへ損亡《そんもう》

根本の道理にまかせ　本来の身分たる下人の道理—下人の子はその親の主人に帰属する—により。今川追加21条参照。

150 **相伝の下人**　譜代の下人。

人躰　23条頭注参照。

かの口により　下人の証言により。

151 相良24条補注参照。

たとう　「そのたとうにて候はゞ」と「その場を遁れて」が対応するから、現場・当座のごとき意味の語と思われるが、未考。

代官　検断を行う役人。

走入と申　主人より譲渡されたという主張と同列の主張がなされている点、なお在地における走り入りの保護・所有が正当であるという観念の存在を示す。

152 **館廻**　伊達氏の支城、豪族的領主の居館、ともに館と称している。館廻は漠然とした地域を指すのではなく、館を中心とした限定された特殊な権益を有する領域である(小林清治「封建領主の町支配の権原」(『日本歴史』二八四号))。

乱妨衆　検断を行うものであるが、この表現から私的性格の濃厚な検断も行われていた形跡がうかがわれる。

法度　「館廻にて…放火あるべからず」を指す。

153 今川11条参照。

老敷もの　大人。年輩のもの。

155 **宿**　博打宿については、結城1条、六角44条参照。

の多《おほ》き少《すくな》きにより科銭《とがせん》をとるべし。しかるところに*畜類《ちくるい》をきり、又は射殺《いころ》しなどする事、謂《いはれ》なきものなり。牛《うし》・馬に疵《きず》を付候者、其主《ぬし》の方《かた》へ、かへつて*過銭《くわせん》をあひわたすべし。殺《ころ》し候はゞ、その価《あたひ》を弁《わきま》へ返べし。*聊爾《れうじ》いたし候輩《ともがら》は、*其住《す》む家《いゑ》を閉《と》ぢ込《こ》むべきなり。

157 一　犬《いぬ》うち候事、鷹《たか》の餌《ゑ》に候者、越度《をつと》有べからざるなり。たゞし人躰《にんたい》の門《もん》のうちへ押《を》しこみ、うつ事あるべからず。

158 一　*直路《すぐみち》の事、あひとめ候道《みちを》押し破《やぶ》り通《とを》る事、*侍《さぶらゐ》にいたつては、出仕《しゆつし》を罷《や》められ、以下のものたらば、追《を》い払《はら》ふべきなり。

159 一　*使虚言《つかいそらごと》の事。侍《さぶらゐ》におゐては、所帯を闕所《けつしょ》すべし。所帯《しよたい》なくば、他国させべきなり。以下の輩《ともがら》は、其身を召誡《めしいまし》むべきなり。

160 一　在々所々にて狼藉《らうぜき》人之事、其主人《しうにん》に申届候ところに、その誡《いましめ》なくば、主人《しうにん》の越度たるべし。*被官《ひくわん》にいたつては、成敗《せいばい》を加《くは》ふべきなり。

161 一　*仮言《かりごと》いたし候輩《ともがら》、召使《めしつか》ふところの主人《しうにん》、くだんの損物《そんもつ》を弁《わきま》へ渡《わた》すべし。たゞし其身その場《ば》より逐電《ちくてん》候はゞ、沙汰《さた》の限《かぎ》りにあらざるなり。

162 一　*人の妻《め》を密《ひそか》に嫁《とつ》ぐ事、男《おとこ》・女《をんな》共にもつて誡《いまし》め殺《ころ》すべきなり。

163 一　*密懐《びつくわひ》の事、*押《を》して嫁《とつ》ぐも、互《たがい》に和《やは》ぐも、媒宿《なかだちやど》なくして、これあるべからず。かくのごとくの輩《ともがら》、同罪《どうざい》たるべきなり。

164▼ 一　密懐《びつくわい》の族《やから》、本《ほん》の夫《をつと》の方《かた》より、生害《しやうがい》さするのとき、女《をんな》を助《たす》くる事、*法《はう》にあらず。た

貸いたし候輩　博打の資金を出した者。
ふびき　「福引、フビキ」(元亀二年本、運歩色葉集)。賭戯・博奕の一種。
156畜類を…謂なきものなり　作毛に損害を与えた牛馬ではなく、牛馬など畜類一般の殺生について述べている。
過銭　過怠銭。過失行為に対する罰金。
聊爾　そこつ。
其住む家…　具体的刑罰を示すことの少ない塵芥集において「家の検封」という刑を明示しているのは極めて異例であり、刑罰というよりむしろ「穢」の観念と関係がある行為ではないかと思われる。
158直路　ちかみち。
侍に…　長宗我部氏掟書74条では過銭一貫文の刑である。
159使虚言　使者として虚偽を述べること。
160被官にいたつては　伊達氏の被官の場合は、(伊達氏が)。
161仮言　詐欺。虚言。
162人の妻を密に嫁ぐ事　人妻と密通すること。なお本条は、密懐行為が伊達氏に訴えられてきた場合の条項で、164条は女敵打に関する立法である。
163密懐　「密懐、ビックハイ」(饅頭屋本節用集)。姦通。他人の妻の許に通うこと。
押して…和ぐも　強姦の場合も和姦の場合も。
164法　具体的には、文明十一年五月、妻敵討に関して出された室町幕府法を指す。

ゞし*閨《ねや》におゐて討《う》つのとき、*女房《ばう》討ちはづし候はゞ、討手《うちて》越度《をつと》有べからざるなり。

165 一 縁約相定《えんやくあひさだ》まる人の娘《むすめ》、横合《よこあひ》に奪《うば》ひ取《と》る事、密懐《びつくわい》の罪科《ざいくわ》におなじ。仍合力《がうりよく》の人衆《しゆ》、同罪《どうざい》たるべき也。

166 一 縁約相論《えんやくさうろん》の事、一人は父《ちゝ》につゐてこれを定《さだ》む。一人は*母《はゝ》に付て申定《さだ》むるのうへ問答《もんだう》あり、父《ちゝ》に付て申定《さだ》むる方《かた》の理運《うん》たるべきなり。

167 一 婦夫闘諍《めをつといさかひ》の事。その婦《め》猛《たけ》きにより、*夫追《おつとを》い出《いだ》す。しかるにかの婦《め》、夫《おつと》に暇《いとま》を得《え》たるのよし申、改《あらた》め嫁《とつ》がん事をおもふ。その親《おや》・兄弟《きやうだい》、もとの夫《おつと》の方《かた》へ届《とゞけ》にをよばずして、かの婦《め》、夫《おつと》を改《あらた》む。*いま嫁《とつ》ぐところの夫《おつと》・女《をんな》ともに罪科《ざいくわ》に行《をこな》ふべき也。たゞし離別紛《りべつまぎ》れなきにいたつては、是非《ぜひ》にをよばざるなり。しかるに前《まへ》の夫《をつと》、なかばは後悔《こうくはひ》、なかばはいま*最愛《さいあひ》の夫《をつと》に遺恨《いこん》あるにより、離別《りべつ》せざるよし問答《もんだう》にをよぶ。*暇《いとま》を得《え》たる支証《しせう》まぎれなくば、まへの夫罪科《おつとざいくわ》にのがれがたし。

168 一 出仕《しゆつし》の輩《ともがら》、長鑓《ながやり》・*靫《うつぼ》つけ、召連《めしつ》れべからず。しかうして*鷹野《たかの》、又は他所《たしよ》へ供《とも》のとき、その身靫《うつぼ》をつけず、持道具《もちだうぐ》持《も》たせざる事、謂《いはれ》なきものなり。いまより後も、この*掟に従《したが》ふべきなり。

169 一 田畠ならびに山野・屋敷等《しきとう》の境《さかひ》の事、先規《せんき》まかせたるべし。然処古《ふる》き境《さかひ》を改《あらた》めわたくしに牓示《ばうじ》をたて、訴訟《そせう》を企《くはだ》つるのとき、本主*論《ろん》をなす事、非拠《ひきよ》たるにあらず。仍両方《りやうはう》申旨、これを糺明《きうめい》し、非分《ひぶん》の訴訟《そせう》たらば、訴訟《そせう》人の領《りやう》地のうちを割《さ》き分《わ》け、*論人の方《かた》に付べきなり。

閨 寝室。

女房 姦通した女房。

166 **母に付て申定む** ルイス・フロイス『日本史』では、娘の婚姻先の決定に母親の意向が無視できないものであったことが、記されている。

167 **夫追い出す** 夫が妻を家から追い出す。これによって離婚が成立したのではなく、離婚は夫が妻に、「暇の印」を与えることによって成立した。なお離婚は、夫の一方的意志によってなすことができたが、妻に何の咎もない場合には、妻が望む財産を与える慣習もあった(板倉氏新式目17条参照)。

いま嫁ぐ…行ふべき也 正式な婚姻の要件として、女の親・兄弟の承諾、再婚の場合は前夫の離婚許可の証明の確認が、男にも義務づけられている。

最愛 男女または夫婦が親しみむつびあうこと。

暇を得たる支証 相良38条参照。

168 **靫** 矢を入れる容器。湿乾による矢の狂いを防ぐため、竹を組んで筒形にしてある。

鷹野 鷹狩。

掟 塵芥集ではこのような場合、通常、法度・法・法令の語が使用されており、用法として異例であり、個別法令として出されたものが、追加として入れられた可能性も考えうる。

169 121条が式目の直訳であるのに対し、同趣旨の立法をなしている。

170 一　市町におゐて、盗《ぬすみ》物を買《か》ふのところに、本主くだんの買手《かいて》を盗《ぬす》人のよし申。しかるに買手《かいて》、売主《うりぬし》をひき付候はゞ、買手《かいて》越度《をつと》有べからざる也。

171 一　盗賊《とうぞく》人、人《ひと》の門《かど》のうちへ追《おゐ》入たる沙汰《さた》の事。是は其*亭《ていう》討ち候て出し候べき事、若又見え候はずば、亭《てい》より追手《おゐて》を入、捜《さが》させべし。*むりに押《を》し込《こ》み候はゞ、越度たるべき事。但町屋にては、数百人の中にて候間、やりこの事は、押《お》し込《こ》み候ても討《う》ち候べく候。

左京大夫稙宗（花押）

敬白起請文　評定之間理非決断事

右蒙昧《もうまい》の身、理《り》非《ひ》の分別をよばざるによつて、旨趣相違《あひちが》いの事、さらに心の曲《まが》るところにあらず。そのほか或《あるい》は人の方人《かたんど》ゝして、道理《だうり》の旨《むね》を知《し》りながら、非分《ひぶん》の由《よし》を申掠《かす》め、或《あるひ》は非分《ひぶん》の事、証跡《せうせき》ありと号《がう》し、或《あるい》は人の愚《をろか》なる心を顕《あらは》さざらんがために、子細《しさい》を知《し》りながら、善悪《ぜんあく》に付《つ》き、これを申さずば、事と心と相違《さうい》し、後日にみだれ出《い》で来《きた》らんか。およそ評定《ひやうぢやう》の間《あひだ》、理非《ひ》におゐては、疎《うと》きも親《した》しきも有べからず。好《よし》悪《あし》も有べからず。道理《だうり》の推《を》すところ、心の存分《ぞんぶん》、傍輩《はうばい》を憚《はゞか》らず、権門《けんもん》を恐《おそ》れず、詞《ことば》を出《いだ》すべきなり。*成敗《せいばい》の事たしかに、条々《でうでう》たとひ道理《だうり》に違《ちが》はずといふとも、一同の

論をなす　反論する。
論人　被告。
170　42条参照。
171　62条は盗賊人がその主人の家に、本条は他人の家に逃げ込んだ際の処置を定めたものである。
亭　亭主。主人。
むりに…越度たるべき事　18条補注「在所」参照。

○この起請文は、「但直奏のとき…且は憲法の理を曲ぐるに似たり」(底本の第13〜18行)の部分を除いて、式目の起請文を直訳したものである。なお、主としてこの起請文の比較検討によって、塵芥集が参考にした式目伝本をさぐろうとした研究に、小林宏「塵芥集の文献学的考察」(『伊達家塵芥集の研究』)がある。

成敗の事たしかに　式目では「御成敗事切之条々」とある。

又人の才覚により…詞に述ぶる事を得ず この部分は、現実の裁判で起こりうる状態を想定した部分である。

憲法 正義。公正。

当社八幡大菩薩 西山八幡。稙宗は天文元年、それまでの居城地梁川から亀山八幡(鶴岡八幡宮を勧請)を西山に遷している。なお、伊達氏の強い八幡信仰については、小林宏、前掲書に詳しい。

摩利支尊天 わが国では武士の守護神とされ、信仰が厚く、護身・勝利・得財などが祈願された。

憲法《けんばう》也。誤《あやま》つて非拠《ひきよ》を行《をこな》ふといふとも、一同の越度也。いまよりのち、訴訟《そせう》の人ならびに縁者《えんじや》に相向《あひむか》い、其身は道理《だうり》を存ずといへども、傍輩《はうばい》のうち、其人のいふことをもつて、いさゝか違乱《いらん》のよし申聞《きこ》えば、すでに一味の義にあらず。ほとんど諸人の嘲《あざけ》りを貽《のこ》さんものか。兼《(かねて)》又道理なきによつて、評定《ひやうぢやう》の場《ば》に棄《す》て置《を》かるゝ輩越訴《ともがらをつそ》のとき、評定衆《ひやうぢやうしゆ》のなかに一筆を書《か》き与《あた》へば、自余の人の計《はか》る事、皆《みな》もつて無道のよし、独《ひと》りこれを存ずるに似《に》たるか。但直奏《ぢきそう》のとき、評定衆片贔屓《ひやうぢやうしゆかたひいき》をなし、不肖《ふせう》の輩《ともがら》申ところ、覆《おほ》ひ隠《かく》すに付ては、この法令《はうれい》を破《やぶ》るがごとし。この時は一人たりとも、存知の旨《むね》を申、同心いたすべからず。*又人の才覚《さいかく》により、むて人《にん》を申しつめんとし、又は蒙昧《もうまい》の族《やから》、道理《だうり》をもちながら、詞《ことば》に述《の》ぶる事を得《え》ず、賢《さか》しき人の非分《ひぶん》と愚《をろか》なる人の理運《りうん》と、これを料簡《れうけん》いたさずば、且《かつう》は不便《ふびん》のいたり、且《かつう》は*憲法《けんばう》の理《り》を曲《ま》ぐるに似《に》たり。条々《でう〱》子細《しさい》かくのごとし。此うち一事たりといふとも、心の曲《まが》り、心に節《ふし》を存、違犯せしめば、

梵天《ぼんてん》・帝釈《たいしやく》・四大天王《わう》、惣而《そうじて》日本国中の大小神祇、別而《(べつして)》塩竈《しほがまの》大明神・*当社《たうしや》八幡大菩薩・*摩利支尊《まりしそん》天・天満・大自在天神、部類眷属《ぶるいけんぞく》、神罰《しんばつ》・冥罰《みやうばつ》、各罷《まか》り蒙《かうぶ》るべき也。

仍起請文《きしやうもん》かくのごとし。

金沢　上総介宗朝

国分　左衛門尉景広（花押）

中野　上野介親時（花押）

天文五年丙申*孟夏十四日

万年斎* 沙弥長悦

富塚 近江守仲綱（花押）

伊藤 大蔵丞宗良

峯 駿河守重親

浜田 伊豆守宗景（花押）

牧野 紀伊守景仲（花押）

同 安芸守宗興（花押）

沙弥土木

中野 常陸介宗時

万年斎沙弥長悦　連歌師猪苗代兼純の一族の連歌師。兼純、長悦の父長珊、ともに伊達氏に扶助されていた。

孟夏　四月

(端裏書)「掟之事」

*蔵方之掟《(くらかたのおきて)》之事

1 一 絹布《(けんぷ)》之類者、*見当《(けんとう)》半分に可シレ取ル。*何《(いずれ)》も十二月《つき》をかぎり、質之物流《なが》すまじきにおゐては、*子銭《(こせん)》可レ送之事。

2 ▼ 一 武具・金物之類者《(は)》、見当三分一に可レ取。十二月《つき》かぎり。

3 一 鼠喰《(ねずみくい)》之事、置主《ぬし》の損たるべし。

4 一 質之物借ス事、堅ク可キレ為ル二禁制一之事。

5 一 雨漏《もり》かゝらば、子銭不ルレ可カラレ取ル之事。

6 一 失物《(うせもの)》者、取代《(とりしろ)》一倍《ばい》にて、可キレ致ス二返弁一事。

7 一 雖モ二 *偸物《(とうもつ)》取ルト一、咎になるまじき事。

8 一 *手札失《う》せば、*質不レ可カラレ為サスレ請ケ。但、所におゐて*口合《(くちあい)》之儀有ラバレ之者、可キ二為サセレ請ケ申ス一事。

9 ▼ 一 就テ二火事・賊難ニ一、*蔵主之損失為ラバ二露顕一者、*置主も可シレ為ルレ損。但、損亡《(そんもう)》至リテハ三于無キ二支証一者、従リ二蔵主之方一、*以テ二本銭半分ヲ一、置手之方へ、可キ二弁償ス一之事。

10 一 *つゝもたせ之儀有ラバレ之者、蔵方之誤《(あやまり)》有間敷《(あるまじき)》也。申かけたる輩を可キレ有ル二御成敗一事。

11 一 日暮候ウテ而、質之取請不ルレ可カラレ有ル之事。

12 一 *五ケ年過ギ候者、蔵役可キレ被ル二相動《(あいはたら)》カ一之事。

13 一 絹布者《(は)》五文子《(ごもんし)》、金物者可キレ為ル二六文子一之事。

蔵方之掟　質屋法。

1見当半分に可取　当時、質の取代は質物の価格の半分に見積もるのが一般的であった。板倉氏新式目50条にも「質物者相当半分ニ取置」とある。

何も十二月をかぎり　室町幕府法でも一貫して、絹布類の請戻期間は十二カ月となっている。2条補注参照。

子銭　利子。13条参照。

3文禄四年七月二十一日浅野長吉掟条々(新編会津風土記)には、「ぬれ質、ねずみくい、以二元銭一可二請戻之一」とあり、5条とあわせ考えると、本条の場合も、質屋側に弁償義務がないと解される。なお板倉氏新式目50条(9条補注)参照。

4質屋が質物を犯用することがしばしばあったらしく、室町追182条では盗犯罪に処すことが定められ、また、天文二十二年浅井氏徳政条々(菅浦文書)では、質屋が質物を売却した場合、一倍の弁償をすることが定められている。

6質屋側の過失による失質は、質屋が取代(質物の価格の半額)の二倍、すなわち質物の価格分を弁償する。

7塵芥集43条参照。なおこの立法の対象として念頭におかれているのは、蔵役を勤める伊達氏公認の質屋と思われる。

偸物　盗物。贓物。

右条々之旨、違犯之輩有《ラバ》レ之者、堅《ク》可《ク》レ被《ル》レ処《セ》二罪科《ニ》一候。仍《よつて》被レ定レ法如レ件。

天文弐稔《にねん》三月十三日

金沢弾正左衛門尉

宗朝（花押）

牧野紀伊守

景仲（花押）

同　安芸守

宗興（花押）

中野上野守

親時（花押）

浜田伊豆守

宗景（花押）

富塚近江守

仲綱（花押）

坂内八郎右衛門尉殿

8**手札**　質札。

質不可為請　室町追410条には、「札ありに同前」とあり、また前掲浅野長吉掟条々にも「札を取失か書違也とも元銭まぎれずば加二利弁一可レ請レ之」とあり、一般的には質札を紛失しても質物の請出しは容易であったらしい。

口合之儀　質物の請出人の申し出が、事実であることが証明されること。

9**蔵主之損失為露顕者**　質屋自身の所有物も質物と同時に損亡したという証拠があるならば。

置主も可為損　質屋は質物の焼亡・盗難により債権が消滅し、取代分の損失となる。一方、質の置手も質物の消失により、質物の価格の半額の損失をうける。

以本銭半分…　（債権を消滅させた上）、質物の取代の半額の代金を弁償する。6条の単なる失物のケースより有利な扱いとなっている。

10**つゝもたせ**　詐欺行為の一種（嬉遊笑覧）と思われるが、未考。

12**五ケ年過候者**　質屋の営業を開始してから五年経過したならば。

13室町幕府法でも、ほぼ一貫して絹布類は五文子（一カ月五分の利子）、金物・武具は六文子である。2条補注参照。

武家家法 5

結城氏新法度

佐藤進一 校注

各如レ被レ存、年之上に大□[1]及二五年一、一日も心易《(こころやすき)》躰無レ之候。人気候□遊山*活計さへすかぬ身上、殊六ケ敷《(ことにむつかしき)》御沙汰《ごさた》以下、更以□□へ候。我等[2]不養生、命之つまる義にて候。其上、*当方□老□□時は、道[3]理非をさゝやき候□□、あるいはわが身上之義歟。縁者・親類[4]の[5]沙汰《さた》[6]の時、鷺を烏《からす》に言たて、縁者・親類又*指南《しなん》其外にたのもしがられべき覚悟《かくご》にて候哉。とても死得間敷《(しにえまじき)》に、*目つくり、刀つきたて、無理を言たて、多《おほ》からぬ傍輩《はうばい》間にて、似合《にあ》はぬ*さんとうの*刷、*わけ候も*なつきお□候。然間、私法度をあげ候。各可レ被二心得一候。此新法度□□をしをかれ候沙汰《さた》、又*身が前々《まへく》仕来《(しきたり)》候刷、□□[7]以後此法度に不レ用、随意《ずい》に物申べき人□□[8]さらふ歟。*当名字に不忠をかまへ□□[9]事取くづし、*ゐしよを取べき刷歟、法度そむかれ候御人躰、*誰《たれ》人は不レ可レ入候、をしよせ、*こすき可レ申候。無二何《キ》事《モ》一時、各心得のため条目にあらはし候。於二後代一も可レ為二此法度一候。

1「及」は判読。 2「我等」は判読。 3「道」は或いは「即」の草体の誤りかもしれぬ。 4「類」は推定。 5「のさた」は判読。 6「の」は推定。 7「以」は判読。 8「さ」は判読。 9「事」は判読。

1 一 ばくちはやり候へば、喧嘩《けんくわ》・盗《ぬすみ》、結句つまり候へば、はからぬたくみなし候間、第一かなふべからず、ばくち双六《しゆくろく》堅《かた》く禁制《きんせい》申べく候。*はつていた[1]されべきにて候は

活計 クワッケイ。饗宴の意。饗応・享楽の意にも用いる(斎木一馬「記録語の例解」(『高橋隆三先生喜寿記念論集、古記録の研究』)、参照)。

当方 この法度を制定した結城家・結城方の意に用いている。

指南 塵芥集133条補注「指南問答」参照。

目つくり わざと怒った目付きをする、の意か。

さんとう 「さっとう(察当)」の音通であろう。「察当」は「撮当」とも書き、咎め・非難の意。

刷 結城氏新法度では、この字を「アツカヒ」「アツカフ」と訓んでいるようである。なお後出(1条)参照。

わけ候も 理由はあるにしても、の意か。

なつきお この下に欠字があって文意明らかでないが、「なつき」は、古く脳を意味し、頭・頭痛の意にも用いられた「ナヅキ」ではあるまいか。欠字部分、或いは「ほえ」ではあるまいか(「なづきおぼえ候」となる)。

身 この法度制定者である結城政勝の第一人称。72・85・94条等参照。また「愚」という語も用いている。62条参照。

当名字 結城の名字すなわち結城家の意。

ゐしよを取 文意未詳。

誰人は不可入 誰々の詮索不用、何人にかかわらず、の意。

こすき 「扻、コスク」(天正十八年本節用集)の連用形か。「扻」は、撃つ、たたく。

1 博奕の禁。

ゞ、聞《き》ゝ付《つ》け候はゞ、ろう人・親類・宿老たれも不レ可レ入、を[2]しよ[3]せ、□ん□をかけ申べく候。*こともばくち双六《しゆくろく》の宿《やど》[4]、其[5]身は不レ及二是非《ぜひ》一*、咎《とが》なき隣《となり》□間をしたて、別人に所《そ》[6]帯《たい》・屋《や》敷《しき》ともに可レ刷*候。ばくちの宿《やど》、行末《すゑ》の名字《(みようじ)》迄絶《た》やすべく候。ことに人の下人・*悴者《かせぎもの》、又宿人[7]・里《さと》の者《もの》、ばくちうち候と聞候はゞ、其主《しう》の方《かた》へも不レ届、主《しう》うたせべき也。其主《しう》佗言にいたつては、主《しう》心得《へ》候て、なさせ候義たるべく候間、主《しう》に面目失《うしな》はせべく候。但、請取《うけと》り[8]、頸《くび》[9]をはね、可レ渡ならば、尤に候。それをもさたせ候以前に、*はづれ[10]候などゝて、*そら寺入いたすべきに候はゞ、不レ可レ叶候。そうしつ□ともに□

1「た」は判読、「さ」は推定。 2「を」は推定。 3「よ」は判読。 4「やと」の「と」は判読、よって「宿」を宛てる。 5「其」は判読、「身は不」は推定、「及是」は判読。 6「そ」は判読、「たい」は推定、よって「所帯」を宛てる。「やし」の下の「き」は判読、よって「屋敷」を宛てる。 7「宿」は判読。 8「り」は判読。 9「くひ」の「く」は判読。 10「つ」は推定。

2 一 於二当方一、人商《あきなひ》候*[1]悴者《かせもの》□□此法度あげ候以後、人売《うり》の沙汰《さた》と□□[2]面目失《うしな》はせべく候。*自然其身の召仕《めしつか》ひ候下女・下人、*放《はな》すべきに候はゞ、能々《(よくよく)》子細を披露候て、*印判を取、売《う》り放《はな》すべし。他所より頼《たの》まれ候とても、人商《あきなひ》いたすもの候はゞ、聞たゞし、うちひしぐべし。可レ被二心得一候。

1「かせもの」の「もの」は推定。 2「面」は判読。

はって 語義未考。或いは「張って」で、押しての意か。

ことも 「も」は、「よ」と訓めないこともない。「も」ならば、この部分は子供博奕双六宿の規定となるが、「よ」ならば、「殊に」の意となる。

不及是非 是非の論議不用、本人は勿論、の意。

刷 前注で説明したように「アツカフ」と訓む。ここでは、所帯・屋敷を宛行う(知行させる)意に用いている。

悴者 →補

はづれ 迦る。逃走する意。

そら寺入 「そら」は虚。偽りの出家寺入り。

2 人商いの事。

悴者… 悴者については1条補注参照。その下の空白は九ないし十字分あるが、他の条の用例によれば、「悴者」の下には「下人」云々とあるようであり(1条補注参照)、もしそうとすれば、この空白部分は、人商い行為の主体ではなく対象としての(すなわち他に売られた)悴者・下人等について、規定していると推測される(たとえば、本主に返させるというような)。

自然 もしも、万一の意。

放す 下女・下人に対する身分支配権を放棄する。下文に「売り放す」とあって、具体的には、他人に売り渡す意。

印判 もと印章をいう。結城家に申し出て、結城家の印章を捺した許可証を貰った上で…、の意。

3 一　かりその喧嘩口論《けんくわこうろん》、何《なに》事成共、縁者《ゑんじや》・親類《しんるい》を語《かた》らひ、一所候て*徒党《ととう》だての輩《ともがら》、理非をさしをき、先徒党《とたふ》だての方《かた》へ、[1]咎《とがめ》をなすべく候。可ㇾ被二心得一。

1「とかめをなすへく候」の「をな」「く候」は推定。

4 一　喧嘩口論《けんくわくうろん》其外の汰沙《さた》に*[1]いんぎうかたんのもの[2]、本人よりも一類*削《けづ》り候べく候。可ㇾ被二心得一候。

1「いんきうかたん」の「きう」「かた」は判読。2「の」は判読。

5 一　喧嘩《けんくわ》*くわしかけられ候て、よりどころなくいたしたるものをば、其身一人改易《かいゑき》、其外にた[1]ゝりなす事あるべからず。傍輩《はうばい》其外*手をよる歟、まはす歟、をとりかけ狼《らう》藉者《ぜきもの》、其身の事は不ㇾ及二是非一、一類改易《かいゑき》、所帯・屋敷《やしき》たちまち剝《は》ぎ取、別人にあつ[2]かふべく候。

1「たゝり」の「ゝり」は判読。2「あつかふ」の「かふ」は判読。

6 一　何《なに》と人取懸《とりか》け、慮外な[1]し候共、制《せい》し候て、奏者《そうじや》を取、如ㇾ此くわしかけられ候へ共、[2]法度□て取合《とりあ》はず候よし、申上候もの候はゞ、其身には*懇《ねんごろ》を加《くは》へ、慮外[3]□人改《かい》易《ゑき》、所帯・屋敷奪《やしきうば》い取《と》り、他人に可ㇾ刷（あつかう）候。

1「なし」の「し」は推定。2「法度□てとりあはす」の「て」は判読、「と」は推定、「り」は判読。欠字を三浦本は「と」と読む。3「外」は推定。

3 徒党を禁ずる事。
徒党だて　好んで徒党をくむこと。「だて」は強い顕示傾向を意味する。

4 喧嘩口論等の沙汰に加担を禁ずる。
いんぎうかたん　引級(引汲)加担。ひいき・加担の意。
削る　→補

5 喧嘩を仕かけられ、やむなく相手になった者、傍輩その他喧嘩の一方に加担した者の処罰。
くわしかけ　語意未詳。次条にもある。
手をよる　「手を縒る」か。手をもんで相手の意を迎える意ではあるまいか。

6 慮外を仕かけられても、自制して取り合わず、結城家に申し出た者、慮外をした者の扱い。慮外とは、非常識または不当な言動をいい、身分制や社会秩序にかかわるものが多い。
懇を加へ　褒賞をあたえる意であろう。33条にも見える。

7 傍輩・縁者に頼まれて、人を殺した場合、手を下した本人よりも依頼人を重罪とする。

8 神事祭礼の場もしくは市町において、市場犯罪などで討たれた場合、その者の

7 一 傍輩《はうばい》・縁者《えんじや》頼《たの》み候とて、友傍輩《ともはうばい》を討《う》ち候歟、又傍輩《はうばい》の下人《(げにん)》・悴者《かせもの》、又遠国・他国のもの討殺《うちころ》す事、本人よりも、頼《たの》まれ候もの共、曲《くせ》事たるべく候。聞たゞし、一類削《けづ》り候べく候。可ニ心得一候。

8 一 *此方神事又市町《(いちまち)》にて、*やりこ・*押買《をしかい》、其外慮外《(りよがい)》之義に、下人・悴者《かせもの》・指南《しなん》の者うたれ候はんもの[1]は*不レ及ニ是非一、*当洞《(とううつろ)》中、其外小山近辺の諸士、此方□[2]□祭礼市町に、此方之者やりこ其外盗《ぬすみ》、又[3]慮外之義なし候て、うたれ候共、誰《たれ》にても*不レ可ニ佗言《(わびごと)》一ス。

1「ものは不及」は判読、「是」は判読。 2 この欠損部分、約八字分は、法度全体の文章表現を参照し、前後の文意より推定すれば、「神事(または、祭礼)市町にて又他所」の如きものになるのではあるまいか。 3「慮」は判読。

9 一 人の立《た》て候*立《たて》山・立《たて》野、盗《ぬす》み伐《き》り刈《か》り候て、うたれ候下人・悴者《かせもの》レ佗言すべからず。

10 一 人の作《(さく)》刈《か》り、又夜《よる》人の作場《(さくば)》にてうたれ候事、咎《とが》なきと申べからず候。何たる用たるべく候哉。

11 一 盗沙汰《ぬすみさた》、*もつちり証拠《しうこ》[1]紛《まぎ》れなく候を*陳法《ちんばう》し候はんは、盗《ぬす》人よりも申出《(もうしいずる)》もの大盗《ぬす》人たる[2]べく候。それは*何《なに》と誰《たれ》人頼《たの》み候とも、これ□[3]

主人・縁者などの訴えは取り上げない。17・35条などと併せて、神事祭礼・市町における商取引の安全と円滑を期する規定と思われる。

此方 結城領内の意。

やりこ 商取引でのペテンの類か。

押買 売買の合意が成り立たないのに、買手の側で無理に買い取る行為。多くは不当な安値で買い取る行為であろう。

不及是非 もちろん。

当洞中 洞は「家中」の意。当結城家中。

不可佗言 佗言は陳謝・弁明・抗弁などの意。ここでは、下人・悴者・指南の者がかくかくの場合に討たれたとして、その者の主人が相手(殺した者)方を非難し、抗議し、救済措置を要求するなどの権利を認めないという意味。

9 立山・立野 農民らの入会利用(草木の採取等)を禁じた山や野(石井良助「中世に於ける入会の形態」(『法学協会五十周年記念論文集』)参照)。

10 他人の作物を刈り、また夜間他人の農地に入りこんで殺されても死に損。殺した相手は罪に問われない。

11 証拠歴然の盗人をかばい、弁明・救解しようとするのは、本人以上の大盗人である。

もつちり 未詳。

陳法 弁明・弁解。

何と誰人頼み候とも… 誰が何と頼もうとも、自分(この法度の制定者である結城政勝)に盗人の弁解をし、罪のゆるしを乞うてはならぬ。

1「まきれ」の「き」は判読。2「た」は推定。3「これ」の下は「へ不可佗言(または、へ佗言すへからす)」であろう。

12 一 証拠《しようこ》のなき事は、神慮に□□んくわの沙汰《さた》をなし、放《はな》すか切《き》る歟たるべく候。

13 一 証拠《しようこ》なき事、如何《いか》にありさうなる事成共《(なりとも)》、申上べからず。但《たゞし》、*洞《うつろ》を破《やぶ》るべき造意《ざうい》などのやうなる事をば、証拠《しようこ》は候はね共、如レ此申廻候、心得《へ》候へと、密々に披露なすべし。其外之義は、証拠《しようこ》を以《テ》申上べく候。

14 一 此以後傍輩《はうばい》其外の下女《(げじよ)》・下人《(げにん)》・1悴者《かせもの》仕《つか》ふべからず。たとへその親《をや》多《おゝ》く持《も》ち候子を2くれ候共、その下人の主《しう》の方《かた》へ、如レ此彼者《(かのもの)》くれ候間、召仕《めしつか》ふべく候と届《とゞ》け候て、仕《つか》ふべし。

1「かせもの」の「も」は推定。2「を」は判読、「くれ候共、その」は推定。

15 一 *他人と他人の女の男《おとこ》の出合《(であい)》、1夫婦《めをつと》になり、子を可レ持候。昔《むかし》より伝《つた》へ聞《(きき)》候。*女子は女につき、2男子《おのこゞ》は男《おとこ》につき候とは候へども、女の主《しう》の屋敷《やしき》にても、又男《おとこ》の主《しう》の屋敷《やしき》にても、一方へ女にても男《おとこ》にても通《かよ》ひ候て、持たる子共、一方之主《しう》はぐゝみ、十・十五に育《そだ》てあげ候に、*扶持《ふち》も恩《をん》もせずして、それは我《わ》が仕《つか》ふべき申出候事は、深《ふか》く無理の3申分にて候。女子は女につき、男子《おのこゞ》は男《おとこ》につく義ならば、4子を持《も》ちたる時分より、其届をなし、恩扶持《おんふち》5紛《まぎ》れなくば仕《つか》ふべし。それなくばすまぬ義たるべく候。

12 「神慮に」の下は「まかせ」ではあるまいか。「んくわの沙汰をなし」の上が分らないので、この部分の意味がとりにくいが、この条全体の趣意は、証拠のないことは神慮任せ、すなわち神判で無罪(放免)、有罪(斬刑)を決するという意ではあるまいか。

13 **洞を破るべき造意**　結城家を滅ぼす叛逆の企て。

14 他人の下女・下人・悴者を、その主人に断わりなしに召仕ってはならぬ。

15 主人を異にする下人と下女の間に生まれた子は、その子を養育した主人の側に帰属させる。なお今川追加21条参照。

他人と他人の…子を可持候　別々の主人の下女と下人が夫婦になって、子をもった場合。この法度には、このように「可(べし)」を「…した場合」「…したとすると」のような仮定の意に用いる例が少なくない。

女子は女につき…　式目41条を指す。

扶持も恩もせず　食事その他養育の資も与えず、また土地の給与もせず。

さて又女も男《おとこ》も、其主《しう》の屋敷《やしき》にてなく、両方ながら他人の屋敷《やしき》を借《か》り候て、持《も》ちたる事は、古法の如《ごと》く、幾人にても[6]男《おとこ》女のわけを以《テ》、其沙汰《さた》なすべき事也。

1「めをつとになり」の「め」「にな」は判読、「を」は推定。 2「き」は判読。 3「申分に」は判読。 4「らは子をもち」は推定。 5「まきれなくは」の「ま」は判読、他の部分は推定。 6「にて」は推定。

16 一 *追懸《をいかけ》、いづくの所いづくの里《さと》にて、*洞《うつろ》のものは不レ及《バ》二是非《ニ》一、行脚《あんぎや》・往来《わうらい》何《なに》にても、*はりとり殺《ころ》し候はゞ、其所へ五日は待《ま》ち候て、調《しら》べさせべく候。[1]□ひ候はゞ、郷中へ*過怠《くわたい》を思《ま》ふほど懸《か》けべく候。両郷[2]の境《さかい》にて討《う》ち候はゞ、両郷へ過料《くわりう》を懸《か》けべく候。*訴《そ》訟《しう》の奏者《そうしや》いたし候もの候はゞ、*其身郷中より礼義《れい》を取《(とる)》歟、又追懸《をいかけし》知りたる歟、奏者《そうしや》し候もの丶方《かた》へ、一た丶りなすべく候。

1「へく候」は推定。 2「両郷」の「両」は推定、「郷」は判読。

17 一 市町《(いちまち)》又神事祭礼の場《ば》、*これより奉行《ぶぎやう》を置《お》くべく候。何《なに》たる慮外《(りよがい)》もの成共《(なりとも)》、奉行《ぶぎやう》のもの其沙汰《さた》いたし候べく候。言付《(いいつけ)》られぬ[1]もの脇《わき》[2]より切《き》り剝《は》ぎ候はゞ、咎《とが》に落《をと》すべく候。可レ被二心[3]得一候。

1「ぬ」は判読。 2「よ」は推定。 3「心」は判読、「得候」は推定。

18 一 仏事・法事何《なに》たる見物事《(けんぶつごと)》[1]の場《ば》にて、慮外狼藉《ろうぜき》の輩《ともがら》、*侍《さぶらい》・下人を嫌《きら》はず、取《と》り包《つゝ》

16 誰かが追剝に殺された場合は、その郷に犯人を糺明させる。五日過ぎたら郷に過料を懸ける。塵芥集33・64条参照。
追懸 追剝。
洞のものは不及是非 家中の者はもちろん。
はりとり 財物を剝ぎとり。
過怠を思ふほど懸け 過料を思う存分に懸ける。
訴訟の奏者 過料を懸けられる郷の訴訟(過料を懸けられることの不当や、過料の額についての訴えであろう)の取次ぎ。
其身… 奏者自身が郷中から礼銭・賄いを取ったか、または犯人を知って、かばいだてをするかの何れかであろうから。

17 **これより** 「これ」は第一人称。自分の方から。結城家から。

18 **侍・下人を嫌はず** 侍・下人の区別なく、何人たりとも。

み棒打《ばうち》になすべし。とかく言候はゞ、打《う》ち殺《ころ》すべく候。

1「のはに」は判読。

19 一 人の頼《たの》み候とて、*無理《むり》と聞《き》ゝなし候事、又証文《しようもん》・証拠《しようこ》のなき事、披露すべからず。

20 一 夜中に人の屋敷《やしき》へ木戸《きど》・垣立《かきた》ち候所を乗《の》り越《こ》え、切《き》り開《あ》け候て入《はい》り、討《う》たれ候もの、侘言《(わびごと)》すべからず。盗《ぬすみ》か又何《なに》たる不《ぶ》[1]振舞《ふるまい》歟、如何様《(いかさま)》一たゝ[2]り事にて候間、死損《そん》たるべし。殊《こと》[3]に町々の木戸《きど》・門の□[4]討《う》[5]たれ候もの、*善悪不ㇾ可ㇾ入、悪盗・悪逆人たるべし。*是非之義不ㇾ可ㇾ言候。

1「ぶ」の濁点は原本のまま。2「たゝり事」の「た」「り」は判読、「ゝ」は推定。3「に」は意によって補った。4この欠損部分は、文意上「りこえ(へ)」もしくは「中(内)にて」であろう。5「う」は推定。

21 一 水損《そん》・風損《そん》・日旱《でり》は、人間の業《わざ》になき物にて候間、*不如意《(ふにょい)》・不辨《ふべん》も余儀《よぎ》なく候。各無沙汰《ぶさた》いたし、堰堀油断《せきほりゆだん》いたし、持《も》ちたる所荒《あ》れ候、不作などゝ、*不辨《ふべん》の侘なすべからず。*これは不辨《ふべん》を面白《(おもしろく)》思《おも》ふものか、当地に退屈《たいくつ》のものかたるべく候。

22 一 此以後不忠し候はんものをば、其一類悉《ことごと》く絶《た》やし、*名字《(みようじ)》を削《けづ》り、*其一跡《(いつせき)》他人[1]□[2]。其名字を名乗《なの》らせ候へば、続《つゞ》くやうにて候間、名字[3]迄絶《た》やすべく候。可ㇾ被㆓心得㆒候。

19 **無理と聞ゝなし候事**　無理を承知で聞き入れたこと。

20 夜中、他人の屋敷内に入って討たれた者は、理由の如何を問わず、討たれ損。今川7条・同補注参照。

善悪不可入　善悪を論ぜず。理由の如何を問わず。

是非之義不可言　是非の弁明をしてはならぬ。

21 **不如意・不辨**　どちらも生計の窮迫・貧窮。

不辨の侘　貧窮につき年貢を減免してほしいという訴願の理由づけ。

これは…　これは自ら求めて貧窮の状態に陥るものか、でなければ、結城領に対して故意にサボタージュをするものか、どちらかにちがいない。

22 **名字を削り**　家名を断絶させる。

其一跡…　その所領を全部没収して、他の者に宛行う。

23 他家の者はもちろん、結城家中の者とも、自分の承認なしに結婚してはならぬ。

自然之時…　もしもの時(相手方と敵対関係になった際)、お前たちが苦労する

1「人」は判読。　2この欠損部分約四字分は、文意上「に可刷候（または、にあつかふへく候）」であろう。　3「字」は推定。

23 一 他家之事は不レ及二是非一ニ、洞《うつろ》なりとも[1]此方うけがはぬ所へ、此以後縁組《く》むべからず。*自然之時各々《をの〳〵》可二劬労《くろう》一事、不レ可レ然候。

1「も」は判読。

24 一 敵地・*敵境《てき》より来候下人・悴者《かせぎもの》、仕《つか》ふべからず。

25 一 かたの如《ごと》く*所帯・手作持ながら、[1]□[2]馬之勤《つとめ》にも一度欠《か》け候はゞ、速《すみやかに》*所帯かり可レ申候。此*□ぬ者《もの》共数多《あまた》見及《みおよび》候へ共、法度《はつと》をあげて可二申付《シト》一存《クジ》、堪《こら》へ候。

1「ら」は推定。　2「馬」は判読。

26 一 何方へも、誰々《たれ〳〵》と言付候外に、一騎《き》[1]まかるべからず。又言付候もの*懈怠《けたい》すべからず。*無レ拠隙《よりどころなきひま》又煩《わずらい》[2]候はゞ、代官可レ出候也。

1「まかる」の「ま」は推定、「か」は判読。　2「候は」は推定。

27 一 *草《くさ》・*夜業《わざ》、斯様《かやう》之義は、悪党《あくとう》其外*走《はしり》立《た》つもの*一筋ある物にて候。それに事言付候処、若《わか》き近臣之者共、表向《おもてむき》は*すゝどきふりを立《た》て、内々は敵[1]□上も女之一人も可レ取候はん方《はう》心がけて、言付《いゝつ》けられぬに何方へもまかり、*なにゝなり候ても、*其時言候へば、我々《われ〳〵》贔屓々々《ひいき〳〵》に、これも忠信などゝ唱《とな》へ立《た》てべ跡《あと》を削《けづ》り候べく候。

のだから、それを慮って、この規定を作るのだ。

24敵境 敵地に近接した地域。

25所帯・手作 所帯は所領・知行地。手作は家内労働によって耕作・経営する直営農地。

所帯かり可申候 「かり」は「刈り」であって、所領を没収する、の意であろう。33条にも類似の表現がある。

此□ぬ者共… 軍役を欠怠する者を多数見知っているけれども、法度を制定した上で処分しようと思って、今まで処罰をこらえてきたのだ。

26指名されない者が、ただ一騎で出かけて行くような差し出た行動をしてはならぬ。

懈怠 怠ける。サボタージュをする。

無拠隙又煩 やむをえない所用、または病気。

27草 忍びの兵。

夜業 夜の行動を専らとする忍びの者か。

走立つもの 行動敏速な者の意か。

一筋ある物 一つの専門をもつ者。それを専業とする者。

すゝどきふりを立て 敏捷ぶり・機敏さをひけらかして。

なにゝなり候ても その結果どういうことになっても(敵方に殺されても)。

其時言候へば… 該当者が出た時に、右のように処分すると言ったら、各人の縁者などが、贔屓々々に、これは忠義の行為だから容赦してほしいなどと言いたてるであろうから。

く候間、兼《か》ねて知《し》らせ候。

1「は敵」は判読。

28 一 如《い》何《か》に*忠信の跡《あと》なりとも、其身[1]慮外人《りよがいにん》、又*不嗜《ふたしなみ》・不奉公《ぶほうこう》にて候はゞ、削《けつ》るべく候。*仮令《けりやう》以二他人一其前之忠信之筋目《すじめ》立《た》てべき迄に候、殊二[2]如《い》何《か》に忠信之筋成とも、不忠之人衆にて候者、*不レ可二何《ヶモ》入《ル》一候。是又可レ被二心得一候。

1「慮外」は判読。 2「いかに忠信之」の「かに忠」「之」は推定、「信」は判読。

29 一 以《あいだ》レ間、何たる沙汰《さた》にてもすみたる義、又*別之六ヶ敷事に間すみの義引懸《かけ》に公界《くがい》へ申出べからず。*此以後前《まへ》の事迄引《ひ》かせ間敷と書付候。況《いわ》んや間之義ゆめ〳〵不レ叶候。

30 一 諸寺・諸庵・諸房共に*公界寺《くがいじ》、[1]*我々《われ〳〵》建《た》て候氏[2]寺のごとく、或《あるい》は子を置《おき》、兄弟を置□*[3]綺《いろい》たち候はん義、誠二腹筋《はらすじ》痛《いた》き事に候。寺〳〵之義[4]□寺奉行《ぶぎやう》之外、是*へ何事も不レ可二披露一。但《シ》、寺奉行《ぶぎやう》慮外なし候はん義は、以《テ》二別人一《ヲ》も可二披露一候。

1「われ〳〵」の「れ」は推定、「〳〵」は判読。 2「氏」は判読。 3「綺」は判読。 4「義」は判読。

31 一 近臣殊《こと》に在郷《ざいごう》之者共、前々《まへ〳〵》より指南《しなん》を持べく候。如《い》何《か》に当時これに身近《ちか》く走廻《はしりまわり》候とて、人之指南に頼《たの》まれ候とて、何事も不レ可二申上一、又人之指南別人を頼《たの》み、*沙汰《さた》以下自[1]訴《ぢそ》以下不レ可二申上一。*なすべき義なりとも可レ払候。但《シ》、*指南親方《しなんをやかた》慮外なし[2]

28忠信の跡 忠義の者の子孫。

不嗜 武士としての嗜みに欠けること。恐らく武技の鍛錬、武器・兵具・馬などの用意を欠くことを指していると考えられる。

仮令以他人… この部分は、上文の忠義者の子孫なりとも容赦せずに断絶させるという規定に対して、忠義者の家を取りつぶすのは不可とする否定的意見が出ることを予想して、仮りに他人を取り立て、忠義者の家名を名乗らせるまでのこと、それですむことだとするのである。なお、「仮令」については、→補

不可何ヶモ入候 何の遠慮・容赦もいらぬ、断固として処罰する。

29どんな争いごとでも、仲裁によって結着のついたことを、世間に公表してはならぬ。

別之六ヶ敷事に… すでに仲裁によって解決ずみの事柄を、他の解決困難な事件と関連させて、世間に持ち出す。

此以後… この法度制定以後においては、以前の事を例に持ち出すことを禁ずると、ここに書き付ける(ここに規定する)。

30氏寺以外の寺庵に、子や兄弟を入れて、干渉がましいことをしてはならぬ。また、寺のことについては、寺奉行のほか、結城家に取り次いではならぬ。なお87条参照。

公界寺 個人の私的支配下にある氏寺以外の、パブリックな存在としての寺院。

我々建て候 各人が自分で建てた、の意。

綺たつ 干渉する。94条にもみえる。

是　第一人称、すなわち法度制定者たる結城政勝を指す。

31 指南の者の訴願は、各人の親方を通じてなすべきであって、たとえ近臣であっても、他人の指南の者の依頼を受けて、訴願を取り次いではならぬ。

沙汰以下自訴以下　他人の相論、自分の訴訟などの事柄。

なすべき義なりとも可払候　本来勝訴の裁決を与えるべき事であっても却下する。

指南親方…　指南の者が、親方の慮外な仕打を訴える場合は、親方を通じて訴えるわけにはゆかぬゆえ、別人に取次ぎを頼んでよろしい。

32 **あいめつかい**　お互いに目くばせして、進んで修理しようとしない。

侍・下人…　侍・下人、寺の境内地もしくは門前など、不課税の理由や特権を主張しても、一切認めず、全体に修理費を課し、それによって門・橋を改築する。

其町に居たる侍ども…　その町に居住する侍が主唱して、町中の者全体に指令して、の意か。

難渋之者共かざらず可申上候　修理の指令に応じない者がいたら、隠さずに報告せよ。

横道理　無理押し。横紙破り。

33 **要害**　城郭。塞(取手。とりで)。

かり　没収する意であろう。25条参照。

候はん義は、其者《もの》に取付《とりつ》き侘言《(わびごと)》はなるまじく候。以[3]テ二別人一ヲも可二申上一候。

1「ぢ」の濁点は原本のまま。　2「なし候はん」は推定。　3「以別人」は推定、「も」は判読。

32 一　宿、西《にし》の宮・三橋・大谷瀬《あふやせ》・玉岡・人手《ひとで》、何方之町木戸《きど》・門・橋破《はしやぶ》れ候を、あ*いめつかいこしらへず候者、*侍《さぶらい》・下人、寺門前はいるまじく候。役銭《やくせん》を懸《か》け、其義にて門・橋可二再興一候。それも六ヶ敷候。其*町[1]に居たる侍《さぶらい》ども引たち悉《ことごと》く触《ふ》れ、無ク二油断一、門・橋再興可レ然候。西館《にしたて》・中城同前たるべく候。其中に*難渋《なんぢう》之者共かざらず可二申[2]上一候。これは城内を狙《ねら》い候か、敵地へ内通之者たるべく候間、屋敷《やしき》・所帯[3][4]□□走《(はしりまわる)》廻ものに可レ刷《(あつかう)》候。其時これは親類《しんるい》・[5]縁者《ゑんじや》、これは指南《(しなん)》に候とて、例《れい》の*横《よこ》道理御好《すき》にて、皆々《みな〳〵》[6]□つけ、これへ不レ可二侘言一。侘言之者、本人よりも一咎《とがめ》可レ申候。可レ被二心得一候。

1「に」は、初め「の」と書いて、書き改めたもの。　2「申上候これは」は推定。　3「所帯」の「所」は判読、「帯」は推定。　4この欠損部分約五字分は、1・5・6条などの用例を参照すると、「うはいとり」もしくは「はきとり」であろう。　5「ゑんしや」の「んし」は推定。　6この部分は、初め「引」と書いて抹消してある。訂正文字は不明。

33 一　*要害《ゆふがい》普請《ふしん》、堀《ほり》・壁《かべ》、何事にても懈怠《けたい》のものは、当地難儀《なんぎ》の時駈落《かけを》ちべき構《かま》へたるべく候か。[1]如レ此之躰《(てい)》之者、所帯・屋敷《やしき》*かり可レ申候。人にすぐれて普請《ふしん》以下いたし候ものは、深《ふか》く忠信を心懸《が》けたるものに[2]候間、一入《(ひとしお)》可レ加レ懇《(ねんごろを)》候。可レ被二心得一候。

34 一　屋敷《やしき》の内《うち》の盗《ぬすみ》以下は、番衆《(ばんしゆう)》知《し》[1]らざるのみにて候。さて町門・木戸《きど》開《あ》け、橋かけ、人馬引出《(ひきいだし)》、[2]何にても取候はゞ、其夜ノ番衆盗《ぬす》人に組《く》み候か、無沙汰《ぶさた》か、其夜の番衆へ此咎《とがめ》なすべく候。中城・西館《にしたて》同前。

1「か」は推定。2「に候」は推定。

35 一　其所之盛《さか》りを何方《(いずかた)》も願《(ねがう)》義にて候。当地之神事祭礼・市町之日、たとへ如何様《いかやう》之義成[1]共、何方も質[2]取《しち(とり)》不レ可レ然候。取候はゞ、理非なしに其沙汰《さた》破《やぶ》るべく[3]候。

1「ら」は推定。2「何にて」は推定。

36 一　洞中《(うつろちゆう)》又何方へも不レ致二披露一して、質《しち》取不レ可レ然候。此上無二披露一に取候者、其沙汰《さた》破《やぶ》るべく候。

1「成」は31条の類句を参照して補った。2「もしち」は推定。3「く候」は推定。

37 一　*人をあやまり候歟、又悪党《あくとう》など切《き》り果《はた》され候て、各之所へ飛入《(とびいる)》子細あるべく候。押入《をし》うち□□と思候者、速《すみや》かに内《うち》より致二成《シ》敗[1]一、*其頸《くび》[2]渡《わた》すべく候。飛入候とて*引汲《(いんぎゆう)》のもの、誰《たれ》成共並《なら》べて改易《かいゑき》[3]たるべく候。

1「敗」は原本では「就」となっている。いま、意によって改めた。2「わたす」の「た」は推定。
3「かいゑき」の「き」は推定。

38 一　人をあやまり、迦《はづ》れ候もの、二度と返《かへ》すべからず。誰《たれ》も侘言《(わびごと)》不レ可レ叶。死たる者

34 個人個人の屋敷内での盗犯については、夜番は知らなかったというだけで済まされようが、夜間、町の門・木戸を開け、橋をかけ、人馬を引き出して、盗みを働くような場合は、夜番の責任を追及する。

35 神事祭礼の場または市町において、債権者が債務者に対して債務の支払いを迫る。当座に債務者が持っている交易物資を暴力的に取り上げることが往々にしてあったのであろう。

37 **人をあやまり…**　「あやまり」は「あやめる」に同じく、人を殺す意。一般に人を殺してのち、或いは相手を悪党と称して切り殺してのち、各(結城家中の武士)の所へ飛びこんできた場合。

其頸渡すべく候　上文の欠字部分の文意不明であるが、飛び込まれた側で犯人を殺して、頸を被害者側に渡せ、という意。

引汲　引級。ひいき・弁護する。

38 人を殺して逃亡した者は帰参を許さず。

39 **負物の沙汰**　貸借の争い。

人の代を借り…　他人の金銭を借りて、返済しないというのは、もってのほかの悪逆人。

ありくと書渡し　明白に借書(借金証文)を作成して貸方に渡しながら。

けまぎれ　紛らかす・ごまかす、の意か。

再《ふたゝ》び生《い》きず候間、せめて相手《あいて》永《なが》く改易《かいゑき》なさせべく候。乍《（さりながら）》レ去、人の批判《ひはん》もなきほどの忠信いたし、其殺《ころ》されたる一類も、げにも此忠信にては、返《かへ》りたるも無ニ余義《シト（よぎ）》一思《ヒ》、閉口するほどの義ならば、自然二度と召《めし》返《（かえす）》理も可レ有レ之候歟。

39 一 *負物《ふもつ》の沙汰《さた》、*人の代《（しろ）》を借《か》り、なすまじき[1]と申は、以《（もつてのほかの）》外悪逆人たるべく候。殊《こと》に代借《か》り[2]□□あり〱[3]と書渡《わた》し、*けまぎれ候義者、盗《ぬす》みたる[4]同前に候。さて又人に代貸《か》し候とて、*慮外《（りよがい）》非分の勘定《かんぢやう》、利勘《りかん》をかんがへ、狼藉《ろうぜき》に事なし候義者、是又以外之悪逆人にて候。たゞ貸手《かして》の損《そん》なくばすむ義にて候。

1「ましきと」は推定。 2「り」は判読。 3「あ」は推定。 4「た」は推定。

40 一 持《（もち）》たる所、人の方《かた》へ*売切《うりきり》の状渡《わた》し[1]、*其身分限《ぶげん》出来候て、請《うけ》返《（かえす）》べきと申□□義にて候。但《シ》、其状之文言に、何時にても又請返《うけ（かえす）》[2]べきと、手堅《てがた》く定《（さだめ）》候ては、返間《（かえすま）》敷《じき》と申《（もうす）》もの、曲事《（くせごと）》たるべく候。

1「わたし」の「たし」は推定。 2「うけ」は推定。

41 一 持たる所不辨《ふべん》のまゝ*蔵方《くらかた》に質《しち》にをき候。有《（ある）》時分請返《うけ（かへす）》に、蔵方《くらかた》より、久《（ひさしく）を》置き候、流《なが》れ候などゝて、請《う》けさせぬ、蔵方《くらかた》のあやまりにて候。何年過《なんねん（すぎ）》候とも、質《しち》ならば、請《う》けずして叶《かな》は[1]ぬ[2]ものにて候。とかく申べからず。*同《（おなじく）》人《ノ》女男《おとこ》代貸《か》し□□[3]同前たるべく候。

慮外非分の… 非常識・不当な計算をなし、利息勘定を専らにして、暴力をもって取立てをする、の意か。

40 売切の状 土地永代売の売券（売渡状）。これに対して、買戻しの特約付きのを本銭返（本物返）売券という。下文に「何時にても又請返べきと手堅く定候」というのが、それである。

其身分限出来候て… 後日財産ができてから、買い戻したいと言うのは。その下の欠字（七字分くらい）部分は、前後の文意より、認められない、不当である、などの否定表現と推測される。

41 窮乏のゆえに、自分の土地を蔵方に質に入れ、後日金ができたので請け返そうという段になって、蔵方が質流れと称して請けさせないのは、蔵方の非である。

蔵方 塵芥集、蔵方之掟参照。

同人女男代貸し… 五字分くらいの欠字があって、文意明瞭でないが、「誰か男が妻を質に入れて借金した場合も、以上の規定と同様である」という趣旨かと推量される。

42 忠義者の子孫だからとて、貧乏を理由に蔵方からの借金を返済しないことは認められない。元利ともに三分の一程度の有免にとどむべきである。

我人ともに… ↓補

43 借書（借金証文）その他証拠文書もなし

42 一 忠信の跡《あと》不如意《(ふによい)》に候はゞ、*我人《われ》[1]ともに公界《(くがい)》之義にて候。蔵方《くらかた》より三ケ一本《もと》も子分《(こぶん)》を[2]も許《ゆる》すべし。忠信之間、一向なすまじきと申《(もうす)》事は、あまり無理に候。よく〳〵両方此ノ分別可レ入ル義にて候。

1「も」は判読。 2「のにて候」は推定。 3「同前」の「同」は推定、「前」は判読。

43 一 証拠《しょうこ》状などもなく、*無手《(むて)》に人に代《(しろ)》貸《か》し候など ゝ言《(いい)》懸《がゝ》り候はんは、際限《さいげん》なき事にて候。又*状いれて□□ぬ[1]と申も、言語道断之盗《ぬす》人にて候。よく〳〵可レ被[2]二心得一候。

1「ぬ」は判読。 2「可被心得」は推定。

44 一 銭持《(もち)》死候はん時、子共・兄弟・親類の方《かた》[1]へ、誰々《たれ〴〵》に代貸《か》し候、これを分々《わけ〴〵》て渡《わた》すと書《(かき)》立《たて》をなし、渡《わた》し候事は世の習《ならひ》にて候。不レ及二是非一候。*自然[2]人々他人に、誰《たれ》に代を貸《か》し候、これを進《(すすむ)》とも、屋敷・所帯質《しち》に取候を進《(すすむ)》などゝ*言《(いい)を》置き状書《(かき)》渡《わた》し、これを渡《わた》すべく候。他人ならば*其首尾たつ間敷候歟、又たつべく候哉。*同心に此沙汰《さた》一方へ有二落居《(らっきょ)》一、可レ被レ申候。可二加書一候。各へ尋《(たずね)》候へば[3]、他人たりとも、状を請取《うけ(とる)》ならば、其状さきとして請《うけ》取べき也。状証文《しょうもん》なくば、如何《いか》にあり〳〵と事申候共、すむまじきよし、同心に被レ申候。*げにも無二余義一候。*於テ二後々ニ一も此分。

1「かた」の「か」は判読、「た」は推定。 2「人」は判読。 3「は」は判読。

に、むやみと誰々に金を貸した、それを返せなどと請求し、裁判沙汰になるのは、認められない。

無手に　思慮なしに。むやみ、やたらに。

状いれて…　欠字があって、確実に意味をとらえがたいが、借書を貸手に渡して、金を借りながら、借金した覚えはないと主張する者のことではあるまいか。

44 死に臨んで、他人への貸金を子息・兄弟・親類等に分譲する(譲渡証文を作成交付する)のは世間一般の習いで、とやかく言うべきことではないが、もし家族親類以外の他人に譲渡する場合は、これを認めるべきかどうか。

自然…渡すべく候　もしも…渡した場合。「…すべく候」は仮定を示す。

言置き状　遺言状。

其首尾…　道理として認められないか、それともまた認められるか。

同心に　→補

げにも無余義候　まことに尤もである。

於後々も此分　今後はこの規定通りの扱いとする。

45 親の借金は子にかかるというのが古来の原則である(この点については、中田薫「板倉氏新式目に就て」(『法制史論集』第三巻上(新版)、六五三頁)参照)。他家から入って家の跡つぎになった養子の場合は、やはり親の借金を引き受けねばならない。

他人を子を乞い候て…　他人を子に乞いうけて、家の相続人としたならば。

46 その身の罪科によって一家断絶となり、

45 一 親《をや》の負《ふ》物《もつ》、其父子を持《も》たず、*他人を子を乞《こ》い候て、名代《(みようだい)》になし候はゞ、其父之負《ふ》物《もつ》懸《かゝ》るべく候。養子すますべく候。

46 一 誰《たれ》人の跡《(あと)》、其身あやまりをよつて[1]削《けづ》り、此方《こなた》より以二他人一其名跡《(みようせき)》立《た》て候はゞ、*前《まへ》の負《ふ》物《もつ》不レ可レ入ル、悉ク取返シ、其跡拘《かゝ》へべく候。これは*前《まへ》の筋目《(すじめ)》よしみなき義にて候。

1「をよつて」は「をもつて」か「によつて」の誤りではあるまいか。なお、「て」は推定。

47 一 人勾引《かどい》の沙汰、証拠《しようこ》候はゞ、とかく陳法《ちんばう》すべからず。又*人に頼《たの》まれ候とて、人勾《かど》引《い》候相手《あいて》になり、失《う》せ候もの送《をく》り候事は、本人よりもきつきあやまりにて候。頼《たの》まれ候と申とて、許《ゆる》すべからず。其沙汰《さた》[1]破《やぶ》るべく候。

1「やぶるへ」は推定。

48 一 於テ二此方ニ一、悪党《あくとう》又人あやまりたるもの、[1]□□にちかひたるもの、此方《こなた》へ隠《かく》し内通、結句此方《こなた》の目を忍《しの》び、各以テ二心得ヲ一立《た》ち廻《まは》らさせ、又里其外に以テ二心得ヲ一隠《かく》し置《を》き候。聞付候者、*日本大小神祇、御指南の方《かた》誰《たれ》人なり共、*物のためしには、七尺と申候、九尺一丈削《けづ》り可レ申候。其時又誰《たれ》なりとも、傍《そば》より侘言《(わびごと)》めされ候はゞ、並《なら》べ削《けづ》り可レ仕候。此義*前長に申置《を》き候。

1「もの」は判読。

49 一 誰《たれ》成共、其身の[1]自《ぢ》訴《そ》・直奏《ぢきそう》不レ可レ叶フ。直に申出候者、道理成共なすべからず。奏《そう》

結城家の計らいとして、赤の他人を指名して家名を再興させた場合、処刑された先主の借財は、この相続人にかからない。

前の負物 →補

前の筋目… 処刑された先主の家系との間に血縁関係がまったくないからである。「よしみ」は単なる友好ではなく、血縁・親族の関係をいう。

47 人を誘拐して自分で使役したり、第三者に売ったりすることが罪になるのを自明の前提として、誘拐された人間の親とか主人とかが、捜し出して取り戻そうとすると、現在使役している側が、この者は誘拐したのではなく、適法に手に入れた(たとえば第三者から買った)のだと抗弁して、争いになり裁判になる、そういうケースを想定しての規定である。

人に頼まれ… →補

48 当結城家中において、悪党・殺人犯人などを隠匿する者は、一家断絶にする。

日本大小神祇 日本国中の神々に誓って。

物のためしには… 七尺の物を、九尺・一丈までという諺のごとく、絶対に許し、見のがしはしない、という意。

前長 前以て・予め、の意であろう。訓みは不明。76・81・84以下諸条にも見える。

49 何人といえども、自分の訴訟その他請願等を直接に結城家に申し出てはならぬ。すべて奏者を通してせねばならぬ。

50 結城家中の武士が、里の者・宿の者などを、自分(結城の殿)の目の前へ連れてきて、「この者がかくかくに申します」と

者を以テ可レ被レ申候。

1「ぢそぢきそう」の濁点は原本のまま。

50 一 里・在郷《(ざいごう)》宿人《(しゆくにん)》之小人ども、目の前《まへ》ゝ引連《つ》れ、此身如レ此と申と披露、誠ニ*分外《ぶんぐわい》なる事にて候。其身の宿《やど》に置《を》き、一人罷出《(まかりいで)》、可レ致ニ披露一候。但シ、里其外之者共、*隠《をん》密《みつ》の世上之義を聞付《(ききつけ)》、可ニ申上グ一筋目《(すじめ)》1は、其身ひとり呼《よ》び寄《よ》せ、目の前にて子細を申上べ2く候。

1「は、其身ひと」は推定。 2「べく候」は推定。

51 一 親子《おやこ》いさかい、たゞ子の無理たるべく候。何者《もの》成とも、子悪《あ》しかれと思《ま》ふものあるまじく候。乍レ去《(さりながら)》、親子《おやこ》二《ふた》つのあやまりあるべく候。*頭《かしら》をふむ子をそばめ、脇《わき》の子を引立《た》てべき覚悟《かくご》と、*其身不忠しながら、子をも並《なら》べて其主《しう》に不忠し候へと諌《いさ》むる義、親《おや》の非分《ひぶん》たるべし。於テニ後々ニ一も子の道理に可レ付。

52 一 如何《いか》に頭《かしら》をふまゆる子成共、無道1沙《さ》汰《た》の限《かぎ》り、名代《(みようだい)》破《やぶ》るべきと見及《(みおよび)》候者、かねて其成をありのまゝ致ニ披露一、何の子成共、名代持《(もち)》通《とを》すべきに譲《ゆづ》るべし。

1「さたの」の「さ」「の」は推定、「た」は判読。

53 一 二親在世之内、幾度《(いくと)》も其子共*用に立《た》ち、討《う》ち死するのみにて候。それは親《おや》の綺《(いろい)》あるべからず。此方《こなた》より名代計《はか》らい候べく候。*其死《(しに)》候もの男子を持《(もつ)》ならば不レ及ニ是非ニ一、

披露してはならぬ。その者を武士の宿に置いて、武士だけが出仕して披露せよ。

分外　分(身分秩序)をはずれた非常識なこと、の意であろう。

隠密の世上之義　密々の世上の噂。家中の謀叛の動き、隣国・敵国の動静、領中農民の不穏な動静などを想定しているのであろうか。

51親子の争訟は、古来の大法通り、子の敗訴とする(追143条(六〇頁)参照)。ただし次の二つは例外として、子の勝ちとする。

頭をふむ子を…　長男をうとんじて、弟の方を引き立て(家の後継ぎにし)ようと心がける。

其身不忠しながら…　自身が結城家に不忠を働くばかりでなく、子に対しても不忠をそそのかす。

52たとえ長男であっても、無道の者で、家の後継ぎとして、将来家を亡ぼすべき者と判断したならば、あらかじめ結城家に披露した上で、家を維持しうる能力ある子を後継ぎとせよ。

53家の後継者に予定された者が両親存命中に死亡した場合、跡つぎを変更して、死亡者の兄弟の中から新たに選定するのは、一般論としては親の自由であるが、この条はその例外規定である。なお塵芥集124条参照。

用に立ち…　幾度も結城家に忠をつくし、ついには討死までしてしまった場合には親の介入を許さず、結城家において、その家の跡つぎを指名する。

女子にて候共、其死候もの〻子を本躰《ほんたい》として、□□[1]いづれの子成共申合《もうしあわせ》候而、其跡継《つ》がせべし。*子共多《おおく》[2]持《も》ち候とて、其跡を削《けづ》り、残《のこり》之兄弟共立《た》て候はん義、以《もつての》外《ほか》之曲事《くせごと》たるべし。又其死候もの、男子・女子にてもなくば不レ及レ力ニ、親の見計《みはか》らいに可ニ相任一候。此義誰《たれ》も誤《あやま》られべからず。

1「いつ」の「い」は推定、「つ」は判読。 2「もち」は判読。

54 一 味方中の放《はなれ》馬、又洞《うつろ》之放《はなれ》馬失《う》せ候。下女・下人見付《みつ》け、返《かへ》すまじきと申、代《しろ》を取候はんと言《いう》事、盗《ぬす》人・追懸《をひかけ》可レ為ニ同前一。所望の方《かた》候はゞ、□[1]返《かへ》すべく候。

1「かへす」は推定。

55 一 人の作《さく》を、乗馬にても、雑馬にても、放《はな》れ候て[1]喰《く》ふ事有。それを作人馬の尾を切《き》り、叩《たゝ》き、殺《ころ》すなどする事、第一の咎《とがめ》にて候。其咎《とがめ》なすべく候。さて又如レ此計《ばかり》言《いい》たて候はゞ、*念《ねん》の悪《わる》きもの、知《し》らぬふりにて馬・牛放《うしはな》し、人の作を損《そん》さすものあるべく候間、*馬主《ぬし》の不請《ふしやう》たるべく候。其馬の損《そん》さし候ほど、作人の方《かた》へ□□候べく候。

1「て」は推定。

56 一 同《おな》じ盗《ぬす》人の中に、火付《ひつけ》は一段悪□[1]□候。幾度《いくと》も磔《はつつけ》たるべし。火付捕《とら》へ候て、*聊爾《りうぢ》に斬《き》る事あるべからず。

其死候もの男子を… →補

子共多持ち候とて… 戦死者の親が、子を多く持っているからとて、戦死者の跡を絶ち、他の男子(戦死者の兄弟)を跡つぎに立てることは誤り。

54 結城氏に従属する諸家や結城家中の武士の放れ馬を結城領中の者が捕えて、所有者がかけ合っても、金を払わなければ返さないというのは、盗人・追剝同様の所行である。

55 他人の放れ馬が稲作を喰い荒らしたからといって、馬の尾を切ったり、叩いたり、殺したりしてはならぬ。さればとて、故意に馬・牛を他人の田に放ち入れ、稲作に損害を与えてはならぬ。なお、塵芥集156条参照。

念の悪きもの 心懸けの悪い者。不心得者。

馬主の不請 不請は、辛抱する、いやいやながら承知する、相手に迷惑をかける、などの意。ここでは、馬の持主として相手に迷惑をかけたことになるのだから、馬が損害を与えた分だけ、作人に弁償せよ、という意であろう。

56 放火犯は格別の重罪として磔刑に処する。式目33条、塵芥集75条も参照。

聊爾 無思慮に。軽はずみに。放火犯は見せしめとして磔刑にするのだから、軽率に斬り殺してはならぬ。

57 親類もしくは他家から養子を迎えて、家つきの娘と妻合わせた場合、その養子が妻を離別し別の女をめとり、依然として養家の家名を名のることは不当である。

養父之名字其跡を滑り…　養家の家名と財産を辞退(放棄)した上で、妻を離別し、別の女をめとることは、道理に合うこととして認めてよい。

58 境界争いの裁決法として二ヵ条を規定したもの。

如推量者…　境界争いは、一般的に見て、前々から田畠何段と持っている所で境界争いが起こることはなく、もともと所有権の明らかでない山林原野などを両側から開墾していって、境界が接した時に境界争いが起こるものだと思う。

証拠も榜爾もなき事　文書などの証拠も、境界の標式(杙・札・石柱など)もないことであるから。

それをも兎角ならば…　そういう切半の方法も如何(適当ではない)という場合には、結城家が没収して、別人に宛行う(給付する)。

59 はじめ宛行われたとき荒地であった所を後日豊作地にした場合、荒地当時の農収を本知行高として申し立ててはならぬ。

60 洪水などによって川瀬に変動を生じた場合に、隣接する川瀬知行人相互の間に起こる漁業権の争いの裁決法である。

上十五日川上…　月の前半十五日は川上知行の者、後半十五日は川下知行の者というふうに、魚を採取する期間を折半するか、二十尾とれたら十尾ずつというふうに、漁獲量を折半するかの二案。それ以外の難しい理屈を申し立ててはならぬ。

1 この欠損部分約四字分は、おそらく「逆人にて」もしくは「盗にて」であろう。20条参照。

57 一　誰《たれ》人成共、男子を持《も》たず、女子計《(ばかり)も》持ち候て、人の子を所望《(しよもうし)》、又我《わ》が親類成共、取《た》立て養子になし、名代《(みようだい)》を継《つ》がするに、其女気《き》に入《い》らず候とて除《の》き去《さ》り、別の女を置《を》き、其名字名乗《(な)の》り候はん事、一向[1]□非分《ひぶん》之義たるべく候。女気《き》に入《い》らず候はゞ、*養父之名字其跡を滑《すめ》り候て、女を除《の》き去《さ》り、別の女を迎《むか》へ候はん義は、一理すみたる義にて候。可レ被ニ心得一候。

1「向」は判読。

58 一　境論《さかひ》之沙汰《さた》、如ニ推量《*クバ》ノ一者、前々《まへく》より持来《(もちきたり)》候所、田畠何段《なんだん》と云《(いう)》所に、論者あるまじく候。其所帯の側《そば》に候はん原か野《や》か山か、何《なに》ゝても候を、自ニ両方一開《ひら》き詰《(つめ)》、これは此方《こなた》の内《うち》と論ずべきと見及候。それは*証拠《しようこ》も榜爾《ばうぢ》もなき事にて候間、調《しら》べたて候て、十段《たん》の所ならば、両方へ五段《たん》づゝ付《つ》け候歟。*それをも兎角《とかく》ならば、手許《てもと》にさし置《を》き、別人に可レ刷《(あつかう)》候。此両条たるべく候。

59 一　境目荒《あ》れたる所請取《うけ(とり)》、後満作《まんさく(なし)》成候ても、前《まへ》の荒《あ》れたる時を本分限《ほんぶげん》ひき候はん事、更々曲事《(くせごと)》之至《(いたりに)》候。満作《まんさく》の時を本分限《ほんぶげん》になすべし。可レ被ニ心得[1]一候。

1「心得候」の「心」「候」は推定、「得」は判読。

60 一　川之瀬之論、我《わ》が所帯と人の所帯並《なら》びたる所あるべく候。前我《まへわ》が所帯の内《うち》にある瀬変《かわ》り、人の所帯との間にあるべく候。もと我《わ》が内《うち》にて候とて、此瀬に綺《いろ》ふべく候。又人は我《わ》が内《うち》と可ㇾ申候。両方之境ならば、上*十五日川上、下十五日川下と分《わ》け、魚《うほ》を取べき歟。又両方より出合、二十とれ候はゞ、十づゝ分《わ》けべく候歟。いくつとれ候共、此勘《かんがへ》にて取べく候。此両条之[1]外あるまじく候。六ヶ敷申理《もうしことわる》べからず。

1「之」は推定。

61 一 多《おほ》からぬ傍輩《はうばい》間ことに見候へば、何も縁者・親類之中にて、道理候とて*、互《たがい》に雑《ざう》言交《ごんまじ》り沙汰《さた》、さらに〳〵見にくき仕業《しわざ》にて候。*唯今《たゞいま》迄刀つきと思《ま》ひ候へば、又寄合《よりあい》飯椀《いゝわん》に酒ひかへつれ候事、さらに〳〵無躰千万に候。たゞ何たる細事をも腹たゝず、親類《しんるい》間成共、慇懃《いんぎん》に其理述《の》べられべく候。さらに〳〵[1]雑言交《ざうごんまじ》り、見たふもなき所行にて候。

1「さらに〳〵《さうこん》」の「らに〳〵《さうこ》」は推定。

62 一 余《あま》り細《こま》かなる事を書《か》き載《の》せ候と、諸人可ㇾ被ㇾ存候。乍ㇾ去(さりながら)、*きさたてにて、下々にては定《さだ》めかねべく候間、申出候。朝夕の縁者・親類其外傍輩《はうばい》間にて、こと〴〵しく酒を支度、肴《さかな》を支度し*奔走《ほんそう》、更に勿躰《もったい》なき義にて候、殊《こと》に*飲《の》み余《あま》し、表《おもて》の垣《かき》[1]などにふき候ほど酒飲《の》み候ては、何《なに》の奇特《きとく》たるべく候哉。*亭《てい》の哀《あはれ》とて、勿躰《もったい》なきと思《ま》ひながら浴《あび》[2]せ候はんほども飲《の》ませたがる物にて候。朝夕の寄合《よりあい》の法度をき候。後々各分《ぶ》*

61 傍輩間の雑言を慎むべきこと。
道理候とて… 自分の方に正当な理があると言いつのり、つまらぬことに腹を立てて雑言を投げ交わす、という意か。
唯今迄刀つきと思ひ候へば… つい今まで刀を突き立て喧嘩腰で言い合いをしていたかと思うと、直ぐにまた寄合を催し、飯椀で酒を飲みあう、という意か。「ひかへつれ」の語意不明。

62 家中武士の朝夕の寄合における酒肴の制限規定。
きさたて 必要以上に、大げさに、わざとらしく、の意。日常のつき合いでの酒肴の制限を武士たちが自分で決めることは、わざとらしくてなかなか出来ないことだ。そこでここに法度の一条として載せるのだ。
奔走 ご馳走する。
飲み余し… 酒を飲みすぎて表の垣などに吐くほどに飲んで、一体どんな御利益があるというのか。
亭の哀とて… 亭主の立場として、心の中では勿体ないと思いながらも、浴びせるほどに飲め飲めと客にすすめるものだ。
分限上られ候共… 今後たとえ財産が豊かになってもこの法度を背いてはならぬ。
夏中に鳥獣の精進 87条に見える夏精進(げしょうじん)と同じであろう。夏中とは、陰暦四月十五日から七月十五日まで仏僧が籠って修行する夏安居(げあんご)の期間をいい、この期間、夏精進と称して肉食を断つのである。
ひき汁 不明。

明日にも愚を… 何人たりとも、たとえ明日にでも私(法度制定者である結城政勝)を招待して、御馳走してくれたとして、この法度より菜一つ多くても、きっと座を立ち退席するであろう。
これは… この法度は、家中の者の傍輩・親類間の寄合い、結城家の一門や老人(老臣)に対するもてなしの場合であって、他家他所の客人に対しては、まったく亭主の心任せ。
天野・菩提山・江川 天野は河内国天野山金剛寺、菩提山は大和国菩提山寺、江川は伊豆国の江川でそれぞれ醸造された当代の銘酒。
63 衣服の制。朝夕の出仕に皮袴は禁止。木綿肩衣も禁止。
64 結城家において朝夕召仕う下級の者(恐らく中間以下)および他所の足軽以下の者の異様な風体・衣裳の禁止。「おどけ」は、滑稽な、の意のほか、馬鹿げた、無鉄砲な、の意に用いる(運歩色葉集・日ポ)。
65 これのゐんにて 「これ」は此方、すなわち結城家の意。結城の城内の椽側で(出仕の侍の溜り場として)、の意か。
悪名批判 悪しき噂や評判、の意か。
後言 かげ口。
つきなく 不相応、不似合に。
世上之弓馬… 世間一般の弓馬・鷹・連歌の話、そのほか然るべき物語をするだけにとどめよ。弓馬・鷹・連歌がいわゆる武士の嗜みとして挙げられていると見てよかろう。

限《げん》上《あが》られ候共、於二此[3]度一背《そむ》かれ間敷《まじく》候。食《く》いよきやうにこしらへ、菜《さい》三、汁一、酒は上戸へは飯椀《いゝわん》に十分に一杯《ばい》、此分より外不レ可レ然候。もし夏*中《げ》[4]に鳥獣《けだもの》ゝ精進《しやうぢん》あるべく候間、ひき*汁一は自然可レ有レ之候歟。明*日にも愚《ぐ》を何方へも呼《よ》[5]び、奔走《ほんそう》候共、此分之外に菜《さい》一も過《すぎ》候者、神も御照覧《しうらん》候へ、座を罷《まか》り立《た》つ[6]べく候。*これは、傍輩《はうばい》・親類、当洞《とうつろ》之一家らう人へは、此分たるべく候。さて又他家他所之客[7]人ならば、それは如何様《いかやう》に取《と》り成《な》し候はんも、亭《てい》の随意《ずい》たるべく候。金銀を以飾《テかざ》り、百番目迄なされ候[8]共、又一汁三菜《さんさい》にても、酒は*天野《あまの》・菩提山《ぼだいせん》・江川を奔走《ほんそう》も、又濁酒《にごり》も、亭《てい》の心任《こころまかせ》たるべく候。飲《の》みやうは、客[9]人上戸なら[10]ば、其相手《あいて》相伴《しやうばん》衆我々《われ〳〵》□さを飲《の》み、[11]客人飲《の》み余《あま》し候ほど強《し》い候はん事、尤《モ》可レ然義也。それは法度の外の義たるべく候。

1「などにふき」の「な」「ふ」は判読、「どに」は推定。 2「あびせ」の濁点は原本のまま。 3「此」は草体が似ているところから、「法」を書き誤ったのではあるまいか。或いは「法」字の脱落とも見られる(「於此法度」)。 4「夏中」の「夏」は推定、「中」は判読。 5「び」の濁点は原本のまま。 6「へ」は意によって補った。 7「客」は原本では「若」となっているが、草体の類似による誤記と見て、訂正した。 8「候」は意によって補った。 9「客」は7と同じく「若」を訂正。 10「らは」の「ら」は判読、「は」は推定。 11「客」は7と同じく「若」を訂正。

63 一 よろづ存《ぞんずる》旨共候、第一緩怠《くわんたい》之□、[1]誰《たれ》成共朝夕皮袴《かははばかま》にて出仕すべからず。何時も布袴《ばかま》、不レ然者木綿《もめん》袴《ばかま》可レ然候。又見候へば、木綿肩衣《もめんかたぎぬめ》召され候。なか〳〵見悪《わる》く候。やめられべく候。

1「たれ成」の「た」は推定、「れ成」は判読。

64 一 朝夕召仕《めしつか》はるゝもの共、或《あるい》は他所の足軽其外、をどけたる真似《まね》、をどけたる衣裳《いしやう》、更々勿躰《もつたい》なく候。皆々《みなく\》若《わか》きもの共に可レ被ニ申付一候。

65 一 雑談は沢山《たくさん》にある物に候処、*これのゐんにて、洞中《(うつろちゆう)》又は他所*悪名《あくみやう》批判《ひはん》必々無用に候。殊《こと》に傍輩《はうばい》間之*後言《うしろごと》、是又更々不レ可レ叶候。又贔屓《ひいき》に候とて、*つきなく褒《ほ》め候はんも、ことぐ\しき事に候。唯《たゞ》*世上之弓馬・鷹《たか》・連歌《れんが》、其外あるべき物語可レ然候。於テ二後々ニ一も此分尤モニ候。

66 一 *五貫の手作持ならば、*具足《ぐそく》・被物《かぶりもの》持ち、*具足《ぐそく》馬をはかすべく候。十貫の所帯ならば、*一疋一領《りやう》にて被レ出べく候。十五貫より上《うへ》は*陣参いたすべく候。各可レ被ニ申付一候。於テ二後々ニ一も此分。

67 一 実城《み(じよう)》に貝立《かいた》ち候へば、*是非無《ぜひなし》にめつたと駈出《かけ》候事、更ニすまぬ事に候。貝立《かいた》ち候はゞ、町〱へ打出《うち》、一人悴者《かせもの》にても下人《(げにん)》にても、実城《み》へ走《はし》らせ、何方《いづかた》へ駈《か》け申べきと様躰尋《(たずね)》候て、駈《か》けべく候。実城《み》に*大《おほ》きなる貝立《かいた》ち候はゞ、外之事と思《おも》ひ候べく候。小《ちい》さき貝立《かいた》ち候はゞ、手許《てもと》に事あると心得《へ》、其用意いたすべく候。於テ二後々ニ一も此分。

68 一 何たる急之事成共、素肌《すはだ》にて駈《か》けべからず。*すゝどきふりたてゝ、一騎駈《きがけ》にまか

66 知行高に応じた武具・装備の規定。
五貫の手作　五貫文の手作地(直営地)。
具足　当時、具足とは腹巻のことを指したようである(伊勢貞助雑記)。
具足馬をはかすべく候　鞍などを付けた馬は結城家の方で用意して貸す、の意か。
一疋一領　馬一疋、具足一領。自身(従者なしで)乗馬、具足の装備で出陣。
陣参　未考。
67 結城の実城(本城)で、出陣の合図の貝が鳴ったら使を出して、いずこへ駈けつくべきかなどを確かめた上で、駈け出せ。
是非無にめつたと駈出候事　是非の判断なしに、ただやたらに駈け出すこと。
大きなる貝…　大きな貝の音は外の事件、小さな音は結城の膝下での事件と承知し。
68 如何なる緊急の事態であっても、素肌で(武装しないで)一騎で駈け出してはならぬ。
すゝどきふりたてゝ　27条頭注参照。
69 命令を受けたわけでもないのに、自ら偵察と称して抜け懸けをして、その結果如何なる事態(敵に殺されるなど)になっても、忠義の行為とは見なさない。
人のやうにて候…　言ってみれば、自分に直接関係のない他人事の見物に、抜け駆けするようなもの、の意か。
70 軍陣においては、退却(のけ場)の際に独り踏み止まったり、進撃(寄場)の際に一騎飛び出すような単独行動をしてはならぬ。
凶事　敗戦などの悪い事態。大体かようの者を留め押えたとて益がないばかりか、

かえって大変な事態をひき起こすものだ。

こはみの時は…　「こわみ」は強味で、敵勢強剛の意か。このような人間は、いざ強敵に遇うと、回避するものだ、の意か。

去夏之一戦　↓補
71馬廻の武士は他家の軍には勿論のこと、結城家中の武士の部隊に加わってはならぬ。馬廻はそれ自体独立の部隊として十騎・二十騎一隊となって行動せよ。馬廻は主君の身辺護衛を任務とする親衛隊。

72私の相談事は一切厳禁する。すべての企ては結城家へ内々披露した上で進めよ。

身が為に…　たとえ私(法度制定者結城政勝)のためによいことであっても、私に知らせず、家中の者たちが内密に企て事をしてはならぬ。

一度下々にて…　一度下々の者同士の相談を容認してしまったら。

何ヶ度も…　下々の相談事は、たとえよいことであっても、何度でもその計画を破壊するであろう。

73他所より披露なしに通る荷物　他所より結城家に対して、これこれの荷物の通過を認めてほしいという連絡なしに通る荷物。

たとへ此方にて…　たとえ結城家側で通過許可証の提示を求めて、その許可証なしに通ろうとしても、の意か。判はもと花押の意で、担当者の花押を居(す)えた通過許可証を指すと思われる。或いは76条の印判と同じか。

付主又馬に…　荷を積んだ馬に付いてくる人間および馬に手をつけてはならぬ。


るべからず。待ちそろへ〳〵駈《か》けべく候。

69 一　言《い》ゝ付《つ》け候はぬに物見とは、*人のやうにて候。見物に手を抜《ぬき》んで、何《なに》に成共《(なるとも)》、忠信にあるまじく候。

70 一　のけ場《ば》にきさたてし、後《あと》に残《(のこり)》、寄場《よせば》に抜《ぬき》んで候はゞ、誰《たれ》成共棄《す》て候べく候。左様《さやう》のものを留《と》め押《をさ》へ候とて、惣《(そうじて)》*凶事《(きようじ)》出来する物にて候。又其躰《(てい)》のものは、*こはみの時《とき》はまはり候。*去夏之一戦にも覚《おぼ》えたる事ニ候。

71 一　他所の衆は不レ及二是非ニ一、洞《(うつろ)》之衆に加《くわ》ゝり候ても、何たる事したり共、取上《あ》げべからず、可クレ失ハセ二面目ヲ一候。馬廻《(うままわり)》は十騎《き》二十騎《き》にても一所に申合《(もうしあわせ)》、他之衆へ交《まじ》るべからず。

72 一　*身《(み)》が為《ため》に善《よ》き事にても、身に知《し》らせず、我々《われ〳〵》間にて企《くはだ》ち事すべからず。何と心には善《よ》き事を各談合《(だんごう)》とは思《おも》ふべく候共、突《つ》き破《やぶ》るべく候。其故ノ者《(は)》、*一度下々にて我々《われ〳〵》談合を納得し候はゞ、此以後は、若《わか》き者共主《ぬし》もなき所にて事たくみ候如《ごと》く、善《よ》き事をも悪《あ》しき事をも、披露なしに致二談合一、我儘《わがまゝ》に事をなすべく候間、*何ヶ度も下々談合之事をば、吉事をも突《つ》き破《やぶ》るべく候。於テ二後々ニ一も此分。可レ被二心得一候。何ヶ度も内々致二披露一、於二其上一其ノ調《(ととのえ)》尤モニ候。

73 一　荷留《にとめ》の沙汰《さた》、他所之もの、*又他所より披露なしに通《とを》る荷物、*たとへ此方にてもと

荷物だけを押収せよ。

74 山川・下館・下妻以下、結城家支配下の中郡・小栗等々の者の荷物が許可証なしに通ろうとする場合は、荷物と馬だけを押収せよ。
山川・下館・下妻・小栗 →補

75 **手許の郷中** 結城家膝下の地域。

76 以上に定めた三ヵ条の荷留の法度に抵触した場合、これは特別だから通してほしいと弁疏してはならぬ。なお85・86条参照。
印判 印章を捺した通過許可証。→補
御出頭ぶり →補

77 高橋の祭そのほか神事祭礼の場で喧嘩して殺されても死に損、斬られても斬られ損。被害者側の理非の弁疏は認めない。
何と聞候も… 如何に弁疏するのを聞いても、すべてこれ酒狂の結末であって、一々理非を論ずる必要のないことだ。
指南之者… →補
いきほして 未考。

78 人に頼まれたからとて、酒に酔ったまま我が(結城の当主の)目の前に出て申し立てをしてはならぬ。どんな瑣細な事でも素面《(しらふ)》で出仕して申し立てよ。

79 かりそめにも敵地の者と音信してはな

め判なしに通《とを》り候共、他所のものと出家・山伏《ぶし》ならば、荷物《にもつ》計《(ばかり)》留《と》め、*付主《(つけ)ぬし》又馬に手《て》さすべからず。荷物計押《をさ》へべく候。

74 一 *山川・下館《たて》・下妻、惣別此方成敗ノ中郡《ぐん》・小栗《をぐり》其外之ものならば、荷物《にもつ》に馬を並《なら》べて押《をさ》へ、付《つ》け候ものゝ腰《こし》刀其外に手《て》さすべからず。荷物《にもつ》・馬計押《をさ》へべし。

75 一 *手許《てもと》の郷中より、法度《はっと》を背《そむ》き通《とを》るもの、荷物《にもつ》・馬・腰刀《こし》悉《ことごと》く取《と》るべく候。

76 一 法度を置《お》き、荷留《にと》め候時、これは無レ拠《(よりどころなく)》候、通《とを》されべきと、誰《たれ》も佗言《(わびごと)》すべからず。それほど佗言すべきならば、兼而《(かねて)》*印判《(いんばん)》を所望し候て、心易《(こころやすく)》通《とを》し候べく候。*御出《(しゅっ)》頭《とう》ぶりにて法度おすべからず。心より言付て返す共、佗言之者共候はゞ不レ可レ返。前長に可レ被二心得一。

77 一 高橋《たかはし》の祭《まつり》其外神事祭礼之場之喧嘩《けんくわ》、*何と聞候も理非なしの酒狂《ぐるい》也。然者無躰無性之義、何と可二佗言一候哉。死《(しに)》候はゞ死損《そん》、斬《き》られ候はゞ斬《き》られ損《そん》。誰《たれ》も道理不レ可二申立一。*指南《(しなん)》之者、縁者・親類、又悴者《かせもの》・下人にて候とて、荷担《かたん》し、引汲《(いんぎゅう)》し、理をとり付、不レ可二披露一。*いきほして御入《(いり)》可レ然候。

78 一 酒に酔《よ》い候て、人もの頼《たの》み候とて、目の前へ罷出《(まかりいで)》、かりそめ之義をも不レ可レ申。よく酒《さけ》をさまし、本心の時被二罷リ出デ一、何事をも可二披露一。可レ被二心得一候。

79 一 かりそめにも敵境へ音信すべからず。万一無レ拠《(よりどころなき)》子細候者、致シ二披露一可二申届ク一

候。脇《わき》より聞《きこ》ゑ候はゞ、御[1]□□□[2]ふなく存候。

1「御」は判読。 2「ふ」は判読。

80 一 何方《いづかた》に喧嘩《けんくわ》候て、こと〴〵しく言《いゝ》来候とも、誰《たれ》も駈《か》けべからず。如レ此法度置《を》き候所へ、駈《か》け来《きた》り荷担《かたん》をすべく候哉、又*脇《わき》より人をあやまるべく候哉。相手《あいて》くみに定《(さだめ)》候間、親《おや》子・親類・縁者《ゑんじや》成共、其場へ罷《まか》るべからず。

81 一 何《なに》にても、販《ひさい》いたし候はん事、無用と触《ふ》れさせ候処、*或《あるい》は指南之者、又は悴者《かせもの》・下人等、又我々《われ〱》屋《や》敷《しき》に置《を》き、殿を建《た》てられ、我々《われ〱》屋《や》敷《しき》にて何《なに》事いたし候共、たが[1]狼藉《ろうぜき》すべく[2]哉、唯《たゞ》内々いたし候へとなどゝて、法度をおすよし堅《(かたく)》聞及候。是者不レ可レ然候。明日にも、何《なに》ゝてもいたし候はん事無用と言付候に、いたし候はゞ、下人共放《はな》したて、たが屋敷へも押《を》し込《こ》み、きつくをし可レ散《ラス》候。心得の為《ため》に、前長に申置《をき》候。

1「が」の濁点は原本のまま。 2「く」の下、恐らくは「候」脱落か。

82 一 町々、中城・西城共に、門番・夜番之次第三ヶ条、何《(いずれ)》よく存候哉、各同心に可レ被二申上一候。其分に永代可二落着一。一 *其町之人数《かず》を書立《(かきたて)》、可二言付一候歟。一 *狭《せば》くも広《ひろ》くも、もとより屋敷一間づゝ之所へ、一間に一番づゝ可二言付一候歟。一 *屋敷持《も》たず候共、手作持候ものには、屋敷持《もち》に一番づゝ可二言付一候歟。又屋敷一間成共、二構《ふたかまへ》に住《すま》い、口二あらば、二番と可二言付一候歟。*大切之番を辛労いたみ、彼方此方《あなたこなた》

らぬ。万一よんどころなく音信しなければならぬ時は、結城家に申し出た上でやれ。敵地音信の事実が他の方から知れたら…。

80 喧嘩は相手くみ(相対づく)と定める故、たとえ親子・親類・縁者であっても、喧嘩の場へ駈けつけてはならぬ。
脇より人を… 第三者が脇から手出しをして、人を殺したりしてはならぬ。

81 家中の武士の販売行為の禁止。
或は指南之者… ↓補

82 結城の町々および中城・西城の門番・夜番の割宛て法三カ条を挙げて、重臣評議の上、その中の一つに定める。32条には「中城・西館」とあり、34条には「西館・中城」とあり、この条の「西城」は右の西館と同じであろう。
其町の人数… 各町内の人数を書き上げて、その人数に応じて割り宛てるべきか。
狭くも広くも… 広狭を論ぜず、屋敷を基準として一軒に一番と割り宛てるべきか。
屋敷持たず候共… 屋敷を持たなくとも、手作(直営農地)を持つ者は、屋敷持に準じて、一番と割り宛てるべきか。また一軒の屋敷に二構えの家族が住んでいて、入口が二つあれば、二番と割り宛てるべきか。
大切之番を… 大事な門番・夜番をとかく辛労大儀がって、あれこれと回避しよ

とねり廻候。何各同心可ニ相定一候、これへ書《か》き可レ付《ケ》候。各へ尋《たずね》候へば、其町の屋《や》敷《しき》一間、又屋《や》敷《しき》持《も》たず共、所帯持はいたすべきよし、各被レ申候。無ニ余義《よぎ》一候。於《テ》ニ後々《ニ》一も此分。

83 一 銭撰《ゑ》り候てよく存候哉。万事是者不自由にて候。永楽かた一銭を使《つか》ふべきよし、触《ふれ》を可レ廻候。又撰《ゑ》りたち之事不レ可レ然由、各被レ思候者、悪銭之侘言《わびごと》被レ申間敷候。此義同心可レ被ニ申上一候。書《か》き付《つ》けべく候。各に尋候へば、永楽一かたはなるまじく候。悪銭のかたを撰《ゑ》りて使《つか》ふべからず候よし被レ申候。役《やく》人悪銭《あくせん》撰《ゑ》り候て、制札《せいさつ》判に打《う》ち付《つ》けべし。

84 一 所帯にても屋《や》敷《しき》にても、別々の奏者《そうしや》を取《とり》、五六人も又如何《いか》ほども、此所を御恩《おん》に可レ給《ハル》由申者共多候。これに可レ刷*《あつかう》様両条候。所望之者誰《たれ》にても候へ、又奏者《そうしや》も誰《たれ》にても候へ、先々《せんさき》次第に可レ刷候。又一ケ条は、五人も六人も一様《やう》に申《もうす》中に、奉公之様躰皆々《みなく》にさしのびて[1]可ニ走廻《リル》一由申《ス》者候はゞ、又遅《をそ》く申出候共可レ刷。此両条之外不レ可レ有レ之候。誰《たれ》に刷候共、残之者共、我々《われく》も申候へ共無ニ納得*《なつとく》一などゝ、すまぬ述懐《しゆつくわい》なされまじく候。於《テ》ニ後々《ニ》一も此分。前長《ニ》申置《をき》候也。

1「び」の濁点は原本のまま。

85 一 荷《に》留《とめ》の義も、各留《とめ》候て可レ然よし被レ申候間、洞之為《うつろのため》を思《ま》ひ、留《と》めさせ候処、*印判《いんばん》

うとする(或いは、あちらこちらと他人に押しつけようとする、の意か)のは甚だ怪しからぬこと。各(重臣たち)評議して、以上三ヵ条のどれがよいか決定せよ。その結果をここへ書き載せよう。

83 撰銭(せんせん・えりせん)の規定。→補

84 所帯・屋敷の恩給希望者が複数の場合、どのようにして給恩者を決定するかの規定。→補

刷 宛行う。給与する。

無納得などゝ… 結城の殿様に認めてもらえなかったなどと、筋ちがいな不平不満を言ってはならぬ。

85 荷留の規定によって押収された荷物を、重臣たちが返してやったり、また特に許可して通してやってほしいと、結城家に願い出ることを禁ずる。荷留については73〜76条参照。

印判取らず…被申候事 →補

随意に無躰なる御人躰たち これほど勝手気儘・無理無体な人たちはない。

身が寛ぎもならず 私の利益になるわけではない。

取《と》らず通《とを》し候荷物、人の取候を、又人に頼《たの》まれては、これをば返《かへ》し、此荷物通《とを》すべきと、又各被ㇾ申候事、誠《ニ》老若これほど*随《ずい》意に無躰《むたい》なる御人躰《ごにんたい》たちにて候。留《とめ》候とて*身が寛《くつる》ぎもならず、通《とを》し候とて身が詰《つま》りにもならず候。*これへ各侘言《わびごと》被ㇾ申候へば、其分になし候。明日にも印判なしに通《とを》り候荷物取候に、誰《たれ》も侘言いたされべからず。

86 一 荷留内々披露いたし留《と》めべく候。無ニ披露一我々《われ〳〵》計《はか》らいに罷出《まかりいで》、留候者、悉《こと〴〵》く言付《いいつけ》可ㇾ返候。此よし可ㇾ被ニ申付一候。

87 一 久《ひさしく》洞中《うつろちゆう》*ためまはし見候処、公界《くがい》寺に子共・兄弟を置《お》き候ては、無能沙汰《さた》の限《かぎり》にても、其寺持《も》たせ度《たき》御躰と深《ふか》く見及候。誠《ニ》各誤《あやま》られたる義にて候。出家の妻《め》持たず魚鳥食《く》はず候て、*心経の一巻もかなぐりはなしに覚《おぼ》え候へば、*嗜《たしなみもの》者奇特尊《とくとう》きなど〻、めんぴにて唱《とな》へたて候。誠《ニ》腹筋《すぢいた》痛く浅間敷《あさましき》次第に候。我々《われ〳〵》のやうなる*大俗も、*二親の日、*卯未又*夏精進《しやうぢん》など〻て仕候。*まことも後生も知《し》らず、*五言の句をも不ㇾ及ニ分別一躰之者、結句《けつく》檀那《だんな》に*かたうちなる出家、更《ニ》何之用たるべく候。一類を以《テ》公界寺住寺望《のぞみ》に候《さうらえば》者、*専《もつぱら》に能《のう》を被ㇾ付、公界僧《くがいそう》之成《なり》に可ㇾ被ニ取成一候第一《ニ》候。人の信仰《しんかう》なき間、寺〳〵の廃《すた》れやう*積《つも》られべく候。

88 一 宿町々之義者不ㇾ及ニ是非一、里〳〵如何《いか》に成敗之内成共、我々《われ〳〵》自分之用に、堂宮之

これへ各侘言被申候へば… 今まではお前たちが結城家に特別許可を願い出れば、その通りに許してきた。しかし今後は…の意か。

86 荷留は内々結城家に披露した上で行え。家中の武士が披露なしに勝手に荷物を押収してはならぬ。

87 家中の武士が、子息・兄弟らを公界寺に入れて、将来その寺の住持にしようと思うならば、それにふさわしい力(学識・能力)をつけさせねばならぬ。

ためまはし見 「たむる」は、うかがい見る・ねらいをつける、の意であるから、念入りに見廻す意。

心経の一巻も… 般若心経一巻ぐらいを始終手にして、諳んずるようになると。

嗜者…めんぴにて唱へたて候 学識ある僧よ、奇特な尊い僧よなどと、偏頗・贔屓をして褒めたてる。

大俗 全くの俗人。

二親の日 父母の命日。

卯未 未考。

夏精進 62条頭注「夏中に…」参照。ここでは、俗人も僧侶に準じて仏道の修行をするという意か、それとも魚鳥を断ち、消極的に戒律を守る意か、そのいずれであろうか。

まこと 仏教の教理の意であろう。

五言の句 未考。

かたうち かたおち(片落)の訛音であろう。一方だけを贔屓する、依怙・偏頗の意。檀那を依怙贔屓する僧侶など、何の役にも立たない、の意。

大木*めつたと不レ可レ切。第一*其身共之神慮違《しんりよちがい》、又洞《うつろ》之不繁昌之基ニ候。明日にも堂宮之有用切《き》り候はゞ、如レ此之子細と為《シ》ニ披露《ヲ》一、切《き》られべく候。各可レ被ニ心得一候。

89 一 何事成共、此方《こなた》より申付候によつて、役《やく》人[1]制札《せいさつ》候べく候。其義をして随《ずい》意なる者《もの》をば、きつく行《おこな》ふべく候。其時誰《たれ》成共侘《わび》すべからず。役《やく》人に言付《いいつけ》、きつくあつかはせべく候。前長に可レ被ニ心得一候。

1「せいさつ候」の「さ」「候」は判読。

90 一 屋敷《やしき》・所帯・山・立《たて》野何事成共、*判取《とり》候はで給置《たまわりおき》候と申者、非分《ひぶん》之至候。此間静《しずか》に*物をため候。我《わ》が親類・縁者[1]其外指南《しなん》之者など絶《たえ》候其屋敷《やしき》に、何《なに》ともなしに人を置《おき》候に、此方《こなた》よりさぐり候はで、*はる〳〵知《し》らぬ顔《かほ》にて拘《かゝ》へ候而、これは[2]私《わたくし》の屋《や》敷《しき》など丶言立《たて》候。何《なに》と*合壁《がつぺき》の所帯・屋敷《やしき》成共、*此方《こなた》より不レ刷《あつかわぬ》屋敷《やしき》・所帯、我《わ》が所と思《ま》ふべからず。判を取《とり》、*其刷に可レ及《ブ》候。判無レ之義不ニ申出一候。殊《こと》に館・中城・西館、宿其外之屋敷、広《ひろ》くも狭《せば》くも前《まへ》別人拘《かゝ》へたる所をば、それほど可レ分候。以ニ判形一理すまし候べく候。

1「者其」は判読。 2「は」は推定。

91 一 兵粮《ひようろう》売《う》り買《か》ふ様躰聞候に、計《はか》り候者《もの》共*随《ず》意《い》に枡目《ますめ》なし候と聞及《ききおよび》候。言語道断曲《くせ》事《ごと》に候。御出頭《ごしゆつとう》之人之召《めし》候共、行脚《あんぎや》・往来《わうらい》・*鉢開《はちひらき》買《かい》候共、立《たて》候枡目《ますめ》少も不レ違様に、

専に能を被付… ひたすら学識・能力を養って、一般寺院の僧侶にふさわしい人物に育成するのが第一。

積る 推量する。人々の信仰がないために、今日のような寺々の廃れようである。そのことを考えてもみよ。

88 自領内たりとも堂宮の大木を私用のために伐採してはならぬ。

めつたと めったやたらに。理由もなく。

其身共之神慮違 切った本人が神意に逆らって神罰を蒙るばかりでなく。

89 制札に違背する者は厳しく処罰する。何人の弁護も許さぬ。

90 無主の屋敷・所帯以下を、勝手に結城家から給与されたと称して、わがものとして知行してはならぬ。知行するには必ず結城家の判を申し受けねばならぬ。

判 後出の判・判形も同じで、原意は花押であるが、花押を居(す)えた文書、ここでは特に結城の当主が花押を居えた文書、いわゆる判物(はんもつ)をいうのであろう。当時、知行を家臣に給与するには、多く判物を用いた。

物をため候 87条「ためまはし見」と同意で、うかがい見る。この間、じっと家中の様子をうかがい見てきたところでは。

はる〳〵 遙かに、の意。ここでは、さっぱりの意か。結城家の方でよく調べないのをよいことにして、さっぱり知らぬ顔して知行する、の意か。

合壁の所帯・屋敷 如何に地続きの所帯(領地)・屋敷であっても。

此方より不刷… 結城家より宛行(給与)

いしない屋敷・所帯。
其刷に可及候　この「刷」は、宛行いの結果である知行。すなわち、判物をもらった上で知行せよ、の意であろう。
91兵粮(米)の売買には法定の枡を使用すべし。もし違犯すれば過料を懸けよ。
随意に枡目なし候　法定以外の勝手な枡を使用する。中世、多種多様の枡が使用されたことについては、宝月圭吾『中世量制史の研究』参照。
鉢開　托鉢して歩く坊主。
脇より侘言すべからず　一旦摘発された場合、第三者が弁護してはならぬ。
92酒売人が量目をごまかし、減量して売ったら、酒造を禁止させる。
ぶんき　㈠分儀、㈡分切りの略、㈢分器、以上三案のいずれかであろう。瓶子・樽(酒樽)は昔から容量がきまったものだ、の意であろう。
一切の販　これは、この条の主文である酒売りの容量不正の禁止の付則として、その他一切の商品販売における不正行為の禁止をうたったものであろう。
93下人・下女が主人の許から逃亡して、寺・尼寺等に走り入る時、寺側の保護特権を認めてはならぬ。
94結城家の先代の命日(毎月十三日)に、家中の武士の公界の寄合禁止。
思慮に候へども　こんなことを法度に規定しようと言い出すのは如何かとは思うけれども、敢えてここに載せるのだ。
孝顕　法度制定者である結城政勝の父政朝。天文十六年七月十三日死歿、六十九

役《やく》人可㆓申付㆒候。それを不㆑用候者、役《やく》人不㆑用方へ過料《くわりう》を懸《か》けべく候。たがものなり共、*脇《わき》より侘言《(わびごと)》すべからず。

92　一　瓶子《(へいぢ)》・樽《たる》は、昔《むかし》よりぶんき[1]*定《(さだまり)》たる物にて候処、酒売共少《うりどもすくな》くつぎ[2]候。誠ニ余《あま》りの盗《ぬす》人にて候。役《やく》人調《しら》べたて、左様《さやう》の者再《ふたゝ》び酒造《つく》らせべからず。造《つく》り候はゞ、其咎《とがめ》なすべく候。一*切の販《さい》随意《ひさいずい》にいたすもの、役《やく》人聞紏《たゞ》し過料《くわりう》を懸《か》けべく候。脇《わき》より侘言すべからず。

1「ぶ」の濁点は原本のまま。　2「ぎ」の濁点は原本のまま。

93　一　当方下々にて召仕《めしつか》い候下人《(げにん)》・下女《(げじよ)》、其主少《しう(すこし)》の折檻《せつかん》にも、寺多《(おおく)》候へば、寺房《(じぼう)》・道場《だう ちやう》・比丘尼《1びくに》所へ走入《(はしりいる)》事、際限《さいげん》なく候[2]。然に其主《しう》所望申候処、返《かへ》すまじきと寺々より被㆑言候事、誠ニ沙門《(しやもん)》のあやまり、無道沙汰《さた》の限《かぎり》之事に候。所望申候はゞ、被㆑抛㆓是非㆒急度《(きつと)》被㆑返可㆑然由、寺〳〵の奏者《そうしや》かねて寺家中へ可㆓申置《シク》㆒候。

1「びくに」の濁点は原本のまま。　2「候」は意によって補った。

94　一　これは申出候事思慮*に候へども申出候。一月は三十日あるべく候に、見候へば、*孝顕《(こうけん)》の日十三日に寄合《よりあい》、魚鳥《うほ》の活計《くわつけい》返々不㆑可㆑然候。*方々《かたぐく》公界《がい》の活計《くわつけい》候とて、其故《それゆへ》孝顕地獄へ堕《を》ちられ[1]べき事にてもなく候。又精進《しやうぢん》候とて、成仏あるべきにてもあらず候。於㆓他所㆒、結城膝《ひざ》の下の老若は是ほど随意《ずい》に候と量《はか》られべき事、何かにつけ

て不レ可レ然候。十三日は公界《(くがい)》寄合《よりあい》不レ可レ然候。さて又他所之客人客来[2]は、身を初《はじ》め
て何*かも不レ入義に候、朝夕平生之心持たるべく候。内々《うちく》にては、夜*のべ遊山も魚鳥
も御随《ずい》意たるべく候。それ迄は綺《(いろい)》たち申間敷候。

1「れ」は原本では「し」となっている。いま、意によって改めた。 2「客」は原本では「若」となっているが、草体の類似による誤記と見て、訂正した。62条の7参照。

95 一 町々其外里村《さとむら》まで、末世之故に候歟、又当方悪逆人等下々迄そろい候哉、七月の
*大狂之末、其外端午之日、棒打《うち》近年起《おこ》り候。誠《ニ》*不ニ大方[1]《ナラ》一候。よく〳〵可レ被ニ申付一候。
それを不レ用、大狂之末棒打《うち》し候はゞ、死たるは死損《そん》、其上*侍《さぶらい》も下人も不レ入、其町
へ過料《くわりう》を懸《か》け、きつく取《(とり)》、*其義にて堂宮の建立なさせべく候。前長に可レ被ニ心得一候。
同者《ジクバ》無ニ何事《ソ》一義可レ然候。

1「方」は原本では「事」となっているが、草体の類似による誤記と見て、訂正した。

96 一 何方へ之陣に暇乞《いとまこ》はず[1]に帰候もの、此以後聞糺《たゞ》し、可レ失《ハセ》ニ面目《ヲ》一候。

1「ず」の濁点は原本のまま。

97 一 町々の普請《ふしん》、要害《ゆふがい》の堀・築地《ついぢ》・壁《かべ》[1]普請《ふしん》に、人数《かず》を以《チ》言付候に、*各々《をのく》の下人、*寺門
前之者《もの》なりとも不レ出候者、きつく言《い》ゝ付《つ》けさせべく候。*其町佗言《(わびごと)》すべからず。前
長に下々へ可レ被ニ申付一候。

歳。法名を孝顕寺殿宗明孝顕という。
方々公界の活計候とて… お前方が公界の饗宴をしたからとて、孝顕の霊が地獄へ堕ちられるわけでもなく、また仏道の精進をしたからとて、成仏なさるわけでもない。結城家膝下の家来老若はこれほどまでに勝手気ままで、主君の統制に服さないのかと、他所において推量されることを恐れるのである。
何かも不入義に候 何らの遠慮用捨無用。
夜のべ 夜なべ・夜業の意。ここでは夜宴の意か。
95棒打の禁止。
大狂 未詳。
不大方 不大形とも書き、一方(ひとかた)ならず、中々のこと、軽視しがたいこと。
侍も下人も不入 侍・下人の区別なしに。
其義にて… 徴収した過料で堂宮の建立をさせよ。
96出陣の最中、無断で帰ることの禁止。
97町々の普請、とりでの普請のため、町々に夫役の人数を割り宛てた時、特権を主張して夫役をのがれてはならぬ。
各々の下人 結城家の重臣の下人と称して、町ごとに割り宛てた夫役を免れようとする。
寺門前之者 寺院門前の者と称して、やはり夫役免除の特権を主張する。
其町佗言すべからず その町が、夫役免除の特権を主張する者のために弁疏する、すなわちその町への割宛てから、特権主張者の数を落とすことを請願する。

1「ふしん」の「し」は推定。

98 一 当方の下人・侍《さぶらい》・里《さと》の者迄、外よりひき[1]候とて、ねらい*夜盗・朝がけ*・草*・荷《に》留《とめ》・人の迎《むか》い*、何にても無二披露一に出候もの候はゞ、速《すみや》かに削《けづ》るべく候。よく〳〵可レ被二申付一候。

1「ひ」は判読。

99 一 外の悪党《あくたう》の宿《やど》請取《うけ》*いたすもの、洞《うつろ》之悪逆人にて候間、調《しら》べ候て打《う》ち殺《ころ》すべく候。可レ被二心得一候。

100 一 人の立《たて》山・立《たて》野、其山廻・野廻、其所走廻《はしりまわり》*候一類の外、野山にて人をあやしめ候はん事不レ可レ叶。慥《たしかに》山見《み》候などゝかづけ*、野山にひき籠《こもり》、ばくちか追懸《をいかけ》いたすべく候間、別人野山に綺《いろ》ふべからず。

101 一 郷中より年貢《ぐ》の取様《やう》、夏年貢《ねんぐ》は五月端午の日より、六月晦日に立《た》て切《き》るべし。中の年貢《ねんぐ》六月の一日立《た》てべし。各可レ被二申付一候。

102 一 秋の年貢《ねんぐ》は、七月十五日立《た》て始《はじ》め、中年貢《ねんぐ》八月十五日、九月一日、その末《すゑ》十月十五日、霜月晦日に立《た》て納《おさ》むべし。郷中へ可レ被二申付一候。

103 一 町の兵粮《ひようろう》の値《ね》又枡目《ますめ》、役人立《た》て候に、於二里々一我々《われ〳〵》計《はか》らいに値《ね》をも枡目《ますめ》をも立《た》て候、曲事《くせごと》に候。かやうの里聞糺《たゞ》し、役《やく》人役銭《やくせん》を懸《か》けべく候。

98 当結城領の者が、主君に無断で、他領からの誘引に応じて、狙い・夜盗などに出向いた場合は処罰する。

ねらい 当時は「貂」の字を用いた。人をつけ廻す意か、物を狙い盗む意か不明。

朝がけ 日ポに「早朝、敵を襲撃すること」とあるが、甲さる(天正十二年)十月十三日下野の武士某制札に「夜盗、朝かけ、乗込以下之行、御洞中より堅停止畢」(栃木県庁採集文書、五)とあって、この条と同じく「夜盗、朝かけ」と並記しており、軍事行動の形態表現と見るよりは、犯罪形態の一種ではないかと思われる。

草 27条頭注参照。

人の迎い 他領・他国から入ってくる者を迎えて案内する意か。

99 他領・他国から入ってくる悪党を宿泊させ、また請取をなす者は死罪。

請取 身許保証の請人の意ではあるまいか。

100 他人の立山・立野に立ち入ることの禁止。立山・立野については9条頭注参照。

其所走廻候一類 その所(立山・立野)を経廻するを勤めとする者たち。

かづけ かこつける、口実にする。たしかに山の見廻りをするのだなどと詐って。

101 夏年貢の徴収時期は五月端午の日から六月晦日まで。ただし初・中の二様があって、初は五月端午の日から晦日まで。中は六月一日から。

102 秋年貢の徴収時期。これに初・中・末の三様があって、初は七月十五日から

(期限明示なし)、中は八月十五日から九月一日まで、末は十月十五日から十一月晦日まで。

103 町にて売買の米の値段および枡目を法定したにもかかわらず、里々において各自勝手に米価や枡目をきめることは非法。

104 結城家膝下の者の召仕う下人・悴者が一時的に結城家中の武士または近辺の他所の者に仕えた場合、その一時の主人が下人・悴者を人質(たとえば借金のかたに出す人質)に使ってはならぬ。

追1 公方領の者を召仕うべからず。

公方領 将軍家直轄領、当時のいわゆる御料所か、或いは古河公方家の所領であろうか。

代貸にも… 貸金のかたに人質をとって召仕うことはもちろん、ことに逃亡下人を買って召仕ったり、また直接でなく逃亡下人を買った人から又買いして召仕ってもいけない。

自然… 万一、公方領の者と知らずに買っても。

聞紏し候て 『中世法制史料集』第三巻に収録する際には、「きゝたゞし候ハゝ」と読んだが、いま、文意も考慮して「…候て」と改めた。

なく 未詳。原形は漢字一字(「恵」「兼」「交」?)の草体のようにも見える。

追2 年始の肴以下、新儀破格の待遇を望む輩のこと。

家風 家中と同義に用いることが多いが、ここでは文字通り家の習慣・先例の意か。

104 一　此方膝《ひざ》の下の者《もの》共、下人・悴者《かせぎもの》、或《(あるいは)》洞中《(うつろちゆう)》又者近辺の他所にあつて、手許《てもと》の主《しう》に使《つか》はるゝものあるべし。自然其所之沙汰《さた》にて候とて、膝《ひざ》の下に使《つか》ふものゝ質《しち》取《(とる)》べからず。但《シ》、其膝《ひざ》の下の主《しう》の方《かた》への質《しち》ならば、他所に候共、其者《もの》ゝ質《しち》取《(とる)》事すむ理たるべし。但《シ》、其下人にて悴者《かせもの》にて、又他所にても主《しう》を取《(とり)》、両方跨《また》ぎ[1]候て居たる者《もの》をば、其所の質《しち》にて候とて取候義、膝《ひざ》の下の主《しう》侘言《(わびごと)》すべからず。一遍《べん》に膝《ひざ》の下の主《しう》を守《(まもる)》義ならば、其所の質《しち》に取《(とる)》事可レ為二非分《(ひぶん)》一。可レ被二心得一候。

1「ぎ」の濁点は原本のまま。

弘治二年丙辰十一月廿五日　　新法度書レ之　政勝（花押）

追1 一　*公方領《(くぼうりよう)》のもの、*代貸《(しろ)かし》にも、殊《こと》に失《う》せて来《きた》るもの、又たとへ彼方《あなた》に売《う》りて候共、買《かい》候て召仕《めしつか》ふべからず。女男童《おとこわらはべ》同前。*自然公方領の者《もの》と知《し》らで買《かい》候共、*聞紏《きゝたゞ》し候て、人売《うり》の方《かた》へ返し、代を可レ取。少々公方領の者《もの》に*なく候とも、召仕《めしつか》ふべからず。

追2 一　此方*家風《(けふう)》元来なき事を、或《あるい》は*年入《とし(いり)》と云立《(いい)た》て、又忠信を言立《た》て、年始の肴《さかな》に可レ預《ル》由申者候べく候。致二入道一以二衣躰《(えたい)》一令二侘言《(わびごと)》一候者、家之義に*無レ之之間、忠信又代々の奉公をかんじて、尤《(もつとも)》許《ゆる》すべし。其子共、親如レ此に候とて、肴《さかな》其外之義不レ可二申《シ》出《ズ》一。但《シ》、其子共も如レ親子に名字《(みようじ)》を譲《ゆづ》り、以二衣躰一申立候者、尤《モ》可レ任二其義一候。各心得尤《モニ》候。是者衣躰*を執《しっ》する故に候。

御掟之通《とを》り、何《いづ》れも背《そむ》きたてまつるべからず候。たとへ親《おや》子・親類《しんるい》・下人なりとも、御耳へ入候て、討《う》たせられ候とも、とかく侘《わび》事申べからず候。

玉岡八郎[1]　政広（花押）
比楽源三郎　勝広（花押）
武井十郎　勝伝（花押）
片見彦《ひこ》一郎　政行（花押）
簗《やな》　周《す》防《わう》　勝重（花押）
大木将監　勝家（花押）
小塙小五郎（花押）
大田《た》又五郎　勝英（花押）
厚木弥三郎
簗《やな》　又七　貞秀（花押）
田嶋六郎二郎政経（花押）
多賀谷壱岐《たがやゆき》　政広（花押）

年入　年寄り。老齢だからと、破格の扱いを望む。
家之義に無之之間　入道して出家姿で、破格の扱いを願う場合は、世俗を離れ家を離れた人間だから、家格に基づく扱いからはずれるから、の意。
衣躰を執する　出家の体を重視する、出家すれば、もとの家を離れた人間として考える、の意であろう。

同　安芸《あき》　朝重（花押）

同　紀伊《きの》守　光親（花押）

岩上新二郎　判

御使

横倉《よこくら》民部少輔

山田将監《しやうげん》

太田左京亮

星《ほし》右京亮

関《せき》将監

簗《やな》大蔵《くら》

木代右京亮

1「郎」の下に「殿」を書いて、抹消してある。

3 追

作刈取捨《さくかりとりす》て候事、御耳へ入候はゞ、その郷之事は不レ及レ申、近辺の二三ケ所の郷へ、過料《くわりう》を懸《か》けさせられべく候。

追3作稲を刈り捨てた場合は、その郷はもちろん、近辺二、三カ所の郷へ過料を懸ける。

晴　朝（花押）

武家家法6

六角氏式目

勝俣鎮夫校注

*当国一乱已後、公私意に任《まか》せず、*猥《みだ》りがはしき輩《ともがら》御成敗たる条々

当国一乱已後、不任公私意、猥輩為御成敗条々

1 一 神社・仏寺の訴訟においては、早く*聞《きこ》し召《め》し入れられ、祭礼・修理・興隆ならびに社領寺務等は、速かに仰せ付けらるべき事。

一 於神社仏寺之訴訟者、早被聞召入、祭礼修理興隆并社領寺務等、速可被仰付事、

2 一 *山門領の事。*先年日蓮衆御退治の時、*山・国議定せらるるの旨、今もつて相違あるべからざる事。

一 山門領事、先年日蓮衆御退治時、山国被議定之旨、今以不可有相違事、

3 一 諸知行の地、ならびに*寺庵・与力・被官人等の事。去る*永禄六年十月朔日已前の当知行分は、相違あるべからず。然るところ、或は*押領《おうりょう》、或は代官以下*難渋《なんじゅう》の儀、これを退《しりぞ》けられ、もとのごとく知行あるべき事。

一 諸知行之地、并寺庵与力被官人等事、去永禄六年十月朔日已前当知行分、不可有相違、
然処、或押領、或代官以下難渋之儀被退之、如元可有知行事、

4 一 他人の知行を押領抑留《よくりゅう》の輩、前代未聞の*濫吹《らんすい》、これに過ぐべからず。早く本領主に対しこれを相渡すべし。難渋においては、*催促せらるべし。なほもつて承引致さずば、御退治を加へらるべき旨、仰《おお》せ聞《き》かさるべし。*おのおの一味《いちみ》同心《どうしん》仕《つかまつ》り相働くべし。しかるうへは、*押妨《おうぼう》の輩、たとひ縁者・親類その外*黙止《もだし》難《がた》き族《やから》たりといへど

当国一乱　永禄六年十月一日、前年家督を継いだ六角義治が、重臣の一人である後藤賢豊父子を暗殺したことから端を発した擾乱である「観音寺騒動」を指す。
猥りがはしき輩　無法な者。
1 聞し召し入れられ　聞き入れる。すなわち訴訟を受理する主体は大名六角氏である。本法典は末尾に付けられた重臣の起請文で明瞭なごとく、重臣により起草されており、六角氏の行為にはこのように敬語が用いられている。
2 山門領　比叡山延暦寺の荘園・所領。
先年日蓮衆御退治　天文五年七月、山門および六角定頼の兵が洛中の日蓮宗二十一カ寺を焼滅させた「天文の宗難」を指す。
山・国議定　山は山門、国は大名六角氏方を指す。天文十五年、日蓮衆と山門の間を六角定頼が調停したが、その際、日蓮衆側の違約に対しては、六角氏が山門側に加担することを約している。おそらくその際、領国内の山門領に関しても何らかの約定がかわされたものと思われる。
3 寺庵　当地方では、寺庵が与力・被官と同類のものとして、知行の対象となっている例、および寄親—寄子関係を結んでいる例がみられ、寺庵が在地領主の武力の一翼をになっていたことが知られる(58・59条参照)。
永禄…相違あるべからず　観音寺騒動勃発以前の状態の知行を保証する。
押領　他人の知行を実力で奪取すること。
難渋　遅怠すること。この場合、年貢の

納入を滞らせること。
4濫吹　非法行為。
催促せらるべし　大名が引渡しを催促する。なお底本には「可致催促」とあり、この場合は、本領主が催促の主格となる。諸本によって改めた。
おおの…相働くべし　（六角氏が押領人の退治を命令すれば）、家臣は一致協力してその命令を遂行すべきである。
押妨　他人の知行を実力で妨害すること。
黙止難き族　（その者の危急に対して）、そのまま捨ておきがたい者。
宿意　年来のうらみ。
5成物　年貢以外のもろもろの公事などの、領主への納入物。
弁出物　年貢米銭・諸成物を指す。
二重成たるべし　本来の領主への納入義務は免除されないから、結果的には二重の納入をせねばならない。
6御山荘　本来別荘の意であるが、そこにその主人の墓が設けられたため、廟所の意にも用いる。ここでは後者の意。
祈願所　今川追加18条頭注「祈願寺」参照。
看坊　寺を守る僧。禅宗では留守居の僧。
与奪　与えること。「奪」に意味はない。
棄破　破棄・棄却・無効の意。
7師檀に依らず　師匠・檀那の扶助などに頼らず。
仕付くる　作りつけること。
上　六角氏を指す。
恒例の御礼　六角氏の場合、礼銭・礼物という名目で種々の賦課を行っている。

も、いささかもつて荷担《かたん》いたすべからず。ならびに本領主に対し、*宿意鬱憤《しゅくいうつぷん》ありといへども、その遺恨を打ち捨て、悪行人御追罰の粉骨《ふんこつ》を致すべき事。

一　他人之知行、押領抑留之輩、前代未聞濫吹不可過之、早対本領主可相渡之、於難渋者、可被催促、猶以不致承引者、可被加御退治旨、可被仰聞、各一味同心仕可相働、然上者、押妨輩縦雖為縁者親類其外難黙止族、聊以不可致荷担、幷対本領主、雖有宿意鬱憤、打捨其遺恨、悪行人御追罰之可致粉骨事、

5一　年貢米銭・諸*成物《なしもの》は、年々渡し来《きた》る領主へこれを相渡すべし。万一別人に対し相渡さば、*弁出物は*二重成たるべし。新儀の輩たとひ催促すといへども、拘《かか》へ置き注進致すべき事。

一　年貢米銭諸成物、年々渡来領主江可相渡之、万一対別人相渡之者、弁出物可為二重成、新儀之輩縦雖催促、拘置可致注進之事、

6▼一　御先祖の御*山荘、ならびに御進止《しんじ》の御*祈願所・寺領巳下《いげ》、或は坊主、或は*看坊《かんぼう》の所行《しょぎょう》として、*与奪《よだつ》・譲《ゆずり》・沽却《こきゃく》等の儀は、何時たりといへども、*棄破《きは》せらるべき事。

一　御先祖御山荘、幷御進止之御祈願所寺領巳下、或坊主、或看坊為所行、与奪譲沽却等之儀、雖為何時、可被棄破事、

7一　御祈願所と号すといへども、*師檀に依らず、私の励《はげみ》をもつて定め置かしむる寺院ならびに寺領等、私の功力をもつて*仕付《しつ》くる輩においては、与奪・譲・沽却等はその意に任さるべし。*上として御拘惜《こうじゃく》あるべからず。ただし、*恒例の御礼・*役儀等は、退転《たいてん》せしむべからず。もし*懈怠《けたい》に及ぶべくば、御尋《おたずね》を成され、堅く仰せ付けらるべ

き事。

一　雖号御祈願所、不依師檀、以私之励令定置寺院幷寺領等、以私之功力於仕付輩者、与奪譲沽却等可被任其意、為上不可有御拘惜、但、恒例之御礼役儀等者、不可令退転、若可及懈怠者、被成御尋、堅可被仰付事、

8 一　檀那方として、*進退せしむる諸寺庵領、坊主・看坊の所行として、与奪・譲・沽却等、棄破せらるべし。ただし、坊主たりといへども、看坊たりといへども、本寺領の外、私の買得の地においては、*各別《かくべつ》たるべき事。

一　為檀那方、令進退諸寺庵領、坊主看坊為所行、与奪譲沽却等、可被棄破、但、雖為坊主、雖為看坊、本寺領之外、於私之買得之地者、可為各別事、

9 一　諸寺庵方、寺奉行ならびに*執次《とりつぎ》として、*非分の儀申し懸くるといへども、承引あるべからざる事。

一　諸寺庵方、為寺奉行幷執次、非分之儀雖申懸、不可有承引事、

10 一　諸沽却の地、*勘落《かんらく》せらるべき次第。給恩の地ならびに本領主に相隠し、代官等の所行として*放券《ほうけん》の地においては、棄破せらるべし。*私領・我物においては、一切勘落せらるべからず。なほもつて給恩の地たりといへども、*公儀御存知あり、*御書・奉書を相添へらるる*放券状においては、棄破たるべからず。ただし、本領主これあるの地、代官等、私領・我物たるの由これを偽《いつわ》り、沽却せしむるにおいては、御書・奉書を相添へらるるといへども、放券状謀略必定たらば、勘落せらるべき事。

役儀　役銭。

懈怠　怠慢の意。

8 塵芥集15条にも同趣旨の立法がある。

進退　進止と同意で、事物等に対する強い支配権を示す語。

各別たるべき事　別の問題である。すなわち与奪・譲・沽却等が許される。

9 執次　奏者。訴訟などを上へ取り次ぐ役。なお58条参照。

非分　道理にあわないこと。非理。

10 勘落　没収の意。

放券　新たに売券を作成して買主に引き渡す、すなわち売却行為のこと。

私領…勘落せらるべからず　私領の売却行為に対して、大名権力の干渉を全く排除して自由であることが定められている。なお今川13条補注参照。

公儀　この場合、「給恩地」は六角氏から与えられた恩給地であるから、公儀も、幕府ではなく、六角氏を指すものと思われ、六角氏＝公儀という考えが、この時点では成立していたことが知られる。

御書・奉書　前者は六角氏の判物形式の買得安堵状、後者は六角氏の奉行人の連署奉書形式の買得安堵状を指す。

放券状においては　売券を有する場合は。

11 売襲　阿本(阿波国文庫本)・和本(和田本)は「売熟」につくる。これに従えば、「売二熟田畠一」とよむことになるが、本条

一　諸沽却之地、可被勘落次第、給恩之地幷相隠本領主、代官等為所行、於放券之地者、可被棄破、於私領我物者、一切不可被勘落、猶以雖為給恩之地、公儀有御存知、御書奉書於被相添放券状者、不可為棄破、但、本領主在之地、代官等、為私領我物之由偽之、於令沽却者、雖被相添御書奉書、放券状謀略為必定者、可被勘落事、

11 一　*売襲《うりかさね》の田畠等、買手の人数相論の次第の事。*買得《ばいとく》*同前に*改作《かいさく》せしめ、*当知行においては、文書の年号の前後に及ばず、相違なく知行、理運たるべし。もし*庄例等に依り、*改作沙汰に及ばず、買手ども証文に任せ知行仕来《しきた》る下地《したじ》においては、*年号月日付の遠近に随ひ、先年次第に知行致すべし。しからば、*不知行の買手においては、*御法ならびに放券状の旨に任せ、売手の子孫に相懸け、本銭執るべき事。

一　売襲田畠等、買手人数相論次第之事、買得同前令改作、於当知行者、文書年号不及前後、無相違知行可為理運、若依庄例等、不及改作沙汰、買手共任証文知行仕来於下地者、随年号月日付之遠近、先年次第ニ可致知行、然者於不知行之買手者、任御法幷放券状旨、相懸売手子孫、本銭可執之事、

12 一　喧嘩・闘諍・打擲・刃傷・殺害の事。たとひ*父を討ち子を討つといへども、謹みて勘忍せしめ、注進致すべし。その科《とが》に随ひ早速御成敗を加へらるべし。しかれどもその儀にあたはず、或は*相当せしめ、或は兵具を帯《お》び寄せ懸け、御法に背く族においては、かへつてその身曲事《くせごと》たるべし。同じく合力停止せられ畢《おわ》んぬ。違背の族においては、合力の働き、浅深に随ひ相計《あいはか》らはるべき事。

一　喧嘩闘諍打擲刃傷殺害事、縦雖討父討子、謹而令勘忍、可致注進、随其科、早速可被加

はその内容が、二人以上に一つの田畠を売った場合の田畠の帰属を定めたものであるから「売襲」が正しいと思われる。なおこの「売」は土地所有権の完全な移転を伴なわない年紀売・本銭返などを念頭においている。

買得　土地所有権の移転を伴なう永代買得の意。

同前　罪科同前(41条)、謀書同前(42条)、張行人同前(44条)、の用例と同じく「同然」の意。

改作　元の所有者に代わって耕作権を行使すること。

当知行…理運たるべし　両売についてては通常先判を有効とするが(たとえば塵芥集93条参照)、本法では改作の有無を売買契約書の日付の前後の問題に優先させてその効力を認めている点、注目される。

庄例　庄園の慣習・法などに基づくきまり。

改作沙汰…知行仕来る下地　現実に耕作権を行使せず、売買契約状に基づき、買手たちが、一定の得分権(職《しき》に伴なう収益権)のみを得ていた田畠。

年号月日…知行致すべし　売買契約状の契約年月日の最も古いものを有するものが知行すべきである。

不知行の買手　その田畠から収益を得ることができなくなった買手。

御法ならびに放券状　→補

12 今川8条補注、および9条参照。

父を討ち子を討つ　塵芥集24条補注参照。

相当せしめ　相当の仕返しをする。

御成敗、然而不能其儀、或令相当、或帯兵具寄懸、於背御法族者、却而其身可為曲事、同合力被停止畢、於違背族者、合力之働随浅深、可被相計事、

13 一 *野事・山事・井水の事、*先条に准ずべし。ただし、一庄一郷打《う》ち起《お》こし、*鉾楯《むじゅん》に及ぶにおいては、*科人交名《きょうみょう》を指し、これを申すといへども、聞し召し入れらるべからず、一庄一郷へその咎を相懸けらるべき事。

一 野事、山事、井水事、可准先条、但、一庄一郷打起、於及鉾楯者、科人指交名雖申之、不可被聞召入、一庄一郷江、可被相懸其咎事、

14 一 *損免《そんめん》の事、庄例・郷例ありといへども、先々の次第棄破せられ畢《おわ》んぬ。自今以後においては、*所務《しょむ》人《にん》・地主・名主《みょうしゅ》・作人等立相《たちあ》ひ*内検《ないけん》せしめ、*立毛《たちげ》に応じこれを乞ひ、*下行《げぎょう》あるべし。もし立毛これを見せず刈り執り、損免申す族これありといへども、限りある年貢減少せず、悉く*納所《なっしょ》あるべし。*公方年貢米銭等、先々*免《めん》行はざる下地は、向後《きょうごう》において損免の沙汰あるべからず。なかんづく、*礼儀をもつて損免を乞ひ取る儀、停止せしめ畢んぬ。しかるうへは、礼銭を出す輩・執る輩、共にもつて曲事たるべき事。

一 損免事、雖有庄例郷例、先々次第被棄破畢、於自今以後者、所務人地主名主作人等立相令内検、応立毛乞之可有下行之、若立毛不見之刈執、損免申族雖在之、限有年貢不減少、悉可有納所、公方年貢米銭等、先々免不行下地者、於向後不可有損免沙汰、就中、以礼儀損免乞取儀令停止畢、然上者、礼銭出輩執輩、共以可為曲事事、

15 一 *請切《うけきり》・請詰《うけつめ》・切米《きりまい》・定斗代《じょうとだい》等、損免の沙汰あるべからず。たとひ*先例これありと

---

13 **野事・山事・井水の事** 野・山の境相論および用水相論に伴なう喧嘩・刃傷・殺害の事。
先条に准ずべし 12条を適用する。
打ち起こす 蜂起する。
鉾楯に及ぶ 合戦する。
科人交名を指し 張本人の名前を申し出て。交名は、名前を列記して示した文書。
14 本条は、農民側の要求に基づいて、慣行化しつつあった定損方式を否定し、領主・農民の立合検見の原則を定めた注目すべき立法である。
損免 風・水・旱・虫などの損害による年貢の減免。
所務人 ↓補
内検 風水害などの災害に際して行う臨時の検注・調査。
立毛 いまだ刈りとらず田畠に生えている稲・麦などの作物。
下行 上位者から下位者に物資を給与すること。この場合年貢の減免を行うこと。
納所 年貢などを収納すること。
公方年貢 領主に納める本年貢。↓補
免 損免。
礼儀 礼銭。一種の賄賂。
15 **請切…定斗代** いずれも毎年一定額の年貢を請負い納入することを契約した年貢納入形式を示す語。
先例 本来、請切などは損免を行わない契約による年貢納入形式であるにもかかわらず、当該期の近江地方では、請切などの場合にも慣行として損免を行っている例がしばしばみられる。

いへども、自今以後においては、損免行ふべからず、員数に任せて弁償せしむべき事。

一　請切請詰切米定斗代等、不可有損免之沙汰、縦先例雖在之、於自今以後者、損免不可行、任員数可令弁償事、

16一　代官職そのほか諸職改替《かいたい》の事。領主・所務人として、*取り上ぐるにおいては、*未進棄破たるべし。代官・作人としてこれを*上ぐるにおいては、未進棄破たるべからず。しからばすなはち、その子細を言上致し、彼職を別人に申し付け、*年序を経《ふ》るといへども、未進に至りては、先代官・先作人弁済の儀、仰せ付けらるべき事。

一　代官職其外諸職改替事、為領主所務人、於取上者、未進可為棄破、為代官作人於上之者、未進不可為棄破、然則其子細致言上、彼職別人ニ申付、雖経年序、至未進者、先代官先作人弁済儀、可被仰付事、

17一　*少分の年貢、過分に組み立ててこれを執る事、はなはだもつてしかるべからず。その年々にことごとく納所あるべし。*しかれども乞ひ取らず年々を経ば、三ヶ年の外は棄破せられ訖《おわ》んぬ。なほもつて催促せしむといへども、出向かざれば、庄例に任せ、或は彼職を改替し、或は彼*下地を流し執るべし。ならびに*下地を踏まず弁じ来る年貢等の事、無沙汰においては、たとひ年序を経るといへども、*元利を*件の無沙汰人諸職に相懸けこれを取るべき事。

一　少分之年貢、過分組立執之事、太以不可然、其年々ニ悉可有納所、然而不乞取経年年者、三ヶ年之外者被棄破訖、猶以雖令催促、不出向者、任庄例、或彼職改替之、或彼下地可流

16 **取り上ぐ**　（代官職・作職などを）没収する。
未進棄破たるべし　未進年貢（滞納している年貢）の取立権は喪失する。なお、本条からは、領主―代官関係と同じく、所務人―作人関係が契約的性格をもっていることがうかがわれ、注目される。
これを上ぐる　代官職・作職を領主・所務人に返上する。
年序を経る　年月を経過する。この場合二十年以上経過したという意味ではないと思われる。

17 **少分…執る事**　わずかの分量の年貢を何年分かにまとめて大量にして収納すること。後文の表現から、故意にこのような行為を行って未進年貢として利子をつけて収納したものと思われる。
しかれども…彼職を改替し　→補
下地を流し執る　未進年貢の抵当物として没収する。年貢の収納が貸借関係の性格と意識されるに至っていることがうかがえる。
下地を踏まず弁じ来る年貢　年貢を納入する義務を負った当該の田畠を売却などの理由から占有せず、納入の義務だけを負ったものが納める年貢。
元利　当時、未進年貢に利子がつけられている例が、しばしば見られる。
件の無沙汰人…相懸け　年貢納入の義務を負った当該田畠を所有せずに、年貢を無沙汰したものに対しては、その者が有する他の諸職を代わりにその対象として。

執之、幷不踏下地弁来年貢等之事、於無沙汰者、縦雖経年序、元利件無沙汰人相懸諸職可取之事、

18 一 年貢所当・諸成物等、弁出せしめば、先々より有り来るごとく、*請取これを出すべし。もし請取を拘へ惜しむにおいては、早く注進致すべし。すなはち請取催促仰せ付けらるべき事。

一 年貢所当諸成物等、令弁出者、従先々如有来、請取可出之、若請取於拘惜者、早可致注進、則請取催促可被仰付事、

19 一 その*裁判《さいはん》を知らざる諸職・家督等の代官ならびに*根田を知らざる下地等、上ぐべきの由申すといへども、*請け取るべからず。先々より拘へ来る輩の諸職に相懸け、これを取るべき事。

一 不知其裁判諸職家督等之代官、幷不知根田下地等、可上之由雖申、不可請取、相懸従先々拘来輩諸職、可取之事、

20 一 *百姓前《まえ》未進ありと号して、領主前請米・請切等、無沙汰においては、代官として、未進の百姓前書き立て、同じく納所の員数*注文、虚説なき旨*霊社起請文《りょうしゃきしょうもん》を相添へこれを出し、納所分においては、領主に対し速かに弁出すべし。難渋の百姓前においては、*仁不肖《じんふしょう》に依らず、早く*譴責使《けんせきし》を入れらるべし。*催促一途《いちず》の間は、請米残分の*遅速は、相待つべき事。

一 百姓前号有未進、領主前請米請切等、於無沙汰者、為代官、未進之百姓前書立、同納所

18 **請取** 請取状。年貢受領証。返抄ともいう。

19 **裁判** 支配。世話。管理。周旋(浜田敦『朝鮮資料による日本語の研究』)。なお、当地方の売券の明沙汰文言には、「埒を明ける」「物事のきまりをつける」という意味の語として多く現われる。

根田 阿本は「根因」に作る。文意の上からは由緒のごとき意味の語と思われ、「根由」かと思われるが、未考。

請け取るべからず 年貢の未進・借銭のかたとして取ってはいけない、という意味か。

20 **百姓前** 中世後期より、百姓前・代官前・領主前のごとく「…前」という表現が多く現われるが、「…手前」の省略されたもので、手許または受持分の意と思われる。

注文 人名・人数・物品の種類などを列挙した文書。

霊社起請文 「敬白天罰霊社上巻起請文前書事」で始まり、末尾を「仍上巻起請文如件」などで書き止めた形式の起請文。なお本法典末尾の起請文参照。

仁不肖に依らず 誰によらず。

譴責使 年貢などの督促を実力で行うため現地に派遣される使者。

催促一途の間は (代官が譴責使を派遣し)しきりに催促している間は(領主は)。

遅速 遅れ。「速」に意味はない。

員数注文、無虚説旨相添霊社起請文出之、於納所分者、対領主速可弁出、於難渋百姓前者、
不依仁不肖、早可被入譴責使、催促一途之間者、請米残分遅速、可相待之事、

21 一 *守護使不入の在所と号し、年貢・諸成物無沙汰せしめ、催促承引あたはざる輩、*その庄、その郷領主に対して、旨趣《ししゅ》を相届け、譴責使を入るべし。その届けに返答あたはざる事、三ヶ度を過ぐれば、言上せしむべし。*御中間《ちゅうげん》を遣《つか》はさるべき事。

一 号守護使不入在所、年貢諸成物令無沙汰、催促不能承引輩、対其庄其郷領主、相届旨趣、
可入譴責使、其届不能返答事、過三ヶ度者、可令言上、御中間可被遣之事、

22 一 年貢・諸成物無沙汰せしめ、譴責使を請《う》くべからざらんがため、*諸口を切《き》り塞《ふさ》ぎ、出合はざる在々所々、はなはだもつて狼藉の条、所行必定においては、或は御退治を加へられ、或は*過料を相懸けらるべし。*一庄一郷の働きに限らず、名主・百姓等門戸を閉ざさば、堅く御成敗を加へらるべき事。

一 年貢諸成物令無沙汰、為不可請譴責使、諸口切塞、不出合在々所々、太以狼藉之条、所
行於必定者、或被加御退治、或可被相懸過料、不限一庄一郷之働、名主百姓等閉門戸者、
堅可被加御成敗事、

23 一 年貢所当無沙汰の百姓、譴責使を請くべからざらんがため、己《おのれ》の屋を明け、他人に借屋せしめ、田畠の立毛刈り入るる輩、何方《いずかた》たりといへども、*隠居せしむる屋内へ譴責あるべし。ならびに*道路往反の時、*見相《みあい》に所持の道具・雑物*年貢相当分、何ヶ度たりといへどもこれを執るべし。ただし、件の百姓召遣《めしつか》ふ主ならびに拘へ置く亭主に対し、譴責以前、一往《いちおう》その届けあるべき事。

21**守護使不入の在所**　守護が検断や守護役徴収のために派遣する使などの立入りを拒否する特権を与えられた荘園・所領。なお今川追加20条参照。

その庄…入るべし　この文から、年貢・諸成物の徴収者は領主と無関係のものであることがわかり、徴収対象の年貢が、領主に納める本年貢ではなく、加地子・段銭などが念頭におかれていると思われる。

御中間を遣はさる　六角氏が譴責使として中間を派遣する。中間は、今川追加15条にみられる「公方人」と同じ。→補

22**諸口を切り塞ぎ**　その在所の出入口をふさいで通れなくする。

過料　過怠銭。罰金。

一庄一郷の働　一つの庄、一つの郷を単位とした百姓の集団的抵抗行為。この母胎は「惣」と呼ばれた当時の農民の結合体である。本法の所務立法(14条～24条)は、量的にもその内容においても他の分国法にみられない特徴を有するが、この惣を中心とした百姓の年貢対捍行為に対処する領主側の対応、その上に立つ大名権力の在り方が重要なテーマとなって立法されている。

23**隠居せしむる**　隠れ住む。

道路往反の時　(年貢を滞納し、行方をくらませている百姓が)道路を通っている時。

見相に　見つけ次第に。

年貢相当分　滞納の年貢の量に相当する分。

一　年貢所当無沙汰之百姓、為不可請譴責使、明己屋他人仁令借屋、田畠立毛刈入輩、雖為何方、令隠居屋内江可有譴責、幷道路往反之時、見相仁所持之道具雑物年貢相当分、雖為何ヶ度可執之、但、対件百姓召遣主幷拘置亭主、譴責以前、一往可有其届事、

24 一　年貢所当無沙汰せしめ、下地上ぐべきの由申す百姓前*作職《さくしき》の事。*一庄一郷申し合はせ、田畠荒らすべきの造意は、悪行の至り、早く御成敗を加へらるべし。*しかれども先々より弁出し来る年貢所当の外、或は*斗代《とだい》を盛り増し、或は新儀の課役を相懸くる旨、百姓等言上致さば、実否を聞し召し分けられ、濫務《らんむ》を停止せらるべき事。

一　年貢所当令無沙汰、下地可上之由申百姓前作職之事、一庄一郷申合、田畠可荒之造意、悪行之至、早可被加御成敗、然而従先々弁出来年貢所当外、或盛増斗代、或相懸新儀之課役旨、百姓等致言上者、実否被聞召分、可被停止濫務之事、

25 一　諸被官人の*末子《ばっし》、その主に相届け、出家せしむるの輩においては、沙汰に及ばず。たとひこれを相届けずといへども、出家せしめ年序を経る者、その主として召遣《めしつか》ふべきの儀、不便《ふびん》の題目なり。ただし、*寺庵ともももつて進退たらば、召遣ひ来るごとくたるべし。或は他人の寺院に預け、或は*山寺法師等に至りては、年を歴《ふ》るの後、主としてこれを召返《めしかえ》すべからざる事。

一　諸被官人末子、相届其主、於令出家之輩者、不及沙汰、縦雖不相届之、令出家経年序者、為其主可召遣之儀、不便之題目也、但、寺庵共以為進退者、可為如召遣来、或預他人之寺院、或至山寺法師等者、歴年之後、為主不可召返之事、

26 一　*御押《おんおさえ》の奉書遣《つか》はさるべきの次第。或は喧嘩闘諍、或は立毛を刈り取り、屋内を壊《こぼ》

24 **作職**　農民の田畠の耕作権。当該期には耕作権に付随する得分を取得する権利になっているものもある。

一庄一郷…造意は　16条の作職辞退のごとく個別的ケースではない、惣を中心とした集団的逃散行為を念頭においている。

しかれども…　本来、斗代の決定、課役の賦課は領主の権限に属するものであったが、このような権限が法でチェックされるにいたったことは注目される。なお三好氏の新加制式16条に類似の立法があるが、このような方向は織豊政権の法に、より明確なかたちで現われる。

斗代を盛り増し　斗代は荘園制における段当収納高で、増年貢を行い、の意。

25 **末子**　末の子ではなく、嫡子以外の子。

寺庵とも…ごとくたるべし　被官人の子の出家先がその家の進退の寺庵であれ、主人の意志によって従来から召遣っていたと同じく、その子を召遣うことができる。

山寺法師　一般的な意味の山寺の法師とも考えられるが、山＝叡山、寺＝園城寺と考え、これらの両寺の法師と解するほうが、当地方の事情に即しているように思われる。

26 **御押**　裁判に便ならしめるため、訴訟物件などを、現状保全のため凍結する公的処置。

雑物　家財道具など。

日限を差され　期限を指定して。

所務篇　土地の所有権をめぐる相論。

ち取り、＊雑物《ぞうもつ》を持ち取る類、火急の子細は、急度《きっと》＊日限を差され御押遣はさるべし。しかれども＊所務《しょむ》篇《へん》、山林境目の相論等、火急の儀にあらざる題目においては、＊双方申す所を聞し召され、その上において相押《あいおさ》へらるべし。＊一往《いちおう》の御尋に及ばれず、押《おさ》へ置《お》かるるの儀、これあるべからざる事。

一 御押之奉書可被遣之次第、或喧嘩闘諍、或刈取立毛、壊取屋内、持取雑物類、火急之子細、急度被差日限、御押可被遣之、然而所務篇、山林境目相論等、非火急之儀於題目者、双方申所被聞召、於其上可被相押、不被及一往之御尋、被押置儀、不可在之事、

27 一 御押の奉書を成さるる処、承引するあたはず、＊中間狼藉《ちゅうかんろうぜき》を致す旨、注進せしめば、その実否御糺明を遂げられ、＊緩怠《かんたい》の働、事実においては、＊元来の子細に及ばれず、論所を＊敵人に付けらるべし。しかれども＊訴人申す所、巧事虚説顕然たらば、同じく論所を＊論人方へ付けらるべき事。

一 被成御押奉書処、不能承引、致中間狼藉旨、令注進者、其実否被遂御糺明、緩怠之働於事実者、不被及元来之子細、可被付論所於敵人、然而訴人申所、巧事虚説為顕然者、同論所可被付論人方事、

28 一 御押に依り積み置く年貢米銭・山林・竹木等、＊御扶持として望み申す輩ありといへども、一切他人に宛行《あておこな》はるべからざる事。

一 依御押積置年貢米銭山林竹木等、為御扶持雖有望申輩、一切不可被宛行他人事、

29 一 ＊召文《めしぶみ》を成さるる輩、奉書三ケ度に及び参決《さんけつ》を遂《と》げずば、＊差遣《さしつか》はさるる所の日限に任せ、或は＊論所を敵人に付けられ、或は＊咎《とが》の実犯に処せらるべき事。

双方 原告・被告の両者。

一往の御尋に及ばれず… 今川追加15条参照。

27 中間狼藉 御押の奉書で凍結されている物件などを一方的に当事者が解除すること。今川4条参照。

緩怠 不届き。この場合、中間狼藉を行うことを指す。

元来の子細に及ばれず 当該訴訟の理非にかかわらず。

敵人 訴訟の相手方。

訴人 この場合の訴人は、当該訴訟の原告ではなく、相手が中間狼藉を行ったと訴えた者。

論人 中間狼藉を行ったと申しかけられた被告。

28 御扶持… このような要求がなされる背景には、押え置かれたものを大名が私物化する傾向があったと考えられるが、大内氏掟書94条には、「一 就二寺社領沙汰出来之儀一被二押置一中途土貢事、准二武領一不レ可レ被レ用二御公物一…」なる立法がある。

29 召文 召喚状。通常、奉行人の奉書形式をとる。

差遣はさるる所の日限 大内氏掟書10条では、分国内の場所の遠近により、それぞれ使者の伝達・返答の期間が定まっており、この場合もそのような期限を指す。

論所を敵人に付けられ 式目35条頭注「論人に…」、および室町追33条頭注「他人に…」、「論人・当知行人」参照。

咎の実犯… (所務相論ではない検断関

一　被成召文輩、奉書及三ヶ度不遂参決者、所被差遣任日限、或被付論所敵人、或可被処咎実犯事、

30 一　山賊・海賊・夜討・強盗ならびに道路追剝《おいはぎ》等、自今以後、堅く御成敗を加へらるべき条、たとひ盗人中たりといへども、*返忠《かえりちゅう》を致さば、その咎を免《まぬか》れ、悪党*跡職《あとしき》、*訴人御褒美物《ほうびぶつ》としてこれを給はるべし。同じく御*嫌疑《けんぎ》においては、先々の御成敗の旨に任せられ、*悪行在所の遠近を糺《ただ》され、仰せ付けらるべき事。

一　山賊海賊夜討強盗并道路追剝等、自今以後、堅可被加御成敗条、縦雖為盗人中、致返忠者、被免其咎、悪党跡職、訴人為御褒美物可給之、同於御嫌疑者、被任先々御成敗之旨、悪行在所被糺遠近、可被仰付之事、

31 一　犯科人その過《とが》の浅深に依り、罪科の軽重を糺され、仰せ付けらるべき事。

一　犯科人依其過浅深、罪科被糺軽重、可被仰付事、

32 一　重科に依り、父子・夫妻その咎を相懸けらるべきや否やの事。式目御法に任せられ、御成敗を加へらるべき事。

一　依重科可被相懸父子夫妻其咎哉否事、被任式目御法、可被加御成敗事、

33 一　*諸公事《くじ》役《やく》御免除の地、古今ともつて棄破せらるべからざる事。

一　諸公事役御免除之地、古今共以不可被棄破事、

34 一　在々所々の庄例・法度、棄破せらるべからざる事。

一　在々所々庄例法度、不可被棄破事、

35 一　先規より仕付《しつ》けざる諸役・*夫役《ぶやく》等、新儀に仰せ付けらるべからざる事。

係などの裁判の場合は)、敗訴者として処刑する。

30 **返忠**　裏切って内通すること。今川訴訟条目13条(二〇八頁)、塵芥集60条参照。

跡職　この場合、犯罪を犯したことにより没収された所領。

訴人…給はるべし　戦国期には、返忠の訴人に咎を許すだけではなく、褒美物を与え、告発を奨励する立法が多くみられる。たとえば永禄九年十二月十五日、甲賀三方起請文(山中文書)には、「一　咎人告知る仁躰者縦レ為二同類一、除二其咎一、拾貫壱振可二褒美一、但依レ咎可レ有二軽重一候事」とある。

御嫌疑…　塵芥集33・64条、結城16条参照。

悪行在所　犯行が行われた現場。

32 式目10・11条、および塵芥集57条補注参照。

33 **諸公事役御免除の地**　諸々の雑税賦課の免除の特権を六角氏から認められた所領。

35 本条では大名の新規の課役賦課をチェックし、次条では家臣が先規よりの大名の課役の義務を果たすことを定めている。

夫役　陣夫・詰夫など、大名が賦課する労役。

37 本条は、末尾の重臣起請文にその名が

一　従先規不仕付諸役夫役等、新儀不可被仰付事、

36 一 先規より仕来る諸役、同じく夫役等、謂《いわれ》なく違背致し中絶せしめば、先例に任せられ、堅く仰せ付けらるべき事。

一　従先規仕来諸役同夫役等、無謂致違背令中絶者、被任先例、堅可被仰付事、

37 一 御糺明を遂げられず、*一方向の*御判ならびに奉書を成さるべからざる事。

一　不被遂御糺明、一方向不可被成御判并奉書事、

38 一 *御代々の御判・奉書等の証文においては、棄破せらるべからず。ならびに*江雲寺《こううんじ》殿御成敗これを改めらるべからず。ただし*非《ひ》拠《きょ》の儀たらば、後例に引用せらるべからざる事。

一　御代々於御判奉書等之証文者、不可被棄破之、并江雲寺殿御成敗不可被改之、但為非拠儀、不可被引用後例事、

39 一 *御庄段銭、向後《きょうごう》においては、先規のごとく仰せ付けらるべし。その次《ついで》をもって国中臨時の*役儀、土民・百姓等御*憐愍《れんみん》の上をもって、御用を相叶へらるべき事。

一　御庄段銭、於向後者、如先規可被仰付之、以其次国中臨時之役儀、土民百姓等以御憐愍之上、可被相叶御用事、

40 一 *竹木御用として伐《き》り召《め》さるるの時、かの在所に至りては、非分の*失墜《しっつい》を相懸けらるべからず。同じく御用に立てざる竹木、奉行として注《しる》し置き、礼儀をもってこれを*閣《さしお》く族、御成敗を加へらるべき事。

みえる、後藤高安と進藤賢盛の間で争われた蘆浦安国寺質流相論の一件文書中の(永禄十年)七月十八日の三雲成持書状に、「…御公事理非ハ御糺明次第候、殊今度御置目も有レ之事候間、其掟下として何として可ニ相破一候哉」と引用されている。

一方向　式目45条頭注「糺決」参照。

御判ならびに奉書…　裁判の判決を与えてはならない。御判は六角氏の判物、奉書は六角氏奉行人奉書。

38 **御代々**　六角氏の当主代々。

江雲寺殿　六角定頼の法号。定頼は本法典制定者承禎の父で、江北の浅井氏を圧迫し、勢威を振った。天文二十一年死去。享年五十八歳。

非拠　不当。曲事。

39 **御庄段銭**　六角氏が領主である荘園に賦課する段銭。

役儀　役銭。この場合、六角氏が賦課する段銭・人夫役などの雑税。

憐愍　憐憫に同じ。あわれみ。

40 **竹木御用**　竹木は、城普請など軍事上の用途の増大のため、戦国大名はこれに重大な関心を払い、強い統制下において いる。たとえば長宗我部氏掟書76条には、「一　竹木、杉、檜、楠、松、其外万木、公儀御用木のため、付ニ記置一者、不レ及ニ是非ニ可ニ立用一、竹木我領知之内雖レ在レ之、奉行中迄不ニ申届一者、剪事堅停止也、在々山々浦々、竹木成立候之様ニ、才覚肝要之事」とある。

失墜　損失。失費。

閣く　除外する。

一　竹木為御用被伐召之時、至彼在所、不可被相懸非分失墜、同不立御用竹木、為奉行注置、以礼儀闇之族、可被加御成敗事、

41一　*謀書《ぼうしょ》の罪科の事、*死罪・流罪に処せらるべし。しかれども文書の*紕繆《ひびゅう》なくば、*謀略の訴人罪科同前の事。

一　謀書罪科事、可被処死罪流罪、然而無文書紕繆者、謀略訴人罪科同前之事、

42一　*文書の写《うつし》を捧げ訴訟の輩、*実書を*書かれ召出《めしいだ》され引《ひ》き合《あ》はさるる処、相違せしめば、*反故《ほうぐ》たるべし。ただし、*事を立てざる落字・*弥書《いやがき》等の相違は、*自然筆者の誤りこれあるべきか。しからば、証文反古に成さるべからず。また訴訟の子細に付きて、肝要の文字ならびに落字等相違たらば、巧事造意*しかしながら謀書同前たるべし。その文体に随ひ、御分別をもつて、御成敗を加へらるべき事。

一　捧文書之写訴訟輩、実書被書被召出被引合処、令相違者、可為反故、但、不立事落字弥書等之相違者、自然筆者之誤可在之歟、然者、証文不可被成反古、又訴訟之子細仁付而、肝要之文字并落字等為相違者、巧事造意併可為謀書同前、随其文体、以御分別、可被加御成敗事、

43一　盗物*贓物《ぞうもつ》の事、或は質に置き、或は売らしむるの間、*公文所・市町等にこれある時、*彼主その所へ預け置く旨相届くる段、勿論たるべし。しかりといへども、盗人搦《から》め捕り、*これを渡さざれば、諸*色物《しきもつ》返し遣はすべからず。しかれども件の盗人尋ね捜すところ、逐電せしむるといへども、*盗物においては返し付くべし。*贓物返し付くる上においては、その代銭買主の損失、勿論たるべし。また盗人はその者を知

41謀書　偽造文書。文書を偽造すること。
死罪・流罪に処せらるべし　式目15条の罪科より重くなっている。なお世鏡抄には、「或謀書謀判アラバ、依レ事死罪流罪ニ行ヘ」とある。
紕繆　あやまり。
謀略の訴人…　謀書と主張し、それが謀書でなかった者の罪は死罪・流罪である。
42文書の写を捧げ　一般に中世では訴訟の際、自己の主張を正当づける証拠文書の写(案文)を、訴陳状にそえて提出する。
実書　正文。文書の原本。
書かれ　布施本・阿本・和本になし。衍文と思われる。
反故　ほご紙。無効の文書。
事を立てざる　重要でない。ちょっとした。
弥書　同じことを二度書くこと。
自然　往々にして。
しかしながら　全部。全く。「…だが、しかし…」という意ではない。
43贓物　盗んだ物。
公文所　荘園の管理事務所。
彼主…相届くる　その品物は自分が盗まれたものであることを届け出て、そのことが証明されるまで預け置く形にする。大内氏掟書131条には、「彼盗物之事、或持二出市町一、或出二置店屋一之時…所詮彼盗物之事、預二置其所之役人一可二批判一」とある。
これを渡さざれば　犯人を引き渡さなければ。
色物　品物。この場合、盗物を指す。

らず、その行末を知らずといへども、贓物所持の主たるの旨隠《かくれ》なく、証拠分明ならば、同じく返し付くべき事。

一　盗物贓物事、或置質、或令売之間、公文所市町等仁在之時、彼主其所江預置旨相届段、可為勿論、雖然、盗人搦捕之、不渡之者、諸色物不可返遣之、然而件盗人尋捜処、雖令逐電、於盗物者可返付之、於贓物返付上者、其代銭買主損失、可為勿論、又盗人者雖不知其者、不知其行末、為贓物所持之主之旨無隠、証拠為分明者、同可返付事、

44 一　博奕《ばくえき》堅く停止せられ畢んぬ。もし違犯の輩においては、死罪・流罪に処せらるべし。跡職においては、犯過人《はんかにん》注進を致す訴人に、御褒美物として給《たま》はるべし。たとひ*張行《ちょうぎょう》の人数中たりといへども、返忠の輩はその咎を免れ、同じく御褒美あるべし。ならびに*宿仕《つかまつ》る族、張行人同前に罪科に処せらるべし。なかんづく、咎人跡職、訴人に仰せ付けらるるといへども、*給恩の地においては、相加へらるべからず。私領においては、田畠・山林・屋内雑物等、*一円訴人知行たるべし。或はその主として、或は地頭・*沙汰人等として、いささかも拘惜致すべからざる事。

一　博奕堅被停止畢、若於違犯輩者、可被処死罪流罪、於跡職者、犯過人致注進訴人仁、為御褒美物可給之、雖為縦張行人数中、返忠輩被免其咎、同可有御褒美、幷宿仕族、張行人同前可被処罪科、就中、咎人跡職雖被仰付訴人、於給恩之地者、不可被相加之、於私領者、田畠山林屋内雑物等、一円訴人可為知行、或為其主、或為地頭沙汰人等、聊不可致拘惜事、

45 一　主と従の訴論、自今以後においては、僕従たる者、言上一切御許容あたはるべからざる事。

盗物においては　その品物がその人から盗まれたものであることが証明されるならば。

贓物返し付く…勿論たるべし　大内氏掟書13条には「失物質物にをく時…質物をいだす請銭不レ可レ入レ之」とあり、また天正五年、織田信長掟書(八幡町共有文書)には、「一　諸色買物之儀縦雖レ為二盗物一、買主不レ知レ之上者、不レ可レ有二罪科一、次盗賊人於二引付一者、任二古法一贓物可二返付一之事」とあるが、吉川氏法度33条では、「…其売候代半分、損主より出候而可二買戻一、此段無益と存ぜば、可レ任二主之心一」となっている。

44分国法でも、博奕は盗賊行為またはその発生原因として、厳しく禁じられていた。板倉氏新式目10条には、「一　博奕之事、任二先規一弥停止せしめ畢、若猥ニ他之財宝勝取輩ハ、可レ処二罪科一、其故ハ、人之物唯可レ取心掛者、盗賊同意也、縦雖レ為二同類一、宿主於二告来一者、免二其科一、還而可レ令二褒美一、下劣之譬盗人ニ有二博奕不レ打者一、博奕打ニ無二盗人不レ仕者一と言り」とある。また一五四九年十一月五日、ザビエル書簡にも、「賭博をなす者は己の有にあらざる物を望むが故に必然盗人となるに至るべし」とある。

張行　興行。

宿仕る族　博奕の場所を提供したもの。結城1条、塵芥集155条参照。

給恩の地　六角氏が給与した恩給地。

一円　すべて。全部。

沙汰人　荘官などの荘園管理者、また村

一　主与従之訴論、於自今以後、為僕従者、言上一切不可被能御許容事、

46 一　親と子、師と弟子、訴論に及ぶ儀、子息たる者、弟子たる者申す事、*大綱御許容あたはるべからず。ただし、その親・その師の所行、*与《よ》奪《だつ》の筋目、ならびに*文書を譲るの次第等、道理に背き恣《ほしいまま》にこれを相*究《きわ》むれば、制止を拘へざるものか。*ここにより言上に及ぶといへども、忠孝の差別、御思慮・御分別を加へられ、御成敗あるべき事。

一　親与子、師与弟子及訴論儀、為子息者、為弟子者申事、大綱不可被能御許容、但、其親其師之所行、与奪筋目、并譲文書之次第等、背道理恣相究之者、不拘制止者歟、因玆雖及言上、忠孝之差別、被加御思慮御分別、可有御成敗事、

47 一　与奪状ならびに譲状の次第、*式目の旨ありといへども、自今以後においては、*先《せん》判《ばん》を用ひらるべし。ただし、*嫡子においては各別《かくべつ》たるべし。しかれども譲状を得る輩、後判《こうはん》を恐れざる故、父母・師匠等に対して不儀の働、曲事《くせごと》たるべし。付《つけ》たり、*寺院方累代《るいだい》相続の筋目あるのところ、或は坊主、或は檀那の輩の所行として、先蹤《せんしょう》を妨げ非拠の譲状においては、先判・後判の沙汰に及ばるべからず。速かに往昔より相続仕来る旨に任せて、厳重に御裁断を遂げらるべき事。

一　与奪状弁譲状之次第、雖有式目之旨、於自今以後者、可被用先判、但、於嫡子者可為各別、然而得譲状輩、不恐後判故、対父母師匠等不儀之働、可為曲事、付寺院方累代相続筋目在之処、或坊主或檀那之輩為所行、妨先蹤於非拠之譲状者、不可被及先判後判沙汰、速従往昔任相続仕来旨、厳重可被遂御裁断事、

落の指導者をもいう。

45 追265条(四九頁)、今川訴訟条目13条(二〇八頁)、参照。

46 追143条(六〇頁)、吉川氏法度51条、今川訴訟条目13条(二〇八頁)、結城51条、いずれも原則として親に対する子の訴訟を認めていないが、本条および今川・結城の場合は例外規定を設けている点、鎌倉幕府法と若干異なっている。

大綱　大要。

与奪の筋目　この場合、家督相続のことを指す。

文書を譲るの次第　財産譲与の問題。

相究む　決定する。

ここにより言上に及ぶといへども　跡目相続に関して、親・師匠が非道をなすことにより、子・弟子が訴えても。

47 式目の旨　式目26条参照。

先判を用ひらるべし　式目以来当該期にいたるまで武家法では一貫して後判を用いるのが原則であり、注目される改変である。

嫡子においては各別たるべし　嫡子は従来どおり後判を有効とする。嫡子の場合、家制維持・親の扶養義務などと関係するので、親の悔い返し権を存続させたものと思われる。

寺院方累代相続の筋目あるのところ　跡目相続に関しての決定の仕方が、寺の慣行や規式によって定まっているのに。寺院の規式には、その方法がしばしば記されている。

48 一 *粧田《けわいでん》の事、*約諾《やくだく》の文書のごとくたるべし。文書なくば、彼妻*一期《いちご》の後は、*女の生家に返し付くべし。ならびに*敷銭同じく約諾文書のごとくたるべし。文書なくば、女の生家へ返し付くるの儀これあるべからざる事。

一 粧田之事、可為如約諾文書、無文書者、彼妻一期後者、可返付女之生家、幷敷銭同可為如約諾文書、無文書者、女生家江返付儀不可在之事、

49 一 *妻敵《めがたき》の事、*件の女・密夫、一同に討つべき事。

一 妻敵之事、件女密夫一同仁可討事、

50 一 諸借物*且《かつがつ》返弁の時、*且請取出すべし。皆済《かいさい》の時は、借書を返し付くべし。もし借書拘惜の輩においては、注進致し催促に及ぶべき事。

一 諸借物且返弁之時、且請取可出之、皆済之時者、可返付借書、若借書於拘惜之輩者、致注進可及催促事、

51 一 *連署借《れんしょかり》の事、その中の一人に相懸け、*催促せしむるといへども、兎《と》角《かく》の儀に及ばず、借書の旨に任せ、その弁《わきまえ》あるべし。しからば*譴責の使を請《う》くる輩、その*失墜同じく返弁物においては、*連署の人数中に相懸け、執《と》るべきの段、勿論たるべし。*なほもつて連署の人数ことごとく逐電せしむるといへども、一人相残らば、その一人として、借物元利相弁ふべき事。

一 連署借之事、相懸其中一人、雖令催促、不及兎角之儀、任借書旨可有其弁、然者請譴責之使輩、於其失墜同返弁物者、相懸連署人数中、可執之段、可為勿論、猶以連署人数悉雖令逐電、一人相残者、為其一人、借物元利可相弁事、

48粧田　女子が親から与えられる所領。世鏡抄には「女子ニハ百貫ノ所領ニ百、千貫ノ所領ニ一貫也。夫モ女子一期ノ中ケシャウノ料也」とある。結婚後もこの所領は妻の独自の財産であったことは、ルイス・フロイス「日欧文化比較」(『大航海時代叢書』XI)に、「ヨーロッパでは財産は夫婦の間で共有である。日本では各人が自分の分を所有している。時には妻が夫に高利で貸し付ける」とあることによっても、知られる。

約諾の文書のごとくたるべし　永代譲与または一期分など、譲状に記された約束に従うべきである。

一期　一代。一生涯の間。

女の生家に返し付くべし　通常、女子に譲られた所領は「一期分」といって、相続期間が一期に限定され、死後は生家に返付された。

敷銭　妻の持参金。中田薫『徳川時代の文学に見えたる私法』に多くの用例が示されている。

49塵芥集164条補注参照。

妻敵　妻敵打ちのこと。妻と姦通した密夫を討つこと。

件の女・密夫　姦婦・姦夫。

50且　完全でない。全体の一部をあらわす意味の副詞。

且請取出すべし　その返済された分だけの請取書を債務者に交付すべきである。

51連署借　連帯債務のこと。

催促せしむ　全体の債務の弁済を請求する。

52 一 諸借物*請人《うけにん》に相立つる題目、難渋の本人に対し、まづ催促致すべし。その上*事行《ことゆ》かざる時においては、*たとひ本人死去・逐電に及ばず、現存これありといへども、請人に対し催促せしむべし。請人は本人に相懸くべき事。

一 諸借物請人仁相立題目、対難渋之本人、先可致催促、於其上不事行時者、縦本人不及死去逐電、現存雖在之、対請人可令催促、請人者可相懸本人事、

53 一 *催促の奉行等の儀に限らず、御中間差遣《さしつか》はさるるところ、ややもすれば在々所々承引致さず、結句《けっく》狼藉を仕立つ。はなはだもって*緩怠の条、先規よりの御法の旨に任せられ、堅く御成敗を加へらるべき事。

一 不限催促奉行等之儀、御中間被差遣処、動在々所々不致承引、結句狼藉仕立、太以緩怠之条、従先規被任御法之旨、堅可被加御成敗事、

54 一 御中間をもって催促の事、子細御糺明を遂げられ、仰せ付けられ催促においては、*立符《たてふ》の儀仰せ出さるべからざる事。

一 以御中間催促之事、子細被遂御糺明、被仰付於催促者、立符儀不可被仰出事、

55 一 *諸年貢ならびに借与物そのほか催促の事。申請の旨に任せて、御中間相付けらるるのところ、論人申す旨、子細あるべきの様、聞し召されば、その段訴人に仰せ聞かされ、日限をもって*相立てらるべし。すなはち日限中に論人*一途《いちず》の子細、言上致さずば、重ねて御中間遣はされ、譴責あるべし。その時に至りては、立符遣はさるべからざる事。

譴責の使を請くる輩　連帯債務者の一人で、譴責使より総ての債務を取り立てられた者。

失墜　譴責使の債務取立てをうけた際の債務以外の損失。譴責使は種々の乱暴を働くとともに、滞在費用などの諸経費は譴責使を派遣された側で負担するので、その損失は大であった。

連署の人数中に相懸け　他の連帯債務者に請求し。

なほもって…　甲州法度47条にも、「一以二連判一就レ致二借銭一、若彼人数内令二逐電死去一者、縦雖レ為二一人一、可レ弁二償之一」とある。

52 請人　保証人。

事行かざる時　物事の埒があかない時。この場合、債務の取立てができない時。

たとひ…催促せしむべし　請人は主たる債務者が債務を履行しない場合、一般的に債務を代償する義務を有する。請人の性格について、この系統に属する立法としては塵芥集115条がある。これに対して、請人は債務者が逃亡あるいは死去した場合に限り債務を代償するという法として、「就二替銭請之義一、御法預二御尋一候。今借主或死去或逐電は為二請人一可レ致二其償一。本主無二相違一は、請人不レ可レ有二別儀一候也」(親俊日記、天文十八年十二月二十七日条)、および甲州法度46条がある。なお中田薫「我古法に於ける保証及連帯債務」(『法制史論集』第三巻上)に詳しい。

53 催促の奉行等　債務取立ての訴訟が六

角氏になされ、審理の結果、債務履行命令の奉行人奉書が出されること。なお永享八年五月二十五日室町幕府法では、債権者が日限百五十日、三ケ度の催促を行って弁済しない場合は、政所へ訴えることが定められている。
緩怠 怠ること。不届きなこと。
54立符 「立」は停止の意で、譴責中止命令書。一定の日限を限定し執行を中止させ、その間、被告に異議申し立てを行わしめる。
55諸年貢 14条補注「公方年貢」参照。
相立てらる 譴責を中止させる。
一途の子細 筋道の立った理由。
56立符申し上ぐる輩 立符を下すことを申請する者。
淵底を遂ぐ 十分な審理を行う。
先条 55条を指す。
しかしながら 全く。
57式目49条参照。
訴論申す旨懸隔の時 原告・被告の主張の優劣が明白な時。
左右方 訴人と論人の両方。
対決 口頭弁論。式目49条では、対決を省略し直ちに裁決することを定めている。
58今川追加2条に同趣旨の立法がある。
与力・寺庵等、頼親 寄親・寄子制については、今川追加2・3条参照。
上 六角氏を指す。

一 諸年貢幷借与物其外催促事、任申請旨、御中間被相付之処、論人申旨、子細可在之様、被聞召者、其段訴人仁被仰聞、以日限可被相立、則日限中仁、論人一途之子細、不致言上者、重而御中間被遣之、可有譴責、至其時者、立符不可被遣之事、

56 一 御中間をもって譴責せらるるところ、*立符申し上ぐる輩、子細一筋目これある様に聞し召さるる儀、*淵底《えんてい》を遂《と》げられずといへども、日限をもって立符遣はさるべき次第、*先条に書き載せ申し訖《おわ》んぬ。しかれども子細の是非言上にあたはず、まづ催促を相立てらるべき旨申す族、*しかしながら申し上ぐべき道理これなき者か、一切立符遣はさるべからざる事。

一 以御中間被譴責処、立符申上輩、子細一筋目在之様仁被聞召儀、雖不被遂淵底、以日限立符可被遣次第、書載先条申訖、然而子細是非不能言上、先可被相立催促旨申族、併可申上道理無之者歟、一切立符不可被遣之事、

57 一 *訴論申す旨懸隔《けんかく》の時、*左右《そう》方召《め》し寄《よ》せられ、*対決《たいけつ》を遂げられ、速かに御成敗を加へらるべき事。

一 訴論申旨懸隔之時、左右方被召寄之、被遂対決、速可被加御成敗事、

58 一 *与力・寺庵等、頼親《よりおや》の吹挙状《すいきょじょう》を帯《たい》せず、猥《みだり》に訴訟を致す儀、聞し召し入れらるべからず。ただし、吹挙状を出さずば、その旨趣を与力・寺庵の輩言上せしむべし。しからばその頼親等に対し、*上として御尋ねあるべし。それに付きて存分申し上ぐべし。ただし、御前近習の与力においては、各別の様躰たるべき事。

一 与力寺庵等、不帯頼親吹挙状、猥致訴訟儀、不可被聞召入、但、不出吹挙状者、其旨趣

与力寺庵輩可令言上、然者対其頼親等、為上可有御尋、其付而存分可申上、但、於御前近習之与力者、可為各別様躰事、

59 一 *給人として立て置く与力・寺庵等逐電の時、かの*跡職《あとしき》頼親として進退致すべし。給人にあらざる与力の跡職においては、一切競望《けいもう》致すべからず、*上として仰せ付けらるべし。ただし、頼親として*配当せしむる分これあらば、返付せらるべき事。

一 為給人立置与力寺庵等逐電時、彼跡職為頼親可致進退、非給人与力於跡職者、一切不可致競望、為上可被仰付、但、為頼親令配当分在之者、可被返付事、

60 一 *諸闕所の次第、在々所々先規より有り来るごとくたるべき事。

一 諸闕所之次第、在々所々自先規可為如有来事、

61 一 貧の無力により逐電の輩、地頭として闕所あるべからず。失人《うせうど》の主として相計らふべき事。

一 依貧無力逐電輩、為地頭不可有闕所、失人為主可相計事、

62 一 *夫として妻を害する咎、地頭闕所に成すべからず。その主として相計らふべき事。

一 為夫害妻咎、不可成地頭闕所、為其主可相計事、

63 一 訴論言上致さば、訴訟銭として一貫弐百文宛、訴人・論人ともにもつて*目安状に相添へ、奉行所へ相渡すべし。御糺決あり、理非治定の時、*奸曲の者の出銭壱貫文においては、寺社修理料に付けらるべし。道理の輩出銭壱貫文においては、封のままもとのごとく返し付けらるべし。二百文宛の事は、奉行人執るべき事。

59給人として立て置く与力・寺庵　頼親（寄親）が恩給地を与えている与力・寺庵。頼親—与力関係には、このほか、単に頼親の勢力を頼んでその保護下に入り、その指揮・命令に従うだけの与力がいた（今川追加3条参照）。

跡職　遺跡。

上として仰せ付けらるべし　六角氏の処分に委ねる。

配当　所領・財産などを分配すること。必ずしも封的給与に限定される語ではない。この場合の「配当せしむる分」とは、今川追加3条の「内合力」に当たるもので、所領を預け置く形をとったか、所領ではない扶持の形をとったものと思われる。

60諸闕所の次第　犯罪などを犯したことにより没収される犯人の跡職をどこに帰属させるかの問題。

62夫として妻を害する咎　伺事記録、天文十四年八月十九日条には、六角定頼の質問により「夫其妻女理不尽害咎事、縦雖レ為二夫婦中一、於レ無二子細一者、可レ為二殺害人一。但又可レ依二其時之躰一歟。而彼跡可レ被二闕所一之段如何。惣別殺害儀、至二本盗人重犯或喧嘩口論等一者、可レ在レ之」と評定したことが記されている。

63目安状　訴状・陳状（弁駁状）のこと。

奸曲の者　この場合、敗訴者。

64催促　未進年貢・債務などの取立ての

一　訴論致言上者、為訴訟銭一貫弐百文宛、訴人論人共以相添目安状、奉行所江可相渡之、有御糺決、理非治定之時、奸曲者之出銭於壱貫文者、可被付寺社修理料、道理之輩出銭於壱貫文者、封儘如元可被返付、二百文宛之事者、奉行人可執之事、

64 一　喧嘩・口論等の注進ならびに*催促、御中間申請の儀、同じく立符等の言上は、訴訟銭これを出すべからず。ただし、訴陳の是非、御糺明に及ばるる刻《きざみ》に至りては、訴訟銭壱貫弐百文宛、*先条のごとく奉行所へ相渡すべき事。

一　喧嘩口論等注進幷催促、御中間申請儀、同立符等言上者、訴訟銭不可出之、但、訴陳之是非、至于被及御糺明刻者、訴訟銭壱貫弐百文宛、如先条奉行所江可相渡之事、

65 一　*御沙汰奏者の事、*今度誓印致すの面々、*申し上ぐべき儀勿論の事。

一　御沙汰奏者之事、今度致誓印之面々、可申上儀勿論之事、

66 一　御前若衆中、*今度起請文に連判仕《つかまつ》る衆、御沙汰奏者申し上ぐべき儀、勿論たるべし。連判のほか、別人加へらるべからず。ただし、若衆中に仰せ聞かされ、*御請《うけ》申し上ぐるにおいては、これを入れらるべし。しからば、*余人各別に誓紙仰せ付けられ、御沙汰の奏者仕らるる儀、これあるべからざる事。

一　御前若衆中、今度起請文連判仕衆、御沙汰奏者可申上儀、可為勿論、連判外別人不可被加之、但、若衆中被仰聞、御請於申上者、可被入之、然者、余人各別仁誓紙被仰付、御沙汰之奏者被仕儀、不可在之事、

67 一　右両条に書き載せらるるのほか、御沙汰訴論の奏者申し上げらるる儀、一切停止せらるべし。同じく*御内儀御執合《とりあい》申す輩、聞し召し入れらるべからず。しからば、

催促の申請。

先条　63条を指す。

65 65・66・67の三条は、御沙汰奏者の構成メンバーに関する立法で、御沙汰奏者を限定し、六角氏の恣意的裁断を掣肘しようとする姿勢が強く現われている。

御沙汰奏者　訴訟を取り次ぐ役。奏者を通さずには訴訟は原則として受理されず、彼らは実質的に受理・棄却の選択権をもっていた(起請文4条参照)。

今度誓印致すの面々　次条の「今度起請文に連判仕る衆」と同じで、本法典の末尾に付けられている起請文に連署した者。

申し上ぐべき儀　奏者として訴訟を披露する儀。

66 今度起請文に連判仕る衆　六角氏の側近の若衆のうちで、本法典末尾の起請文に連署した者。前条と合わせ考えると、末尾の起請文に連署している三上越後守恒安以下二十人は、「年寄」(春日倬一郎氏所蔵文書)の全員と、御前若衆の一部より構成されていることになる。

御請…入れらるべし　若衆中の同意を得た場合、はじめて御沙汰奏者に加えることができる。

余人…仰せ付けられ　六角氏が以上の手続きを経ないで勝手に他の者から個別的に起請文を提出させて。

67 御内儀御執合申す輩　内密に六角氏の意向を取りつけようとする輩。御沙汰奏者の手を経ないで直奏する者。

御沙汰訴論に付て、御執合申す族、*曲事《くせごと》たるべき事。

一　右両条仁被書載之外、御沙汰訴論之奏者被申上儀、一切可被停止、同御内儀御執合申輩、不可被聞召入、然者、御沙汰訴論仁付而、御執合申族、可為曲事事、

右条々、*短才《たんさい》の間、*了簡蒙昧《りょうけんもうまい》のみか。しかしながら当国のほか他見を憚《はばか》らるべし。なほもつて*忩劇《そうげき》に依り、急ぎ相定むる所、静案に及ばざるの条、御追加あるべき題目出来《しゅったい》すべし。しからば、おのおのに仰せ聞かされ、議定せらるべきものなり。よつて定め置かるる所件《くだん》のごとし。

右条々、短才之間、了簡蒙昧而已歟、併当国之外可被憚他見、猶以依忩劇急所相定、不及静案之条、可有御追加題目可出来、然者、各被仰聞、可被議定者也、仍所被定置如件、

永禄拾年四月十八日

起1

敬白天罰《てんばつ》霊社《りょうしゃ》上巻*起請文前書《まえがき》事

一　*御政道法度の事、*御諚《ごじょう》を得、愚暗の旨趣*書き立て、上覧に備ふるところ、御許容成され、すなはち*御誓紙あり、定め置かるる儀、忝《かたじけな》き次第に候。しかるうへは、条々永く相違致すべからず。なほもつてこのほか書き入れらるべき題目出来せば、おのおのに仰せ聞かされ、御追加有るべき事。

一　御政道法度之事、得御諚、愚暗旨趣書立、備上覧処、被成御許容、則有御誓紙、被定置儀、忝次第候、然上者、条々永不可致相違、猶以此外可被書入題目出来者、各被仰聞、可

曲事　けしからぬ事。違法。

○短才　才能の足りないこと。非才。

了簡蒙昧のみか　思案の及ばないことばかりか。

忩劇　あわただしいこと。いそがしいこと。具体的には浅井氏との戦争中であることを指す。

起請文前書　起請文は、ある事柄について偽りのない旨を宣誓する部分と、もし偽りがあれば神仏の罰を蒙るべきことを記した部分との、二つの部分から構成されているが、前半の遵守すべき誓約を述べた部分を起請文前書、後半の神仏の勧請および呪詛文言を神文という。

起1 御政道法度　本法典を指す。

御諚　六角氏の命令。

書き立て　この法典を起請文末尾の連署人が起草し。

御誓紙　次の六角承禎と同義治父子の起請文を指す。

有御追加事、

2起 一 訴論御沙汰に及ばれ、*非拠《ひきょ》たる輩*棄て置かるるところ、或は道理の旨を知りながら、無理の御成敗と号し、或は連々忠節奉公の功を申し立て、*述懐《じゅっかい》申す儀、聊《いささか》もつてこれあるべからず。なかんづく、御成敗の是非御談合として、おのおのに仰せ聞かされば、愚意の及ぶところ、権勢を恐れず、縁者・親類等を顧みず、*順路《じゅんろ》のごとく申し上ぐべき事。

一 訴論被及御沙汰、為非拠輩被棄置処、或乍知道理之旨、号無理之御成敗、或申立連々忠節奉公之功、述懐申儀、聊以不可在之、就中、御成敗是非為御談合、各被仰聞者、所及愚意、不恐権勢、不顧縁者親類等、如順路可申上事、

3起 一 数日*御糺明の淵底を遂げられ、題目御*批判《ひはん》においては、定め置かるる条目の旨をもつて、御順路たるべし。しかれども愚慮の輩、非儀の御裁断と覚悟せしめ、訴訟を相捨てざるは、蒙昧《もうまい》の致すところたるべし。しからば、すでに奉書を成さるるところ、親類一族を*相語らひ、*拘へ申すにおいては、しかしながら御成敗に相背くものなり。御下知を成さるる以後、相拘へ申すべからざる事。

一 数日被遂御糺明之淵底、題目於御批判者、被定置以条目之旨、可為御順路、然而愚慮之輩、非儀之御裁断与令覚悟、不相捨訴訟者、可為所致蒙昧、然者、既被成奉書処、相語親類一族、於拘申者、併相背御成敗者也、被成御下知以後、不可相拘申事、

4起 一 親類他人の訴論に限らず、非拠を知りながら、*執次《とりつ》ぎ申す儀、これあるべからず。諸篇*御国・御家のため、しかるべからざる儀、執申《とりもう》すべからず。随分正意を嗜《たしな》み、

起2 非拠 不当。道理に背くこと。
棄て置かる 棄却される。
述懐 恨み・不満の意。
順路 正しい道理に従うこと。道理。

起3 御糺明の淵底を遂げられ 十分な審理を尽くされ。
批判 判定。裁定。
相語らひ 勧誘して。
拘へ申す 弁護する。

起4 執次ぎ申す 奏者として訴訟をとりつぐ。
御国・御家 六角氏の領国および大名六角家を指す。

御世長久を願ふべき事。

一 不限親類他人之訴論、乍知非拠執次申儀、不可在之、諸篇為御国御家、不可然儀、不可執申、随分嗜正意、可願御世長久事、

起5 一 *南北都鄙《とひ》鉾楯《むじゅん》につきて、おのおの随分忠節を抽《ぬきん》じ奉るべし。聊《いささか》も油断致すべからず。しからば、万人御差別なく、戦功・武略ともにもつて粉骨の輩、その浅深を糺《ただ》され、御恩賞を与へらるべき旨忝く存ずる事。

一 就南北都鄙鉾楯、各随分可奉抽忠節、聊不可致油断、然者、万人無御差別、戦功武略共以粉骨輩、被糺其浅深、可被与御恩賞旨忝存事、

右条々、もし偽《いつわり》相違致さば、霊社上巻起請文の御罰、深く厚く罷《まか》り蒙るべきものなり。よつて前書件の如し。

右条々、若致偽相違者、霊社上巻起請文御罰、深厚可罷蒙者也、仍前書如件、

永禄拾年四月十八日

*鬮次第《くじしだい》

三上越後守　恒安 判
後藤喜三郎　高安
三井新五郎　治秀
*真光寺　周揚
蒲生下野入道　定秀

起5 南北都鄙鉾楯 江南の六角氏と江北浅井氏との抗争を指す。六角氏は天文二十一年定頼の歿後、江北の守護京極氏の下から起こった浅井氏の来襲をうけ、防戦に追われ、本法の制定の前年の永禄九年、浅井長政と戦って惨敗し、家運は急速に傾いた。

鬮次第 「くじ」によって決定したこと。署判の順位により、署判者の地位の順序がきまってしまうので、それを避けるために「くじ」によって署判の位置を定めた。

真光寺周揚 池田景世(古証文四)。

青地入道　道徹
青地駿河守　茂綱
永田備中入道　賢弘
池田孫次郎　景雄
平井加賀守　定武
馬淵山城入道　宗綱
三雲対馬守　定持
永田刑部少輔　景弘
進藤山城守　賢盛
三雲新左衛門尉　成持
蒲生左兵衛大夫　賢秀
平井弥太郎　高明
楢崎太郎左衛門尉　賢道
離*相庵　将鶴
馬淵兵部少輔　建綱

布施淡路入道殿
狛丹後守殿

離相庵将鶴　三井氏(野矢文書)。

起6 本項は、重臣の起請文の第1項に、次項は第2～4項に、起8は第5項に、対応して、立てられている。

起7 憲法 正直。正義。公正であること。

敬白天罰霊社上巻起請文前書之事

起6 一 国中法度今度定め置く旨、永く相違あるべからず。このほか書き入るべき条数これあらば、重ねておのおの相談をもつて追加せらるべき事。

一 国中法度今度定置旨、永不可有相違、此外可書入条数在之者、重而各以相談可被追加事、

起7 一 御沙汰*憲法《けんぼう》たるべき上は、訴論に及ぶ子細においては、或は親近の浅深につきて贔屓せしめ、或は奏者の好悪により偏頗《へんぱ》を致す儀、これあるべからず。道理の旨に任せ、万民に対し順路のごとく成敗を加ふべき事。

一 御沙汰可為憲法上者、於及訴論子細者、或就親近之浅深令贔屓、或依奏者之好悪致偏頗儀、不可在之、任道理之旨、対万民如順路可加成敗事、

起8 一 南北鉾楯最中たる上は、申すに及ばずといへども、戦功・武略ともに忠節を竭《つく》さるべき儀肝要に候。しかるうへは、賞禄贔屓・偏頗あるべからず。大功大忠においては、力の及ぶ限りこれを計らふべし。なほもつて軽重を糺し、褒美《ほうび》を加ふべき間、粉骨の輩の労功、永く失ふべからざるの条、諸卒の働、聊も偽られず、廉直に告知せらるべき事。

一 南北鉾楯為最中上者、雖不及申、戦功武略共可被竭忠節儀肝要候、然上者、賞禄不可有贔屓偏頗、於大功大忠者、及力限可計之、猶以糺軽重、可加褒美間、粉骨之輩労功、永不可失之条、諸卒之働、聊不被偽、廉直ニ可被告知事、

右条々、偽《いつわり》これあらば、此霊社上巻起請文天罰を蒙るべきものなり。よつて前書

件のごとし。

右条々、偽在之者、此霊社上巻起請文可蒙天罰者也、仍前書如件、

永禄拾年四月十八日　　承禎*御判

義治*御判

各中

定

追1 一　錯乱《さくらん》につきて、諸侍土民等難堪《なんかん》*たるべく思し召さるる条、徳政*御法仰せ付けらるる事。

一　就錯乱、諸侍土民等可為難堪被思召条、徳政御法被仰付事、

追2 一　□□訴訟の輩、人民御憐愍たるべく仰せ付けらるる間、徳□*□□聊も相懸けらるべからず。しかるうへは、或は郡司*或は地頭、段銭・礼銭と号して申し懸くるといへども、一切承引致すべからざる事。

一　□□訴訟輩人民可為御憐愍被仰付間、徳□□□聊不可被相懸、然上者、或郡司或地頭、号段銭礼銭雖申懸、一切不可致承引事、

追3 一　南北鉾楯最中たる条、かれこれ哀恵《あいけい》をもつてかくのごときの間、*何表《なにおもて》に限らず、御敵相働*においては、馳せ向ひ、粉骨致すべし。なほもつて諸侍においては是非に*及ばず、老若・僧俗・百姓等に至る*迄、戦功忠節し奉るべき事。

承禎・義治　承禎は六角義賢(一五二一～九八)の法名。義治は義賢の子。この承禎・義治の署判は、諸本まちまちで、底本の大谷本は承禎・義弼の連署、阿本は義治の単独署判、和田本・同和田一本は義秀の単独署判となっている。ところで、義治ははじめ義弼といったが、永禄十年三月には、すでに義治と改名していることが知られ、また義賢は家督を永禄五年義治に譲り、本法制定当時義治が六角氏当主の地位にあったとはいえ、なお承禎が国政に関与していたのが実情であるから、承禎・義治の連署の布施本が、この署判について恐らくもっとも原形を正しく伝えるものといえる(『中世法制史料集』第三巻、解題による)。

追1 難堪　困窮。

徳政御法　債権・債務の破棄令。この徳政御法の内容は不明である。

追2 □□□　「政礼銭」か。

郡司　律令制の職の系譜を引くが、大名権力の権力機構に吸収され、その領域的支配の一翼を担い、郡役・段銭の徴収・検断などを行っている。なお近江では、郡衙の機構がなお存続していたことが知られる。

追3 何表　どの方面。

相働　活動する。

是非に及ばず　当然である。

至　原本「致」。意によって改めた。

一　南北鉾楯為最中条、彼是以哀恵如此之間、不限何表、御敵於相働者、馳向之、可致粉骨、猶以、於諸侍者不及是非、至老若僧俗百性等迄、可奉戦功忠節事、

右条々、この式目を守るべきものなり。よつて下知件のごとし。

右条々、可守此式目者也、仍下知如件、

永禄拾丁卯五月四日

追而被二仰出一条々

御沙汰の御法定め置かるるにつきて、目安状ならびに訴訟銭、奉行へ仰せ付けらるる条々、

就御沙汰御法被定置、目安状幷訴訟銭、奉行被仰付条々、

追4
一　訴人目安状上つゝみ仕り、*そくい付にこれを封じ、奏者、*名字・官・名乗《なのり》を書き載せ、*判形《はんぎょう》仕り、奉行へ相渡すべし。ならびに論人の*交名《きょうみょう》、訴訟の旨趣、同じく*折紙《おりがみ》をもつて書き付け、これを付け渡すべし。しからば、奉行として論人方へ相届くべき事。付たり、御沙汰ごとに、目安状二出《いだ》され、一は上へ進上あるべし。一は奉行へ置かるべき事。

一　訴人目安状上つゝみ仕、そくい付に封之、奏者名字官名乗書載之、判形仕、奉行江可相渡之、幷論人交名訴訟之旨趣、同以折紙書付、可付渡之、然者、為奉行論人方江可相届事、付、御沙汰毎仁、目安状二被出之、一者上江可有進上、一者奉行江可被置事、

追4 そくい　続飯。飯粒を練って作った糊。

名字・官・名乗　苗字・官名・実名。三上越後守恒安を例にとると、三上が名字、越後守が官、恒安が名乗(諱《いみな》ともいう)となる。

判形仕り　署判(花押)を書く。

交名　名前。姓名。

折紙　竪紙を横に二つ折りにして書かれた文書。元来紙の用法としては略式の用法であって、正式の文書となってからも、内容の軽重・充名の地位の高下によって竪紙・折紙が使い分けられたとされている。

追5 一度の目安状　一度提出した目安状。

追6 66条参照。

5追 一 一*度の目安状、取り替《か》へたき旨申す族、見申したきの由申す族、これありといへども、奉行一切同心致すべからざる事。

一 一度之目安状、取替度旨申族、見申度之由申族、雖在之、奉行一切不可致同心事、

6追 一 若衆中、誓紙のうちに判形致さざる輩、万一目安状ならびに訴訟銭相渡すべきの由、申す族ありといへども、奉行請け取るべからざる事。

一 若衆中、誓紙内ニ不致判形輩、万一目安状并訴訟銭、可相渡之由、雖有申族、奉行不可請取事、

家訓 1

北条重時家訓

六波羅殿御家訓

極楽寺殿御消息

石井 進 校注

〔六波羅殿御家訓〕

一　*六波羅相模守教《ノ》子息□状　号極楽寺重時□[1]

人ノ心サマ〳〵ナレバ、振舞思ベキ様、申《もうす》ニ付テ烏滸《おこ》ガマシク、人ニ咲《わらわ》レノ其一ナレドモ、*人ノ子ハ劣ル親ニハマサラヌ事ナレバ、覚ユル事ヲ大概書テ奉ル。是ヲ不㆑違《ヘ》振舞ベシ。若《もし》是悪キナラバ、ナジカハ子ノ咎ハアルベキ。*親ノ悪《ワロ》キニテコソ教訓セザルラメト思ヘバ、サノミ語《ことば》ニテ申モ*骨《こつ》ナケレバ、存《ぞんず》ル事ヲ書テ進《すすむる》也。努々《ゆめゆめ》疎《うとき》人ニ見ラルベ[2]カラズ。*内外《うちと》ナカラム人ニ読《よま》セテ、徒然ノナグサメニ委細ニ聞《キ》カルベシ。

1「寺」は推定。　2「ベ」は推定。

[1]一　仏・神・主・親ニ恐ヲナシ、因果ノ理ヲ知リ、後代ノ事ヲ*カヾミ、凡テ人ヲハグヽミ、要ニ立《たた》ヌ者ヲコラサズ、惣テ心広ク、人ニ*称美《しょうび》セラレ、心*甲《こう》ニテ、カリソメニモ臆病ニ見《ミ》ヘズ、弓箭ノ沙汰ヒマナクシテ、事ニ触レテナツカシクシテ、万人ニ昵《むつ》ビ、能ク思ハレ、皆人ゴトニ漏サズ語《ことば》ヲカケ、貧ゲナル者《もの》ニ哀ミヲナシ、妻子*眷属《けんぞく》ニイタルマデ、常ニウチ咲《わらい》テ、怒レルスガタ見《ミ》ユベカラズ。[1]又召仕ハン*侍《さむらい》・*雑色《ぞうしき》・*中間《ちゅうげん》等マデモ、事ニ触レテ、悪《あし》ザマニテ*六借《むつかし》カラン者ヲバ、仕《つかう》ベカラズ。サ*□レバ□故ニ、吉者《よきもの》アマタ失《ウ》スルナリ、第一ノ損[2]也。

六波羅相模守…　この一行は本来底本にはなく、表題として後人の付加した部分であろう。

人ノ子ハ劣ル親ニハマサラヌ　子というものは、劣った親よりもさらに劣ったものだ、の意。当時のことわざであろうか。

親ノ悪キニテコソ教訓セザルラメ　親が悪いので子に教訓をしないのだ、と世人は思うであろう。

骨ナケレバ　無骨、すなわち、無作法・失礼で具合の悪いこと。

内外ナカラム人　わけ隔てなく親しい人。なお11条にも「内外ナキ人」とみえる。

1カヾミ　「かんがみる」に同じ。

称美　ほめたたえること。賞讃。

甲　強いこと。たけだけしいこと。剛。古くは「かう」という。

眷属　親族。身内の者。

侍　武士身分に属する従者。

雑色　走り使いなどに使役される従者。

中間　同じく雑事に使役される下級の従者。雑色も中間も、ここでは若党よりも下級の従者として扱われている。

六借カラン者　気むずかしい者。

サ□…吉者アマタ失スルナリ　虫損部分があって意味をとりにくいが、おそらく「他人に気むずかしくあたるような部下をもてば、そのために多くのよい従者を失ってしまうであろう」の意か。

2世々マゴ、ロニ□トモ　代々誠実に仕えていても、の意か。

其中ニ　召仕っている者の中で。

サモ〳〵シク　人柄の重々しいありさま。

1「ズ」は推定。2「損」は判読。

2 一　召仕ハン者、縦《たとい》[1]*世々マゴ、ロニ□[2]トモ、其ノ器量ニアラザラン者ニ、大事ヲ云合《いいあわ》スベ[3]カラズ。殊ナル大事出キタラバ、*其中ニ*サモ〱シク、*ヲトナシカラン人アマタニ謂合《いいあわ》スベシ。其猶計《はからい》ガタクバ、*重時ニカクトイフベシ。大事ヲ*無ニ左右ニ我心ヒトツニ計ツレバ、何《いか》ニモ後難アル也。

1「世」は判読。「々」は推定。2「ト」は判読。3「ベ」は推定。

3 一　何《いか》ニ*得利《とくり》アル事ナリトモ、世間ノ聞《キコヘ》悪シカリヌベカラム事ヲバ、百千ノ利潤ヲ捨テ、人聞《ギ》吉《よ》カラム事ニ付[1]ベシ。

1「付」は判読。

4 一　時トシテ何《いか》[1]ニ腹立事アリトモ、人ヲ殺害スベカラズ。余《あまり》ニ腹立《だち》テ、*奇怪ニヲボヘバ、人ニアヅケテ、能々心ヲ静メテ後、*所当《しよとう》ノ罪科ニ行《おこなう》ベシ。忽《たちまち》ニ事ヲ切[2]ルベカラズ。腹ノ立《タ》ツヲ静《シヅ》メヌサキニ、楚忽《そこつ》ニ計ツ[3]レバ、後悔スル事出《いで》クル也。ヤスカラズ思事アラバ、目ヲフサギテ能々*安ズベシ。

1「ニ」は推定。2「切」は判読。3「ツ」は判読。

5 一　*格勤《かくごん》ノ*若ラン、及中間躰《てい》ノ者ヲバ、小々ノ咎ヲバヲシ、ヅメテ、スコシ*ヲトス様ニ云テ、*細々《さいさい》ニ*勘当《かんどう》スベカラズ。常ニ人ヲ*勘発《かんぱつ》スレバ、聞及《ききおよぶ》者ノ*近習《きんじゆ》ヲシタガラヌ也。惣テ*耻《ハヂ》アル者ニ耻ヲ与《あたう》ル事停止スベシ。[1]同《おなじ》ク仕フモ[2]ノイカニ少《わかく》トモ、耻アル者ノ□ヲバ□*ナダラカニスベシ。召仕ヘバトテ、耻アルモノ[3]、子□*イトシナ

ヲトナシカラン人　年をとって世なれている人。家臣のうちで経験の豊富な宿老を指す。

重時　この教訓の筆者を明らかにした本文中の唯一の箇所である。

無左右　すぐに。即座に。

3得利　利益。利得。

4奇怪　けしからぬ。不都合なこと。

所当ノ罪科ニ行ベシ　相当する刑罰を課するの意であるから、ここで対象とされているのは重時の子息の刑罰権に属する人間であることがわかる。

安ズベシ　思案せよ。

5格勤　主人の身辺に仕えて宿直などをつとめる身分の低い従者。

若ラン　未考。あるいは筧氏説のごとく「若薫」をあて、若党の意に解すべきかも知れぬが、なお判断を留保したい。

ヲトス　「ヲトス」か「ヲドス」か不明だが、後者のおどかすの意か。

細々ニ　しょっちゅう、の意か。

勘当　法に照らして罪を定める意から、主人が従者の失敗や悪事をとがめて、主従の縁を切ること。

勘発　法に照らして罪を摘発すること。処罰すること。

近習　主人の側近くに仕えること。

耻アル者　武士を指すか。「極楽寺殿御消息」74条参照。

ナダラカニ　平穏に。穏便に扱うこと。

イトシナキ者　「イトシモナキ者」と解すれば、格別のこともない者、「イトケナキ者」と解すれば、幼い者の意となるが、

「いとしなげ」という表現もあるからこのままで後者の意と解すべきかも知れぬ。
ヘシゲ　おしつけるように、無理じいするように。なお16条参照。
必□思ベシ　必ず不満に思うであろう、の意か。
6不便　かわいがり、面倒をみること。
ウヘニ…見スベカラズ　表面に差別をあらわしてはならない。
言ヲ…アタルベシ　言葉をかけ、接するようにせよ。
エセ者　にせもの。
満遍ニ　平均に。
人品　人の品性・品格。
7ヒゲシム　謙遜する・へりくだるの意か。
8足本ヲワクベカラズ　人の足もとを見て、差別して扱ってはならない、の意か。
綺羅　威勢の盛んな、栄華を極めるさま。なお、この文は上の「足本ヲワクベカラズ」と続けて考えれば、「時ノ綺羅ニヨラデ賞翫スベシ」の誤写かも知れない。
尋常ノ人　すぐれた、立派な人。
有心ノ人　思慮分別のある人。
9我恩シタラン者　自分が恩を与えたもの。自分の従者。
散所ノ人　ここでは、自分の従者以外の「ヨソノ人」を指している。散所とは本所に対する散在所を意味し、中央貴族に

キ者ヘ*シゲニイワバ必[4]*□思ベシ。□ツミ知ルヤウニ語ヲカケ云フベシ[5]。漏レ聞テ□悦思《よろこびおもう》也。

1「シ」は推定。 2「モ」は判読。 3「モ」は判読。 4「必」は判読。 5「シ」は推定。

6 一 何《いか》ニ不便*ニ思者ナリトモ、ウヘニ*勝劣《しようれつ》ヲ見《ミ》スベカラズ。平等ニ言《コト》*ヲカケアタルベシ。タトヒ其身ガラエセ*者ナリトモ、満遍*ニ人ヲ漏サズト聞ケバ、聞及者、感ジ思也。爾《しか》リト云トモ、人品《シナ》*ニヨテ、差別ヲ失《ウシナ》ウベカラズ。

7 一 何事ニ付テモ、我身ヲイミジキ者ト思ベカラズ。ヨソニハ如何《いかが》沙汰シ[1]、人ハナニトカ見ラント思ベシ。構《かまえ》テ我身ヲバヒゲシム*ベシ。タトヒ劣《レツ》ナル人ナリトモ、人ニハ敬ヲ□

1「シ」は推定。

8 一 酒宴ノ座席ニテハ、貧ゲナラン人ヲバ、上ニモアレ、下ニモアレ、コトバ[1]ヲ懸テ、坐《ザ》ノ下ニモアランヲバ、「是へ〳〵」ト請ズベシ。*足本《あしもと》ヲワクベカラズ。時ノ綺羅《キラ》*ニヨリテ賞翫スベシ。殊ニ尋常*ノ人ノ貧《まずし》キヲバモテナスベシ。大方人品《シナ》ヲ失フベカラズ。サレバ*有心《うしん》ノ人ハ感思《かんじおもう》也。又時ノ綺羅《キラ》アル人ノ事ハ申《もうす》ニヲヨバズ。此ノ両篇ヲ心得テ、親疎《したしきうとき》人ノ目ニタ、ヌ躰ニ、何ヲモソラサズ振舞ベシ。

1「バ」は推定。

9 一 我恩*シタラン者ト、*散所《さんじょ》ノ人トアランニハ、若《わかく》トモ散所ノ者ヲ賞スベシ。恩ノ下《シタ》ノモノ[1]ハ、時トシテ□内々*浦見思《うらみおもう》事アリトモ、ナダメヤスシ。ヨソノ人ノ浦見《うらみ》申サ

ン事ハ、聞ザレバ知《しり》ガタシ。知ザレバ陳謝スルニ及《ヲヨ》バズ。善悪ニツケテ、ヨソノ人ニ見*ヲトサレジト思ベシ[2]。

1「モ」は推定。 2「ベシ」は推定。

10 一 人ノ過ヲ讒言スル者アランニ、其ヲ聞《きき》テ、無二左右一成敗スル事、努々《ゆめゆめ》アルベカラズ。何《いか》ニ不思議ニ思トモ、能《よく》心ヲ静《しずめ》テ、今一方ニ、是ニヨリ猶道理ヤアルラント思ヒテ、両方ヲ聞合セテ、是非ニ付テ成敗スベシ。全ク親疎ニヨルベカラズ。タヾ道理ニヨルベキ也。

11 一 人ノ許ヨリ、文*ヲコセタラバ、我ガ身ハ足《タ》レリト思トモ、人ニイヒ合《あわせ》テ返事ヲスベシ。召仕者・内外《うちと》ナキ人ノ事ハ沙汰ノ限ニアラズ。但御物沙汰*《おものざた》ノ事ニヲキテ[1]ハ、殊ナル事ナクトモ、故実*ノ仁ヲ召テ、能々云合セ□計ベシ。イハンヤ大事ヲヤ。

1「テ」は推定。

12 一 酒ナンドアランニ、一提*《ひさげ》ナリトモ、一人シテ飲《ノ》ムベカラズ。便宜アラン殿原*モラサズ召寄テ、一ド[1]ナリトモ飲《ノ》マスベシ。サレバ人ノナツカシク思付ク也。

1「ド」は判読。

13 一 白地*《あからさま》[1]ニモ女ノ許へ行《ゆく》事アルベカラズ。若《もし》我ガモト無骨*《ぶこつ》ナラバ、心安カラム若党*ノ許ヘ呼《ヨ》ブベシ。況ヤ女ノ許ニトヾマル事、努々アルベカラズ。

1「ニ」は推定。

14 一 身ノ芸能*ニツキテハ、ヤスクスベキ事*ナリトモ[1]大方叶《かなう》マジキヨシヲ云《いい》テ、毎事人

対しての奉仕集団を指したが、さらに転じて貴族社寺の私的隷属民の呼称となったものであるが、ここでは上述の意味。

浦見思 恨みに思う。

見ヲトサレジ 見下されまい。

11 ヲコセタラバ 「ヲコス」は、よこす・贈るの意。

御物沙汰 将軍の服御に関する事務を行うこと。

故実ノ仁 古来からの作法・慣例などにくわしい人物。

12 提 酒などを盛って杯に注ぐ鍋のような器。弦(る)があって下げるようになっている。

殿原 当時の武士同士の敬称の呼びかけから、この家訓では武士の仲間の意味に用いられている。武士の下級の従者の一種としての「殿原」を指すものではない。

13 白地ニモ ほんのちょっとでも。かりそめにも。

無骨 具合の悪いこと。

若党 この家訓では、従者のうちでももっとも側近で最上級の部下を指しているようである。21条参照。

14 芸能 身につけた技芸。

ヤスクスベキ事…勧ニヨルベキ也 簡単に披露できるような芸であっても、いっこうに無調法で、などと言って断わり、人に勧められてやむをえずやるような形

ノ勧《すすめ》ニヨルベキ也。但シ能《ノウ》アレバトテ、人ニホメラレ、愛セラレムト思ベカラズ。*ワ殿原ノ身ニハ、成敗ヨクシテ、物ノ道理ヲ知リ、中ニモ弓箭ノ道ヲ*タテガラスベシ。其ノ外ノ事ハイカニモアリナン、強《あなが》チ芸能《ゲイノウ》ヲ励ムベカラズ。其モシカルベキ人ナンド寄《ヨ》リ合《ア》ヒテ、*隔心《きやくしん》ナク乱レ遊バン砌《みぎり》ニテハ、余《あまり》ニ堅ク辞退スルモ、帰《かえつ》テ*ニクビレテアレバ、折節ニヨリテ、*機謙《きげん》ニ随フベキ也。

15 一　百人ノ*親昵《しんじつ》ノ殿原アリトモ、其中ニ一人イト心ノ程知ラザラン人交リタラバ、*穴《あな》賢《かしこ》人ノ上《ウヘ》ヲ悪□云ベカラズ。大方人ノ上ヲ云事アルベカラズ。我ガ若党ノ云《イ》ハンヲモ禁制スベシ。

1「トモ大」は推定。

16 一　朝夕ノ家中ニモ、我ガ振舞《フルマイ》ヲ試ミテ、世間ニ如何沙汰《サタ》スラント思ヒ、召仕フ若党《タウ》ニモ、心中ヲ見《ミ》ヘジト、*此ノ二ノ構ヘ心ニ懸テ、人ノ吉《よし》ト世間ニ云ハル、、此様ヲ能々。*振舞ニヨテ、人ニ勝《スグ》ル、ナリ。何《いか》ニタノシクアリトモ、心中ニ是ヲ挿ミテ、。*人ハイカニ悪ク書クトモ、構《かまえ》テ*書札ノ礼ミダルベカラズ。タヾイクタビモ人ヲ敬《うやまい》タルニ苦《クル》シカラズ。人ヲ*ヘシゲニ書《かき》タルト、子細ヲ知《シ》ラデ能敬タル[1]トヲクラブルニ、敬《ウヤマヒ》タルニ一切苦《クル》シカラザルナリ。

1「ル」は推定。

17 一　我ガ恩セデ、親ノ仕フ者ナンドノ、聊《いささか》ノ*志シタラン*ヲリ□、大ニ悦《よろこび》テ返事ヲス

にすべきだ。

ワ殿原　あなた・きみなど、武士への対称として用いている。

タテガラス　筧氏説のごとく、専一につとめて熟達する、の意か。

隔心ナク　うちとけて。親密に。

ニクビレテ　にくにくしい感じを与える。

機謙　時機。場合。都合。

15 親昵　親しみなじんだ。昵懇の。

穴賢…云ベカラズ　けっして人のことを悪く言ってはならない。

16 此ノ二ノ構へ　日常、家中での自分の行動に対しての世間の評判に注意し、身近に召仕う若党にも自分の心中をさとられないように注意する、以上二つの準備を心にかけて。

◦**振舞ニヨテ…挿ミテ**　この上下の部分にはそれぞれ脱文があるが、補入することはできない。ここは上文に続けて、人に勝れることができる、どんなに楽しい時でも上の二つの準備に気をつけよ、の意であろう。「勝」の振仮名、底本には「スクル」とある。

◦**人ハイカニ…**　上に脱文があるので、以下おそらく別の条文であろう。

書札ノ礼　書状の形式。書体の礼式。

ヘシゲ　5条参照。

17 志　好意・謝意をあらわす贈物。

ヲリ□　「ヲリハ」か。あるいは「ヲバ」

ベシ。サレバナツカシク思也。*大様《おおよう》ラカニ返事シツレバ、無*㆓本意㆒思也。マシテ「只今ハ*便宜《びんぎ》アシクテ、見参ニ入《いれ》ズ」ナンド返事シツレバ、コヽロ得《へ》ズ思也。鼻*カミ、或ハ遠クナゲヤリテ、見参ニ入ズナンド云《いう》ヤラントテ、心地アシク思也。志シタル所*詮《せん》ナク思テ、「此殿ニハ宮仕シタリトモ、サセル事アラジ」ナンド言《イ》ヒテ、*ロスクメ、目ヒキ、ワラフナリ。

18 一 親ノ言《いわ》ム事ヲバ、何《いか》ニ僻事《ひがこと》ト思トモ、一度モ違《タガ》ウベカラズ。親ノ言ム事ヲ、違《タガ》ヘント思《おもう》ホドナラバ、其ノ*所知《しょち》ニ*懸望《けもう》スル事アルベカラズ。又懸《ケ》望《マウ》アルベクバ、何《いか》ナル事ナリトモ、違《タガ》フベカラズ。モノヲバ取《とり》タガリテ言[1]事ヲバ聞《きか》ザラムヤ。手ニ指ヲ失《ウシナ》イタルガゴトシ。

1「言」は判読。

19 一 *親《ヲヤ》カタヨリ、馬ナンドヲ得テハ、降《ヲ》リテ轡ニ手ヲカケテ、人ニ取《ト》ラスベシ。庭ニ引立サセテ、人ヲモテ、「ソレ取テツナゲ」ナンド下知スベカラズ。マシテ簾《みす》ゴシニ返事スベカラズ。サル人ヲバ烏滸《おこ》ノ者ト申也。但親カタト云トモ様ニヨルベシ。年モ若ク、時ノ綺羅《キラ》モナク、恩モ蒙《こうむら》ザラムニハ、余《あまり》ニ折目キビシク敬ヘバ、見人《みるひと》イカニト思、還《かえつ》テ*アマリ□ナラム方モアリヌベケレバ、若党ノ中ニ*サル者ト知ラレタランニ取《ト》ラスベシ。

20 一 人ノ給《たまい》タラム馬ヲ、即《すなわち》無㆓左右㆒人ニアヅクル事スベカラズ。況ヤ人ニトラスベカラズ。一日ナリトモ我馬屋《うまや》[1]ニタテ、、次〳〵ノ日ナンド人ニモ預クベシ。即馬屋

と読むこともできる。

大様ラカ ぼんやりとして気のきかぬありさま。

無本意 残念で、物足りない。

便宜アシクテ…見参ニ入ズ 都合が悪いので、お目にかけられない。

鼻カミ 贈物にそえた手紙などで鼻をかんでしまい、の意か。

詮ナク 無益である。役に立たぬ。

ロスクメ…ワラフナリ 口をすくめ、目くばせをして、かげで笑う。

18 所知 所領。領知しているところ。

懸望スル 底本では「スル」を見せ消ちにし、「懸《カクル》レ望《ヲ》」と訓点を加えているが、この部分は後につけ加えたものと判断し、すぐ下の「ケマウアルベクバ」の表現とも考え合わせて、本文のようにした。

19 親カタ ここでは北条氏一族でも、とくに本宗家の人を指すのであろう。24・28条参照。↓補

アマリ□ナラム □の部分、あるいは「キ」の変体仮名か、「ノ」かも知れぬが、判断を保留する。

サル者 すぐれた者。立派な者。

ニ立テツルト聞ハ、主帰聞《かえりきき》テ悦思《よろこびおもう》也。又馬ヲ見ズシテ、無クニ左右ニ引入ル、事スベカラズ。進《すすむ》ル馬ハ「*御気色イカヾアリツル」ト問バ、「*軈《ヤガテ》人ノ許ヘツカハサレ候《そうらい》ツル」ト云ハヾ、本意《ほい》ナク思テ、「此殿ニハ何《いか》ナル志シタリトモ、思モ知マジキヨヤ」トテ、浦見《うらみ》ヲ残ス也。

1「ニ」は推定。

21一　馬ニテ歩《アリ》カン時ハ、*カチバシリニハ、中間・雑色ナンドヲ召具スベシ。*若是《もし》等無《ナ》カラン時ハ、*若党《ワカタウ》ノ下人ノ*サハヤカナランヲ具スベシ。又夜ル歩《アリ》カンニハ、必ズ若党ヲ具スベシ。但差《さし》タル大事ナラズバ、夜歩《アリ》キスベカラズ。縦《たとい》夜ルアリク事アラバ[1]、聊《いささか》モヲボツカナクヲモハム処ニハ、*手ガロキ若党ニ大刀ヲモ、[2]タスベシ。穴賢《あなかしこ》、中間躰ノ者ニハ大刀モタスベカラズ。

1「ク」は判読。　2「、」は判読。

22一　召仕フモノナリトモ、*ヲトナシキモノ、アラム所ニテ、*モトヾリ放テ、*白衣《びやくえ》ニテ見ベカラズ。又*長押《ナゲシ》ニ尻懸テ、足サシヲロシテ、物云[1]事停止スベシ。加様《かよう》ニ無礼ニ振舞《ふるまわ》バ、人ニイヤシク思ハル、也。若*ヲノヅカラモトドリ放《ハナ》チタラバ、イソギ烏帽子ヲトリテ著《キ》ルベシ。「*我等《ラ》ニハナニシニカクハシ給ゾ」ト思トモ、内心ニハ、「ヨクスルヨ」[2]ト思テ家ニ帰テ、妻ニモ語《カタ》リ、我子共□シ□シキヲニ□ス□レ□ルナリ。

1「云」は推定。　2「ト」は推定。

20御気色…ト問バ　御機嫌はどうであったか、と問うたのに。

軈　すぐに。直ちに。

21カチバシリ　徒歩で走り、供をする従者。

若是等…　底本にはこの上の箇所に「但差タル大事ナラズバ」と記して、見せ消ちにしてある。衍文であろう。

若党ノ下人　若党が従えている隷属的身分の従者。

サハヤカ　さっぱりした。きびきびした。

手ガロキ　「手軽き」で、動作のすばしこい・手早い、の意か。

22ヲトナシキモノ　年長の世なれている者。

モトヾリ放テ　冠をかぶらずに、もとどりをあらわに露出させて。

白衣　白小袖に指貫または袴だけをつけ、表衣をつけない状態。

長押　柱と柱の間を水平につなぐ材木。ここでは下長押などとよばれる、柱の下部に渡したものを指す。

ヲノツカラ　万一にも。

我等ニハ…ト思トモ　そうした折にやってきた人は、なんで自分のような者にこうしたあらたまった態度をとられるのか、

23 一 静《シヅマリ》タル座席ニテ、*居カタマリタル所ヘノゾミタ[1]ラン[2]ニハ、イタク高ク居《おる》ベカラズ。サレバトテ、下ニモ居ベカラズ。能程《よきほど》ニハカラフベシ。又余リ*人ゲナキ者ノ下ニ著ケバ、彼等立《たち》サハギテ中〳〵アシキ也。

1「タ」は判読。 2「ン」は推定。

24 一 親《ヲヤ》カタニ穴賢《あなかしこ》同座スベカラズ。別坐ニ著スベキ也。若又別ノ座、期ニ臨《のぞみ》テ*無骨《ぶこつ》ナラバ、サガリザマノ者ナリトモ、*「ワザトノ事」ト云テ、彼ヲヲシアゲテ、一人ヲ隔テ、其ノ次ニ著ベシ。

25 一 *麦《ムギ》風情ノ物食セムニモ、*イカメシク、*能《ノウ》ガマシク食ベカラズ。人ノ目ニ□ヌヤウニ[1]食《ク》ウベシ。内々ノ事ハ沙汰ノ限[2]ニアラズ。

1「ニ」は推定。 2「ニアラ」は推定。

26 一 *広座ニテ水飲ムベカラズ。ホシクバ*閑所《かんじょ》ニテ飲《ノ》ムベシ。但人モアマタ飲《ノ》ミ、又清《シ》水《ミツ》ナド興ジテ、土器《カワラケ》取寄テ[1]飲《ノ》ミアハムニハ少《スコ》シ飲《ノ》メ。其モイタク多ク飲《ノ》ムベカラズ。*シレガマシキ事也。

1「寄テ」は判読。

27 一 魚・鳥ノアランヲ、法《ハウ》ニ過《ス》ギテ、ヲシキリ〳〵能ガマシク食《くう》事アルベカラズ。サレバトテ、ハサキヲ食《ク》ヒ切《キ》リテ、舌ノ[1]サキニ懸テ、ナブリナンドスベカラズ。*男々《ヲトコ〳〵》シカラズ。タヾヨキ程ニ計ベシ。

1「ノ」は判読。

と思うであろうが。

23 居カタマリタル 多勢の人がかたくなっている。

人ゲナキ者 人なみでない者。地位や身分の低い者。

24 無骨 無作法。

ワザトノ事…其ノ次ニ著ベシ 特別の事であるから、と言って身分の下の者でも上の座に押し上げ、自分は親方から一人を隔てた次に着座すべきである。

25 麦風情 麦のような下々の食物。

イカメシク おごそかで重々しく。

能ガマシク もったいぶって。

26 広座 多勢の人の並んでいる席。

閑所 人のいない所。人気の少ない所。

シレガマシ 馬鹿らしいこと。無作法なこと。

27 男々シ 男らしい。

28 一　親カタノ前ニテ、アマリセバカラン所ニテ、ハサマリヰル事、人*気ナキ事也。座《ザ》ヒロクバ申ニヲヨバズ。法《ハウ》ニ過《ス》ギテ、ヒシメキタラン[1]ニハ、指《(さし)》タル用ナクバ、タチ入ベカラズ[2]。

1「ラン」は推定。　2「カラズ」は推定。

29 一　ザシキノキタナキ所□□アカメ□ヲ□親《ヲヤ》ノ前ニ出ベカラズ。*尾籠《(おこ)》ノ事也。酒宴ノ座席ノ事ハ沙汰ノ外也。

30 一　腰刀ノサビタル持《モ》ツベカラズ。主《シウ》・親《ヲヤ》ノ召《メ》ス時、サビガタナヲ抜《ヌ》キテ参《マイ》ラセツレバ、*思ヒヲトサル、ナリ。大方弓箭取者《(トル)》ノ、大刀・カタナヲ*サバス事ナカレ。何時イカナル事ナド[1]アランズラント、不断ニ心用心アルベシ。

1「ド」は推定。

31 一　人ノアラン所ニテ、ツワキ吐《ヘ》キタカランヲリハ、ロヲフサギ[1]、座席《ザセキ》ヲ背テ、*タ、ウ紙ニハキ入ベシ。ツワキ遠クハナ□ナンドスルハ、人ヲ憚《ハヾカ》ラヌ*シキニテ悪キ也。ヨロヅ□[2]ゲビタル振舞□ルベシ。サ様ナレバ、弥《(いよいよ)》人モ□人ヲバイカニモ□シアクベ□ヲカロクシ、アキ□[3]コエタカクワラヒ、或ハヒザヲ常ニカキアゲ、*実法□*ニテタワブレ、努々《(ゆめゆめ)》コレラナガクトゞムベシ。*目カシコキ人ハ*無下《(むげ)》ニ*無レ云甲斐一思也。カヤウノ事ヲ心得テ振舞ヲ、*若ヲトナトハ申也。

1「サ」は推定。　2「ゲ」は推定。　3「コ」は推定。

32 一　人ノ前ニ出《(いで)》ム時ハ、ヨク〳〵鏡ヲ見《ミ》、著《(キ)》タル物ヲヒキツクロヒ、*衣紋《エモム》ヲカキイレ、

28人気ナキ事　人間らしくないこと。常識のないこと。

29尾籠　無作法なこと。礼を失うこと。

30思ヒヲトサル　見下げられる。劣っていると思われる。
サバス　さびさせる。

31タ、ウ紙　折りたたんで懐中に入れ、鼻紙などに用いた紙。ふところ紙。
シキ　あるいは「仕儀」か。
実法□　「実法ナラヌテイニテ」などとあったものか。「実法」とは真面目・律義なこと。
ニテタワブレ　この下に脱文があるらしく、意味が続かない。
目カシコキ人　目ざとい人。早く物を見つける人。
無下ニ　何ともいいようのない。悪い。
無云甲斐　取りえもない。
若ヲトナ　年は若くとも老成した人。

32衣紋ヲカキイレ　衣服を胸で合わせたえりをかき合わせ。
ツクロウ　美しくよそおい、おめかしをする。
ケハイ　化粧し、身づくろいすること。
キソクツク　わざともったいぶって得意

何度モ*ツクロウベシ。サテ出ム後ハ、聊《(いささか)》モ*ケハイシ、座席《ザセキ》ニテ躰ヲツクロヒ、若《(もしくは)》ハ*キソクヅク事アルベカラズ。人ニモ中〱軽ク思ハレ、*ゲニ〱シキ人ハワラヒ[1]イヤシムナリ。内ニテハイカニモツクロヒケハウベシ。出テ後ハスコシモ其沙汰[2]アル[3]ベカラズ。

1「ラ」は推定。　2「沙汰」は推定。　3「カラ」は推定。

33 一　出仕シテ□リ□次□モナキ□人ヲ差ヅキ、*イトシモナキサ、イゴト第一ノ短《タム》□

34 一　*極信《(ごくしん)》ナレバトテ、我モ人モ乱レ遊バム時、カタク実法《ジッホウ》ナルモワロシ。若《(もし)》人々会合シテ、*心ヲチテ遊バムニ、ヲモク振舞ヘバ、還テ人ノ*様《(ようよう)》〱シク思テ、*是躰ノ□ヲ不受スルヨト心エテ、本意《ホイ》ナク思也。サヤウノトキハ殊□ニ□*サ□カロク、人ヨリモ興アル様ニ振舞《フルマウ》ベキナリ。タヾイカニモ人ニ随ヒ、時ニヨリテ振舞ベキ也。

35 一　遊宴ノ座席ニテ、白地《(あからさま)》ニモ*心サハクゲビタル詞《コトバ》ツカヒテ[1]人ニ聞《(きか)》スベカラズ。我ハアソビタハブレテ、ヲモヒコ□イフヤウナレドモ、*耳《ミ、》カシコキ[2]人ハ、ウシロニテナムス□

1「ヒテ」は推定。　2「コキ」は推定。

36 一　モノヲ著セムニモ、普通[1]ノ人ノナベテキルヤウナル□キルベシ。常ニモナキモノヲキレバ、目ヲ立テ、人ノ□トヤラム思モノハワロシト思ベシ。*クセミクセ、コトニ目□立ヲバキルベカラズ。又若キ時、アマリ*ヲトナシキモノキタルモ

顔をする、の意か。

ゲニ〱シキ人　実直で人をうなずかせる人。

33 イトシモナキ　格別のこともない。

34 極信　きわめて真面目で忠実なこと。

心ヲチテ　程度を落とし、解放感にあふれた状態を指す。

様〱シク　もったいぶり、様子ありげなさま。

是躰ノ□ヲ不受スルヨ　□はあるいは「沙汰」か。こういうことは拒否しているのだな、の意。

□サ□カロク　あるいは「ミザマカロク」＝「見様軽く」か。

35 心サハク　底本には「サハク」に傍注して「マサナク歟」と記しているが、筧氏は「心セハク」(心狭ク)の誤写とされる。従うべきであろう。

耳カシコキ人　耳の早い人。耳ざとい人。

36 クセミクセ、コトニ　この部分は㈠「クセミクセ、コトニ」とも、㈡「クセミ、クセゴトニ」とも読め、筧氏は㈡説で「クセミ」は「クセム」の連用形の名詞化で、「クセゴト」はくせとしていつも行うことの意だとされるが、多少落ち着かない。㈠のように読むとしても「くせ三くせ」なのか、「くせ、身くせ」なのか、あるいは「くせみ、くせ」なのか、解釈になお成案を得ない。

ワロシ。老テ若《ワカキ》モノキタルモ目ニ立《タ》ツナリ。大方仏寺ノ*児《ちご》・*中童子《ちゅうどうじ》・中間ナンドノ好《コノ》ミキルモノヲバ著スベカラズ。タヾ普通《フツウ》ナルモノガヨキナリ。ヲトナシキ者ノキルモノナレドモ、*目《メ》結《ユヒ》・*ヨメカケ・サマ〴〵ノ*巻染《ゾメ》*コトウカリ、加様《かよう》ノ物ハ*キタ□苦《クル》シカラズ。若人《ワカキ》ノ年ニモ似《ニ》ヌ[2]直垂《ヒタヽレ》、*□文ノ浅黄《アサギ》・白直垂《ヒタヽレ》、*香染《ゾメ》・*柿好《カキコノ》ムベカラズ。

1「ノ」は推定。2「ヒタ、レ」の「、」は推定。よって「直垂」をあてる。

37 一 法ニ過《すぎ》テ、□カ□クス□ヨスベカラズ。烏帽□カ□クテ高□ベカラズ[1]。又□サクベカラズ。ヨキガ過《ス》ギタルモ、ワロキガ過《ス》ギタルモ、人ノ目□立《タ》ツナリ。我ガ身ノホドヲハカラウベシ。

1「ラズ」は推定。

38 一 イカニ入《いり》ミダレタル座席《ザセキ》ニテモ、我前ナラデ、人ノ前ナル酒・肴・菓子躰物《ていのもの》トリテ食《くう》ベカラズ。

39 一 *偸閑《あからさま》ニ行合テアラン人ノ下人ト、*我下人ト□ベカラズ。能々制スベシ。

40 一 恩セザラン侍ノ許ヘ、左右ナク行ベカラズ[1]。毎□入レタガリテ、内々浦見言《うらみごと》スナンド聞《きか》バ、□ヲトナシカラムモノ共ニトイ合テ、ハカラハス□

1「ラズ」は推定。

41 一 酒ニ酔《エ》イテ、カホノ赤□ラムニ、大道ヲトヲルベカラズ[1]□ザラム時ハ、日ヲモクラシ、又車ナンド取ヨセテ帰ル[2]ベシ。近所ナラバ申ニヲヨバズ。

ヲトナシキモノ　年長者の着るような地味なもの。目立たないもの。
児　寺院などで召し使う少年。
中童子　寺院で召し使う十二、三歳ぐらいの少年。
目結　回のような形の絞り染め。鹿の子の類。
ヨメカケ　未考。
巻染　絹・布などをかたく巻いた上を細い緒でしばり、色で染めたあと、巻いた緒を解くと、あとは白く残る。そうした染め方。
コトウカリ　未考。
キタ□　□は「ニ」とも読める。「キタニ」を「中々ニ」と読むこともあるいは可能かも知れぬが、字の形からはやはり無理のようである。
□文ノ浅黄・白　浅黄や白の紋の。
香染　丁字を濃くせんじた汁で染めたもので、薄紅に黄色をおびた色。
柿　柿のような色。以上はどれも年長者の着るものであろう。
39 偸閑ニ　かりそめに。ついちょっと。
我下人ト□ベカラズ　人の下人と自分の下人が行き合って争いにならぬようにせよ、の意であろう。

1「ラズ」は推定。 2「ルベシ」は推定。

42 一 人ノ前ニアラン犬射《イ》ルコトアルベカラズ。

43 一 人ノ*作リ物フマセ損ズル事、努々《ゆめゆめ》□停止スベシ。無法ノコト也。

*貞和三年丁亥九月六日於*酉酉智春坊書写了

外題云*奥州禅門儀教抄云々*予或所ニテ

一見セシカバ夜鶴聴訓抄ト題セリ（*花押）

【桃裕行『北条重時の家訓』(天理図書館古典覆刊、第二)】

43 作リ物　農作物。

○貞和三年　一三四七年。

酉酉智春坊　酉酉は醍醐の略字。山城の醍醐寺のこと。智春坊は未詳。

奥州禅門儀教抄　奥州禅門とは重時のこと。

予或所ニテ…題セリ　この部分は見せ消ちにしてある。

花押　この奥書の筆者のものであるが、誰人か未考である。

極楽寺殿御消息

抑《(そもそも)》申《(もうす)》につけても、おこがましき事にて候へ共《(ども)》、親となり、子となるは、先世のちぎりまことに浅《あさ》からず。さても世のはかなき事、夢のうちの夢のごとし。昨日見し人今日《けふ》はなく、今日《けふ》有《(ある)》人も明日《あす》はいかゞとあやうく、いづる息《いき》入《(いる)》息《いき》を待《ま》たず、あしたの日はくるゝ山の端《は》をこえ、夕べの月は今朝《けさ》のかぎりとなり、咲《さ》く花はさそふ嵐を待《(まち)》ぬる風情《ふぜい》、*あだなるたぐひ逃《のが》れざる事は人間にかぎらず。されば老《お》ひたる親をさきにたて、若き子のとゞまるこそ定《さだ》まれる事なれども、老少不定《(ろうしょうふじょう)》のならひ、誠に思《おも》へば若《わか》きとてもたのまれぬうき世の仕儀《しぎ》なり。いかでか人にしのばれ給ふべき心をたしなみ給はざらん。か様の事を*むかひたてまつりて申さんは、さのみ*おりふしもなきやうにおぼゆるほどに、かたのごとく書《(かき)》しるしてたてまつる也。つれ〲なぐさみに能々御覧《らん》ずべし。をの〲よりほかに漏《も》らしたまふべからず。このたび生死を離《はな》れずば、*多生曠劫《(たしよう)(くわうごう)》を経《ふ》るともあひがたき事なれば、たま〲生《むま》れあひたてまつる時の、世の忍《(しのぶ)》おもひでにもとて申也。先《(まず)》心にも思ひ、身にも振舞《ふるまひ》たまふべき条々の事。

1 一　仏・神を朝夕あがめ申、心《こゝろ》にかけたてまつるべし。神は人のうやまうによりて威《(い)》を増《ま》し、人は神のめぐみによりて運命をたもつ。しかれば、仏・神の御前《まへ》にまいり

あだなるたぐひ…人間にかぎらず　はかなく過ぎ去りやすいのは何も人間だけには限らない。

むかひたてまつりて　直接に面と向かって。

おりふしもなき…ほどに　それほどよい折もないように思われるので。

多生曠劫　幾度も生まれ変わり、死に変わりする、きわめて長い時間。

ては、今生の能《〈のう〉》には、正直の心をたまはらんと申べし。そのゆへは、今生にては人にもちゐられ、後生にては必《〈かならず〉》西方極楽へまいり給ふべきなり。かた〴〵もつてめでたくよき事也。此むねを能々あきらめ給ふべく候なり。

2 一 奉公宮仕《ほうこうみやづかひ》をし給ふ事あらん時は、百千人の人をばしり給ふべからず。君のことを大事の御事に思《おも》ひ給ふべし。命《いのち》をはじめて、いかなる宝《たから》をもかぎり給ふべからず。たとひ主人の心大様《おほやう》にして、思《おも》ひしりたまはずとも、さだめて仏・神の御加護《かご》あるべしと思《おも》ひたまふべし。宮仕《みやづかひ》と思《おも》ふとも、是もをこないをすると心のうちに思べし。宮仕《みやづかひ》のことはなくして、主《しう》の恩《おん》をかふむらんなどゝ思《おも》ふ事は、舟もなくして難《なん》海わたらんとするに異《こと》ならず。

3 一 出家《しゆつけ》を誹謗《ひばう》する事あるべからず。をろかに思《おも》ひひばうせんは、仏《ほとけ》の御身より血をあやすにあひにたり。又大乗誹謗《ひばう》のものは、仏《ほとけ》の冥《〈みやう〉》慮《りよ》にそむく也。すなはち二世の損《そん》有べし。今生にては、きく人に無道のものかなとおもてを見られ、うしろにては、これをそしる。後生にては鉄《くろがね》のはしにて舌《した》を抜《ぬ》かれ、苦痛《くつう》たとへがたし。また浮《う》かむ事を得《〈ゑ〉》ず。たゞたつとみ給ふべし。いかでかまよひの前《まへ》には知《し》るべき。親類《しんるい》又は子などなりとも無礼《ぶれい》なるべからず。一切《さい》の沙門《しやもん》をば、よきあしきところにいろはずして、生身《しやうしん》の仏《ほとけ》とおがみ申こそ、善をこのむ人にては候はんずれ。能々信仰《しんかう》し給ふべし。

4 一 親《おや》の教訓《けふくん》をば、かりそめなりとも違《たが》へ給ふべからず。いかなる人の親《おや》にてもあれ、

1 **今生の能** この世に生まれ合わせた生甲斐。

あきらめ 明白にわきまえ知る。

2 **しり給ふ** 仕える。世話をする。

大様にして ぼんやりしていて。

をこない 仏や神を拝し、仏事を勤行し、神事をつとめること。

3 **思ひひばうせん** 「思ひ誹謗せん」。底本「おもひばうせん」に、意によって「ひ」を補入した。

あやす したたらす。流す。仏の体から流血させるのは仏教にいう五逆罪の一である。底本「あや」に寛氏に従って「す」を補入した。

大乗 すぐれた釈尊の教え。

たゞたつとみ給ふべし 出家に対しては、もっぱら尊敬なさるがよい。

いかでかまよひの前には知るべき どうして迷いの前にいる凡夫に、そうしたことが理解できようか、の意。

いろはず 「いろふ」は干渉する・口出しをする、の意。

わが子わろかれと思《おも》ふ人やあるべきなれども、これをもちいる人の子はまれなり。*心を返し、目をふさぎて、能々あんずべし。わろからん子を見て、なげかん親の心は、いかばかりか心《こゝろ》うかるべき。されば不孝の子とも申《(もうし)》つべし。よき子を見て、喜ばん親《おや》の心は、いかばかりか嬉《うれ》しかるべき。されば孝の子とも申《(もうし)》つべし。たとひひが事を*の給ふとも、としよりたらん親《おや》の、物をのたまはん時は、能々心をしづめてきゝ給ふべし。「*とし老《(おい)》衰《(おとろ)》へぬれば、児《ちご》に二たびなる」と申事の候也。髪《かみ》には雪をいたゞき、額《(ひたい)》には波《なみ》をよせ、*腰《(こし)》には梓《あづさ》の弓を張《は》り、鏡のかげもいにしへの姿《すがた》にかはり、あらぬ人かとうたがふ。たまさかにとひくる人は、*すさみてのみかへる。げにもとぶらふ人はなし。心さへいにしへにはかはりて、聞《き》ゝし事もおぼえず、見る事もわすれ、喜《よろこ》ぶべき事はうらみ、うらむべき事をば喜ぶ。みなこれ老《(おい)》たる人のならひ也。これを能々心えて、老たる親ののたまはん事をば、あはれみの心をさきとして、そむき給ふべからず。過《す》ぎぬるかたは久しく、行《(ゆく)》すへは近《ちか》く侍ることなれば、いまいくほどかの給ふべきと思《おも》ひて、いかにもしたがい給ふべし。されば老ては思ひ*わたる事もあるべし。それ人にたいしての事ならば、申《(もうし)》なだめ給はんに何たがふ事かあらん。身にたいしての事ならば、ともかくも仰《おほ》せにしたがひ給ふべし。あはれ*名ごりになりなん後は、後悔《こうくわい》のみして、「したがふべかりし物を」と思《おも》ひたまはん事おほかるべし。

5
一　人にたちまじはらんに、おとなしき人をば親と思《おも》ふべし。若からんをば弟《をとゝ》と思ふ

4 **心を返し**　くり返し、じっと考えてみる。

の給ふ　「宣ふ」。おっしゃる。

とし老…児に二たびなる　老いては子にかえる、という意味。当時のことわざであろうか。

腰には…弓を張り　腰は梓の弓のように曲がり。

すさみてのみかへる　すさまじく思って帰ってしまう。

わたる事　底本に「しらるゝ事」の傍書があるが、「思ひわたる」で、思い及ぶ・気がつくの意であろう。

名ごり　親の亡くなった後、亡き人を偲ぶよすがとなるもの。

べし。又いとけなからんをば子と思ふべし。いかにもうやまふべし。又われよりわかく*おさあひを弟子《をとゝ》と思《おも》へばとて無礼なるべからず。とがを*ばうしゆんして、いとをしめと申《もうす》心成《なり》。

6 一 たのしきを見ても、わびしきを見ても、無常の心を観《くわん》ずべし。それについて、因果《いんぐわ》の理《ことはり》を思ふべし。生死無常《しやうしむじやう》を観《くわん》ずべし。

7 一 人に*ゐぐみたらん所にては、*肴《さかな》・*菓《くわし》ていのあらんをば、我もとるやうに振舞《ふるまう》とも、とりはづしたる様にて、人に多《おほ》くとらすべし。又それも人に見ゆるやうにはあるべからず。

8 一 料理《れうり》などする事あらば、人に参《まい》らするより、我に多《おほ》くする事なかれ。さればとて、事の外に少《すくな》くするもわろし。よき程にあるべし。

9 一 長押《なげし》の面に、竹釘《くぎ》打《うつ》べからず。畳のへり踏《ふ》むべからず。*さえの上にたゝず、*ゆるりのふち越《こ》ゆべからず。万人にも、世にも憚《はゞか》るべし。

10 一 御酌をとりては、三足《あし》よりて、ひざをつきまうして、三足退《の》きて、跪《ひざ》をつきてかしこまるべし。せばき座敷《ざしき》、又女房《ばう》の御前などにては心得《う》べし。

11 一 道を行《ゆ》かんに、*さるべき人の逢《あい》たらん時は、いまだ近《ちか》づかざらんさきに、*打《うち》ちがふべし。たとひいやしき人なりとも、道《みち》をうちがはんに、我も引《ひき》よけ、道を中にすべし。たゞし便宜《びんぎ》あしくば、所によるべし。殊《ことに》*荷付馬《にっけむま》・女房《ばう》・児《ちご》などにはひきもよけ、おりても通《とお》すべし。時によりてなり。疎《をろそか》なるべからず。

5 **おさあひ** 「幼い」の転。
ばうしゆん 未詳。筧氏は、あるいは「忘悛」かとされる。

7 **ゐぐみたらん所** 多勢で仲間になって坐っている所。
肴 酒を飲む際の副食物。底本「希」に作るが、意によって「肴」と改めた。
菓 常食以外の食物。古くは果物を指す。

9 **さえ** 座敷や座席のしきり。
ゆるり 「いろり」のなまり。

11 **さるべき人** しかるべき人。りっぱな人。れっきとした人。
打ちがふ 道をよけて行き合わないようにする。
荷付馬 荷物をつけた駄馬。底本は一度「荷馬」とした後で、「付」字を補入している。

12 一　女房などのたち*忍《しのび》たる所をば、返々見ずして通《とほ》るべし。見ぬよしをすべし。*具《ぐ》したらんずる下部《しもべ》までも、「見るべからず」とかたく申つくべし。

13 一　道理の中に僻《ひが》事あり、又僻《ひが》事のうちに道理《だうり》の候。これを能々心得給ふべし。道理の中の僻《ひが》事と申は、いかに我が身の道理《だうり》なればとて、さして我は生涯《がい》をうしなふ程の事はなく、人は是によりて生涯をうしなふべきほどの事を我が道理のまゝに申《もうす》。これを道理の中の僻《ひが》事にて候也。又僻《ひが》事の中の道理《だうり》と申は、人の命《いのち》をうしなふべき事をば、千万《ばん》僻《ひが》事なれ共《とも》、それをあらはす事なく、人をたすけ給ふべし。是を僻《ひが》事の中の道理と申也。かやうに心得て、世をも民《たみ》をもたすけ候へば、見る人きく人*思ひつく事にて候。又たすけぬる人の喜はいかばかり候べき。もしよそにも其人も悦《よろこぶ》ことなけれ共、神・仏のいとおしみをなし、今生をもまぼり、後生もたすけ給ふなり。

14 一　いかほども心をば人にまかせて、人の教訓《けふくん》につき給ふべし。教訓《けふくん》する程の事は、すべてわろき事をば申さぬ物にて候。されば十人の教訓につきぬれば、よき事十有《あり》。又百人の教訓《けうくん》につきぬれば、よき事百あり。されば孔子《こうし》と申《もうす》尊師《そんし》も千人の弟子を持《もち》て、*気《き》をとひ給ふとこそ承《うけたまわり》候へ。人の教訓《けふくん》につくべき事、たとへをもつて申べし。たゞ我が心を水のごとくにもち給ふべし。ふるき詞にも、「*水の器《うつは》物にしたがふがごとし」とこそ申て候へ。ことに*老子《らうし》経《きやう》にくはしく説《と》かれたり。返々《かへすがへす》人にしたがひ、人の教訓につき給ふべし。

12 **たち忍たる**　しのんでいる。かくれている。

具したらんずる下部　連れている下級の従者。

13 **思ひつく**　好意をもつ。思いを寄せる。

14 **気をとひ給ふ**　心持や考えを尋ね問われた。

水の器物に…ごとし　水は容器によってどんな形にもなることから、人は交友・環境によって善悪いずれにも感化されるたとえに用いられるが、ここは心を柔軟にして人の教訓をよく聞くべきだ、の意。

老子経に…説かれたり　老子、上篇第八章に「上善若レ水、水善利ニ万物一而不レ争」とみえている。

15 一 我こそ読《よ》みたまはずとも、*経録《きやうろく》など文字をも能《よく》知《し》り、心得たらん人に読《よ》み談《だん》ぜさせ申て、聴聞《ちやうもん》申さるべし。心は生得《しやうとく》すくなけれども、さやうの事を聴聞《ちやうもん》せざれば、智恵《ちゑ》なくして心せばき也。

16 一 *出《いで》たち給ふべき事、いかなる人にも、さのみきたなまれず、又いやしきにも、まじはりよき程に出たち給ふべし。見ぐるしき人の中にて、返々いみじき出《いで》たちあるべからず。*心ある人のわろがるにて候也。

17 一 扇は、いかによきを人の賜《た》びて候とも、*百文に三本ほどのをもち給ふべし。

18 一 衣裳《いしやう》の紋《もん》、大きにこのみ給ふべからず。同《おな》じ程の人に*さし出、*色々しき物著《き》給ふべからず。

19 一 馬をば、*三寸よりうちの馬に乗給ふべし。大きなるもわろし、さのみ又ちいさきも*けしからず。よきほどのをはからひ給ふべし。

20 一 力《ちから》などの強《つよ》くてもつべしとは思《おも》ふとも、大なる太刀・かたな、人めにたつ*具足《ぐそく》、もち給ふべからず。人のにくむ事にて候。

21 一 振舞《ふるまひ》も、家ゐも、*持具足《もちぐそく》なども、分限《ぶんげん》にしたがひて振舞《ふるま》ひ給ふべし。ことに過《す》ぎぬれば、人の煩《わづらひ》ある事也。又*後《のち》もしとげがたし。

22 一 傍輩《はうばい》などの、主人より*はなつく事あらば、わが身のうへの事より*歎《なげき》給ふべし。その人のひが事などおほせあらば、よきさまに申べし。当座は御心にたがへ共、後は*心にくゝおぼしめす事也。

15経録 通常は衆経目録・蔵経目録の略で、経の目録の意であるが、ここでは経典や語録などの意に用いられているらしい。

16出たち 外出・旅立ちなどのために身なりをよそおい、つくろう。
心ある人のわろがる 思慮分別のある人が悪く感ずる。

17百文に三本ほどの 三本で百文程度の安い扇を用いよ。

18さし出 分をこえて出しゃばって。
色々しき はなやかで、きらびやかな。

19三寸 馬の高さが当時の標準の四尺から四尺三寸程度の。
けしからず はなはだ異様である。よろしくない。

20具足 甲(よろい)。

21持具足 持っている武具。
後もしとげがたし 後々までも持続して成し遂げることはむずかしい。

22はなつく とがめをうける。勘当される。
歎給ふ 嘆願する。哀願する。
心にくゝ 奥ゆかしく。

23 一　人の*うしろ事、返々の給ふべからず。よき事をも、このみて人の事をばの給ふべからず。よき悪きは知《し》らね共、まづうしろの沙汰《さた》ありと聞ては、心もとなく思《おも》ふ事也。よき事を申と聞《き》ゝてはよろこばるれども、さなしとても、何のくるしみかあらん。

24 一　継母《まゝはゝ》の事、継子《まゝこ》事にをひて深《ふか》くうらみある事、これ又大《おほ》きなるあやまり也。そのゆへは、*父《ちゝ》はそふなり。父のはからいとしてあるところを、子の身《み》として、母《はゝ》を何かといひ思《おも》はする事は、父《ちゝ》をあざむくにおなじ。されば父をあざむかん事は、その罪《つみ》のがるべからず。たとひ継母《まゝはゝ》ひが事ありといふとも、女《をんな》なるうへは、さだめて因果《ゐんぐわ》の道理《だうり》もあるべし。親《おや》の心にかなふは、仏・神の御心にかなふとひとし。我が母《はゝ》にかはりて思《おも》ふべからず、あさましき事也。返々能々心得て、穏便《おんびん》の心あるべし。

25 一　はらの立《た》ゝん時、下部《〈しもべ〉》を勘当《かんだう》すべからず。*はらのゐて後、過《す》ぎし方の事と、いまの振舞《ふるまひ》とを能思《おも》ひ出しそろへて、忠はすくなく、とがはおほくば、勘当《かんだう》もあるべし。只はらの立《(たつ)》まゝにあらば、後悔《〈こうくわい〉》もあるべし。

26 一　わが下部と人の下部と相論《さうろん》する事あらば、おなじほどの道理《だうり》ならば、我が下部を僻《ひが》事と定《さだ》むべし。*人の成敗《〈せいばい〉》わろからんは、後に人に申あはすべし。*当座にていふ事なかれ。

27 一　我をうやまふ人のあらん時は、其人よりも猶したをうやまふべし。又われをうやまはぬ人なればとて、うやまはざらんもあしき事也。いかにも*じんぎは人にかはら

23うしろ事　「後言」で、かげぐち。

24父はそふ　あるいは「父にそふ(添ふ)」の誤写か。

25はらのゐて　怒りがおさまって。

26人の成敗わろからんは…申あはすべし　自分の従僕と争った他人の従僕に対する、その主人の処置・処罰が適切でない場合は、後にその主人に申し入れ、談合すべきである。

当座　その座。その場。

27じんぎ　辞宜・辞儀などをあて、礼儀・挨拶を意味する。

ぬ事也。さやうの人をば、恩《おん》をもつてあだを報《ほう》ずる道理《だうり》と心得て、なをもうやまふべし。

28 一 みだれあそばん時、*おとなしき人の、いさみほこればとて、ともにくるはん事は能々心得べし。*鵜《う》のまねする烏《からす》のやうなる事にてやあらんずらん。いかにもくるひあそぶ事ありて、酒に酔《え》ひたりとも、われよりおとなしき人のあらん所にては、つねに*袖をかきあわすべし。何とさはがしくふるまふとも、*ふみどころはよく〳〵見給ふべし。

29 一 人のもとへ行《ゆ》きたらん時は、家のうちに人のありて、隙《ひま》より見るらんと思《おも》ひ給ふべし。さればとて、あやしげに目《め》をつけて見べからず。*壁《かべ》に耳《みゝ》、天に目《め》の用心《ようじん》也。油断《ゆだん》あるべからず。

30 一 人の親《おや》にても、子にても、男《おとこ》にても、女にても、*をくれてなげかん家の近《ちか》きところにて、聞《きこ》ゆるやうにわらふ事、ゆめ〳〵あるべからず。*なげきわ何事にてもおなじかるべし。ともに歎心有べし。

31 一 傍輩《はうばい》とうちつれたる時、*馬打《う》ちは人すくなくば*五騎《き》が程、おほくば三騎《き》がほどをへだつべし。たゞし事によりて振舞《ふるま》ふべし。

32 一 *騎馬《きば》打《う》ちの事、大かた半町つねの人うつ也。但《(ただし)》事によりて振舞《ふるま》ふべし。夜道・山道《みち》用心の事などあるべし。其時は主人の下知《げち》を守《(まもる)》べし。

33 一 いやしき人なりとも、道のはたにあまたあらん時は、*案内《あんない》をいふべし。少《(すこし)》も損《そん》な

28 **おとなしき人**　年をとって世なれている人。
鵜のまねする烏　自分に能力がないのに、能力のある人の真似をして失敗することのたとえ。
袖をかきあわす　両袖を合わせて身をつくろい、身なりを整えてかしこまる。
ふみどころ　足を踏むべき所。

29 **壁に耳、天に目**　壁に耳があり、天に目があって、つねに自分を監視しているように考えて、言語・行動を慎重にし、用心すべきことのたとえ。

30 **をくれてなげかん家**　死者が出て嘆き悲しんでいる家。
なげきわ　底本「なげわ」とあるが、筧氏説に従って「き」を補入した。

31 **馬打ち**　騎馬に乗っていくこと。
五騎が程…へだつべし　人の少ない時は五騎、多いときは三騎分ほどの間隔を隔てるべきである。

32 **騎馬打ちの事…つねの人うつ也**　騎馬に乗る時、大体半町ほど乗るのは普通である。

33 **案内**　挨拶。

き事也。いやしき物に*ちんしをいだす事、殊《(ことに)》口おしき事也。

34 一 わが用にもたゝぬ物の命《いのち》を、いたづらに殺《ころ》す事あるべからず。生ある物を見ては、事にふれてあわれみを思ひ給ふべし。いやしき虫《むし》けらなれども、命を惜《お》しむ事、人にかわらぬ也。身にかへても物の命《いのち》をたすけ給ふべし。

35 一 我は*身をさりても、人の用をきくべし。*事かけざらん事に人に用をいふべからず。内外なからん人にも、*心をかぬ躰にて斟酌《しんしやく》あるべし。あまりにことぐ〳〵しくその*色を見すれば、*人あひなき事也。よく〳〵心得給ふべし。大なる用を人のをばきゝ、われは少用をいふべし。

36 一 人の用を仰《おほ》せられん時は、用《よう》を仰《おほ》せ候ことのうれしさよと思《おも》ひて、*やがて*借《(かし)》給ふべし。*候はずば、さは〳〵とせいもんにて、なき由を申さるべし。

37 一 我がためのよき人には能々あたり、わろき人にはわろくあたるは、返々くちおしきことにて候。畜生《ちくしやう》・犬《いぬ》などこそ、よくあたる人には、尾をふりよろこび、又わろくあたる人には、逃《に》げ吠《ほ》えなどし候へ。人となりぬるかひには、よき人には申におよばず、あしき人にもよくあたり候へば、わろき人も思《おも》ひなをるにて候。もしそのまゝなれども神・仏のいとおしみ給ふ事也。見聞《き》く人これをほむるなり。今生に人にわろくあたれば、又後生に人にわろくあたられ、すべて因果つくべからず。今度因果を果《は》たしとゞむるやうに、わろき人にもよくあたり給ふべし。人のよくば我が先世を悦び、人のわろくば又先世をうらみ給ふべし。

ちんしをいだす　「陳詞を出す」で弁解するの意か。

35 **身をさりても**　自分のことはおさえ、譲っても。

事かけざらん…いふべからず　不自由していないことで、他人に用を言いつけてはならぬ。

心をかぬ躰にて斟酌あるべし　表面はいかにも気のおけない、無遠慮な様子でも、実際にはよく注意しなさい。

色を見すれば　様子を示したなら。

人あひ　人の気うけ。つきあい。交際。

36 **やがて**　すぐに。直ちに。

借給ふべし　寛氏説のごとく、ここで「借」は、「貸す、助ける」の意に用いられている。

候はずば…申さるべし　もしすぐにできない場合には、細かく起請文を書いて、はっきりとその理由を申し上げよ、の意か。

38 つき給ふ　従う。

39 すく〳〵と　生真面目に。実直に。

それさへ…心を見ゑ候事なるべし　そのような商人の態度でさえ、人によってすることである。言を左右にするのは自分のいやしい所を人に見せるようなものだ。

40 ぢぢやう　「治定」とすれば、確定的・決定的な値段の意か。

41 いたむ　迷惑がる。

先世にて…心得ていたみなし　前世で自分が他人に種々の用を頼んだのだから、それを返すのだと思えば少しも苦労はない、の意。

さいほうさのごとく　未詳。あるいは「財宝左の如く」かも知れぬが、どうも落ち着かない。

菩提心　この上、底本に二字分ほど空白がある。脱落があるのであろう。

38 一　人のをしへ、教訓《けふくん》の事に*つき給ふべし。猿《さる》と申けだ物だにも、人のおしへにつくと見へたり。

39 一　人にも用を申候へ、又人の用をも聞《き》ゝ候へ、*すく〳〵とあらんずるほどの事をの給ふべし。まづかやうにいひて、又後にかやうに申べきなどの事はあるべからず。商《あき》人などのあきなひするこそ、さ様に心はもち候へ。*それさへ人によりて申也。心を見ゑ候事なるべし。又人の方より物を給《(たまわ)》り、役《やく》など承《(うけたまわり)》候こと候はゞ、仰《おほ》せにしたがうとも斟酌《しんしやく》あるべし。それも事によりて気《き》をも心をももち給ふべし。

40 一　物を買《か》い候はん時、*ぢぢやうを一度に申べし。たかくば買《か》うべからず。さのみ言《こと》葉をつくすはいやしき事なり。商《あき》人はそれにて身をすぐれば、やすく買《か》うも罪なるべし。

41 一　人の心をもつべき事、ある人、たゞ人の用を申に*いたむことなし。たからをこはるゝにはいたまず、所領を人のほしがるにとらせけり。其時此事上へきこえて、彼人を召《め》して心を尋《(たずね)》らるゝに、「*先世にて人に用をこそ申つらめと思《おも》ひ候程に、それを返すと心得ていたみなし。*さいほうさのごとく所領とらする事、昔を思《おも》ふにたれか親子ならずと申人候。又未来を思《おも》ふに、又誰か他人ならん。人に世にかなはずば、妻子とも親類ともいへ□*菩《ぼ》提《だい》心を起《を》こさんには、その身のためと申ほどに、我がたからを惜《お》しまず」と申ければ、賢人なりとて、天下に召出《めしいだ》されたてまつる事をも心にうれふる事なし。心をばかやうにむけ給ふべし。

42 一 心得たる事にても候へ、おとなしき人に問《と》はるべし。ふるき言葉《こと》にも、「*知りて問《と》ふを礼とす」と申候事あり。

43 一 何事もよきことのある時は、又あしき事あるべしと思《おも》ひて、*こんずるさきを*なさげき、あしき事のあらん時は、又よき事あるべしと思て、心をなぐさめ給ふべし。生《う》まるゝ悦あれば、必《(かならず)し》死するなげきあり。されば*塞翁《さいおう》といゝし人は、此心をよく知《し》りて、善悪をおもふて果《は》てぬ賢人《けんじん》也。後生もうたがいなし。

44 一 人の年齢《とし》によりて振舞《ふるま》ふべき次第、廿ばかりまでは、何事も人のするほどの芸能《げいのう》をたしなむべし。三十より四十・五十までは、君をまぼり、民《たみ》を育《はごく》み、*身を納《(おさめ)》、ことわりを心得て、*じんぎをたゞしくして、内には*五戒をたもち、*政道《せいだう》をむねとすべし。政道《せいだう》は天下を治《おさ》むる人も、又婦夫《(めおと)》あらん人も、*ぎのたゞしからんはかはるべからず。さて六十にならば、何事をもうちすてゝ、一遍《ぺん》に後生一大事をねがふて、念仏すべし。其としにいたりては、子が失《う》せ、子孫を絶《た》やすとも、うき世に心をかへさず、それいよ／＼道のすゝめとして、我は此世になき物と思《おも》ひきり給ふべし。親を思《おも》ひ子を思ふとて、無常の風にひとたび誘《さそ》われし人、又やこの世にかへりけん。おそろしき哉や地獄のくるしみ、今生の夢みる程の事だにも尽《つ》きず、まして地獄におちて大苦悩をうけて、*なんこうと申事もなく、かなしからんはいかばかりぞ。たくはへも後世のためには*ありがたし。

45 一 罪《つみ》をつくり給ふまじき事、たとへにも、*一寸の虫《むし》には五分のたましゐとて、あや

42 知りて問ふを礼とす 論語、八佾に「子入大廟、毎事問、或曰、孰謂鄹人之子知礼乎、入大廟、毎事問、子聞之曰、是礼也」とみえる。言葉通りではないが、これを引いたものと思われる。

43 こんずる 「来んずる」で、未来の意か。

なさげき 「さ」は衍字で「なげき」であろう。

塞翁 中国北方の辺塞に住んでいた老人で、その馬があるいは逃げ、あるいは駿馬を率いて帰るなど、禍や福が転々として到来したが、少しも驚かなかったという。淮南子にみえる故事による。

44 身を納 身を修め、のあて字。

じんぎ 27条参照。

五戒 仏教教団に属する人々の守るべき五つの戒め。不殺生・不偸盗・不邪淫・不妄語・不飲酒の五つである。

政道 政治の道。政治のやり方。

ぎ 「義」か。

なんこう 「何劫」か。数え切れないほど長い時間をいう。

ありがたし 困難である。役に立たない。

45 一寸の虫には五分のたましゐ 人間ならば、どんな弱者にもそれ相応の思慮があるということわざ。

しの虫けらも命《いのち》をばおしむ事我にたがふべからず。たとひ*貴命などにて、鵜・鷹のかり・すなどりをするとも、返々《(かえすがえす)》悪業をはなれ、仏のにくまれをかふむり候はぬやうに心得給《へ》ふべし。又その事こそあらめ、人のわづらい・なげきを*おい給ふべからず。なげきと申は、*つくり物などをすこしも損《そん》さし給ふべからず。子孫にむくう。今生にもそれほどのくるしみあり。後生にても罪《つみ》なるべし。

46 一　人の胸《むね》のうちには、蓮華候て其上に仏をはします。朝《あした》には手・顔《かほ》をあらい身《み》・心をきよめ、かの仏を念《ねん》じ申べし。精進《しやうじん》の物を食《く》わざるさきに魚・鳥を食《く》うべからず。返々あさましき事なり。その上、魚・鳥《とり》は父母・親子の肉《しゝむら》なりと申。*あながちこれらをこのみ給ふべからず。ことに*六斎《さい》日・十斎《さい》日には、もろ〳〵の諸天あまくだり給いて、罪の善悪をしるさるゝ日なれば、*斎《とき》も精進潔斎《けつさい》して、神・仏にみやづかふべし。出家はいつもをこたりなし。かやうの日は在家のためにやと思《おも》ひ給ふべし。月に六日・十日は*尫弱《わうじやく》の事也。

47 一　仏法をあがめ、心を正直にもつ人は、今生もすなをに、後生も極楽にまいり、親のよきには、子も天下に召出《めしいだ》さるゝ事おほし。我が力にあらず、神・仏の加護し給ふゆへなり。何事も弓箭をはじめて、上として名をあらはし、徳をしらせ給ふ事、*憲法正直にすぎてはなし。親の直《なを》き子は、其身の心ならで人にしられ、諸人*芳心《はうしん》の儀《ぎ》あり。されば子孫繁昌《はんじやう》何事かこれにしかん。仏法盛なれば*万法さかんなり。末《すゑ》の世に仏法を本とせん人、子孫*つぎにやなるべしと申候事あるべし。仏・神は人を

貴命　高貴な人の命令・仰せ。
おい給ふべからず　底本「おい給ふからず」。意によって「べ」を補入した。
つくり物　農作物。

46 あながち　むやみに。必要以上に。
六斎日・十斎日　六斎日は毎月の八日・十四日・十五日(白月)と二十三日・二十九日・三十日(黒月)の六日間、十斎日はさらに一日・十八日・二十四日・二十八日を加えた十日間で、この日は四天王らが国政を見、悪鬼が人の油断をうかがう日として、つつしみ、斎戒することになっていた。
斎　食事。
尫弱　小さな。大したことではない。

47 憲法　公正、正義。
芳心　親切にすること。
万法さかんなり　底本「万法さかなり」とあるが、「ん」を補入した。「万法」とはすべての物がそなえもつ事理。
つぎ　底本は「御き」とも読めるが、寛氏説に従って「つぎ」とみておく。子孫が相ついで繁栄する、の意か。

善事・悪事につきて…又たえぬべし　善をなした者の子孫は繁昌し、悪をなした者の子孫は絶えるであろう。
寸善尺魔　世の中にはよいことは少なく、悪いことは多い、ということわざ。

48 **経文には…説かれたれども**　法華経、提婆達多品（岩波文庫版、中巻二二二頁）には「女身垢穢、非是法器、…又女人身、猶有五障、…云何女身、速得成仏」とみえる。
竜女　竜宮にいるという仙女。ことに娑竭羅竜王の女は八歳で成仏したという。法華経、提婆達多品にみえる。
心ふかき　考えや思慮のふかい。

49 **のびやか**　ゆっくりくつろいださま。
本　模範。手本。かがみ。
一河の…多生の契也　同じ流れの水を汲み、見知らぬ人と道で袖が触れ合うのも、前世からの約束であろう。
攀縁とて…あれども　心に憤怒の念が起こり、夫婦間に少々まずいことがあっても、の意。
ひきかけ　「引懸」。先例。前例。

わろかれと思給ふべからず。天魔人をよかれと思《おも》ふべからず。しかれば*善事・悪事につきて子孫繁昌、又たえぬべし。ふるき言《こと》葉にも*寸善尺魔と申事あり。能々心得て物にさまたげられ給ふべからず。

48一　*経文には、女は仏になりがたきと説《と》かれたれども、八歳の*竜女をはじめとして、女、仏になり給ふ事、その数《かず》をしらず。ことに女人は*心ふかき性あるによて、一遍《ぺん》に念仏し、後生をねがひ給候はゞ、極楽往生うたがひあるべからず。

49一　女の心をもつべき事、むかしより今にいたるまで、女はやさしく、事の*のびやかなるを*本《ほん》とせり。よく〳〵心得給ふべし。物をねたむ事、是を返々心せばきとす。*一河の流《ながれ》を汲《く》み、袖のふりあはせだにも多生の契《ちぎり》也。一夜のかたらひなりとも、先世の契《ちぎり》ふかゝるべし。いまをはじめと思《おも》ふべからず。又縁《えん》つきなば、いかばかり契ふかかれと申候ともかなふべからず。来るも去も因果なりと心得《え》てあるべし。されば心に*攀縁《はんえん》とて、せう〳〵思《おも》はずなる事あれども、心ざまのよきにははぢ、あしきには離《はな》るゝ也。物に心得やさしければ、男もはづかしく思《おも》ひ、いとをしみふかし。昔今*ひきかけおほし。縁《えん》つきて其男に離《はな》るゝ事も又縁《えん》はやし。よそにて見るも聞《き》くもやさしきことに申候也。仏・神もあはれみを垂《た》れ、今生・後生めでたきなり。

50一　人の妻をば心をよく〳〵見て、一人をさだむべし。かりそめにも其外に妻にさだめて、かたらふ事なかれ。ねたましき思《おも》ひ積《つ》もりて、あさましくあるべし。されば其罪にひかれて、必《（かならず）》地獄にもおちぬべき也。聖などの一生不犯なるはいかゞし給ふ。一人をおかすだにも仏性をたつ事うたがひなし。ましていかばかり罪ふかゝるべき。*六歳日・十歳日に女に近《ちか》づくべからず。此日子生ずれば、その身かたわにあるべし。又親《おや》の怨敵《おんてき》となる也。

51 一　仏・神の御前をとおり、又は沙門にゆきあひ申候はん時は、馬よりおり給ふべし。人などうちつれ、又合戦《かつせん》の庭などにて、おりてあしき事あらば、*かた鐙《あぶみ》をはづし、鞍《くら》にふして、三礼いたすべし。よき程ならば、おり給ふべし。

52 一　主・親、その外うやまふ人のうちをくりを*申ては、その人のうしろかげの見え給ふほどは、御前に候て奉公《ほうこう》を致《いた》すごとくに、其方へ向《む》きてかしこまり、礼をいたすべし。其内に*たちゐをもし、弓など射《い》る事はいまはしき事也。

53 一　人と道《みち》にてうちあひたる時は、いそぎ弓をとりなおし、*うやまわゝ*ゆんでにひきよけて礼をすべし。おなじ程の人ならば、弓もたずばいそぎもつべからず、うやまはゞ送《をく》るべし。いやしき人なり共、送《をく》らば馬をむけて能々礼をすべし。かへらばすこし送《をく》るべし。人より礼をすごしてすべし。

54 一　兄弟あまたありて、親のあとを配分《はいぶん》してもちたらんに、惣領《そうりやう》たる人は*公方《くばう》をつとめ、庶子《そし》を心やすくあらすべし。またく恩と思《おも》ふべからず。*我がれうを扶持《ふち》すべしと親も見給ひ、家をゆづり給ふうへは、一門《もん》・親類《しんるひ》を育《はごく》むべし。さやうにあればとて、無《ぶ》礼にすべからず。然《しから》ば又惣領《そうりやう》をうやまひ、一大事の用にたつ事まめやかなるべし。仏・神の御はからいあり。又は前生の*宿執《しゆくしう》あるらんと思ひて、よきをばよ

50 **六歳日・十歳日**　六斎日・十斎日のあて字。

51 **かた鐙をはづし**　馬の鞍の両脇にたれ、乗る人が足を踏みかえる鐙から、片足をはずし。

52 **うちをくり**　見送ること。

たちゐ　立ち上がること。

53 **うやまわゝ**　「うやまわば」か。

ゆんでに　左手に。左側に。

54 **公方**　将軍に奉仕する役。

我がれうを…ゆづり給ふうへは　「れう」は「料」で必要なもの、扶助料。親が自分の必要なものを扶助してくれる器量のある人物だと見こんで家を譲られたのであるからの意。

宿執　前世からの因縁。

きにつけ、あしきをば我〈レ〉見すて〵はたれか他人は扶持すべきと、ことにあはれみふか〵るべし。

55 一 庶子《そし》として思《おも》ふべき事、いかに我は親のもとよりゆづり得たりとも、扶持《ふち》する人なくば、たからに主《ぬし》なきがごとし。たゞ惣領の恩と思《おも》ふべし。されば主とも、親とも、神・仏とも、此人を思《おも》ふべし。たとひ*庶子《そし》の身にて君にみやづかふとも、*惣領《そう》の義《ぎ》を思ひ、*われ各別《かくべち》と思《おも》ふべからず。たゞ君と兄とを同《おな》じうすべし。又、*惣領・庶子《そし》のかなしみのあらんを、各別とてはなすべからず。ふるきことばにも、「*六親不和にして三宝の加護《かご》なし」といへり。

56 一 わが妻子の物を申さん時は、能々聞《き》〵給ふべし。ひが事を申さば、女わらんべのならひなりと思《おも》ふべし。又道理を申さん時は、いかにもかんじ、「これより後も、かやうに何事もきかせよ」と*いさめ給ふべし。女わらべなればとて、いやしむべからず。天照大神も女躰にておはします。又神功皇后《じんぐうくわうぐう》も、きさきにてこそ、新羅国《しんらこく》をばせめしたがへられしか。又おさなきとていやしむべからず。*八幡《まん》たいないより事を御はからひあり。老たるによるべからず、又若《わか》きによるべからず。心正直にて君をあがめ、民をはぐ〵むこそ、聖人とは申《(もうす)》なれ。

57 一 子なきもの〵罪のふかきは、後生をとぶらはざる事はさてをきぬ、「*としごろの過《す》ぐるまで、浮世にまじはる事のかなしさよ」と申候人のありし也。子なくして譲《ゆづ》るかたなしとて、かぎりある死期をのぶべきか。もつところの財宝、仏・神に寄進《きしん》す

55庶子の…みやづかふとも　庶子として直接に将軍を主君に仰ぎ、これに奉仕することがあっても。

惣領の義　惣領の恩義。

われ各別　自分は独立した武士だと考えること。

惣領・庶子の…はなすべからず　惣領や庶子に不幸があった場合にも、それぞれ独立の家だからといって遠ざけ、冷淡にしてはならない。

六親不和にして…加護なし　父母・兄弟・妻子などが不和な家には、仏も加護を加えて下さらない、の意。

56いさめ　元気づけ、気を引き立たせる。
八幡たいないより事を御はからひあり　底本「八幡いないより…」とあるが、筧氏説に従って「た」を補入。「八幡」とは応神天皇。母神功皇后の胎内にあって新羅攻撃を指揮したという伝説に基づいている。

57としごろの…かなしさよ　相応の年齢を過ぎても隠居ができず、世間に出て働かなければならないことは、何とも悲しいことだ。

るとも、又人にたてまつるとも、あまる事ありがたし。かしこきかほにするとも、*ゐんまの使のがれぬかぎりあるべし。とし過《す》ぎて後世をねがひたまはぬ人をば、神・仏にくみ給ふなり。

58 一　すこしの科《とが》とて犯《をか》すべからず。わが身をすこしなりとも、切《き》りも突《つ》きもして見るに、苦なき事あるべからず。女などのたとへに、*身をつみて人のいたさを知《し》ると申。*本説《ほんせつ》ある事也。

59 一　旅などにて、*夫《(ぶ)》・馬などに、重《おも》く物もたすべからず。たゞ*あよむにも、苦《(く)》いかばかりかなしかるべき。又それにつきて、病などする事あるべし。*其時を連《つ》るゝとも、荷などをもちて、さのみかなしみのなき人を連《つ》るゝべし。

60 一　人のもとへ、状などまいらせん時は、紙《かみ》・墨《すみ》・筆をとゝのへて、よく書《か》く人に書《か》ゝすべし。手よくとても、おさなき人の、文字も*とゝのほらぬをば*斟酌すべし。又悪筆などにて申は、びろふの事也。又*自《じ》筆はこのほど譲《ゆづり》なども用《もち》ゐらるゝ事なれば、*披露あるまじき事などを申されんは、せめていかゞあるべき。*其さへ仮名《かな》と真名《まな》と字のをきどころをも知《し》らざらんは、斟酌《しんしやく》あるべし。

61 一　所領をもたずして、代官をねがふとも、代官をもたずして、所領をねがふべからず。又代官は一人なるべし。

62 一　堂塔をたて、親《おや》・祖父《おうぢ》の仏事をしたまはん時、*一紙半銭の事にても、人のわづらいを申させ給ふべからず。千貫・二千貫にてもし給へ、一紙半銭も人のわづらひに

ゐんまの使　閻魔大王の派遣する死の使。

58 身をつみて人のいたさを知る　わが身をつねって人の痛さを知れ、の意。「つむ」はつねる。

本説　根拠となるべき説。出典。

59 夫　人夫。

あよむ　歩く。

其時を連るゝとも　筧氏説のごとく「其時人をつるゝとも」の「人」を脱したものであろうか。

60 とゝのほらぬ　ととのわぬ。

斟酌　遠慮・辞退すること。

自筆は…事なれば　最近は譲状などに自筆の文書を用いられるようになっていることだから。

披露あるまじき事　公表されないような、内々の事。

其さへ…知らざらんは　それでも仮名と漢字の区別、字のおき場などを知らないようなものは。

62 一紙半銭　紙一枚に銭半文(五厘)で、僅かな寄進のたとえ。

も候はゞ、善根みなほむら*となり、人をとぶらはゞ、いよ〳〵地獄におち、又我が*逆修《ぎやくしゆ》などにも、今生より苦あるべし。たゞ我*涯分《がいぶん》にしたがはん程の事を、善根をばし給ふべし。よのつねの事にも、すこしもたがふひが事は、仏・神にくみ給ふ事也。ましてさやうの仏法の事に、ひが事は口惜事《くちおしき》なり。*湯《ゆ》をわかして水に入たるがごとし。*たとひ兄弟などが、我は親《おや》の仏事をするに、「せずとも、わづらはしや」など思《おも》はるゝやうに聞《き》ゝ、しれ事・うらみごと申べからず。きげんよきところに、「*あはれ〳〵うたてしきかな、過分までこそなしとも、かたのごとく心ざしし給へかし」と、おり〳〵教訓《けうくん》申て、我は身をすてゝすべし。されば人もげにもと思《おも》ふなり。ふるきことばにも、「*善人の敵とはなるとも、悪人を友《とも》とする事なかれ」と申事これ也。「*長《ちやう》者の万燈《まんとう》よりも貧《ひん》者の一燈《とう》」と申事を知《し》るべし。

63 一 いかなる大善根をするとも、我はよくしたりと思ひ、又人に劣《をと》らじと思《おも》ふ心候はゞ、*天魔《てんま》の眷属《けんぞく》となりて、罪はかさなるとも、ちりほども利益《りやく》あるべからず。業《ごう》をかさぬるなるべし。

64 一 人を見るに、こと〴〵くよきものはなし。一もよき事あらば、それまでと思《おも》ひて、人をえらぶ事なかれ。我が心だにも、よきと思《おも》ふ時もあり、わろきと思《おも》ふ時もあり、いかでさのみ人は心にあふべき。親類《しんるい》・子ども・めしつかふものなりとも、さのみ教訓《けうくん》し給ふべからず。*うらみあれば我をすて、ほかにてあしからんは、聖人の法《はう》にあらず。

ほむら　ほのお。火炎。

逆修　生きているうちに、あらかじめ死後の幸福を祈って行う法会。

涯分　身分相応のこと。分際。分限。

湯をわかして水に入たる　湯をさますのに、水の中に湯を入れるなど、世間一般とは逆のことをするたとえ。

たとひ兄弟など…申べからず　自分が親の仏事をする時、兄弟などが「しないでもよいものを。わずらわしいことだ」と思っているらしいことを聞いても、ばかげた言葉やうらみごとを言ってはならない。

あはれ〳〵…心ざしし給へかし　ああ嘆かわしいことだ。過分ではなくとも世間なみの仏事はするようにしなさい、の意。

善人の…友とする事なかれ　出典など未考。

長者の万燈よりも…一燈　金持のする多大の寄進よりも、貧者のまごころのこもった寄進の方がまさっている、の意。「…よりもゝ」の「ゝ」は衍字。

63 天魔の眷属　仏法修行者を妨害し、人の心を悪事に誘惑する悪魔の一族。

64 うらみあれば…あしからん　あまりやかましく言われるというので自分の家を捨て去り、他に仕えた場合、今度はその家で悪いことをする。

65 一 何事にても、勝負《せうぶ》に負《ま》けたらん時は、いそぎふるまうべし。我勝《か》ちたらん時は、せむべからず。ゆめ／＼勝負の事を申いだす事なかれ。

66 一 奉公もなからん人の、*きびしくよくあたらんをば、子細《しさい》有《(あり)》と*思ひべし。たとひいふ事なしといふとも、*始終《しじう》の知人《しりうど》にてはあるまじき也。そのゆへは、*我はよくあたり申せども、させるしるしもなければとて、事ならぬ事によりて、さだめて*不審《ふしん》いできぬべし。

67 一 *人の物を負《お》ふては、いそぎ沙汰すべし。*かりそめの事なりとも沙汰《さた》すべし。もしかなはぬ物ならば、そのよしをわびなげくべし。

68 一 *けいせいをとめ、又は*白拍子《しらびやうし》などあらんに、*道《みち》の者《もの》なればとて、法《はう》にすぎてなれ／＼しき言《こと》葉をいふべからず。たゞ普通《ふつう》なるやうに、言《こと》葉をもいひ、振舞《ふるま》うべし。ことに過《(すぎ)》ぬれば、*はぢがましき事もあるべし。

69 一 傾城《けいせい》を、人のあまた寄《よ》り合《あ》ひてとめん時、*見めもわろく、衣裳《いしやう》もなきをとむべし。よきをば人の心をかくる也。わろきは人も*すさめ、又わが心もとゞまらぬ也。一夜の事はいかほどかあるべき。傾城《けいせい》もうれしみおほかるべし。

70 一 ほかへゆきて、わが家へかへらん時は、先《さき》に人をつかはし、*蟇目《ひきめ》をも射鳴《いな》らし、声《こゑ》をも高《たか》くすべし。我が身ひとりかへるともかくのごとし。此こゑによき事おほくこもれり。

71 一 訴訟《そせう》、*さならぬようをも聞《き》ゝ給ふべし。人の*なげきをうけぬれば、わがうへに申

66 **きびしくよくあたらん**　自分のために大変によくしてくれる。
思ひべし　「思給べし」の誤写か。
始終の知人　始めから終わりまでの知人。
我はよく…しるしもなければとて　自分はよくしているのに、一向にその効果が現われないというので。
不審　おかしなこと。不思議なこと。

67 **人の物を…沙汰すべし**　人の物を借りたなら、急いで返済せよ。
かりそめの　ちょっとした。

68 **けいせいをとめ**　底本「けいせをとめ」、意によって「い」を補入した。傾城(けいせい)は遊女。
白拍子　歌舞をする遊女。
道の者　芸能者。
はぢがましき　外聞の悪い。恥ずかしい。

69 **見め**　見た目。
すさめ　嫌い、避ける。

70 **蟇目**　鏃の一種で、朴または桐で作り、中をからにして数箇の穴をあけたもの。射ると鳴りひびくので、魔よけや、合図などに用いられた。

71 **さならぬよう**　ありそうにもないと思われること。
なげきを…申事かなはぬなり　人の訴えをうけると、自分の方での弁明をすることはむずかしいものだ。

事かなはぬなり。*よもかなはじと思《おも》ふ訴《そ》訟《せう》の、かなはすは、いかばかりかなしかるべき。上へ*むけて賢人《けんじん》はなき也。ひが事あれば罪科あり。それにおそるゝものか、いやしきにたいしての賢人こそしかるべけれ。

72 一 物乞《ごい》の家に来《きた》りたらんには、かたのごとくなり共、いそぎて取《と》らすべし。たとひ取《と》らせずとも、あはれみの心言《こと》葉あるべし。いはんや物をこそ取《と》らせずとも、*じやけんの言《こと》葉をいふべからず。仏の御わざなりと知《し》るべし。

73 一 人に物を盗《ぬす》まるゝ事ありとも、事かけざらんには、*あらはすべからず。たちまち人の生涯をうしなはする事也。後世に因果《いんぐわ》のがれがたし。

74 一 所領などしる事あらんに、いかにわびしげなり共、*はぢあらん人の来《きた》りたらん時は、これへ〳〵との給ふべし。さればとて、きびしくいふべからず。人の品《しな》によるべし。*百性なんど来《きた》りたらん時は、便宜あらば酒《さけ》をも飲《の》ますべし。さればおなじ*公《く》事《じ》なれども、いさみいでくる也。又百性の従者なればとて、いやしみしかるべからずと申つくべし。

75 一 百性の*垣《かき》内に、いさゝかなる果《くだ》物にても、又つくりたる物など、さしたる事なからんにこうべからず。*此心を知《し》られぬれば、こゝろざしに出くる也。されば事かくる事なし。大事の用あらん時はこいもすべし。いかにも穏便《おんびん》なる使にてこうべし。いたはる事なければ、むつかしくなど思《おも》ひて、さやうの物をばつくらぬ也。されば*まめやかなる用の時は事をかく也。百性をいたはれ。徳もあり、罪《つみ》もあさし。

よもかなはじ…かなはすは　まさか成就するとは思ってもいない相手の訴訟が勝訴してしまうことは。

上へむけて…しかるべけれ　この部分、いやしい者にとっての賢人の役割を果たすように訓戒しているらしいが、意味がはっきりしない。あるいは誤脱があるのではないか。

72 **じやけん**　荒っぽく意地悪くするさま。なお底本は「あはれ」を見せ消ちにして「じやけん」と傍書しているが、これは、上文の「あはれみの…」部分の誤写に気づいて改めたものであろう。

73 **あらはすべからず**　公にし、訴えるべきではない。中世の刑法では当事者主義の原則から、訴訟が行われなければ刑事事件にはならないのが一般であった。

74 **はぢあらん人**　以下の百姓、百姓の従者と区別されているところからみて、武士を指すと思われる。六波羅殿御家訓5条をも参照。

百性　百姓のあて字。

公事　中世の農民が人間を客体として賦課されていた諸種の課役のこと。

75 **垣内**　農民の家を含んで、周囲一帯に垣根などをめぐらした畠地をいう。

此心を…出くる也　こちらからは特別の必要がなければ所望しないという態度が、百姓の方に通ずるようになれば、向うから進んで贈物に持ってきてくれるものだ。

まめやかなる用　非常に重要な用。

76 一 人の心のよるべき事、たとへをもつて申なり。おなじ夜なりとも、やみの夜をよろこぶ事なし。月の光くまなきをば悦《よろこぶ》也。おなじ鏡《かゞみ》なれ共、くもりたるを見《み》てんといふ人はなし。くもらざるをば、*そゞろなる人も見《み》たがる也。いやしきしづの女《め》なれ共、あきらかなる日の光、くもらぬ鏡《かゞみ》を知《し》らぬはなき也。さればおなじ人なりとも、よからんをこそたつとむべけれ、あしきに親《した》しむ人はなし。神・仏の御めぐみもよき人にはあるべし。いかにも人の心はすぐにてよかるべし。よく〳〵心得給ふべし。

77 一 神明は人をかゞみとせんとちかひ給ふ。その事を照覧《せうらん》なきにてはなけれども、人の心をすぐにもたせんとの御ちかひあるによりて也。さればかの神国にありながら、心ゆがみなば、いかで神明の御心にかなふべき。人を*かすめたる事あらば、それにまさる事必有《かならずあるなり》也。其を愚痴《ぐち》の者は知《し》らぬにてこそ候へ。

78 一 わが身足《た》らはずとも、*心せばきけしき、人に見すべからず。のちの世までもあしかるべし。人に物を施《ほどこ》せば、それほど諸天のあたへ給ふ事成《なり》。さればとて事にすぐれたるべからず。よき程にあるべし。

79 一 いかなる事を人はいふとも、物を論《ろん》ずる事なかれ。詮なからん事一言も無益《むやく》也。よそにてきく人をこがま敷《しく》*思ひ也。返々*さしもなき事あんずべからず。

80 一 二人つれて道をゆかんに、たがひに下《した》の心は、うちとけ給ふべからず。是は旅《たび》人と、つれてゆかん時の事也。さればとて、*きもありがほに見え給ふべからず。

76 **そゞろなる**　いいかげんな。とりとめもない。

77 **かすめたる**　あざむいた。だました。

78 **心せばきけしき**　心のせまい、けちけちした様子。

79 **さしもなき事**　それほどでもない事。
思ひ也　「思給也」の誤写か。

80 **きもありがほ**　未詳だが「気もあり顔」で、何か下心でもありそうな顔という意か。

81 一 酒《〈さけ〉》の座敷《〈ざしき〉》にては、はるかの末座《すへざ》までも、つねに目《め》をかけ、言《こと》葉をかけ給ふべし。おなじ酒なれ共、情《なさけ》をかけてのますれば、人のうれしく思《おも》ふ事也。殊《〈ことに〉》〳〵*疲労《ひらう》の人には、情《なさけ》をかけてをく事なり。うれしさ限なきにより、人の用を大切にする也。

82 一 人の身に貪欲《どんよく》といふ心あり。その心を、わが身《み》にまかせ給ふべからず。彼心を獄《ごく》卒《そつ》のつかひと思ひ給ふべし。かの心にさそわれ、地獄におつる也。貪欲《どんよく》の心にて、一紙半銭の物にても、ゆへなき物をとりぬれば、今生にては百倍《ばい》・千倍《ばゐ》の物をうしなひ、後生にては地獄におつべし。

83 一 *罪科至極《しごく》したる盗人《ぬす》をば、われは公方《くばう》へ訴訟《そせう》せざれども、仏・神の罰《ばち》をもかぶり、自滅《じめつ》する也。又はよその人の訴《うたへ》にて損《そん》ずる也。其時心ある人は、我が物を盗《ぬす》まれて、申さゞりし事のやさしさよと、いよ〳〵思《おも》ふなり。

84 一 人の人を盗人《ぬす》と*さして申とも、*雑物露顕《ろけん》の儀なくば、ゆめ〳〵もちゐ給ふべからず。*其人はたとひすごしぬとも、*向後の人のにくからんずる時、空事を申つくる人有べし。

85 一 唐土に*くろをさると申ことのありし也。我は「*そなたへつけ給へ」と申、人は「我かたへつけよ」と申。かやうに論《ろん》ずるを、隣国《〈りん〉》の訴訟《そせう》に、王宮へのぼりけるが聞《き》ゝて、「人はいかなれば是ほどやさしく欲《よく》をはなれん」と申て、それよりかへりぬ。これは其国の王の御心賢王なれば、隣国までかくのごとく*とくゆうあるこそめでたけれ。返々たかきいやしきにかぎらず、貪欲をすて、正直ならんと、神にも仏にも

81 **疲労の人**　不遇な人。おちぶれた人。

83 **罪科至極したる**　きわめて罪科のふかい。

84 **さして**　名指しで。

雑物　贓物。盗品。犯罪行為によって得た物件。

其人はたとひすごしぬとも　その事件は落着しても、の意か。

向後の人の…申つくる人有べし　今後、他人を憎んだ人がつくりごとを言い立て、訴えることがあるだろう。

85 **くろをさる**　耕地の境界の畔を、相手方の方につけようと譲ること。中国の周王朝の文王の下で、国内がよく治まった例として、このように伝えられている。「隣国」とは虞・芮の両国であり、この故事を「虞芮の訟」という。

とくゆう　「徳用」か。徳のすぐれた作用。

いのるべし。

86 一　馬にのりて、たかき坂をゆかん時は、生ある物なれば、くるしからんと思《おも》ひて、とゞめてやすむべし。よわき馬などにてたかき坂をばおりてひかすべし。畜《ちく》生はかなしみふかき也。*心得べし。

87 一　弓矢の事はつねに*儀理をあんずべし。*心ののかうなると、弓矢の儀理《り》をしりたるとは、車の両輪のごとく、儀理《ぎり》をしると申は、身をも家をもうしなへども、よきをすてず、つよきにをごらず、儀理をふかく思《おも》ふ、是は弓矢とり也。其儀理《り》は無沙汰なれども、敵をほろぼすはかうの物也。おなじくは車の両輪のかなふごとくに心得《え》給ふべし。ふるき詞にも、「*人は死して名をとゞむ、虎は死して皮をとどむ」と申事あり。命《いのち》も身のなり行《(ゆく)》事もさだまれる事也。*おしむにとゞまる事なし。ねがふにきたらぬ道理《だうり》をしり給ふべし。

88 一　舟にも乗《の》りならひ、川をも心得《え》、山をもたちならひ、寒きをも暑《あつ》きをもこらへならひ給ふべし。

89 一　たはぶれなればとて、人の難《なん》をいふべからず。我はたはぶれと思《おも》へども、人ははづかしきによりて、あやまちあるべし。たはぶれにも、人のうれしむ事をの給ふべし。*よろづにはゞかり、なさけふかゝるべし。

90 一　いかなる賤《しづ》の女《め》なりとも、女の難《なん》をいふべからず。いわんや*はぢあらん人の事は、中／＼いふにをよばず、*よき事をば申も沙汰《さた》すべし。あしきをかくし給ふべし。是

86 **心得べし**　底本「得べし」。筧氏説によって「心」を補入した。

87 **儀理**　義理。

心ののかう　「のの」の「の」一つは衍字か、あるいはこの間に脱字があるのか、未詳。「かう」は甲。六波羅殿御家訓1条頭注「甲」参照。

人は死して…皮をとどむ　「豹死留皮、人死留名」という句から出たもの。けものですら死後には美しい皮を残すのだから、まして人間は死後に美名を残さなくてはならない、の意。

おしむに…きたらぬ道理　命を惜しんでも死を止めることはできず、身のなり行きもよくなるようにいくら願ったところで、定めを変えることはできないという道理。

89 **よろづに…ふかゝるべし**　底本はこの部分の上部に「一」として一ヵ条独立したように書いた後、これを見せ消ちにしている。

90 **はぢあらん人**　武士身分の女性のことであろうか。

よき事をば…沙汰すべし　よい事ならば言って評判にしてもよい。

を思《おも》ひわかぬ人は、わが身にはぢがましき事有べし。すこしも高名《かうみやう》ならず。

91 一　旅人《たび》とあまた連《つ》れて川をわたらんには、子細を知《し》りたりともさきに人を渡すべし。又河をわたりて、事ありげに*行縢打《むかばきう》つべからず。人のなきかたへむけて、しのびやかに打《(うつ)》べし。

92 一* 事にふれて、世間にはゞかりふるまふべし。

93 一　*博奕《ばくゑき》の事は、くちおしき事なれども、*不思議《ふしぎ》に人にまじわりたらんに、友をあざむくべからず。便宜《びんぎ》によりて心得《え》給ふべし。人の心をとかんため也。わが身それを*しる事、ゆめ〳〵あるべからず。

94 一　まことに*すごしたる事にてもあれ、又不慮《ふりよ》の事にてもあれ、なげかしき事のいできたらんをも、あながちなげき給ふべからず。これも前《さき》の世のむくいなりと思《おも》ひ給ふべし。猶もなげかるゝ事あらば、つねに*すさみ給ふべし。
*浮世にはかゝれとてこそむまれたれことはりしらぬ我が心哉
此歌を詠じたまはゞ、わすれ給ふべし。

95 一　よそへうちいづる事あらん時は、十人出ば、二三人先《さき》にたてゝ出給ふべし。又弓矢などの時の事は、様によるべし。

96 一　主人の仰《(おおせ)》なりとも、よその人のそしりを得、人の大事になりぬべからん事を、いかにも*よく〳〵申べし。それによりて、勘当《かんだう》をかぶらん、くるしかるまじきなり。よく〳〵あんぜさせ給候はゞ、道理に聞《き》ゝて、いよ〳〵感心《かんしん》あるべし。又神・仏も

91 行縢打つ　行縢とは鹿・熊・虎などの毛皮で作り、腰につけて前面にたらし、脚や袴を覆うもの。川を渡った時、水に濡れたのを打ち払うときの注意である。

92 この一段を筧氏は、全条数を百ヵ条とするために前条の末尾が後人によって独立の一条に立てられたものとされる。89条の「よろづに…」の場合を参照。

93 博奕　ばくち。
不思議に　思いのほかに。
しる　主宰する。世話をする。

94 すごしたる　度を越す。失敗する。
すさみ給ふべし　口ずさみなさい。
浮世には…心哉　桃裕行氏の指摘されたように、この歌は「浮世にはかゝれとてこそ生れけめことわりしらぬ我が涙かな」(増鏡、新島守などに所載)という土御門上皇の作品から改作されたものであろうか。悲しいこと・嘆かわしいことのあることとこそ、この現世のならいであり、自分はその道理に気づいていなかったのだなあ、という意。

96 よく〳〵申べし　よくよくそれを諫め申し上げるべきである。

めぐみ給ふべし。

97 一 いかにも*人のため、世のためよからんと思《おも》ひ給ふべし。行末《(ゆく)すへ》のためと申也。しろき鳥の子はその色しろし、くろきはその子もくろし。蓼《たで》といふ草からくして、その末《すへ》をつぐ也。あまき物のたねはおとろふれどもその味《あぢ》あまし。されば人のためよからんと思はゞ、末《すへ》の世かならずよかるべし。我が身を思ふばかりにあらず。

98 一 主・親の前にて、数珠《じゆず》をくり、片手《かたて》をひき入、物を大口にくひ、或は楊子《やうじ》をつかひ、つわきを遠《とを》く吐《は》き、いねぶりをし、口をあき、舌《した》をさしいだす。大にこれ尾籠《びろふ》の事なり。

99 一 舟は楫《かぢ》といふ物をもつて、おそろしき浪をもしのぎ、あらき風をもふせぎ、大海をも渡《わた》る也。人間界の人は、正直の心をもちて、あぶなき世をも神・仏のたすけ渡《わた》し給ふ也。此心のよるところは、冥途《めいど》の旅《たび》にむかはん時、死出《しで》の山の道をもつくるべし。三途《づ》の川の橋《はし》をも渡《わた》すべし。大かたをきど比《(ころ)》なきほどのたから也。よく〳〵心得《え》給ふべし。正直の心は無欲《むよく》也。無欲《むよく》は後生のくすり也。返々夢の世の*いく程ならぬ事を観《くわん》ずべし。

　*死出《しで》の山あしき道にてなかりけり心の行《(ゆき)》てつくるとおもへば
　*三の河うれしき橋となりにけりかねて心のわたすと思へば
　*極楽へまいる道こそなかりけれ心のうちのすべぞなりけり
　*極楽の道のしるべとたづぬれば心の中の心なりけり

97 人のため　底本「人ため」。意によって「の」を補入した。

99 いく程　底本「い程」。意によって「く」を補入した。

死出の山…おもへば　死後に行くべき冥途にあるというけわしい死出の山の道も、正直の心がつくると思えばそんなに悪い道ではない、の意。

三の河…思へば　冥途にある三途の河をわたる橋も、かねてから正直の心でわたると思えば、うれしい橋である、の意。

極楽へ…すべぞなりけり　極楽へ行く道などというものは、人の正直の心のうちにあるものなのだ、の意。

極楽の…心なりけり　極楽へ行く道しるべをたずねてみれば、人の心のうちの正直の心なのだ、の意。

返*々はづかしく思《おも》ひたてまつれども、いのちは定《さだ》まりてかぎりある事なれば、いつをそれとも知《し》りがたし。そのうへ時にのぞみてのありさま、有《(ある)》いは物をいはずして、はかなくなる人もあり。又弓矢によりて、此*世をそむくたぐひもあり。露の命の、生死無常の風にしたがふならひ、*其《〈その〉》子ばかりはかげろふのあるかなきかの風情《ふぜい》也。心に思《おも》ひいだすをはゞからず申也。これをもちゐたらん程にあしき事にて候はゞ、わろき事を親ののたまひけるよと其時思《おも》ひ給ふべし。是を持《(もち)》ゐたらんを、孝養《けうやう》の至極と思ひたてまつるべし。たといもちゐ給ふ事なくとも、是をすへの世までの子共につたへ給ふべし。いでこん人のうちに、もし百*人が中ににてもこれをもちゐ給候人ありて、さてはむかしの人のつたへ給ひけるかと、おもひ給人やおはしますとて申也。人の親は子にあひぬれば、をこがましき事のあると申候。是やらんとおぼゆると、思《おも》ひたまはんずれども、心静に二三人もよりあひ御らんずべし。たゞしかやうに申事は、わが親《おや》の我を教《けう》訓《くん》するばかりと思ひ給ふべからず。すへの世の人を教《けう》訓《くん》すると心得《え》給ふべし。返々おかしくつ*ゝましき事なれば、他人にもらし給ふべからず。

　いにしへの人のかたみと是を見て一こゑ南無と唱給へよ。

御教訓の御状かくのごとし。

【尊経閣文庫蔵、前田家本】

○返々　以下は本文全体の総括の文章である。

此世をそむく　この世から離れ去る。死ぬ。

其子　底本は一旦「其外」と注した後、「外」を見せ消ちにして「子」と傍書しているが、筧氏は草体の類似から、本来は「其身」とあったものかと推定された。

百人が中ににても　筧氏説のごとく本来「百人が中に一人にても」などとあったものを脱したのであろう。

つゝましき　はばかられる。遠慮される。

家訓 2

北条実時家訓
朝倉英林壁書
早雲寺殿廿一箇条

石井　進　校注

〔北条実時家訓〕

先*トシテ、タヾ上ヲカザリテヘツラヒモトメタルニテ候。ゲ*ニ重キ職ヲモ授ケ、家中ヲモ預《アヅ》ケラレテ候ハン時ハ、必ズ党[1]《〈タウ〉》ヲナシ、群《〈グン〉》ヲ結《ムス》ビテ、主ヲクラマシ、人ヲ損ジ候ハンズル也。サテ侍《サブラ》フ者ドモノ中ヲ簡《(えら)》ビ候ニ、実直世《ヨ》ノ常《ツネ》ナル者ト覚候間、定メ申候。家中ヲ預《アヅ》ケ、大小事ヲ仰ラレ合テ、ヘダテナク、召ツカハレ候ベシ。此事身ノ器量ヲモハカラズ、過分ノ望ヲ懸タルエセ物ドモ、一定ソネミ申候ヌト覚候。ヨク〳〵心エラレ候テ、ハカラヒナドサレサセ給マジク候。サヤウノ輩ハ、ナガク召ツカハルマジク候。カヽルエセ者ヲ召ツカフニ依テ、ヒガ事ヲモ引出、悪□又別ニ心ヤスキ者ヲモチテ、サネナ□ニヘダテ、其[2]□シ彼ガ申ニ付テ、定タル事ヲモ、ミダリナドセラレ候ハン□レテ正*体ナキ事ニテ、ヤガテ人心々ニナリ、家中乱《ミダ》レテ、勝*事□也。イカニ不*便《(ふびん)》ニ思者ニテ候ヘドモ、ソノ器量タラザル者ニハ、重[3]事ヲ聞《キ》カセ、物ヲ申合ナドスル事ハ、アルマジキ事ニテ候。帰リテソ*ノ者ガ為ニモアダニ成候也。ヨク〳〵心エサセ給ベク候也。

1 底本振仮名「タ」は推定。　2「其」は推定。　3「重」は推定。

一　所領配分落*居セザル事。コレ召ツカフ輩ラ、偏ニ上ヲ軽ズル故ニテ候也。軽クセラルヽ故ハ、又ミダリニ人ノ云事ヲ用ヰ、賞罰《〈バツ〉》ヲ明ニセザルガ至*ス所ニテ候也。ミダリニ事ヲ不ㇾ行ハ、詳《〈クハ〉》シク道理ヲタヾシ、貴ヲモナダメズ、賤ヲモステズ、カタク賞罰ヲ行テ、私

先トシテ　これ以前のかなりの分量が欠失している。

ゲニ…人ヲ損ジ候ハンズル也　上文に見える、上べをかざり人にへつらうような人間を重要な地位につけ、家の政をあずけでもしたら、必ず派閥をつくって主人の目をくらまし、人を損なうであろう。

正体ナキ事　ちゃんとした形のないこと。本心のないこと。

勝事　普通でない事。よくない事。以下の欠損部分には「出で来るなり」といった意味の句が入るのであろう。

不便ニ…　かわいがり、世話をする。

ソノ　原文「ソノソノ」。衍文とみて改めた。

落居セザル　落ち着かない。決まらない。

至ス　「致す」。

シ無ランニ於テハ、人ミナ天ノ政ノ如クニ思テ、ウラミソネム所アルベカラズ候。設《(も)》シ心ノ不《ル》レ及《バ》ニヨテ、ヒガ事ヲ行ヒ候トモ、*甚心私ナクテ、人ノ為、世ノ為メヲ思テ行候ハンニハ、人ウラミヲ*不レ致《サ》ズ、天ソノ徳ニクミシ候ベキ也。カク私シ無ク□於テ□ウラミソネミ候ハン輩ニ於テハ、*召ツカハルベカラズ候。トガヲ行候*牧《(ホク)》ノシハノ□ハレム至ニテ候也。一人ニ*過《(とが)》ヲ行候ヌレバ、万人ツヽシミ候故也。コ[1]ノハカリ事ナクシテ、一旦不便ナレバトテ、ソノ過《(とが)》ヲナダ[2]メ候ヘバ、万人ヒガ事ヲ*留メズ、主ヲ滅《ホロボ》シ、身ヲ*損ジ候也。サレバ賞罰ヲ明カニセザルハ、人ヲ損ジ、身ヲ損ズル源ニテ候也。コトサラ、貴ク重カラン者ノ罪ヲカラク行ヒ、賤カラン者ノ忠ヲ賞セラレ候ベク候。コレ政ノ故実ニテ候也。タヾ政ト申候ハ、賞罰ヲカタク、明カニ行フヨリホカノ事ナク候也。此事ドモ詳《クハ》シク披覧《(ひらん)》シテ、ヨク〳〵存知候ヘトテ、病モ日ニソヘテ重《ヲモ》ク、年ツモリ候テ、今ハ手モフルヒ、目モ見《ミ》ヘズ候ヘドモ、仮名《カンナ》ニ、自筆ニ、書《カ》キテ候也。仍執達如《シ》レ件。アナカシコ〳〵。

七月二日　　　　実ー*

越*後六郎殿

1「コ」は推定。　2「ダ」は推定。

【『神奈川県史』資料編一】

甚　「其」の誤りか。

不致ズ　「ズ」は衍字か。

召ツカハルベカラズ　底本「召ツカハルベカズ」。「ラ」を補入した。

牧ノシハノ　未考。「牧ノ司馬ノ」の意か。

過　とが。つみ。

留メズ　「止めず」。

損ジ　原本「指シ」。意によって改めた。

実ー　実時の「時」の字を省略したもの。

越後六郎　実時の子、実政。

朝倉英林壁書

1 一　於《イテ》二朝倉之家《ニ》一、不レ可《カラ》レ*定《ム》二宿老*《ヲ》一、其身之器用可《キノ》レ従《フ》二忠節《ニ》一事。

2 一　代々*持来などゝて、*団扇《(うちわ)》幷奉行職預らるまじき事。

3 一　天下雖《モ》レ為二静謐《リト》一、遠近之国々に目付を置、所々之行跡を被レ聞《カ》候はん儀、専一之事。

4 一　名作之刀さのみ被レ好《マ》まじく候。其故は万疋之太刀を為レ持《タ》共、百疋之鑓《(やり)》百挺には勝《(まさ)》るまじく候。百疋之鑓百挺求《(もとめ)》、百人に為レ持候はゞ、一方は可《キ》レ禦《グ》事。

5 一　*四座之猿楽*切々呼下、見物被レ好《マ》間鋪《(まじく)》候。以《テ》二其価《ヲ》一、国之申楽之器用ならんを為二上洛一、*仕舞を習はせ候者、後代迄可《キ》レ然《ル》歟。其上城内にをゐて、夜能被レ好《マ》まじき事。

6 一　侍之役なりとて、伊達・白川江立《テ》二使者《ヲ》一候て、よき馬・鷹被《ル》レ求《メ》間鋪候。自然他所より到来候者尤候。其も三ヶ年過ば、他家江可レ被レ送。永持仕候得者、必後悔出来候事。

7 一　朝倉名字之中を始、年始之出仕之上着、可レ為二布子*一、幷各同名定紋*を可《シ》レ被《ル》レ為《セ》レ付《ケ》。分限有レ之とて、衣装を結構せられ候者、*国端在庄之侍は花麗に恐、貧乏之姿にて出悪《(でにくし)》などゝて、構《ヘ》二虚病《ヲ》一、一年不レ出、二年三年出仕不レ仕者、後々者、朝倉が前へ祗候之輩可レ少事。

8 一　其身之成《(みのなり)》見悪《(みにくく)》候共、*気なげたらん者には可《シ》レ有《ル》レ情。又臆病なれども、*用義*押立よきは、供使之用に立候。両方闕たらんは、所領之費歟。

1朝倉氏の家中には宿老などの身分を定めず、個人の能力や忠節によって登用するの意。

定　白石本により補入。

宿老　原本は「高老」とするが、白石本などによって改めた。

2持来などゝて　白石本にはこの下に「無器用之仁に」の句があり、その方が意味は通りやすい。

団扇　軍の指揮者のもつ軍扇。転じて、それをもつ地位。

5四座之猿楽　興福寺に属した観世・宝生・金剛・金春の四座の大和猿楽。

切々　節々・折々とも書き、しょっちゅうの意。

仕舞　能楽で装束をつけず、はやしなしで行う略式の舞。

7布子　木綿、または麻布の袷、もしくは綿入れ。

各同名定紋　それぞれ同じ名字の家の定紋。

国端在庄之侍　朝倉氏分国内の端に在住している家臣。

8気なげたらん者　勇ましい、かいがいしい者。

用義　「容儀」のあて字。容姿。

押立　立居振舞。押出し。

9会尺はれ　応対する。

9 一 奉公之者と無奉公之族、同事に*会尺《あいしら》はれ候者、忠節之*半漢いかで可《ク》レ有《ル》候哉。

10 一 さのみ事闕候はずば、他国牢人などに、右筆させられまじき事。

11 一 僧俗共に、一手に芸能あらん者、他国江被《ル》レ越《エ》間鋪候。但、其身之能を慢じ、無奉公之輩は、*可《キ》レ無《カル》レ曲事。

12 一 可《キ》レ勝《ツ》合戦、可《キ》レ執《ル》城責等之時、撰《ビ》二吉日《ヲ》一、調《ヘ》二方角《ヲ》一、遁《ガス》二時日《ヲ》一事口惜候。如何様之吉日なりとも、大風に船を出し、猛勢に無人にて向は、*其曲有まじく候。*雖《モ》レ為《リト》二悪日悪方一、見合《みあい》、諸神殊には八幡・摩利支天に、別而致《シ》二精誠《ヲ》一、励《マシ》二軍功《ヲ》一候はゞ、勝利可《キ》レ為《ル》二*案中一事。

13 一 *為《ル》二器用正路一輩に申付、年中三ケ度計、為レ*遵二行領分《ヲ》一、土民百姓之唱を聞、可《シ》レ被《ル》レ改《メ》二其沙汰《ヲ》一。*自然少々は形を引替候て、自身も可レ然候事。

14 一 朝倉が館之外、*国内□城郭を為《セ》レ構《ヘ》まじく候。惣別分限あらん者、*一乗谷へ引越、郷村には代官計可レ被レ置事。

15 一 伽藍仏閣幷町屋等巡検之時は、少々馬を留、見悪《にくき》をば見にくきと云、善《よき》をば吉《よき》と言《い》はれ候者、不レ到者も、御詞に掛たるなどゝて、悪《あ》しきをば直し、よきをば弥《いよいよ》可《ク》レ嗜《ム》候。造作も不レ入《ラ》、国を見事に持成も、国主の心づかひに寄《よる》べく候事。

16 一 諸沙汰*直奏之時、理非少も被《レ》レ枉《ゲ》まじく候。若《もし》役人致《ス》二私曲《ヲ》一之由被《キ》二聞及《バ》一、*在状分明ならば、*負方《ト》可《ク》レ為《ル》二同科一候。諸事内輪を*勲厚《きんこう》に沙汰いたし候得ば、他国之悪党等、如何様に*嗳《あつかい》たり共不レ苦候。贔屓偏頗在レ之、猥《みだりがわしき》敷捉・*行義と被《レ》二風聞《セ》一候はゞ、従《リ》二他国一手

半漢 駿馬・天馬などがおどり上がり、いさみ立つ様子。この場合は家臣にあてはめたもの。

11可無曲事 曲なかるべき事。「曲がない」とは、つまらないことから転じて、㈠非難すべきこと、㈡特に主人としてするべきことをしないとして、非難する言葉となった。ここは㈠の意。

12其曲有まじく候 前注「曲がない」の㈡の意に用いている。

雖為悪日悪方見合 日や方角がわるくても、種々の条件をよく考え合わせて行動する、の意。

案中 思い通り。計画通り。

13為器用正路輩 有能で正直な者。

遵行 「巡行」のあて字。

自然…自身も可然候事 時には少々身なりを変えて、自分で領内を巡視するのもよいことだ。なおこの「引替候」の「候」は判読。

14国内 下の一字欠損。「に」か。

一乗谷 朝倉氏の居城・居館の置かれていた地。現福井県福井市内。

16直奏 分国主に直接上申して裁決を仰ぐこと。

在状 式目10条頭注「在状分明ならば」参照。

負方 役人の私曲によって敗訴と決定された者。

勲厚 謹直温厚にすること。

嗳 干渉する。口入する。

行義 「行儀」。しわざ・行為の意。

を入者にて候。ある高僧之物語せられ候は、主人は*不動・愛染之ごとくなるべし。不動之剣をひっさげ、愛染の弓を帯したる事、全《まったく》衝《つく》にあらず、射《いる》にあらず。悪魔降伏之相にして、内心慈悲深重也。如《ク》ㇾ其侍《ノ》之頭をする身は、先《まず》我行跡を正して、士卒忠臣には与《ヘ》ㇾ賞《ヲ》、不忠反逆輩《ノ》をば退治し、理非善悪糺決するを、慈悲《じひ》之賞罰とは申候はん。たとひ賢人・聖人之語を覚り、諸文を学したり共、心偏屈にしては不ㇾ可《カラ》ㇾ然《ル》。語に*君子不《レバ》ㇾ重《カラ》則《チ》不ㇾ威《セ》などとあるをみて、偏に重計《おもきばかり》と心得てはあしかるべく候。重《おもき》も軽《かろ》きも、時宜・時節に寄《より》て、其振舞可ㇾ為二肝要一事。

右条々、*忽緒に思はれ候ては無益《ニ》候。入道一孤半身より、尽《シ》二粉骨《ヲ》一、不思義に*国を執《とり》しより以来、昼夜*不ㇾ緤《ガ》ㇾ目《ヲ》令《シメ》二工夫一、名人之語を耳に挟、諸卒を下知し、国家無ㇾ恙《ク》候。於二子々孫々一、守《リ》二此旨《ヲ》一候はゞ、日吉・八幡之御教と混《おな》じく思はれ、国をたもち候はゞ、朝倉名字可《シ》二相続《ク》一、末葉にをゐて、吾まゝに振舞《ふるまわ》れ候者、後悔先立《さきだつ》まじき者也。

朝倉弾正左衛門尉日下氏

孝景入道英林

【『中世法制史料集』第三巻】

不動・愛染　不動明王・愛染明王。

君子不重則不威　論語、学而篇に見え、人の上に立つ者は重々しくないと威厳がなく、人に侮られる、の意。

忽緒　なおざり・ないがしろにすること。軽んずること。

国を執し　孝景が越前守護となって、越前一国を支配したことを指す。

不緤目　「緤」はツナグの訓があるので、「目をつながす」とよむ。

早雲寺殿廿一箇条

1 一 第一、仏神を信じ申べき事。

2 一 朝はいかにも早《はや》く起《(おく)》べし。遅く起ぬれば、召仕ふ者まで油断し、使《つか》はれず。公私の用を欠《か》くなり。はたしては、必《(かならず)》主君に見限《みかぎ》られ申べしと、深《ふか》く慎《つゝし》むべし。

3 一 夕《ゆふべ》には、*五ツ以前に寝静《しづ》まるべし。夜盗は必《(かならず)》*子・丑の剋に忍び入者也。宵に無用の長雑談、子・丑に寝入《ねい》り、家財を取《と》られ損亡す。外聞しかるべからず。宵にいたづらに焼すつる薪・灯を取《と》り置《を》き、*寅の剋に起、行水・拝みし、身の*形儀をとゝのへ、其日の*用所、妻子家来の者共に申付、扨*六ツ以前に出仕申べし。古語には「子に臥《ふ》し寅に起よ」と候得ども、それは人により候。すべて寅に起て得分有べし。*辰・巳の剋迄臥ては、主君の出仕奉公もならず、又自分の用所をも欠《か》く。何の謂かあらむ。*日果空《むな》しかるべし。

4 一 *手水《(ちやうず)》を使《つか》はぬ先《さき》に、厠より厩・庭・門外迄見めぐり、先《(まず)》掃除すべき所を、似合《にあひ》の者に言付《いひ》、手水を早《はや》く使《つか》ふべし。水は*ありものなればとて、たゞうがひし捨べからず。家の内《うち》なればとて、高《たか》く声ばらひする事、人に憚《はゞか》らぬ躰にて聞《(きき)》にくし、ひそかに使《つか》ふべし。「*天に跼《(くぐまり)》、地に蹐《(ぬきあし)》す」といふ事あり。

5 一 *拝みをする事、身の行《おこな》ひ也。只心《こゝろ》を直にやはらかに持、正直・憲法にして、上たるをば敬ひ、下たるをば憐《あはれ》み、有《あ》るをば有《あ》るとし、無《な》きをば無《な》きとし、有《あ》りのまゝなる心持、

3 **五ツ** 現在のほぼ午後八時ごろ。
子・丑の剋 ほぼ午後十一時ごろから午前三時ごろまで。
寅の剋 ほぼ午前三時から五時ごろまで。
形儀 この場合はギョウギとよみ、現在の「行儀」、すなわち動作の作法の意に用いている。
用所 用事。
六ツ ほぼ午前六時ごろ。
辰・巳の剋 ほぼ午前七時ごろから十一時ごろまで。
日果 「日課」のあて字。

4 **手水** 手・顔を洗い清めること。
ありもの 自然にいくらでもあるもの。
天に跼、地に蹐す 天は高いけれども背をかがめ、地は磐石なのに抜き足で歩く、の意。天地の間に身のおきどころのないありさまをいうが、ここでは常に身をつつしむ意味に用いている。

5 **拝み** 神・仏を拝むこと。

仏意・*冥慮にもかなふと見えたり。たとひ祈《いの》らずとも、此心持あらば、神明の加護有レ之べし。祈《いの》るとも心曲《まが》らば、天道に放《はな》され申さんと慎《つゝし》むべし。

6 一　刀・衣裳、人のごとく結構に有べしと思ふべからず。見苦《ぐる》しくなくばと心得て、無《な》き物をかり求《もと》め、*無力重《かさ》なりなば、他人の嘲《あざけり》成べし。

7 一　出仕の時は申に及《(およば)》ず、或は少き煩・所用在レ之、今日は宿所にあるべしと思《おも》ふとも、髪をば早《はや》く結《ゆ》ふべし。*はふけたる躰にて人々に見《み》ゆる事慮外、又つたなき心《こゝろ》也。我身に油断がちなれば、召仕ふ者までも、其振舞程に嗜むべし。*同たけの人の尋来るにも、*どゝつきまはりて見苦《ぐる》しき事也。

8 一　出仕の時、御前へ参るべからず。御次に祗候して、諸傍輩の躰ヲ見つくろひ、さて*御通《とを》りへ罷出べし。左様になければ、*むなつく事有べきなり。

9 一　仰出さるゝ事あらば、遠くに祗候申たり共、先早《はや》くあつと御返事を申、*頓而御前へ参、御側へはひ〳〵より、いかにも謹而承べし。扨急《いそ》ぎ罷出、御用を申調、御返事は有のまゝに申上べし。*私の宏才を申べからず。但又事により、此御返事は何と申候はんと、*口味ある人の内儀を請て申上べし。我とする事なかれといふことなり。

10 一　御通りにて物語抔する人のあたりに居べからず。傍へ寄《よ》るべし。況我身雑談・虚笑抔しては、上々の事は不レ及レ申、傍輩にも心ある人には見限《みかぎ》られべく候也。

11 一　「*数多交《まじは》りて事なかれ」といふことあり。何事も人に任《まか》すべき事也。

12 一　少の隙あらば、物の本を見《み》、文字のある物を懐に入、常に人目を忍び見《み》べし。寝ても

冥慮　神・仏のおぼしめし。

6 無力　貧乏になること。

7 はふけたる躰　「ほうけたる躰」で、髪が乱れかかったり、ぼうぼうとしたありさま。

同たけ　同等の。

どゝつきまはりて　うろたえさわいで。大あわてで。

8 御通り　主人の前へ召し出されること。お目通り。

むなつく　胸をつく。ぎょっとする。

9 頓而　やがて。急いで。

私の宏才を申べからず　自分の才智をひけらかしてはならない。

口味ある人　思慮ある人、の意か。

11 数多交りて事なかれ　未詳であるが、あるいは、多勢の人々とともに身を処すれば何事につけ無事である、の意か。

覚《さ》めても手馴ざれば、文字忘るゝなり。書《(かく)》こと又同事。

13 一 宿老の方々御縁に祗候の時、腰を少々折て、手をつき通るべし。はゞからぬ躰にて、あたりを踏《ふ》みならし通る事、以之外《(もつてのほか)》の慮外也。諸侍いづれも慇懃《(いんぎん)》にいたすべき也。

14 一 上下万民に対し、一言半句にても虚言を申べからず。かりそめにも有のまゝたるべし。虚言《そらごと》*言つぐればくせになりて、*せゝらるゝ也。人に頓而見限《みかぎ》らるべし。人に糺され申ては、一期の恥と心得べきなり。

15 一 歌道なき人は、*無手に賤き事なり。学ぶべし。常の*出言に慎み有べし。一言にても人の胸中知《し》らるゝ者也。

16 一 奉公の隙《すき》には、馬を乗習《なら》ふべし。*下地を達者に乗習《なら》ひて、*用の手綱《たづな》以下は稽古すべき也。

17 一 よき友を求《もと》めべきは、手習・学文の友也。悪友をのぞくべきは、碁・将棊・笛・尺八の友也。是は知《し》らずとも恥にはならず、習ても悪《あ》しき事にはならず。但、いたづらに光陰を送らむよりはと也。人の善悪、皆《みな》友によるといふこと也。*三人行時、必《かならず》我《わが》師あり。其善者を撰て、是に従《したが》ふ。其よからざる者をば、是を改《あらた》むべし。

18 一 *隙《すき》ありて宿に帰らば、厩面より裏《うら》へ廻《まは》り、*四壁・垣根《ね》・犬のくゞり所をふさぎ拵さすべし。下女つたなきものは、*軒を抜て焼、当座の事をあがなひ、後の事を知《し》らず。万事かくの如《ごと》く有べきと、深く心得べし。

19 一 夕《ゆふべ》は*六ツ時に門をはたと立《た》て、人の出入により、開《あ》けさすべし。左様になくしては、

14言つぐれば 言い続ければ。

せゝらるゝ也 虫などに刺され、攻められるように、人からも攻められるものだ、の意。

15無手に 何のとりえもなく、無能に。

出言 言葉を出すこと。

16下地 基礎。下ごしらえ。

用の手綱以下 手綱のさばき方などの技術。

17三人行時…改むべし 論語、述而篇に「三人行必有我師焉、択其善者而従之、其不善者而改之」とみえる。共にことを行う時、少数の人の中にも必ず自分の手本とするに足る人がある、善を行う人を手本とするのは勿論、悪を行う人も戒めになるから、善・悪につけ、学びうる人は必ずある、の意。

18隙 奉公の隙(ひま)。

四壁 四方の壁。

軒を抜て…後の事を知らず 軒から藁を抜きとって焼いたりしてもその場をつくろっておくだけで、後の始末をしない、の意か。

19六ツ時 この場合は「暮れ六つ」で、ほぼ午後六時ごろ。

*未断に有て、必《かならず》悪事出来すべき也。

20 一　夕《ゆふべ》には、台所・*中居の火の廻り、我と見廻《みまは》り、かたく申付、其外*類火の用心をくせになして、毎夜申付べし。女房は高きも賤も左様の心持なく、家財・衣裳を取ちらし、油断多きこと也。人を召仕候共、万事を人に計申付べきと思《おも》はず、我と手づからして様躰を知《し》り、後には人にさするもよきと心得べき也。

21 一　文武弓馬の道は常なり。記すに及ばず。*文を左にし、武を右にするは古の法、兼て備へずんば有べからず。

【『中世法制史料集』第三巻】

未断　まだ定まらないこと。将来。

20 **中居**　台所に続く主婦の居間。

類火　他から燃え移った火事。類焼。

21 **文を左にし、武を右にする**　「文を右にし、武を左にする」の類語で、文武両道を用いて天下を治めること。

毛利元就書状（四通）

石井進校注

㈠（弘治三年）霜月二十五日　隆元・元春・隆景宛

（端裏切封ウハ書）
「（墨　引）
隆元　　　　　　　　右*馬
元春　進レ之候　　　元就
隆景　　　　　　　　」

*尚々、忘《わすれ》候事候者、重而《かさねて》可《ク》レ申《ス》候。又此状、字など落候て、*てには違《ちが》ひ候事もあるべく候。御推量にめさるべく候〳〵。

*三人心持之事、今度弥《いよいよ》可《ク》レ然《ル》被《レ》二申《シ》談《ゼ》一候。誠千秋万歳、大慶此事候〳〵。

1 一　*幾度申候而、毛利と申名字之儀、*涯分末代までもすたり候はぬやうに、御心がけ・御心遣肝心までにて候〳〵。

2 一　元春・隆景之事、*他名之家を被《ル》レ続《ガ》事候。雖《モ》レ然《リト》、是者誠の当座《とうざ》の物にてこそ候へ。毛利之二字、あだおろかにも思食、御忘却候ては、一円*無《キ》レ曲事《ニ》候。中〳〵申もおろかにて候〳〵。

3 一　雖《モ》二申《スモ》事旧《リ》候《ト》一、弥以申候。三人之半、少にても*かけこへだても候はゞ、たゞ〳〵三人御滅亡と可《ク》レ被二思《シ》召《サ》一候〳〵。*余之者には取分可《ク》レ替《ル》候。我等子孫と申候はん事は、別而諸人之にくまれを可《ク》レ蒙《ル》候間、*後先《あとさき》にてこそ候へ、一人も人はもらし候まじく候〳〵。

右馬　元就の官名右馬頭の略。

尚々…めさるべく候〳〵　この部分は追而書である。

てには違ひ候事　「てにをは」の助詞の使用法の間違っていること。

三人心持之事　元就の実子である毛利隆元・吉川元春・小早川隆景の三人の間の心のもち方について。

1幾度申候而　この下に「も」を脱しているのかも知れぬ。

涯分　力の及ぶかぎり。

2他名之家を被続事候　元春は安芸国北部の豪族吉川氏を、隆景は同国東南部の豪族小早川氏の家を相続していた。

無曲事　朝倉英林壁書11条頭注参照。「曲がない」の㈡の意味。

3かけこへだて　かけへだて・わけへだての意か。

余之者…可替候　他の人たちとは違って、の意。

後先にてこそ候へ　滅亡に前後はあっても、の意。

縦又か*ゝはり候ても、名を失《うしな》い候て、一人二人かゝはり候ては、何之用にすべく候哉、不ㇾ能《ハ》ㇾ申《スニ》候。

4 一 隆元之事者、隆景・元春を力《ちから》にして、*内外様《(うちとざま)》共に可《ク》ㇾ被《ル》二申付《シケ》一候。於《テ》ㇾ然《ルニ》者、何之子細あるべく候や。又隆景・元春事者、*当家だに堅固に候はゞ、以《テ》二其《ノ》力《ヲ》一、家中〳〵者如《ク》二存分《ノ》一可ㇾ被二申付一候〳〵。唯今いかに〳〵我〳〵が家中〳〵如二存分一申付候と被ㇾ存候共、当家弱《よは》く成行候者、人の心持可二相替一候条、両人にをゐても此御心もち肝要候《ニ》〳〵。

5 一 此間も如《ク》二申《シ》候一、元春・隆景*違《ちが》ひの事候共、隆元ひとへに〳〵*以《テ》二親気《ヲ》一毎度勘忍《かんにん》あるべく候〳〵。又隆元違《ちが》ひの事候共、*両人之御事者、御したがい候はで不ㇾ可ㇾ叶《フ》二*順儀《ニ》一候〳〵。両人之事は、*爰元に御入候者、まことに*福原・桂など上下《うへした》にて、何と成《(なり)》とも、隆元下知に御したがひ候はで叶間じく候間、唯今如ㇾ此候とても、たゞ〳〵内心には、此御*ひつそくたるべく候〳〵。

6 一 孫之代までも、此*しめしこそあらまほしく候。さ候者、三家数代を可ㇾ被ㇾ保《タ》候之条、斯様《かやう》にこそあり度者《(たくは)》候へども、末世之事《ニ》候間、其段までは及なく候。さりとては、三人一代づゝの事は、はたと此御心持候はでは、名利之二を可《ク》ㇾ被《ハ》ㇾ失候〳〵。

7 一 *妙玖ゑの皆《みな》〴〵の御弔《とぶらい》も、*御届も、是にしくまじく候〳〵。

8 一 *五竜之事、是又*五もじ所之儀、我々不便《ふびん》に存候条、三人共にひとへに〳〵此御心持にて、一代之間者、三人同前之御存分ならでは、於《テ》二元就《ニ》一無《ク》ㇾ曲恨み可ㇾ申候〳〵。

9 一 唯今*虫けらのやうなる子ども候。斯様《かやう》の者、もし〳〵此内頭全《かしらまた》く成人候ずるは、心持《もち》

かゝはり　維持する、の意。

4 内外様…申付候　家の内外にわたっての諸事を命令し、処理すべきである、の意。

当家　毛利の家を指す。

5 違ひ　同意できないこと。

以親気　親らしい気持で。

両人　元春・隆景の二人。

順儀　道理にしたがうこと。

爰元　毛利家の本拠地、安芸吉田。

福原・桂　毛利家の重臣。

御ひつそく　推量・推測の意か。

6 しめし　教え。教訓。訓戒。

7 妙玖　元就の妻。吉川国経の娘。すでに天文十四年(一五四五)に歿していた。

御届　孝行のしるし、の意。

8 五竜　安芸高田郡の豪族宍戸氏の居城五竜城。ここでは宍戸氏の当主隆家を指す。

五もじ　元就の長女で、宍戸隆家の妻を指す。「五もじ」とは、婦人に対する敬称。

9 虫けらのやうなる子ども　隆元らの異母弟で、当時元清は七歳、元秋は六歳、元総は三歳であった。

など形《かた》の如《ごと》くにも候ずるをば、憐愍《れんみん》候て、何方之遠境などにも可ク㆑被㆑置カ候。又ひやうろ*く無力之者たるべきは、治定之事ニ候間、さ様之者をば何とやうに被㆓申付㆒候共、はからひにて候〳〵。何共不㆑存ゼ候〳〵。今日までの心持、速に此分ニ候。三人と五竜之事は、少も悪《わる》く御入候者、我々に対《たい》し候ての御不孝迄ニ候〳〵。更ニ無㆑別候〳〵。

10 一　我等事、存知之外、人を多《(おおく)》失《うしな》い候之条、此因果候はで叶まじく候と、内々笑止《*せうし》にて候。然間、かた〴〵*の御事、此段御慎《つゝし》み肝要ニ候〳〵。元就一世之内に報候へば、不㆑及㆑申候。

11 一　元就事、廿之年、興元*に離《はな》れ申候。至㆓当年之于今㆒迄、四十余か年候。其内大浪小浪、洞*・他家之弓矢、いかばかりの伝変*に候哉。然処、元就一人すべりぬけ候て、如㆑此之儀不思議不㆑能ハ㆑申スニ候。身ながら、我等事、健気者《*けなげ》、胴骨者《*どうぼね》にても、智恵才覚、人に越候者にても、又正直正路者*にて、人にすぐれ、神仏の御守《まぼり》あるべき者にても、何之条にてもなく候処に、斯様《かやう》にすべりぬけ候事、何之故にて候共、更《(さらに)》身ながら不㆑及バ㆓推量ニ㆒候〳〵。然間、早々《はやく》心安、ちと今生之楽《らく》をも仕、心静に後生之願《ねがひ》をも仕度候へ共、其段も先ならず候て、不㆑及㆑申候〳〵。

12 一　我等十一之年土居*に候つるに、井上古河内守*所へ客僧*一人来候て、念仏之大事を受候とて催候。然間、大方殿*御出候而御保候*。我等も同前に、十一歳にて伝授候而、是も当年之今に至候て、毎朝多分呪《(まじない)》候。此儀者、朝日を拝《おが》み申候て、念仏十篇*づゝ唱《とな》へ候者、後生之儀者不㆑及㆑申、今生之祈禱此事たるべき由《よし》受候つる。又我々故実*に、今生之願《ねがひ》を も御日*へ申候。もし〳〵斯様《かやう》の事、一身之守と成候やと、あまりの事に思ひ候。左候間、

ひやうろく　まぬけな。愚鈍な。

10笑止　ここは困惑の意。

かた〴〵　あなた方。

11興元　元就の兄。

洞　自分の家中。

伝変　「転変」のあて字。

健気者　かいがいしい勇者。武勇にすぐれた者。

胴骨者　筋骨のたくましい者。あるいは度胸のすわった者。ここでは前者の意か。

正直正路者　正直で正道をふむ者。

12土居　元就の幼時の居城猿懸城の麓の屋敷を指す。

井上古河内守　井上光兼。毛利家の重臣。

客僧　旅の僧。

大方殿　弘元の側室高橋氏。元就は五歳で生母福原氏と死別し、もっぱら高橋氏に養育された。

御出候而御保候　旅僧の催した念仏講に出席して、伝授をうけられた。

十篇　「十遍」のあて字。

故実　先例。慣行。

御日　「日」の敬称。

御三人之事も、毎朝是を御行候へかしと存候〳〵。日月何《いつ》れも同前たるべく候哉〳〵。

13 一 我等事、不思儀に 厳嶋を大切に存る心底候て、年月信仰申候。さ候間、*初度に折敷畑《ばた》にて合戦之時も、既早《はや》合戦に及候時、自二厳嶋一、*石田六郎左衛門尉、*御久米・*巻数を捧げ来候条、さては神変と存知、合戦弥進《すゝ》め候て勝利候。其後厳嶋*要害為《メ》二普請《ノ》一、我等罷渡候処、存知之外なる敵舟三艘、*与風《(ふと)》来候て、及《ビ》二合戦《ニ》一、数多討二捕頸一、要害之麓にならべおき候。其時我等存当候。さては於《テ》二当嶋《ニ》一弥可《キ》レ得二大利《ヲ》一*寄瑞にて候哉、元就罷渡候時、如レ此之仕合共候間、大明神御加護も候と心中安堵候つ。然間、厳嶋を皆々御信仰肝要本望たるべく候〳〵。

14 一 連々申度、今度之次に申にて候〳〵。是より外に、我々腹中、何にても候へ候はず候。たゞ是まで候〳〵。次ながら申候て、本望只此事候〳〵。目出度々々、恐々謹言。

(弘治三年)霜月廿五日　元就(花押)

隆元
隆景　進《ジ》レ之《ヲ》候
元春

13 **初度に折敷畑にて合戦**　天文二十三年(一五五四)九月、陶晴賢の部将宮川房長の軍を現広島県廿日市の西方の折敷畑山に破った戦。
石田六郎左衛門　厳島神社の神官棚守房顕の使者。
御久米　「御供米」のあて字。神社などに供える米。
巻数　僧侶が祈願のために経文などを音読した場合、その経文の題名・巻数などを記して依頼者に送付する文書。
厳嶋要害…ならべおき候　弘治元年(一五五五)、陶晴賢の侵入に対抗するため、厳島西北部有ノ浦に築城した宮ノ城巡視のため渡島しようとした元就の船が、陶軍の兵船に攻撃されたが、ついにこれを撃滅して敵兵の首を宮ノ城の麓にかけ並べた。
与風　「ふと」で、はからずも、不意に、の意。
寄瑞　「奇瑞」のあて字。

(二)（弘治三年？）隆元宛

（端裏切封ウハ書）
「　　　（墨　引）　　　右馬
（追筆）
「去年状也」隆元又まいる　　　元就」

是*又御披見之後、返可《ク》レ給《フ》候〳〵。

巻物之内に可《ク》レ申《ス》候へ共、此儀肝心候。おそれながら、三*人のためには、守にも何にもまさる事にて候間、別紙に申候。三人之間、露塵ほどもあしざまに成行、わるく思召《おぼしめ》し候者、早々《はやばや》滅亡《めつぼう》と可《ク》レ被《レ》二思召《シサ》一候〳〵。唯今当家のためは、別に守《まぼり》も思惟もあるまじく候。たゞ〳〵此儀定がため、御*方・両人之ためは不レ能《ハ》レ申《スニ》、子共迄之守たるべく候。張*良が一巻之書にもまし候べく候。如《ク》レ今《ノ》三家無二に候者、おそれながら、国中之人々にも小股《*こまた》はかゝれまじく候。他家・他国のおそれも、さのみはあるまじく候〳〵。

1 一　当家をよかれと存候者は、他国之事は不レ能レ申、当国にも一人もあるまじく候〳〵。

2 一　当家中にも、人により、時々により候て、さのみよくは存候はぬ者のみあるべく候。

3 一　三家今の如《ごと》く無二に候者、此家中は御方之御心に任《まか》せられ、小早河家中は隆景存分に任《まか》せ、吉川家中は元春可《ク》レ任《ス》二所存《ニ》一候〳〵。もし〳〵少《すこし》も悪《わる》く候者、先《（まず）》家中〳〵より侮《あなづ》り候て、一向《かう》事は成まじく候〳〵。然間、たゞ当家を初候て、三家之秘事は、是までにてあるべく候〳〵。一*巻之書是にてあるべく候。露程も兄弟間悪《わる》きめ*ぐみも候者、滅亡《めつぼう》の

是又…可給候〳〵　この部分は追而書である。
三人　隆元・元春・隆景の三人。

御方・両人　あなた（隆元）と元春・隆景の二人。
張良が一巻之書　前漢創業の際の智将張良が圯橋の上で黄石公から授けられたという一巻の兵書。
小股はかゝれまじく　小股を切られるということはあるまい。「小股をすくわれる」と類義か。

3 **一巻之書是にてあるべく候**　当家をはじめ三家にとっての張良の一巻の書とは、まさしくこの一致協力ということである。
めぐみ　「芽ぐむ」の名詞化。芽ばえること。

基と可クレ被二思シ召サ一候〳〵。吉事重畳可ク二申シ承ル一候〳〵。かしく。

尚々、妙玖《めうきう》被レ居ラ候者、斯様《かやう》の事は被レ申サ候ずるに、何までも〳〵、一身の気遣と存計候〳〵。かしく。

㈢（天文十九年?）十月二十三日　隆景宛

（端裏切封ウハ書）
「*又四　まいる　申給へ　（墨　引）　元《も》就《と》」
馬

*又児蔵所へ密々《みつく》にて承儀、具申聞せ候程《ほど》に、承知候。相構《かまへ》て〳〵、何様《いかやう》の事候共、御勘《かん》忍《にん》候はでは*曲あるまじく候〳〵。我々などは、*井上之者共に、興元死去以来及《ビ》二四十年《ニ》一、悉皆《(しっかい)》彼者共を主人に仕候而こらへ候。其内之口惜さなどは、いかばかりと思召《おぼしめ》し候哉。既四十年之事候間、長々敷勘忍《(ながながしき)かんにん》、申もおろかに候〳〵。唯今早《はや》我々も年もより候程、もし〳〵斯様《かやう》の無念を散候はで、何躰《いか》にも罷成候而はと存知候てこそ、*此時分存立たる事にて候へ。*凡《およそ》の事共に、聊爾《りやうじ》なる儀共可《キ》レ仕《ル》事有間敷候。第一、其家の主人*内之者を*失《うしな》い候事は、手足を切《き》るにてこそ候へば、悪《わる》き事の最上にて候。よからぬ儀是に過たる事にて候へ共、*此家之事は斯様《かやう》に仕候はでは不《ル》レ叶《ハ》事にて候程に、逃《のが》れぬ事にてこそ仕候へ。凡《およそ》の事共にては候はず候。*そこもとの事は、御親類・御被官中いづれも〳〵ならいよく御入候而、皆々《みなく》*馳走無《キ》二比類一由承及候之間、肝要《かんえう》此事にて候。然処、少の事共*気持だて共めされ候て、何かと被《レ》レ仰《セ》候はん事は、努々《(ゆめゆめ)》あるまじき儀候。*おかしげなる事共被レ仰めされ候ては、ことの外めさされさげたる事にてあるべく候。唯今迄は御家中衆も其方をばほめ申やうにこそ聞及候へ。悪様《あしざま》には聊《(いささかも)》被レ申ぬやうに候之処、万一おかしき事共

又四　又四郎の略。小早川隆景。
児蔵　児玉蔵人・内蔵允などの略。実名は未考。
曲あるまじく候　主人として非難すべきことである。
井上之者共　毛利氏家中の有力者井上元兼一族。
此時分存立たる事にて候へ　天文十九年七月、井上元兼一族ら三十余人を殺害したことを指す。
凡の…有間敷候　通常の事柄に対して無考えなことをするものではない。元就が井上氏一党を殺害したのは、よくよくの勘忍の後にしたことである。それほどでもないのに、軽率なことをしてはならぬ、と隆景を戒めたのである。
内之者　家臣。
失い　殺すこと。
此家之事　わが毛利家では。
そこもとの事は　お前の小早川家では。
馳走　走り廻ること。
気持だて共めされ候て　気を立てて。「めされ」は動作一般に対する敬語。
おかしげなる事　おかしい、滑稽なこと。

被レ仰めされ候はゞ、以外各無《ク》レ曲見さげ可レ被レ申候之条、よく〳〵御心得《え》候べく候〳〵。

一 惣別主人の内之者を失《うしな》い候事は、其主人の無器用故之事候。器用候而、内之者を失《うしな》い候事はなき物にて候。よく〳〵御心得《ゑ》あるべく候。此家などの事は、*興元死去候而、*幸松殿御幼少之事《ニ》候つる間、*井衆をはじめ候て、諸ならい悪《わる》く成候。それを元就請《うけ》取候。元就*身ながら甲斐《かい》なき者にて候間、得《ゑ》ため直《なを》し候はで年月を送候て、いよ〳〵ならい悪《わる》く成候条、早《はや》隆元代にも此ならいにて候へば、*家の絶ゑばにて候と存候而こそ、*如レ此之大曲事をば仕出して候へ。其家の主人器用に候へば、人をば失《うしな》い候はで、よく治《おさ》め候事こそ*本之事にて候へ〳〵。此家なども、我等祖父豊元、親候弘元などは*儀分もすぐれ候付而、人の一人も失《うしな》い候事は候はで、又内之者の恐《おそ》れ候事は無《ク》二比類一候つる。さやうの儀こそ本《ほん》の事にては候へ。相構《かま》へて〳〵、そこもとは是程に皆々《みなく》ならいよく馳走被レ申《サ》候事にて候ほどに、此*てむぎを聊もめされそこない候はぬやうに、浪風をも立られ候はで、御*しきつめあるべく候〳〵。何も〳〵児蔵進《ジ》レ之《ヲ》候而、尚以可《ク》レ申《ス》候〳〵。恐々謹言。

十 廿三日　元《もと》就（花押）

又四まいる申給へ

なを〳〵、此状則此方へ返し可《ク》レ給《フ》候〳〵。よく〳〵御心得《ゑ》候て、返し可レ給候。

興元　元就の兄。
幸松　興元の子。
井衆　井上衆の略。
身ながら甲斐なき者　生まれつき甲斐性のない人間。
家の絶ゑば　家の絶えようとする最後の所。
如此之大曲事　井上氏一族の殺害という非常手段。
本之事　模範・手本とすべき事。
儀分　気質・性質の意か。
てむぎ　形、やり方。
しきつめ　治めること。統治すること。

㈣年月日未詳　隆元宛

（端裏ウハ書）
「　　　　　　右馬
　　　　　　　　元就
隆元まいる
　　申給へ　　　」

*尚々申候、事多申候条、書状披見之後、可ク㆓返シ給フ㆒候〳〵。又前々之儀共、不ル㆑入ラ物がたり事多申候。入ぬ事にてこそ候へ。

此御両通に御返事披見之趣、則可ク㆑申ス候之処、長州城・備中事を始として、急事のみにて候之条、打過候〳〵。

1 一　世上之儀前々よりも結句大事に候。弓矢には勝候なりにて候へ共、誠手広《ひろ》く*五ケ国・十ケ国之操調にて候。然処、操手なども分別者等も少《すくな》く候て、今日に可キ㆑調フ事は、五日・十日に延、今月たるべき事は、来月・さ来月へ成候様に候之間、*勝事之儀ニ候〳〵。

2 一　何方成共、一所悪事出来候者、四方八方之悪事たるべく候哉と見え候間、大事不㆑能ハ㆑申スニ候〳〵。

3 一　如㆑此候へばとて、斯様《かやう》の儀者無キ㆓了簡㆒事、*億意は成次第迄候。

4 一　家中之儀、毎度如ク㆓申承候㆒、諸人心持、上下万民之心持、今之分候者、行末之事勝事迄候。輿元代迄は如ク㆑形ノ候之処、不思議に早《はや》く*遠行候て、幸松殿幼少之間にならい悪《わる》く成行

尚々申候…こそ候へ　この部分は追而書である。

1 **五ケ国・十ケ国之操調**　周防・長門両国を征服したことによって、毛利氏の勢力範囲はにわかに拡大し、安芸・石見・出雲・備後・備中諸国などについて支配・介入するようになった。その状態をいう。
勝事之儀　普通でないこと。凶事。

3 **億意**　未考。

4 **遠行**　なくなること。

候。雖《モ》レ然《リト》、それも家中に歴々之者共候条、主人幼稚にて、ならひ悪《わる》く候と申候ても、*涯《がい》分《ぶん》にて候つ。其上其比迄は、昔《むかし》にて候間、唯今には誠雲泥万里之違にて候。中〳〵不レ能レ申事にて候〳〵。其後我等代に成候而、*尼子方に*からかい候て、掟も何もかも不レ入《ラ》、只〳〵家だにも*かゝはり候はゞとの事迄にて、家中之者共には、何事も上より手をすり候て、万事弓矢方《かた》の儀を頼候躰にて候つる間、一かど又我等代にならひも悪《わる》く仕成候つ。げにも中国悉尼子方に従《したが》い、当国も*武田・*神主・*小早川・*平賀、悉以*雲州《ニ》同意候。只〳〵当家一人計にてこそ候つれば、家中などの事、掟などにはやりたてず候も、理《ことはり》に候や。雖レ然、*上野介を初候て、*井上之者共、豊後守・肥後守・伯耆守を初、又*粟屋掃部にて候、*国司備後守・飛騨守以下、昔《むかし》を存候者共数多候つれば、ならひ悪く候と申候ても、如《キ》レ形《ノ》事に候き。

5 一 只今之儀者、上野介を始にて、さ様之者共悉以相果候而、誠《ニ》童衆計之躰に候之条、不《ル》レ及《バ》二了簡《ニ》一事《ニ》候〳〵。此分にても、まだしもの事《ニ》候処、今度*防州と不思儀之弓矢出来候而、失《フ》二本意《ヲ》一儀にて候。然処、大内之御家滅亡之時節に、当家御相手に罷成候而、弓矢は勝候迄にて候〳〵。

6 一 是故に、*仁・不肖共に大分限になりつれ、又大分限になりたがり候て、はたと諸人之心底も替り候。不レ及《バ》二沙汰《ニ》一候〳〵。*大篇之弓矢に勝候間、主人に位こそ強《つよ》く可《キ》二成行《リク》一事にて候之処、結句将之位者うすく、下〳〵諸卒之奢恣之存分に、内儀成たる躰《ニ》候哉。左候而、上面《つら》ばかりの慇懃、面むきばかりの*成計《(なりばかり)》と見え候。其実少《すく》く成行候はんやと

涯分 分相応のところ。
尼子方 出雲を本拠として山陰から山陽へと勢力を拡大した尼子氏のこと。
からかい候て 争って。
かゝはり候 維持する・続くの意。
武田 安芸守護家の武田氏。
神主 厳島神社の神主家。
小早川 安芸東南部の有力な豪族。
平賀 安芸東南部の豪族。
雲州 出雲国、すなわち尼子氏。
上野介 志道広良。毛利氏の重臣。
井上之者 毛利氏の重臣、井上氏の一族。豊後守は有景、肥後守は俊久、伯耆守は俊秀。
粟屋掃部 毛利氏の重臣。元国か。
国司備後守・飛騨守 ともに毛利氏の重臣。備後守は元純、飛騨守は有相。

5 防州 周防国を本拠とした大内氏。

6 仁・不肖 一かどの人物も、そうでない者も。
大篇 大変な。大きな。
成 1条の「勝候なり」、8条の「恐れ中様なる成」と同じく、ありさま・様子・状態の意。

見えたる計候く。

7一　如レ此之条、弓矢には大勝之事候《ニ》之条、此時*有様《ありやう》の法度・政道を被レ行《ヘ》、*有道之儀にこそ可《キ》レ被《ル》二申《シ》付《ケ》一本意に候へ共、于レ今《ニ》雲州強敵に候。又*豊後之事も不レ知《ラ》候。*来嶋之儀、是又不レ知《ラ》候。此等を頭《かしら》として*備芸衆も当家よかれと内心共に存候衆は更《ニ》不レ覚《ヘ》候く。*我々等輩之毛利に従《したが》いまいり候事、偏く口惜やけなましく、日夜可《ク》レ被二存《ジ》居《ラ》一候。然時者、弓矢には面むきは勝候様に候へども、いまだ更々安堵之思無《ク》レ之候事《ニ》候条、政道・法度も滞、口惜事迄《ニ》候く。

8一　勿論之儀、更*雖不《ル》レ能《ハ》レ申《スニ》儀《ニ》候へ共、せめてく*兄弟三人・*完なども、惣別此衆中只今之分候者、毎度如《ク》二申候一、此家中之者共をば、隆景・元春・隆家之力を以*しかれ候はでは、面むきは恐《おそ》れ申様なる成にて候共、内儀者軽《かろ》しめ可レ申候。又三人・四人はたと如《ク》レ今《ノ》取分何事も被《ル》二仰《セ》談《ゼ》一之趣に見え候者、内心共に諸人侮申候事は有間敷候と存計候く。もとより又以《テ》二当家之力《ヲ》一、元春・隆景・隆家も我々家中をも可《ク》レ被《ル》レ治《メ》候。互之覚悟是にて候く。

9一　縦又如レ此何たる事候《ニ》而、備芸之及《ビ》二気遣《ニ》一候共、*三人・四人はたと候者、自余之*国衆、乍《ラ》レ恐《レ》珍事は有間敷候。不レ能レ申候。猶別紙に申候。かしく。

【以上四通、『大日本古文書』毛利家文書之二】

7**有様の**　理想的な・あるべき、の意。
有道之儀　正しい道にかなっていること。
豊後　大友氏を指す。
来嶋　大三島・能島・因島などを中心とする瀬戸内海の海賊衆村上氏の一族を指す。
備芸衆　備後・安芸両国の豪族武士たち。
我々等輩…可被存居候　本来、備後・安芸両国の同じ豪族の身分であった毛利氏に従属していることが、実に口惜しいことだと常に考えているであろう、の意。
8**雖**　この字はあるいは衍字か。
兄弟三人　隆元・元春・隆景の三人。
完　宍戸隆家。
しかれ候　この「しく」も、治める・統治するの意。
9**三人・四人はたと候者**　隆元・元春・隆景や宍戸隆家を加えた四人がしっかりとしていれば。
国衆　国人。

渋谷定心置文他（十三通）

石井進校注

本文右肩に▽を付した地名の類については、各置文の末尾に注をのせた。

一 渋谷定心置文

(端裏書)
「おきふみ」

三郎・四郎・五郎・二郎三郎譲状　他筆也

(花押)

(異筆)
「定置　公事幷付《シテ》二諸事《ニ》一子息等可《キ》二存知《ス》一子細状

1 一 公事田数事

河会郷本田数参拾壱町弐段配分也

2 一 三郎分拾柒町河会 又大類分玖町加《フ》二打毛地利三町《ヲ》一

但　公事定田拾町

3 一 四郎分弐丁参段河会　大功田拾町肆段

但　公事定田四丁参段

4 一 五郎分肆町河会

但　公事定田壱町陸段

5 一 二郎三郎分柒町五段河会　北打毛地利参丁

但　公事定田参丁五段　」

已上田数者五十六丁六段

但、自《リ》二故入道殿一所《ノ》二宛給《テフ》一公事田数拾玖丁四段也。依《リ》レ之色《ニ》々公事等、以《テ》二此田数《ヲ》一、年来所二勤《メ》来《ル》一也。然者、検《ジ》二宛《テ》彼田数《ヲ》一定《メ》レ之畢。

一 **三郎…譲状 他筆也**　「定置…」以下の十一行の部分が、定心の自筆でないことを注意した定心の断わり書きである。
花押　定心のものである。
公事　関東御公事。
1 **公事田数**　関東御公事は御家人の所領の田地の面積に応じてかけられる。
本田数　国衙などからの賦課の対象とされる基準田数。
2 **三郎**　定心の嫡男にあたる明重。
公事定田拾町　明重が分配された田地は二十九町あるが、関東御公事の対象となるのはそのうちの十町である、ということ。
3 **四郎**　明重の弟の重経。
4 **五郎**　明重の弟の重賢。
5 **二郎三郎**　明重の庶兄重純。
故入道　定心の父の渋谷光重。
7 **鎌倉御神事**　はっきりしないが鶴岡八幡宮の神事であろうか。そのとき舎人の役を勤

6一　京都大番事、子息等四人が公事の田数、分限にしたがひて勤《つと》むべし。

7一　*鎌倉御神事の時、舎人《とねり》をいだしたつる事、一向に三郎がいとなみにてあるべし。

8一　鎌倉より人夫を召《め》さるゝ時、打毛地利《うちもちり》・▽深谷《ふかや》・▽藤心屋敷田畠《ふぢごゝろやしきたはたけ》の程《ほど》を計《はから》ひてあつべし。人夫数多《あまた》あたらん時は、女子の分《ぶん》にも沙汰《さた》すべし。三度に二度《ど》は打毛地利《うちもちり》より参《まい》らすべし。

9一　*大床《ゆか》の番は、五に二をば三郎勤《つと》むべし。いま三をば三人して勤《つと》むべし。*落合《おちあひ》の殿原《ばら》*寄《よ》り合《あ》ふ事也。

10一　*大庭御まきをひかん時は、深谷《ふかや》・藤《ふぢ》心の在家《ざいけ》にしたがひて、一人もらさず百文の銭《ぜに》を計《はか》らひあてゝ、落合《おちあひ》・下深谷《しもふかや》の二百文の銭《ぜに》ゝ具《ぐ》して、三百文にて人夫のいとまをばうけとゞむるなり。その旨《むね》を存ずべし。

11一　*五所宮御祭《まつり》の時、もしは御修理《すり》のあらん時は、先例《せんれい》を尋《たづ》ねて、程《ほど》にしたがひてその役《やく》を勤《つと》むべし。対捍《たいかん》すべからず。

12一　鎌倉《かまくら》の屋地《やち》は三郎にとらす。たゞし、*ゐこんなからん弟《をとゝ》には宿《すく》せさすべし。他人をば宿《やど》せども、弟《をとゝ》にはかさぬ事、多く見《み》るところ也。きびしく制止《せいし》せば上に申すべし。親《をや》の命《めい》を背《そむ》く事也。

13一　下人らの間《あひだ》の事、かねて申つけ了。又*世間《せけむ》の具《ぐ》足少々《そくせう〳〵》あらんをば、後家尼《ごけあま》に申合《あ》はせてその計《はか》らひにしたがうべし。

14一　女子に譲《ゆづ》る在家《ざいけ》田畠は、件女子、法《はう》に過《す》ぎたる不当《ふたう》あらん時は、子息寄《よ》り合《あ》ひてこの事は一定かとよく〳〵尋《たづ》ねて、もし一定ならば件屋敷《やしき》を上まで*申さずとん、押《お》し取《と》りて子息等配分《はいぶん》してしるべし。件女子の子《こ》なんどに取《と》らする事あるべからず。

15一　子息等中にいかなる事ありとん、よるまじき人のもとへより、罰《ばち》をかへりみず振舞《ふるま》ふ事あらば、残《のこり》の兄弟同心になりて、件屋敷《やしき》をば、上まで申さずとん、配分《はいぶん》してしるべし。

16一　*親《をや》のために奉公《ほうこう》ありて、心ざしあらんものを、親《おや》死去之のち、いつしか咎《とが》を言付《いゐつ》けて、さん〴〵とあたる事、ゆめ〳〵あるまじき事也。

17一　親《をや》のために仏事する由《よし》いゐて、その用途料《ようとれう》に、咎《とが》なからん人をせめて物《もの》をとりて、仏事する事あるべからず。功徳《くどく》にならぬ事也。

める者を差し出す任務は嫡子の三郎明重の責任なのである。

9 大床の番　未考。武家造りの広びさしを大床というが、将軍家への宿直であろうか。

落合の殿原　落合は渋谷庄内の地。定心の弟重貞が落合六郎を名のっているから、その系統の一家の人々を指すのであろう。

寄り合ふ　一しょになって大床の番を勤める。

10 大庭御まきをひかん　未考。朝河貫一氏は「大庭（おゝにわ）将軍の宮廷か）への薪が要求されたとき」と解し、杉山博氏は「大庭（おおば）の巻狩りの時」とする。

11 五所宮　現在神奈川県綾瀬町の大門には五社神社があるが、杉山氏は、これが五所宮で渋谷庄の総鎮守だったのではないかと説いている。従うべきであろう。

12 ゐこん　「遺恨」か。

13 世間の具足　世間なみの武器。

14 申さずとん　「申さずとも」の撥音便。以下にも「ありとん」「いふとん」等の例がある。

16 親のために…心ざしあらんもの　親のために奉公をつくした従者。

18一　子息同孫《まご》らが中に、屋敷《やしき》なんどを博奕《ばくやう》にもうちいれてしまどう*事あらば、おの〳〵寄《よ》り合《あ》ひて、一度《ど》はひきたすけ、「今《いま》より後《のち》にはさる事候まじ」と、起請《きしやう》を書《か》ゝせてをくべし。なほその心ありて狂《くる》う事あらば、その屋敷《やしき》をば、親《をや》の中たる事なればとて、をの〳〵分《わ》けてしるべし。

右、この上《うへ》にはさのみ申べきやうなし。この状をば上下万人僻《ひが》事とは候まじき也。一事といふとんゆめ〳〵違《たが》ふべからず。あなかしこ。

寛元三年乙巳五月十一日　　僧*（花押）

【『入来文書』】

二　竹崎季長置文

海頭御社*　定置条々事

1一　正月元節供田弐段弐杖*は北浦にこれあり。

一　正月元節供田弐段弐杖、北浦在之、

2一　釼御前祭田は一分屋敷の北に参杖これあり。

一　釼御前祭田、一分屋敷北参杖在之、

3一　若宮祭田壱段は堂薗の北にこれあり。

一　若宮祭田壱段、堂薗北在之、

4一　一祝*藤井末成分、

当時居屋敷壱所、田地は岩下捌段の坪の内、南に付けて五段、祝これを給ひ宛つ。

一　一祝藤井末成分

当時居屋敷壱所、田地岩下捌段坪内付南五段、祝給宛之、

5一　宣命*給は野副に四枚中、同じ坪の内に四枚中は、惣壱*給。薦浦の内に壱段は、甲佐壱*給。同じ坪の内に壱段は、阿蘓壱*給。逆之谷に壱段は、辻若壱*給。屋敷付之新開七杖の内に水口壱段は、二祝*給。

一　宣命給、野副四枚中、同坪内四枚中、惣壱給、薦

18 しまどう　償う。

○僧　渋谷定心。

二 海頭御社　秋岡氏文書には「海頭郷御社」とあり、季長が地頭職を有していた肥後国海東郷の神社で、季長の氏社化しつつある存在。

1杖　中世に行われた土地の丈量単位で、一反の五分の一を一杖とする。

4一祝　神職である祝のうち第一位の人。

5宣命　神官の一人。

惣壱　神社に仕える御子(命婦)の一人。

甲佐壱　神社に仕える御子の一人。

阿蘓壱　神社に仕える御子の一人。

辻若壱　神社に仕える御子の一人。

二祝　祝のうち第二位の人。

6御宮修理田　海東社の神殿を修理する目的で神社に付属している田地。

御使　季長の特別の使者。

御蔵公文　神社の蔵の管理者。

五把の利　稲一束(十把)について五把の利息。すなわち五割の利息。

河会郷　美作国英田郡。　大類　上野国群馬郡。現高崎市内。　打毛地利　相模国渋谷庄内の地。打鋘・打屋とも書く。　大功田　伊勢国。　深谷　相模国渋谷庄内の地。　藤心　同じく渋谷庄内の地。また藤意とも書く。

浦内壱段、甲佐壱給、同坪内壱段、阿蘇壱給、逆之谷壱段、辻若壱給、屋敷付之新開七杖内水口壱段、
二祝給、

6 一 *御宮修理田は岩下の神前に弐段、所当米は毎年壱石これを納む。*御使幷びに祝《はふり》・*御蔵《おくら》公《く》文《もん》相共に、*五把の利を以て出挙《すいこ》に入るべし。親疎を論ぜず、*見質無くばこれを入るべからず。但し百姓の*農料分においては、*連書の状を以てこれを取るべし。*御内《みうち》の人々は、十二月に至りて壱石米の質に給田四段を入れ、これを取るべし。*下部《しもべ》は此分を勘《かんが》へ、給田を質に入れ、分限に随ひてこれを取るべし。

一 御宮修理田岩下神前弐段、所当米毎年壱石納之、御使幷祝御蔵公文相共以五把利可入出挙、不論親疎、無見質者不可入之、但於百姓之農料分者、以連書之状可取之、御内人々者、至十二月壱石米之質入給田四段可取之、下部者勘此分質入給田、随分限可取之、

7 一 *仏・正教・仏具はこれを取るべからず。*武具に至りては地頭方に申し合ひ、これを取るべし。権門方の武具においては、これを取るべからず。この外、季長の子孫たりと雖も、見質なくして入るべからざるの条、御使幷びに祝・御蔵公文相共に起請文を書くべし。

一 仏正教仏具不可取之、至武具者申合地頭方、可取之、於権門方之武具者、不可取之、此外雖為季長子孫、無見質而不可入之条、御使幷祝御蔵公文相共可書起請文、

8 一 *春下秋収の時は、御使相共に*結解《けつげ》を遂げ、その員数を申すべし。此れ則ち神物を全うせんがためなり。彼の出挙米*参佰斛に及ばば、修造を専らにし、次に*神宮寺を社壇の内に建立し、*塔福寺僧侶を以て御祈禱を致すべし。供料《くりょう》においては、毎年参石の米を進ずべし。正月七箇日・四季御祭・二季彼岸・毎月朔日・同十八日、仁王般若経一座・観世音経一巻、これを読誦《どくじゅ》せしむべし。

一 春下秋収之時者、御使相共遂結解、可申其員数、此則為全神物也、彼出挙米及参佰斛者、専修造、次建立神宮寺於社壇内、以塔福寺僧侶可致御祈禱、於供料者、毎年参石米可進之、正月七箇日、四季御祭、二季彼岸、毎月朔日、同十八日、仁王般若経一座、観世音経一巻可令読誦之、

9 一 神宮寺燈油料五百文同じくこれを請け取り、*供

見質 秋岡氏文書では「現質」とする。借主が貸主に預け入れることなく、単に証文に書き入れるだけの抵当。
農料 種子や手間賃など、耕作に要する費用。
連書の状 連署の状であるが、本人以外に誰が連署するのか、はっきりしない。百姓の農料については、見質がなくても連署状だけで貸し出すという規定である。
御内の人々 季長の従者。
下部 下級の従者。
7 仏…取るべからず 「正教」は聖教。これらを見質にとってはならない。
武具に…取るべからず 武具について、地頭支配下の分については地頭と相談し見質にとれ。権門支配下の分の武具は見質にとってはならぬ。
8 春下秋収 春の種まき、秋のとりいれ。
結解 勘定・決算をすること。
参佰斛 秋岡氏文書では二百石となっている。
神宮寺 神社に付属して建てられた寺。
塔福寺 地頭季長の氏寺。
9 供僧 神社に奉仕する僧。

定燈　常に燈火をともしておくことか。

11 **御子**　巫女(みこ)。神社につかえる女性。秋岡氏文書では「命婦」とよんでいる。

12 **発者**　未考。神官の一人か。

13 **下行**　物資を給与すること。

14 **海頭の…与ふべし**　海東郷の百姓に対して毎年歳末に一人あたり二斗ずつの米を給与すべきである。

15 **公文は…与ふべし**　地頭季長の従者として御恩を与えられている者が公文となった時は五石でよい、の意か。

16 **犯用**　職務上の押領。

17 **懈怠の輩は**　底本は「之輩者」の三字は虫損であるが、「肥後国志」所載の写により補入。

18 **悪口の族は**　底本は「之族」の二字は虫損であるが、原本の判読により補入。

僧の役として*定燈《じょうとう》たるべし。

一　神宮寺燈油料五百文同請取之、為供僧之役可為定燈、

10一　御宮燈油料五百文、祝の沙汰として定燈たるべし。

一　御宮燈油料五百文為祝沙汰可為定燈、

11一　*御子装束を構へ置き、御神事の日、装束の粧をなすべし。

一　構置御子装束、御神事日可成装束之粧、

12一　定め置く所の一・二の祝および御子・*発者十人分、十石の米を以て歳末に壱石宛これを与ふべし。

一　所定置一二祝及御子発者十人分、以十石米、歳末壱石宛可与之、

13一　御宮の祭田壱町五段之種子、これを*下行《げぎょう》すべし。

一　御宮祭田壱町五段之種子、可下行之、

14一　*海頭の百姓、同じく歳末に壱人別弐斗の米、これを与ふべし。

一　海頭百姓、同歳末壱人別弐斗米、可与之、

15一　御使并びに公文、毎年十石宛これを与ふべし。但し*公文は御内御恩の仁たらば、五石これを与ふべし。

一　御使并公文毎年十石宛可与之、但公文者為御内御恩之仁者、五石可与之、

16一　祝・御蔵公文ならびに御使、小分たりと雖も、*犯用有るの時は改易し、正直の仁に仰せ付くべし。

一　祝御蔵公文并御使雖為小分、有犯用時者改易之、可仰付正直之仁焉、

17一　十人社人毎月一度寄り合ひ、社壇を掃治すべし。*懈怠の輩は所職を改易し、器量の仁に仰せ付くべし。

一　十人社人毎月一度寄合、可掃治社壇、懈怠之輩者改易所職、可仰付器量之仁、

18一　社司中博奕・盗賊ならびに参勤不法・懈怠、*悪口の族はこれを改易し、器量の仁に仰せ付け、精勤致すべし。

一　社司中於博奕盗賊幷参勤不法懈怠悪口之族者改易之、仰付器量之仁、可致精勤矣、

以前条々、定め置く所かくのごとし。仍て社司等正月七箇日・二季彼岸・毎月朔日・五月五日・九月九日・春冬の御祭に参勤せしめ、公家・武家

の御祈禱を致すべし。次に季長ならびに子孫現当二世の祈誠、忠節をなすべきの状、件の如し。

以前条々、所定置如斯、仍社司等正月七箇日、二季彼岸、毎月朔日、五月五日、九月九日、春冬之御祭令参勤、可致　公家武家之御祈禱、次季長幷子孫現当二世之祈誠、可成忠節之状如件、

正応六年正月廿三日

地頭左兵衛尉藤原季長（花押）

*この置文《をきぶみ》は正応《をう》六年《ねん》に定《さだ》め置《を》くといへども、正和《わ》三年に書《か》き改《あらた》むる間《あいだ》、判形《はんぎやう》にいたては、後《ご》日の判《はん》をす。不審《ふしん》のために、自筆《じひつ》をもて書《か》き置《お》く所《ところ》なり。

正和《わ》三年正月十六日　法喜《ほうき》（花押）

【『熊本県史料』三】

三　相良蓮道置文

条々置文《でうくをきぶみ》の事

1 一　*迎蓮《かうれん》より*蓮道《れんだう》に譲《ゆづ》りたぶところ、肥後国《ひごのくに》球磨《くまの》郡《こをり》▽人吉庄《のしやう》南方《みなみかた》、経徳《けいとく》・常楽名《じやうらくみやう》の地頭職《ぢとうしき》にをきては、田畠《でんばく》・在家《ざいけ》・山野《さんや》・狩倉《かりくら》・梁《やな》にいたるまで、*たぶんも残《のこ》さず、嫡子頼広《ちやくしよりひろ》に譲《ゆづ》りたぶところなり。たゞし、このうちを*三郎二郎・*九郎・*十郎にさきわけて、をの〳〵田三丁・*その三か所あて譲《ゆづ》りたぶ事実正《じしやう》也。田《た》の*坪付在家《つぼつけざいけ》の分《ぶん》、皆《みな》かれらが譲《ゆづり》状に見ゑたり。この状ら、みな自筆《じひつ》同日也。このほかは前後《ぜんご》の譲《ゆづ》りありと申物あらば、たとい自筆《じひつ》たりといふとも、*謀書《ぼうしよ》とあるべし。

2 一　領家年貢重役《りやうけねんぐぢうやく》たる間《あひだ》、毎年米《まいねんよね》ならば五斗、然《しか》らずば用途《ようとう》五百文を、頼広《よりひろ》が方《かた》に、三人ながら沙汰《さた》すべし。

3 一　▽薩摩瀬《さつませ》の梁《やな》うたんときは、三郎二郎に北《きた》の二《に》のす一けん、九郎に同三のす一けん、十郎に南《みなみ》の三のす一けんうたすべし。

4 一　*寺《てら》の*僧膳《そうぜん》の事。

北浦・一分屋敷・堂薗・岩下・野副・鷹浦・逆之谷　以上の各地名については未考。いずれも海東郷の地名か。

○この置文は…　→補

三　1**迎蓮**　蓮道(長氏)の父にあたる相良六郎頼俊。
蓮道　相良六郎三郎長氏。
たぶん　あるいは「たんぶ」、すなわち段歩の書き誤りか。
三郎二郎　頼広の弟、朝氏。
九郎　頼広の弟、祐長。
十郎　頼広の弟、実名未詳。
その　「薗」の意。「在家」と同じく、狭義では家とこれに付属する宅地・畑地を指す。
坪付　田地の所在地と面積を記した書付。
謀書　偽作文書。

4**寺**　相良氏の氏寺である願成寺のことか。
僧膳　僧をもてなす食膳。
よう僧膳　あるいは「よる僧膳」、すなわち夜僧膳の誤りかも知れない。
弥三郎　頼広のこと。
二季の彼岸　二月・八月の両度の彼岸会。
六月十日　未考。

6**警固役**　蒙古襲来にそなえて博多付近を警固する異国警固番役のこと。
たゞ番　平常時の番役。

世間忩々ならん時　世の中があわただしく、さわがしい時。非常時。

あて　私の・自分の、の意か。

7合戦なんど…はなして申さすべし　合戦が起こった時などには、勲功は別々に上申すべきである。

身狭き物は…広くもなる事なれ　せまい土地しか領知していない者は、そうした時にこそ、恩賞として広い所領を得ることができるものなのだ。

わが分に…　惣領の勲功の中に含めようとしてはならない。

8田一丁に…用途を　田一丁に廿貫の計算で銭を。

ほうじて　「報じて」で、費用を返す、むくいる、の意か。

10他門に…惣領を避くべし　他の一門に譲る時には惣領を避け、庶子に譲るようにせよ。惣領に譲った場合には、ふたたび相良家に返還される可能性がないから、こうした注意をしたのである。

11当時の居薗　現在居住している住居と、それに付属した園宅地。

かたみ…置くべし　かたみとして分配するために、そのままにしておくのである。

つるまさが世　未詳だが、「つ

二月の彼岸《ひがん》のよう*僧膳《そうぜん》は、九郎・十郎寄《よ》り合《あ》ひてすべし。八月の彼岸《ひがん》のよう僧膳《そうぜん》は、*弥《いや》三郎と三郎二郎と寄《よ》り合《あ》ひて、等分《とうぶん》にすべし。*二季《にき》の彼岸《ひがん》の朝僧膳《あさそうぜん》、*六月十日僧膳《そうぜん》は、頼広《よりひろ》一人が役《やく》たるべし。


5一　寺《てら》の湯《ゆ》の事。

正月二日、四月二日、同廿七日、五月二日、六月十日、これは惣領《そうりやう》の分《ぶん》。

正月廿四日の湯《ゆ》は、三郎二郎が役《やく》。

二月二日、九郎が役《やく》。

三月二日、十郎が役《やく》。

6一　*警固役《けいごやく》の事。た〻*番《ばん》なんどの時は、九郎・十郎かわり〳〵に供《とも》すべし。*世間忩々《せけんそう〳〵》ならん時は、皆《みな》供《とも》すべし。いかにありとも、馬一疋《むまひき》はもちて、後《しり》前《さき》に立《た》つべし。頼広《よりひろ》は兄《あに》たりとも、蓮道《れんだう》と思《をも》いて、いさゝかも命《めい》を背《そむ》く事なかれ。又頼広《よりひろ》は、*あて弟《をとゝ》どもはわが子《こ》と思《をも》いて、はぐゝみ扶持《ふち》すべし。馬《むま》具足《ぐそく》もたざ覧《(らん)》時は、馬《むま》もとらせ、物の具《ぐ》をもとらせて、後前《しりさき》に立《た》つべし。かくまで申べき事はなけれども、互《たがい》に不審《ふしん》なる事もあらん時は、親《をや》の中をきし事ぞかしと思《をも》いも出《だ》さば、などか心あらん物は一度《ど》は思《をも》いも直《なを》るかのため也。

7一　*合戦《かせん》なんどしたらん時は、勲功《くんこう》をばはなして申さすべし。*身狭《せば》き物は、さやうの時こそ広《ひろ》くもなる事なれ。*わが分《ぶん》にこめんとすべからず。かまへて弟《をとゝ》どもはあて兄《あに》を親《をや》と思《をも》い、兄《あに》はあて弟《をとうと》を子《こ》と思《をも》いて、互《たがい》にあはれみを致《いた》さるべし。

8一　かれらがなかに不法《ふほう》の人あて、所領《しよりやう》をも博奕《ばくゑき》にうち入、又他人《た》に沽却《こきやく》する事あるべからず。もしさやうの事あらん時は、*田《た》一丁に廿貫《くわん》とをりの用途《ようとう》を*ほうじてとらせて、惣領知行《そうりやうちぎやう》すべし。さればとて、事《こと》に左右《さう》を寄《よ》せて、た〻とる事あるべからず。

9一　安堵《あんど》を申さん時《とき》は、面々《めん〳〵》に申てたぶべし。

10一　子《こ》どものなかにもし男子《なんし》なくば、兄弟《きやうだい》の子《こ》を養《やう》子《し》ゝて、跡《あと》はとらすべし。女子《によし》あらば、兄弟《きやうだい》の子《こ》を婿《むこ》にとりて譲《ゆづ》るべし。*他門《たもん》に譲《ゆづ》らん時は、惣領《そうりやう》を避《さ》くべし。

11一　かれらが*当時《たうじ》の居薗《いその》は譲《ゆづ》りにはいらずといゑども、*かたみどきのために置《を》くべし。ま事に疎遠《そゑん》向背《きやうはい》の儀《ぎ》あらん時は申に及《をよ》ばず。然《しか》らずば、相違《さをひ》あるべからず。つるまさ*が世《よ》までもこの旨《むね》を存《ぞん》ずべし。

12 一　後家《ごけ》はいづれも実母《じちぼ》なれば、愚《をろか》の儀《ぎ》あるまじければ、別《べつ》にさしわけて譲《ゆづ》る事はなし。一期《ご》の程《ほど》は、をの／＼忠勤《ちうきん》を致《いた》すべし。

13 一　女子《によし》どもにも、分々《ぶん／＼》に少《すこ》しづゝも思《をも》いあつべけれども、僅《わづか》の所《ところ》をさきわけば、惣領《そうりやう》*御くうし大事なるべきあひだ、その儀《ぎ》なし。入道《にうだう》なからん時《とき》、夫《をと》にも捨《す》てられたらん時は、たちまちにまどひ物*たるべし。目《め》の前《まへ》には*うらんせん事も、あさましかるべし。女親《をんなをや》なれば、とりをきて扶持《ふち》せんと思《をも》うとも、身*たへなくては、かなうまじければ、入《にう》道《だう》がとらせたる所《ところ》にてはなけれども、母《はゝ》一期《ご》のほどは、▽成恒《なりつね》の御米《まい》を、一年《ねん》に十石づゝ渡《わた》すべし。目《め》の前《まへ》に女子《をんなこ》どものはうらんせん事は、身のため も面目《めんぼく》なき事なり。さやうの計《はか》らいなくては、母《はゝ》も扶持《ふち》しがたき間《あひだ》、斯様《かやう》に申也。

14 一　▽北方《きたかた》より毎年《まいねん》*四十八両かくる地子《ちし》の苧《を》、十二両は領家方《りやうけはう》の地子《ちし》の苧《を》に*立用《りうよう》、残《のこ》る三十六両が内、廿両《りやう》は、後家《ごけ》一期《ご》の程《ほど》は渡《わた》すべし。一期《ご》の後《ゝち》は、惣領進退《そうりやうしんたい》たるべし。

大略旨趣《たいりやくしゝゆ》残《のこ》さずといゐども、もし思《をも》い出《だ》す事あらば、をて書《か》き置《を》かんために、紙《かみ》の奥《をく》を残《のこ》す也。いづれもこの趣《をもむき》を存知《ぞんち》して、互《たがい》に不審《ふしん》あらせじために、見苦《みぐる》しけれども、自筆《じひつ》に書《か》き置《を》くところ也。敢《あゑ》て違犯《いぼん》すべからず。後日《ごにち》のために置文《をきぶみ》の状、件《くだん》のごとし。

延慶《ゑんきやう》四年《ねん》二月廿五日　沙弥蓮道《しやみれんだう》（花押）

15 一　かくは書《か》き置《を》くといゐども、警固《けいご》の時《とき》は、九郎・十郎うちかへ／＼供《とも》すべき事は、頼広《よりひろ》一期《ご》たるべし。後々《のち／＼》は各々《をの／＼》が心《こゝろ》たるべし。よて状、件《くだん》のごとし。

延慶《ゑんきやう》四年《ねん》三月五日　沙弥蓮道《しやみれんだう》（花押）

【『大日本古文書』相良家文書之一】

るまさ」は孫などの名前であろうか。

13御くうし　御公事。

まどひ物　まどい者。行くところのない者。

はうらん　「放乱」で、流浪する、路頭に迷う、の意か。

身たへなくて　「たへ」は堪で、能力・財力の意か。

14四十八両かくる…　→補

立用　用に立てる。

四 **1蔵人入道正ゐん**　おそらく早岐正心の実子であろう。

くりかへし　悔い返し。

正ゐん房が子…おりをせ新開をも　すでに正ゐん房の子の善王に譲与した早岐の村のおりおせ新開についても。早岐村は、早岐氏の名字の起こった本領で肥前国彼杵郡、現長崎県佐世保市早岐にあたる。

2はごくみ　はぐくみ。

おだしく　おだやかに。

4れうねん房　不明であるが、庶子の一人であろう。かれに対して、惣領に従うべきことを命じている。

向背　そむく。

人吉庄　現熊本県人吉市一帯。**薩摩瀬の梁**　現人吉市の球磨川ぞいに薩摩瀬の地名が残っている。球磨川で梁をかける規定である。**成恒**　豊前国上毛郡内の成恒名で、相良氏の所領。**北方**　人吉庄は中分されて、南方は相良氏が、北方は北条氏得宗家の所領となっていた。

五 **寄合衆**　2条「管領已下の内談衆」と同じく菊池氏の一族や家臣中の宿老であろう。
内談　かれらの合議体を指す。
1天下の御大事　南北両朝、あるいは尊氏・直義らの支配者分裂の下で、そのいずれに属するかを決定すること。
落居の段は…　決定権は武重にある、という意。
2国務の政道　前条「天下の御大事」と対比して、菊池氏の領内の支配のあり方を指す。
賞す　有効とする。効果ありとする。
3畑を…きをまし　→補
家門…念願すべし　菊池の家が釈尊の説いた正しい教えとともに、永久に続くように心がけよ、の意。
○花押　この武重の花押は血をまじえて書かれた血判として、現存最古の例とされている。

六 **1対馬殿**　武士の兄にあたる木野対馬守武茂。
林原殿・島崎殿・須屋殿　いずれも菊池氏の一族。
3大城殿　筑後南部に本拠をおく豪族。本来菊池氏の一族であるかどうか不分明であるが、この時にはその同族化していたものであろう。

四　早岐正心置文

定《さだ》め置《を》く正心が領《りやう》 肥後国《ひごのくに》六箇庄《かのしやう》小山村《おやまのむら》の地頭《ぢとう》職所務《しきしよむ》条々《でう〳〵》の事

1 一　小山村《おやまのむら》の地頭職《ぢとうしき》をば、先《せん》日*蔵人入道《くらん(ど)にうだう》正ゑんに譲《ゆづ》り渡《わた》すといへども、条々《でう〳〵》正心が心《こゝろ》に違《たが》う間《あひだ》、これを*くりかへして、孫菊池《まごきくちの》九郎隆信《たかのぶ》に、本証文相《ほんせうもんあい》副《そ》へて譲《ゆづ》り渡《わた》すところなり。もし正ゑん房《ばう》小山村《おやまのむら》に違乱煩《いらんわづら》いをなさば、*正ゑん房《ばう》が子善王《こぜんわう》に譲《ゆづ》る早《はや》岐《き》のおりをせ新開《しんかい》をも、九郎隆信領知《たかのぶりやうち》すべきなり。又咎《とが》なからんにおいては、違乱煩《いらんわづら》いあるべからず。

2 一　民百姓《たみひやくしやう》をあわれみはご*くみ、所《ところ》をお*だしく沙《さ》汰《た》し、愁《うれ》へ訴訟《そせう》なきやうに、下知成敗《げちせいばい》すべし。又非分《ひぶん》の事を百姓にあてゝ、せめとる事あるべからず。ゆめ〳〵非法《ひはう》の沙汰《さた》すべからず。

3 一　領内《りやうない》に、博奕《ばくあき》・夜討《ようち》・強盗《がうたう》・悪《わる》き聞《きこ》へあらん者《もの》置《を》くべからず。よく〳〵これを禁《きん》ずべし。

4 一　*れうねん房《ばう》に譲《ゆづ》る田屋敷《やしき》の事。惣領《そうりやう》にあいしたがいて知行《ちぎやう》すべし。御公事《(み)くうじ》においては、分限《ぶんげん》にしたがいて沙汰《さた》すべきなり。菊池《きくち》の九郎にあいしたがいて、水魚《すいぎよ》の思《おもひ》をなして過《す》ぐべし。もし九郎を*向背《きやうはい》する事あらば、譲《ゆづ》るところの田屋敷《やしき》にをいては、九郎隆信知行《たかのぶちぎやう》すべきなり。又させる誤《あやま》りなからんにおいては、違乱煩《いらんわづら》いあるべからず。

5 一　小山《おやまの》村・早岐《はやき》のおりをせ新開《しんかい》の殺生禁断《せつしやうきんだん》の事。正心が跡《あと》を知行《ちぎやう》せん人、永代《えいたい》を限《かぎ》て、これをかたく禁制《きんせい》すべし。かつうは御下知厳重《げんてう》なり。子々《しゝ》孫《そん》々《〱》にいたるまで、かたくこれを守《まぼ》て、怠《おこた》る事あるべからず。

右の条々《でう〳〵》、これをかたく守《まぼ》て、すゑ〳〵までも、怠《おこた》る事あるべからざる状、如《シ》件《ノ》。

正和《わ》三年《ねん》三月十日　　　正　心在判

【『大分県史料』十二】

肥後国六箇庄　詫磨郡内にあった庄園。小山村は現飽託郡託麻村に遺称地がある。

五　菊池武重起請文

*寄合衆《よりあひしゅ》の*内談《なひだん》の事

1 一 天下*の御大事は、内談《なひだん》の議定《ぎぢやう》ありといふとも、*落居《らつきよ》の段《だん》は、武重が所存《しよぞん》におとしつくべし。

2 一 *国務《こくむ》の政道《せいだう》は、内談《なひだん》の議《ぎ》を*賞《しやう》すべし。武重すぐれたる議《ぎ》を出《いだ》すといふとも、管領《くわんれい》已下《いげ》の内談衆《なひだんしゅ》一同《どう》せずば、武重が議《ぎ》をすてらるべし。

3 一 内談衆《なひだんしゅ》一同《どう》して、菊池郡《きくちのこをり》におひて、かたく*畑《はた》を禁制《きんせい》し、山《やま》をしやうじて、五しやうのきをまし、*家門《かもん》正法《しやうぼう》とともに、竜華《りうげ》の暁《あかつき》に及《およ》ばんことを念《ねん》願《ぐわん》すべし。つしんで八幡《はちばん》大菩薩《ぼさつ》の明照《みやうせう》を仰《あほ》ぎ奉《たてまつ》る。

延元《えん》三年七月廿五日

藤原《ふぢはらの》武重（花押*）

【『熊本県史料』一】

六　菊池武士《たけひと》起請文

天罰起請文《てんばつきしやうもん》の事

1 一 政道《せいだう》の事は、衆《しゅ》人の議《ぎ》まち〳〵なりといふとも、正直《しやうぢき》の人の議《ぎ》を本《ほん》とすべく、たとひ武士すぐれたる議《ぎ》を申といふとも、*対馬殿《つしまどの》・*林原殿《はやしばらどの》・島崎殿《しまざきどの》・須屋殿《すやどの》ゝ一同《どう》なくば、我議《ぎ》を捨《す》てらるべく候。この人々一同《どう》して定《さだ》められて候議《ぎ》をば、敢《あへ》て破《やぶ》るべからず候。

2 一 対馬殿《つしまどの》ゝ申され候といふとも、人々の一同《どう》なくば、用《もち》ゐ奉《たてまつ》るべからず候。

3 一 *大城殿《おほきどの》・*片保田殿《かたほだどの》も、*便宜《びんぎ》然《しか》らしめて、寄《よ》り合《あ》はれ候はん時は、この人衆《しゅ》に入奉《たてまつ》るべく候。この人々は、皆正直《みなしやうぢき》の議《ぎ》を守《まほ》られ候間《あひだ》、政道《せいだう》の事においては、万事任《まか》せ奉《たてまつ》り候。もしこの条偽《でういつは》り申候者、八幡大菩薩の御罰《ばつ》をまかりかぶるべく候。

興国三年八月十日　藤原武士（花押*）

【『熊本県史料』一】

片保田殿　菊池氏の一族。

便宜…入奉るべく候　対馬殿・林原殿・島崎殿・須屋殿の四名が、武重起請文にいう「内談衆」の正式メンバーで、この二人はいわば臨時の構成員ということになろう。

〇花押　これも血判である。

七 **流に属す**　市場の住人の一族に属する、と称して。

御館の辺土信跡　→補

御あたり　御館の付近。

きとの事　「急度の事」で、急を要すること。

早跡　未詳。誤写か。

沼田七社　沼田庄内の七社。

八 **花押**　確定的とまではいかないが、おそらく当時の小早川氏本宗家の惣領貞平のものであろう。

1 御内被官　小早川氏本宗家に仕える被官。

故殿　→補

2 同じく住人　市場の住人。

3 同所検断…　市場の検断、すなわち刑事警察、ならびに雑務、すなわちおおむね土地以外の一般財産権をめぐる裁判の判決は、すべて小早川氏の惣領が行う、の意。

九　2女子においては…子細あるべからざるなり　戦死者の跡つぎが女子の場合は、本領の半分は、その女子の一期（「一後」はあて字。一生の意）の間は支配を保証する。
別の男に相具せらるるは　戦死者の後家が別の男に再嫁した時には。

一〇　数輩の兄弟…譲与すべきなり　何人もの兄弟があっても、能力のある者を惣領に立てて、所領の全部を一括して譲与すべきである。

二　陽満　弘景の法名。
天門　弘景の父、小早川仲義の法名。
又五郎　実名未詳だが、弘景の弟であろう。
さらして　広く人目に触れさせて。
批判　判定。
2女子ども　女の子たち。
縁など…よそに候はゞ　結婚して今のままに他家に縁づいている者も。
子とも思われはて　底本では「はて」の傍書に「候て乎」とあるが、従うべきであろう。
もし又…こゝもとに候はゞ　不縁となったりして竹原小早

七　小早川円照置文

度々仰せらるゝ市に居住の人事。或は屋敷を給はると号、或は*流に属すと称して、*御館の辺土信跡をはなれて、*御あたりをあらし、よそのごとくなす事、返々いはれなし。且は不吉なり。且当*座きとの事に御用を闕《かき》、もしいかなる事もあらん時は、御用に立がたし。仍度々制止ありといへども、叙用せざるうへは、所詮、*早跡に事を寄て、市に居住せしめん仁においては、日々一期の間は、対面合顔あるべからず。もし此旨偽《いつは》りならば、*沼田七社御罰おかぶるべきものなり。但今月中は日数なし。来月より此旨を守るべし。此上猶違犯の人の事、見聞隠《みききかくし》たらん人においては、同罪たるべき状、如《シ》ㇾ件《ノ》。

暦応三年卯月廿六日　　円　照

【『大日本古文書』小早川家文書之一】

市　小早川氏領内の沼田庄の市場はその本城高山城から約六キロ余下流、沼田川の河口近くにあった。

八　安芸沼田庄市場禁制

禁制　（花押*）

条々

1一　*御内被官の仁等、沼田市庭において、或は所縁に属し、或は宿所を構へ、居住せしむるの段、*故殿御時より堅く御誡めある所なり。而るに先制の旨を守り、停止せらるべき事。

一　御内被官之仁等、於沼田市庭、或属所縁、或構宿所、令居住之段、自故殿御時、堅所有御誡也、而守先制之旨、可被停止事、

2一　*同じく住人の女、御内若殿原の妻妾として相嫁《とつ》ぐ事、同じく禁制せらるる所なり。但し先立て相互に所縁たらしむる者においては、今始めて改め沙汰に及ばず。この日限以後、もし違背せしむる輩においては、両方共に以て罪科あるべき事。

一　同住人之女、御内若殿原為妻妾相嫁事、同所被禁制也、但先立相互於令為所縁者、今始不及改沙汰、此日限以後、若於令違背輩者、両方共以可有罪科事、

3一　*同所検断幷びに雑務以下の沙汰、向後に至りて

は、御前においてその沙汰あるべき事。

一　同所検断幷雑務以下沙汰、至向後者、於御前可有其沙汰事、

文和二年四月廿五日

【『大日本古文書』小早川家文書之一】

川家にいる者には。

3″御上　陽満の妻。おそらく正妻であろう。

4めうしゆんの御前　未詳だが、おそらく陽満の妻の一人で、正妻でない人であろう。

おろかなく　疎略でなく、大切にする、の意。

5これの要害　竹原氏の居城。

あたり四候。又も　未考。あるいは誤字か。

支配有べく候　人夫を割り当てるの意か。

6公方　将軍家を指す。竹原小早川家は将軍家に直属する家であった。

沼田　竹原小早川氏の本宗家を指す。

候　原本になく、意によって補入した。

大内殿　周防・長門・豊前・筑前などの国々の守護だった大内氏。この時は大内教弘が当主。竹原小早川家は沼田の本宗家と対立して大内氏と結びついていた。

7京・筑紫の役…の事にて候　上京して将軍家に奉仕するのが「京の役」で、「筑紫の役」とはおそらく鎮西探題に仕える役であろう。平常時には代官・沙汰人・分限者(大きな財産をもつ者)だけにかけら

九　渋谷重門置文(1)

(端裏書)
「置文」

定

依リ㆓合戦ノ忠節ニ㆒料所可キ㆓沙汰ス㆒条々ノ事

1一　その忠抽出《ぬきんず》る事あらば、常一倍の沙汰あるべきなり。

一　其忠有抽出事者、可有常一倍之沙汰也、

2一　討死の跡の事、子息あらば、本知行の上、重ねて料所出来の時、その沙汰あるべきなり。次に*女子においては、本知行半分の事、一後の間、子細あるべからざるなり。次に後家においては、女子と同篇の沙汰たるべし。但し、*別の男に相具せらるるは、知行あるべからざるなり。

一　討死跡事、有子息者、本知行之上、重料所出来之時、可有其沙汰也、次於女子者、本知行半分事、一後之間、不可有子細之也、次於後家者、可為女子同篇之沙汰、但、別男被相具者、不可有知行之也、

3一　その跡子孫なくば、田地一反永代寺家に寄進あるべきなり。

れていた役である。
今ほどは…候べく候　現在は容易ならぬ時期であるから、十五、六貫文の所領を与えられている者までも、少ない日数でも役をかけるべきである。
十五貫までも…　十五貫までくらいの所領を与えられている者は、京都に六十日ほどはおいて役をさせるべきであり、それ以上の奉仕に対しては扶持を与えるべきである。
9引懸　先例。傍例。
事新しき時…　先例のない新儀に対しては、厳格な処置をとるべきである、の意。
10すぢなき事　つまらない、ばからしい事。
12徳人　富裕な人。商人などであろう。
せゝり　かきむしる、いじる、取る、などの意。
13村々公事さしおかれたる所…御覧候べく候　不作・困窮などの理由で公事の賦課を中止しているような場所に対しては、直接そこに赴いて実際の状態を見てくるべきである、の意か。
14はつはし　未考。あるいは誤写か。
○中務少輔　弘景の嫡子盛景を指す。

一　其跡無子孫者、田地一反永代可有寄進寺家也、

右、この趣、子々孫々に至り、この旨に背くの輩においては、重門の子孫とあるべからざるなり。仍て後日のために定め置くところ件の如し。

右、此之趣、至子々孫々、於背此之旨之輩者、不可有重門之子孫之也、仍為後日所定置如件、

正平廿二年正月廿九日　　重門（花押）

【『入来文書』】

10　渋谷重門置文(2)

置文事

右、重門以後の所領の事、数*輩の兄弟ありと雖も、その器用を守り、惣領一人に一所をも残さず譲与すべきなり。もしこの旨に背き、所領を数子の輩に分与するにおいては、重門の子孫とあるべからずと云々。此の如く定め置く上は、もし万一にも所領を分ち譲ると雖も、この状の旨に任せ、惣領一人の計において、押して知行せしむべきものなり。仍て後証のために置文の状、件の如し。

右、重門以後所領事、雖有数輩之兄弟、守其器用、惣領一人仁一所ヲモ不残可譲与之也、若背此旨、所領ヲ於分与数子之輩者、不可有重門之子孫云云、如此定置上者、若万一ニモ所領ヲ雖分譲、任此状之旨、於惣領一人之計、押而可令知行之者也、仍為後証置文之状如件、

建徳二年十月十五日

弾正少弼重門（花押）

【『入来文書』】

三　**親類之立分**…　親類の分け方と序列についての規定で、1条から9条までにかかる。
1越中　未詳だが竹原小早川氏の一族の筆頭格の老臣らしい。おそらく先祖の誰かの越中守としての称号から越中なにがしと称したのであろう。
一属　「一族」のあて字か。
直に別分　直接所領の一部を分け譲られていること。
小梨子　現竹原市小梨を領有していた一族。
草井　現豊栄町草井を領有していた一族。
2包久　現竹原市内東野の内に「兼久池」などの遺称がある。その地名を負うた一族。
3瀬戸・南　未詳だが、ともに小早川氏の一族。
身　弘景の自称。
さし渡したる　直接の。
裳懸　竹原小早川氏の代々の所領だった備前国裳懸庄を所領とした一族。
親方　本宗家のことか。
豊前　同じく一族らしい。
4木谷　現安芸津村の東部だった木谷村の名を負う一族。
天門　弘景の曾祖父小早川仲義。
平給分なみに扶持候　越中・草井・包久・小梨子などの家

二　小早川陽満置文

*陽満譲《ゆづり》状ども背《そむ》かれ候まじく候。但譲多《ゆづりおゝ》くはあるまじく候。*天門の譲《ゆづり》状も、身と*又五郎ばかりならではあるまじく候。不分明支証など出候はん沙《さ》汰《た》をば、よく〳〵*さらして、*批判《ひはん》あるべく候。楚《そ》忽《こつ》の沙汰《さた》あるまじく候。

1 一　男女《なんによ》ともに兄弟《きやうだい》ども、よく〳〵はごくまれ候べく候。

2 一　*女《おんな》子どもことに不便《ふびん》に候。*縁《ゑん》など今《いま》のごとくにて、よそに候はゞ、一向《かう》*子とも思《おも》われはて、扶《ふ》持《ち》候べく候。*もし又いかやうなる事も候て、こゝもとに候はゞ、十貫づゝの所も扶持《ふち》して、心安《やす》くおかれ候べく候。

3 一　*御上《(おかみ)》の事、中々申事は候はねども、さりながら、とりわけことに〳〵等閑《とうかん》なく候はゞ、奉公《ほうこう》申され候べく候。身が仏事とも存候べく候。

4 一　*めうしゆんの御前事、とりわけ*おろかなく候はゞ、何よりも畏入候べく候。譲《ゆづり》状別に書《か》き置《お》き候。

5 一　*これの要害《ようがい》、だれ〳〵申候共、はづされ候まじく候。もし　上意などは是非《ぜひ》なく候。月に五たびづゝ、大人夫にてこしらへさせ被レ申べく候。塀《へい》・櫓《やぐら》は*あたり四候。又も斯様《かやう》に*支配《しはい》有べく候。

6 一　大儀に候へばとて、*公方を捨《す》てられ候まじく候。何としても*沼田《ぬた》は心安はあるまじく候。油断《ゆだん》候て、くつろがれ候まじく候。さりながら、又遠《とを》ざかり候*事もあるべく候まゝ、*大内殿《どの》とても近《ちか》づきの事にて候間、万《よろづ》たのまれ候て、慇懃《いんぎん》に候べく候。

7 一　*京・筑紫《つくし》の役《やく》、代官《くわん》・沙汰《さた》人、又分限者《ぶげんしや》ばかりのやうには申候べく候。これは事しげく候はぬ時の事にて候。*今《いま》ほどは京と申、筑紫《つくし》と申、大儀之時分にて候間《あいだ》、十五六貫の分限《ぶげん》までは、日数《かず》をこそ心得《ゑ》候はゞ、少《すくな》く候とも、役《やく》はさせられ候べく候。自然《しぜん》在京などの時《とき》は、*十五貫までも、京六十日ばかりはおかれ候べく候。それすぎ候はゞ、扶《ふ》持《ち》にて使《つか》はるべく候。

8 一　万《よろづ》大儀をば案《あん》ぜられ候て、おとなしく意見《いけん》ども申候はんものに、談合《だんがう》候べく候。

9 一 こなたの一族親類《ぞくしんるい》、惣領《そうりやう》とて、沼田様《ぬたさま》へ奉公《ほうこう》などし候て、こなたの別分《わけぶん》少しも持《も》ち候はん事あるまじく候。一族中にもさやうの*引懸《ひつかけ》も心得《へ》られ候べく候。*事新《あたら》しき時、あらけなき沙汰《さた》を致《いた》さるべく候。

10 一 傍輩《はうばい》中にても、なか悪《わろ》く候へば、*すぢなき事を申候。承引《しやういん》あるまじく候。さりながら、又聞《き》ゝすてられ候はで、心をつけて振舞《ふるまひ》を御覧《らん》じ候べく候。

11 一 仏神造営《ざうえい》、かまへて〳〵心に入れ候べく候。

12 一 領内*徳人《とく》共、ねんごろに扶持《ふち》候て、私《わたくし》に*せゝり、違乱《いらん》煩《わづら》いの事を、かたく禁制《きんせい》候て、用に立れ候べく候。存知出たる分あら〳〵申候。心得《へ》られ候べく候。

13 一 *村々公事さしおかれたる所とて、万無沙汰《よろづぶさた》なる事候。言葉《ことば》にて申候は、正体《しやうたい》なく候はんと、たづねて御覧《らん》候べく候。又番《ばん》にさしおかれ候べく候所も、京・筑紫《つくし》の夫はさせ候はんずるよし、申さだめ候。心得《へ》られ候べく候。

14 一 ▽法浄寺は*つはし信仰《しんかう》申さるべく候。無沙汰《ぶさた》あるまじく候。此条々為ニ心得一申候。仍如《シ》レ件。

嘉吉三年八月十二日　　陽満（花押）

*中務少輔殿

【『大日本古文書』小早川家文書之二】

と異なって、「各別の別分」をもたず、惣領から知行地を給与されている。

年もひろい　年をとる。

同程…年次第たるべく候　同格の家であるから、本人の年齢順にしたがう、の意。

6身になり候ずる者　主人の身になって、よく心を入れて奉公してくれる家臣。

人の上聞事　他人の例について聞くところでは。

同名　越中氏と同じ名字の一族。

中屋・大垣内・隠岐子共・光清　いずれも未詳だが、竹原小早川氏の家臣。光清は12条にみえる。

脇ばさみ候　つねに側近く仕えさせる。

三郎　未詳だが、弘景の重臣越中氏の子息であろうか。

目をかけつけらるべく候　弘平にはずっと目をかけつづけられるべきである、の意。

入道　越中氏の当主たる老臣。

涯分折檻仕候　力の及ぶ限りきびしく意見をした。

無為　欠点のない、の意か。

其外に　越中家の三郎以外にも。

身なり候はん者ども　主人の身になってくれるような家臣。

法浄寺　竹原小早川氏の菩提寺。新庄村(現竹原市新庄)にあった。

三　小早川弘景置文

*親類之立分《(たてわけ)》事幷次第

1 一　*越中は、一家共一*属共可《キ》レ申《ス》にて候。*直《(ぢき)》に別分《(わけぶん)》を持たる仁《ニ》候。一家には上にてあるべく候。此内*小梨子《(おなし)》は同前之様に候へ共、*草井《(くさい)》別分を持たる庶《そ》子《し》にて候。

2 一　*包久《(かねひさ)》、これ又一家・一属たるべく候。これは子細候而、前之儀は不レ入《ラ》候。越中など両座にあるべく候。小梨子よりは上たるべく候。方々御存知之前候。

3 一　*瀬戸・南子共は、身*がためにはさし*渡したる従《い》兄《と》弟《こ》にて候へ共、あれは家子《いゑこ》なみたるべく候間、自然之役、草井・包久・小梨子が上をば得《え》仕候はず候。させまじく候也。同《おな》じ弟《おとゝい》に候へ共、又五郎は*裳懸《(もかけ)》があとにて候、家子《いゑのこ》迄にて候。瀬戸と南にたいし候はん時は、下を仕候へ。残《のこ》り親類には、又これは別而賞翫候ずる子細にて候。根本《こんぽん》が*親方の末にて候。*豊前今度不思儀之事を申候へば、此出入事《こと》をば、又五郎こそ可《ク》レ申《ス》候へ。豊前は又五郎が下にて候。いわれず候。其上裳懸も越中が上をしたる事にてこそ、曲事《くせ》までにて候也。

4 一　木*谷、天*門之下より別候。さりながら、これも*平《ひら》給分なみに扶持《ふち》候間、家子《いゑのこ》にて候。草井・包久・小梨子、下たるべく候。南・裳懸同たるべく候。役などは六借敷《(むつかしく)》候。同役に不レ可《カラ》レ被《ル》二申付《シケ》一候。今の木谷は、年*もひろい候間、又五郎少々は下を可《ク》レ仕《ル》候事。子共になり候はゞ、又五郎上を可《ク》レ仕《ル》候。同*程《ほど》にて候はゞ、年次第たるべく候。

5 一　越中・小梨子、各別の別分《わけぶん》持候間、機嫌いかゞ悪《わる》く候へ共、中など違《たが》い候事候まじくにて候。包久も同前にて候。

6 一　真実身*になり候ずる者をば、よく目をかけらるべく候。恨《うら》みを請《(うけ)》候へば、後はあだになり候事、*人の上聞事にも数多候なり。子孫のため悪《わる》く候。越中親子《おやこ》・親類・同名、*包久・小梨子・南・木谷・裳懸・中*屋・大垣内・隠岐子共・光清など、よく〳〵目をかけらるべく候。扶持をも仕候へ。自然よき者を*脇ばさみ候はねば、人あなずり候也。身が越中を脇《わき》ばさみ候へば、三*郎が事、弟《おとゝい》共《(とも)》、親《おや》

人をのけつよせつする事　家臣のうちある人々を排斥したり重用したりする事、の意か。
徳岩　この弘景の祖父にあたる竹原小早川弘景(陽満)の法名の一つ。
等閑なく候間　あるいは「等閑なく候旨」の誤写か。
干要　「肝要」のあて字。
おかしく…始終はさる事あり　始めはおかしいと思ったことでも、終わりにはなるほどもっともだとわかる、の意。
番帳　家臣団の負担する宿直等の番役の明細を記した帳面。
7 **構々言葉にて…仰候間敷候**　決して家臣たちのあてこすりを言ったり、かれらにあてはまるようなざれごとを言ったりしてはいけない。
てづよく　非常に。つよく。
ようあるかど…　役に立つ才能とはこんなものか、の意。
まへと　未考。
ひきやう　「比興」「非興」などをあて、道理に合わぬことの意か。
8 この条では、越中氏の場合を例にとって、忠勤をはげんだ家臣の子孫は、かりに家中にとやかく反対意見があっても、目をかけ、とりたてることが重要だと教訓している。

子《こ》とも存《(ぞんぜ)》られ、いまより目を*かけつけらるべく候。
人は惣而なじみが大切の物にて候。親類中にも、
御覧《らん》候ごとく、此者ならでは主《しゅう》の身になり候ずる
者候はず候。*入道*涯分折檻《がいぶんせっかん》仕候間、あだには候ま
じく候。さりながら、若者にて、自然《しぜん》の時、越度《おちど》
は候べく候や。往々入道とり別《(わけ)》目をかけ候間、油
断之儀も候べく候。それをば差置候而、たゞ主《しゅう》の
儀を本にめさるべく候。年よりも心立もおとなし
き*無為成《(ぶいなる)》者にて候間、よき御宝《たから》にて候。*其外に出
来次第、見繕《みつくろ》われ候而、目を御かけあるべく候。
銭・米を持候而も、人候はねばと、いたづら事に
て候。*身なり候はん者ども、よく〳〵目をかけら
るべく候。*人をのけつよせつする事、返々《(かえすがえす)》悪《わる》き
事第一にて候。御心得候而、越中が事を*徳岩《とくがん》かや
うに仰候し、今《いま》わ思《おも》ひ合《あ》わせ候。無沙汰《ぶさた》に候へ共、
*等閑なく候間、*干要にて候。万々たのみ入候。な
じみ候へば、心ざしが深《ふか》き物にて候。入道が申事
は、*おかしく存られ候ずれ共、始終《しじゅう》はさる事あり
と思合給候へと、*番帳を見て思出し候まゝ、記《しる》し
進候。

7一　若き時、*構々言葉《ことば》にて人をあて、いさゝかしや
れ事も、人の身心のあたり候事、仰候間敷候。心
ある者は、*てづよく恨《うら》み候物にて候。身が目をも
懸《か》け候はん者をば、*ようあるかど如《ク》レ此候らんと
存られ、共に目をも懸らるべく候。親の目を懸《か》け
候物を、*まへとそねみ候而、にくみ候者、*ひきや
う第一候事にて候。親物に狂《くる》ひ候はゞ、子は鼓《つゞみ》を
うちはやし候へと、昔《むかし》事人申置たる事にて候。能
々御心得候べく候。

8一　*いかていたる者にても候へ、忠勤のあと御とり
あげ候て、目をかけられ、御扶持候べく候。入道
は我等が代よりさる間*二代前、忠を本《(ほん)》に仕候。当
代の事は勿論《もちろん》にて候。それにもさやうに心あてを
し候て、入道が代忠勤、本《(もと)》より御代の儀は、少々
人のいかに申候共、もだしがたく候はゞ、其身の
ためと仰聞《(おおせきかせ)》られ候て、忠勤衆御たおし候間敷候。
*人言《こと》いわざれ、おちる物にて候。これ子孫弓矢冥《めう》
加《が》ためにて候。我等が代も、よく思《おも》ひ合《あ》わすれば、
それほど因果《いんぐわ》あるなり。これをばよく〳〵心得、
堪忍《かんにん》して、御心得候べく候。聞人も国傍輩《ほうばい》も、見*

いかていたる者　「如何躰たる者」で、どんな躰の者でも、の意。
二代前　祖父の弘景(徳岩)にあたるので6条末の記述と照応する。
人言いわざれ　誰も何もいわなくても、の意。
見かぎり見つくさがり　未考。
9 武部・三吉　未詳。ともに竹原小早川氏の家臣か。
10 内之者　親類・中間と区別された家臣・従者をいう。この事書は10条から29条までにかかる。
手嶋者ども　→補
11 日名内　現本郷町南方の内に地名が残っている。その地を所領とした家臣であろう。
12 光清　未詳だが、家臣団の中では重視されていた人物。
和智　備後国の有力な国人の一人。
13 風早　現安芸津町西部の地を本拠としていた家臣。竹原小早川氏の勢力の西進にともなって服属したもの。
用田　未詳だが、家臣の一人。
彼の者　おそらく「後の者」の誤りであろう。
先年大和陣　永享十年(一四三八)、将軍義教の弟大覚寺義昭が大和で叛乱を起こしたのを討伐

かぎり見《み》つくさがり候なり。大事心あてなり〳〵。

9 一 ▽川井善左衛門事、川井は兄《あに》の流《ながれ》にて候間、上たるべく候。これは他家の者にて候へ共、武部*が親、徳岩《とくがん》のおぢにて候也。三吉*又従兄弟《いとこ》にて候。方々余所ならず候によりて、こなたの親類《しんるい》に召《め》し使《つか》い候也。武部は草井壱人が下へは入候はん由《よし》申候て、番帳なども其下へは入候べし。三吉へ之聞へいかゞに候間、聞ばかりには、親類共に使《つか》い候。役《やく》は今《いま》ゝではさせ候。越中が事は不レ及バレ申スニ、南が子共、又木谷・裳懸より下にて候。さりながら、下と御心得候て、役に使《つか》いは無益《むやく》にて候也。善左衛門に使《つか》い候か、可クレ然ル候。万《よろず》不審《ふしん》をば、身が候時、御尋候得。涯分《がいぶん》存候はん程《ほど》の事、申候べく候也。

10 一 内*之者事

手*嶋者どもより上は、何も仕候はず候。手嶋衆には、中屋上仕候。これは大木以来にて候。吉近も子細候はゞ、中屋あらそい、たゞし、いま中屋絶《た》へ候て、一条吉近上たるべく候。其外、年次第に召《め》し使《つか》い候べく候。さりながら、末松・井懸は、吉近より下にて候。井懸、末松より出候間、庶子《そし》にて候。田中は井懸より上、末松下にて候。此三人、年次第たるべく候。ぜんあく吉近は上たるべく候。

11 一 日名内*《ひなない》、手嶋の者に使《つか》いたるやうに候。これもさる子細候て、上に召《め》し使《つか》いたる事も候。役には少上をもさせべく候。

12 一 光*清、これは惣領《そうりやう》、我等親子《おやこ》御事候間、賞翫も候べきにて候。手嶋者に使《つか》い候事は、上下大事にて候とて、先年和智*へ迎事、別に光清をばそへられて候。

13 一 風*早・用*田は、風早上にて候。風早、手嶋衆上と、毎度申候へ共、手嶋は我等家之年比忠勤の者にて、風早は彼*の者にてこそ候へ。さりながら、手*嶋先年大和陳の時、致シ二忠勤ヲ一、公方様懸カリ二御目ニ一候者、手嶋衆を前に徳岩《とくがん》あそばし候。これも役ども使《つか》い候はゞ、これ親類《しんるい》に使《つか》い候はゞよく候。六《むつ》借敷《かしく》候座敷などは、手嶋より上をば不レ可カラレ仕ル候。

14 一 山*田・萱野*《かやの》・柚木*沙汰人*にて候間、内者は下に候。其内に山田は本名字*の者にて候間、一上たるべく候。萱野《かやの》一下に候。正月弓共にしゝやく*共に

した戦のことか。「陳」は「陣」の誤り。

14山田 東野村のうちに山田の地名が残っている。この地を根拠とした家臣。24条には「地下」の者とみえる。

萱野 同じく東野村の地名に「柏野」があり、この地を根拠とした家臣。

柚木 未詳であるが、山田・萱野と同じような家臣。

沙汰人にて候間内者は下に候 沙汰人クラスの家臣であるから、「内の者」の下位の序列である。

本名字の者 本来名字をもっている者。

ししやく 未考。

17岡崎 芸藩通志、巻八十二に「故家」として竹原西野村の岡崎氏があげられ、小早川氏の旧臣であったことを記す。

神田 現竹原市新庄に神田の字があり、この地を根拠とした家臣か。

わ 「に」の誤写か。

18西村 未詳。「旅人」とある新付の家臣だが、「京のたつしやう」(京の雑掌の誤りか)として活動したらしい。

丸殿 未詳。

あべ 新庄村(現竹原市新庄)の字に安部がある。この地を

根拠とした家臣か。
19望月　未詳だが家臣の一人。
20さしあい　差し支え。故障。
22又三郎など　「また三郎など」で、三郎とは6条に出る越中家の子息を指すか。
24有田　未詳だが家臣の一人。
25内海衆　現安浦町西部地方を本拠地とした家臣で、竹原小早川氏の所領の最西端にあたり、新付の従者である。
子細　この下に「候て」を脱しているかも知れない。
26八木　未詳だが家臣の一人。
27足洗　人の足を洗うような、家臣の中ではいやしい身分のことであろう。本条にあげられた者の中には、名字のない者、中間に近い者、もと百姓などが見える。
本内藤手付候　以前は内藤氏に仕えていた者である。
横田衆　未詳だが家臣の一人。
これらつらは時の器用　30条に中間について「名字なき者にて候間、時の器用干要にて候」とみえるのを参照。
本ふたん候者　あるいは「本ふだい(＝譜代)候者」の誤りか。
28出候　竹原小早川家に出仕した。
荒谷　芸藩通志、巻八十二に

山田は可レ取候。

15 一　正月御弓の事、一番親類、二番山田・萱野《かやの》、三番手嶋衆にて候。万(よろず)何事も二・四・六・八・十下《さが》り候なり。

16 一　親類弓大分うしろ、近年同豊前兄《あに》新左衛門と申し候が、後《うしろ》を二三年射《い》て候。如レ此今度豊前不思儀之事を申候へと、おかしく候。もとは日名内・吉近後《うしろ》を射《い》て候し事も候。

17 一　*岡崎・*神田は、本(もと)大木が扶持《ふち》人にて候けるが、げんざんのやうわ*候間、其後上へ出しける。内の者共さげ候ずるにて候。さりながら、近年岡崎者共、中屋親子《おやこ》にて候つるにより、次第引上候様候。いやしくはし候間敷候事にて候。さりながら、詳《くわ》しくは知《し》らまじく候。沙汰《さた》人共よりは上にて候。山田壱人が下にて候。役などはさせ候はず候。御心得候べく候。

18 一　*西村これ新参之者にて候得共、家有者にて候。*丸殿など親類事候間、賞翫候。旅《たび》人の事候間、役などは仕候間敷候へ共、手嶋者共に候共、若者共西村が上には有間敷候にて候。ことに京のたつしやうにて候間、人も賞翫したる事にて候。*あべなどは家もさしてなきものにて候。たゞおしあわせ若衆なみにて候。

19 一　*望月新参に候へ共、家有者にて候間、殊忠勤者にて候。岡崎・神田より上たるべく候。

20 一　於二当方一祝言役は、大略《たいりやく》手嶋者共仕候事にて候。其外はし候事まれに候。たゞし、光清・風早・用田など、手嶋衆*さしあいにて候はゞ仕候べく候。

21 一　酌《しやく》は初献《しよこん》、三・五・七・九・十一献《こん》上にて候。そのあい〳〵は、たとへば、右ほどの事にて候。とりわけ初《しよ》・三・九献《こん》を賞翫候べく候。

22 一　*又三郎など、酌《しやく》にさし候ずる事は、大内方、又国の守護《しゆご》、此様《やう》なる大人などの渡《わた》り候ずる時、申付らるべく候。其外細々の時には有間敷候よし、徳岩様《とくがんさま》仰候事候し。身が祝言の時、越中に酌《しやく》をとらせ候を、あるまじきに候よし、御叱《しか》り候なり。

23 一　酌《しやく》などさし候ほどの時は、能々談合候べく候。申ごとくに、あい〳〵は時の器用《きやう》たるべく候哉。それも柚木・萱野《かやの》とり申まじく候。山田はとり候べく候。

「故家」として賀茂郡国近森近村の荒谷氏をあげ、小早川氏の旧臣と記し、上三永村にも同族があるとしているが、竹原により近い仁賀村にも荒谷の字があり、おそらくこの一族であろう。

30中間　身分の低い従者で、「内の者」と区別され、名字をもたない。この事書は30条にかかる。

九郎右衛門　未詳だが27条にもみえる。

有田　内之者の一人。24条にみえる。

木谷　親類の一人。4条にみえる。

31最後のまとめの部分である。

贔屓・偏頗に一家・被官せられ　一家・被官など家臣団に対して、贔屓・偏頗で不公平な取り扱いをすれば、の意か。

いわされて…又御尋ね候べく候　家臣たちの身の上について讒訴などがあっても、十分慎重に取り扱って、軽々しく処罰してはならないことを説いている。人の訴えることも一度から五度までの間なら簡単に取り上げてはならない、六度までになったらよく調査して処置せよ、と述べている。

心宗　父の小早川盛景の法名。

24一　*有田は、山田など程《ほど》の者にて候。これも山田は地下、年比本名字ある者にて候。有田は又近候よしにて候。下にて候べく候。

25一　*内海衆は、有田より上たるべく候。さる*子細、これは風早同名にて候ゆへにて、少かわる事にて、風早が下にて候。用田にたいしたるにて候。山田よりも下たるべき事に候。内海衆今新参にて、用田が下たるべく候。内々酒の座敷などは、時之儀にて候。これは自然役がましき時の事にて候。

26一　*八木などは、おかしき者にて、柚《ゆの》木ほどの者にて候。あべ同前候。

27一　*足洗《あしあらい》のうちには、彦一が上にてあるべく候。これは*本《(もと)》内藤手付候間、自然之時は、酌《しゃく》などとり候て、苦《くる》しからず候。山田同前たるべく候由《よし》、徳岩《とくがん》仰事候しなり。*横《よこ》田衆などは、近《ちか》き中間にて、これ名字候はず。新左衛門も百姓にて候つる、横《よこ》田同前にて候。九郎右衛門これらよりは上にて候。*子細はこれらつらは時の器用《きやう》までに候。今《いま》たゞ*本《もと》ふたん候者、内には助七などは上にて候。神二・彦三・左衛門・七郎など、これは同前にて候。能々御心得候べく候。

28一　弘景時出候*足洗《あらい》も、*荒谷などはあべ共に同前にて候。

29一　思《おも》ひ出し次第書進候。連々御不審《ふしん》の時をば、御尋《たづ》ね候へかし。時として知《し》らざる事笑止《しょうし》にて候。内者をめしつかい候事大事にて候。

30一　*中間之事

*九郎右衛門子共候し時は上にて候。今《いま》は新右衛門たるべく候。次には小六にて候。次には弥六たるべく候。弥三郎はいづれもおとり候まじく候共、近年身をもちさげて、*有田が下人になりて候。かてをさへこれへ来候而こそ、付て候へ。今は若衆なみたるべく、小四郎も*木谷に使《つか》はれ候間、下役《やく》たるべく候。太郎兵衛が子共、今《いま》は弥六が下にて候。たゞし、中間名字なき者《もの》にて候間、時の器用《きやう》干要にて候。此内家名に残《のこる》忠節を仕候跡《あと》は、賞翫にて候。その余《よ》は器用《きやう》たるべし。可《キ》レ然《ル》具足の一も、自然之時も持《も》ち合《あ》わせ候ずると存候者に、可《ク》レ令《ム》レ持《タ》候。与七、童《わらんべ》より召《め》し上候而、身使《つか》い候。心もよく存知し候へど、何時も何れにても、太刀

一ッは持《も》たせられ候へ。すては候まじく候。左候間、新右衛門 弟《おとゝい》小六、弥六候はぬ時は、身此者《もの》に太刀を持《も》たせ候。ことに〳〵陣にて持《も》ち具足《くそく》大事候也。

31 一　思出次第に書進候。弘景が代まで三代・四代此分にて候。我等が代に出候者をも、分際《ぶんざい》ひきあわせ書のせ候。惣而、*贔屓《ひいき》・偏頗《へんぱ》に、一家・被官《ひくわん》せられ候へば、其一代は不レ苦候。自然かれら又恨《うら》み候へば、我等が家も強《つよ》くて強《つよ》からず候。*いわされてなさけなくめされ、御あつかいあるまじく候。ついに弘景代共三代は、可レ然一家・内者たおし候はず候つる。よく沙汰《さた》大事、人申事を御聞《き》ム候て、壱度、二度、三・四・五度に御同心あるまじく候。六度へなり候はゞ、又御尋《たづ》ね候べく候。思《おも》ふ程《ほど》は申されず候。御用候はゞ可《ク》レ承《ル》候。はや風前とぼし火の心ちして、ふしぎに此事を思《おも》ひ出し候ば、心よく〳〵なり候間、あさましく候。いかゞ申候哉〳〵。これは　天門《てんもん》・徳岩《とくがん》・*心宗《しんそう》以来之時を申うつし書進候なり。如《シ》レ件《ノ》。

十月二日　　　　弘　景（花押）

*弘平
　まいる
　　申給へ

【『大日本古文書』小早川家文書之二】

○弘平　弘景の子息。

三　実連　本姓三善氏。石見国東南隅の佐波郷を本領とする武士で、南北朝時代の人。

嫡子惣領　嫡子にして惣領の意味。嫡子と惣領とを区別していることに注意。

頼清　本名行連。佐波惣領家をうけつぐ。

一腹　頼清・常連・久保の三人は同じ母（実連の先妻）の子である。

四男明都賀　実名未詳。明都賀とは譲られた所領の名（現島根県邑智郡邑智町に明塚の地が残る）。実連の後妻の子。

常連本領別け…　常連は出雲国赤穴庄と、石見国佐波郷内の本文に見える地域（円山・くねち谷は未詳。大河は江川を指す）を本領として分け与えられたのである。

代を…死去す　赤穴家を相続しないうちに死亡した。

孫譲りに相属す　祖父から孫へと譲与された。

井本に…知行せし也　↓補

赤穴を常連知行…　↓補

内野合戦　↓補

佐波の本領　↓補

飛驒合戦　↓補

国司　姉小路尹綱。

川井　現竹原市東野の中の地字に「川井殿」という遺称地がある。

三 赤穴郡連置文

*実連ノ子

*嫡子惣領三河守*頼清
二男赤穴備中守常連
三男久保也、此三人*一腹也、
*四男明都賀也、其外は其次に候也、

置文

赤穴備中守常連は実連の二男也。嫡子は佐波頼清也。*常連本領別《わ》けには、佐波郷のうち円《まる》山、下はくねち谷かぎり、大河をかぎり、赤穴堺まで本領別《わ》け也。然に常連の嫡子掃部四郎顕清、*代をうけ取候はで死去す。常連孫、顕清には嫡子弘行に常連より孫*譲《ゆづ》り上に相属す。此時常連二男*井本《もと》に、いまの竜尾より上をば譲渡《わた》す。其まゝ彼佐波の本領別《わ》けをば、佐波大惣領の下として知行す。故に井本《もと》没落之時、竜尾より上、井本分《もとぶん》をばはなれけり。又赤穴の井本分《もとぶん》を、赤穴弘行の下として知行せし也。又*赤穴を常連知行する事、赤穴の本主紀の三郎大郎季実、法名ちたう、此時先代方をして近江《あふみの》国番場《ばんば》にて出家し、逐電《ちくてん》す。そのまゝ彼息嫡子は河東《ひがし》をもち、弟《おとゝ》は西《にし》を領知す。如《ク》ㇾ此《ノ》候へども、先代方《かた》たるによつて天下の御とがめ深《ふか》く候時、弟兄《おとゝあに》とりあひの時、兄の分《ぶん》より佐波隼人正実連をたのみ、二男常連に譲《ゆづ》り渡す。然間御下文を申、今《いま》に知行す。其後*内野合戦以来、京極殿此国の守護たるによつて、京極殿より以《テ》㆓御下知《ヲ》㆒領知す。如《ク》ㇾ此《ノ》常連を仕付候間、*佐波《さは》の本領は惣領佐波《さは》の下として領知す。赤穴は京極殿へ従《したが》いもつべしとありけり。然に*飛驒《ひだ》合戦の時、佐波も赤穴も京極殿えならべて出けるに、いづれも致《シ》㆓忠節《ヲ》㆒、あまつさへ赤穴弘行は*国司を討《う》ち奉《たてまつ》る。然ども其*かんなきとて、*惣領佐波《さは》国へ被《ラ》ㇾ下候時、「赤穴も下候へ」と被《サ》ㇾ申候間、「惣領之儀と申、当座同心候はでも如何候」とて同道候て下《くだ》りけり。これは佐波善四郎左衛門幸連の時也。赤穴弘行代也。其まゝしか〳〵と京極殿へ出事もなくして、たゞ主なしのやうにて候つる処に、*惣領民部大輔元連、上意として京極殿・山名殿両人に被《レ》㆓仰《セ》付《ケ》㆒退治せしむ。其節、*周防守幸重、京極殿へ出頭す。如《ク》ㇾ此《ノ》京極殿ゑは前代の旨《むね》に任て出頭す。惣領元連没落《ぼつらく》の間、*佐波《さは》本領別《わ》け片《かた》山分《ぶん》をばすてけり。然間、石見の守護より知行し給ふ。これ惣領へ

かんなき　「かん」は感で、論功行賞がないというので、の意か。
惣領佐波　この時は幸連。功賞に不満で帰国してしまったのである。
惣領…退治せしむ　↓補
周防守幸重　赤穴弘行の嫡子。
佐波本領…すてけり　↓補
とゞけ　惣領への誠意の証明、の意か。
三沢　出雲の有力国人の武士。
長寿寺をち　未詳だが、あるいは「長寿寺伯(叔)父」か。
元連安堵の時　のちに元連がゆるされて所領を将軍から安堵された時。
井本・明都賀張本とて失せけり　赤穴氏の庶家井本氏、佐波氏の庶家明都賀氏は、ともにかつて惣領佐波氏に敵対した張本として逃亡した。
和讒　讒言。悪口。
とりあひ弓矢に及けり　争い、ついに武力衝突にいたった。
飯尾　実名未詳だが、有力な室町幕府奉行人飯尾家の一人であろう。
多賀豊後守　京極氏の有力な家臣、多賀高忠。
君谷陣　未詳であるが、出雲の国人たちが一揆して守護京極氏に反乱した事件であろう。

のと*ゞけなり。惣領の下としてもちたる所をかゝへ候得ば、惣領への不儀に成候とてすてられたり。余の下方親類衆《しんるいしゅ》、井本をはじめとして、皆石見の守護へ出て知行しけり。彼上意の時、▽いづみ山へ*三沢陣とりたるにも、赤穴より夜討がけをしけり。其時にこそ夜討のまぎれに*長寿寺をち、三沢陣めしとられ候が抜《ぬ》け候て来候。其外の親類衆《しゅ》つゐに惣領へ奉公する事なかりし也。然間*元連安堵の時、*井本《もと》・明都《あかつ》賀《か》張本《ちやうほん》とて失せけり。如《ク》レ此《ノ》候間、赤穴事は重々惣領へとゞけ申也。然に人の*和讒《わざん》どもにや、本領別《わ》け片《かた》山分《ぶん》をも給候はで、元連より押《(おさえ)》られけり。結句赤穴をも押領せんなど候て、其たくみし給ふによつて、元連・*幸重とりあひ弓矢に及けり。これ又、惣領への不儀にあらず。惣領より倒《たを》さんと仕給《たま》へば、倒《たを》されじと仕たるまで也。片《かた》山分《ぶん》おさへ給へども、其返答とて近所少《すこし》もおさへたる事もなく、此分《ぶん》にて数年とりあひ候処、京都にて*飯尾と*多賀豊後守両人して口入あり。其時片《かた》山を返し給る。如《ク》レ此《ノ》候間、もとより赤穴は京極殿の下としてもち、片《かた》山分《ぶん》は惣領の下としてもち候。然に近年*君谷陣之時、雲州衆《しゅ》ことごとく京極殿をそむき申、惣領秀連と一味す。国ことごとく同心候間、たゞ*赤穴一人、国さかへと申、佐波近所の事たる間、不レ及《バ》二了簡《ニ》一、無二に幸清さかへ出たり。これ又京極殿への緩怠《くわんたい》たるべからず。国ことごとく御敵に成候て以後、かなはず候て出候事は忠節たるべく候歟。赤穴先祖代々惣領へ忠節は数《かず》知《し》らずにて候。*梁山七歳之時、明都《あかつ》賀《か》謀叛をおこし、下方親類衆《かたしんるいしゅ》、ことごとく同心たる間、赤穴一人惣領方として梁山を連《つ》れ申候て*上洛し、天下の儀を申なし、赤穴は下国し、国之儀をふまへかゝはりけり。此時の事也。*千足先祖弓の事をはじめ、佐波《さは》親類衆《しんるいしゅ》、ことごとく千足にて弓を射候つるか。*こひたな梁山御通《とを》り候に見やり候て暇乞せざる躰《(ていに)》候間、▽瀬戸《せと》の城の前《まへ》にて梁山を待《ま》たせ申、弘行俄《(にわかに)》連《つ》れ候て上《のぼ》り候ける由《よし》候。如《ク》レ此《ノ》候て上意よく申成、梁山下国候て以後、赤穴より*山田・漆谷、惣領よりは*亀兵庫、此三人討手として、明都賀隼人正を佐波《さは》おやの原にをいて*生涯せしむ。これは赤穴被官両人に被《レ》二仰付《セケ》一候間、惣領衆《しゅ》一人被二相副《ヘ》一候はではと両人申間、梁山被レ仰《セ》事、「*幼少より在京の事候間、被官の心も知《し》ら

出雲では文明二年(一四七〇)・同八年・同十一年にそれぞれこうした事件が起こっている。

赤穴一人…忠節たるべく候歟 国人たちがみな守護京極氏に反対した中で、赤穴氏だけは、国境でもあり佐波氏の近所のことでもあるので境を出て出奔したが、これは京極氏への不忠ではない、むしろ忠節ともいってよいのだ、という意。

梁山 赤穴氏で弘行が当主の時代に、佐波惣領家を相続した人物。→補

上洛し天下の儀を申なし 佐波家は将軍家に直属する奉公衆の一人であったから、京都へ上って直接、将軍からの相続の承認を得たのであろう。

千足先祖…弓を射候つるか 佐波氏の親類である千足氏をはじめ、親類衆は全部、千足(未考。地名か)で梁山に反乱した、の意。

こひたな 未詳であるが、佐波氏の親類か家臣で、直接反乱はしないまでも挨拶もせず、中立的態度をとった人物。

山田・漆谷 赤穴氏の家臣。

亀兵庫 佐波氏の家臣。「亀」は現邑智町内に地名を残している。

生涯 「生害」とも書き、殺す

ず候。ともかくも赤穴申付候得」と候間、亀を申付たるよし候。斯様《か》に候て梁山を世に立《た》て申也。其後▽佐波高畑において梁山を生涯させ申さんとて、今の*奥《おく》山周防守親父《しんぷ》、女《おんな》の真似《まね》をして*梁山を御寝所へ行候時、赤穴不審をたて梁山を起《お》こし申、御寝所に夜《よ》着《ぎ》をおき、たちのき候て見られ候処、彼真似《まね》女《おんな》、刀を以て彼夜着《よぎ》を二刀・三刀さしぬきけり。如《ク》レ此《ノ》候間、梁山と赤名は夜の間に小門まで逃詑《おわんぬ》。此時に後《あと》より追懸候はん用心のために、被官五町を後《あと》に残《のこ》しをき「*つめのかい過候はんほどの時来候得」とてをかれ候。如《ク》レ此《ノ》候て討はづし候間、奥《おく》山周防守親父は*空《そら》物狂《ぐるい》を仕候て、走《はし》り廻《まは》る間、籠に入候てをき候ける由《よし》候。如《ク》レ此《ノ》対《シ》二惣領《ニ》一赤穴事は代々忠節也。前代実連死去之節、明都賀へ譲《ゆづ》りの儀、*末後の事《ニ》候間、「ともかくも実連おぼしめすまゝに御ゆづり候へ」と、赤穴常連申たるにより、*当腹たる間、自愛に候て、今の明都賀《あかつか》分譲《ぶんゆづ》りける由《よし》に候。其後代に謀叛之時うちたやし候て、梁山を兄弟*曲肱をば明都賀《あかつか》になし、*善しやくをば*吾郷に成けり。彼両人をも赤穴より度々の仕立なり。如《ク》レ此《ノ》色々の入組《くみ》事多によつて、凡書《か》き置《を》く也。我等先祖なくしては、梁山の七歳の事たる間、佐波之家継《つ》がれん事は努々《ゆめゆめ》あるべからず候。これ親《ニ》候幸清・*加賀入道・*豊後入道申置《をき》候間、猶親《ニ》候者に能々尋をき候て書《か》き置候置《をき》文如《シ》レ件《ノ》。

永正二年《うし》きのとの七月十四日　*郡連判

*とらほうし殿　進之候

【『萩藩閥閲録』二】

こと。

幼少より在京…　佐波氏が奉公衆として上京していたことを示す。

奥山周防守　佐波氏の家臣。奥山は現邑智町にその地名を残している。

梁山を　この「を」は、以下の「被官五町を後に…」「梁山を兄弟…」と同じく、「の」の意に解すべきである。あるいは誤読かも知れぬ。

つめのかい　↓補

空物狂を仕候　罪をのがれようとして気狂いの真似をした。

末後　末期。死にぎわ。

当腹　実連の当時の妻、後妻の生んだ子。

曲肱　未詳。梁山の兄弟。

善しやく　未詳。梁山の一族子弟か。

吾郷　現邑智町内に地名が残る。明塚と江の川をはさんだ対岸。

加賀入道・豊後入道　未詳。いずれも一族の長老か。

○郡連　また久清ともいう。天文二十二年(一五五三)に八十三歳で死んだというから、この置文を書いたときは三十五歳。

とらほうし　虎法師。久清の子、光清の幼名。

いづみ山　泉山で、現邑智町沢谷の上の山か。

瀬戸の城　赤名氏の居城瀬戸山城(現赤穴町瀬戸)か。

佐波高畑　現邑智町明塚の北方に高畑の地名が残る。

一揆契状

山内一族一揆契約状他（十七通）

石井　進校注

一　山内一族一揆契約状

契約す　一族一揆子細の事

右、*元弘以来、一族同心せしむるにより、将軍家より恩賞に預かり、当知行相違なきものなり。爰に去年の秋比《ごろ》より、*両殿御不和の間、世上いまに静謐に属せず。而るに或は*宮方と号し、或は将軍家幷びに*錦少路殿方と称し、*国人等所存区《まちまち》たりと雖も、この一族においては、武家御恩に浴するの上は、争《いかで》かかの御恩を忘れ奉るべきや。然らば早く*御方において軍忠を致し、弓箭の面目を末代に揚げんと欲す。この上は更に二心あるべからざるか。向後この状に背かば、衆中において内談を加へ、所存を申さるべし。若しこの条々一事たりと雖も、偽り申さば、上は梵天・帝釈・四大天王、惣じて日本国中大小神祇冥道、別しては諏方・八幡大菩薩、当国吉備津大明神等御罰を各身に罷り蒙るべきなり。仍て一味契約の起請文の状、件の如し。

一　元弘以来　鎌倉幕府の滅亡した元弘三年(一三三三)以来。
両殿御不和　観応の擾乱と称せられる足利尊氏と弟直義の対立。
宮方　南朝方。
錦少路殿　錦小路殿が正しい。足利直義。
国人　国衆ともいい、南北朝・室町・戦国時代を通じて在地に根をおろした領主層の呼称。
御方　この契約状が当時直義方として中国地方に勢力を拡張していた直義の養子直冬の用いた貞和の年号を用いていることから、山内一族が直義方にくみしたことがわかる。
藤原俊清　以下の省略した連署者名は補注を見よ(以下同じ)。

二　八幡宮　隅田八幡宮。紀伊国隅田庄内(現和歌山県橋本市)にあり、隅田庄の鎮守であると同時に、隅田党一族の氏神で、その団結の精神的中核であった。
御神用　神用米。隅田八幡宮に必要な経費にあてる米で、庄内に賦課された。
神宝を振る　制裁のために八幡宮の神宝を神輿にのせて運

ぶこと。
1作人の逃亡・死亡によって神用米の徴収ができない場合は、地主に負担させる。
2御節米　節ごとに必要な経費にあてる米。
検見　田地の収穫高を調査すること。
ゑれう　「会料」で、節日の会合などに要する費用の意か。
結解　決算・精算すること。
供僧　神社に仕える僧侶のこと。
三昧　三昧僧の略。つねに法華堂・常行堂などに住して、法華三昧・念仏三昧などの仏事を勤める僧を指す。隅田八幡宮には六人の「隅田の三昧僧」が存在したことが、いくつかの中世文書から判明する。
切符　供僧・三昧僧の収入になる分を計算して、これを給付するための命令書か。
3神宝の評定　制裁のために神宝を振ることを決定するための評定。
いたわり　病気。
牛玉　牛王宝印。諸社寺から出す厄難よけの護符で、起請文の用紙としてもひろく用いられた。
4馬にも乗りて…人　馬に乗って出るべきはずの人。

契約　一族一揆子細事

右、元弘以来、依令一族同心、自将軍家預恩賞、当知行無相違者也、爰自去年之秋比、両殿御不和之間、世上于今不属静謐、而或号宮方、或称将軍家、幷錦少路殿方、雖為国人等所存区、於此一族者、浴武家御恩之上者、争可奉忘彼御恩哉、然早於御方致軍忠、欲揚弓箭之面目於末代、此上者更不可有二心哉、向後背此状者、於衆中加内談、可被申所存、若此条々雖為一事、偽申者、

上梵天、帝釈、四大天王、惣日本国中大小神祇冥道、別諏方、八幡大菩薩、当国吉備津大明神等御罰、各身仁可罷蒙也、仍一味契約起請文之状如件、

貞和七年十月二日　*藤原俊清（花押）

（以下十名連署、省略）

【『大日本古文書』山内首藤家文書】

二　隅田《すだ》一族等連署起請文

敬白　天罰起請文事

右意趣者、*八幡宮の*御神用に未進懈怠《けたい》を致《いた》さん輩《ともがら》においては、地頭分御宮へ寄《よ》り合《あ》いて、懈怠《けたい》を致《いた》さん人々のところへ*神宝を振《ふ》るべし。あるいは親子《おやこ》、あるいは兄弟《きやうだい》、あるいは叔甥《をぢをい》の中なりといふとも、親疎《しんそ》をきらはず一同申て振《ふ》るべし。

1*一　もし作《つく》り逃《に》げをもし、又死《し》にもしたらん時は、地主《ぬし》にかけて沙汰《さた》あるべし。もし地主《ぬし》懈怠《けたい》をいたさば、すなはち神宝を振《ふ》るべし。

2一　*御節《せち》米幷に御神用方《かた》の*検《け》見においては、*ゑれうの沙汰人寄《よ》り合《あ》いて、親疎《しんそ》なく検《け》見をして、年貢《ねんぐ》を*結解《けげ》して、*供僧・*三昧の得分《とくぶん》を多少《たせう》によて*切符《きりふ》をおろすべし。

3一　*神宝の評定《ひやうぢやう》の時、事に左右《さう》を寄《よ》せて、あるいは*いたわりといゝ、あるいは他行《たぎやう》なんど申さん人においては、八幡宮の*牛玉《（ごおう）》に起請文を書《か》きて衆《しゆ》中へ出《い》ださるべし。

4一　*馬《むま》にも乗《の》りて出《い》づべからん人の、事に左右《さう》を寄《よ》せば、このばうもんに書《か》きのすべし。

若《（もし）》この衆中の人々、一言も各々虚言を申事候者、

奉ㇾ始ㇾ自㆓上《ヘ》梵天帝釈㆒、下《ハ》堅牢地神、当庄鎮守八幡大菩薩、金峯・熊野王城鎮守諸大明神、惣者日本国中六十余州大小之神罰冥罰、各々八万四千毛孔毎々可ㇾ蒙《ル》ㇾ罷《リ》状、如ㇾ件。

ばうもん　未考。あるいは「榜文」で、告げ知らせる文書の意か。

三　神水　神の水を汲みかわして契約状を結んだことを示している。おそらく起請文の部分に現われる霧島権現の神水であろう。

1嶋津伊久　師久の子。薩摩守護。

氏久　貞久の子。師久の弟。大隅守護。

降参治定…廻らすべく候　島津氏が将軍今川了俊に降伏することが決定したので、以後は将軍の意向にしたがって方策を決定する、の意。公方とは将軍を指している。

2閣心　「隔心」のあて字。へだてのある心。うちとけず、よそよそしい心。

3本領再住　一旦支配権をもっていた本来の所領にふたたび復帰すること。

楚忽の沙汰　軽率な行為。上文のような周到な用意なく行動することをいましめている。

当国鎮守霧嶋権現　この契約状の連署者は四カ国に及ぶ広汎な範囲にまたがっているが、日向国の霧島権現社に起請をたてていることが注目される。

正平拾年乙未五月十八日

一　次第不同

了覚（花押）　覚明（花押）

（以下二十三名連署、省略）

【『大日本史料』六編之廿】

三　肥後・薩摩・大隅・日向国人一揆契約状

（端裏書）「一揆契約状神水*案文」

一揆契約条々

右天下同事者、為《シテ》二将軍家御方《ト》一、一味同心可《ク》レ致《ス》二忠節《ヲ》一候。

1一　*嶋津伊久・*氏久こと*降参治定の上は、向後彼退治の事は、重ねて公方御意を請け、籌策を廻らすべく候。然りと雖も彼の両人御方に参り候乍ら、此の一揆の人々知行分に競望を成し、合戦に及び候時は、公方御意をも相待たず、その在所に馳せ寄り防戦致すべく候。

一　嶋津伊久、氏久事降参治定上者、向後彼退治事者、重公方御意お請可廻籌策候、雖然彼両人乍参御方候、此一揆人々知行分仁競望お成、及合戦候時者、公方御意をも不相待、其在所仁馳寄可致防戦候、

2一　此の契約衆中において、所領相論以下煩はしき事、出来候時は、各談合を加へ、上裁を仰ぎ、多分の儀を以て、理運に任せ、口入致すべく候。その儀に背かれ候人は、此の一揆を破らるるに相当たるべく候の間、*閣心の儀あるべからず候。

一　於此契約衆中、所領相論以下煩敷事、出来候時者、各加談合仰上裁、以多分之儀、任理運、可致口入候、被背其儀候人者、被破此一揆可相当候之間、不可有閣心之儀候、

3一　或は*本領再住、或は恩地に就き入部の事、公方御意を請け、能々談合を加へ、衆儀調ひ然るべき時分を以て、各その沙汰致すべく候。一揆衆中を憑《たの》み、*楚忽の沙汰候時は、一向合力の儀あるべからず候。かくの如く申し定め候上は、公方訴訟の事をも理運の儀を以て、一同に歎き申すべく候。若し此の条々違変せしめ候はば、日本国中大小神祇、殊には天照大神宮・八幡大菩薩・*当国鎮守霧嶋権現御罰を各罷り蒙るべく候。仍て契

状件の如し。
一　或者本領再住、或者就恩地仁入部事、公方御意を請、能々加談合、衆儀調可然以時分各可致其沙汰候、一揆衆中を憑楚忽沙汰候時者、一向不可有合力之儀候、如此申定候上者、公方訴訟事をも以理運之儀、一同仁可歎申候、若此条々令違変候者、日本国中大小神祇、殊者、天照大神宮、八幡大菩薩、当国鎮守霧嶋権現御罰を各可罷蒙候、仍契状如件、

永和三年十月廿八日

久米代 大善亮為頼 在判

（以下六十名連署、省略）

【九州史料叢書『禰寝文書』二】

四　松浦党一揆契諾状(1)

一揆契諾条々之事

1一　公私において一味同心の思をなし、忠節を致すべし。或は一人　*公方より面目を失ひ、或は公私につき恨みをなすと雖も、一揆中において談合を加へ、衆儀に依り之を相計らふべし。一人の儀を以て事を乱すべからず。

一　於公私成一味同心思、可致忠節、或一人自　公方失面目、或就公私雖成恨、於一揆中加談合、依衆儀可相計之、以一人儀不可乱於事矣、

2一　市・町・路頭の乗合*・笠咎*《かさとがめ》・酒狂・戯以下の事に依り、不慮の外に珍事出来すと雖も、是非なく雅意*に任せ、各弓箭*を取り成す事、甚だ以て然るべからず。一揆衆中馳せ寄り、理非を検じ別けしめ、その沙汰あるべし。

一　依市町路頭乗合笠咎酒狂戯以下之事、不慮外雖珍事出来、無是非任雅意、各取成弓箭事、甚以不可然、一揆衆中馳寄、令検別理非、可有其沙汰焉、

3一　夜討・強盗・山賊・海賊并びに諸財物田畠作毛以下盗人等の事。実犯現形せば、見合*に討ち留むべし。若し支証を以て差し申す*族あらば、先づ召し取り、科《とが》は白状に依りその沙汰あるべし。

一　夜討強盗山賊海賊并諸財物田畠作毛以下盗人等之事、実犯現形者、見合可討留、若以支証有差申族者、先召取、科者依白状可有其沙汰矣、

4*一　地頭得分の負物を抑留せしめ、或は故なくして

これは霧島山の信仰圏の広さと、地理的にもこの一揆集団の中央部にあることから来たものであろうか。

四　1公方　将軍。
2乗合　馬などに乗って出あうこと。またその際に起こった紛争。
笠咎　人と行きあった際、笠が触れたのをとがめること。あるいは身分の低い者が笠をかぶったまま通りすぎる無礼をとがめること。
雅意に任せ　自分勝手に。
弓箭を取り成す　合戦に及ぶ。
3見合に　その場で。見つけ次第。
差し申す　犯人を名指しで訴える。
4地頭への負債をつぐなわずに逃亡した「土民百姓」については、一揆の参加者は互いに自己の領内におかない、もとの主人に返すという意味で、式目42条と同趣旨であるが、とくに「故なく」という字句を加えたところに拡大解釈の余地があり、百姓の緊縛規定の方向に一歩近づいていることが示されている。

5所務幷びに境相論 不動産物権をめぐる訴訟や境界争いの相論。
率忽 「楚忽」のあて字か。

6逃亡した下人については、原則として主人の追求権を認め、これが「定法」であるとしている。4条の「土民百姓」に対する措置との差に注意する必要がある。

○孔子次第 「孔子」は「籤」(くじ)のあて字。以下の連署の順番は籤によって定めたもの、の意。

五 1多分の儀… 多勢の意見にしたがうこと。

逃散せしむる土民百姓等の事。相互に領内に扶持し置くべからず。

一 令抑留地頭得分負物、或無故令逃散土民百姓等之事、相互不可扶持置領内矣、

5一 *所務幷びに境相論の事。一揆中寄り合ひ、両方の文書を披見せしめ、理非に任せ落居すべし。聊《いささか》も率*忽の喧嘩に及ぶべからず。

一 所務幷境相論之事、一揆中寄合、令披見両方文書、任理非可落居、聊率忽不可及喧嘩焉、

6*一 各下人等主人を捨て、他村に居住せしむるの事。聞き及ぶに随ひて、扶持の領主を訴訟致すの時は、定法に任せて直ちに主人方に渡さるべし。若し異儀あらば、一揆中の沙汰として理非と出さるべきや否やを糺明すべしと云々。

一 各下人等捨主人、令居住他村之事、随聞及而、於扶持領主致訴訟之時者、任定法直可被渡主人方、若有異儀者、為一揆中之沙汰令糺明理非、可被出之否云々矣、

7一 他村に牛馬を放ち入るるの事。聞き及ぶに随ひて訴訟を致すの時は、定法に任せ、互に出さるべし。

一 他村仁放入牛馬之事、随聞及致訴訟之時者、任定法互可被出之焉、

右、条々若し偽り申し候はば、
日本六十余州の大神・小神、殊には
八幡大菩薩の御罰を各罷り蒙るべく候。依て一揆各契約の状、件の如し。

右条々若偽申候者、
日本六十余州大神小神、殊者
八幡大菩薩御罰、各可罷蒙候、依一揆各契約之状如件、

永徳四年二月廿三日

〈孔子次第*〉 源 湛《ひらと》 （花押）

（以下四十五名連署、省略）

【相田二郎『日本の古文書』下】

五 松浦党一揆契諾状 (2)

松浦一族一揆契諾条々事

1一 公方の御大事においては、分限の大小を云はず会合せしめ、中途に談合を加へ、多*分の儀に随ひ、

急速に馳せ参ずべし。但し火急の御大事出来せば、承り及び次第に馳せ参ずべしと云々。

一 於公方御大事者、不云分限大小令会合、中途加談合、而随多分之儀、急速可馳参、但火急之御大事出来者、承及次第可馳参云々、

2 一 一揆中において、所務・弓箭・境相論幷びに市・町・路頭の喧嘩闘諍出来の時は、先づ近所の人々馳せ寄せ、*時儀を宥《なだ》むべし。若し猶以て難儀に及ばば、一揆一同会合せしめ、道理に任せて成敗せしむべし。聊も僻事を許容すべからず。次に、若し一揆中において讒言凶害の儀あるの時は、是非なく恨みを含むべからず。相互に実否を窮むべしと云々。

一 於一揆中、所務弓箭境相論幷市町路頭喧嘩闘諍出来之時者、先近所人々馳寄可宥時儀、若猶以及難儀者、一揆一同令会合、任道理可令成敗、聊不可許容僻事、次若於一揆中有讒言凶害之儀之時、無是非不可含恨、相互可窮実否云々、

3 一 夜討・強盗・山賊・海賊・放火・田畠作毛を盗み苅る族においては、証拠分明ならば、直ちに死罪に行ふべし。聊も*検疑を以て理不尽の沙汰を致すべからず。次に*同類の事、衆中の沙汰として罪科せらるべしと云々。

一 於夜討、強盗、山賊、海賊、放火、田畠作毛盗苅族者、証拠分明者、直可行死罪、聊以検疑不可致理不尽之沙汰、次同類之事、為衆中之沙汰、可被罪科云々焉、

4 一 この一揆中の人と一揆外の人と相論出来の時は、たとひ*重縁たりと雖も、先づ一揆外の人を閣《さしお》きて一揆中の方に馳せ寄せ、両方の理非を*勘弁せしめ、道理たらば、一揆中を*見継ぐべし。若し一揆中たりと雖も僻事たらば、一同教訓せしめ、承引せざれば、両方ともに見継ぐべからず。但し一揆外の人ばかり相論の時は、或は重縁に依り、或は道理に任せ、見継ぐべき者なり。

一 此一揆中之人、与一揆外之人相論出来之時者、縦雖為重縁、先閣一揆外之人、而馳寄於一揆中方、而令勘弁両方理非、為道理者、可見継一揆中、若雖為一揆中為僻事者、一同令教訓之、不承引者、両方共不可見継之、但一揆外之人計相論之時者、或依重縁或任道理、可見継之者也矣、

2 **時儀を宥む** 気持・心持をなだめ、妥協させる。

3 **検疑** 「嫌疑」のあて字。

同類 仲間。

4 **重縁** ふかい縁故のあるもの。

勘弁 よく考えること。

見継ぐ 援助する。救援する。

5一 *百姓逃散《ちょうさん》につき、相互に扶持すべきや否やの事。所詮本地頭として不忠の儀なく、負物・年貢以下怠勘なくんば扶持すべし。若し負物・年貢等弁済なくんば、扶持せしむべからずと云々。

6一 一揆中相伝の下人の事。若し彼の衆中の領内に隠居の時、主人訴訟を致さば、或は支証に依り、或は近所の人々に相尋ねられ、下人たるの条分明ならば、傍例に任せて主人方に渡さるべしと云々。

一 就百姓逃散、相互可扶持之否事、所詮為本地頭無不忠之儀、負物年貢以下無怠勘者可扶持之、若負物年貢等無弁済者、不可令扶持之云々焉、

一 一揆中相伝下人之事、若隠居彼衆中之領内之時、主人致訴訟者、或依支証或被相尋近所人々、而為下人条分明者、任傍例可被渡主人方云々矣、

若しこの条々偽り申し候はば、
八幡大菩薩の御罰を各罷り蒙るべきなり。

若此条々偽申候者、
八幡大菩薩御罰於各可罷蒙也、

嘉慶二年六月一日　〈次第不同〉

大河内 保蘭

（以下三十名連署、省略）

【九州史料叢書『青方文書』二】

六　松浦党一揆契諸状(3)

*一揆契諸条々

1一 君の御大事の時は、一味同心の思を成し、早々に馳せ参じ、忠節を致すべしと云々。但し火急の御大事の時は、*馬立次第に馳せ参ずべきなり。

一 君御大事之時者、成一味同心之思、早々馳参可致忠節云々、但火急之御大事之時者、馬立次第可馳参也矣、

2*一 私の*所務・*雑務につき、弓矢以下子細、珍事・闘諍出来の時は、先づ近所の人々馳せ寄りて無為に事を*抜《ひら》き宥め申すべきなり。理非に至りては、一揆一同に談合を加へ、僻事の方を教訓せしめ、道理の旨に任せ、落居あるべきなり。

一 就私所務雑務之、弓矢以下子細、珍事闘諍出来之時者、先近所人々馳寄而無為披事可宥申也、至于理非者、一揆一同加談合、僻事方令教訓、任道理之旨、

5百姓逃散…扶持すべし 逃亡した「百姓」が「本地頭」(本来の地頭)に対して不忠がなく、負債や年貢以下の「怠勘」(「対捍」のあて字。反抗すること。納入を拒否すること)がなければ、新たに扶持してよろしい。前出五の4条と同じく、式目42条をうけた規定であるが、ここでも、「本地頭に対する不忠がなければ」という条件が加えられており、「百姓」の緊縛へと一歩を進めていることに注意。

六 一揆契諸条々…思を成し この部分は原本に欠け、「青方家譜」により補入したもの。

1馬立次第 馬の用意ができ次第に。

2この条の全文は原本に欠け、「青方家譜」により補入したもの。

所務 不動産物権をめぐる訴訟。

雑務 債権や奴婢などの帰属などに関する種々の訴訟で、主として売買貸借関係。

抜き 底本は「被」。意によって改めた。

4この条、いささか難解であるが、「物」を「者」のあて字とすれば、逃亡した「百姓」

可有落居也矣、

3一 一揆人数の中において、公方に申す事あるの時は、先づ是非につき一同に吹挙以下あるべしと云々。

一 於一揆人数之中、公方有申事時者、先就是非一同可有吹挙以下云々矣、

4*一 百姓逃散の事。領主より訴訟ある物においては、是非を論ぜず、領主弁《わきま》へて返付せらるべきなり。

一 百姓逃散之事、自領主於有訴訟物者、不論是非領主弁可被返付也矣、

5一 *大犯三ケ条の事。且は*本条の旨に任せ、堅くその沙汰あるべしと云々。

一 大犯三ケ条之事、且任本条之旨、堅可有其沙汰云々矣、

右、子細多しと雖も、*先日契諾の状に条々書き載せらるるの間、多分は省略せしむるものなり。若しこの条々偽り申し候はば、八幡大菩薩・天満大自在天神の御罰を各罷り蒙るべく候。仍て起請文一揆の状、件の如し。

右、雖子細多、先日契諾状ニ条々被書載之間、多分令省略者也、若此条々偽申候者、八幡大菩薩天満大自在天神御罰各可罷蒙候、仍起請文一揆之状、如件、

明徳三年七月五日 〈次第不同〉

伊賀守正(花押)

(以下三十三名連署、省略)

【九州史料叢書『青方文書』二】

七 宇久・有河・青方・多尾一族等契約状

*宇久・有河・青方・多尾一族等

契約条々

1一 君の御大事の時は、一味同心の思を成し、*一所において軍忠を抽《ぬ》きんづべし。聊《いささか》も思々の儀あるべからず。

一 君御大事時者、成一味同心之思、於一所可抽軍忠、聊不可有思々儀矣、

2一 この人数中において、所務・弓箭以下相論出来の時は、談合を加へ、多分の儀に依り*相許《あいゆる》さるべし。若し異儀の輩あらば、縁者・重縁に依らず、

に関して、本来の領主が新領主に対する訴訟を提起した場合には、「是非を論ぜず」新領主がわきまえて旧領主に引き渡す、の意となろう。そう解すれば、「百姓」に対する事実上の緊縛令として、注目すべき内容である。

5大犯三ケ条 鎌倉時代には守護の職務内容である大番催促・謀叛・殺害人をいうが、戦国時代には放火・殺人・盗みを指すように転化した。この条もそうした重罪を指しており、おそらくは前出四の3条、五の3条にあげられた罪科のことであろう。

本条 御成敗式目の規定を指す。

○先日契諾の状 前出四・五の一揆契諾状を指す。

七 宇久…条々 原本に欠け、「青方家譜」により補入したもの。なおこれによって、この契約状は下松浦党全体によるものではなく、五島列島在住の領主たちのみのものであることが明らかとなる。

1一所 「青方家譜」により補入したもの。

2相許さる 相互に和解する、の意。

一同、道理の方人たるべしと云々。次にこの中において、公私につき一人の大事は、面々一同の大事と思はるべきものなり。

一　於此人数中、所務弓箭以下相論出来時者、加談合、依多分之儀可被相許、若有異儀輩者、不依縁者重縁、一同可為道理方人云々、次於此中就公私一人大事者、面々一同大事可被思者也、

3一　この人数中沙汰ある時、兄弟・叔甥・縁者・他人によらず、理運・非儀の意見*、心底を残すべからざるものなり。猶々偏頗私曲あるべからず。

一　此人数中有沙汰時、不依兄弟叔甥縁者他人、理運非儀意見、不可残心底者也矣、猶々不可有偏頗私曲、

4一　この人数、多分の儀に違背の輩においては、向後においてこの人数中を永く擯出*《ひんじゅつ》せらるべきものなり。

一　此人数於多分之儀違背輩者、於向後此人数中於永可被擯出者也矣、

5一　郎従以下の中に珍事狼藉出来すと雖も、多分の儀を相待たず、一人として宿意を遂ぐべからず。

一　郎従以下中仁雖珍事狼藉出来、不相待多分之儀、為一人不可遂宿意、

若しこの条偽り申し候はば、八幡大菩薩・天満大自在天神の御罰を蒙るべく候。仍て連署の誓文、件の如し。

若此条偽申候者、八幡大菩薩天満大自在天神御罰於可蒙候、仍連署誓文如件、

応安六年五月六日　〈孔子次第〉

称（花押）

（以下三十一名連署、省略）

【九州史料叢書『青方文書』二】

八　宇久浦中一揆契諸状

宇久浦中御契諸条々之事*

1一　宇久名代*之事、松熊丸*可レ被二持申一由、浦内面々われ〳〵堅申定候畢。

若又万が一宇久の親類《しんるい》として企《テ》二不慮《ノ》儀《ヲ》一雖レ有二相論之方一、一同に松熊丸お可レ被二取立一段云云。

2一　於二浦中御一族内人々一、自然*如二先日之一思外《おもいのほかの》

3**意見**　訓戒・忠告。

4**擯出**　仲間から追放すること。

八　**宇久浦中**　肥前国の五島列島の最北部にある宇久島の小領主たちが「浦中」として一揆の契約を結んだもの。かれらは、2条に「浦中御一族内人々」、4条に「浦中之御一家」と記しているように、一族・一家の意識によって結ばれていた。

1**宇久名代**　宇久島の領主宇久氏の惣領の後継者。

松熊丸　未詳であるが、童名であるからまだ幼少なのであろうか。宮本常一氏によれば、阿野対馬守祥林の子で宇久覚の養子となり、後に勝と名乗ったという。

2**自然**　万一にも。

荒説　でたらめな、まちがった説。

5**百姓・下部**　百姓の下部ともよめるが、下の「領主・主人」に対応して百姓と下部と解した。この条では「百姓」も「下部」も逃亡の際に区別されず、事実上の緊縛下にあったことに注意。

○当庄の鎮主　当庄とは宇野

荒*説出来候者、一同に申談候而理非可レ有二御落居一候。

3 一 於二此人数中一、被レ捨二先日之事一、自今以後非道非例之振舞候者、衆中加二談合一、可レ打人者打《う》ち、追《お》い出《いだ》され候ずる方に者不レ及レ申候哉。

4 一 宇久浦中之御一家、各々御知行之所領境山野河海の狩《かり》・漁《すなどり》、同《おなじく》木・松・竹きり、其外付二万事一他の境に越《こ》ゑて、先規《せんき》の外雅意《がい》に任《まか》せられ候はゞ、その輩《ともがら》擯出《ひじゆつ》あるべく候。

5 一 百*姓・下部《しもべ》逃散之事、相互被二仰定一候上者、理非お糺《たゞ》され領主《りやうしゆ》・主人につけられ候べく候。仍《よつて》面々《めん〳〵》われ〳〵が子々孫々堅くこの旨を可レ守由候。若此条々偽申候者《いつわりもうしそうらわば》、梵天《ぼんてん》・帝釈《たいしやく》・四《し》大天王《だいてんわう》、惣日本国中の大小の神祇《ぎ》冥道《みやうだう》、当*庄の鎮主には志*《し》自岐《ぎ》大菩薩《ぼさつ》、当*嶋の大神い*ひら八幡、同神*嶋大明神の神罰・明罰おの〳〵まかりかぶるべく候。

応永二十年五月十日

貞方しんゑもん
頼重（花押）

（以下二十五名連署、省略）

【九州史料叢書『青方文書』二】

九　五島某浦住人等一揆契約状

浦*《うら》の中《うち》い*ちど□に定《さだ》め申す規*式《きしき》の事

1 一 父祖《ふそ》の由緒文書《ゆいしよもんじよ》おや*ぶんて非義《ひぎ》の沙汰《さた》おいたさん輩《ともがら》は、この人数《にんじゆ》三度《さんど》教訓《けうくん》申てかなはずんば、永《ゑい》代擯出《たいひじゆつ》申すべく候。

2 一 親類《しんるい》・若党《わかたう》・中間《ちうげん》・百姓《ひやくしやう》らにいたるまで虚説《きよせつ》お申出《いだ》さん輩《ともがら》は、咎《とが》の軽重《きやうちう》によて、その罪*科《ざいくわ》に行《おこな》い申べく候。

3* 一 喧嘩《けんくわ》・闘諍《とうじやう》いできたらん時《とき》は、親子《おやこ》に限《かぎ》るまじく候。両方《りやうはう》二人お失《うしな》い申すべく候。

4* 一 領主《りやうしゆ》のいましめたらんものは、相互《あいたがい》にかやし、かやされ申すべく候。

5 一 かやうに申定《さだ》め申候上《うゑ》は、こき、うすきによて、いさゝか贔屓《ひいき》の沙汰《さた》お申すまじく候。もしこの条偽《でういつは》り申候はゞ、梵天《ぼんてん》・帝釈《たいしやく》お始《はじ》め奉《たてまつ》りて、日*《に》本《ほん》の鎮守《ちんじゆ》伊勢《いせ》天照《てんせう》大神《じん》・八幡天神《まんてんじん》・ひこくまの三*《み》日《か》の山王《さんわう》、総《そう》じて六十余所《よしよ》の大小の神《しん》の御罰《ばつ》お各々《おの〳〵》蒙《かうぶ》り申すべく候。

応永《おうゑい》廿一年《ねん》十二月十一日

御厨庄。「鎮主」は鎮守のあて字。

志自岐大菩薩　平戸島の南端にまつられている志々伎神社。

当嶋　宇久島。

いひら八幡　宇久島の飯良にまつられている飯良八幡宮。

神嶋大明神　宇久島の南方の野崎島にまつられている神島神社。

九 **浦の中**　↓補

いちど□　おそらく「いちどう」(一同)であろう。

規式　規則。きまり。

1やぶんて　「破って」か。

2罪科　底本は「さ」の次に「た」と書いて抹消し、「いくわ」と続けている。

3喧嘩両成敗法の早い例として注目されるが、難解である。喧嘩や争闘が起こった場合には、双方二人ずつを死罪と定め、当事者以外に連座する者は、必ずしも親子関係にある者でなくてもよい、の意であろうか。

4領主の禁令をおかして逮捕されていた者が逃げ出したりした時には、お互いにこれを捕えて返したり返されたりする、の意。

○日本の鎮守伊勢天照大神

伊勢信仰の表現として注目される。

三日の山王 五島中通島の青方浦の南方三日浦の奥に聳える山王山(三王山)にまつられた神社か。

一〇 2**国役** 一国単位で課される段銭などの臨時課役。守護がその徴収の責任を負った。

5**京都様** 室町幕府の将軍家を指す。

一一 **五郡** 旧陸奥国の南東部、今の福島県のいわゆる浜通り一帯の行方・岩崎・岩城・標葉・楢葉の五郡をいうらしい。〇連署者のうち、富□・北□・松□はいずれも未詳であるが、この地域の豪族の姓らしい。なおこの連署の形式はいわゆる傘連判である。他の連署者は、浜通りを北から南へ相馬・標葉・楢葉・好嶋・岩城・白土の諸氏の根拠地が存在した。諸根氏については未考。

おんあ（花押）

（以下二十三名連署、省略）

【九州史料叢書『青方文書』二】

一〇 安芸国国人連署契約状

安芸国々人同心条々事〈次第不同〉

1一 故無くして本領を召し放たるるに至りては、一同に歎き申すべき事。

一 無故至被召放本領者、一同可歎申事、

2一 国役*等の事、時宜に依り談合あるべき事。

一 国役等事、依時宜可有談合事、

3一 是非において弓矢の一大事は、時剋を廻らさずに馳せ集まり、身々の大事として奔走致すべき事。

一 於是非弓矢一大事者、不廻時剋馳集、為身々大事可致奔走事、

4一 この衆中において、相論の子細出来せば、共に談合せしめ、理非につき合力あるべき事。

一 於此衆中、相論子細出来者、共令談合、就理非可有合力事、

5一 京都様*御事は、この人数相共に 上意を仰ぎ申すべき事。

一 京都様御事者、此人数相共可仰 上意申事、

若しこの条々に違背せば、

日本国中大小神祇、別しては 厳島大明神御罰を、各々罷り蒙るべく候。仍て連署の状、件の如し。

若違背此条々者、

日本国中大小神祇、別者 厳島大明神御罰、各々可罷蒙候、仍連署之状如件、

応永十一年九月廿三日

小河内 沙弥妙語（花押）

（以下三十二名連署、省略）

【『大日本古文書』毛利家文書之一】

一一 陸奥国五郡諸族一揆連判契状

五郡*一揆之事

右条は、大小事に就き、堅く相互に見継ぎ、見継がれ申すべく候。公方の事においては、五郡、談合の儀を以て沙汰致し、私の所務相論は、理非に

任せてその沙汰あるべく候。若しこの条偽り申し候はば、八幡大菩薩の御罰を罷り蒙るべく候。仍て契状、件の如し。

右条者、就大小事、堅相互見継被見継可申候、於公方之事者、五郡以談合之儀、致沙汰、私所務相論者、任理非可有其沙汰候、若此条偽申候者、
八幡大菩薩御罰お可罷蒙候、仍契状如件、

応永十七年二月晦日

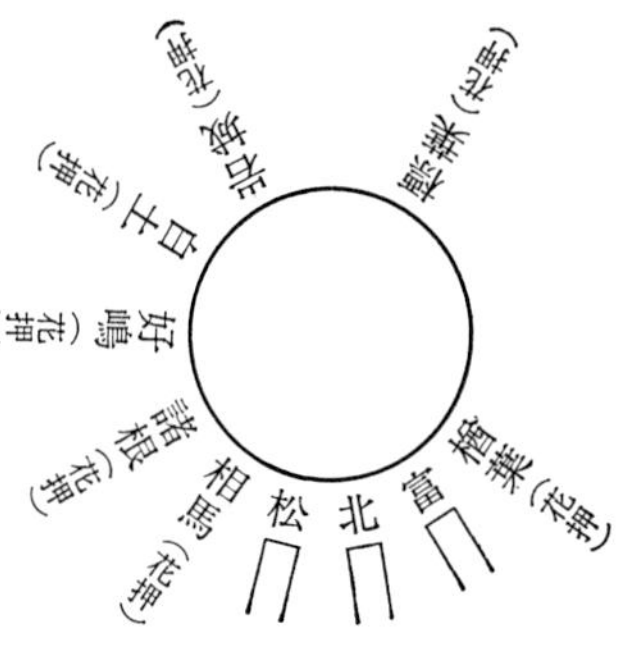

【相田二郎『日本の古文書』下】

三　高梨一族置目

定置条々

1 一　喧嘩の事、前々法意を取り定むるの処、*救露の子細無くして、*言問はず、差し寄せらるるの条、一ならず候。然らば*其時に到りては、合力の仁ともに成敗あるべきものなり。

一　喧嘩事、前々取定法意処、無救露子細而不言問、被差寄条不一候、然到其時者、合力仁共可有成敗者也、

2 一　*以前の百姓の負物に依つて、当作人の方より取らるる事然るべからず。但し*親祖相伝致す*在家等は、其の沙汰有るべきものなり。

一　依以前百姓之負物、自当作人方被取事不可然、但親祖致相伝在家等者、可有其沙汰者也、

3* 一　百姓の負物苅り取り、地頭の田畠結句懸くるとも、百姓取らるる事然るべからず。

一　百姓之負物苅取、地頭之田畠結句懸共、百姓被取事不可然、

4 一　利銭・出挙《すいこ》・地下の沽却状に、売主の名字を書

三 1**救露**　「披露」の誤写か。
言問はず　「事問はず」のあて字。
其時に到りては　底本の「致」を「到」の誤写とみたが、底本通りとすれば、「其を致すの時は」とよんでよめないこともない。
2**以前の…然るべからず**　以前にその土地を耕作していた百姓の負債を、現在耕作している農民からとり立ててはならない。
親祖　親や先祖。
在家　家・畠地・農民の三者が一体として支配されている隷属性のつよい農民。
3百姓が負債を返済しないというので、貸主がその田畠の作物を刈り取った際、百姓の領主の田畠に損害を与えたという理由で、領主がその百姓の人身を差し押えるようなことをしてはならない、の意か。

く事は常の法意なり。自今以後買*主その名を書かざる借状、後に何方より出来とも、立*用すべからず候。

一 利銭、出挙、地下之沽却状ニ、売主之名字書事者常之法意也、自今以後不書買主其名借状、後何方出来共、不可立用候、

5一 毎度付*け沙汰致す事、然るべからず。

一 致毎度付沙汰事不可然、

6一 出*百姓・逃散の遺跡は、その地頭是非を相計るべきの処、負物と号し、家内・作毛没収せらるる事、然るべからず。

一 出百姓、逃散遺跡者、其地頭是非可相計処、号負物、家内作毛被没収事不可然、

7一 地下において狼藉致し、家内没取せらるる事、然るべからず。

一 於地下致狼藉、家内被没取事不可然、

8一 典*馬・蘭*櫃そのほか馬草は地下の作り物、執らるるの条、殊に然るべからず。

一 典馬、蘭櫃其外馬草者地下之作物、被執条殊不可然、

9一 他人の中間の事、前々の法を破り、召し仕はるる事、然るべからず。

一 他人之中間之事、破前々法、被召仕事不可然、

10一 銭負の下人、男女共に、召し仕はるる事、然るべからず。

一 銭負之下人男女共ニ、被召仕事不可然、

右、此の如く規式を定め置くと雖も、猶以て親類面々評議を調へ、成*敗のため判形を加へ畢んぬ。若し此の旨に背く輩は、八幡大菩薩御罰を罷り蒙るべきものなり。仍て件の如し。

右、如此雖定置規式、猶以親類面々調評議、為成敗加判形畢、若背此旨輩者、八幡大菩薩可罷蒙御罰者也、仍如件、

宝徳元年八月十五日

南条 道高（花押）

（以下十四名連署、省略）

【『信濃史料』八】

三 小早川本庄新庄一家中連判契約状

4買主 「売主」の誤写。上文の「売主」と同じ。

立用 用に立てる。有効とする。

5付け沙汰 追408条(七八頁)頭注「寄せ沙汰」参照。

6出百姓・逃散の遺跡 他の土地に移動した百姓や、逃亡した農民のもっていた財産や耕作していた土地。

負物と号し… 負債があるからと称して、農民の家財や農作物を没収してはならない。

8典馬 未考。馬の食料の一か。

蘭櫃 未考。馬の食料の一か。

○成敗のため 底本「為成敗」の「為」に「無」の傍書がある。

(端裏書)
「*椋梨子」

小早河本庄新庄一家中契約事

1 一 大小事共に相互に捨つべからざる事。

一 大小事共相互不可捨事、

2 一 一家中祖子*彼官人*、惣領方*へ出づる事、停止すべし。もし惣領方許要*あるにおいては、同心して歎き申すべき事。

一 一家中祖子彼官人惣領方へ出事可停止、若惣領方於有許要者、同心可申歎事、

3 一 惣領たりと雖も、無理の子細承らば、一同歎き申すべき事。

一 雖為惣領、無理子細承者、一同歎可申事、

4 一 一族として惣領に緩怠を致す輩は、衆中成敗を加ふべき事。

一 為一族惣領致緩怠輩者、衆中可加成敗事、

5 一 衆力を憑み自他に対し無理を致さば、衆中を放つべき事。

一 憑衆力対自他致無理者、可放衆中事、

右、この条偽り申し候はば、
日本国中大小の神祇、殊には八幡大菩薩・厳島大明神の御罰を蒙るべきものなり。

右此条偽申候者、
日本国中大小神祇、殊者八幡大菩薩、厳島大明神可
蒙御罰者也、

宝徳三年辛未九月吉日

(裏書)

乃良 景久
土倉 沙弥茂秀(花押)
舟木 保平
小泉 之平(花押)
生口 守平(花押)
梨子羽 熙景(花押)
椋梨子 利平(花押)
小田 景信(花押)
上山 賢高(花押)
浦 氏安
乃美 貞平(花押)
清武 則直(花押)
秋光 景茂

【『大日本古文書』小早川家文書之一】

三 **椋梨子** この契約状に連署した庶子家で、それぞれこの文書を所持したが、これは椋梨子家に伝わったものであることを示す端裏書である。
本庄新庄 沼田庄の本庄と新庄内に所領をもっていることを示す。
2 **祖子** 「庶子」のあて字。
彼官人 「被官人」のあて字。
惣領方 小早川氏の本宗家の惣領。
許要 「許容」のあて字。

一四　越後衆連判軍陣壁書

壁書

1 一　陣取之時、或は陣場を相論し、或は陣具等を奪ひ合ひ、喧嘩に及ぶべからざる事。

一　陣取之時、或陣場相論、或陣具等奪合、不可及喧嘩事、

2 一　喧嘩口論出来の時、傍輩知音と号して、助け合ふべからざる事。

一　喧嘩口論出来之時、号傍輩知音、不可助合事、

3 一　万一聊爾*の子細これありと雖も、古法を以て、追ってその沙汰あるべき事。

一　万一聊爾之子細雖有之、以古法、追而可有其沙汰事、

4 一　陣払*をすべからず。若しこれを致すと雖も、軍勢悉く備を出す上、左右に及ぶべき事。

一　不可陣払、若雖致之、軍勢悉備出上、可及左右事、

5 一　陣取の時、勢衆繰引*自由の様、路、同じく陣場の前、広く取らるべきの事。

一　陣取之時、勢衆繰引自由之様、路同陣場之前広可被取之事、

6 一　陣取の時は、当座に尺木*を結ひ、同じく野伏*を待ち、其外用心已下、油断なく各成らるべきの事。

一　陣取之時者、当座ニ尺木ヲ結、同待野伏、其外用心已下、無油断各可被成之事、

7 一　陣取の時、具足を抜き置き、油断すべからず候。堅く持ち運ばるべき事。

一　陣取之時、抜置具足、不可油断候、堅可被持運事、

右、各連判の処、彼の条数に背かるるにおいては、堅く曲事虚言たるべきものなり。仍て件の如し。

右、各連判之処、於被背彼条数、堅可為曲事虚言者也、仍如件、

享禄四年正月　日

山　浦（花押）

（以下十七名連署、省略）

【『大日本古文書』上杉家文書之一】

一四　この文書は、差出書の上部の裏に長尾為景の裏花押がある。

3 **聊爾**　無考え・軽率なこと。具体的には喧嘩口論などを指す。

4 **陣払**　退却・退陣すること。

5 **勢衆繰引**　軍勢の移動。

6 **尺木**　柵の木のこと。
野伏　この場合、山野にかくれる斥候・伏兵の意か。

一五　1 **井手**　石や木などで川水をせきとめ、用水源とする

一五　福原広俊以下連署起請文

謹ンデ言上候、

1 一　御家来井手ノ*・溝等、自然依リ二洪水ニ一、年々在所々々相替ル事多々候。然ル時は、井手は見合候而、不レ論ゼ二自他ノ分領ヲ一、堰《せ》かせられべき事可レ然候。溝は改メ掘リ候者、田畠費《ついえ》候はでは不レ可カラレ叶フ候之条、*溝《みぞ》料をば相当ニ可キ二立テ置ク一事。

2 一　各召仕候者共、負物に沈《しずみ》、*傍輩間へ罷却《まかりしりぞき》候而居候へば、其*負物はすたり果《はて》候間、不レ可レ然候。於テ二御他家・他門え罷却候はん事は、無ク二是非一候。於テ二御家中ニ一如レ此候はん儀をば、互に無*ク二御等閑一申談候而、*有様《ありよう》に可キレ有ル二沙汰一事。

3 一　*悴《かせ》被官、*小中間、下人に至《いたりて》而、其主人々々のよしみを相違候而、傍輩中え*走入《はしりいり》々々、*構ヘ二聊爾ヲ一候儀、口惜《くちおしき》子細ニ候間、如レ此企之時は、本之主人々々に相届《あいとどけ》、依リ二其ノ返事ニ一、取捨之両篇、可キレ有ル二覚悟一事。

右条々、自今已後、於二違犯輩一者、堅可レ被レ成二御下知一事、対レ各可レ忝候。若偽候者、

梵天、帝釈、四大天王、惣日本国中六拾余州大小神祇、別而厳嶋大明神、祇薗牛頭天王、八幡大菩薩、天満大自在天神部類眷属神罰冥罰、於二各身上一可レ罷二蒙一也。仍起請如レ件。

享禄五年七月十三日

福原左近允　広　俊（花押）

（以下三十一名連署、省略）

*粟屋孫次郎殿

【『大日本古文書』毛利家文書之二】

一六　福原貞俊以下連署起請文

言上条々

1 一　井上者共、連々軽ンジ二上意ヲ一、大小事恣に振舞候に付、被レ遂ゲ二誅伐ヲ一候。尤に奉レ存候。依レ之、於レ各《おのおの》聊カモ不レ可レ存ズ二表裏別心ヲ一之事。

2 一　自今以後者、御家中之儀、*有様《ありよう》之可キレ為ル二御成敗一之由、至リテレ各ニも本望に存候。然上者、諸事可レ被二仰セ付ケ一趣、一切不レ可レ存二無沙汰一之事。

3 一　御傍輩中喧嘩之儀、殿様御下知御裁判、不レ可二

もの。せき。

溝料をば相当可立置事　溝を掘ればその部分の田畠が耕作できなくなるから、その代償として、それに相当した溝料を支払うべきである。

2 傍輩　同じ毛利家の家臣仲間。

負物はすたり果候　負債を取り立てることができなくなって無効になってしまう。

無御等閑　心やすく、親しく、おろそかにせず、の意。

有様に　しかるべく。

3 悴被官　「悴」は「かせる」(ひからびる)の連用形であるから、「悴被官」とは、下級の被官の意か。結城1条補注参照。

小中間　下級の中間。

走入　同じ毛利家の家臣の所領へ逃げこむこと。

構聊爾候　無思慮なことを仕出かす、の意。

○粟屋孫次郎　実名は元真。元就の側近であった。主人である元就の名を書かず、元真あてとして元就への披露を乞う形式をとっている。

一六 2 有様之…御成敗　理想的な、あるべき統治・裁判のやり方。

違背申《シス》一事。

付、閣《サシオキ》二本人《ヲ》一、於《テハ》二合力仕《ル》之者《ニ》一者、従《ヨリ》二　殿様一可レ被二仰付一候。左様之者、親類、縁者、贔屓之者共、兎角不レ可レ申之事。

付、御家来之喧吒に、具足にて*見所《(けんぞ)》より走集《(はしりあつまり)》候儀、向後停止之事。

4一　御弓矢に付而、弥《(いよいよ)》如《ク》二前々《ノ》一、各可レ抽《ンヅ》二忠節《ヲ》一之事。

5一　仁・不肖共に傍輩を嫉《そね》み、*権争《けんあらそ》いあるべき者は、上様よりも、傍輩中よりも、是を戒《いまし》め候はん事。

6一　於二傍輩之間一、当座々々何たる雖《モ》二子細候《ト》一、於二公儀一者、*参相、談合等、其外御客来以下之時、可《キ》二調《ヘ》申《ス》一之事。

7一　喧嘩之儀、仕出《シ》候者、致《シ》二注進一、其内は堪忍仕候而、可《キ》レ任《ス》二御下知《ニ》一之事。

8一　*人沙汰之事、
男女共に。

9一　*牛馬之儀、作を食《く》い候共、返し可レ申候。但《シ》三度共はなし候て食《く》い候者《(そうらわば)》、其牛馬可レ取レ之事。

10一　山之事、往古より入候山をば、其分に御入《いれ》あるべき事。

11一　河は流より次第之事。

12一　鹿は、里落は倒《たを》れ次第、射候鹿は、追越候者可レ取之事。

13*一　井手・溝・道は　上様之也《(のなり)》。

*従《ヨリ》二上様一弓矢に付而条々

14一　具足数之事、
付、*御動《(はたらき)》に具足不《ル》レ着《セ》もの ゝ所領御没収之事。

15一　弓の事、
付、*感之事。

16一　可レ有二御褒美一所を、　上様に於《テハ》レ無《キニ》二御感一者、年寄中として可レ被二申上一之事。

17一　内々御動《(はたらき)》之用意候て、被《レ》二仰懸《セケ》一候者、則《チ》可二罷出《リツ》一之事。

18一　御使之時、同前之事。

以上

右条々、自今以後、於二違犯輩一者、堅可レ被レ成二御下知一事、対レ各可レ忝候。若此旨偽候者、梵天、

3見所　傍観者・第三者の位置。
5権争い　権威・権力を争うこと。
6参相　未詳であるが、「参りあい」とよむのであろう。
8人沙汰　→補
9牛馬　底本「午馬」を意によって改めた。以下も同じ。
13井手や溝・道は「上様」、すなわち主君のものである、の意か。
従上様…条々　1条より13条までを「言上条々」と一括するのに対して、以下の軍事行動に関する箇条は主君元就の主導によってつくられたことを示している。
14御動　軍事行動。
15感　恩賞のこと。

一七　2物共　「者共」のあて字。
虎口　城・陣営などの最も重要な出入り口。ここでは、山脈に囲まれた伊賀盆地への出入り口の要所を指すのであろう。
注進　底本は「住進」であるが、意によって改めた。
不写　「不レ移」のあて字。

帝釈、四大天王、惣日本国中六十余州大小神祇、別而厳嶋両大明神、祇薗牛頭天王、八幡大菩薩、天満大自在天神、部類眷属、神罰冥罰、於二各身上一可二罷蒙一也。仍起請如レ件。

天文十九年七月廿日　福原左近丞　貞俊（花押）

（以下二百三十七名連署、省略）

【『大日本古文書』毛利家文書之二】

一七　伊賀惣国一揆掟書

惣国一揆掟之事

1 一　従二他国一当国へ入候におゐては、惣国一味同心に可レ被レ防候事。

2 一　国之*物共とりしきり候間、*虎口《こぐち》より*注進仕におゐては里々鐘を鳴、時刻を*不レ写、*在陣可レ有候。然ば兵粮・矢楯を被レ持、*一途之間虎口不レ甘《くつろがざる》様に陣を可レ被レ張候事。

3 一　上は五十、下は拾七をかぎり在陣あるべく候。永陣においては*番勢たるべく候。然ば在々所々、武者大将を被二指定一、惣は其下知に可レ被二相随一候。并惣国諸寺之*老部は、国豊饒之御祈禱被レ成、*若仁躰《にんたい》は在陣あるべく候事。

4 一　惣国諸侍之*披官中、*国如何様に成行候共、主同前とある起請文を里々に可レ被レ書候事。

5 一　国中之*足軽《あしがる》他国へ行候てさへ城を取事に候間、国境に従二他国一城を仕候て、足軽として其城を取、忠節仕百姓有レ之ば、過分に褒美あるべく候。その身《み》におゐては侍に可レ被レ成候事。

6 一　他国之人数引入候仁躰於二相定一は、惣国として兼日に発向被レ成、*跡を削、其一跡を寺社へ可レ被レ置レ付候。并国之*様躰《ようだい》内通仕輩あらば、他国之人数引入候同前たるべく候。*他国之人数引入候とある物共之仁躰有レ之ば失レ之、誓段にて可レ被レ曝候事。

7 一　当国之諸侍又は足軽《あしがる》に不レ寄、*三好方へ奉公に被レ出間敷候事。

8 一　国之弓矢*判状送り候に無二承引一仁躰候《そうらわ》ば、親子兄弟をかぎり、拾ケ年弓矢之用に*烈《シ》中間敷候。同《おなじく》一夜之宿《やど》・送迎《おくりむかい》共あるまじく候事。

在陣　底本は「在陳」であるが、意によって改めた。以下、「陣」の字はみな同様である。

一途…不甘様に　敵軍の侵入してくる道筋の要所の防禦がゆるまないように、の意か。

3 番勢　長陣になったら交代で陣を張ること。

老部　年寄。老者。

若仁躰　若者。「仁躰」は人の敬称。

4 披官　「被官」のあて字。

国　惣国一揆を指す。

5 足軽　足軽く疾走する者の意で、本来は雑兵であるが、戦国時代には訓練を経た歩兵隊として活躍した。

6 跡を削　他国の軍勢を引き入れた者の全所領を没収し、名字を断絶させること。

様躰　ありさま。様子。

他国之人数…候事　→補

7 三好方　細川氏の家宰から出身して幕政の実権を握った三好氏を指すが、三好氏の誰であるか、長慶か、その養子義継かは不明。

8 判状　未考であるが、判は花押であるから、惣国一揆の動員令などに承諾者が花押を加える文書で、連判状であろうか。

烈　「列」のあて字。

9 一 陣取之在所にて味方乱妨《らんばう》あるまじく候事。

10 一 前々*大和より対ニ当国へ一不儀之働数度有レ之事
に候間、大和大将分牢人許容あるまじく候事。

11 一 当国之儀は無レ恙《(つつが)》相調候。*甲賀《が》より合力之儀専
一に候間、惣国出張として伊賀・甲賀《が》境《さかへ》目*にて
近日*野寄合あるべく候。

右掟*連判を以、定所如レ件。

霜月十六日

【神宮文庫蔵、山中文書】

10 大和…不儀之働　過去に数回も大和から伊賀に侵入したというのは、大和の内でもとくに宇陀郡の三人衆とよばれた豪族の沢・秋山・芳野氏らの行動を指し、下の「大和大将分」もおそらく彼らのことであろう。

11 甲賀　近江国の甲賀郡中惣。

にて　底本は「ににて」であるが、「に」の一字は衍字とみて改めた。

野寄合　野外での寄合。野外集会。

○連判　本来は惣国一揆の連署があったはずであるが、この写には見えない。

竹崎季長絵詞

石井　進　校注

一 *息《おき》の浜《はま》に軍兵《ぐんびやう》その数《かず》を知《し》らずうちたつ。季長《すゑなが》が一門《もん》の人々あまたあるなかに、*ゐだの又太郎ひでいゐことに申《(もうし)》うけ給はるによりて、*兜《かぶと》を着換《きか》へて、これをしるしにて相互《あひたがひ》に見継《みつ》ぐべきよしを申すところに、*異賊《いぞく》赤坂《あかさか》に陣《ぢん》をとるにつきて、一門《もん》の人々あひむかふに、大将軍《だいしやうぐん》*大宰少弐《だざいのせうに》三郎左衛門《ざへもん》景資《かげすけ》、*のだの三郎二郎すけしげをもて、ゐだの又太郎ひでいゐのもとに、「見参《げんざん》にいり候し時、一所《しよ》にて合戦《かせん》候べきよし申候き。赤坂《あかさか》は馬《むま》の*足立《あした》ち悪《わろ》く候。これにひかへ候はゞ、さだめて寄《よ》せ来《きた》り候はんずらん。一同《どう》に懸《か》けて*追物射《をものい》に射《い》るべき」由《よし》申さるゝにつきて、*兼日《けんじち》の約束《やくそく》を違《たが》へじとて、各々《をのをの》ひかへし間《あひだ》、「大将《たいしやう》をあひまたば、軍遅《いくさをそ》かるべき程《ほど》に、一門《もん》のなかにて季長《すゑなが》、肥後《ひご》の国《くに》の先《さき》を懸《か》け候はん」と申てうちいづ。

二 *日の大将少弐《たいしやうせうに》三郎□ゐ□□浜《はま》□高《たか》きいさこ[1]の□□に尻《しり》をかけて陣《じん》をかためられしところ□うちむかひしに、*おほた左衛門《さゑもん》「おりられ候へ」と申□先《さき》を懸《か》け候はんためにあ□し□ほ□□わづかに五騎《き》、これをもて御前《まへ》の合戦《かせん》敵《かたき》[2]をおとすべきぶんに候はず、進《すゝ》むで見参《げんざん》に入る[3]よりほかは期するところなき[4]ものにて候□由《よし》、君の見参《げんざん》□いれ候べく候、□景資存命《かげすけぞんめい》すべしとはあひ存《ぞん》じ候はね[5]ども、[6]存命《ぞんめい》し候はゞ[7]見参《げんざん》□□うけ給□りて□もて恐《おそ》れ入候へども、乗《の》りながら申候」と申すに、景資《かげすけ》「たゞめされ候へ」とありしに、一門《もん》の□とも仰《おほ》せにしたがて陣《ぢむ》を□*せめ[8]赤坂《あかさか》に□むかふ」と申をもて、箱崎《はこざき》

一 博多の息の浜で、一門の武士と相互援助を約した竹崎季長は、すでに赤坂まで迫った蒙古軍をここで迎撃しようとの、大将武藤景資の意向にもかかわらず、戦いの先陣に立とうと出発する。
息の浜 筑前国博多津の前面の海浜。現福岡市内。
ゐだの又太郎ひでいゐ 肥後国玉名郡江田郷を根拠地とした武士であろう。
兜を着換へて… 後の恩賞請求の際に証人に立つため、戦場で互いにその行動を見つめたり、また助けあうことを「見継ぐ」という。季長とひでいゐは、それぞれ自分の兜を交換することで、その目じるしとしたわけである。
異賊 蒙古軍。
大宰少弐三郎左衛門景資 武藤景資。
のだの三郎二郎すけしげ 景資の被官か。
足立ち 足の立てどころ。あしば。
追物射 犬追物や牛追物のように、馬上から逃げる獣を追いかけて矢を射る芸。
兼日の かねてからの。

二 季長は息の浜の武藤景資の陣所の前を馬上で通過し、先懸けをとげたら鎌倉殿に報告してくれるよう景資に依頼する。この部分は朽損が多いので、〔七〕と比較対照して意味をとる必要がある。
日の大将 その日の大将・指揮官。
おほた左衛門 景資の被官か。
せめ… 以下〔二〕の文末までは、本来〔一〕の以前に入るべき詞書の断簡が、誤って混入したのではないか。

の陣《ぢん》をうちいで、博多《はかた》にはせむかふ。

1「さ」は判読。 2「を」は〔七〕より推定。 3「るよりほかは期する」は〔七〕より推定。 4「きものにて候」は〔七〕より推定。 5「ね」は推定。 6「ぞんめい」の「ぞ」は推定。 7「げんざん」の「げ」「ざん」は推定。 8「あかさか」の「さか」は推定。

三 博多《はかた》の陣《ぢん》をうちいで、肥後《ひご》の国《くに》□□ゑ□一番《ばん》と存《ぞん》じ、*住吉《すみよし》の鳥居《とりゐ》の[1]前《まゑ》を過《す》ぎ、小松原《こまつばら》をうち通《とを》りて赤坂《あかさか》には[2]せむかふところに、*葦毛《あしげ》なる馬《むま》に*紫逆沢瀉《むらさきさかおもだか》の鎧《よろひ》に紅《くれなゐ》の*母衣《ほろ》かけたる武者《むしや》、その勢《せい》百余騎《よき》ばかりと見《み》へて、*凶徒《けうと》の陣《ぢん》を[3]かけてやぶり、賊《ぞく》徒《と》追《を》ひ落《おと》して、首《くび》二、太刀《たち》と長刀《なぎなた》の先《さき》に貫《つら》ぬきて、左右《さう》に持《も》たせて、まこと*ゆゝしく見《み》へしに、「たれにてわたらせ給候ぞ、*すゞしくこそ見《み》え候へ」と申に、「肥後《ひご》の国菊池《くにきくち》の二郎武房《たけふさ》と申すものに候、かく仰《おほ》せられ候はたれぞ」と問《と》ふ。「をなじき*うち竹崎《たけさき》の五郎兵衛季長《ひやうへすゑなが》懸け候、御覧《らん》候へ」と申てはせむかふ。

1「まゑを」は推定。 2「せむ」は推定。 3「かけてやぶ」は推定。

四 武房《たけふさ》に凶徒《けうと》赤坂《あかさか》の陣《ぢん》をかけ落《おと》されて、二手《ふたて》になりて、大勢《おほぜい》は*麁原《すそはら》に向《む》きて退《ひ》く。小勢《こぜい》は*別符《べふ》の塚原《つかはら》へ退《ひ》く。塚原《つかはら》より*鳥飼《とりかひ》の汐干潟《しほひがた》を大勢《おほぜい》になりあはむと退くを追懸《おか》くるに、馬《むま》、干潟《ひがた》に*はせたはして、その敵《かたき》を*延《の》ばす。凶徒《けうと》は麁原《すそはら》に陣《ぢん》をとりて、色《いろ》々の旗《はた》を立《た》て並《なら》べて、*らんじやう暇《ひま》なくしてひしめきあふ。季長《すゑなが》はせむかふを、*藤《とう》源太《げんた》すけみつ申す、「御方《(み)かた》は続《つゞ》き候らん。御待《ま》ち候て、証《せう》人を立てゝ御合戦《かせん》候へ」と申を、「弓箭《きうせん》の道《みち》、先《さき》をもて*賞《しやう》とす。たゞ懸《か》けよ」とて、をめいて懸《か》く。凶徒《けうと》、麁原《すそはら》

三 博多の陣を出発して赤坂へ向かった季長は、蒙古軍をかけ破って帰ってきた菊池武房と名乗りをかわしあう。

住吉の鳥居 博多の住吉神社の鳥居。

葦毛 白に黒・茶・赤などのまじった馬の毛色。

紫逆沢瀉の鎧 紫色を地に、いろいろの糸で上を広く、下を狭く、沢瀉の葉の逆の形におどした鎧。

母衣 流れ矢を防ぐために武士が馬上で鎧の背にながく負った布製の袋状のもの。

凶徒 悪者。悪徒。ここでは蒙古軍。

ゆゝしく すばらしい。あっぱれである。

すゞしく いさぎよい。

うち 「氏」と考えれば同じ一族を意味し、「うち」と読めば「内」で、同じ肥後の国内ぐらいの意味になろうか。

四 赤坂から麁原に退いた蒙古軍の中に季長は突入し、奮戦する。

麁原 筑前国早良郡内。早良郷の遺名か。現福岡市内。

別符の塚原 筑前国早良郡内別府村。現福岡市内。

鳥飼 筑前国早良郡内。現福岡市内。

はせたはして 馬が干潟で足をとられて、駆けたわむれるようになったのであろう。

延ばす とり逃がしてしまう。

らんじやう 「乱声」か。ときの声。

藤源太すけみつ 〔三〕では季長の「郎従」(従者)と記されている。

賞 中世の法律語では、効力を認める意味で用いられている。

より鳥飼潟《とりかいがた》の*塩屋《しはや》の松《まつ》のもとにむけ合《あ》はせて合戦《かせん》す。一番《ばん》に*旗指《はたさし》、馬《むま》を射《い》られて跳《は》ね落《をと》さる。季長以下《すゑながいげ》三騎《き》痛手《いたで》負《を》ひ、馬射《むまい》られて跳《は》ねしところに、肥前《ひぜん》の国《くに》の御家《け》人*白石《しろいし》の六郎通泰《みちやす》、後陣《ごぢん》より大勢《ぜい》にて懸《か》けしに、蒙古《もうこ》の軍《いくさ》ひき退《しりぞ》きて麁原《すそはら》に上《あ》がる。馬《むま》も射《い》られずして異敵《ゐてき》のなかに懸《か》け入《い》り、通泰《みちやす》つゞかざりせば、死《し》ぬべかりし身《み》なり。思《おも》ひのほかに存命《ぞんめい》して、互《たが》ひに証《せう》人に立《た》つ。筑後《ちくご》の国《くに》の御家《け》人《にん》みつともの又二郎、頸《くび》の骨《ほね》を射通《ゐとを》さる。同《おな》じく証《せう》人に立《た》つ。

五　関東へ参ぜむとするに、*しゆゑの御房、御とゞめありしを上《のぼ》るによて、[1]御不審《ごふしん》をかぶるを、「御とゞめあらむために、一旦の仰にてぞあらむずらん。さだめて*用途《ようとう》は給らむずらん」とふかく身を頼《たの》みて、*同六月三日卯《う》の時、*2竹崎《たけざき》をたて上《のぼ》るに、いよ〳〵不審《ふしん》ふかくなるにつきて、*うちの者共《ものども》一人もうち送《をく》りする者《もの》だにも無《な》かりし程に、ふかく恨をなし奉りて、*中間弥二郎・又二郎二人ばかり相具《あひぐ》して上《のぼ》る。用途には、馬・鞍を売《う》りたりしばかり也。「今度上聞に不達《たつせず》ば、出家してながく立帰事《たちかへること》あるまじ」と思ひしほどに、*熊野先達《せんだち》*をかの法眼けうしむのもとに打寄《うちより》て、*3「御祈精《ごきせい》*4候べし」と申さむと思《おも》ひしを、見参《げんざん》せばはなむけなどもあらむずらん、これより御布施《ふせ》を参《まい》らせてこそ祈《いの》りにはなるべき間《あひだ》、僅《わづ》かなる用途*一結、使者をもて参《まい》らせて、「よく〳〵御祈精《きせい》候べし」と申て、うち通《とを》りて*関につく。*時の守護三井新左衛門季成、*烏帽子《ゑぼうし》親《をや》たりしにつきて見参せしに、*遊君どもを召《め》して名残《など》りを惜《お》しみ、「*海道に召《め》され候へ」とて、*河原毛《かはらげ》なる駒《こま》に用途《ようとう》あひそへて、はなむけにせらる。八月十

塩屋の松　未詳。
旗指　戦場で主人の旗をもつ従者。
白石の六郎通泰　肥前国杵島郡などを根拠地として勢力を張っていた武士の一族。
五　文永の役の先懸けの功を直接上申するために、親族の反対を押し切って季長はひとり鎌倉へと出発する。
しゆゑの御房　未詳。季長の一門の長老でもあろうか。
用途　費用。入費。
同六月三日　建治元年(一二七五)。文永の役の翌年。ここに「同」とあるのは、〔五〕以前に現在かけている詞書のあったことを推定させる。
竹崎　肥後国下益城郡。季長の根拠地。現熊本県下益城郡松橋町内。
うちの者共　一家の者。あるいは「うぢ」と読んで一族の者とも解しうる。
中間　武士に随従して雑役をする従者。
熊野先達　熊野詣でのとき、先導して修行・祈禱・行事などを指導する修験者。
をかの法眼けうしむ　未詳。
御祈精　神仏に祈りをささげること。
御布施　仏や僧に施し与える金銭や品物。
一結　銭百文のこと。
関　長門国赤間関。
時の守護　当時、長門国の正守護は二階堂行忠で、三井季成はその被官として在国した守護代である。
烏帽子親　男子元服の際、親に代わって烏帽子をかぶらせ、烏帽子名をつけた人。
遊君　遊び女。

海道　東海道。
河原毛　馬の毛色で、たてがみが黒、他は白色。

六　季長は鎌倉につく。
塩湯かき　海水をわかした湯をかけて。
八幡　鶴岡八幡宮。

七　季長は鎌倉で幕府の御恩奉行安達泰盛に直接先駆けの功を上訴する。
かた〳〵　あちこち、あれやこれやと。
尫弱の　無力な。弱い。
御恩奉行　御家人に恩賞を与える事務をつかさどる奉行。
秋田の城介殿泰盛　安達泰盛。
庭中　訴訟手続きの過誤を救済するための再審制度であるが、この場合にはより広義に、直接の上訴を指しているようである。
本訴に達し候はぬ　「本訴」とは、現在支配していない本領についての訴訟。その訴訟で思うように行かず、自分の主張が通らないのである。
若党　武士の従者。

日、伊豆国三嶋大明神に詣《まい》りて、かたのごとく御布施《〈ふせ〉》を参《まい》らせ、一心に弓箭《ゆみや》の祈《いの》りを申。同十一日、箱根《はこね》の権現《〈ごんげん〉》に詣《まい》りて、御布施を参《まい》らせて信心をいたし、祈精《きせい》申。

1 底本振仮名「ごふしん」の「し」は推定。　2 同「たけざき」は判読。　3 同「ごきせい」の「きせ」は推定。　4 同「ふせ」の「せ」は推定。

六　同十二日、鎌倉《かまくら》につく。三嶋《〈みしま〉》の精進《しやうじむ》をとおして、由比《ゆい》の浜《はま》にて*塩湯《しほゆ》かき、宿《やど》にも着《つ》かで、すぐに*八幡《〈はん〉》に詣《まい》りて御布施《〈ふせ〉》を参《まい》らせて、一心に弓箭の祈精《きせい》を申す。

七　*かた〳〵奉行《ぶぎやう》につきて申すといへども、中間《ちうげん》一人ばかり相具《あひぐ》して、※尫弱《わうじやく》の有様《ありさま》たるゆへに、ぜひ見参《げんざん》に入《い》るゝ奉行《ぶぎやう》なかりし間《あひだ》、神明《しんめい》の加護《かご》ならずよりほかは申立《た》つべしとも覚《おぼ》えざりし程に、又八幡《はん》に詣《まい》りて、一心《しん》に祈精《きせい》をいたし、おなじき十月三日、時《とき》の*御恩奉行《をんぶぎやう》*秋田《あきた》の城介殿泰盛《じやうのすけどのやすもり》の御前《まへ》にて*庭中《ていちう》申事。

「肥後《ひご》の国《くに》の御家人《けにん》竹崎《たけざき》の五郎兵衛季長《ひやうへすゑなが》申あげ候、去年《きよねん》十月廿日蒙古《もうこ》合戦《かせん》の時、箱崎《はこざき》の津《つ》にあひむかひ候しところに、賊徒《ぞくと》博多《はかた》に攻《せ》め入《い》り候とうけ給はり候しをもて、博多《はかた》にはせむかひ候しに、日の大将《たいしやう》大宰少弐《だざいのせうに》三郎左衛門景資《らうざゑもんかげすけ》、博多《はかた》の息《おき》の浜《はま》をあひかためて、「一同《どう》に合戦《かせん》候べし」としきりにあひふれられ候しによて、季長《すゑなが》が一門《もん》、そのほか大略《たいりやく》、陣《ぢん》をかため候なかを出《い》で候て、景資《かげすけ》の前《まへ》にうちむかひて、「*本訴《ほんそ》に達《たつ》し候はぬ間《あひだ》、*若党《わかたう》あひそひ候はず。僅《わづ》かに五騎《き》候。これをもて御前《まへ》の合戦《かせん》敵《かたき》をおとして見参《げんざん》に入るべきぶんに候はず。進《すゝ》んで見参《げざん》に入るよりほかは、期《ご》するところなきものに候。先《さき》を懸《か》け候よし　君の見参《げんざん》に御入《い》れ候べき」むね申候しに、「景資《かげすけ》も存命《ぞんめい》すべしとはあひぞんじ候はねども、もし存命《ぞんめい》つかまつり候はゞ、見参《げんざん》に入《い》れ申すべく候」と候しをうけ給て、博多《はかた》の陣《ぢん》をうちいで、鳥飼《とりかひ》の汐干潟《しほひがた》にはせむかひ候て、先《さき》をし候て合戦《かせん》をいたし、旗指《はたさし》の馬《むま》、おなじき乗馬《のりむま》を射殺《いころ》され、季長《すゑなが》・三井の三郎・若党《わかたう》一人、三騎痛手《きいたで》をかうぶり、肥前《ひぜん》の国《くに》の御家《け》人白石《しろいし》の六郎みちやす証《せう》人に立《た》て候て、景資《かげすけ》の*引付《ひきつけ》に*一番《ばん》に付《つ》き候し事、「*御注進《ちうしん》にもまかりいり、*書下《かきくだし》の状にも載《の》せられ候べき」むね、*経資《つねすけ》へ申候ところに、「*先《さき》の一段《だん》は子細《しさい》を申あげ候て、仰《おほ》せにしたがて申べく候」と候て、さしをかれ候て、君の見参《げんざん》に入らず候事、入《い》らずとは御弓箭《きうせん》の面目《めんぼく》を失《うしな》ひ候」と申に、城介殿《じやうのすけどの》、「経資注進《つねすけちうしん》申てや候つらん。注進《ちうしん》の分《ぶん》御存知《ぞんぢ》候か」と仰《おほ》せありしに、「いかでか存知《ぞんぢ》つかまつり候べき」と申に、「御存知《ぞんぢ》候とこそ聞《きこ》へ候へ。存知《ぞんぢ》候はでは、不足《ふそく》の由《よし》をばいかで御申候ぞ」とうけ給はるに、「経資《つねすけ》申候し如《ごと》くば、「先《さき》の一段《だん》は子細《しさい》を申あげて、仰《おほ》せにしたがて追《を》て申べく候」と候し上《うゑ》、書下《かきくだし》は御注進《ちうしん》の分《ぶん》を書《か》き出《い》だされ候とうけ給はり候をもて、先《さき》の事、御注進《ちうしん》にあひもれ候と覚《おぼ》え候」と申時、書下《かきくだし》をとりて一見《けん》ありて、「*分捕《ぶんどり》・*討死《うちじに》の候か」と御尋《たづ》ねかうぶるに、「討死《うちじに》・分捕《ぶんどり》は候はず」と申すに、「候はでは、合戦《かせん》の忠《ちう》をいたし候はぬ。*手疵《てんきず》をかぶらせ給候と見《み》え候上《うへ》は、何《なん》の不足《ふそく》か候べき」と仰《おほ》せありしに、「先《さき》をし候て、一番《ばん》に付《つ》き候しを、御注進《ちうしん》に入《い》り候はで、見参《げんざん》にまかり入《い》らず候分《ぶん》をこそ申候へ。詮《せん》じ候ところ、御不審《ふしん》あひのこり候はゞ、景資《かげすけ》へ御*教書《げうそ》をもて御尋《たづ》ねをかうぶり候はんに、申あげ候先《さき》の事、虚誕《きよたん》の由《よし》、*起請文《きしやうもん》にて申

引付　後日の証拠とするために書きしためた書類。

一番に付き候　先懸けの功績を立てたことが「引付」の第一番に記録された。

御注進にもまかりいり　経資から幕府への注進の中にも記され、の意。

書下の状にも載せられ　「書下」とは探題や守護などの直接出した書状形式の文書をいう。ここは、経資が季長に与えた感状である書下の文書にも載せられ、の意。

経資　武藤経資。前に文永の役の「日の大将」として現われる景資の兄。資能の子として、鎮西奉行や筑前・豊前・肥前など諸国の守護の職をうけついだ。

先の一段　先懸けの功績の一件。

分捕　戦場で敵を倒し、その首をとることで、重要な戦功の一つ。

討死　戦場での討死もまた重要な戦功の一つとされていた。

手疵　戦闘でうけた傷。これもまた戦功の一つである。

御教書　主人の仰せをうけたまわって出す奉書形式の文書であるが、一般には摂関家・将軍家から出されたものに限定される。ここは鎌倉幕府の将軍、すなわち鎌倉殿の御教書を指している。

起請文　偽りのないことを神に誓って、物事を守ったり行ったりすることを、請け奉った文書。

され候はゞ、勲功《くんこう》を捨《す》てられ候て、首《くび》を召《め》さるべく候」と申すに、「御教書《げうそ》の事は*引《ひ》懸《かけ》候はぬほどに、御申候ともなるまじき事に候」と仰《おほ》せありしに、「引《ひ》懸《かけ》は候べしとも覚《おぼ》えず候」と申すに、「存知《ぞんぢ》せぬ事こそ候へ。さやうに御存知《ぞんぢ》候上《うゑ》は、御申あるべきに候はず」とうけ給はるに、「*所務《しよむ》相論《さうろん》の事にても候、本朝《ほんてう》の合戦《かせん》にても候はゞ、引《ひ》懸《かけ》うけ給はて、申上《あ》ぐべく候か。異国《いこく》合戦《かせん》につき候て、引《ひ》懸《かけ》候べしとも覚《おぼ》えず候。引《ひ》懸《かけ》候はぬによて、御尋《たづ》ねをかうぶらず候て、君の見参《げんざん》にまかり入らず候はん事、弓箭《きうせん》の勇《いさ》み、何《なに》をもてかつかまつり候べき」と申すに、「仰《おほ》せはさる事にて候へども、御沙汰《さた》の法《はう》、引《ひ》懸《かけ》候はでは御申候ともなるまじき事に候」とうけ給はるに、「重《かさ》ねて申あげ候事、恐《をそ》れ入《い》り候へども、直《ぢき》に*勧賞《ぐゑんしやう》をかぶり候はんと申、訴訟《そせう》に候はず。先《さき》をし候し事、御尋《たづ》ねをかうぶて、虚誕《きよたん》を申あげ候はゞ、勲功《くんこう》を捨《す》てられ候て、首《くび》を召《め》さるべく候。実正《じつしやう》に候はゞ、見参《げんざん》にまかり入《い》り候て、合戦《かせん》の勇《いさ》みをなし候はむ□申あげ候条《でう》、さしをかれ候はむ事、*しやうぜんの[1]歎《なげ》き、何《なに》事かこれに過《す》ぎ候はん」と再三《さいさん》申時、「御合戦《かせん》の事、うけ給はり候ぬ。見参《げんざん》に入《い》れ申べく候。御勧賞《ぐゑんしやう》にをきては、相違《さうい》候はじと覚《おぼ》え候。急《いそ》ぎ国《くに》へ下向《げかう》候て、重《かさ》ねて忠《ちう》をいたされ候べし」と、仰《おほ》せをかぶるに、「君の見参《げざん》にまかり入《い》り候はむにをき候ては、仰《おほ》せにしたがてまかり下《くだ》るべく候ところに、本訴《ほんそ》に達《たつ》し候はで、*無足《むそく》の身《み》に候ほどに、*在所《ざいしよ》いづくに候べしとも覚《おぼ》えず候。*手《て》につき候はゞ、かへり見《み》候はんと申候親《した》しき者《もの》どもは候へども、なまじいに*ころはたをさゝむとつかまつり候によて、*扶持《ふち》する者《もの》も候はぬほ

引懸　先例・傍例の意味。この部分の問答から、当時の法制度の上で先例・傍例の有無がきわめて重要視されていたことがわかる。

所務相論　所領の支配など、中世の不動産物権をめぐっての訴訟事件。

勧賞　恩賞。

しやうぜん　生前の意か。

無足　所領のないこと。

在所　居住すべき所。

手につき候はゞ、かへり見候はん　自分の部下になるならば、世話をしてやろう。

ころはた　「小旗」の意か。なまじいに自分で独立して小旗をさして行動しようとしたものだから、というような意味。

扶持する者　季長を従者として恩給を与えてくれる主人。

どに、いづくに候て、後《ご》日の御大事をあひまつべしとも覚《おぼ》えず候」と申すに、「さやうに候はんには、*難治《なんぢ》の御事にこそ候なれ」とあて、「*山内殿《やまのうちどの》より急《いそ》ぎ参《まい》るべき仰《おほ》せに候。御合戦《かせん》の事は、なを〳〵うけ給はるべく候」とて参《さん》ぜらる。

1「の」は推定。

八　同四日、*甘縄《あまなは》の館《たち》に参《さん》ずるに、肥前《ひぜん》の国《くに》の御家《け》人なかの丶とう二郎、*こきりものにて召《め》しつかはれしが、季長《すゑなが》に対面《たいめん》して、「昨日《きのふ》[1]御庭中《ていちう》候けるか」と問《と》ふに、「かた〳〵御奉行《ぶぎやう》に申し候へども、とり申されず候をもて、直《ぢき》に申あげて候」と申に、「*御内《うち》のしかるべき人々あまた候しなかにて、御庭中《ていちう》の次第《しだい》仰《おほ》せ出《い》だされ[2]候て、「先《さき》をし候し事、*三郎左衛門《ざゑもん》に尋《たづ》ね[3]られんに、虚誕《きよたん》を申あげば、勲功《くんこう》を捨《す》てられて、首《くび》を召《め》さるべしと申す*奇異《きい》の強者《こはもの》」など*玉村《たまむら》に仰《おほ》せ候て、「*後《ご》日の御大事にもかけつと覚《おぼ》ゆる」と、御物語《ものがたり》の候し。[4]御面目《めんぼく》の仰《おほ》せに候程に、未《いま》だ見参《げんざん》に入《い》らず候[5]へども、筑紫《つくし》の人はなつかしく思ひまいらせ候て申候。さだめて御勧賞《ぐゑんしやう》は候ぬと覚《おぼ》え候」と告《つ》げ知《し》らせしをもて、それよりつねに申うけ給はり候き。

同十一月一日、八幡《はん》にまいりて、*未《ひつじ》の時ばかりさん[6]ずるに、玉村《たまむら》のむまの太郎やすきよをもて、季長《すゑなが》一人うちの見参所《げんざんどころ》に召《め》されて、「上《かみ》より御合戦《かせん》の忠賞《ちうしやう》に、御領《りやう》拝領《はいりやう》の*御下文《くだしぶみ》まいらすべき仰《おほ》せにて候。これへ」と、召《め》されしに参《さん》じて、いま二間《ふたま》をきて、*つしんでやすきよに目《め》をきと見あはせて、御下文《くだしぶみ》を給て、季長《すゑなが》にとらすべきよしするに、やすきよまいるを、「*直《ぢき》に進《しん》ずべき仰《おほ》せにて候。これへ」と、重《かさ》ねて

難治の　むずかしい。難儀な。

山内殿　ときの幕府の執権北条時宗。その別邸が鎌倉の北、山内庄にあったのでこう呼ぶ。

八　季長はついに首尾よく目的を果たして、泰盛から直接、文永の役の戦功に対する恩賞給与の将軍家政所下文を与えられる。

甘縄　鎌倉のうち。泰盛の館の在所。

こきりもの　「小切者」か。

御内　ここでは北条氏の嫡流家に直接仕えている従者を指す。

三郎左衛門　武藤景資。

奇異の強者…　めずらしい強情者。ここは、「…「こはものな」と玉村に仰せ候て」と読むこともできるが、一応本文のように解した。

玉村　すぐ次に出てくる、泰盛の従者の「玉村のむまの太郎やすきよ」のこと。

後日の御大事にもかけつ　後に幕府に重大な事態が生じた時にもきっと駆けつけるであろう、の意か。

未の時　午後一時より三時まで。

御下文　「下文」とは平安時代から律令制に定められた「符」に代わって用いられるようになった上意下達の文書であるが、この「御下文」とは鎌倉幕府の将軍家政所から出した下文で、幕府ではもっとも重要視された文書形式。

つしんで　謹んで。「つつしんで」の促音の表記がされていない。こうした例はこのほかにも「よて」などいくつか見られる。

召《め》されしに、参《まゐ》りて御下文《くだしぶみ》を給はりて、つしんで候ところに、「やがて御下《くだ》り候か」と*おほをかうぶるに、下《くだ》るべきよしを申さば、勲功《くんこう》を給はらんために、先《さき》の事は申けりとおぼしめされんずらむと存《ぞん》じて、「申あげ候先《さき》の事、君の見参《げんざん》にまかり入候て、勧賞《ぐゑんしやう》にあづかり候はゞ、夜《よ》をもて日につぎ、まかり下り候て御大事をあひまつべく候。その儀《ぎ》なく候はゞ、景資《かげすけ》へ先《さき》の事御尋《たづ》ねをかうぶるべきむね申あぐべく候」と申すに、「披露《ひろう》申候しによて、*御分《ぶん》の御下文《くだしぶみ》は直《ぢき》に進《しん》ずべき仰《おほ》せに候。*いま百二十余《よ》人の勧賞《ぐゑんしやう》は、*宰府《さいふ》に仰《おほ》せ下《くだ》され候」と仰《おほ》せをかうぶりしに、「先《さき》の事、見参《げんざん》にまかり入候はゞ、急《いそ》ぎ下向《げかう》つかまつり候て、重《かさ》ねて忠をいたすべく候」と申時、「*馬《むま》具足進《ぐそくしん》じ候はん事、いかやうに候なん」と仰《おほ》せをかうぶる。面目《めんぼく》きはまりなきをもて、ぜひを申にをよばず。いよ〳〵つしんで候ところに、*黒栗毛《くろくりげ》なる馬《むま》に*小巴《こともゑ》の鞍《くら》おきて、*連着《れんじやく》のしりがいに*しんせいくつはをはけて、厩《むまや》の別当《べつたう》左枝《さえだ》五郎をもて、これを給はる。十一月一日、未《ひつじ》の時ばかりなり。

1「御」は推定。2「さ」は推定。3「ねられ」は推定。4「めんぼく」の「ぼ」は推定。5「へ」は推定。6「さ」は推定。

九　人々おほしといへども、菊池《きくち》の二郎たけふさ、文永《〈ぶんゑい〉》の合戦《〈かせん〉》に名《な》をあげしをもて、武房《たけふさ》のかためし*役所《〈やくしよ〉》の*石築地《〈いし〉つい》の前《まへ》にうちむかて、「将軍《〈しやうぐん〉》の兵船《〈ひやうせん〉》は、*本《〈ほ〉》ばしらを白《〈しろ〉》く木《き》にぬりてしるく候とうけ給候。をしむかて一箭射《ひとやい》候て　君《〈きみ〉》の見参《げざむ》にまかり入候はむためにあひむかひ候。御存命《〈ごぞんめい〉》候半《〈は〉》ゞ御披露《〈ごひろう〉》候へ」と言《い》ひてうち通《とを》る。

直に進ずべき仰せにて候　直接季長に将軍家政所下文を与えるようにとの上からの仰せである、と泰盛が言ったのである。
おほをかうぶるに　「仰せをかうぶるに」の「せ」が脱落したのか、あるいは「仰せかうぶるに」の「せ」を「を」と書き誤ったのか、いずれかであろう。
御分の　あなたの分の、すなわち季長の分の。
いま百二十余人…　この時、文永の役の戦功に対する恩賞を与えられた者は季長以外に百二十余人あったわけである。
宰府　大宰府にあって、実質上大宰府現地の機構を支配していた幕府側の代表者武藤氏を指す。
馬具足　馬に馬具をそえて。
黒栗毛　黒色をおびた栗毛で、馬の毛名。
小巴　小さい巴の文様のついた。
連着のしりがい　糸のふさを多く連ねたしりがいで、馬の頭・胸・尾にかける紐。
しんせいくつは　「しんせい」は未詳。「くつは」は馬の口にかませて手綱をつける金具。

九　弘安の役でも季長は、菊池武房の陣の前を通り過ぎ、敵の将軍の船を攻撃しようと出陣する。
役所　任務として分担している場所。
石築地　文永の役後、蒙古軍の再襲に備えて博多湾沿岸の海岸ぞいに築造された石造の防塁。
本ばしら　帆柱。「本」は、「ほ」の仮名として使われている。

一〇 同五日、*1関東《〈くわんとう〉》の御使《つかひ》*かうたの五郎とをとし・あむどうの左衛門《〈さゑもん〉》二郎しげつな、払暁《〈ふげう〉》にはせ来《きた》りしに、季長《〈すゑなが〉》ゆきむかて、「海上をへだて候あひだ、船《ふね》候はで、御大事にもれ候ぬと覚《おぼ》え候」と申に、かうたの五郎、「兵船《〈ひやうせん〉》候はでは、力《ちから》なき御事にこそ候へ」と申ところに、2肥前国《〈ひぜんのくに〉》の御家人其名わする、「*鷹島《たかしま》の西《にし》の浦《〈うら〉》より*破《わ》れ残り候船《ふね》に、賊徒《〈ぞくと〉》あまたこみ乗《の》り候を、はらひのけて、しかるべき物どもと覚《おぼ》え候乗《の》せて、はや逃《に》げかへり候」と申に、季長《〈すゑなが〉》、「仰《おほ》せのごとくはらひのけ候は、歩兵《〈ふひやう〉》と覚《おぼ》え候。船《ふね》に乗《の》せ候は、よきものにてぞ候らん。これを一人もうちとゞめたくこそ候へ」と申に、かうたの五郎、「3異賊《〈いぞく〉》はや逃《に》げかへり候と申候。勢《ぜい》をさしむけたく候」と、*少弐殿《〈せうにどの〉》へ申べし」とて、使者《〈ししや〉》を遣《つか》はすに、肥後国《〈ひごのくに〉》*託磨《たくま》4の別当《〈べつたう〉》次郎時秀《ひで》・*大野小次郎《〈おほのゝこじらう〉》くにたか、そのほか兵船《〈せん〉》廻《まは》したりし人々追《を》ひ懸《か》ゝるといへども、季長が兵船《〈せん〉》いまだ廻《まは》らざりし程に、*せんはうを失《うしな》ひしところに、*連《〈れん〉》銭の旗たてたる大船《〈たいせん〉》をしきたりしを、かうたの五郎、「*城次郎殿《〈じやうの〉〈じらうどの〉》の旗と覚《おぼ》ゆる。行《ゆ》きむかてみよ」とて、使者を遣《つか》はす。この船《ふね》に乗《の》りて、沖《おき》の船《ふね》に乗《の》らむと、前《まへ》を立《た》て、使《つかひ》の船《ふね》に乗《の》らむとせしに、乗《の》せざりしをもて、「守護《〈しゆご〉》の御手《て》の物に候。「御兵船《〈ひやうせん〉》廻《まは》り候はゞ、乗《の》りて合戦《〈かせん〉》すべし」と仰《おほ》せをかぶりて候」と申に、乗《の》せられて沖《おき》の船《ふね》に乗《の》り移《うつ》るに、*こたべの兵部房、「*召《めし》の御船《ふね》に候。御手《て》の人よりほかは乗《の》すまじく候。おろしまいらせよ」と申て、しもべをもて*せきおろさむとするを、「君《〈きみ〉》の御大事《〈じ〉》にたち候はむために、まかり乗《の》り候を、空《むな》しく海《うみ》にせきいれられ候はむ事、そのせむなく候。*はし船《〈ふね〉》を給候て、下《お》り候はむ」

一〇 季長は蒙古軍の残敵を追撃しようとするが、自分の兵船が回漕されてこないので、何とか他人の船に乗りこもうとする。

関東の御使 幕府から派遣されてきた使。かうた・あむどうの二人とも北条氏嫡流家に仕える被官であろう。

かうたの五郎 「合田の五郎」か。

鷹島 肥前国北松浦郡。現長崎県北松浦郡鷹島村。

破れ残り候船 弘安四年閏七月一日の暴風雨によって破壊されるのをまぬかれた蒙古軍の船。

少弐殿 武藤経資。

託磨の別当次郎時秀 豊後国などの守護大友氏の一族で、肥後国に所領をもっていた武士。

大野小次郎くにたか 未詳。

せんはう 何とかする方法。処置の仕方。

連銭の旗 丸い貨幣を並べた形の模様の入っている旗。安達氏の家紋であろう。

城次郎 安達盛宗。泰盛の子。当時の肥後国の守護代。

こたべの兵部房 安達盛宗の被官か。

召の御船 守護代盛宗の乗船。

せきおろさむ さえぎりおろそう。

はし船 はしけ。小舟。「本船」の対。

と申に、「下《お》るべきよし仰《おほ》せらるゝ上《うゑ》は、狼藉《〈らうぜき〉》なせそ」と申に、物ども退《の》きしひまに、かの船《ふね》に乗る。

1 底本振仮名「くわんとう」の「く」は推定。 2 同「ひぜん」は判読。 3 同「いぞく」は推定。
4 同「べつたう」の「べ」「う」は推定。

二 □して一所《〈いしよ〉》に合戦候べしと仰《おほ》せに候。御船《ふね》を寄《よ》せられ候へ」と申に、*たかまさ、兜《かぶと》をぬぎ、*かしこまで押《を》し寄《よ》すといへども、乗《の》るべきやうなかりしをもて、*「甚深《〈じんく〉》に仰《おほ》せつけらるべき事の候。近《ちか》く船《ふね》をそへられ候へ」と申に、たかまさ、近《ちか》く押《を》し寄《よ》せてみて、「*守護《〈しゆご〉》はめされげにも候はず。船《ふね》を退《の》けよ」と申に、力《ちから》なくて、「仰《おほ》せのごとく、守護《〈しゆご〉》はめされ候はず。この船《ふね》を*曾倶《〈そく〉》候によて、申うけて乗《の》り候はむために申て候」と申に、「*つもり殿《〈どの〉》同船《〈どうせん〉》し候て、ところなく候」とて、いよ〳〵退《の》けしあひだ、せむかたなくて手《〈て〉》をすりて、「しかるべく候はゞ、一身ばかり乗《の》せられ候へ」と申に、「戦場《〈せんぢやう〉》のみちならでは、何《〈なに〉》事にかたかまさにあひて懇望《こんばう》候べき。めされ候へ」とて、船《ふね》を押《を》し寄《よ》せしに、乗《の》りうつるを、若党《わかたう》これを見て、捨《す》てられじと歎《なげ》きあへりといへども、季長《〈すゑなが〉》懇望《こんばう》して乗《の》る上《うへ》は、若党《わかたう》を乗《の》するに及《をよ》ばず。弓箭《〈きうせん〉》の道《みち》、進《すゝ》むをもて賞《しやう》とす。よて*手《〈て〉》の物一人も相具《あひぐ》せず、たゞ一人ばかりあひむかふ。兜《かぶと》は、若党《わかたう》に知られじがために、*もろざねに持《も》たせて本船《ほんぶね》に置《を》きしほどに、*脛当《〈すねあて〉》をはずして結《むす》びあはせて兜《かぶと》にせし時《とき》、たかまさに、「命《いのち》を惜《お》しみ候てし候とおぼしめさるまじく候。敵船《〈てきせん〉》に乗《の》りうつり候までと存《〈ぞんじ〉》候てし候。船近《ふねちか》づき候へば、熊手《くまで》をかけ

二 自分の兵船が間に合わなかった季長はいろいろと苦労して他人の船に乗り込み、蒙古船を攻撃しようとする。
たかまさ 未詳。季長が乗せてもらおうとした船の持ちぬし。
かしこまで あるいは「かしこまて」＝「かしこまって」とも解しうるが、一応本文のように見た。
甚深に ごく内密に、の意か。
守護はめされげにも候はず 季長がたかまさの船に乗ろうとして、守護(代)が乗船しているという偽りを言ったのであろう。
を曾倶 「遅く」。
つもり殿 未詳。
手の物 手の者。
もろざね 未詳。季長の従者の一人か。
脛当 鎧に付属した武具。布に鉄板・くさりなどをつけてつづり、すねを保護するもの。

て生《い》け捕《ど》りにし候とうけ給候。生《い》け捕《ど》られ候て、異国《〈いこく〉》へ渡《わた》り候はむ事、死《し》にて候はむにはおとるべく候。熊手《くまで》にかけられ候はゞ、*草摺《くさずり》のはづれを切《き》りて給候へ」と申に、たかまさ、「不覚《ふかく》つかまつりて候。*野中殿《〈のなかどの〉》ばかりは、乗《の》せたてまつるべく候つる物を」と申て、身近《ぢか》くありし若党《わかたう》の著《き》たりし*小桜《こざくら》を黄《き》に返《かへ》したる兜《かぶと》を脱《ぬ》がせて、「めされ候へ」とて得《え》しを、「給候御事、喜《よろこ》び入候へども、兜《かぶと》をきられ候はで、討《う》たれ給候なば、季長《〈すゑなが〉》ゆへに候と妻子《〈さいし〉》の歎《なげ》かれ候はむ事、身のいたみに候。給まじく候」と申を、重《かさ》ねて「めされ候へ」とありしに、「*ちかごとをたてゝ申時《〈とき〉》、*御誓状《せいじやう》の上《うゑ》は、主《ぬし》に著《き》よ」とて、*とら数《〈ず〉》。いますこしも身《〈み〉》を軽《かる》くして、賊船《〈ぞくせん〉》に乗《の》りうつらむために、負《お》ひたりし*征矢《そや》をときすてゝ、ひたゝ□

一二　あくる六日払暁《〈ふげう〉》に、かうたの五郎の*かり屋かたにゆきむかて、合戦《〈かせん〉》の事、条《〈でう〉》〳〵申に、「仰《おほ》せ以前《いぜむ》にうけ給て候。先々《せむ〳〵》の御合戦《〈ごかせん〉》も相違《〈さうい〉》候はじと覚《おぼ》ゑ候。*自船《〈じせん〉》候はで一度《〈いちど〉》ならず*かり事のみ仰《おほ》せ候て、船々《ふね〳〵》にめされ候て、御大事《〈じ〉》にあはせ給候御事は、*大猛悪《まうあく》の人に候と、　上《〈かみ〉》の見参《げざむ》に入まいらせ候べく候。式部房証人《〈しきぶばうせうにん〉》の事はうけ給候ぬ。御尋《〈たづね〉》候はゞ、申辺《〈べ〉》く候」とありしによて、重《かさ》ねて証《せう》人にこれを立《た》つ。

一三　□陣《〈ぢん〉》に押《を》し寄《よ》て合戦《〈かせん〉》をいたし、疵《きず》をかぶりし[1]事、*ひさながの手《て》の物信濃国御家人《〈しなのゝくにのごけにん〉》ありさかのいや二郎よしなが・久長《ひさなが》の甥式部《をいしきぶ》の三郎の手《て》の物いはや四郎ひさちか・畠山《はたけやま》のかくあみだぶ・本田《ほんだ》の四郎左衛門《ざゑもん》かねふさ、これを証《せう》人に立つ。*頼承《〈らいせう〉》手《て》負《お》ひて後《のち》、弓《ゆみ》を捨《す》て、長刀《なぎなた》をとりて、「押《を》し寄《よ》せよ。乗《の》りうつらむ」と、はやりしか

草摺　鎧の胴の下に垂れた部分。
野中殿　〔一三〕に、季長の「親類野中太郎ながすゑ」とみえる。
小桜を黄に返したる　藍地に白の小桜の文様を黄色に染め、萌黄地に黄の小桜文様とした。
ちかごと　誓言の意か。
御誓状　誓いのことばを記した文書。起請文。
とら数　「取らず」。
征矢　戦場で用いる矢。
一二　季長は幕府の使者かうた五郎を残敵追撃の際の武功の証人に依頼した。
かり屋かた　かりの館。
自船　自分の船。
かり事　いつわりごと。虚言。
大猛悪の人　非常にたけだけしく勇ましい人。この「悪」には必ずしも倫理的な悪の意味はない。
一三　季長は生の松原で肥後国守護代安達盛宗の前で、同国の一番に戦功を記録された。
ひさなが　島津久長。これを「久長」とみるか、「長久」の誤記とみるか、本絵詞の成立時期にかかわる一つの論点となっているが、私は「長久」を誤って顚倒したものと考える。
頼承　本絵詞の絵〔一三〕中の書き入れに「をのゝ大しんらいせう」「らいせうはど〳〵のかつせんにちうをいたすといへどもゑちぜんどののひくわんのかどニよてぐゑんしやうにもる」と記されている。

ども、これも水手《〈すいしゆ〉》櫓《ろ》を捨《す》て、押《を》さゞりしほどに、力《ちから》なく乗《の》りうつらざりし物なり。*同日午《*むま》の時、季長《〈すゑなが〉》、ならびに手《て》の物、疵《きず》をかぶるものども、*生《いき》の松原《まつばら》にて、*守護《〈しゆご〉》の見参《げざむ》に入《い》りて、*当国《〈たうごく〉》一番《〈ばん〉》に引付《ひきつけ》につく。*鹿嶋《〈しかのしま〉》にさしつかはす手《て》の物、同日*巳剋《〈みのこく〉》に合戦《〈かせん〉》をいたし、親類野《〈しんるいの〉》中《なか》太郎ながするゐ・郎従藤源太《〈らうじうとうげんた〉》すけみつ、痛手《いたで》をかぶり、乗馬《のりむま》二疋《〈にひき〉》射《ゐ》殺《ころ》されし証人《〈せうにん〉》に、豊後国御家人《〈ぶごのくにのごけにん〉》はしづめの兵衛次郎《〈ひやうゑじらう〉》を立《た》つ。土佐房道戒《〈とさばうだうかい〉》討《う》ち死《じ》にの証人《〈せうにん〉》には、盛宗《〈もりむね〉》の御手《て》の人*玉村《たまむら》の三郎盛清《〈もりきよ〉》を立《た》て、見参《げざむ》に入て、同御引付《ひきつけ》につく。

1「し」は推定。

一四　泰盛《やすもり》の御事

□の人これを*[1]かんし申□をよそ〔[2]勧賞《げんしやう》にあ〕づかる人、百〔[3]二十〕余《〈よ〉》人なりといへども、直《ぢき》に御下文《〈くだしぶみ〉》を給はり、御馬《むま》を給る事、たゞ季長一人ばかりなり。弓箭《〈きうせん〉》の面目《〈めんぼく〉》をほど[4]こす事、何《なに》事か〔[5]これにしかむ、ふんゐい□た〕をすゝ[6]めずば、いかでかこのめ□にとゞむべきや。向後《〈きやうこう〉》も又々　君《〈きみ〉》の御大事あらん時は、最前《〈さいぜん〉》に先《さき》を懸《か》くべきなり。これを*けふのことすべし。

*永仁元年二月九日

1「か」は推定。　2「げんしやうにあ」は九大本模本により補入。　3「二十」は九大本模本により補入。　4「こす」は九大本模本により補入。　5「これにしかむ、ふんゐい□た」は九大本模本により補入。　6「め」は推定。

同日　おそらく弘安四年（一二八一）六月八日か九日であろう。
午の時　昼間の午前十一時から午後一時まで。
生の松原　筑前国早良郡内の海浜。現福岡市内。
守護　実は肥後国守護代の安達盛宗。守護代を守護と称するのは当時、一般的であった。
当国　肥後国。
鹿嶋　筑前国。今の志賀島。
巳剋　午前九時から十一時まで。
玉村の三郎盛清　安達盛宗の被官。〔八〕に出た泰盛の被官玉村右馬太郎泰清の一族であろう。
一四　季長が泰盛の御恩を思い、鎌倉殿に忠を尽くすよう子孫に訓戒している文章。
かんし　あるいは「感じ」か。
けふのこ　「孝の子」と解すれば、季長の子孫への訓戒としてよく理解できる。
永仁元年二月九日　永仁元年の改元は八月五日であるから、それ以前に永仁の年号が使われるはずはない。したがって、この年月日が以後の追書であることは明らかである。↓解題

一五 季長が甲佐大明神の神徳に感謝の念を表わしている。

□年 建治元年(一二七五)。

甲佐大明神 肥後国にある神社で、国の二宮。当時は阿蘇社の末社となっていた。竹崎にも近く、また海東郷は甲佐社の神領でもあった。

よつあしの…御ゐあて 甲佐大明神がこの世に現われ、甲佐社の四足門の上を飛んでこられて、社壇の東の桜の枝にお出でになった。

一五一 関東へ参《まい》りし時、御夢想《むさう》の告《つげ》によて□*年五月廿三日□*1〔甲〕佐大明神にはじめて□□て社壇《しやだん》に詣《まい》〔るに〕2□〔しや〕□の□□*〔よつあしの〕うへをとび〔き〕た〔らせ〕給て、東《ひがし》の桜《さくら》の枝《えだ》に御ゐあて、をがまれさせ給し御事。関東・海東、おなじ文字《もんじ》なり。よて海東を給はるべき□四はうに□になき□東《ひがし》の桜《さくら》に御ゐあり□□のとくをひらくゆえに季長□海東に入部して弓箭《きうせん》の徳《とく》をほどこさせんために、桜《さくら》には御ゐありけりと、これを知《し》る。そのゆえは、同十一月一日、御下文《くだしぶみ》を給はりて、あくる正月四日、竹崎《たけざき》につく。同月〔六〕日、海東に入部す。かゝる□とをかねて御しめし□3桜《さくら》に御ゐありけるを〔ほ〕□ふこ□て、後日《ごにち》に思《おも》ひ合《あ》はするによて、□神のめでたき御事を申さんために、これをしるしまいらす。

永仁元年歳次癸巳二月九日

1「甲」は九大本模本により補入。 2 以下の〔 〕はすべて早大図書館本により補入。 3「さ」は早大図書館本により推定。

【『影印秘府本蒙古襲来絵詞』(東洋文庫)】

補注

太字の洋数字は条文番号、同じく和数字は置文・一揆契状の文書番号、見出しの下の（　）内は本文の頁および行を示す。

御成敗式目

1　式目はその冒頭に神社、次に第二条に仏寺についての法規をおく体裁をとる。これは一つには神仏への崇敬の念のあらわれであろうが、他方、公家法の体裁上の模倣があることも明白である。たとえば、長保元年七月の太政官符(十一ヵ条)は、㈠応慎神事違例事、㈡応重禁制神社破損事、㈢応重禁制仏事違例事、㈣応慥加修理定額諸寺堂舎破損事、といった順に配列されるが、式目の第1条は右の㈠㈡を、2条は㈢㈣を併せた体裁をとる。しかも両者の関係は単に体裁上のものにとどまらない。1条の本文に「代々の符に任せて」と明示されているごとく、たとえば、治承二年七月の太政官符「応令有封社司幷諸寺別当、修造本寺本社事、右保元二年十月八日符云、修造之勤載在格条、随破且修、何致大損、而諸司社寺官長、徒貪所領田園之利潤、不顧本所舎屋之破壊、頽毀之後初経奏聞、申請別功致其造営、論之朝章理不可然、慥令本社本寺本司等勤其修造、若背符旨、尚致懈緩、解却見任永不叙用、其中顛倒無実及大破等、私力難及者、各勒在状不日言上者、同宣、奉勅任彼符慥令遵行者」(続左丞抄)のごとき先行公家法に準拠する。また弘安七年の追561条では、小破のとき私物修造、大破のとき官物修造という式目規定の不備をついた違法行為(大破するまで放置)を禁ずる立法がなされているが、右に掲げた公家法ではすでにこうした抜け穴防止策がとられている点も注目されよう。

2　**改易**　幕府が一般の寺僧に対する改易権を保有していたわけではもちろんなく、第1条と同じく関東御分の国々、もしくは特別の進止権をもつ寺に限定されていたことは疑いない。文永元年十月の関東下知状(住心院文書)が、「不加堂舎以下修理事」について、「為別当沙汰力之所及可加修理、若貪寺用不成其功者、可被改補所職也」と判決し得たのも、それが関東行政権内の陸奥中尊寺の別当職であったからである。

3　**右大将家の御時…**　下文に「右大将家御時之例」、以下8・23・37・41条にみえるいわゆる右大将家の例は、当該条文が頼朝時代の先例に準拠した立法であることを示し、式目が頼朝以来の慣習法・判例等を成文化したものであるとする説の一つの根拠とされてきた文言である。ただし「右大将之例」が実際に頼朝期のある事実によって裏づけられているか否かについては、三浦周行氏が、式目編纂者の歴史的知識の欠乏より生じた誤謬を含むとし、「必ずしも歴史的根拠を有せるに有らずして、単に古来より然るを意味するに過ぎず。而かも斯く明記せるは式目の規定に権威あらしめ」るためのものと指摘され(『続法制史の研究』九九二頁)て以来、藤直幹・石井良助氏等の継承される所となって、現在の通説といえる。

　しかし現在の我々が、頼朝死後わずか三十年後の式目編纂者の「歴史的知識」を云々して、一つの歴史的事実としての「右大将家之例」の真偽を論ずることはほとんど不可能に近い。たとえば三浦氏が自説の最大の根拠とされた第3条、すなわち本条の「右大将家之例」について、石井氏はより詳細な考証によって「後世の法令にして、頼朝の立法に仮託したと思われるものが若干存するが、右の法令は実在したものと考えられる」(「大犯三箇条」（『大化改新と鎌倉幕府の成立』所収））と実在説を提示されているごとくである。私見では、この文言をもつ各条に共通の、なんらかの必然性が発見されない限り「右大将家之例」は単なる仮託ではなく、それぞれなんらかの歴史的根拠を有したとみるのがむしろ自然であろう。しかしそれはあくまで一つの歴史的事実にすぎない。「右大将家之例」と矛盾する式目以前の判決を挙げることによって、非実在説をとなえることは誤りであると同時に、たとえ実在したとしても式目編纂時点まで、それが生きた慣習としての効力をもっていたとみることも誤りである。式目編纂者にとって、「右大将家之例」は多分に矛盾し合いながら存在する多数の「先例」の中の、法文に引用するに最もふさわしいものの一つにすぎない。ましてこの文言によって式目の性格を断ずることは不可能である。

4　**贓物なくば…**　犯行の実否、刑量の大小が贓物（犯人の隠匿せる盗品）の多少によって決定されるという法思想が、律に由来し検非違使庁の庁例を経て幕府法に移入されたことは、三浦氏の指摘されたところであり、氏はこれをもって、式目編纂者の公家法制に対する知識の浅薄な好例ともされている（前掲書一〇〇九頁）。幕府法では式目以前、すでに寛喜三年の追21条（六七頁）において「已依贓物之多少、被定罪科之軽重畢」と述べられ、個別例ではさらに遡って建保四年八月の政所下文（壬生文書）に、「件男企盜犯令逃去之間、称同意之由、不誤之輩、令引其身於地頭方畢云々、者犯人逐電之後、雖縁者、贓状不露顕者、争不糺犯否、猥可処罪科哉」等の例があり、本条はこのような法意を前提として、共犯者の認定に、犯人の自白よりも贓物の有無に証拠価値を認めたものと考えられる。本条はあくまで守護権限のチェックに立法趣旨があるが、副次的に「凡宿意之輩、任雅意致問付、書入白状、奉掠上、令礙令損人之事、可為不便之間、顧将来奸謀、如御定者、悪党之輩雖載白状、無贓物者、非沙汰之限云々、是則如此検断御沙汰、不被叙用白状許、可被尋別証拠御計也、武家憲政之忝御事、今当于身所令仰信也」（高野山文書、正応五年三月吉仲良胤等陳状）といわれるように、一般の刑事裁判における物証主義を高める効果を意図したものかもしれない。

5　本条でちょっと興味をひくのは「少分は早速、過分は三ヶ年中」という原則である。これでは過分未進者がより保護されているではないか、という疑問が古くからあったらしく、「此式目ノ語ニヨッテ本所ノ歎キ尽期ナシ、故ニ天命ニテ先代滅亡ス」（諫国抄）との説もあったらしい。式目抄の著者はこのような解釈を否定して、過分とは私力を尽くして納付した残余の未納分である、と苦しい解釈を施している。しかし「於大未進者、参ヶ年之内可令究済之由、雖為式目之所定、以別儀五ヶ年之内可令究済之旨、就歎申、蒙御宥免之条、尤所令喜悦也」（正和二年十二月六波羅下知状。中村雅真氏所蔵文書）とあるごとく、過分は少分に対する多分の意とみるよりほかなく、式目立法者には、こうした明法家的疑義はまったく念頭に浮ばなかったのであろう。

6　本条は幕府裁判権の及ぶ範囲や、幕府法効力の限界を示す規定として重視されてきたが、依然として多くの問題が未解決である。ここでは最低限必要な論点として次の二点を指摘しておこう。第一は、本条が本所の成敗権に容喙せずとするとき、それでは幕府にのこされた裁判権の範囲は何か、という問題である。概括的にいえば、それは「少なくも一方当事者に御家人を含む訴訟」と規定することもできよう。しかしこの規定は二つの意味からいって不正確である。一つは御家人を含む訴訟のすべてが、排他的に幕府に管轄されたわけではなく、宝治二年七月の追264（一二九頁）にみるごとく、御家人といえども本所進止の所職が論所となった場合は、少なくも原則的には本所裁判権の中に包括さるべきものであった。二つには、いわゆる関東御分の国々に論所を有する訴訟（たとえば二本所間の堺相論）では、まったく御家人を当事者としない訴訟も、幕府の管轄下にあったといわれている。従って「幕府は全国的にはその進止所職（とくに地頭職）、特殊地域的には東国に論所をもつ訴訟について、排他的な裁判権を有した」と一応規定することができよう。

問題の第二は、右の裁判権の問題と法の効力の問題は、あくまで別個のものとして議論する必要がある、という点である。具体的にいえば、幕府裁判のすべてに、式目をはじめとする幕府法が常に効力をもつものではなく(吾妻鏡、嘉禎三年六月二十五日条の「神社仏寺並国司領家訴事、不可依関東式目之旨被定云々」は、しばしば誤解されるごとく裁判権の規定ではなく、まさに法の適用効力のそれである)、同時に本所裁判権の内部にも、法規範としての妥当性などの社会的強制によって、幕府法の滲透が次第に強まっていくのである。

7　本条後段の規定は、「代々御成敗」を初段の「代々将軍幷二位殿御時」の「御成敗」とみて、政子以前の判決の確定、すなわち不易法と理解されている(佐藤進一『鎌倉幕府訴訟制度の研究』一八〇頁)。ここで問題になるのはいわゆる式目前書との関係である。本書本文には掲載しなかったが、武家系統の式目写本のうち菅本・鶴岡本等の古写本が、本文の前に「於前々成敗事者、不論理非不能改沙汰、至自今以後者、可守此状也」という前書を置いている(植木、前掲書四五三頁参照)。この前書がかりに式目自体の原型に存在しなかったとしても、もし式目施行当初からの付則であったとすれば、式目以前の判決はすべて不易化されたことになり、7条後段との関連が問題とならざるを得ない。ただこの7条後段は別の理解を施す可能性も若干ある。確かに初段との関連や、後の不易法(追322・446・619条)の表現をみれば、「代々御成敗」は前述の意味にとらざるを得ないが、もし後段を独立の一条とみれば、「代々御成敗」を、今後下される判決とみることも不可能ではなく、とすれば根拠なき越訴の濫訴を防止するための条文とすることができるのである。なお小鹿嶋文書所収、延応元年十一月の関東下知状によると、政子より安堵状を得た後、親の悔い返しにあった訴人が「二位殿御時被定置事、不可改之由有御沙汰歟」と主張するのに対し、判決が「如被定置状者、代々将軍二位殿御成敗事、本領主与当給人事也、更非父与女子之篇」とするごとく、この両段を一条に合載したことからする誤解・混乱は当時から存在したようである。

8　本条は五十一ヵ条中においても、最も著名な法であり、いわゆる「廿ヶ年々紀法」として、単に鎌倉幕府法にとどまらず、後世の武家法、さらに公家・本所法へも波及して、中世の土地所有権のあり方一般に多大の影響を及ぼした法理である。ここでは条文の理解に限定したコメントを付すにとどめる。石井良助氏は本条事書が、「不令知行、経年序所領事」であり、また寛元の裁許状に「不知行過廿箇年者」と本条を引用するにも拘わらず、本文が「当知行之後、過廿ヶ年者」とすることに疑問をもたれ、本条の本来の姿は「右、不知行之後…」であり、これによって中田薫氏以来の取得時効説を否定し、消滅時効説を提唱された(『日本不動産占有論』一〇四頁)。これに対し佐藤進一氏は、「不知行之後」とした写本の不存在、嘉禎三年の追92条(一〇〇頁)等を挙げて石井説に反論し、「当時の文章表現ではむしろ逆に「当知行之後、過廿箇年者」は「不知行過廿ヶ年者」と同意なのではあるまいか。すなわち現存式目諸本の本文のままで、この条は不知行年紀を規定したものと解せられるのではあるまいか」とされた(『中世法制史料集』第一巻、補注3)。

　ところで本条の構成をいま一度眺めてみると、

　一、雖……＝A、右……＝B、而……＝C

なる組立てをとっている。このような構成は式目でいえば24条と同じであるが、24条は明らかに、事書と対応し、立法趣旨が明示されるものは、本文の「而」以後の部分である。そして「而」以前の本文は立条以前から当然明らかな原則を明示したに過ぎないことがわかる。このような事例は幕府法では決して珍らしくない。この原理を本条に適用すれば、Aに対応するのはBでなくCであり、Bはまさしく右大将家以来の先例を述べたに過ぎない。とすれば、Aが「不令知行」であるのにBが「当知行之後」であることは、なんら異とするに足りないことになる。そこでAとCを対応させれば、本条は、「不知行であるにも拘わらず、当知行であると偽りの申請をして得た安堵の下文を所有していても、不知行のまま年序を経た所領は、その下文によって知行を回復しようと試みても、叙用しない。何故なら右大将家の例によって、当知行二十年の地は理非によらず改替しないのが原則であるから」と解されるべきであろう。もしこれが正しいとすれば本条は、取得時効法を既知なる前提として、不知行人の所有する不知行中に得た下文の価値について規定した条文とみるべきであろう。なお付言すれば、不知行とは、少なくとも主観的には有権利である物権の非占有を意味する語である。(前述のごとく、佐藤氏は一旦AとBとを対応させて上記の解釈をされたが、後にAとCを結びつける理解に達せられ、笠松は氏の示唆によって叙述した。)

9 「兼日難定歟」と実質的な規範を示し得なかった本条の存在のごときは、具体的な懸案の処理を目的として立法される一般の幕府法とは、はっきり異なる式目の網羅性＝法典的性格を示す。三浦氏は「犯罪の情状と先例とに依りて処分すべきは、独り謀叛人等に止るべきにあらず」として、かかる無意義な条文は、式目がその条数を五十一ヵ条に固執したための立条であるとされている(前掲書九六八頁)。この点について興味深いのは、関東武家式目・新編追加等の史料が伝える式目編纂の経緯である。これらによれば、五十一ヵ条の篇目(事書)が泰時のもとでまず決定され、これに基づいてそれに対応する内容(本文)が十三人の編纂参加者に諮問・審議されたという。「謀叛人」は次条「殺害刃傷」の前に置かるべき第一の重大犯罪であり、篇目の一つとしては逸することのできぬ事項であったが、実質的な処分規定を立案し得ぬまま、公布せざるを得なかったのであろう。

10 本条は法文に顕著な錯綜混乱がみられる。㈠事書「殺害刃傷罪科事」に対応すべき本文が独立した文章をなさず、付たり部分と連続している。これは、「付」をもつ一般例(式目でいえば33・47条等)に反する。㈡「次刃傷科事、同可准之」の位置が疑問である。もし刃傷についても縁座が主旨であれば、当然本文末尾に位置すべきであり、現状ではどの部分が准ぜらるべきなのか不明確である。㈢「次に」で始まる句は「…事」と受けるのが常例で、ほとんど例外がないのに、本条は異例である。㈣一条中に「次に」が三つも併用されていることも異例である。

以上のような混乱は、元来別個の二ヵ条が一条に合併されたため発生した疑いがきわめて濃厚で、原型を復元すれば、

一、殺害科事　付、刃傷科事
右(この間なんらかの文飾)、若犯殺害者、其身被行死罪幷被処流刑、可被没収所帯、次刃傷科事、同可准之、

一、父子咎相互被懸否事
右或依当座之諍論…不慮之外、若雖令殺害、其父其子不相交者、互不可懸之、但或子孫…、若欲奪人之所職…、

すなわち本条は、佐藤進一氏によって提唱されている原式目論、すなわち現在残されている式目は原式目ではなく、原式目に存在した五十一ヵ条に後にいくつかの条文が加えられ、その際五十一ヵ条を維持するために、複数の条文が一ヵ条に合叙されたとする説(「御成敗式目の原形について」(『国史大系月報』十五))を、最も明確に裏づける条文であると思われる。

なお塵芥集25条(二一三頁)は、本条の全くの読み下し文であるにもかかわらず、その事書は「おやこのとか、たかひにかくるやいなやの事」と式目の付たりが本事書となっていることはきわめて注目され、これは塵芥集編纂者が式目の錯綜に気づいて訂正したものか、或いはすでにそのように訂正された式目写本が存在したか、そのいずれかであろう。もし後者の推定をとるとき、塵芥集末尾に「付たり、きやうたいのとか…」とあることも興味ある点になろう。同法が「付」をもつのはここ一ヵ所のみで、恐らく編纂に用いられた式目写本の踏襲と考えられるからである。とすれば該写本には、

一、父子咎相互被懸否事　付、兄弟咎事
右…、次兄弟之咎之事、可准之、

とあった可能性が大きい。

12 **悪口**　どのような言辞が悪口と認定されたかは興味ある問題であるが、裁判に際して、敵人を悪口なりとする事件が多いにもかかわらず、幕府は概してこの派生的な訴えを却下するのを例としたため、悪口と認定された事例は意外に少ない。「盲目」(吾妻鏡、建保元年五月七日条)、「恩顧」の者(青方文書、年次不明鎮西下知状)、「乞食非人」(参78条、五五頁)、「逆罪」(参79条)などのほか、正応三年まで「遺跡相論時、非子息由称申」が悪口と認定されていた(追616条)程度の史料しかない。なお悪口と認定されなかった事例の中からいくつか選んでみると、「地頭者仏法破滅大魔也、神事障難外道之由、雑掌載訴状」(東寺文書、弘安十年十二月関東下知状)、「本所恩顧」(集古文書、正和元年七月六波羅下知状)、「非御家人」(有浦文書、正和三

年四月鎮西下知状)、さらに引付の座において、「阿礼加」といった相手を悪口なりとした地頭も「阿礼加乃正字於不知云々、者非指悪口」(山田文書、正安二年七月鎮西下知状)といったユーモラスな例もある。

15 本条を例として、幕府法と公家法の関係について一つの側面を指摘しておこう。式目が公家法の強い影響下に成立したことは第1条補注でも述べたが、また10条補注所引の佐藤氏の所説では、法曹至要抄との条文排列上の一致が指摘されている。本条「謀書事」も、同書(上)47条に同じ事書の条文を見出し得る。しかしその内容をみると、

一、謀書事、詐偽律云、詐為官私文書増減、以求財賞者、准盗論、案之、詐作諸司諸国幷私家返抄者、最可准盗論之、

とあるのみであり、本条がまったくその影響をうけない独自の規範を定立したことは明白である。というより、当時における公家訴訟法の貧困さは、本条立法に資するための何物をも与え得なかったというべきであろう。

ところで、式目制定後約一世紀の暦応三年、院文殿の裁判規範として立法されたいわゆる「暦応雑訴法」第7条をみると、

一、謀書其犯令露顕者、諸大夫以上者准贖銅儀、可被収公所領、於無知行地之輩者、可被解却官職、至侍以下及諸雑掌者、可被禁獄其身、若以実書称謀書者、就反坐科条、縦雖為理訴被棄捐訴訟之上、宜依所犯之人躰、有随分之勘事、…

なる条文があり、これが、本条を範として若干の公家的な訂正を施したものに過ぎないことは明らかであろう。鎌倉末期から急速に整備を開始する(しなければならなかった)公家法への、幕府法の逆輸出の一例証とすることができよう。なお正安頃と推定される参105条が、恐らく公家裁判所の諮問に対して、本条の適用を回答したものと思われることは、この意味から興味深い史料である。

18 法家の倫

一、処分有夫女子財、不悔還事

戸婚律云、祖父母父母令別籍者(徒一年脱)、子孫不坐、釈云、女子随夫別籍者不禁、案之、女子適夫家之後、所譲与之財物、可為夫之進止、夫婦同財、以夫為主之故也、仍父母更難進退、処分有夫女子之財、輙不悔還、但未異財者、可悔還之、

(裁判至要抄)

にみられるごとき当時の明法家の所説。ただし裁判至要抄は「有夫女子之財」のみを問題としており、未婚女子については、同書「祖父母父母譲、可用後状事」の原則が適用されていたと思われる。なお式目が女子譲与分の悔い返し法を一条に立てながら、男子譲与分については、既定の原則として一条立てることをしなかったことは、式目全体の性格を考える上で重要な手がかりとなろう。

19 本条は他人和与法と主従制原理の矛盾を示す興味ある条文である。条文中「称和与之物」と表現されている他人和与法とは、他人への贈与物は悔い返し得ないという法理で、「不限親疎、和与之財、全無悔還之法、只以一与之状、可為万代之験矣」(法曹至要抄)といわれたごとく、当時の社会に通有の法理であった。これに対し、主人が従者に所領を「充行」う行為は、処分・譲与・和与といった一連の無償給与から完全に独立するだけの、安定した法的行為とはなり得ていなかった。本条にいう「憑人之輩」に対して、「致忠勤之時…渡充文」す行為は、まさしく主従関係の設定にほかならず、もしこれが、法的に他人和与の範疇に組み入れられ、「本主之子孫」に対する「対論」が許されれば、幕府の支柱たる主従制は重大な危険にさらされざるを得ない。幕府は本条で、被恩給者に一定の忠誠義務を課すと同時に、他人和与の全面禁止(追434・461条)、或いは「他人」の範囲の縮小(追147・620・744条)等によって他人和与法効力の圧縮を図ってゆく(笠松「仏陀施入之地不可悔返」(『史学雑誌』八〇編七号)参照)。

なお本条適用の一例として、「云教円云清禅、為多年代官令致忠勤之間、本主覚妙感歎其志之余、或譲与田地等、或可持代官職之由、縦雖書与譲状、称和与之物、対論本主子孫之条、如式目者不遁其咎」(宗像辰美氏所蔵文書、正中二年四月鎮西下知状)を挙げておこう。

20 式目は「子孫生存中でも悔い返せる、況んや…」という論理を用い、また18・23条のごとく公家法に触れるところはないが、次に引くように当時の明法家は、死後の悔い返しにむしろ否定的であった。

一、処分子孫財、子孫死後輙不返領事
…按之、祖父母父母以家地所領、譲与子孫之間、子孫死去之刻、或譲与其妻、或和与他人者、雖祖父母輙不可進退歟、　（裁判至要抄）

一、処分子孫之物、子孫死後不返領事
…案之、於父母之令異財者、受領之子孫無有其罪文已異、後不可悔還、況子孫亡有妻子者、妻子可伝領、父母更不可返領之、（法曹至要抄）

22　本条は鎌倉武士社会における親権の強大、幕府権力の不干渉を物語るものとして有名である（たとえば上横手雅敬『北条泰時』一〇四頁）。ただし、これを武士社会に特異な法理とみるのは疑問であって、「処分任財主意事、…案之、遺財処分之道、雖有分法、財主見存之日、任其雅意、可処分者也」（法曹至要抄）とする見解が、当時通有の法理であり、式目もまた原則的にこれに依拠したものと考えられる。忠孝ある兄と、譲状を手にする弟の相論について、泰時が「共ニ其イハレアリ、成敗シカタシトテ明法ノ家ヘタツネラル、法家ニ勘ヘ申テイハク、嫡子也奉公有トイヘトモ、父ステニ弟ニ譲ヌ、子細有ニコソ、奉公ハ他人ニトリテノ事也、子トシテ奉公ハ至孝ノツトメ也、弟カ申所道理ナリ、仍弟安堵ノ下文給テ下リヌ」（沙石集）なる処置をとっているのも、もしこれが式目以前の事実を伝えるとすれば、本条立法に対する公家法の影響を示すものとみることができよう。なお貞応元年十二月、大宰府守護所が「所詮見身乍為嫡子、舎弟潔被総領事、非文之計、又非法令之道理、…尤田数資財多少可被分配」と主張する兄に対し、「凡父母存日之処分、全不可依嫡庶、只所任財主之意巧也」（石志文書）と判決しているのも、式目以前の史料として見逃し得ない。

23　**法意**　戸令、聴養条に「凡無子者、聴養四等以上親於昭穆合者」とあり、昭穆に合う者とは養父に対して養子が輩行（中国の親族分類法で尊卑に従って傍系親を横断的に排列分類する方法）において子の列にあるべきことを意味するといわれる（石井良助『日本法制史概説』一九二頁）。従って律令法では女子が独自に養子をとることが認められていなかったとの解釈が行われていたものと考えられる。式目抄も「寡婦ノ養子、本条無節文トテ法意ニハユルサズ」とするのみで、明文を引いていない。なお、宝治二年七月十日の吾妻鏡が教経（京下りの法曹家か）の「次亡妻養子事、凡女人者無自専法、養子者夫不免之外、女子養子所不免也」とする勘文を載せているのは注目される。もしこれを式目と整合的に理解しようとすれば、式目の「女人」は有夫の妻妾に限定されていたとみなければならない。ただし室町末期の幕府意見状では、「三上兵庫頭跡相続之儀、後家執申之、如何事、無其子人等、以養子相続之段、本法分明也」と、式目の「女人」に後家の場合も加えた解釈をとっている。

24　「故佐貫八郎時綱養子太郎時信訴申、後家藤原氏改嫁之由事」一件に対し、幕府が「為式目以前改嫁之間、不及罪科、仍於本夫遺領…者可令後家領掌」（吾妻鏡、仁治二年六月二十八日条）と本条を適用しなかったことは、法効力の不遡及を示す史料として有名である。しかしこのような事は、その網羅性と公布性において、幕府法中いちじるしく例外的な性格を有していた式目に関してのみあり得ることであって、幕府法一般の性格とみるべきではない（笠松・羽下徳彦「中世法」（岩波講座『日本歴史』中世2））。

25　延応二年五月の追144条、すなわち、

一、関東御家人、以雲客已上為聟君、譲所領於女子事、
右於公事者、随其分限可被省充之由、先日雖被定置、自今以後、至于相具雲客已上之女子者、不可譲与所領也、

によって、本条の規定は少なくもその大半が無意味となった。このような条文が現在の式目にそのまま残存していることは、寛元頃までの追加法のあるものが、式目に編入されたとみる佐藤氏の原式目論にとって、一つの障害であることは否めない。ただし、関東武家式目が「延応以後、不可譲所領於月卿雲客等聟之由、被定乎、当時其儀也、但関東祗候人者、不及子細歟」とするごとく、もし延応法が関東奉公の月卿雲客を除外していたとすれば、式目の規定は依然として有効な条文であったとみるべきであろうが。

26　本条を例として、式目がその引用者によって、どのような名称でよばれているかを示してみよう。
「（安堵下文ある所領を）為本主素意悔返之、譲与事者、為傍例上者」（留主文書、正安二年五月沙弥浄妙譲状）

「遺跡相論之時、就後判状、不可依安堵之由、間ヽ々ヽ有ヽ其ヽ沙ヽ汰ヽ歟ヽ」(高野山文書、徳治二年八月阿氏川庄地頭陳状)

「次遺跡相論之習、不拘安堵者、古ヽ今ヽ例ヽ也ヽ」(天野文書、元亨二年五月沙弥某下知状)

同じ式目五十一ヵ条中でも、適用例の多少には非常な差が認められる。「間々有其沙汰」るがゆえに「傍例」と化し、「古今之例」に定着するもののみが、常に生ける法としての効力を保持したことは明らかである。

27 未処分地の配分については、さしあたり、(1)得分親(相続権者)の範囲、(2)配分比率、の二点が、当時の武士相続の最大公約数的な範囲と数値を示すものとして注目される。しかし、(1)については、「被養他人之族」の除外(参44条、六五頁)、姪への配分(禰寝文書、延慶二年九月十二日鎮西下知状)、未処分地の相論非参加者の除外問題(いわゆる「後悔法」、参91・92・95条)等を指摘しうる程度であり、(2)についても史料の集積が不充分で、ここではなんらの結論を示し得ない。いま嘉暦はじめ頃、未処分のまま死去し、同三年、相続権者よりの遺領注進状の提出をまって、元徳元年十月二十日、同日付の八通の関東下知状によって配分された薩摩入来院の渋谷(寺尾)惟重跡の配分を、一例として掲げておこう。

1 重広　本領相模渋谷庄寺尾村の田四段・在家二宇
　入来院内塔原郷の田六町・在家十二宇
2 別当二郎丸　同右、田二町九段・在家九宇
3 重名　同右、田二町九段・在家九宇
4 内重　同右、田一町八段・在家三宇
5 重見　同右、田一町・在家二宇
6 鶴王丸　同右、田五段・在家一宇
7 平氏女　同右、田三段・在家一宇
8 妻妙智　同右、田二町五段・在家五宇

惟重─┬─重広─別当次郎丸
　　　├─重名
　　　├─内重
　　　├─重見
　　　├─竹夜叉丸(禅僧)
　　　├─鶴王丸
　　　├─女子(比丘尼)
　　　├─女子(比丘尼)
　　　└─女子

(寺尾氏略系図よりの抄出)

なお未処分地相論の訴訟手続きについては、「始終於引付可有沙汰」とした文永十年の追456条、配分の下文を「引付奉行人可成御下文歟」とした正応二年の追614条が、いずれもその権限を安堵奉行人から奪って引付の管轄としている点が、注目されよう。

29 **二十ケ日**　引付設置以後の手続きにおいては、訴状の受理以後、担当引付への賦り(送付)に至るまでの期間とみてよいが、式目当時にあっては何に至るまでの期間を指すか不明。或いは評定への披露までの期間をいうか。

庭中　訴訟手続きの過誤に対する救済手続き。庭は庁所・法廷などの意。のちに御前庭中と引付庭中に分かれるが、式目当時にあっては評定の場に口頭をもって訴える御前庭中であったものと思われる。

30 **権門の書状**　有力者の吹挙状・執申状を指す。「権門」については47条頭注参照。文明九年の室町追加法(273条)にも、「就訴人申状、為権門被執申事、急度給置挙状、可伺申之、若有掠申儀者、対被執申仁躰、可有御糺明矣」とある。

32 **悪党**　悪党には、(一)悪賊・わるものといった超歴史的な用法と、(二)鎌倉中・末期頃から広汎に出現する反体制的な武士団の呼称、の二義があり、本条が(一)のみを指すのか、或いはすでに(二)の萌芽的な分子を含めたものか不明。盗賊・悪党とならべた点からみると、単純な盗賊と区別されていたとも思われるが、式目制定前年の追35条、七年後の追117条(六八頁)など式目当時の幕府法の用語からみると、盗賊・強盗・重科の輩などとの区別はみられず、(二)のごとき特別の対象をもっていないかのようである。

34 本条に関しては、「本夫の姦夫殺害という行為が、当為の問題として鎌倉時代の社会において、人々に認められた観念として存在し…本夫の自宅

における姦夫の殺害行為は、現実処理の行為として、社会的に容認された慣習として存在」したにもかかわらず、これらの観念・慣習と無関係に本条が立法されたのは、律―法曹至要抄の系譜を引く、公家法の強い影響下にその骨格が作成されたからであるとし、そのことによってはじめて「当時の武家社会の現実の観念・慣習といちじるしいギャップを示す、この法の形式主義的傾向が理解される」とする勝俣鎮夫氏の指摘は、式目全体の性格を考える上でも注目すべき見解である(「中世武家密懐法の展開」(『史学雑誌』八一編六号))。しかしその形式はともかく、内容的には式目は必ずしも公家法の無差別盲目的受容でないことは、たとえば15条補注で述べたごとくである。今後の課題は、何が受用され何が排除されたかという、撰択基準の究明にあることは明らかであるが、氏の指摘によって、単なる「観念・慣習」の存在・不存在といった安易な解決法は不可能となり、さらに困難の度を加えることが予想される。

鬌髪　頭髪。中国古代の髠(こん)刑が平安時代にわが国に模倣され、貞観八年正月の官符に、諸衛府の舎人や放縦の徒が諸家神宴の日に酒食等を強要するのに対し髠鉗の刑を課したとあるが、中世ではほとんど他に実例を見出し得ない。

法師の罪科　式目をはじめとする幕府法には、律の閏刑に相当する規定は見出し得ない。これは幕府法の性格上むしろ当然かも知れない。本条がとくに具体的な刑罰を規定し得ぬにもかかわらず、法師に対して考慮をはらったのは、上文鬌髪との関連からする単純な連想か、或いは女捕という罪と法師との間に特別の関係があるのか、決し難い。

35　頭注の各項で示したように、本条は難解な部分が少なくない。しかしその多くは、本条を所務沙汰手続きにおける召文違背の制とみるところに起因することに注意する必要がある。確かに従来説かれてきたように(石井、前掲書一六七頁)、召文三ヶ度の制は所務沙汰における原則であり、たとえば式目発布直後の貞永元年十二月の追50条に「三ヶ度召符以後不参決事」とあるごときは、明らかに所務沙汰におけるそれである。だが本条を検断沙汰に特定された法規であるとみることによって、よりよく解釈できる点の多いのも事実である。

(1)羽下徳彦氏によって、検断沙汰において「「訴申」によって発給されるものが、問状ではなく「召文」であった」ことが論証されている(「検断沙汰おぼえがき」(『中世の窓』四～七号))。とすれば、「就訴状遣召文」について頭注で記した疑問は氷解する。

(2)検断沙汰においては、論人が召文に違背すれば身柄を逮捕拘禁されたと考えられる(羽下、前掲論文)。このとき論人の所有にかかる所従以下の財産もまた没収される場合がむしろ普通であったから、「任員数被糺返」もまた自然に理解できる。

(3)式目条文の排列からみても、本条を32条から始まる一連の検断法規群の末尾に置かれた一条とみることは可能である。

ただし検断手続きとみることによって、逆に「訴人有理者、直可被裁許、訴人無理者、又可給他人也」の部分が理解困難となってくる。「可給他人」と対句となっている以上、「直可被裁許」は「可給訴人」を意味するとみるのは自然で、論所の帰属を争う所務沙汰においてはなんの不思議もない。しかし、犯人跡は収公されるのが原則で、これを被害者(訴人)に給与した形跡はほとんど認められない検断沙汰においては、「訴人」や「他人」に給うべき対象を犯人跡の所領とは想定し得ないのである。かくて所務・検断のいずれをとるべきか、今は後考にまつよりほかない。

37　**上司**　「京都官仕幷傍官上司事…次上司事、本仏令辞申之条、竹王丸不論之間、不及沙汰矣」(小早川文書、文永三年四月関東下知状)、「且於上司職者、関東御禁制也、争可遁其科哉」(高野山文書、建治元年阿氏川庄雑掌重申状案)、「郡司望補傍官上司否事、…為往古請所之条、宗久不論申之上、六波羅状等顕然之間、今更難称上司焉」(山田文書、正安二年七月鎮西下知状)、「為武家被管之身、背御制、望補当庄上司職之条、可有其咎之旨…」(神護寺文書、応長二年三月福井庄地頭代重陳状案)等の適用例からみて、「傍官上司職」に「望補」するとは、同一庄園内に所職を有する二人の御家人の中の一方が、本所に働きかけてその庄の預所職を獲得する意であると理解される。預所職に補任されれば、庄園の職の体系の中で、他方の御家人に対する指揮命令権を握ることとなり、「喧嘩」の原因となると同時に、本来平等の立場で直接将軍に結びつくべき御家人制度に混乱を生ずることを恐れたための立法であろう。

38 **惣地頭**　(一)所領の分割相続の結果、幕府から課される公事を分配しその貢納の責任をもつ一族の首長が惣領地頭（略して惣地頭）とよばれた、(二)九州地方に特徴的に多い現象で、豪族的御家人が郡・庄などを単位とする地域の地頭に補任された場合、すでに郡・庄内に名主職などを保有して土着している御家人との関係から彼を惣地頭と称し、土着御家人を小地頭と称した、の二種があった。本条では、条文の内容からみて(二)を指すものと思われる。

39　「関東御家人の朝官拝任に関しては、式目の第39条に…の一条を規定して、すべて御家人にして朝官を拝任せむとする者は、必ず皆将軍家の推挙又は許諾を要するを原則と為すことを明かにした」（植木、前掲書二〇六頁）のごときは、式目＝慣習法成文化説の誤れる先入主を示す理解である。「自由任官」の禁止はすでに当然の原則であり、既知の前提であって、本条のどこにも、それについて触れるところはない（もし「自由任官」禁止が立法趣旨であれば、当然その違反者への罰則が示されるべきであるが、それもない）。かりに本条の主眼である「挙状」発行についての規定をおく必要がなかったとすれば、「任官」に関する法規が式目に掲げられることはなかったであろう。全面的もしくは部分的な改正を加える要のなかった万人既知の慣習法は、むしろ式目にその姿をあらわしていないとみるべきである。

成功　成功銭の金額については、追204条（四九頁）に、式部丞・諸司助・靫負尉が仁治頃一〇〇貫文であったことが示されているが、勘仲記、弘安十年五月十一日の記事によって、当時の金額を参考のために掲げておこう。

八省丞七〇〇疋（民部丞は一五〇〇疋）、諸司助一五〇〇疋、同允五〇〇疋、諸国権守一五〇〇疋、近衛将監八〇〇疋、靫負尉一五〇〇疋、兵衛尉一〇〇〇疋、馬允六〇〇疋、叙爵一五〇〇疋、法眼一五〇〇疋、法橋一〇〇〇疋。

単純な比較は危険であるが、勘仲記の筆者が「近年減少之間」と記すごとく、仁治に比べて大幅な下落が認められる。

検非違使　主として京中の警察権・刑事裁判権を有する令外官であり、構成員は別当のほか、いずれも衛門府の官人が使の宣旨を蒙ってこれに任ぜられた。武士が任ぜられるのは、判官に当たる大尉・少尉のうち少尉で、官名は左右衛門少尉である。正応元年七月の追加法によると、使に任ぜられた御家人は、朝廷の催促に従って参洛し公事を勤仕すべき旨が定められている。

41 **法意**　「一、奴婢合所生子、可従母事、捕亡令云、両家奴婢倶逃亡、合生男女、並従母、…案之、於奴婢者、律比畜産、仍所生之子皆従母也」（法曹至要抄）、「一、家人奴婢子、可従母事、捕亡令云…、按之、以他人之従女為妻、所生之男女、皆従母可令服仕」（裁判至要抄）。石井良助氏は、式目が法意を否定し新しい原則をたてたことを「奴婢を以て畜産に比するという律令系の思想を打破し、之を人倫として取扱はんとしたもの」と評価される（「人身法制雑考」『法学協会雑誌』五六巻八号）に対し、牧英正氏は、「通常の場合、奴婢の子の帰属は良民の場合と同様に、男子は父に、女子は母に付けられることがすでに奈良時代から行われていたのであって、…この慣習は右大将頼朝に始まる例でもなく、更に遠く遡るものであった。してみれば式目がこの古来の慣習を確認したということは、奴婢の所遇に画期的な変更をなしたものとすることは出来ない」とする（『日本法史における人身売買の研究』一一四頁）。

42 **逃毀と称して**　「逃毀」は逃亡者の遺した財物を破壊し奪取する行為。「称して」は、「号して」と同じく、そこに合法的な根拠を求めて、の意。刑事事件ではいわゆる逃亡跡として警察権行使者の当然の権利として逃毀が行われた。本条に領主（主として地頭であろう）が逃毀と称してこの行為に出ているのは、刑事事件においては合法的な行為を、単なる逃散（本文にみられるごとく経済的な原因からの）にまで拡大適用せんとしている状態を反映しているのであろう。

ただし去留においては…　領主の農民に対する土地緊縛を禁止する一句と

して夙に有名で、最近における封建制・農奴制研究の進展につれてますます注目をあびつつある箇所である。いま式目の性格規定に視点をしぼるとき、最新の論説のいくつかが、幕府⇕在地領主ではなく、幕府⇕庄園領主の対抗関係の中に、本条の立法契機を求めようとする方向をとっていることが注目される。すなわち工藤敬一氏は、「在地領主による農民の土地緊縛を一定限度以上に認めることは、荘園領主との対立を激化させ、荘園制的秩序を前提とする幕府の統治権的支配の拡大を困難にする」という観点から本条を理解すべきであるとし(「鎌倉幕府と公家政権」(『講座日本史』2))、上横手雅敬氏に至っては「「於去留者、宜任民意也」は民意に任さぬことによる荘園領主側の抗議を回避するためであった。そうだとすると、この片言だけに拠って、封建的緊縛の有無を論じたり、まして幕府論に及び、それが古代的だとか、封建的だとかの議論をするのは無意味であろう。それらは幕府が直接に農民を支配していたかのような前提に基づいているからである」と、安易な史料操作に厳しい警告を与えているほどである(「主従結合と鎌倉幕府」(『法制史研究』二〇号))。たしかに在地領主の所領支配に対する幕府の態度は不関渉・無関心をもって一貫しており、その意味から、原則的には上横手氏の所説に同感せざるを得ない。

しかしそのような原則を確認した上で、さらに注意しなければならないのは次の二点であろう。

㈠　たしかに「但…」の一句は「片言」であり、ある意味では蛇足でさえある。何故なら本条は事書に明らかなように、逃亡百姓跡に対する在地領主の非法禁止を本旨とするもので、しかも「抑留妻子」はあっても、逃亡者本人の身柄の抑留は非法のうちに数えられてさえいない。従って「但…」はその前文と論理的な必然性・密着性をもっておらず、本条の趣旨からみれば、あってもなくてもいいくだりとさえいえる。とすれば逆に、何故このような蛇足がここに付着されたのか、という理由が問われなければならなくなる。そしてその解答如何によっては(たとえば、第40条補注で述べたような、通常では式目にその姿をあらわさない既知の一般原則が、本条本文との若干のかかわりから偶然にもここに露呈された、ということにでもなれば)、「但…」の史料価値は大きく変化する可能性をもつ。

㈡　かりに「片言」「蛇足」であっても、これが御成敗式目中の一句として記載されたことの意義・影響力は、42条自体の問題とは切り離して考える必要がある。一例を挙げよう。追282～294条(七一～七四頁)は、前述の不関渉主義からみれば、地頭の領内統治を法的に規制しようとした例外的な立法であるが、その一条、追289条をみると、式目では末尾の但書にすぎなかった「土民去留事」を事書に、「宜任民意之由、被載式目畢」を本文冒頭において、「而」(8条補注参照)以下は、その原則的規範から逸脱する行為を列挙し、これを禁ずるという論理構造をとっている。(従って、式目にはなかった「取其身」がここでは明示されている。なおこのような論理の逆転は、仁治三年の大友氏法(追182条)にも、「一、百姓逃散時事、右或抑留資財、或召取其身之条、頗無謂乎、自本至于去留者、可任土民之意、但有年貢所当之未済者、可令致其沙汰矣」と、すでに萌芽的にあらわれている。)このように、式目という特異な効力をもった法典に記載されたことによって、「但…」の一句が、42条から離れて一人歩きしはじめる可能性もまた否定し得ないのである。

43　当知行と称して　不知行地を当地行と詐称することは、幕府法に限らず中世法を通じて、常に厳科の対象とされた。それは、権利の有無にかかわらず当知行者(占有者)がそれ自体法的に保護され、不知行者(非占有者)に対して有利な立場を認められていたからである。8条にいう年紀法の適用、訴訟手続き上の優位などのほか、本条後半にいう安堵をうける権利などが、その最たるものであった(石井良助『日本不動産占有論』七五頁参照)。

47　本条には、これまでいくつかの条文にみられたような「法意」との齟齬を示す文言は記されていない。ところが逆に、鎌倉時代の明法家の側からその点に関心が寄せられていることは興味深い。すなわち関東武家式目に「法意ニハ雖為不知行、寄進所帯、寄附文書事、無制、式目ニ相違ス」とあるほか、式目抄に「法意ニハ不知行ノ所領ヲモテ他人ニ寄進シテ文書ヲ寄附スル事禁制ナシ、道理ニヨル也、此条禁制也、法意ト式目ト相違シ賞罰モ浅深カハレドモ底ハ一ツ也、ココヲ是円ガヨクカキタリ」とあるのをみれば、中原是円（建武式目の立案者。解題参照）もまたこの点に注目していたらしい。なぜ本条がそのような意味でとくに彼らの関心をよんだのかといえば、おそらく不知行所領の寄進による紛争が公家法廷においても頻発し、裁判の実務家たる彼らを悩ませていたからであろうと思われる。次の時代において、「其上帯不知行仁之譲、致訴訟之輩事、不能(在カ)御許容限之旨、為古来之制法哉」（東寺百合文書ヨ、文和四年十一月東寺雑掌庭中申状案）、「且以不知行之地、数代之間、或譲与或寄進之条、太背大法哉」（同上、至徳二年八月東寺雑掌陳状案）と、本条の法理が公家法・庄園法の領域にも進出し、「大法」の名でよばれるようになることを、すでに予想させるに充分である。

48 **定法**　ここに私領売買を「定法」と称しながら、式目制定を遡ること僅か六年の嘉禄二年の下知状（橘中村文書、建長二年七月関東下知状に引用）で、「雖為私領、輙不可売渡他人、売買之主罪科難遁」と、まさしく相反する規範を用いた裁決が行われている事実を一例として、笠松は中世の訴訟文書等に充満する「先例」「定法」「定例」等の語に、無批判な信頼をおくことの危険さを論じたことがある（前掲論文「中世法」）。

51 頭注に記したように、問状は訴人に対してなんらの権利をも付与した文書ではない。従って、「問状ヲ我カ安堵ノヤウニシテ狼藉スル事」（式目抄）は、現代人の眼からみれば、かなり異様な現象のようにみえるかも知れない。しかも、さすが式目が一ヵ条を立てただけあって、「以問状濫妨」の実例は少なからず知られている。二、三をあげると、「給問状之後、無左右令押領之由、所訴申也」（青方文書、元久元年八月関東下知状）、「申給六波羅問状、無左右令押領之条、甚自由也」（深堀文書、寛喜二年四月六波羅下知状）、「給問状、抑留作毛云々、向後可停止彼訴訟」（吾妻鏡、寛元三年十月二十八日条）のごとくである。

それでは、何故このような事態が起きるかといえば、それは急速に発達しつつあった鎌倉幕府の訴訟手続きを受容できるだけの素地が、一般には存在しなかったことによると考えられる。訴人が手にする（頭注「帯び」参照）堂々たる関東・六波羅の御教書は、それだけで内容の如何を問わず、論人を充分におびやかすだけの威嚇力をもっていた。訴人が論人の法的無知につけこんでの「姦濫」はもちろん、もしかしたら訴人彼自身にも、何かそれだけですでに勝訴したかのような錯覚があった場面も想像できなくはない。如何に閉鎖的とはいえ、幕府は、公家裁判所等に比べれば、はるかに下層の武士や民衆をその法廷に迎え入れた。彼らのとまどいを感じさせる一条である。

なお幕府側では本条に該当する実例が、鎌倉前半期に集中しているのに対し、公家法や庄園法の領域では、逆に後期から実例がみえるようになる（たとえば勝尾寺文書、正中二年二月後醍醐天皇綸旨案に「帯問状綸旨、濫妨地下之条、為事実者不可然之間、先所棄捐訴訟也」）のも、示唆的な事実といえよう。

〇**起請**　起請文の書出しは「敬白起請文事」とあるのがほぼ定型であるが、ここにみるように、単に「起請」で始めるのも珍らしくはない。起請文は罰文・告文ともいい、ある事項について偽りなく遵守すべきことを宣誓し（起請文前書）、さらに、もし偽りであれば神仏の罰を蒙るべき旨（神文）を載せた文書。ここでは本文の末尾三行が神文である。

追加法

161 **坎保**（四八3）　現在の石川県石川郡久保村か。なお幕府法がその立法契機となった具体的な訴訟を法文自身に引く場合、㈠本条のごとく法文の本文に組み込む形、㈡事書の下などに、某と某相論のとき定めらる、というように注記する形、㈢抽象化した法文を載せず、傍例という形で法令集に載せる場合、の三形態があり、形態の違いがそこに示された法理の効力上なんらかの差異を示すのか否か明らかでない。

169 **御免許を蒙らず遁世**（四八9）　いわゆる「自由出家」とよばれる違法行為。参97条補注（四四〇頁上段）参照。本条においては自由出家そのものが問題とされているのではなく、一方でみずから現実に所領を知行しつづけながら、他方、遁世を口実として幕府からの公役を忌避することを防止することにあることは、本文に明らかである。

265 **主従対論**（四九18）　従者が主人を幕府に訴え出ることで、その逆は主人の[illegible]成敗権の内部にあって幕府法上は問題とならない。たとえば文永七年の関東下知状（野上文書）によると、主人の従者殺害容疑に対して「雖為実事、為所従之上不能訴訟」とある。

463 **本所領家一円地の住人**（五一3）　幕府の支配は人身的には御家人制という閉鎖的な主従制、統治権的には東国に限定されていたが、そのいずれにも属さない西国の本所領家の一円（地頭職などの設置をみていない）地の住人を軍役に動員したことを示すもので、一種の非常措置とはいえ、幕府の性格上の大きな転換点を示すものとして注目されている。なお弘安四年、幕府は本所一円地の庄官を動員しうる旨の正式の勅許を奏請し許可を受けている。

478 **諸大夫は…**（五二10）　諸大夫は成功銭を払わずに国守に任ぜられ、侍は成功銭の納付を必要とする。諸大夫・侍ともに親王・摂関家等の上級貴族の家人の名称で、諸大夫が五位以上、侍は六位以下と区別されていたらしい。本条や204条（四九頁）の侍や諸大夫は、御家人がこれら貴族の家人となっていたものを意味するのではなく、親王・将軍家に仕える武士として位の上下を区別するためにこの名称を用いたものであろう。

参97 **自由出家**（五四9）　幕府の許可をまたず出家をとげること。吉田家本追加には、本条を含めて三カ条の自由出家の傍例が収められており、それらを総合して考えると、本条発布の弘安八年のある時点で自由出家の禁が明確にされ、同時にそれ以前の自由出家については不問に付すことが定められたごとくである。ただ慣習的に自由出家に対し強い規制が働いていたことは、建長三年「偏山林斗薮之志」をとげるためにひそかに出家した足利泰氏に対して所領収公の刑が課され、「依人而不可枉法」る故なりといわれた（吾妻鏡）点からみても、明らかである。なお元亨二年の六波羅御教書（岡本家文書）は御家人の出家暇申請に対し、近隣の御家人に年齢・病状の注申を命じているのをみても、規制の実質上の厳しさを物語る。

参78 **様摺**（五五17）　恐らくはサマズリと読んで、流浪的な宗教者の一種とみられる。ヒュースケンの『日本日記』一八五七年十一月二十七日条に「東海道は…僧侶や托鉢僧やサマブリ・比丘尼…などの往来」とあって、英訳者はサマブリに「新発意」の注を付している。また大分県地方には、さまずる（＝さまよう）の方言があるという。

143 **告言の罪**（六〇9）　律、八虐の不孝条に「告言詛詈祖父母父母」、闘訟律に「凡告祖父母父母者絞」など、律令法を受けた表現。

教令違犯（六〇9）　闘訟律に「凡子孫違犯教令、及供養有闕者、徒二年」とある。告言よりさらに広い概念であり、その効力は教令者たる祖父母・父母の死後にまで及ぶ。武士の譲状等に慣用される「死骸敵対」の語はその好例。

本条（六〇10）　律の規定。ただし「絞」をそのまま適用する意志は立法者ももっていなかったであろう。実例上も、たとえば文永九年の判決に「次通時告言科事、被注所領可被分召也」（正閏史料、外篇）とあるごとくである。

落合後家尼（六〇11）　未考。なお本例にみるように、告言は母子とくに後家と子の間に実例を多くのこしており、父長権の圧倒的に優勢な武士社会にあっては父子相論は、法理の如何にかかわらず実際上おこり得なかったと思われる。

435 **召し上げ**（六一8）　少なくも法文上は収公であって前夫の悔い返し権の容認ではない点に注意。「次に」以下との連関で考えれば、本条の立法趣旨が「不義」なる道徳上の問題から発するのではなくて、「他夫」が非御家人なる場合を想定し御家人所領の散逸を防止する点にあったものと思われる。それは、第一回の徳政立法ともいうべき追加433・434条が本法と同日の立法であったことによっても明らかである。

462 **一期知行**（六一18）　「一期」は一生涯の間。中世武士の相続に当たって、女子・妻・庶子などの譲与分が相続者の一期に限定され、その死後は惣領その他の特定者に返付すべき旨を明記して譲与される場合が多かった。これを一期分と称した。

祖父母・父母の後…（六一20）　祖父母・父母などの直系尊属が一期領主、直系卑属が未来領主である場合。具体的には被相続者が相続者Aに譲与するとき、該所領に対するAの自由な処分権を認めず、Aの子孫のうち特定のBに必ず譲与すべき旨を譲状に明記する場合がこれに当たる。AはBの尊属でありながら一期領主であり、Bは未来領主である。子は親の罪に対して強い縁座関係をもつが故の除外とみられる。

613 **存日の間**(六三13) 式目26条が安堵状下付後における親の悔い返し権を認めているように、被相続人存命中の安堵状の発給は、従来ごく普通のことであった。この時点で何故北条氏が、その被官に対する安堵を被相続人の死後に限定したのか、また本法の規範が幕府の安堵制にどのような影響を与えたか、等々の問題は幕府・北条両者の安堵制の具体的な研究の進展をまってはじめて明らかにされるであろう。

638 **混領**(六三18) 惣領分に混じて収公される意。なお中世では、売買・譲与などによって所有権が移動しているにもかかわらず、旧知行者の罪科によって収公されることがほとんど法的に一般化しており、売主収公地に混領されることを防衛するために本条を援用せんとした例など(松浦山代文書、永仁六年鎮西下知状)、その意味で注目される。

各別の証拠(六三19) 宝治元年の栄尊起請文(比志嶋文書)に、「惣領主…自然の不思議出来て候はん時、其咎にひきまとはされ候はしのために」自身知行分の安堵を申し給わった旨を記すごとく、上文にいう個別の安堵が最良であることは疑いないが、これを除いた場合、おそらく譲状などを想定したものか。

参35 **彼法により難し**(六五9) 一般的に幕府法は族縁集団内部の法規制(置文・譲状)に対し例外法的な効力をもつに過ぎず、この判決が「惣庶並ぶべし」とする幕府法より本主置文の効力を優先させたことは、むしろ当然であったといえよう。

100 **保の官人**(六八3) 京都の条坊制では三十二戸を一町、四町を一保、四保を一坊とし、市制の各単位とした。各保に使庁の下級職員たる保官人がおかれた。東洋文庫所蔵の暦応三年の「制法」には各保の担当官人名が列挙されている。なお鎌倉には保の奉行人がある(追309条(七六頁)参照)。

117 **強盗ならびに重科の輩**(六八19) 式目11条に「於謀叛…強盗等重科者」とあるのをみても強盗が重科の一たることはほぼ明らかであるにもかかわらず、ここで両者を区分したのは何故か。三浦周行氏が式目用語の洗練されざる例として重科・重犯等を挙げたごとく(『続法制史の研究』九八二頁)、重科・重犯・重罪・軽罪等の幕府法上の区分はきわめて曖昧であり、罪と刑の区別さえもなされていない場合が多い。従って、本条においても強盗を最も主要な対象としたために別に掲げたとでもみるべきか。

704-709 (八四10) 本条々のうち、705条は「乾元二年六月」、709条は「乾元二」なる年次を事書にもつが、他は条文ごとの年次をもたない。『中世法制史料集』の編者は、709条の「先日罪名分輩、悪党、殺害、謀書以上重科之外、竊盗、刃傷、博奕、謀略以下軽罪」の各項が、704・706・707条等に該当する点に注目し、704〜708条を「先日」すなわち乾元二年六月十二日に、709条を六月十二日以後同年中のある時に、立法されたものと推定されている(『中世法制史料集』第一巻、補注89)。しかしこの一連の法規は、705・706条に明記されているように、配流・禁獄等の自由刑に伴なう御家人の負担を軽減することに立法の主眼点があり、この意味からみれば、709条の「向後…」以下は、709条のみにかかるとみるよりは、704〜709の全体にかかるとみる方が妥当性が大きいと考えられる(従って、「先日罪名分輩」は頭注に記した解釈をとる)。とすれば709条のみを分離する必要はなくなり、この全六カ条を乾元二年六月十二日付の一つづきの立法法令とみることができよう。

15 **宣旨の状**(八七3) 百錬抄の記事によって、このとき三十六カ条の新制が宣下されたことがわかるが、現在本文をも知りうるのは幕府法に採用された追15・16・17条の三カ条のみで、他の二十九条は事書のみ、残り四カ条はまったく不明である(三浦周行「新制の研究」3、水戸部正男『公家新制の研究』)。何故これら多数の条文の中から三カ条のみが幕府法として施行されたのか、それがまったく幕府独自の判断による抽出なのか、或いは国家公権の一部を分掌するものとして当然に、関東御分の国々に伝達されたものか(この場合、抽出は朝廷側の判断によるものとみなければならない)等々の問題は今後の課題である(なお、水戸部、前掲書第五章参照)。

114 **訴論人ともに…**（八八12）　本条および追253条（九一頁）は、少なくもこの頃、幕府の主宰する裁判においてすら、幕府法が当然にも常に適用されたものではないことを示す注目すべき史料である。両当事者の人的帰属によって適用すべき規範を分類してみると、

(1)御家人対御家人

114　規定なし

253　「関東被定置」る法

(2)御家人対京都輩

114　「被定置当家」る法

253　「道理」

(3)京都輩対京都輩

114　「不能武士口入」

253　規定なし

このうち(1)(3)は論ずる要のない原則的な事項である。問題は(2)、すなわち「京都輩」を一方の当事者に含む幕府裁判において、適用すべき規範を法令の形で明確化する必要があった点にある。確かに114条では、このケースに幕府法の適用がうたわれているが、もしそれが明々白々な一般的な原則であるならば、253条で「道理」なる不明確な表現を用いることもなかったであろうし、そもそも両条立法の必要がなかったのである。

244 **御制**（九〇11）　寛喜に一旦法を緩めた幕府も、延応元年五月「於今者任綸旨可令停止」旨を定め（追115条）、翌二年五月にはその旨を「当市庭立札、可令触廻国中」を守護に命じた（追142条）、従って「御制以前」とは寛喜より延応の間を指す。

11 **私の進止**（九五13）　地頭の氏寺・氏社であれば、神主や院主職の補任、付属田畠の処分権などは、地頭の権限内にあった。ただ、たとえば越中石黒庄内柿谷寺をめぐって、先祖の建立にかかり「地頭建立寺者、預所不相交之条傍例」とする地頭と、泰澄大師の建立にかかり、白山末寺であるとする預所との間に相論のあるごとく（金沢図書館所蔵文書、弘長二年関東下知状）、氏寺・氏社の認定をめぐる紛争が多かった。

12 **その職を兼帯す**（九五18）　鴨社領安芸国都宇竹原庄の例では、公文が京方に参じた咎によって、乱後地頭小早川氏が入部し、公文・惣検校・田所・惣追捕使等の職はいずれも地頭の進止下に入り、公文職は地頭自らが兼帯した。

434 **結構の趣**（一一五7）　たくらみの趣旨。式目以来の所領売却の規制を免れるため、実際は有償の売買であるにもかかわらず、表面上は和与に偽装することを指すとされている。たしかに、前条と一括立法された点のみからみても、そのような事実が存在したことは疑いないが、以下の文「正義に非ず」なる表現から察せられるように、真の和与に対しても幕府の強い忌避感が働いており、その背景には一族所領を他人に分散させることを非正義とみる御家人社会の通念が存在したと思われる。

参69 **定め置かるるの旨**（一一五20）　本条は傍例として追加集に収載されており、一見すれば前年の追433条の適用例にみえる。しかし本件は買得人が非御家人・凡下であり、追433条は延応令に任せて収公が課せられるべきを本主に安堵している。また追433条の効果として職綱が返還の出訴をしたとすれば、立法後、判決までに僅か二ヵ月しかない点がきわめて不自然である。とすれば追433条以外の別の立法を想定しなければならないが、その当否を含めて不明とせざるを得ない。

530 **子細を…**（一一七16）　売却・質入等に当たって、当該所領にかかる公事を売券等に明記し、それ以外の負担のない旨を約束すること。たとえば「彼在家畠等之毎年公方御公事、鎌倉大番用途、垸飯用途已上百文、為買主沙汰可被致弁、此外…付公私別臨時天直米有被仰下事者、於売主沙汰可経入之、全不可懸買主煩」（長楽寺文書、正和四年新田朝兼売券）。しかし幕府はこのような私契約によって公事の低下することを恐れ、多くの買得安堵状には「公事子細雖載沽券、宜依先例也」（同上、元亨四年関東下知状）のごとき文言を載せて、公事契約を安堵の対象外とした。

662-664 **関東より…**（一一九6）　永仁五年三月六日関東において立法されたいわゆる永仁徳政令が、六波羅に通達されたのは、本文に掲載したごとく七月二十二日、この間約四ヵ月半の日時が経過している。六波羅通達の要ある

幕府法は、立法後ただちに通達されるのが通常で、本条はきわめて異例なケースといわねばならない。しかも、三月六日付立法の三ヵ条(追658・659・660条)を六波羅通達の三ヵ条と比べてみると、前者の文章が簡略であるだけで、立法趣旨に大きな変更が加えられた形跡はない。さらに追670〜675条として掲載した条文のように、三月六日法の施行細則の存在、および若干の適用実例からみて、少なくも関東では三月六日以後徳政令が効力を発していたことは疑いのないところである。おそらくこの四ヵ月半の日時は、徳政令という重大な、しかも御家人以外の者にほぼ一方的損害を与える法令を西国に適用するにあたって、幕府と京都朝廷の間に行われた政治折衝に費やされたのであろう、とする見解はきわめて有力な仮説である(佐藤進一「昭和二十九年度東大文学部講義」)。小島鉦作氏の紹介された永仁五年三月二十六日の北条氏公文所の裁許状に「質券売買地事、…於寺社領者、別所有御沙汰也、彼落居之程者、不可有違乱」とある史料は上の仮説を支持する注目すべき史料である(「永仁の徳政と社寺領」)。

なお追661〜664条が、南北朝期康永四年の山城下久世庄名主百姓等の訴状の具書案として、偶然に今に伝わるものであること等を含めて、徳政令の本文批判や解釈については、三浦周行「徳政の研究」(『法制史の研究』所収)、『中世法制史料集』第一巻、補注79〜83参照。

76 **請文**(一二六11)　追168条(一二八頁)の懸物押書に類似するが、本条の請文は裁判所の命令として強制的に訴論人から徴する点に特色がある。ただし本条は他に史料的な痕跡がない点や、「後日之式条」のみにあって他の法令集にみられぬ点などから、若干の疑問がある。また式目28・36条等との関連も不明。

93 **証文顕然の時…**(一二七13)　所務沙汰における証拠順位を、証文→証人→起請文と確定した法令。証文と証人についてはすでに文暦二年七月の判決(熊谷家文書)に、「但証文顕然之上、不可被問証人之由、有被定置之旨歟」とあるごとく、少なくも慣習的な法理であった。なお証人を第一とするゲルマン法などと明らかに異なるわが国の証文主義は、職を基礎とする本所法を源流とするものであろう(石井良助『中世武家不動産訴訟法の研究』二九九頁参照)。

168 **押書**(一二八14)　実例の乏しい文書様式であって不明な点が多いが、沙汰未練書に「押書トハ未成事兼入置状也」とあるごとく、ある仮定の条件が実現した場合に果たすべき事項を誓約する一種の契約状であったとされている。なお石井良助氏は、中国近世に「押」の字が、ある事を請け合うとか担保するとかの意に用いられている点に注目されている(石井良助、前掲書、および相田二郎『日本の古文書』「押書」の項参照)。

260 **訴訟人の座籍**(一二九9)　問注のために出頭した訴論人の居所の区分。ただし本条は次の二点に問題がある。(一)本法は吾妻鏡のみの伝えるものであり、しかも同書は宝治元年十二月十二日の年次をもつ、本条と無関係の法令と結合させて一ヵ条としており、従って本法の年次は確定し得ない。(二)下文のごとく、陸奥・相模・武蔵の特定の国々がとくに問題とされており、これらはいずれも北条氏の分国的な存在であって、この点よりみれば本条は、幕府の裁判所におけるものではなく、北条氏の裁判機関(公文所)におけるものとすべき可能性が大きい。

郡郷の沙汰人(一二九11)　前注のごとく、本条を北条氏の裁判に関するものとすれば、郡郷の地頭代が北条被官(侍)であり、沙汰人は地頭代の被官(郎等)クラスであったと思われる。

264 **本所成敗の職**(一二九18)　御家人のもつ所職のうち地頭職は幕府が一元的な進止権をもっており、これについての相論は当然幕府裁判権の管轄下におかれた。しかしその他の所職については原則的に本所の進止下にあるため、御家人の所職といえども幕府裁判権の外におかれ、式目6条は幕府みずからそれを内外に表明したものであった。たとえば正嘉二年の関東下知状は摂津吹田庄の下司職についての相論で、興福寺の進止下なる故にその改易はやむなしと判決したごとくである(春日神社文書)。しかし一方、御家人の保護を一つの使命とする幕府は、本所の行う裁判において御家人が不当な扱いをうけることを放置することもできない。寛元元年の追210条に続いて本条は、その救済を企図したものであった。

303 **遠国**(一三〇6)　遠近の区別がどのように行われていたか不明だが、沙汰未練書に「召符御教書日数事、関東御教書ニハ美濃国尾張国日数三十日也、六波羅御教書ハ日数二十ケ日也、…以上過此日数者、言違背也、但依国々遠近、日数遅速在之」とあるところよりみれば、本条の充てられた六波羅の召文の場合でいえば、九州・四国などがこれに含まれていたものと思われる。

322 **改め沙汰あるべからず**(一三〇17)　判決をくつがえさない、すなわち越訴の提起を認めない。普通、不易の法とよばれるもので、追446・619条が追加されることによって、鎌倉末には「不易法トハ、就是非不及改御沙汰事也、武蔵前司入道殿、最明寺殿、法光寺殿、三代以上御成敗事也」(沙汰未練書)といわれる状態が現出する(佐藤進一『鎌倉幕府訴訟制度の研究』一七七頁参照)。

547 **引付衆**(一三一11)　建長元年十二月、訴訟の迅速化を目的として引付が新設された。新設当初の管轄内容は明確でないが、少なくも本法当時にあっては、幕府裁判の最大対象たる所務沙汰(土地問題を中心とする民事訴訟)の専門管轄部局であり、引付勘録を作成して評定会議に送ることを主要任務とした(細目については次の条々参照)。引付は三〜六方の部局に分かれ、おのおの部局長たる引付頭人一名、数名の引付衆(うち二、三名は評定衆の兼務)、および数名の引付奉行人によって構成されていた。

550 **二途三途を止め…**(一三二7)　一つの案件に対して二種三種の勘録を評定におくることを止め、ただ一種の勘録に限ること。従来勘録の選定、すなわち最終的判断の如何はすべて評定の責任であったが、この決定によって評定は勘録内容の可否を検討し、是ならばこれをそのまま判決とし、非ならば引付に差し戻せばよいことになる。すなわち引付は自己の作成した勘録に完全な責任を負わされたことになり、単なる準備手続機関から判決手続機関へと変身したのである(佐藤進一、前掲書七〇頁参照)。

555 **安堵奉行**(一三二20)　相続の安堵を担当する奉行。文永十年の追456条、沙汰未練書などによると、関東には三方の安堵奉行がおかれ、相続人の安堵の申請を受理し、譲状等の証文を審査し、さらに奉行奉書を守護・一門等に下して当知行の有無、異議を申し立てる者の有無などを調査する。その結果が、問題なければ安堵の下文が発給されるが、もし問題があれば引付に賦(ばく)って、以後は引付の処理に任せる。

室町幕府法(建武式目)

○柳営　幕府の所在地。漢の周亜夫が匈奴征伐のとき本営をおいた細柳の名に由来するといわれる。「右幕下以来…数代柳営ノ跡」(梅松論)。

宿老・評定衆・公人　正規の職名ではなく、一括して鎌倉幕府以来、建武政権を通じて生きのこり、とくに直義の麾下に参集した旧評定・引付の構成メンバー等を指す。

1 **婆佐羅**　珍奇な品物、常識はずれの行動などを意味する当時の流行語。たとえば骨数の少ない扇をバサラ扇(二条河原落書)と称したごとし。梵語Vajra(金剛)から転訛したといわれるが、その過程は明らかではない。

綾羅錦繡　それぞれあやぎぬ・うすぎぬ・にしき・ぬいとりを意味し、建暦二年三月の公家新制では「錦繡・綾羅」と具体的な品目を指しているが、ここでは抽象的に華美な衣服全般を意味するか。

3 **引剝**　おいはぎ。「高市の山にてひはぎにあひ、手をすて命ばかりいき」(平家物語)。なお建武式目注は本条を「昼ハ敵ノ浪人ナリト云ヒ、敵内通ト云カケテ無理非道ヲ以テ、倉酒屋在々所々へ打入、財宝ヲトリ、夜ハ強盗ヲシテ、野ハズレ四辻ノ人家ハナレタル所々ニ物ヲトリテ人ヲ殺コト、牛馬ヲ殺タルヤウニシテ置也、又辻小路ニテ追落シ、引剝スルホドニ、出合々々ト云、盗人物トリタリトオメキサケブ音タユルコトナキ也」と解説している。

4 **私宅の点定**　京都市中の民家の強制収用。同じく落書に「適々ノコル家々ハ、点定セラレテ主去ヌ」とあるごとく、建武政府軍は多数の民家を収用したが(佐藤進一『南北朝の動乱』一五〇頁の市街図に図示されている)、これを否定し市民の支持を集めようとする意図に出る法令。

6 **土倉**　質屋。酒造業者の兼営が多かったために酒屋土倉と連称された。

十四世紀のはじめ、市中約三〇〇軒の土倉のうち二四〇軒ほどは山門の支配下にあったが、朝廷は検非違使庁のもつ警察権・裁判権を通じてこれを統御し、正和四年には山門等の本所を介せず直接五十五軒の土倉に課税した。のちに幕府も酒屋土倉役を大きな財源とするようになるが(室町追146－150条)、本法当時は保護することによって、朝廷や山門の支配力を弱めることに主眼をおいていたと思われる。

9　代々の制法　弘安七年五月の新御式目(将軍個人に対する規制法規を多く含む)に「可被止僧女口入事」(追498条)、「知食奉行廉直、可被召仕事」(追506条)、などが見え、また文永十年七月には「奉行人等清撰事」(追453条)の一法があるが、さらに遡れば、式目起請文や泰時書状以来の伝統を指すものであろう。また、延元三年五月の北畠顕家の後醍醐天皇に対する諫奏中に「頃年以来、卿士官女及僧侶之中、多成機務之蠹害」として彼らを退けることを求めたのも、立場を異にするとはいえ、末期の鎌倉幕府・建武政府の極端な政治的退廃への批判という点で、揆を一にするものといえよう。

室町幕府法(追加法)

2　預け置く　下文「充行」が永代給与であるのに対比して、臨時的な給与。占有を認める代わりに預かり料を徴収し、また随時預け置き関係を解消しうる。この頃から兵粮料所や幕府直轄領などに行われ始めた制であるが、ここでは対象地の性格によるというよりは、守護の「充行」権を幕府法令の上で文章化することを避けるための表現であろう。

引付等の奉書　建武三年以来、鎌倉の制にならって五方の引付がおかれ、直義の指揮下に所務沙汰を管轄した。判決の施行命令は引付頭人の奉書をもって各国守護に命ぜられた。なお初期の幕府には禅律方・仁政方等の部局があり、各頭人の奉書が発給されたゆえに、「引付等」としたものであろう(佐藤進一「室町幕府開創期の官制体系」(『中世の法と国家』)参照)。

15　故戦防戦　故戦防戦に関しては三浦周行「喧嘩両成敗法」(『法制史の研究』)に詳しく、また分国法の規定等については今川仮名目録8条補注を参照されたいが、ここでは、数次にわたる室町幕府立法の罪科規定の変遷を表示しておこう(追26条は一五八頁に掲出。58条は観応三年以前、60条は観応三年、390条は永正十一年の立法)。

	〔故戦〕	〔防戦〕〔理運〕	〔防戦〕〔非理運〕
15	不可有御免	免許	故戦同罪
26	所領収公・遠流	随事躰	故戦同罪
58	依軽重罪科	任時儀可有其沙汰	
60	所領収公	所領半分収公	故戦同罪
390	本人死罪	随事躰可有其沙汰	

なお永正十三年六月の幕府奉行人連署奉書(東寺百合文書リ)に、用水相論に起因して百姓を殺害した者に対し、「既至故戦之儀者、御法炳焉之上者、於彼堤者可被行死罪」としているのは、390条の適用例であろう。

27　差別すべからず　具体的に守護がどのような差別を行っていたか不明であるが、新恩は恩賞方の所管で尊氏―師直の権限系列に属し、本領(旧領の回復)は引付の所管で直義系列に属する。本法立法時点では両派の対立はすでに表面化しつつあり、たとえば直義派に属する守護が新恩の遵行を故意に遅引させるという事態は充分想像される。

32　公役　幕府から地頭御家人に賦課される公事夫役。貞和三年三月の室町追43条が、侍所の下級職員に対する給物を、地頭御家人役として徴収するに当たって、守護使の違乱を禁じているごとく、国内公役の徴収は守護を通ずる場合が多かったものと思われる。

34　訴論人の…　33条の下地遵行に限らず、当知行実否の認定など訴訟手続きに守護の介入する権限が増大しつつあった。従って、訴論人は守護を抱き込むために、勝訴の場合は論所の一部を守護に去り渡す契約などを行うケースが多かったと思われる。

国中の闕所を…　式目4条以来、守護の国内闕所の押領は原則的に禁止されてきたが、南北朝期に入ると、兵粮料所の確保や闕所実否の認定などの手続的な権限をテコにして守護の闕所処分権は次第に増大し、南北朝末には守護職と一体不可分な権限にまで拡大されていく。

40　自身の…　幕府から守護本人に賦課された公事等を、国内の地頭御家人に肩代わりさせること。いわゆる守護出銭は国の大小等に関係なく課されるもので、永享三年の将軍御所移転の際の例では、三ヵ国・四ヵ国の守護に千貫、一ヵ国の守護に二百貫が割り充てられている。

66―77　大小禅刹規式　中国禅林の制を模して鎌倉時代に発足したわが国禅林の官寺制度は、室町幕府の成立後、五山・十刹・諸山位次の決定や、専門部局禅律方の設置などによって飛躍的に整備され、それに伴なって住持をはじめとする人事、寺僧の日常的な行儀や経済、寺内の治安などについての幕府の監督・統制も強化された。それが法令の形をとってあらわれたのが、いわゆる「禅林規式」である。そのおもなものを掲げると、暦応三年十一月の「円覚寺規式条々」(室町参11―17条)、同五年三月の同上「追加分」(室町参19―24条。なお、以上二つが本条々中に「先事書」として引用されているもの)、貞治七年二月の「諸山入院禁制条々」(室町追91―95条)、応安五年十月の「東福寺条々」(室町追118―122条)、永徳元年十二月の「諸山条々法式」(室町追128―143条)等である。本書に掲げたのは、当時の関東公方足利基氏の発令にかかり、関東府管内の禅寺を対象としたもので、厳密な意味においては幕府法とは称しがたいかもしれないが、時期的に早く、かつ内容的にも整備されている点を重視してここに掲出した。禅林規式については渡辺世祐『関東中心足利時代の研究』、辻善之助『日本仏教史』中世篇之三、玉村竹二『五山文学』、今枝愛真『中世禅宗史の研究』等参照。なお本規式の頭注等について今枝氏の御教示を得た。

97　半済　元来、全納(皆済)に対比して半分を納付する意であるが、当時は幕府が軍隊の兵粮等を確保するために、庄園領主の収入を一律に折半して、半分を武士に与える法令を半済令と称した。すでに建武三年、尊氏が膝下の直属軍強化を目的として山城国内で部分的に施行し、また擾乱末期の観応三年、主戦場となった近江・美濃・尾張三国の本所領半分の当年一作を兵粮料所とした先例(室町追56条)をもつ。本法は細川頼之執事就任後の第一策として発令され、地域・年限の制限がなく、かつ下地そのものの分割であった点から、前法とは比較にならぬ影響を与えた。

146―150　土倉ならびに酒屋役　幕府から土倉・酒屋に課される税。土倉は建武式目6条補注参照。酒屋は酒造業者であるが、同時にほとんどが高利貸を兼業しており、応永三十年代のはじめ洛中洛外に三四二軒の酒屋が存在したことが知られている。酒屋役は保有する酒壺数を単位として課税され、土倉役とともに幕府財政の一つの柱であったことは定説である。

169　文書の年紀　不知行所領を回復するために用いられる、該所領の権限を証明する文書の有効期間。文書年紀制の成立は室町幕府法の一特色であり、年紀の具体的期間は不明ながら、漸次短縮される方向にあったと考えられ、古証文の効力の切捨て、「当代発給文書」の尊重を、法的に裏づけていく。

222―231　徳政条々　室町幕府最初の徳政令たる嘉吉徳政令は、同元年八月から九月にかけて蜂起した一揆の要求を容れて、九月十二日付の「定徳政事、右可為一国平均沙汰…」とする侍所京極持清の制札(室町追212条)、ついで翌壬九月十日、その施行細則ともいうべき「徳政条々」九ヵ条(室町追213―221条)として発布された。しかるにその冒頭の一条「永領地事、任元亨例、過廿箇年者、銭主可領知、至未満者、可被返付本主、但為凡下輩者、不依年紀、領主可相計之」、すなわち年紀未満の永代売買地に対する徳政の適用令が、「永代沽却地事、被破之者、山門売(買)得地在所々、可為一山滅亡」(公名公記)とする山門の猛反対に会い、早くも十八日には十日法が撤回されるに至った。この結果、改正令として登場したのが、ここに掲げた室町追222―231条の「徳政条々」であって、その発布時期は、十八日もしくはその数日後と推定されている。改正令を原法に比べると、永領地を徳政の対象から除外したのは当然として(それにつけても、頭注に記したように、永領地法の除外規定が理解不能なことはまったく遺憾である)、第1条に「諸社神物」を除外する規定を付加した点も、注目されよう。なお本条々については、三浦周行「足利時代の徳政」(『続法制史の研究』)、桑山浩然「室町時代の徳政」(『中世の社会と経済』)、永原慶二「嘉吉徳政一揆の性格について」(『一橋論叢』六四巻五号)、『中世法制史料集』第二巻、補注33等参照。

238 **借銭の十分壱を…**　いわゆる分一徳政令である。徳政令あるいは私徳政によって、土倉の質物が減少し、質物の多少に応じて課されることを原則とする土倉役も激減した。こうした財政危機を免れるために考案されたのが、借銭の十分一を幕府に納入した債務者に限りその債務の破棄を認めるという分一徳政令であった。本法以後には分一徳政禁令(分一銭を支払った債権者の債権を保護する)などの手段もとられたが、いずれも実効をあげえなかったといわれる。百瀬今朝雄「文明十二年の徳政禁制に関する一考案」(『史学雑誌』六六編四号)、桑山浩然「室町時代の徳政」(『中世の社会と経済』)、参照。

320 **撰銭**　異質の数種の通貨が、同一価格で通用するとき、当然に起きる悪貨の排除(受取り拒否)行為、もしくは撰択の結果えられた良貨そのもの、の両意に用いられた。室町後期には貨幣取引がようやく一般化し、かつ皇朝銭、大陸からの渡来銭、両者の私鋳銭など各種の銭貨が入りまじったため、撰銭が横行して商業取引を阻害した。ために幕府は本法をはじめとして次々に撰銭令を発布し、また独自の立法を行った戦国大名も多い。

相良氏法度

1　本条および次条は、契約状なしの買免形式の売買において、契約当事者の死去後の買売地の帰属を定めた、いわば極めて特殊な立法である。このような条文が最初におかれていることは、この法が制定された段階において、形式をととのえた基本法として立法されたのではなく、一般的個別法として出されたものであることを明瞭にものがたる。なお、本条および次条は法文が簡略であり難解であるので、左の長宗我部氏掟書45条を参考にし解釈した。

一　買地之事、雖レ為二永代証文一、本米十俵不二相当一者、可レ為二本物一、又歴然雖レ為二永地一、証文無レ之者、可レ為二本物一、雖レ為二本物一、証文無レ之者、可レ為二年毛一、右者、従二先規一相定也、(中略)又永地、又本物共、買主相絶候者、本主え可二返付一、(中略)又売主相絶候者、永地、本物、年毛共、悉判前之外者、直に可二召上一事、

3 **買取**　本法の土地売買規定において注目されることは、単なる「売」「買」の語が、本条の場合と同じく、永代売買(現在使用されている売買の意)を必ずしも意味せず、不明である31条を除いて、すべてこの買免、または年紀売形式の売買と解しうることである。5・19・22・23条がそれであって、おそらく当地方においては、この形式の売買が不動産売買のもっとも一般的形式として存在していたと思われる。なお、すでに後進地方たる東北・関東・九州などには、本銭返・年紀売などの売買形式が先進地方にくらべて多くみられることが指摘され、その原因は、生産力の低さとされるが、本法にみられるごとき、買売地に対する本主権の強固な存在、それを支持する観念も、これとまったく無縁とはいえないであろう。

4　本条は、主人のもとから他の領主・寺社のもとに逃亡した下人を本主人に返還させる、いわゆる「人返令」である。この人返令は、中世後期より近世初期に特徴的に多くみられる法で、戦国法を特質づける立法である。もちろん鎌倉幕府法にも追209条(八九頁)のごとく人返令がみられるが、戦国法の人返令は、その系譜を引くというよりはむしろ、当該領主階級の最も切実な階級的要求をになうものとして、置文→一揆契状→分国法という戦国法の一つの形成過程の系列の上で把握されており、もっとも典型的にこのコースをあとづける法といえる(藤木久志「戦国法形成過程の一考察」(『歴史学研究』三二三号))。

相良氏領においても、現実に逃亡下人をめぐる処置で多くの紛争が起こっていることが知られるし(八代日記、天文二十二年二月十九日条など)、また天文十九年、相良・菊池・名和三氏の和解が成立すると、直ちに「八代・宇土(名和氏領)下人直に帰し可レ有之由晴広法式仰出候」(八代日記、同年五月十六日条)のごとき法令が出されるなど、重要な関心が払われていることが知られている。

ところで、領主—百姓関係においては、主人—下人関係とまったく異なり、式目42条の「於去留者宜任民意」とある、年貢などを未進していないならば百姓の去留の自由は保証するという、法の上のたてまえは、原則として一貫して貫かれており、戦国末期に至り、後北条氏に典型的にみられるごとく、ようやく百姓の土地緊縛法が一般化し、豊臣政権下でこれが体制化されるに至るとされている(藤木久志「室町・戦国期における在地法の一形態—人返法の検討を中心として—」(『聖心女子大学論叢』三一・三二合併号))。本条の「領中之者」を、もし一般百姓を含むものと解することができるならば、百姓の人返令としては時期的に早く、しかも契状的性格の濃厚な本法に下人の人返と同列のものとして出現したことは、百姓の土地緊縛法の系譜を考える上で注目される。なお、相良氏の天文十四年二月五日の法(八代日記)には、

一　地下人かけ落候て方角に罷越事〈ヨク年帰住可レ申候事能々可レ被二申禁一候也〉

とあるが、この場合年貢の未納の可能性が存在すると思われ、必ずしも百姓の去留の自由を否定したものとはいえない。

地頭　この地頭は中世後期、南九州地方に特有の形態で存在した地頭と思われるが、相良氏の場合、その実態は明らかでない。おそらく薩摩の島津氏の場合と同じく、地頭と衆中(一般の領主)の間は、寄親—寄子関係に類似するものであって、軍事的関係を第一義とするものであったと思われる(桑波田興「戦国大名島津氏の軍事組織について—地頭と衆中—」(『九州史学』一〇号))。

なお、地頭居住地を中心として衆中居住区域たる「麓」があり、その近辺に町が成立していたことは、相良氏の場合も八代日記から窺われ、このような「町場」へ領主の領中のものが流入することが多かったと思われる。

6　相良氏の法度制定手続きの一ケースを単純に図式化すると、左のようになる。これを本条と照合すると、「法度之事申出」というのは、①→②の手続きを経て作成された法案が、相良氏の承認を求め相良氏法度として制定されることを求めた行為であり、「相互に被仰定」とは、①→②への手続き

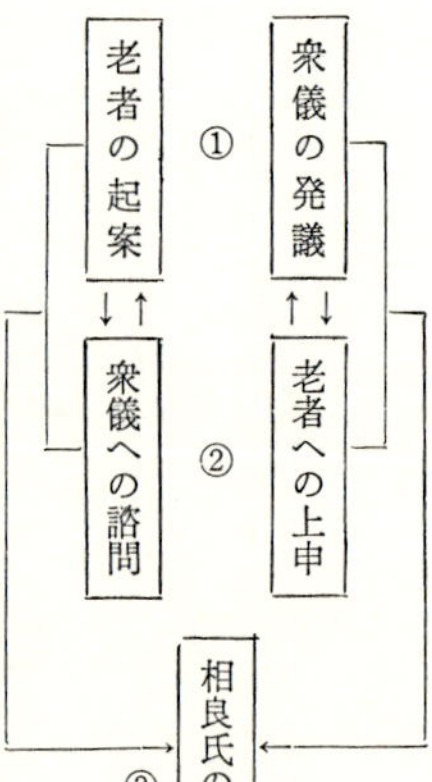

を意味すると考えられる。すなわち、①→②への手続きが「忽緒」である場合には、③→④への過程が必ずしもスムーズにいくとは限らず、衆儀により否決される場合もあったのであり、相良氏法度として発布される以上、このような事態を相良氏が嫌うのは当然であろう。なお、老者とは郡中惣(郡を単位とした在地領主の一揆形態)の指導者、衆儀とは郡中惣の構成メンバーたる衆中の議決機関である。

14　中世においては、ある特定の寺院・社家が一種のアジール的機能を認められていたため、犯科人・逃亡下人が追捕者の手を逃れて寺社に保護を求めて走入る、いわゆる「走入」という行為が広く行われていた。この寺社のアジール的機能は、僧侶などの人命救済精神をよりどころとし、その寺社の世俗権力に対する宗教的権威のもつ力によって成立していた。それゆえ、この寺社のアジール的機能は、世俗的権力と寺社の宗教的権威との間の力関係により、さまざまな形態をとったと考えられるが、戦国期に至り、大名権力の司法警察権の深化にともない、この機能は縮小または否定されていき、豊臣政権以降は、鎌倉の東慶寺などにみられるごとく特殊な機能に限定された、しかも例外的なものになってしまう。戦国期には、この種の立法が特徴的に多く現われるが、いずれもこの機能の制限または否定の立法である。本法4・14条、塵芥集19条、結城93条参照(田中久夫「戦国時代に於ける科人及び下人の社寺への走入」(『歴史地理』七六巻二号))。なお相良氏の領内のすべての寺社が本法によりその特権を否定されたのではなく、特定の寺社にはこの特権が以後も存続している(八代日記、永禄五年

六月七日条)。
また走入人を法体にして追放する規定は、一種の妥協策と思われるが、このような方式を刑罰として行った例としては、「多田院殺生禁断事、於ニ制法之堺内一令ニ違犯一之輩、於下有ニ名字一御家人等上者、被レ収ニ公所帯名田等一、至ニ于其身一者可レ被レ追ニ出領内一者也、於ニ凡下一者、成ニ出家之身一、同可レ令ニ追払一」(永徳四年三月五日、赤松時則制法、多田院文書三)のごとく実例が知られる。

18 本条は7条と同趣旨の立法であり、この両条からは、相良氏領内における諸相論を解決するものとして、相良氏権力の裁判権の外に、第一次裁判権ともいうべき「所衆談合」または「公界論定」なる存在があり、そこで解決不可能なもののみ相良氏の許に上訴することが許されるが、その判決の効力は前者が後者に優先することが、相良氏によっても確認されているのであり、極めて注目される。そこで、現実の相良領内の紛争解決方法のあり方をみると、(1)訴人が一人または二人の第三者の紛争調停者(在地の有力者・僧侶など)を頼んで解決する、いわゆる「仲人」方式、(2)領主層の自治機関たる郡中惣の指導者である老者衆に解決を委ねる方式、(3)相良氏への出訴、の三つの方式が存在する。

ところで、この公界について、笠松宏至氏は「常に個人の行動を何らかの意味で束縛し、掣肘する主体でありながら、主として直接権力とは結合しない対象としてあらわれてくる。言いかえれば、その中に生きる個人が直接権力の及ぶ場ではないが、しかも常に何らかの強い規制と監視にさらされ、それから逸脱した言動に対する責任を甘受しなければならない世界、それが大多数の公界に共通する性格であるといえるのである」と定義している(「中世在地裁判権の一考察」(『日本社会経済史研究』中世編))。(1)と(2)の判決の効力は、近隣衆の日常的生活の場を背景にした敗訴者に対する圧力で保証されているのであり、まさにこれこそ、公界と呼ぶにふさわしいものであろう。

なお中世後期、この「公界」の「公」は、権力の「公」の力の拡大により、その「公」とかかわらざるをえない状況が生まれるが、相良氏の場合は、この段階でなお「公界」の「公」が優越した力を保持しているが、一般的には、公権力の「公」がこれを圧迫し、その「公」を第一義とした形に社会が編成されていく。

24 **検断**　中世においては、犯人の財産・権益は、検断を行うものの手中に帰するという原則が存在した。24〜28条は、この原則のもとに、犯人の財産・権益の帰属をめぐって、紛争を起こす可能性の強いケースを列挙して規定したものである。相良氏の検断制度は不明であるが、天文十四年の相良氏法度には、

一　荘内けんたんの事、から奉行ニ懸(点カ)合もなく其身ノ科の軽重も能々無ニ御沙汰一候者、雑物等をめしあけられ候て、其後科人ノ地頭と又上聞との御慡(楸)可レ為事、

とあり、私的性格の濃厚な検断が行われていたことが知られる。おそらく帰属をめぐるこのような詳細な立法を必要とした背景には、「私」検断という検断形態が予想されるし、また、この検断に関する法の内容もそれに応じたものであると考えられる。

置主の主人へ可付　主人に対する検断の場合、当然、作子はその主従関係に基づき、検断を行うものの手に帰すべきであると考えられる。何故これが主人の主人へ戻されるのか不明であるが、この作子が、主人の許を離れて他領主のもとに百姓としておかれた存在であり、主人に対する検断の際、当座の検断対象として検断を行う者の手に帰さない存在であるがゆえではないかと思われる。なお塵芥集151条参照。

27 **殿原**　中世後期に多くあらわれる、村落上層農民としての農民的性格を有するとともに、身分的には武士身分で武家被官としての性格をもつ存在で、いわゆる「地侍」である。相良氏の場合では、「上津浦治種衆、親類、殿原、中間二十八人打死候」(八代日記、天文元年七月一日条)とあるごとく、衆(領主)とは区別された、武家身分としては、親類・中間と同列の下層身分のものであった。

28 本条は難解であり、解釈の一つの可能性を示したにすぎない。この解釈の根拠は、応永二十八年三月二十日、大友義著法度(『大分県史料』11、志手

環氏所蔵文書)に、

一　百姓依二罪科一加二政道一時者、於レ在二地頭一(可有脱カ)一往之届、至二懸持仁一者、不レ及二其届一可二成敗一矣、所従雑具以下者、可レ為二検断物一、於二諸穀一者、可レ附二与地頭一事、

とある、地頭の居屋敷(本宅)のある所領と、そうでない懸持地では、その領内の百姓に対する検断のあり方に相違があることによったものである。

29 **かづす**　『中世法制史料集』第三巻、補注16・追加2には、㈠万葉集にみられる「かづす」と同じ意で、かどふ・かどはかす・誘拐する意、㈡「かんす(姦す)」の撥音もしくは撥音表記の転じたもの、㈢「かす(嫁す)」が「かッす」となったもの、の三つの可能性が示されている。次条との関連で、人勾引が目的とするところの人身売買の禁止に関する立法と解して、㈠によった。

31　本条がいかなる状況を想定して立法されたか不明であるが、領主の土地売買にその土地の作人が意見を述べることは考えにくいから、本法で示されている買売地に対する本主権の強さの観念と関連させて、A(本作人)からBが土地を買い、Bがさらにその土地をCに転売しようとした際、Aが、本来この土地は自分の土地であるから自分のところに売れと強要することを禁止したものと、一おう解しておく。

35 **祝・物しり**　この祝は、神職の一つである祝ではなく、民間において祈禱・卜占などを行い各地をめぐる巫女と同類のもので、相良氏の領内で弾圧の対象になっていたことが、次の史料より知られる。「平河原ノハウリふつ原伊勢之所ニカケ入候をしつめきりころす。弟子ミコてんりやう三月六日ニ求摩ニ上聞懸入仰出候」(八代日記、永禄二年二月十二日条)、「宇土ヨリ高塚ニ走籠ト云祝在テ八代人衆辰刻ニ関まて打出」(同、永禄二年四月十八日条)。

物しりは、柳田国男『分類祭祀習俗語彙』によれば、秋田県河辺郡で卜者のこと、鹿児島県熊毛郡西之表町川辺ではモノシリといえば巫女のことという、とある。また、奄美郡島・沖縄ではモノシともいい、祈禱師や占師を指す(『綜合日本民俗語彙』)。

今川仮名目録

1 **地頭無意趣に取放事**　由緒を有する無過失の名主の名田保有権を、地頭(領主)が否定して他の名主に与えることが、当時一般的に法的に認められていたかどうかについては不明である。本条をうけて甲州法度之次第7条では、年貢を二年以上滞納しない場合における没収権を否定しているが、体制的に事情は異なるとはいえ、板倉氏新式目42条では、

一　地頭百姓作法之事、従二往古一雖レ為二抱来作職一、為二当地頭計一、余之百姓雖二申付一、右名主不レ可レ有二異儀一、其故者、懸命之地、領主江相計上者、往古之由来も不レ及二沙汰一、令二違犯一者、曲事可二申付一事、

とあり、地頭の恣意的没収権を認めている。なお塵芥集83条参照。

年貢増に付て、可取放也　戦国時代の今川氏領国下では、この年貢の増分(年貢を現在の名主より多く納入すること)を理由に名主職を競望する事例が数多くみられる。他の大名領国下では、このような事例は全くみられず、また武田氏の本条をうけた甲州法度8条でも、この年貢増分の条項が落とされていることより考えるならば、多分に今川氏独自の富国政策に基づくものであったことが想定される。なお天文二十二年三月二十四日今川義元判物(富士文書)には、「其上以二増分一、新百姓令二競望一者、如二法度一、本百姓爾相届、於レ不二請納一者、新百姓可二申付一者也」と本条が引用されている。

2　本条は、使用されている語から、堺相論に関する式目36条を意識している形跡がうかがえるが、謀訴を行った敗訴者に対する刑罰を意図的に強化し、訴訟相手の勝訴者に、本跡を侵して不当に領有を主張した面積の所領を割分するのではなく、敗訴者の所領の三分の一を大名が没収するように改変している。

ところで、塵芥集121条は、式目36条をそのまま直訳したものであるのに対し、三好氏の新加制式3条では、

一　改二旧境一致二相論一事

右如二式目一者、割二分訴人領地之内一、被レ付二論人一云々、当時不二合期一、然則随二成レ論之分限一、令レ出二過銭一、可レ被レ付二神社仏寺之修理一、若不レ出二過銭一者、可レ被レ召二放割分所領一、

とあり、式目の、不当に領有を主張した分量の土地を論人にさき分けるという刑罰の方式を「当時不二合期一」という形で否定し、過銭ないしは、その分量の所領を没収するよう改変しているのである。そして7条の謀訴者に対する条文には何故「当時不二合期一」であるのかの理由が「或不レ致二奉公一、或无二忠節一之輩、割二分件所領一、可レ預二新恩一之段、非レ無二其詮一乎」と示されている。これによれば三好氏の場合、家臣が所領を給与されるのは、あくまで大名に対する忠節・奉公との関係で与えられるべきであり、例外的な給付は許されないという観念のもとに式目の方式が否定されたことがわかるのである。おそらく、今川氏の式目の刑罰方式を改変した意図も、単なる刑罰の強化だけではなく、このような観念の変化と無縁ではないと思われる。なお本条は、追加13条で、家臣の愁訴によって、再び式目方式の方向に改変されている。

3 中分に…可被付也　境界の不明な野山・河海の堺界相論の場合、「同名山事令折中之」(元徳三年六月五日海老名忠顕和与状、三浦和田文書)、また、「境相論時者可レ守二貞永式目一勿論焉、猶両方共以不レ止二相論一者、件之論所政所可二中分一之事」のごとく、「折中」「中分」によって解決される方式がとられることが多かった。なお結城58・60条参照。なお、「又各別の給人をも可レ被レ付也」は、本条をうけた甲州法度8条には「此上猶有二諍論之族一者、可レ附二于別人一」とあるごとく、中分の裁決に訴論人が満足せず相論を続けようとする場合は没収して別の給人に給与する、の意と思われる。

6 逐電の後廿余年…不及　仮名目録5・6条をうけて制定された甲州法度15条では、5条に相当する規定は同趣旨であるが、本条に相当する規定は「奴婢雑人之事者、無二其沙汰一過二十ケ年一者、任二式目一、不レ可レ改レ之」となっており、武田氏の場合、仮名目録の所有権の消滅時効二十余年を改変し、式目41条の時効取得十年によっている。そして、この式目の取得時効十年は、分国法においても、三好氏新加制式12条、長宗我部氏掟書37条などで採用され、定着していることが知られる。ところで一方、塵芥集143条は、奴婢所生の男女の帰属に関して、式目41条をひきうつしておりながら、41条の取得時効に関する部分を省略してしまっている。すなわち、塵芥集では明らかに意図的に取得時効を否定したものと考えられ、永久に下人の所有権は本主に属するという原則に立っていたと思われる。また後北条氏の人返をめぐる相論においても、十年の時効は現実にはまったく後北条氏の裁許では問題とされていない。これらの事実を考える時、今川氏の場合も、当該期の東国地方の慣習に基づいたか、または下人に対する本主権を強力にバックアップするため、意図的に年限を延長したものと思われる。

7 亭主…あるべからざる也　中世において、武家の家の敷地内においては、不法侵入者に対する主人の成敗権が認められていた。たとえば「われわれの間では、それをおこなう権限や司法権をもっている人でなければ、人を殺すことはできない。日本では誰でも自分の家で殺すことができる」(ルイス・フロイス「日欧文化比較」(『大航海時代叢書』XI))。また、「盗は彼等の最も悪む所にして、或地方に於ては、盗をなしたる者は何等手続を踏むことなく直に之を殺すことを得。鎖なく牢獄なく司法官なく、各人は自家に於て判官たり」(一五六五年二月二十日、印度、パードレ・イルマン宛、ルイス・フロイス書翰、「ヤソ会士日本通信　上」所収)とあるがごとくである。なお、結城20・34条、塵芥集66条参照。

8　戦国法の特徴として、武断的・威嚇的傾向が古くから指摘されているが、通常、その典型的立法として喧嘩両成敗法があげられている。もちろん戦国分国法における喧嘩処理法として、両成敗法が重要な位置を占めることは当然であるが、あえて系統化するならば、次の二系統に大別することができる。

その一系統は、「決闘型処理法」ともいうべきもので、

(一)一　喧嘩御定法事

喧嘩事、其身与二其身一、可レ決二是非一之間、不レ可レ為二公私之煩一上者、有二御思案之旨一、文明御在京比以来、不レ可レ有二御存知一之由、被レ定二御法一、其後者自然雖レ触二御耳一、不レ及二御裁許一也、…　(大内氏掟書155条)

㈡一　喧嘩於㆓仕出之輩㆒者、上下共に相手向に可㆓申付㆒之事、（元亀三年
　十二月朔日毛利氏掟書、毛利家文書之二）

㈢一　喧嘩仕初候もの、相手むかひ二人之儀（相脱カ）当之返報仕、可㆓相
　治㆒候、…（吉川氏法度19条）

のごとく、「其身与其身可決是非」とか「相手向」のごとく、当事者本人のみが相対峙して決闘を行い解決する方式である。この当事者の決闘によって解決する方法は、今昔物語などに多くみられる、紛争解決をルールにのっとった私闘によって行う方式の系譜をひくものであることが推測され、武家社会にあっては、伝統的な、かつ武士の感情にのっとって広く支持されてきた慣習的なものが、一つの処理法として成文法化されたものといえるであろう。ところで興味のあるのは吉川氏法度で、これは恐らく毛利氏の「相手向」という方式と、その影響が濃厚な板倉氏新式目の12条の「同害刑」を導入して成立していると思われる。すなわち、「二人之儀〔相〕当之返報…」は板倉氏の、

一　喧嘩口論之事、一方害則其一方不㆑移㆓時尅㆒可㆑令㆓殺害㆒、縦雖㆑為㆓
　刃傷㆒、於㆓存命㆒者、相手者先籠舎可㆓申付㆒、罪之軽重を以、刃傷之寸方
　程切返歟、…

をうけていると考えられ、喧嘩で勝った者を大名権力が、負けた被害者がうけた損害と同量の刑に処すというものであって、「決闘型」の欠陥である被害者側の報復を絶つとともに「両成敗型」の武士の感情を無視するといった欠点を補うものとして、より「合理的」な解決方式といえよう。

つぎは、

一　故戦防戦事〈貞和二・二・五　斎藤四郎兵衛入道玄秀奉行〉
縦雖㆑有㆓確論之宿意㆒、可㆑仰㆓上意㆒之処、任㆓雅意㆒及㆓闘殺㆒之条、罪科不㆑軽、所詮於㆓故戦㆒者、雖㆑有㆓理運㆒、不㆑可㆑有㆓御免㆒者也、至㆓防戦㆒者、若有㆓道理㆒者、可㆑被㆓免許㆒者哉、於㆓無理之輩㆒者、可㆑被㆑行㆓故戦
　之同罪㆒歟、（室町追15条）

とある、室町幕府の私闘に関する故戦防戦法の系統をひくものである。この故戦防戦法は、㈠防戦者に対しては、子細を糺明し、その道理あるや否やによってその罪を決定する方向と、㈡理非とは関係なく、防戦者にも故戦者より軽い刑を科するという二つの流れを示し、刑は所領没収から死罪へと強化されていく（室町追15条補注「故戦防戦」参照）。ところで、権力の治安維持を第一とし、故戦者に対して、その原因の理非を問題としないという立場に一度立つならば、同じ理屈で防戦者の理非も問題としないという方向に向かうのは当然で、室町幕府法では、まだ故戦者に対する刑と防戦者のそれとに差をつけているが、さらにこれを徹底すれば当然両成敗法にいきつくのは当然であろう。事実、特殊な限定されたケースではあるが、室町幕府と関係がある立法と目される、文安二年四月藤原伊勢守が京都市中に出した法には、

一　喧嘩口論堅被㆓停止㆒訖、有㆓違背族㆒者、不㆑謂㆓理非㆒、双方可㆑為㆓斬
　罪㆒、若於㆓荷担人有㆑之者、本人同罪事、

なる条文があり、また、室町幕府が大和衆徒国民を対象にして出したものにも「故戦防戦共以被㆑払㆓国中㆒」とあり（いずれも『中世法制史料集』第二巻所収）、両成敗への方向が示されているのである。

なお、中世武家社会において両成敗を妥当とする観念が存在し現実にそのような処置がとられていたことは、三浦周行「喧嘩両成敗法」（『続法制史の研究』）において指摘されているが、応永二十一年十二月十一日五島某浦住人等一揆契約状（青方文書、本書四〇五頁）には、

一　けんくわとうじやういできたらんときは、おやこにかぎるまじく候。
　りやうはう二人おうしない申すべく候。

とあり、早い時期に在地の一揆契約状に両成敗法が定立されている点、注目される。おそらく、在地におけるこのような喧嘩両成敗の慣習が、幕府の故戦防戦法を両成敗の方向に向かわせた基盤をなしたものと推測される。

さて、この系統に属する分国法としては、塵芥集・結城氏新法度・甲州法度・長宗我部氏掟書があるが、それぞれニュアンスが異なる。塵芥集17・38条では、故戦者すなわち喧嘩で先に実力を行使したもののみを処罰することを定めているが、39・40条では両成敗の条項をたてている。また結城5条では両成敗法をとっていたことがわかるが、故戦者の刑をより過重にし

ていたらしい。そして本条およびそれをうけた甲州法度17条、六角12条、長宗我部氏掟書25条は、両成敗法を原則として立法している。やがて、豊臣時代あるいは江戸時代初期、この両成敗法が「天下の大法」と称されるようになって、江戸時代の武家社会に定着していくという(服藤弘司「喧嘩両成敗法」(『社会科学の方法』20))。

12 **十五以後の輩**　十五歳未満の子供には刑事責任なしと認められていたことは、「十五歳以前童部縦雖㆑有㆑咎、任㆓法令㆒可㆑被㆑宥之処」(文永五年八月実相寺衆徒愁状、北山本門寺文書)のごとく、多く見られる。また「入道崇永跡事、一子亀寿丸十五未満可㆑加㆓扶持㆒之由、雖㆘示㆓置猶子四郎左衛門高経㆒致㆓非法㆒之間」(花営三代記、永和三年九月二十一日条)のごとく、十五歳未満の場合後見人がおかれており法律上の行為能力が認められていないことが知られる。なお永正十五年五月二十日室町幕府奉行人意見状(『中世法制史料集』第二巻)では、童部の打擲の咎に関して、「於㆓歳十五已前之輩㆒者、判形以下以㆑不㆑被㆑用㆓証拠㆒、不㆑可㆑被㆑及㆓是非㆒候歟」という意見に対し、「打擲事、歳十五已前之輩、於㆑被㆑閣㆑之者、以後猶物忩之子細可㆑在㆑之哉。至㆓殺害刃傷㆒者、可㆑有㆓御成敗㆒之上者、以㆓此准拠㆒可㆑有㆓其咎㆒哉」と決定している(室町参323条)。

13　本条は家臣の所領の売買を禁止した規定であるが、問題は本条の「知行」なる語の意味である。式目48条に見られるごとく、幕府法では、原則的には「恩領」の売買は禁止するが、私領の売買の自由は認めている。また分国法においても三好氏新加制式19条では、恩領の質入をチェックしているにとどまり、六角10条では、恩領でも大名の許可を得たものはその売買が認められ、私領の売買は全く自由であり、塵芥集でも私領売買制限の形跡はまったく見られないのである。

以上のごとく、一般的に、式目以来の私領売買の自由の原則は、分国法においても生きているということができる。そして、本条をうけて甲州法度12条は、

一　私領名田之外、恩地領無㆓左右㆒令㆓沽却㆒事、停止訖、雖㆑如㆑此制㆒、無㆑拠者、書㆓上子細㆒、定㆓年期㆒、可㆑令㆓売買㆒事、

とあり、他の分国法の一般的傾向および、今川仮名目録と甲州法度との関係を重視すれば、本条も恩領の売買禁止と解すべきであると思われ、知行=恩領ということになる。しかし、本法の「知行」なる語の使用例を徴しても、14・15・21・27条いずれも、恩領に限定されるべき「知行」の意ではなく(16・20条では恩領の意で使用されている)、また、追加6条での同趣旨の家臣の所領売買禁止もなんらの限定がなく、一般的知行地と解せるのである。甲州法度は、本法を参考にしつつも、6条でみたごとく、しばしば重要な改変(かりに今川氏の立法を「革新的」とすれば、伝統的方向への「保守的」改変)を加えているから、本条もその可能性がないわけではないと思われる。この場合、中田薫「中世の財産相続法」(『法制史論集』第一巻)のごとく、「知行」を、「恩給」に対立した語と捉えることはできないにしても、「知行」の本来的意味で使用され、「恩領」も「私領」も含めた語と解すべきであると思われる。もしこのような解釈が正しいとするならば、本条は戦国大名の支配権のあり方の基本的メルクマールである家臣の所領に対する今川氏の権力の浸透度を示すものとして、注目すべき立法と評価することができる。

追加4 被官人を相放す　中世後期、守護被官に対する守護の刑罰の一つとして、この被官人を放すという刑が多く現われる。この守護被官ないしは戦国大名の被官としての地位を失うということが、現実にその人間にとってどのような意味をもったかについて、大内氏掟書143条には、

一　蒙㆓御勘気㆒之仁御定法事

被㆑放㆓御家人㆒之輩〈雖㆑為㆓暫時㆒、可㆑止㆓出仕㆒之由、被㆓仰出㆒之族以同前〉事、或被㆓殺害刃傷㆒、或遇㆓恥辱横難㆒、縦又雖㆑有㆓如何躰之子細㆒、既蒙㆓御勘気㆒之上者、可㆑為㆓公界往来人之准拠㆒之間、其敵不㆑可㆑有㆓御罪科㆒之由、被㆑定㆓御法㆒畢、光孝寺殿〈畠山徳本〉管領職之御時、御成敗如㆑斯、…

とあり、分国内においては、一切の「法」の保護を受けることができなかったのであり、分国よりの追放刑と同じ意味をもったと思われる(大内氏掟書156条)。なお塵芥集24条参照。

追加6　神社仏寺領売得の事…　今川氏の寺領売得の禁止は、本条末尾に「此条兼日雖相定」とあるごとく、個別例ではあるが、永正六年九月二十六日今川氏親寺領安堵判物(宝樹院文書(『静岡県史料』三))に、

一　宝樹院領所々依二売置一、寺家退転之由、買主無二用捨一如レ本被レ還二附一事、義忠在判

のごとくみられる。また、本条を引用したものと思われるものに、左のごとき永禄二年十二月二十七日今川氏真判物(浅間神社文書『静岡県史料』三))がある。

就二進退困窮一訴訟之事

右先年相定法度神領社領沽却幷令二買得一輩一切令二停止一之処、神領過分爾沽却、借銭借米無二際限一云々。至二銭主一茂可レ為二曲事一之旨成二下知一、親清事茂雖レ可レ及二改易一、神役之事自余輩非下可レ勤之儀上之条、此一往之事者、各批判之上令二用捨一畢。然者銭主茂神領令二買得一過失之神慮者不レ準レ他之条、買得員数之内半分令二所務一半分者親清可レ請二取之一、…

なお六角6〜8条、塵芥集6・15条参照。

追加7　当座…被官の由申　見知らぬものを、自分の家に寄宿させたということは、その家の主人(領主)にとって、その人間は、自己の家父長的統制下に入ったという観念が強く存在する。戸田芳実「中世の封建領主制」(岩波講座『日本歴史』中世2)では、この主人の敷地支配と人格支配とが密接な関係にあり、この家という場における主人の支配権が領主支配の核的存在であったとする。

「とはずがたり」には、作者の後深草院女房二条が諸国を遍歴中、備後の和知の土豪の宿に寄宿し、その家の主人に暇を乞わず旅立って、その主人の兄の家に行ったところ、主人は「我が下人をとられたるよし」を主張して、兄を訴えたことが記されているが、ここには明瞭に主人の家という場における人格支配の論理が現われている(田沼睦「とはずがたり の下人史料」(月刊『歴史』10号))。

またルイス・フロイスは「ヨーロッパでは、既婚または未婚の女性が、何かたまたま起こった出来事のために、どこかの紳士の家に身を寄せたならば、そこで好意と援助を受けて、無事に置かれる。日本ではどこかの殿tonoの家に身を寄せたならば、その自由を失い、捕虜とされる」(「日欧文化比較」(『大航海時代叢書』XI、六三四頁)と述べている。

追加12　本条および10条のごとく、今川氏においても当該期に完全な単独相続制が法制化されているわけではなく、旧来の分割相続制が認められているが、他の分国法にくらべ、親の財産処分権が大名に対する奉公との関係で著しく限定されているのが特徴的である。甲州法度31条では「恩地外、田畠資財雑具等之儀者、可レ任二亡父譲状一」とあり、恩地以外の私領に関してはその制限が法制化されておらず、また塵芥集でも、親の自由処分権を前提にしていることが知られる(101・110条参照)。三好氏新加制式17条では、私領は父祖の意志にまかせて譲与することを原則として掲げながらも、三代相伝の地は庶子に譲ることを禁止するなど、譲与に関する干渉が打ち出されている。

世鏡抄には、単独相続制が一般化して来つつある現実のなかでの所領配分について、「所領ノ事嫡子ニハ半分、家徳ニ又半分可レ譲也。二男三男ハ依二器用一可二配当一ス也。但又資財雑具馬輿車親類若党ハ嫡子ノ可レ為レ計也。又末ノ男子ナクハ悉皆嫡子ノ物也」と記されている。

なお中世の相続形態に関しては、中田薫「中世の財産相続法」(『法制史論集』第一巻)、石井良助『長子相続制』参照。

追加21　分国法における奴婢(下人)所生の子の帰属に関しては、次の二つの系統がある。

(一)式目41条の「男子は父に、女子は母に帰属する」という法理を継承したものには塵芥集143条、および長宗我部氏掟書37条がある。なおこの法理が戦国期に在地にまで深く浸透していたことは、次の下人売券によって知られる。

永代売渡申人之事

合壱人者　名ハ与三郎　年ハ廿六也

右此者我等相伝之者たりといへども、依レ有二要用一、米拾四俵ニ永代密蔵院へ売渡申処実正也。若男子いくたり出来候とも其方ニハ普代の物たる

べく候。如レ此上者、於二子々孫々一永代違乱有間敷候。仍永代之状如レ件。

永禄十三年午三月十日　　蔵助　勝忠(花)

新八(花)

密蔵院参

(密蔵院文書)

(二)つぎに「男女子息事、十歳内者、可レ被レ付二父母一、十歳以後者、任下被二定置一之旨上、就二年紀一可下令二成敗一給上也」とある寛元元年十二月二十二日の鎌倉幕府追加法の系統を引くとされる(石井良助「中世人身法制雑考」(『法学協会雑誌』五六巻一〇号))もので、本条および結城15条がこれにあたり、下人の子を扶助した側にその子を帰属せしめるものである。なお結城氏の場合、両者が扶助しなかった場合、(一)の方式で帰属することを定めているが、本条では「親が計ひたるべき也」と、下人の親が、どちらの主人に帰属せしめるかの決定をする決定権を認められていることは、注目される。

ところでこの(一)と(二)の関係であるが、(一)は、下人ではない一般人の離婚後に生まれた子の帰属について、下人の子の帰属と同じく「男子は父に、女子は母に」という法(建長二年六月十日鎌倉幕府追加法、板倉氏新式目17条など)が存在することより、一種の「中分」の観念より成り立っていることが推測されるが、これに対し、(二)は、結城氏新法度が古法(式目)の法理を否定し「ふちもをんもせずして、それはわがつかふべき申出候事は、ふかく無理の申分にて候」(15条)と述べているごとく、主人―下人関係に特例とはいえ「恩と扶持」の有無の考えを導入している点、一つの方向を示すものと評価しうるであろう。なお式目41条補注「注意」参照。

塵芥集

1　中田薫氏はこの法典の首条に関して「養老令の編別は官位令職員令の次に神祇令を置て居る、即ち官制を第一として祭祀法を第二とした、貞永式目以来の中世の法典は祭祀の条を首条に掲ぐるを通例として居る、徳川時代に及て訴訟法を以て之に代ゆるに至った」(「板倉氏新式目に就て」(『法制史論集』第三巻上))と述べられている。応仁以降の分国法で法形式上神社関係の法規から始まるものは必ずしも一般的ではないが、塵芥集のほか、六角氏式目・三好氏新加制式・長宗我部氏掟書があり、塵芥集のこの形式は明らかに式目の形式にならったものであり、本条は式目第1条の前半、第3条は式目第1条の後半を意識して、立法されたものである。

ところで、この式目と塵芥集の関係については、古くから木島誠三「塵芥集について」(『歴史と地理』二七巻六号)、植木直一郎『御成敗式目研究』などにより、塵芥集がその法典の形式において式目を模倣し、内容においても式目の条文をそのまま取り入れていることが指摘され、この類似性を戦後の戦国大名の研究では、式目を生み出した社会体制と、後進大名伊達氏の維持しようとした社会体制の類似性という点から説明しようと試みている。もちろんこの見解がまったく不当であるとはいえないが、詳細に式目と塵芥集を比較検討するならば、この類似点は、より多く塵芥集制定者の法典作成の際の姿勢・意図、それと関連する技術的処理の問題に帰せられるべきものと考える。

式目と塵芥集の各条の関係については本文頭注でふれたので、ここでは具体例は省略するが、塵芥集は式目の前文・起請文の利用に応じて、その構成、条文のたてかたなど、従来いわれている以上に式目にならっていることが知られるし、さらに、式目の条文のみならず条文の一つのフレーズまで利用しようとする(まったく関係のない条文にそのフレーズだけを利用する)態度が顕著にみられるのである。この式目の形式にできうるかぎりならい、式目の条文をできうるかぎり借りてそれをそのままの文章で自己の新しい法典に生かそうとした法の作成技術上の問題が、必要以上に塵芥集における式目の影響を喧伝せしめている最大の理由であって、その内容において式目の真の立法趣旨をそのまま継承して立法した条文は、左のごとくわずか五カ条であり、この点において塵芥集は他の分国法にくらべ

て、量的にも式目の影響が強いとは決していえないのである。両者の関係を単純に整理すると、

(1)式目の立法趣旨を継承し、実効性をもつ規定として採用されているもの——親子咎相互被懸否事(25条)・火付事(75条)・改旧境致相論事(121条)・謀書事(134条)・下人男女子息事(143条)

(2)塵芥集の形式をととのえるために式目の条項が採用されているもの——前文・末尾の起請文・神社仏寺事(1・2・8条)・打擲事(40条)

(3)式目の条項の文章のみを借りたもの——盗賊咎可懸親子否事(57条)・惣領貸所帯於庶子事(106条)・名代問答事(124条)

となる。すなわち、塵芥集における式目の影響を、その外見的類似性より実効性にまで及ぼして解釈することは必ずしも妥当ではなく、むしろ、逆に式目の形式・条文をその内容においてもできうるかぎり生かそうとしたにもかかわらず、ほとんどそれが現実には不可能であったことにこそ注目すべきであろう。さらに、形式的にいえばこのような形で式目を一つの模範的史料として利用し自己の法典を作成しようとした作成者の態度そのものが、式目の実効性の全面的失効を宣言するものであったと解せよう。

16　本条より75条までが刑事法規で一括されている。社寺法のすぐあとに60カ条に及ぶ刑事法規を配したことは、制定者の意図として、これに最大の力点を置いたことが推定され、その内容においても分国法中最も特色あるものとなっている。さて本条の事書は「殺害の科の事」とあり、「右……」で始まり一見したところ本条のみの事書と解すべきように見えるが、本条から36条までは殺害に関する種々様々なケースを想定し如何なる行為が殺害罪に該当するかを示した条文であり、この事書でほぼ一括されるように思われ、制定者の意図としては16〜36条の事書として記したものと推定しうる。このように解すると、16条から75条までの刑事法規は、16〜36条は殺害の科、38・39条は刃傷の科、40条は打擲の科、41〜75条は盗人の科となり、ほぼ整然とした構成を示すことになる。なお、事書のこのような用法は盗人の科41〜75条でより明確に示されている。すなわち、式目33条「強窃二盗罪科事、付放火人事」を意識して塵芥集の盗人の罪科の末尾の条文(75条)に式目そのままの放火の条文を配していること、また59条の「同罪たるべし」は盗人と関係ない条文でありながら、盗人同罪と解することが妥当であることなどから、制定者は41〜75条を盗人の罪科で一括することを意図していたことがわかるのである。

18　**在所**　この在所なる語は、ある一定の場所を示す語として様々な使われかたをするが、本法においては、19条において「人の在所」への走り入りが「坊寺」への走り入りと並記され、坊寺と同様のアジール的機能を有したものととらえられていることに典型的にみられるごとく、刑事裁判権における特殊地域、すなわち犯人の捜査・逮捕の直接及びがたい地域として登場している。本法において在所なる語は、18・19・20・30・37・62・66・73・87・140・151・152条にみられるが、87・140条を除く刑事法規においては、30条を除いてすべて前述の意味に使用されている。そして、この在所の責任者は、地頭領主(その支配地は「領」という語が用いられている)ではなく、主人ないしは主(18・19・73条)、亭主(62条)であり、その語から(28・29・171条参照)、家屋敷を指す語であることが推定される。さらに62・66・152条からは、この在所は「門」があり「垣」がめぐらされ、または「四壁が木竹」で囲まれていることが知られ、73条のごとく、家と同義に使用されているものもあるのである。そして、この「在所」を領ではなく家・屋敷地(田畠をも含む)的存在と考えることによってはじめて、前述の特殊地帯である意味が理解できるであろう(今川7条補注参照)。

なお江戸期の史料であるが、

一　在所拝領、居屋敷、侍屋敷、足軽屋敷、山林有之者ハ勿論、山林相付不レ申候共、侍屋敷、足軽屋敷、共被レ下候者、(享保十二年三月御領内城要害所在所拝領之訳御触書之写(近世村落研究会編『仙台藩農政の研究』))

とあり、「在所」拝領とは、屋敷または屋敷を中核とする一定の地域を拝領したものと、定義している。なお小林清治「封建領主の「町」支配の権原」(『日本歴史』二八四号)参照。

23　**科人を討つ**　本条は伊達氏の刑事犯人に対する刑の執行者に関して一つ

の示唆を与える。すなわち本条には、「科人を討つ」(刑の執行を行う)際、科人に味方して、その刑の執行を妨害するものが多数存在したこと、また、「人体」と科人が同道していた場合は刑の執行を延期して、あらためて伊達氏に披露してその下知に従って行うべきことが記されているが、このような条文を掲げることは、科人を討つものが、伊達氏の権力機構の役人であることを疑わせるに十分である。このような観点でみると、26条「他領にて、科人を討つ時、そのところの者、違乱におよぶ事あるべからざる也」において、伊達氏の役人が刑の執行を行うならば、他領(他領主の支配地)というような表現はとられないはずであり、また、その領のものが役人の公務執行妨害を行うのを禁止する立法をわざわざ規定するほど違乱が多いというのも不自然である。また先述した在所をめぐる刑事犯に関する問題も、その主体が伊達氏の役人以外のものであったと考えたほうが理解しやすいと思われる。この刑の執行を行うものは、後述する刑事訴訟の手続き(49条補注参照)から考えて、恐らく被害者方のものであったであろう。ところで、塵芥集においては私的成敗(35条補注)を一切禁じているから、伊達氏の裁定が下った後、公権力をバックに被害者が科人を討つ一つのパターンが存在したものと思われる。

24

本条に類似の立法として、左のごとき大内氏掟書156条がある。

一　御勘気之仁不レ可レ為二方人一事

蒙二御勘気一之族事、即時可レ被レ追二放御分国中一也、然者古敵、当敵、当坐之諍論、酔狂以下、雖レ有二如何躰之子細一、令レ殺二害彼御勘気之仁一時、其討手幷与類等不レ可レ行二其咎一之由、被二仰出一之上者、雖レ為二親子兄弟従類一家縁者一、不レ可レ有二贔屓之沙汰一也、…

この条文は同じ大内氏掟書143条(今川追加4条補注参照)をうけたものと思われ、これには「光孝寺殿(畠山徳本)管領職之御時、御成敗如レ斯」とあるから、本条もこの室町幕府法を意識している可能性がまったく考えられないことはない。

なお、敵打について、中世武家社会においてもこれを支持する感情が強かったことは明瞭に知られるが、幕府・大名がこれをいかに処置したかは必ずしも明らかではない。しかし、大内氏掟書143条のよった室町幕府法でも敵打の禁止を前提にしているし、さらに文明十一年の妻敵打の事件に際し、侍所赤松氏は「或親之敵、或妻敵及二生害一之時、殺害人又令二生害一条、先縦分明之上」(晴富宿禰記)と主張していることなどより、原則的には禁止されていたと思われる。しかし一方、親の敵打の縁座について諮問された室町幕府奉行人諏訪円忠は、式目10条を改変して「式目云「於レ殺二害父祖之敵一、子孫不可令(二字見セ消チ)□(懸其)咎」云々」と、父祖の敵打は無罪との回答をしている例もある(康安二年二月十五日氏名未詳書状幷諏訪大進房円忠勘注状、教王護国寺文書1)。

戦国法では一般に厳しく禁止される一方、板倉氏新式目22条に「一、親之敵討之事、不レ依二都鄙一、於二道理一者、至極之沙汰任二先例一可二討果一、…」、慶長二年三月一日長宗我部氏掟書10条にも「一、敵打之事、親之敵を子、兄之敵を弟打可レ申、弟之敵を兄打は逆也、叔父甥之敵打事、可レ為二無用一事」とあるごとく、これを公認する立法が現われる。

35

本条の立法趣旨は直接的には、私的成敗の禁止を意図したものではなく、誤殺の処置に関する立法であるが、これは私的成敗の禁止という原則を前提にして立法されていることは、「そのもの生きたるうちに、理非を披露いたさず…」という後段より明瞭であって、盗人であれ科人であれ、彼らが犯罪をおかした場合、彼らを逮捕して伊達氏のところへ披露し、その成敗に委ねることが、一般原則として強制されているのである。また盗人の私的成敗を禁止した立法としては、54条がある。これによれば、たとえ盗人の証拠が完全であっても、私的成敗は厳禁されている。また一般的犯罪のうち通常即時的処刑が認められていたとされる現行犯の場合も、70条では例外とされず、伊達氏の裁定に委ねずに私的成敗を行った場合には殺害罪に処すことが定められている。さらに55条では、盗人の成敗に関し大名の裁定を申しうけて内済にすることを禁じ、また披露せず裁定を得ることなしに私的解決をはかることを禁止しているのである。以上のごとく、塵芥集の刑事法規に一貫して流れる特徴は、私的成敗・私闘の禁止による大名権力の刑事裁判権の一元的掌握にあるということができる。そして、大名権力が強力にこの原則を打ち出したとき、当然、従来行われてきたと推測される私的成敗の慣行、また在地領主裁判権との間にさまざまの問題を引き起こすのは当然であって、この原則と現実の間に起こりうるさまざまの問題を想定しこれに対処しようとしたのが塵芥集の刑事法規の一つの特徴であって、このことが、16～75条に及ぶ他法にみられない数多くの条文をたてた理由であるといえる。

49 取手　私的成敗が厳禁された当然の帰結として、刑事的犯罪はすべて伊達氏の裁判所に訴えられ、その裁定により処刑されるという手続きが必要となるが、訴訟の提起、挙証責任は誰が行うのかという、塵芥集にみられる刑事訴訟手続きについて略述すると、41条では窃盗・強盗などの犯罪の場合、証拠がない場合には生口をとって披露し、それによって伊達氏が罪の認定を行うことが定められている。そしてこの生口をとる取手について本条では、生口を討った場合「取手の越度」、ただしそのものが犯人ないしはその同類であることが証明された場合「取手の安堵」と定められているから、この取手は伊達氏の役人ではなく、被害者側のものであったことが推定されるのである。また50条でも同様であることが証されるし、52条では、生口をとるとき取手がこれをとり逃がし、反対に彼が取手こそ犯人であると訴えるケースがあげられており、明らかに生口の取手は、伊達氏の役人ではなく、訴人(被害者方のもの)であることが証明されうると考える。そうだとすれば、これらの犯罪の場合には、被害者が自身訴え出るだけでなく、誰が犯人であるかの証拠を呈示する挙証責任まで被害者の義務として課せられていたことがわかるのである。

ところでこの生口はレール氏が「生口はいつも明白に、罪になる行為に加わった――さもなくば、どうして彼はそれについて知りえようか?・という強い疑いをかけられている。刑事訴訟に於ける証人に関する数多くの条文は、人がこの強い疑念に基づく時、はじめて理解される」("Jinkaishu")と述べているごとく、塵芥集においては、容疑者の一人としての性格をもつものとしてあらわれるが、52条と53条からは、訴人は生口を捕縛・連行した時はじめて伊達氏に「生口」として認めさせることができ、そうでない場合、彼(生口として連行されそうになったもの)は、取手と同格の立場を認められていることが知られるから、これらの犯罪においては、多くの場合、現実には、訴人はその容疑者を実力をもって捕縛・連行するという前提ではじめて伊達氏の裁定を得ることができたのではないかと推定されるのである。

以上のごとく、盗犯のごとき犯罪における訴訟手続きとしては、被害者による証拠および犯人の指定が必要であり、できうるならば犯人の捕縛・連行が伊達氏にとって望ましいものであったと思われるのである。これを刑の執行(23条補注参照)のあり方と合わせ考える時、その刑事訴訟手続きにおいてきわめて濃厚な当事者主義的傾向の存在を確認しうるが、このことは、塵芥集制定以前における当地方の私的検断の慣行の広汎な存在と決して無縁ではないであろう。

57　室町幕府奉行人松田豊前守貞秀の殺害罪に関する「天下御法、孫子罪父祖不ㇾ可二存知一云々、但於二同意一者可ㇾ為二同罪一云々」(後法興院記、文明十四年九月二十二日条)という見解と本条後段は同趣旨であるが、この「天下御法」は具体的には式目10条に源を発するものといえる。また六角32条においても、この式目10・11条によるべきことを定め、今川8条・甲州法度11条・本法25条もこの式目10条を意識して立法されており、式目10条の法理は分国法に定着しているとみることができる。ところで一方本条のごとく、これを盗人の咎に限定すると、式目10条や本条と異なって父子の与同の有無によって咎をかけるか否かという原則をすててしまい、「親の科は子に懸け、子の科は親に懸けない」という原則のみを生かした法が、分国法に登場する。すなわち板倉氏新式目21条に、

一　親之科子懸、子之科親不ㇾ懸作法也、其故者、悪党者之子者、必行末可ㇾ插二害心一、親者争子ニ悪事可二申含一哉、真人之子ニ有二盗人一者、盗人之子ニ無二真人一、因ㇾ玆世上邪成者多し、正路成者稀也、

とあるごとくである。恐らくこれは、親と子のあり方に関する当時の武家社会に根強く存在した倫理的観念が、「盗人」という特殊な対象において強く押し出され、大名の倫理的統制と結びついて成文法化されたのであろう。

なお問題は異なるが、親・子に対するこの観念と関係あるものとして、「親之無沙汰者、其子懸申者、無レ隠大方(大法)候」(東寺百合文書ヲ11〜13)のごとき大法、さらにそれが成文法化されたものとして甲州法度40条がある。

111 本条は佐藤本・狩野本ともになく、底本とされた村田本にのみある条項であるが、村田本では110条と112条との間の空白部分、特に110条の末尾の下の部分に細字で三行に書かれており、体裁上、後の補入とみられる。

さて本条と110条との関係であるが、本条が蔵方之掟6条を念頭において立法されたものであるならば、蔵方之掟6条およびそれによることを定めた110条は、本条により改正されたと解すべきであろう。しかし、110条が蔵方之掟6条・9条の両者を念頭において立法されたと考えるならば、本条は蔵方之掟6条および同9条の前半の規定を合わせたものであるから、110条を補正した追加とみることもできうると思われる。

127 国質とは、債権・債務関係において、債務者が債権者の負債返還要求に応じなかった際、債権者がその損害賠償を求めて、第三者である債務者の同国人または同国人の動産を私的に差し押える質取行為で、郷質(128条)とは同じく第三者である債務者の同郷の者または同郷の者の動産を私的に差し押える質取行為である。この国質・郷質のほか、所質・庄質・郡質・村質などが存在する。これらの質取行為は、単に債務不履行のみでなく、殺人(130・131条参照)・傷害・監禁などなんらかの損害を受けたときその問題解決の処置として日常的行為としてあらわれる。

これらの質取行為を通して知られうることは、個人対個人の関係がすぐ個人対国(郷)、国(郷)対国(郷)の問題に転化することであるが、ここに貫かれている意識は、その報復の対象としての郷・国なる社会結合の相互関係における強い一体観の意識であり、中世社会における個人と集団のあり方に注目すべき示唆を与えると思われる。

次にこれらの質取行為に一貫してみられるものとして、極めて強烈な報復主義のうちにひそむ相殺観念をあげることができる。すなわちAなる個人・集団が、Bなる個人・集団になんらかの損害を与えたとき、Bはすぐに最小限それに相当するだけの賠償を求め実力行使を行うことが、当然のこととして容認されていることである。そしてこの容認の根拠は、これらの質取行為が「世間法」と呼ばれる在地における慣習に基づくものであり、この慣習をささえる相殺観念は、中世を通じて一貫して「道理」として人々の行動基準に大きなウェイトを占めていたことによるのである。ところでこの在地における慣習と上部権力の法との関係であるが、最初上部権力はこの慣習を不法行為として否定しておらず、これを容認していた。そしてこの広汎に存在した質取行為を禁止するようになったのは、「市場の平和の維持」との関連においてであったことが注目される。すなわち、この国質などの禁止令は、室町・戦国期を通じて幕府・大名が出した市場法の最もポピュラーな条項の一つとしてたちあらわれ、やがて分国法において、本条・次条・今川25条のごとく領国全域を対象とした制限立法となるのである。

133 **指南問答** 一般的には、指南車(古代中国において、仙人の木像をのせ、その手指が常に南を指すように装置した車)が方向を示して導くことから、「指南」は、兵学などを教授すること、さらには軍師、軍事上の指揮者、などの意に用いられるが、伊達・佐竹・結城氏などの戦国大名のもとでは、これが家臣団組織の職名に採用されている。

指南問答とはこの指南する者と指南される者との争いをいうが、両者の関係は、通常寄親・寄子関係と同一のものとして把握されている。事実、寄親・寄子制が存在する今川・後北条・武田・六角・長宗我部・毛利・大友などの大名のもとでは指南なる職名はあらわれず、逆に伊達などの大名のもとでは寄親・寄子なる語はみられない。また、本条と今川追加3条との関係からも両者が同性格のものであることは十分予測されるが、指南・被指南の関係は史料がとぼしく、まったく同一であるとは断定しえない。

ところで、寄親・寄子関係は、大別すると寄親が寄子に恩給地を与えて主従関係をもつものと、単に寄子が寄親の保護下に入って、その指揮・命令に従う関係にあるもの(六角60条、今川追加3条参照)とが存在するが、指南・被指南の関係では、前者の関係がみられず、むしろ後者の関係を本質とするものではないかと予想される。

134　証文の誤りなくば、くだんの論所闕所たるべきなり　この部分は式目15条では「又無文書紕繆者、仰謀略之輩、可被付神社仏寺之修理、但至無力之輩者、可被追放其身也」とある。そしてこの部分に関する両者の条件の差は、式目は訴人が論人の証文を謀書であると申し懸けた場合であるのに対して、本条は単に「問答の所帯の証文を謀書たるよし」申し懸けるとあって、申し懸ける者はこのかぎりでは訴人・論人のいずれでもかまわないと解しうる可能性がある点のみである。

ところで本条のこの部分は、相手の証文が正しいにもかかわらず、それを謀書であると主張したものに対する刑を規定したものであり、訴人が主張した場合でも、また論人が主張した場合でも、さらに相互に主張した場合でも、その係争地は謀書でない証文をもつものの所有に帰すべきものと考えられ、「くだんの論所闕所たるべきなり」とする理由は、相手の証文は謀書ではないのに、謀書であることを主張したものに、知行の正当性がある場合にのみ解釈可能であるが、そのようなことは全く考えられない。それゆえこの部分は、むしろ式目のこの刑を変える際におかした翻訳上のミスであって、「くだんの論所ほど闕所たるべきなり」、または「くだんの者の所帯闕所たるべきなり」とするつもりではなかったのかと思われるのである。

なお、このほか式目との関係におけるミスの可能性として考えられうるものとして、21条の「同罪たるべし」がある。この「同罪たるべし」は、酩酊状態にない時とも解せるが、「同罪たるべし」の他の用法と同じく解釈すれば、「酔狂に人を殺す者」と同罪となり、きわめて不自然である。可能性としては、「酔狂に人を殺す事」という条文を、式目10条によって立て、そこにある「次刃傷科事、同可准之」とあるのをそのまま取り入れてしまって、「同罪たるべし」としたことが全く考えられないわけではないと思われるのである。

164　本条は妻敵打(妻の姦通の相手の男に対する敵打)立法である。密懐に対する本夫の処置として姦夫を殺害すべしという観念は、中世を通じて広く武家社会において支持され、その観念に基づいて、現実に多くの本夫による姦夫殺害が行われた。そして特に、自宅の妻のもとに通ってくる姦夫を待伏せしてこれを本夫が殺害する行為は、現実処理の行為として、社会的に容認された慣習として存在していた(沙石集「友ニ義アリテ富ミタル事」「無嫉妬ノ心人ノ事」、今昔物語「藤原明衡朝臣若時行女許語」、古今著聞集「源義家或法師の妻と密会の事」など参照)。鎌倉幕府また室町幕府も、はじめはこの妻敵打に関する法を定めなかったが、文明十一年五月、一つの妻敵打の事件が赤松氏対山名氏の激突に及ぶ事態になって、はじめて本夫が姦夫を討つさい、姦婦も殺害すれば無罪という判決を下した。この姦夫・姦婦成敗という法理は、「姦夫殺害のため、姦婦を殺害すれば同罪で、其上に本夫が殺されることは道理に叶わない」という奉行人の意見に基づいてつくられたもので(晴富宿禰記・長興宿禰記)、彼らは、本夫は姦夫を殺害すべきであるという社会的に支持された観念(ただし屋外で殺害すれば殺害罪に処された)と、それを現実に行うことによってもたらされる紛争、被害者の復讐の意図をいかに調和して法として定立するかという問題を、この相殺の原理を持ち出すことによって解決したのである。

さて以上の前提をおいて分国法の妻敵打に関する条文をみると、本条は、㈠本夫は姦夫を殺害する時は、姦婦も同じく殺さなくてはならないという原則(室町幕府法を意識している)を掲げ、特例条項として、㈡閨における、すなわち姦通現場での姦夫殺害の場合は、本夫は必ずしも姦婦を殺害せずともかまわないとある。六角49条は㈠と全く同趣旨で、長宗我部氏掟書33条では、「一　他人之女ヲをかす事、縦雖レ為二歴然一、男女共同前不レ相果一者、可レ行二死罪一、付、親類令二同心一討事、非道之上、可レ為二曲事一、若其男ふかいなく、又ハ留守之時、外聞相洩於二猥族一者、為二在所中一可二相果一事、…」とあり、塵芥集の㈠と同趣旨ではあるが、㈡を意識的に排除し、姦夫姦婦成敗を義務づけている点、特徴的である。板倉氏新式目18条には「人之妻密懐之事、従二往古一如二作法之一、何方にても不レ去二寝所一可二打果一」とあり、塵芥集の㈡をクローズアップした形で、寝所で討ち果たすことを原則としている、この板倉(これを継受したものに吉川氏法度59条がある)の法は、前述した中世の慣習をもっとも忠実に成文化したもので、これと正反対のところに位置するのが長宗我部氏の法で、本条は、新しい法度を原則としつつも従来の慣習を認めている点、中間に位置づけられるのである。

蔵方之掟2　本条は室町幕府法、他の分国法の条項に照らし合わせて質屋保護の立場に立った改変が加えられている。まず質の約月であるが、室町追262〜264条では、

定置洛中洛外諸土倉質物利平事

一　絹布類、絵衫物、書籍属、楽器具足、家具并雑具以下、五文子、於二約月一者、許二置月十二ケ月一、

一　盆、香合、茶椀物、花瓶、香炉以下金物、武具等者、可レ為二六文子一、於二約月一者、廿ケ月、但、至二武具一者、可レ為二廿四ケ月一、

一　米穀并雑穀等、利平同前、於二約月一者、可レ為二七ケ月一、如レ此所二定置一如レ件、

長禄三年十一月十日

とあるごとく、幕府は金物は二十ヵ月、武具は二十四ヵ月で終始一貫させており、大名法でも、天文七年九月二十一日浅倉氏徳政条々(菅浦文書)でも、「絹布者十二月、金物者限二廿四月一へき事」とあるごとく、本条では異例の約月の短縮が規定されていることが注目される。

さらに重要なことは、「見当三分一」にとるべきことという規定で、法曹至要抄以来の質物はその価格の半分に見積もって取るという原則を改変したもので、きわめて異例のものといえる。恐らく約月・取代における伊達氏のこの処置は、3・5・8・9・12条などに一貫してみられる質屋保護の姿勢と、決して無縁ではなく、意図的改変ということができよう。ところでこの武具・金具の取代見当二分一から三分一へという重要な変更は、この二分一という原則に基づく質屋法の体系の変更を当然伴なわなければならないにもかかわらず、この蔵方之掟では、それに対する配慮が全くみられないのである。すなわち6条失物の弁償規定、9条火事・賊難の際の弁償規定は、いずれも取代二分一という原則の上にたつ立法であって、前者の質物代価の弁償、後者の両者折半の負担という原則は、この見当二分一の原則より生み出されたものであるがゆえ、その根拠が失われてしまう結果を招かざるをえない。にもかかわらず、6条も9条も全く変更せず伝統的原則によって立法しているのであり、恐らく現実の場では大きな混乱を招く可能性が大であったと考えられるのである。

蔵方之掟9　本条の、火事・賊難による質屋の質物の損失は質屋と質の置主が折半するという原則は、古くすでに法曹至要抄に「案レ之置レ質之物焼亡、所謂水火損毀之色、不レ可二備償一也、亦可レ負之物不レ可二弁補一、然則彼是無レ損、自叶二折中之法一、被二強盗一亦同」とあり、この法理は分国法においても定着していることが知られる。たとえば板倉氏新式目50条には、

一　質屋作法之事、諸財諸色之物、現質ニ入置時者、利分年月之際限相定、互ニ書物可二取替一、然処遠路故、令二遅々一歟、又者不レ叶故障之子細有レ之而、返辨之年月相延候共、三箇月者可レ待、夫過候ハヽ、徳人可レ任二心中一、又書物之日限不レ過内ニ、質物被レ盗歟、又者鼡相ニ置穢損者、則貸人為二越度一之間、為二失質一元銀一倍可レ返レ之、其故者、質物者相当半分ニ取置故也、又為レ損二質物一者、新敷時之直段ニ可レ辨、併質屋江盗人入候証拠於二分明一者、如二類火焼亡一互ニ可レ為二損失一、若徳人質物於二隠置一者、以来聞出次第可レ処二厳科一事、

とあり、また長宗我部氏掟書41条にも、

一　質物之事、盗人或火事露顕之上にて於レ失者、借銭可二相捨一事、

とあり、浅野長吉掟書にも「火事は双方可レ為二失墜一」とある。なお詳しくは、中田薫「板倉氏新式目に就て」(『法制史論集』第三巻上)参照。

結城氏新法度

1
悴者　この1条に「人の下人かせきもの」、24条に「敵地てき境より来候下人かせきもの」、104条に「此方ひさの下のもの共、下人かせきもの」などと見える「かせきもの」は、7条に「又はうはいの下人かせもの」、8条に「下人かせものしなんの者」、9条に「うたれ候下人かせもの」、14条に「はうはい其外の下女下人かせもの」、67条に「かせものにても下人

にても」、77条に「又かせもの下人にて候とて」、81条に「あるいは指南之者、又はかせもの下人等」、104条に「但其下人にて、かせものにて」などと見える「かせもの」と同義の語と認められる。それは「下人かせきもの」「下人かせもの」「かせもの下人」の如く、「かせきもの」も「かせもの」もどちらも「下人」と並べて呼称されるというだけでなく、上引104条の用法では、条文の初めにある「下人かせきもの」を、後文の但書で「但其下人にて、かせものにて」と言いかえていることから明らかである。

さて、「かせもの」は古辞書の類に「悴者《カセモノ》　加世者」(温故知新書)、「加世《カセ》者《モノ》殿原悴者」(明応本節用集)、「加世者《カセモノ》殿原―――　悴者《カセモノ》」(天正十八年本節用集)、「加世者《カセモノ》　悴者同　痩者同」(伊京集)などとあり、用例としては享徳～寛正年間と推定される年欠十月十四日書状に「巨細者可加世者申候」(常陸税所文書)、文明十三年四月七日難波行豊軍忠状に「応仁四年正月廿四日、於美作国鴛淵山合戦之時、愚兄九郎左衛門尉、同掃部助子両人、同名三人、悴者四人、其外中間等、以上十余人令討死」(難波文書(『大日本史料』八之三、四五九頁))、北野社家日記、一(史料纂集)、長享二年正月二十七日条に「結城七郎方被官与尊勝院被官喧嘩出来…就其七郎方悴者田村と云者被切腹被出云々」、同上長享三年三月二十七日条に「今日松田丹後守方へ悴者一人中間三人夫二人遣之」とあり、永正二年七月日佐田泰景軍忠状に「廿九日妙見尾伐取時、我世者賀来神兵衛尉太刀討」(佐田文書(『熊本県史料』中世編、第二巻二二〇頁))、大内氏掟書162条、永正十年二月以前と推定される掟に「悴者下人以下入部事」(『中世法制史料集』第三巻)などとあるのが古い方と思われる。日ポ辞書は Caxemono を、「地代または給与の少ない貴族」と説明し、Caxesaburai(悴侍)にもほとんど同じ説明を与えている。この場合の貴族(Fidalgo)の語は、Saburai の説明にも用いられているから、格別上級の貴族に限定されない、「侍」身分以上の意にすぎない。やや時代は下るが、天正十二年四月二日木曽義昌掟書に「一　このたひいて候て、はしりめくり候はゝ、ほんゐの上、一人に廿表つゝふちすへき事、一ちうけんならはかせものになし、百姓ならはちうけんになすへき事」(木曽旧記録、一(『大日本史料』十一之六、四三七頁))とあるによって、中間の上に位置づけられる身分であることが分る。上引史料に「かせもの下人」「下人かせものしなんの者」「悴者…中間…夫」などとあるのは、いずれも身分称呼を身分序列の順(もしくは逆順)に連記したものにほかならない。そして筆者の知りえた用例では、悴者は大体苗字プラス通称で表記され、その下の中間は苗字なしで表記されている(この点につき、本書三八九頁下段、小早川弘景置文30条に「中間名字なきものにて候間」とあるを参照。これをもって見れば、悴者は若党とか殿原(本書一九〇頁、相良氏法度27条および同条補注参照)に相応する身分であって、「侍」身分の最下位、中間の上位に位置づけられた身分と解してよいであろう。本書四一一頁上段、享禄五年の福原広俊以下連署起請文3条に「悴被官、小中間、下人に至而」とある悴被官も、おそらく悴者とほぼ同じ身分の称呼であろう。なお、悴者の解釈・用例につき、斎木一馬氏「記録語の例解」(『高橋隆三先生喜寿記念論集・古記録の研究』)参照。

4　削る　4条と7条に「一類けつり候へく候」とあり、48条に悪党・殺害人を隠匿した者は「けつり可申候」、また側より佗言したら「ならへけつり可仕候」、98条に披露なしに夜盗以下に出向く者は速かに「けつるへく候」とある。この「けつる」(削る)は、どのような刑罰であろうか。22条に不忠の者は一類ことごとく絶やし「名字を《(マヽ)》けつり、其一跡他人(に《?》刷ふへく候)」とあり、46条に「其身あやまりをよつてけつり、こなたより以他人其名跡たて候はゝ」とあるによれば、家名断絶・全所領没収を意味するものと解される。なお、27・28・53条参照。

28　仮令　仮令(ケリョウ)は「たとえば」の意に用いることが多いが、また下記用例のごとく「かりそめに」の意にも用いる。ここでは後者の意味であろう。『大日本古文書』伊達家文書之一、三二三号、天正年間と見られる最上義光書状に「人と人のろんを申も、となたにもり(理)はひとみち〳〵有事に候、けりやう双方をくらへ、りのすくなきをひふん(非分)成とは申計に候」、『大日本古記録』梅津政景日記三、元和三年正月十七日条に「…と申上候得は、又右近殿被仰分は、けりやう我等及聞、野代へ越申さされはこそ不届にならさる仕合に候由不存候て遣し候へは、自分のあやまりに成候所を、不知之儀ロ惜由御意被成候」など。

42 我人ともに　借手・貸手ともに、つまり金の貸借は公界(世間)的な行為であるから、全額不払いは許されない。ただし、蔵方よりの借金に限って「公界之義」と規定されるのか、この考え方が貸借関係一般に適用されるのかは、なお疑問である。一応限定的に、前者を採るべきではあるまいか。

44 同心に…　結城家の重臣(おそらくこの法度の末尾に連署している人々)へのよびかけである。お前たち協議して、このこと(認められないか否か)、どちらか一方に決定して、申し出よ、その結論をここに書き加えよう。あらかじめ複数の案を重臣たちに示して、かれらの協議の結論を得て、それをこの新法度に採用・立条する、かつその経緯を条文に記述する例は、この条のほかに82・83条があって、結城氏新法度の特徴をなす。

46 前の負物…　先主の借財は相続人にかからない。相続人は先主が借金のかたに貸手に渡しておいた質物(土地その他)を無償で取り返して、自分の財産として支配することができる。「不可入」は不用・無用の意。すなわち、名跡を継いだ者にとって、債務は消滅して無用に帰した、の意。

47 人に頼まれ…　主人の許から逃げ出した下人をかどわかしたいわゆる人勾引(かどい)に頼まれたと称して、人勾引の協力者となって、その下人を受け取り、新しい主人(すなわち買主)の許へ送り届けるという意味。おそらく、自分は逃亡下人をかどわかしたのではなく、単に人の依頼を受けて、その下人を新主(買主)に送り届けたにすぎないと弁疏し、しかもその依頼人の名を明かさないというケースを想定しての規定であろう。

53 其死候もの男子を…　戦死者に男子があれば、もちろんその子を跡つぎにする。もし女子だけならば、他家から男子を迎えて、その女子に妻合わせて、跡をつがせよ。「本躰として」は、戦死者の子を主体として考えるべきだから、の意か。その下の欠字二字分は、右側に残画があるけれども、果たして一族・親類を意味する語か、家中を意味する語か、それともまた別の意味の語か、推定は困難である。

70 去夏之一戦　結城氏新法度制定の半歳前、弘治二年四月五日、結城政勝が北条氏康の援をかりて、小田氏治の属城常陸の海老島を攻略した際の戦いを指すと思われる(『新編常陸国誌』参照)。

74 山川・下館・下妻・小栗　山川は旧結城町の南郊山川村の地で、当時は結城氏の一族で重臣の山川氏がここに居た。現在は結城市内。下館は結城の東方にあり、当時は同じく結城氏の重臣水谷氏の拠地で、現在の下館市である。下妻は結城の南東に位置し、この法度の末尾の家臣連署にも見える多賀谷氏の拠地で、現在の下妻市である。小栗は下館の北東方、下野との国境に位置し、現在は真壁郡協和町に属する。

76 印判　印章をいう。ここでは印章を捺した通過許可証の意。応仁文明の乱中、室町幕府の政所執事伊勢貞宗が「陣中往還人数并荷物輿馬以下」通関手形用の関所印を定めて、その印鑑(照合用の印影)を関所に送付したことが親元日記(文明五年七月十二日条)に見えており、降って小田原北条氏は印文「通過」の印章を関所通過許可証(過所)専用とし、そのほか多くの戦国大名が過所に印章を用いたことが知られている。結城氏が印章を用いたことは2条にも見え、この条および85条によって、荷物の通過許可証に印章を用いた(それ専用の印章かどうかはともかくとして)ことが知られるが、その使用例は未だ見出せない。なお、73条には「判」の使用のことが記されている。

御出頭ぶり　出頭とは、もと主君の御前に出る、御目見えする義で、転じて家臣の中で権勢をふるうことを意味し、そのような人、ことに抜擢登用された権勢者を出頭人とよんだ(髙木昭作氏「「出頭」及び「出頭人」について」(『栃木県史研究』1号)参照)。91条に「御出頭之人」と見える。ここでは、特別の勢威を笠にきて法度を曲げてはならぬ、の意。

77 指南之者…　指南については塵芥集133条補注参照。この部分は、第三者が、喧嘩の当事者の一方(被害者)を、自分の指南之者だ、縁者・親類だ、悴者・下人だなどと称して、その者に贔屓荷担して、理(ことわり)をとり付け(喧嘩の相手方に対して加害者の処分・引渡しなどを申し入れるなど、相手方と折衝する意か)、結城家に提訴したりしてはならぬ。

81 或は指南之者…　自分自身は商売をしなくとも、自分の配下の指南の者や悴者・下人等を各自の屋敷内に置き、屋敷内に殿(商売用の建物?)を建て、「自分の屋敷内で何をしようと、誰が暴力で止めだてできるものか。ただ内々に商いをせよ」などと言って、法度を押す(まげる、背く)との聞えがある。甚だ怪しからぬことである。一切の商い無用と命じて、なおかつやる者があったら、早速下人どもを屋敷内に乱入させて、厳しく解散させるであろう。

83　この条の趣意は次のように解される。冒頭の「銭撰りてよく存候哉」は法度制定者から重臣たちへの問いかけであって、この場合の銭を撰る行為とは、交易に際して、良銭・悪銭の交換価値をいちいち評価して使用する意であろう。つまり結城氏においては、撰銭について全く規制を加えず、良銭・悪銭の評価を交易当事者間の交渉に任せてよいであろうか、と諮問し、それでは万事不自由であるから、永楽銭(永楽通宝。明国から流入したいわゆる明銭の代表的銭貨)一種類だけを使用させることとして、その旨の触れを廻すか、それとも「撰りたち」はいけないと考えるか、これらの点について協議の上、一致の結論を申し上げよ。それをこの法度に書き載せるであろう。ここの「撰りたち」の意が明確でないが、「綺たち」(30・94条)の類推で、「撰る」を強調して、しきりに撰るとか、徹底して撰るとかの意だとすると、上文を受けて、永楽銭だけを撰り取り、他をすべて排除する意となろう。そうすると「撰りたち之事不可然」は永楽銭一種のみの使用という案の否定となり、良銭・悪銭の区別なく取りまぜて使用すべしという結論になる。「悪銭之佗言」云々は、もし各(お前たち重臣ら)が、良銭・悪銭の区別なく使用すべしという案を採るのならば、各自身が銭貨を受け取る際に、悪銭を嫌って種々言い立てるようなことがあってはならぬ、という意であろう。そこで重臣たちに諮問した結果、永楽銭一種のみの使用という案は採らない、しかしまた良銭・悪銭の区別なくすべての銭貨を使用させるという案も不適当ということで、特定の悪銭を撰び出して、これこれの悪銭に限って使用禁止とすべきだという結論を上申した。よってその結論に従い、使用を禁止すべき悪銭の種類を役人に撰び出させて、それを制札に打ちつけて公示させよ、という意であろう。制札は法令公示用の木札をいうが、「判」の意は明らかでない。

84　この条文は、誰かの家が絶えたり、或いは罪を得て所帯・屋敷を結城家に没収された(闕所になった)場合、もしくは、没収が予定される場合、他の家臣がその所帯・屋敷を賜わりたいと願い出る、そういうケースを想定した規定であって、その際の闕所給与の方法として二つの案を示す。第一は、早いもの勝ち・先着順、すなわち、希望者の誰彼、奏者(取次人)の誰彼を論ぜず、出願先着順という方法である。第二は、結城家への奉公が、他の者に抜きん出て忠勤を励むという者ならば、出願順序が遅くとも、この者に決定するという方法である。

85　**印判取らず…被申候事**　印判は、印章を捺した通過許可証。なお76条補注参照。全体の文意は難解であるが、次のように解したい。通過許可証をもたない荷物を、Aなる重臣が荷留の法度を無視して通してしまったところ、(おそらく他の地で)Bが荷留の法度を盾に押収した。これを、さきのAが荷主もしくはその関係者に頼まれて、みずから押収荷物を取り返してやるか、または特に許可してやってほしいと結城家に願い出る。

六角氏式目

6　本条と7条と8条はともに「檀那として支配する寺領を坊主・看坊が勝手に処分した場合これを無効とするが、坊主・看坊の私の買得地の処分はこれを認める」という同趣旨の立法であり、6・7条は六角氏が檀那である場合、8条は家臣等が檀那である場合を規定している。このように、同趣旨の立法を規制対象(六角氏と家臣等)の相異により併掲しているところに、起請文の交換という形式に応じて、この法典が内容的にも家臣のみならず、大名六角氏の行為をも規制するものであったことが端的にうかがえる。なお同じく法の上で内容的に六角氏と家臣の関係を明瞭に示すものとしては、35条と36条がある。35条では、大名の新規の課役賦課を禁じることを定め、36条では、家臣が従来より定まっている大名に対する課役負担の義務を果たすことを約束しているのである。

11 御法ならびに放券状　中世の売券には、買主が買い受けた物または権利を、他日第三者が追奪しまたは追奪するおそれがある場合に、売主が負うべき責任を記した追奪担保文言が記されているのが普通である。この追奪担保文言には、㈠単に妨害を加えない旨を記載した違乱担保文言、㈡弁償文言、㈢第三者の違乱妨害が生じた場合、責任をもって処置することを記載した明沙汰文言、の三種がある。

本条の場合、「放券状の旨に任せ」は、「若於二彼田地違乱出来之時一者、雖レ至二子子孫孫一可レ奉レ返二本銭一」とあるごとき、㈡の弁償文言を指す。ところでこの弁償文言は、必ずしも本銭(売主が受領した代価)のみを返還する特約に限られるものではなく、本銭一倍、本銭三倍、本銭に利子をつけることなど種々の特約が存在する。しかし本銭の弁償の特約はかなり広汎にみられ、「若此下地ニいらんわづらい出来候ハヽ、本人幷請人としてたいはう(大法)のごとく、御料足をわきまゐ申候べく候」(東寺百合文書メ30〜40、永享四年二月二十八日ならく女百姓職売券)、「此上無沙汰之時ははう(法)のとをり、本銭をもつて沙汰可申候」(香取文書纂、文亀二年十二月十三日録司代田地売券)とあるごとく、本銭の弁償(本銭の一倍の例もある)が「大法」として定着していたことが知られる(以上中田薫「日本古法に於ける追奪担保の沿革」(『法制史論集』第三巻上)による)。それゆえ本条の「御法」も幕府法や六角氏の発布した先行法を指すのではなく、いわゆる「天下御法」「天下大法」と呼ばれるものを指すと思われ、また、本法にあらわれる他の「御法」(12・53条)なるものも同じ意であると解して差し支えないと考える。

14 所務人　通常荘園の代官など、所務を行うものを指すが、本法16条では、領主―代官、所務人―作人が対応しており、名主職を買得などの手段で得た加地子得分権の所有者を指すものと解した。すなわち、所務人・地主・名主は、いずれも名主職所有者として、作人(直接耕作者)に対するものであるが、その存在形態の相違により名称が区別され、記されたものと思われる。なお、このように解することが許されるならば、本条の前半で問題となっている損免の主たる対象は、領主の収納する本年貢ではなく、名主職に伴なう加地子得分ということになる。

なお本条には、「公方年貢米銭等先々免不レ行下地者」とあるが、この表現に応じて、現実にも公方年貢には免が行われず加地子得分にのみ行われている例としては、「下坂一反公方六斗七升五合領家二斗五升九合、以上公方九斗三升四合、相残得分四斗六升六合内三分一損ニ一斗五升五合引申候」(文明十九年二月塔田十七夜法華三昧田算用状、観音寺文書)などが知られる。また本条で棄破された庄例郷例とは、「但本文ニハ徳分捌斗也ト云ヘトモ弐斗定損ニ減シテ水損旱損無シニ定徳分陸斗」(天文二十三年七月五日宝泉坊寄進状、観音寺文書)とある加地子得分の定損であったと考えられる。

公方年貢　この語は、南北朝期ごろより畿内先進地域を中心に、一部中間地帯の売券などに特徴的にあらわれるが、これは荘園制の収取体系における本年貢であることが証明されている(三浦圭一「惣村の起源とその役割」(『史林』五〇巻二号))。そして当該期の近江地方の「年貢」なる語は、この公方年貢を含んだ、より広義の意味に使用されており、公方年貢・加地子得分・反銭・万雑公事など、ほぼ直接生産者よりの全収取物を含んだ概念として使用されている例さえ見られる。このかぎりでは、本年貢も加地子得分も、万雑公事もそれぞれ年貢とよばれうるものであったことがわかる。ところでこの旧来の荘園領主的土地所有に基づく収取体系上の本年貢が、公方年貢として南北朝期以降量的に完全に固定化するのに対し、名主職に付随する加地子得分は増加の傾向をたどり、戦国期には、同一の土地における両者の収取量は、後者のそれは前者のほぼ二倍から三倍に達している。この生産力の上昇に基づく名主職に付随する私得分の増加、名主職の極端な物権化などにより、その所有者が自ら収納するものの総体を年貢と意識するようになり、公方(荘園領主・地頭を指す)に納入する荘園制の収取体系上の収取物を区別する必要が生じて、公方年貢なる表現が生まれたのであろう。

本法における「年貢」が本年貢を指すのか、加地子得分を指すのか、それらの総体としての年貢かを各条文から断定することは困難であるが、55

条の「諸年貢」なる語の存在より、在地における変質した「年貢」の用法が本法でも採用されていたと思われる。また21条において、本年貢収取者たる領主以外に「年貢」を収納しようとして、譴責使を入部させることが正当とされているものは、領主に旨趣を届けることが規定されていることから、代官とは考えられず、この「年貢」は領主の収取する本年貢とは異なった年貢、おそらく加地子得分であり、その収取者は、買得などの手段で名主職を獲得した庄外のものであったと考えられる。戦国期の動乱の基底をこの剰余生産物(名主職に伴なう加地子得分)をめぐる諸階級の争奪戦に求める見解(黒川直則「十五・六世紀の農民問題」(『日本史研究』七一号))があるが、本法の14～24条の所務立法もこの観点のなかに位置づけられるべきものであろう。

17　しかれども…彼職を改替し　明応八年六月十九日野間庄掟書(『滋賀県史』5)には、

一　於二此已後一請取候事、三箇年過候者、有二棄破一者也、

一　年貢課役以下ハ三箇年中仁堅有二御催促一、可レ被レ召候、

右三箇年中は御百姓於二無沙汰一者彼下地を可レ有二改替一者也、

とあり、このようなものが庄例として存在していたことがわかる。この部分は難解であるが、右の史料を参照して解釈すると、まず「乞ひ取らず」の主語は表現としては不適当であるが、年貢収納者であると考えられ、前の文章の「過分に組み立てこれを執る」ものと同じものと思われる。つぎに「出向かざれば」であるが、同じくその表現から若干の疑問が残るが、年貢の納入の義務のあるものが、年貢の納入のために出頭しないと解した。

なお、おそらくこの「年貢」も加地子得分を指すものと思われ、買得などの手段で得た加地子得分は、一単位あたりの量は、本年貢にくらべ僅少であり、その分布も広範囲にわたる散在性をもつので、このような事態が生じるものと思われる。

21　御中間を遣はさる　本法における所務関係の立法は、14～24条に集中的にあらわれるが、その主たるものは、百姓の年貢未進行為に対する領主側の処置を示す規定である。ところで、この年貢未進行為は、権利が錯綜している当地方にあって、個々の百姓により行われる場合も当然あったが、本法の主たる対象となっているものは、個々の百姓の場合よりも、22・24条などに生々しくその抵抗が描かれている「一庄一郷」の集団的抵抗であり、この広汎に結成された地下の惣こそ、領主層の所務を危機におちいらしめ、他の分国法にみられない特徴をもつ所務立法を定立せしめた原因であったと考える。

さて、この事態に対して本法にみられる領主側の姿勢は、まず、領主としての自覚に基づき、旧来個別領主が恣意的に行ってきた所務のあり方に限定を加え、この厳しい自己規制を基軸に階級的結集をはかり、全体的な統一行動により所務を確保しようとするものであり、その上に立って大名六角氏のあり方を規定しようとするものであった。そしてこの領主の要求する、期待される大名権力のあり方の方向のその一は、個別領主が領主階級内部の結束強化を目的とした協約に違犯した場合の、大名権力によるチェックである(18・24条など)。その二は、強力な惣に対して所務を全うするための、大名権力による強権発動の要請である。年貢確保のための領主の強固な姿勢を定めたところで、現実には、個々の領主の能力をこえた力を有し、しかも地域的にもより広範囲に結ばれている惣との対決は個別領主においては貫徹しえない。このようなケースに対して、領主階級の結集の上に支えられた大名権力のゲバルトが強く要請されるのは必然的方向であろう。牧健二氏が、「年貢諸成物の未進の督促に守護所から譴責使を派遣することを詳記したところに此法典は他にみられぬ史料を提供している」(「義治式目の発見と其価値」(『法学論叢』三七巻五号))といわれる本式目の特色も、このような位置づけの上に理解されるべきであると思われる。

北条重時家訓(六波羅殿御家訓)

19　親カタ(三一五11)　桃裕行氏は「親方とは寧ろ執権家の宗家(得宗)を指し、恩を蒙らない親方とは得宗家の子供を指したものかと思はれるが明らかで

ない。或は広く一般の尊長者を指したものであるかも知れない」(桃『北条重時の家訓』九六頁)とされ、筧泰彦氏は「はっきりしないところもあるが、得宗家の人々をはじめ、自己よりは血縁的序列の上位にある同族の人々をさしたものか」(筧『中世武家家訓の研究』一九頁)といわれる。庶家が本家を指して親方とよんだ例としては、時代がやや下るが、本書三八五頁所収、年欠十月二日小早川弘景置文3条に「根本が親方の末にて候」とみえ、また『大日本古文書』小早川家文書之二、三三七号、年欠八月十九日小早川陽満書状写に「其時沼田庄当家へ拝領仕候之処、備後守及㆓生涯㆒候之間、此方へ平にわびられ候。猶々おや方の事にて候へば候(と)て、出雲守もむかし人之事にて候之間、れんみんの儀にて、御免の事被㆑申候」とあるのを挙げることができる。

置　文

一　この渋谷定心置文が書かれてから五年後の建長二年(一二五〇)十月二十日付で、ほとんど同一の内容の定心置文が作成されており、『入来文書』中の「入来院家文書」五六・五三号に案文が載せられている。7〜18条と末文はほとんど同文であるが、ただ15条が欠けており、1〜6条に相当する部分が建長当時の状況を反映してか、若干相違していることが注意される。

二　竹崎季長置文に関して『熊本県史料』中世篇第四「秋岡氏所蔵文書」第一号(四六一〜四六三頁)としてはじめて紹介された文書は、左のようなものである。

海頭郷御社　　定置条条事奉写

一　御宮祭田分
　下小原町壱町内
　春祭田参段弐丈付南
　五月五日会参段弐丈付水口
　九月九日会参段弐丈付中
　夅祭田参段弐丈野副里一所参段　同里南壱丈 小原町内壱丈
　釼御前祭田　　一分屋敷北参丈
　若宮祭田壱段、堂園北在之、
　燈油田壱段肆丈、野副里在之、
一　一祝藤井末成分
　当時居屋敷壱所、田地岩下捌段、坪内南五段、祝給宛之、
一　宣命　命婦等分
　薦浦内壱段　甲佐一給　同坪内壱段　阿蘓一給　逆之谷壱段　辻
　若一給
一　正月元節供田弐段弐丈北浦在之、
一　御宮修理田岩下神前弐段、所当米毎年壱石於納之、為祝沙汰定器量之公文、以五把利入出挙之時者、不論親疎、無現質者不可入之、又雖募季長之子孫威、同無現質者、一切不可取之、但春下秋収時者、使共遂結解、可存知其員数、彼彼(マヽ)出挙米及弐百石者、可専修造、次建立神宮寺於社壇内、加拝殿・炊殿・庁屋之修理、又構置命婦等装束、御神事日、可成装束粧、又所定置一二祝及命婦・発者等仁、歳末之時壱石宛可有下行之、将又公文幷使仁免物分十石宛可与之、此外有犯用之時者、云公文、云使、処罪科、改易其役、可仰付于正直之仁矣、
一　御祭田、若有損亡之年者、御祭田分不足撿宛之、彼出挙米於令下行于頭人、可遂御祭矣、
一　所定置于御祈禱之仁輩中、於膊(マヽ)奕盗賊幷参勤不法懈怠悪口之族者改易之、語居器量之仁、可致精勤矣、
以前条条、所定置如斯、仍祝・宣命・命婦等、正月七ケ日・二季彼岸・毎月朔日・五月五日・九月九日・春冬之御祭仁令参勤、致　公家武家之御祈禱、次季長幷子孫現当二世之祈誠、可成忠節之状如件、
　　正応六年正月廿三日
　　　　　　　　　地頭左兵衛尉季長(花押)

見られるように、本文で底本とした現「塔福寺所蔵文書」本とはかなり相違があるが、この伝本が果たして正応六年正月二十三日の本来の原本の

写であるのか(事書に「奉写」とみえることに注意)どうか、季長の花押や継目裏の花押は正応当時のそれか、あるいは正和三年のものなのかも不明で、原本を拝見できていない今の段階では、判断を留保しておくほかはない。なお、ここに掲げた文書は、工藤敬一氏より提供された原本の写真によって若干の補正を行ってある。

この置文は…書き置く所なり(三七五上9)　正応六年(一二九三)に定めた置文を正和三年(一三一四)になって再び書き改めたが、その間に季長の花押(判形)の形が変化したので、後に問題が起こることをおそれてそのことを注記したのである。

三　四十八両かくる地子の苧(三七七上18)　在家にかけられる貢租としてのからむしの皮の糸が「地子の苧」。中分された北方・南方からの地子を均等にするため、北方から毎年四十八両のからむしが南方の相良氏側に与えられていた。

五　畑を禁制し、山をしやうじて、五しやうのきをまし(三七九上8)　この部分は難解で、解読にも諸説がある。(1)通説的見解は「五しやう」を「もしやう」とよんで「畑を禁制し山を尚じて茂生の樹を増し」と解し、焼畑を作ることを禁止して山林の樹木を繁茂させる、の意とする(『史徴墨宝考証』)。それ以外に、「もしやう」を「五しやう」とよみ、(2)「畑を禁制し山を賞して後生の機を増し」と解し、焼畑の禁制・山林の重視によって極楽往生の機縁とする、の意とするか(佐藤進一『南北朝の動乱』三〇〇頁)、あるいは、(3)「端を禁制し山を尚じて五常の義を磨し」とよんで、宗教的異端を禁じ、大智の聖護寺を崇敬して仁義礼智信の五つの道徳をみがく意とする説など種々あるが、字体からは「もしやう」より「五しやう」とみる方がよいとすれば、中では(2)説がもっとも無理が少ないように思われる。

七　御館の辺土信跡(三八〇上3)　小早川本宗家の館が「御館」であるが、所在地は不詳。しかし高山城の南麓、現広島県豊田郡本郷町の中心部付近であろう。「辺土信跡」には誤写があるのではないかと思われる。このままでは意味がはっきりしない。

八　故殿(三八〇下5)　貞平の父で七の置文を発した宣平とみたいが、小早川氏系図では宣平の没年は応永二年十二月となっているので、当時はまだ生存中。そうすれば祖父の朝平であろうか。朝平の時代からすでにこの種の禁制が発布されていたのかも知れない。

一二　手嶋者ども(三八七上15)　「手嶋衆」とも見え、有力な家臣団で、13条に「我等家の年比忠勤の者」と見える。以下の中屋・大木・吉近・末松・井懸・田中の諸氏がすべてこの「手嶋衆」の構成員かどうかは不明だが、手島氏は東野村(現竹原市東野)の江戸中期の庄屋の氏(能島正美氏による)の名、吉近は東野の字名、末松は現本郷町南方の内の小字(末松屋敷)、井懸は新庄村(現竹原市新庄)の字名として、それぞれ遺称地を残しており、いずれも竹原小早川氏の居城のごく近傍に位置している。

一三　井本に…知行せし也(三九一上12)　常連の二男正連は井本氏と称し(井本は現島根県邑智郡邑智町内の片山の川上に、井元の地名として残っている)、竜尾(地名。所在地未詳)より上の地を譲与されたが、その所領の佐波郷内に所在する分については、佐波氏の惣領家が最終的支配権をもっていた。赤穴氏の庶流である井本氏にとって赤穴氏の本家が惣領であり、佐波氏はさらにその惣領家にあたるので、大惣領とよんだのである。井本氏は佐波氏の下で郷内の所領を支配していたので、後に佐波元連讒訴の事件で没落した時、その郷内の所領は佐波氏に没収されてしまった。また井本氏の赤穴庄内の所領は赤穴本家の最終的支配権の下にあった。

赤穴を常連知行する事…今に知行す(三九一上16)　赤穴氏の赤穴庄支配の由来を説く。赤穴庄の本来の支配者紀季実は「先代方」すなわち北条氏に属し、元弘の乱に六波羅探題とともに近江国番場宿までのがれたが、そこから出家・逃亡してしまった。その後、遺子の兄弟が東西を分割・支配していたが相論を起こし、ついに隣国佐波郷の佐波実連の次男常連がこの地の支配権を獲得して赤穴氏となったのである。

内野合戦(三九一下4)　明徳二年(一三九一)、山名氏清らが明徳の乱を起こし、将軍足利義満によって討滅された事件。それまで出雲守護だった山名満幸も叛乱に加わったため、守護は以後、京極高詮に代えられた。

佐波の本領は…とありけり(三九一下6)　赤穴氏が佐波郷内に有する本領は、

佐波氏の惣領の最終的支配権の下で、赤穴氏が支配する。また赤穴庄の本領は出雲守護京極氏に従属して、赤穴氏が支配する。

飛騨合戦（三九一下8） 応永十八年（一四一一）、飛騨守護京極氏が将軍の命をうけて飛騨国司姉小路尹綱を討伐した戦い。

惣領…退治せしむ（三九一下16） 宝徳元年（一四四九）ごろ、佐波元連が赤穴別宮の社領支配を妨げたとして石清水八幡宮の神人が幕府に訴えたので、将軍は出雲守護京極氏・石見守護山名氏に命じて元連を討伐させた。

佐波本領別け…すてけり（三九一下19） 佐波郷内に赤穴氏のもっていた所領の支配権を放棄した。片山は現邑智町に地名が残っている。

梁山（三九二下7）『萩藩閥閲録』七十一、佐波庄三郎の項によると、佐波家の歴代として、①善四郎実連—②万善（寿ィ）寺玉峯慶琮—③善源寺慶隆〈実名顕清〉—④梁山善棟—⑤三河守〈昌山善繁〉—⑥瑞竜院直翁義正—⑦常陸介秀連〈表徳号休々　法名天外連大居士〉（以下略）をあげている。梁山がこの④の人に当たることは動くまいが、その実名は未詳である。一方、太田亮『姓氏家系大辞典』巻二、サハ項所引の「佐波系図」の当該部分は、㈠実連（貫連）—㈡清政（之連）（玉峰慶珍）—㈢顕清（顕連）（善源寺殿）（慶隆）—㈣実連（顕清）（善四郎）（入道賢儀）—㈤行連（頼清）（善四郎）（三河守）—㈥清連（幸連）（善四郎）（三河守）（昌山義繁）—㈦元連（直翁義正）—㈧秀連（休々斎）（天外秀連）となっており、①②③と㈠㈡㈢、⑤⑥⑦と㈥㈦㈧はそれぞれ対応するから、もしもこの「佐波系図」を信ずるならば、梁山とは㈣の実連か㈤の行連ということになろう。しかしこの「佐波系図」の所伝はすでに本文の赤名郡連置文とくいちがう点がいくつかあり、どこまで信じてよいのか疑問である。したがってこれ以上の推論は控えておくことにしたい。

つのめのかい（三九三上10） 現邑智町内、高畑の北方約一粁の所に「津ノ目山」という山があり、江ノ川の屈曲点に急峻な斜面をなして聳え立っている。「かい」は峡谷の意で、「つのめのかい」とは、この付近の江ノ川の谷間を指すのではなかろうか。高畑から赤穴へ行くには、この地点を通らねばならない。ついでながら、かつて斎藤茂吉氏の「鴨山考」によって、はじめ柿本人麿の終焉の地の鴨山に比定されたのが、この津ノ目山である。

一揆契状

一 この契約状に連署しているのは十一名である。次にその名を示そう。

1藤原俊清、2同盛通、3同実綱、4同通広、5同通俊、6同資貞、7同通顕、8同資綱、9同通行、10沙弥浄覚、11熊寿丸代道円

（以上いずれも花押がある）

かれらを南北朝初期の系図（『大日本古文書』山内首藤家文書、五六八号）上に示すと左のようになる。

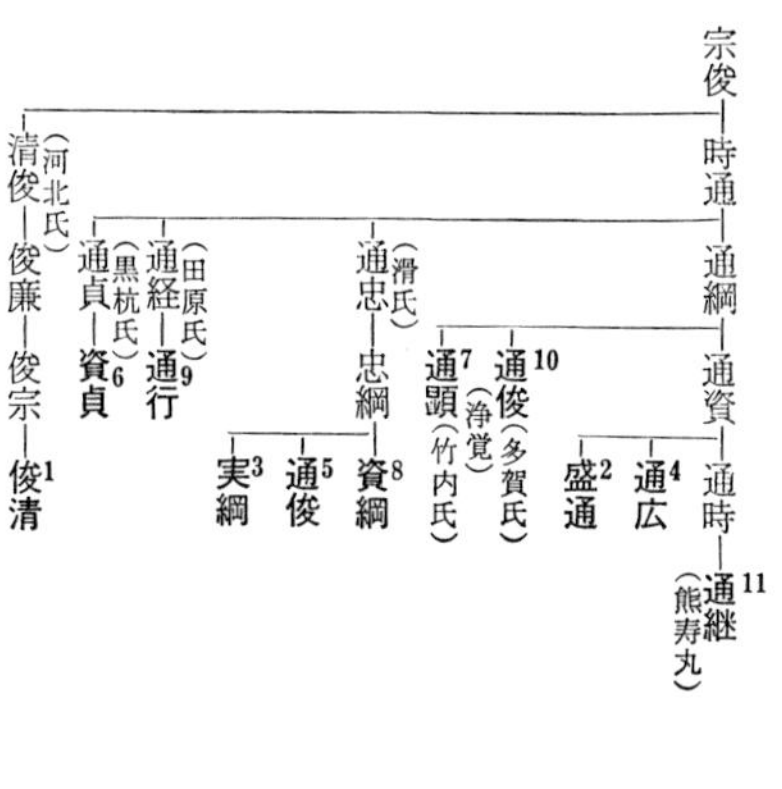

最末尾に連署している熊寿丸こそ後の惣領通継であるが、当時はまだ幼少のため代官が署判している。その前の沙弥浄覚と二人だけが他の一族より用紙の上部に近い、一段と高い地位に署判していることは、かれら二人の地位の高さを表現している。なお系図上に示される嫡庶の関係と署判の

順序(後ほど上位になる)との対応に注意すること。

二　この起請文には十三行にわたって一行に二名ずつ、最後の行のみ一名で、総計二十五名の連署がある。次にその名を示そう。

1 了覚、2 覚明、3 浄智、4 浄心、5 良延、6 心蓮、7 重氏、8 貞長、9 真願、10 長俊、11 友安、12 重行、13 貞良、14 長良、15 弥太郎、16 重村、17 安村、18 忠秀、19 友俊、20 彦六、21 良武、22 仙長、23 辰千代丸*、24 友明、25 友時

（*印は花押のないもの）

冒頭の了覚は、正平九年六月三十日れうかく譲状(高野山史編纂所編『高野山文書十、旧高野領内文書(二)』一五九号)の端裏書などによって、隅田葛原氏の忠長であることが判明する。18の忠秀は、正平十五年十二月廿三日藤原忠秀田地売券(上掲文書三一〇号)等に名をのこす、同じ隅田葛原氏の一族堺原氏であろうか(上掲書三六三号、葛原氏系図写参照)。それ以外の人物については未考であるが、11友安・19友俊・24友明・25友時、7重氏・12重行・16重村、10長俊・14長良など、同じ通字を用いていかにも一族らしい名をもつグループがいくつかあることに注目したい。

三　この契状の署名者は総計六十一名の多数にのぼる。次にその名を示そう。

1 久米代大善《ママ》亮為頼、2 水俣蔵人大夫武宗、3 相良参川権守右頼、4 平川兵庫允師門、5 牛屎鳥越隼人佐義元、6 牛屎青木沙弥元生、7 奥野代源助景、8 牛屎牛野備前守元英、9 牧図書助重親、10 和泉朝岳刑部丞保種、11 佐敷代備前権守国顕、12 曾木大和守元義、13 和泉知色左衛門尉兼光、14 田浦因幡守国家、15 相良近江守前頼、16 牛屎太田沙弥元清、17 馬越対馬守高意、18 須恵修理亮重宗、19 村角豊前介公茂、20 恒松石見権守峯、21 肝付出羽守兼家、22 肥後豊前介高基、23 中野出雲守幸重、24 平良代縫殿助重秀、25 梅北右京亮久兼、26 岡本越前守頼季、27 湯浦代弾正忠俊宗、28 和田土佐守久宗、29 和泉井口左近将監保合、30 和泉上村沙弥道一、31 □黒代兵庫允国家、32 伊藤左衛門尉祐一、33 税所但馬守祐平、34 津歎栗左衛門尉武実、35 久多羅木左京亮国貞、36 渋谷遠江守直重、37 大村代平前重、38 大溝左近将監高岡、39 牛屎河内守元息、40 高木修理亮久勝、41 永里大和権守武綱、42 宮原橘公冬、43 野辺代丹波守助国、44 和田備前正久、45 橋口伴鬼王丸、46 東郷信乃守久道、47 救仁郷沙弥宗世、48 相良多良木遠江守頼忠、49 牛屎山野左衛門尉元詮、50 牛屎羽月石見守元豊、51 高木長門守久家、52 和泉杉民部丞兼義、53 北原備前権守頼兼、54 和泉縫殿允村保、55 篠原光武左衛門尉忠秀、56 野辺薩摩守盛久、57 税所介祐義、58 大津保沙弥座功、59 敷禰左衛門尉親宗、60 左近将監、61 左衛門尉

（56 以下六名については「在判」の注記がない。原本には花押がなかったものと思われる）

最高位に署名している左衛門尉と左近将監の二人が肩書の姓および実名を欠いている点で他と異なっており、あるいは今川了俊の側の代理者として派遣された人物かも知れない。他の五十九名については、ほぼその出身地・根拠地が判明するので、各国別に列挙してみよう。まず肥後は相良(15・3)、相良多良木(48)、久米(1)(なお「久米代」の代は代理人の意に解する、以下同じ)、平川(4)、須恵(18)、永里(41)など球磨郡の人吉盆地によるもの、久多羅木(35)、田浦(14)、佐敷(11)、湯浦(27)、水俣(2)など蘆北郡内の地名を負う武士、それに八代郡の宮原(42)氏などが数えられる。

薩摩は北薩の和泉院を本拠とした和泉(54)、和泉朝岳(10)、和泉知色(13)、和泉井口(29)、和泉上村(30)、和泉杉(52)などの諸氏に、同じく肥後に隣接する牛屎院(大口盆地)の牛屎(39)、牛屎鳥越(5)、牛屎青木(6)、牛屎牛野(8)、牛屎太田(16)、牛屎山野(49)、牛屎羽月(50)の諸氏と篠原光武氏(55)、さらに国府付近をおさえていた渋谷氏一族の渋谷(36)、大村(37)、東郷(46)の諸氏が加わっている。

大隅は菱刈院の曽木(12)氏、馬越(17)氏、大溝(38)氏をはじめ、国衙の税所職を相伝した税所(57・33)氏、もと北条氏時代の守護代だった肥後(22)氏、肝付郡による豪族肝付(21)氏と北原(53)氏、肝付一族の橋口(45)氏と姶良郡の敷禰(59)氏が参加している。

日向では主として大隅との国境に近い地域の武士が多く、救仁郷(47)、野辺(43・56)、伊藤(32)(伊東と同じか)、和田(28・44)、岡本(26)、梅北(25)、高木(40・51)、中野(23)、平良(24)、村角(19)、大津保(58)などの

諸氏を数えることができる。
なおこの他、奥野(7)、牧(9)、恒松(20)、□黒(31)、津藪栗(34)の諸氏については残念ながら未考であるが、一応判明したもののみをひろうと、肥後十三名、薩摩十七名、大隅十名、日向十四名という国別の分布を示しており、地図上におとしてみれば明らかなように、南九州一帯にあつくひろがる島津氏の包囲網を形成している。

四 この契諸状の連署者は「松浦山代文書」では四十六人、「青方文書」では三十四人である。まず「松浦山代文書」によって、その名を示そう。

1 ひらと源湛、2 たひら駿河守定、3 やましろ遠江守栄、4 おゝしま駿河守徳、5 ひう越前守純、6 しさ壱岐守調、7 たんこ左衛門尉遶、8 うく伊豆守勝、9 みくりや三河守守*、10 あいのうら鬼益丸代、11 さゝ長門守相*、12 こさゝ備前守*、13 あいのうらのはら能登守超*、14 おうち薩摩守広*、15 いまり伊豆守高*、16 はきた若狭守助*、17 しやうやま薩摩守連*、18 まつうのかわ常陸介授*、19 つきのかわ周防守続*、20 つよし因幡守安*、21 ふねのはら長門守茂*、22 いきつきの一ふん大和守*、23 いきつきのかとう常陸介*、24 いきつきのかとう伊勢守*、25 させほ石見守元*、26 させほのいまふく左京亮*、27 ありたのよしの若狭介*、28 みやち周防守聞*、29 ふくの因幡守*、30 くすく諸亀丸代叶、31 きす因幡守壱*、32 ふく井沙弥源光*、33 しさのしらはま白浜後家代弘*、34 みくりやのさかもと源宥*、35 ひらとのおうの若狭守広*、36 ひらと石見守武*、37 うくのふちわら若狭守定、38 うくのたかせ因幡守広、39 ありかわ石見守全、40 うくの江近江守伝、41 あをかた豊前守固、42 うくのまつお伯耆守剛、43 なる式部丞貞、44 しさのまつのお石見守信*、45 有河代囲*、46 しゝき但馬守重

(*印は花押のないもの)

次に「青方文書」による異同を示そう。6「調」は「親」とある。10「あいのうら」は「あいのうらのたいさきむら」とある。13・14の二人はみえない。17・18の二人はみえない。22「いきつきの一ふん大和守」は「いちふ大和守持」とみえ、花押がある。23「いきつきのかとう常陸介」は「いきつき常陸守景世」とみえ、花押がある。24「いきつきのかとう伊勢守」は「いきつき伊勢守景」とみえ、花押がある。25・26・27・28・29の五人はみえない。30の花押がみえない。33花押がある。34が一人みえない。35「ひらとのおうの」を「おうの」とする。37が一人みえない。40「うくの江」を「うくのゑ」とする。41花押がみえない。42「うくのまつお」を「まつを」とする。44・45の二人がみえず、代わりに「沙弥道阿」とある。

なお「松浦山代文書」と「青方文書」の本文を比較すると、「青方文書」では5条の「披見両方文書任理非可落居聊」の十三字が脱落しているほか、「弓箭」を「弓矢」につくるとか、「令」「矣」の脱落があるなど小異があるが、大きな相異はない。

ところでこうした一揆契諸状の伝本が二種あり、とくに連署者にかなりの出入りがあることは注意すべき事実であり、長沼賢海氏の説かれるように、連署者のうち若干名が会合して多くの同文の契諸状を作成し、それぞれの家に頒った際、家によって連署者に出入りができ、また欠席者には後に連署に加わった者もあるのかも知れない(『松浦党の研究』四八〜四九頁)。いずれにせよ、こうした一揆契諸状作成の手続きを明らかにする上で重要な手がかりを与える事実である。

これら連署者の肩に記されているのが、かれらの根拠地の地名であり、同時にその名字でもあった。これに漢字をあて、現在地に比定可能なものは( )内に記すと、以下のようになる。1・36平戸(長崎県平戸市、以下長崎県内については県名を省略する)、2田平(北松浦郡田平町)、3山代(佐賀県伊万里市山代町など)、4大嶋(北松浦郡大島村)、5日宇(佐世保市日宇町)、6志佐(松浦市志佐町)、7未考、8宇久(北松浦郡宇久町)、9御厨(松浦市御厨町)、10相神浦(佐世保市相浦町)、11佐々(北松浦郡佐々町)、12小佐々(北松浦郡小佐々町)、13相神浦原(10と同じか)、14相知(佐賀県東松浦郡相知町)、15伊万里(佐賀県伊万里市)、16未考、荻田か、17未考、庄山か、18未考、あるいは松河か、19調川(松浦市調川町)、20津吉(平戸市津吉町)、21船原(佐賀県東松浦郡か)、22生月一分(北松浦郡生月町一部浦)、23・24生月加藤(生月町内か)、25佐世保(佐世保市)、26佐世保今福(佐世保市今福町)、27有田吉野(佐賀県西松浦郡有田町内か)、28宮

地(佐世保市宮地町)、29福野(佐賀県伊万里市福野)、30楠久(佐賀県伊万里市山代町楠久)、31未考、32福井(北松浦郡吉井町福井)、33志佐白浜(松浦市志佐町白浜免)、34御厨坂本(松浦市御厨町内か)、35平戸大野(平戸市大野町)、37宇久藤原(北松浦郡宇久町内か)、38宇久高瀬(同上か)、39・45有河(南松浦郡有川町)、40宇久江(北松浦郡宇久町内か)、41青方(南松浦郡上五島町青方郷)、42宇久松尾(北松浦郡宇久町内か)、43奈留(南松浦郡奈留町)、44志佐松尾(松浦市志佐町内か)、46志々岐(平戸市志々伎町)。地図を参照されれば直ちに明らかなように、その分布は五島列島から平戸島・生月島・大島、九州の本土の北松浦半島を中心に、さらに現佐賀県の西半部にまで及んでいる。これが下松浦党の大一揆と呼ばれているのももっともである。

五　この契諾状に連署しているのは総計三十一名である。次にその名を示そう。

1大河内保闔、2宮地周防守聞*、3林越前守定*、4大曲正奉*、5宮村伊勢守力*、6松河長門守勝*、7庄山薩摩守連*、8値賀女子代公武*、9丹後守五*、10肥前守湛、11石見守武、12若狭守広、13周防守崇、14長門守公和、15新左衛門固*、16図書允隠*、17相神浦鬼益丸*、18山城介秀明、19大炊助与*、20家益、21周防守家資*、22因幡守家重、23津吉因幡守安、24津吉立石掃部助栄、25生月山田彦犬丸代兵庫允義本*、26御厨三河守守*、27御厨田代近*、28調河熊房丸*、29志自岐但馬介重、30津吉巨田兵庫允有、31田平駿河守定*　(*印は花押のないもの)

これらの連署者中、上の四の永徳四年の契諾状と共通する者は、2宮地周防守聞(四28)、7庄山薩摩守連(四17)、17相神浦鬼益丸(四10)、23津吉因幡守安(四20)、29志自岐但馬介重(四46)、31田平駿河守定(四2)の六名、名字などの共通する者は、6松河(四18)、24津吉立石・30津吉巨田、25生月山田、26御厨(四9)、27御厨田代、28調河(四19)の七名を数えることができるが、他の連署者については必ずしもはっきりしない。名字の明記されている者でまだ現在の地名に比定しえない者も多少ある。

六　この契諾状に連署しているのは総計三十四名である。次にその名を示そう。

1伊賀守正、2兵庫允義本*、3沙弥妙怡、4沙弥善栄*、5美濃守応*、6宮内允授*、7右京進長*、8兵庫允重*、9勘解由左衛門尉一*、10安芸守祝*、11近江守照*、12壱岐守宥*、13越前守聞*、14若狭守貞、15沙弥道信*、16淡路守崇、17沙弥浄覚*、18常陸守景義、19若狭守広、20備前守勤、21幸王丸*、22伊勢守授、23沙弥禅源、24伊豆守高、25幸増丸*、26伊豆守勝、27丹後守定、28豊前守周、29安芸繁*、30出叶、31弾正忠合、32右京進長、33小法師丸*、34民部丞省　(*印は花押のないもの)

これらの連署者には一つも肩書が付けられておらず、前二回の大一揆の契諾状の連署者との同定がなかなか困難であるが、少なくとも19若狭守広は四35の平戸大野若狭守広と、24伊豆守高は四15の伊万里伊豆守高と、26伊豆守勝は四8の宇久伊豆守勝と同一人物である。他は未考であるが、この場合にも一揆の参加者は前二回とさほど異なってはいなかったと判断する。

七　この契約状に連署しているのは総計三十二名である。次にその名を示そう。

1称、2全、3頓阿、4道阿、5能阿、6来阿、7剛、8重、9弘、10広、11秀、12固、13禅芳、14聞*、15増*、16三、17祝*、18誓*、19興阿*、20直、21遊*、22有、23性智、24省、25教阿、26集、27深、28安*、29清、30長*、31備、32覚　(*印は花押のないもの)

連署者はいずれも五島列島の宇久島、中通島の有河・青方の浦、福江島の多尾の浦を根拠地とした小領主層と考えられる。

八　この契諾状の連署者は総計二十六人である。次にその名を示そう。

1貞方しんゑもん頼重、2あのゝしゆり納、3よしたけを永、4なかかはら備、5わたせ生、6おはま道勝、7こは浄円、8大くほたちわき語、9あの有、10かめのふち広、11こんとうさきやう好、12たちさや憑、13出水ひつちう収、14貞方さと頼継、15なかむらあき固、16出水しもつけ定、17貞方いつ入道興慶、18おにつか入道融全、19おにつかふんこ和、20いつみ極、21あのゝ二郎ゑもん全、22あのゝひこ与、23やまくち道海、24貞方入道良長、25大くほ入道祥信、26貞方う

た頼教

（以上いずれも花押がある）

以上の連署者の中には貞方五（1・14・17・24・26）、あの四（2・9・21・22）、出水二（13・16）、大くぼ二（8・25）、おにづか二（18・19）などのように同姓者が多く、かれらが一族・一家の意識に結ばれていたことをうかがわせる。個々の姓については十分に明らかでないが、おはま（小浜）・こば（木場）・大くぼ（大久保）・おにづか（鬼塚）などいずれも宇久島内の地名として現存しており、他の姓もみな同様に宇久島内の地名を負うたものと考えられる。

九　浦の中（四〇五下2）　この浦が肥前国五島列島中のどの浦であるかは、まだはっきりしないが、おそらく中通島の青方浦を中心とした地域であろう。この契約状の連署者中にすゝむ（進）・近などの青方氏や鮎河むつぶ（昵）などの青方氏一族の名が見えること、起請文の神名の中に青方浦の南方にそびえる山王山（三王山）にまつられた「山王」の名が現われること、この文書が「青方文書」中に伝来したことなどから、そのように推定する。

（連署）　この契約状に連署しているのは、総計二十四名である。次にその名を示そう。

1 おんあ、2 れうかく、3 かいけん、4 むつふ、5 さたむ、6 たかし、7 すゝむ、8 さたし、9 あつむ、10 つかう、11 さつく、12 のた みかく、13 三郎二郎 いさむ、14 六郎二郎 ひろし、15 なかこ三郎二郎 みつる、16 二郎四郎 ひろむ、17 まこ四郎 なかし、18 いやなかゝはたけし、19 うしとう丸、20 ひこ四郎 ほむる、21 とくかめ丸、22 ひかとり丸、23 れうほん*、24 近

（*印は花押のないもの）

一〇　この契約状の連署者は総計三十三名である。次にその名を示そう。

1 小河内沙弥妙語、2 郷原修理亮清泰、3 窪角左近蔵人氏則、4 横山右近蔵人高実、5 山県八郎左衛門尉親正*、6 久芳上野守秀清、7 児玉豊前守広家、8 長江丹後守景光*、9 忍次郎右衛門尉景貞、10 遠藤修理亮直俊、11 横山若狭守高経、12 市河左近将監信貞、13 金子勘解由左衛門信親、14 完戸右京亮在家、15 井原美作守在教、16 香河修理亮之正、17 三須次郎兵衛尉忠清、18 毛利越後守元衡*、19 毛利大江親秀、20 毛利沙弥宗護、21 品河近江守実久、22 熊谷沙弥直会、23 温科出羽守親理、24 天野沙弥昌儀、25 伴兵部大夫経房、26 毛利大江広身、27 小幡山城守親行、28 厳島安芸守親頼《(ママ)》*、29 毛利備中守之房、30 平賀沙弥妙章、31 天野式部大輔宗政*、32 能富形部少輔重氏、33 のうみちくせん守▨▨

（*印は花押のないもの）

毛利氏を名のる者が五名（18・19・20・26・29）にのぼって、他の諸姓を断然おさえる多数を占めていることは、この一揆の結成に果たした毛利氏の役割の大きさを物語っている。天野（24・31）・横山（4・11）の両氏が各二名ずつ署判しているほかは、各姓一名ずつで、その根拠地の分布は高田郡を中心にひろく安芸国一帯に及んでおり、当時の安芸の国人の相当部分を網羅したものと推定されるが、小早川・吉川両氏などの幕府に直属していた有力国人の名がみえないことは注意される。山県（5）・児玉（7）・長江（8）・忍（9）・市河（12）・金子（13）・完戸（14）・香河（16）・毛利・品河（21）・熊谷（22）・天野・厳島神主家（28）・平賀（30）など、鎌倉時代に鎌倉幕府の御家人として安芸国内に地頭職を与えられた武士の子孫と推定される者が多くみられ、それ以外にも鎌倉期の地頭や庄官の系統をひくものが大半を占めていたであろうと思われる。

一二　これに連署した高梨一族は十五人で、その名は以下のようである。

1 南条道高、2 治部少輔道朝、3 河内守高房、4 椚原朝将、5 讃岐守秀光、6 伊勢守国高、7 美濃守信高、8 安田高茂、9 弥三郎将秀、10 左近将監景国、11 兵庫助房秀、12 伯耆守長将、13 小次郎教 高、14 四郎教高、15 彦太郎高実

（以上いずれも花押がある）

そのうち地名とおぼしきものを姓に負うているのは南条（1）、椚原（4）、安田（8）であるが、いずれも高梨氏が本拠としていた現長野県北部の中野市の周辺一帯であろう。南条はあるいは笠原牧南条か、安田は飯山の東南部であろう。その他一族の相互間の関係については未考である。

一三　この契約状の署名は紙の裏面に、連署者の平等を示すため円の周囲になされており、通常、傘連判と呼ばれる形式である。

連署者の家が、「小早川氏系図」（小早川家文書之二、三九〇頁以下）の上でどのような関係に立っているかを表示すると次のようになる。

景平―茂平―雅平(沼田小早川氏)(惣領家)―朝平―宣平―貞平―春平―則平
　　　　　　　　　　　　　　　　　　　　　　　　　　　　　　　└時春(梨子羽氏)
　　　　　　　　　　　　　　　　　　　　　　　　　　└夏平(土倉氏)
　　　　　　　　　　　　　　　　　　　　└氏平(小泉氏)
　　　　　　　　　　　　　　　　　　　　└氏実(浦氏)
　　　　　　　　　　　　　　　　　　　　└惟平(生口氏)
　　　　└政景(竹原小早川氏)
　　　　└経平(舟木氏)
　　　　└忠茂(秋光氏)
　└季平―国平(椋梨氏)―定平
　　　　　　　　　└為平(和木氏)―茂国
　　　　　　　　　　　　　　└信平(上山氏)
　　　└信平(小田氏)

またこれら庶子家が姓としている地名は、梨子羽・舟木・小泉・浦が沼田本庄内の現広島県本郷町・三原市一帯に分布し、椋梨子・小田・上山・乃美・清武・乃良・土倉などは主として沼田川上流の山間部にひろがっている。生口は瀬戸内海中の生口島であって、小早川氏一族がかなり広範囲に勢力をのばしていたことを示している。

一四　この壁書の連署者は十八名で、その名は以下のようである。

1 山浦、2 桃井伊豆守義孝、3 中条越前守藤資、4 黒川四郎右兵衛尉清実、5 斎藤下野守定信、6 毛利松若丸*、7 同安芸入道祖栄、8 加地安芸守春綱、9 竹俣筑後守昌綱、10 水原伊勢守政家、11 安田治部少輔長秀、12 五十公野弥三郎景家*、13 新発田伯耆守綱貞、14 鮎川摂津守清長、15 色部遠江守憲長、16 本庄対馬守房長、17 又四郎定種、18 十郎　(*印は花押のないもの)

このうち中条(3)、黒川(4)、加地(7)、竹俣(9)、水原(10)、安田(11)、五十公野(12)、新発田(13)、鮎川(14)、色部(15)、本庄(16)の諸氏は阿賀野川以北のいわゆる下越地方に蟠踞する有力な諸豪族(揚北衆《あがきたしゅう》ともよぶ)で、斎藤(5)、毛利(6・7)両氏は中越地方の豪族。又四郎定種(17)は長尾氏の一門で山本寺と称した家の人、十郎(18)は長尾氏の一族、古志長尾家の景信。山浦(1)、桃井(2)は未考であるが、あるいは長尾氏の一門であるかも知れない。

一五　この起請文の連署者は総計三十二名である。次にその名を示す。

1 福原左近允広俊、2 志道上野介広良、3 桂左衛門尉元澄、4 福原中務少輔元勝、5 坂次郎三郎広昌、6 山中山城守元孝*、7 光永下総守元隆、8 北式部少輔就勝*、9 井上新左衛門尉元吉、10 粟屋備前守元秀、11 井上左馬助就在、12 長屋縫殿允吉親、13 井上中務丞元盛、14 井上兵庫助元貞、15 国司飛騨守有相、16 井上豊後守有景、17 井上木工助元続、18 井上伯耆守俊秀、19 井上宗左衛門尉良在、20 井上肥後守俊久、21 国司助三郎就連、22 粟屋弥六元親、23 粟屋掃部助元国、24 赤川十郎左衛門尉就秀、25 飯田下野守広親、26 赤川左京亮元助、27 佐々部式部少輔*、28 南方越前守親州、29 内藤中務丞元廉、30 秋山信濃守親吉、31 三田周防守元実、32 井原常陸介元師　(*印は花押のないもの)

この連署者は毛利氏家中の有力者を網羅しているが、筆頭の福原広俊は元就の母の父、毛利氏の一族で老臣の第一であり、志道広良(2)も毛利一族の小庶子家の出身で元就のもっとも早くからの重臣。以下桂・坂・北いずれも毛利の一族庶子家である。井上氏(9・11・13・14・16・17・18・19・20)は総計九名の多数にのぼり、のちに元就によって一族の大半が粛清されるが、吉田庄付近の小領主の出身でそれまで毛利氏家中第一の実権を握っていた一族であることを如実に示している。粟屋(10・22・23)・赤川(24・26)・国司(15・21)などがこれにつぐ有力者であろう。国司氏は吉田庄近くの小領主出身で、他の二氏は毛利氏惣領家か庶子家の被官から出た家である。ここに現われる署名者の大半は毛利氏の本拠地吉田庄内かその近傍の地名を負うものであり、彼らの結合が毛利氏権力の中枢を形成していたことをうかがわせる。「年寄衆」とよばれるのは彼らのことであろう。

一六　人沙汰(四一二上16)　藤木久志氏は、この「人沙汰」を「戸口調査」と解釈され、元就が領主裁判権・軍事動員権等の一環として戸口調査権を握ったのだといわれる(豊田武編『人物　日本の歴史』第六巻、戦国の群雄、二三五頁)。しかし、「人沙汰」が戸口調査を意味した事例は管見の限り存

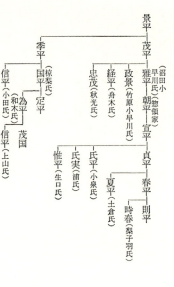

しないようである。(A)家臣間の協約による「言上条々」(1～13条)と、(B)元就の軍事指揮権にもとづく「従上様弓矢に付而条々」の二つの部分から構成されているこの起請文の(A)部分にあり、前後には喧嘩(7条)、他領よりの放し飼いの牛馬による損害(9条)、山(10条)・河(11条)・鹿の取り分(12条)など、通常の領主間契約での相互紛争処理のためにしばしば見られる規定がならべられている事実からみても、この「人沙汰」を戸口調査と解することには疑問を感ずる。むしろ逃亡した下人の人返し規定で、「男女共に」は男の下人も女の下人もともに本来の主人のもとに返還せよ、の意味と解すべきではあるまいか。

(連署)　この起請文には総計二百三十八名の連署があるが、あまりに長大となるので、その挙示は省略する。連署は、(1)実名を記す者三十六名と、(2)実名を記さない者二百二名の二つのグループに分けられ、(1)の方が(2)よりも紙面の上部に近く署名しているから、家臣団の構成における二集団の存在は明らかである。(1)グループは「年寄衆」に相当し、姓別にみればかつての享禄五年七月十三日福原広俊以下連署起請文の連署者とあまり異同がなく、井上氏が九名から一名へと急減した分は、志道・桂・粟屋氏が各四名、福原・赤川氏が各三名という進出によって補われている。新たに加わった姓は門田・秋広・和智・兼重・渡辺・敷名であり、山中・北・佐々部の三氏は今回は(1)グループから脱落していることが判る。

享禄の段階とくらべて起請文連署者の数が飛躍的に増加しているのは、井上一族の粛清によって元就の権力が毛利氏家臣団の内部にいかに深く浸透していったかを物語る事実である。

一七　他国之人数…可被曝候事　他国の軍勢と内通し、引き入れた者どもの人質があったならばこれを殺し、「誓段」(未詳。誓壇か)に曝すべきである、の意か。「仁躰」はここでは人質の意味に用いられている。また、「可被曝候事」の右わきに小さく四字ほどの傍書があるが、判読できない。なおこの箇所をはじめ、伊賀惣国一揆掟書の解読・解釈に当たって、佐藤進一氏のご教示に預かったところが多い。明記して御礼申し上げる。

解題・解説

解題

幕府法

笠松宏至

一 御成敗式目

「若衆ぐるひをするというて、妻、色に出て腹立す。「男たる者は若衆ぐるひをせよ、と式目にのせられた。神社をしりしとかけり」。女房即座に、「その式条のむねを本とせば、そちのがいよいよとどかぬなり。さいしをもつぱらにすべしとあるに」」。

この奇妙な夫婦の対話は、近世初期の笑話集「醒睡笑」が「秀句」の項に収める一話である。そしてこの秀句のタネが、式目第1条の事書「神社を修理し、祭祀を専らにすべき事」にあることはいうまでもない。夫が「式目」といえば、妻が「式条」と酬える。貞永の昔、五十一ヵ条の法令を式目とよぶべきか、式条の名をとるべきかに心を痛めた泰時を皮肉るようなこの話、当時における式目の有名さ、庶民生活への滲透ぶりを物語って余りある。同じ「醒睡笑」に、「風呂に入りて聞き居たれば、一人吟ずるやう、「山高きがゆゑにたつとからず」と。一人耳をすまして、「心がけたることや、庭訓をよまるる」といへば、一人、「あれは庭訓ではない、式条といふ物ぢや」と」とあるように、実語教・庭訓往来などとともに、式目が庶民の素読や手習いの教材に用いられていたことが、この親近性を生んだ直接の原因であった。いま東京大学附属図書館に架蔵される故穂積陳重氏の厖大なコレクションが示すように、現存する夥しい式目写本・版本の存在は、いわばそのような庶民生活の需要を充たすための生産の結果であった。寛正四年、備中の一庄園の地頭政所に、庭訓往来や「字画」とともに「式条本」が備えられていた事実(東寺百合文書、同年十一月新見庄地頭方政所注進状)は、このような式目の汎行がさらに遡ることを示している。

なぜ式目が庶民の教材にまでなり得たのか、なぜ山間の庄園の地頭の数少ない実用書の一つとして用いられていたのか、この問題は一まず措こう。私は式目の有名さ・身近さという事実そのものに注目しなければならないと考える。なぜなら、中世法の世界では、有名なる法、誰しも手にし得る法と、無名なる法、手にし得ざる法とでは、そのもつ実効力という面で、あまりにも大きな懸隔を示すからにほかならない。法が有名になるには、もちろんそれだけの理由がある。と同時に、一度有名になってしまえば、その法規範としての妥当性の如何にかかわらず、思いもかけない力をふるい始める。逆にいえば、無名な法は、きわめて限られた効力しかもち得ない。これが中世法の一つの特質であるからである。

「醒睡笑」からいま少し時代をさかのぼらせる。天文二十二年二月、謀書に怒った石山本願寺の法主証如は、犯人を死罪に処すことを決心した。ところが、さながら独立国家の専制君主ともいえる彼の決断をにぶらせる力が働いていた。ほかならぬ式目15条の規定である。「式条には可遠流ト有」。これを無視して極刑を課すことが許されるだろうか。彼は使を幕府の奉行の許に送った。「前将軍足利義晴の治世に、謀書犯を誅罰した例がある」。この返事に接した証如は、はじめて晴れて犯人を殺すことが出来たのである(『石山本願寺日記』上、六八五頁)。

恐らく彼の意向を察した幕府奉行人が、やっとのことで探し出した一つの先例、しかしそれなくしては、さすがの証如も式目の規定を無視することはできなかった。まさに式目の制定者にとっては思いもかけなかったことが、三世紀の後に起こっている。では、もしこの謀書犯遠流の法が、式目でなくて追加法の一法として立法されたとしたらどうであったろうか。一旦でも証如を逡巡させる力は全く働かなかったであろう。そしてその理由は、式目と追加法の本来もっていた効力の差などではあり得ない。すなわち、追加法なら無視し得たというのでは決してない(見やすい例は、彼は単なる一先例によって式目の規定を破っている)。そうではなくて、証如がそのような法の存在を知っていることが、そもそもあり得ない、というごく単純な理由にほかならないのである。

時代は南北朝までさかのぼる。康永三年十月、山城西岡地方の多数の村人たちは、同地の真言寺院寂照院の仁王像造立のために結縁し、その交名を同像胎内に納めた。ところで交名が書かれたのは、幸徳丸なる者の書写にかかる式目写本の紙背であり、この式目写本は、その時以前に幸徳丸自身か、あるいはその死後縁者の手によって同院に寄進されていたものであったとされている。

ではなぜ、式目の写本が寺院に寄進され、また仏像の胎内に納められるべき結縁交名が、その裏を料紙として用いたのであろうか。最近この史料を詳しく紹介された仲村研氏は、式目が寄進された根拠は、その1条・2条に記載された社寺の復興、直接には寂照院の修造にあったとされている(「山城国西岡寂照院関係文書について」(『古文書研究』五))。私はむしろ五十一ヵ条の式目全体が、すでに寺院に寄進されて不思議ないほどの、一種の神がかり的な尊崇の対象となっていたからではないかと想像する。その裏を返して結縁交名が書かれ、仁王像胎内に納められたのも、そのゆえではないだろうか。

時代はさらにさかのぼって、鎌倉末期応長元年十一月。河内国金剛寺では院主以下十人の寺僧の合議によって、寺内の大事を評定することを定め、「定置河内国金剛寺沙汰評定之事」と題する起請文が作製された(『金剛寺文書』拾遺七)。ところがこの起請文は、起請の趣旨を述べた僅かの書出し部分を除けば、「但愚暗之身、依了見之不及…」以下、式目の起請文と全くの同文であった(罰文に引かれる神名には異同がある)。

塵芥集の起請が式目のそれの引き写しであることは有名であるが、これはそれとはいささか次元を異にする一つの驚きである。金剛寺といえば、寺格といい規模といい堂々たる真言寺院であり、この僅か二十年の後には後醍醐天皇をいただく南軍の一根拠地として、長く反幕の旗をおろさなかった寺院である。その金剛寺の高僧たち——彼らにみずからの文章による起請文のつくれぬはずもない——が、同じ「評定」とはいいながら実体上の相違などは無視して、あえて式目起請文をまる写しして恥じるところもない。

泰時が重時あての書状で、「京へんには、さだめてものをもしらぬゑびすどもが、かきあつめたることよなと、わらはる」かと案じてから僅か八十年後、政治的には依然として幕府権力の容喙を許さぬ権門寺院の内部にも、式目への半盲目的な尊崇感がひろまっていたと考えるほかあるまい。

以上もっぱら、後代に生じた式目観について述べてきた。私が言いたいのは、式目が後代いかに流布し尊重されたかなどということではない。そうではなくて、御成敗式目なるものが、幕府法全体の中で、どんなに特殊な存在であったか、やや言葉を激して用いることが許されるならば、どんなに異様な存在であったか、この一事である。

式目の写しは各国守護にくばられ、さらに国中地頭御家人にその伝達が命ぜられる。多くの人々が法制定の事実だけでなく、内容についても熟知する。その結果、たとえば式目制定六年後の嘉禎四年三月の尼光蓮なる女性の仮名書の申状に「かつは五十一箇条にも、所領はをやのこころにまかすべきよしみえて候」(歴代秘録紙背古文書)と引かれるように、訴論人は当然のことのように訴陳状に法文をひく。五十数年後にはその注釈書(唯浄裏書)が生まれる。室町時代に入れば明法家清原氏は、逆に幕府の管領や奉行人に対して式目の講説を行い、ついには自家の光栄を増さんがために清原教隆一人編纂説を捏造する(植木直一郎『御成敗式目研究』七七頁)……等々、あげればきりがないこれらの現象は、現在知られているだけでも千をはるかにこえる中世幕府法の中で、僅か五十一カ条の御成敗式目にのみ固有の特殊現象であったことを忘れてはならない。中世幕府法の性格についての誤解のうち、少なからざる部分が、これら式目の特性を幕府法一般の通性であると即断してしまったことに起因しているのである。

ところで、式目の制定者自身には、式目をこのように他の幕府法とは明確に区別さるべき基本法典として成立させ、世に流布させる意図があったのであろうか。鎌倉末も間近い頃の編纂と推定される吾妻鏡が、「是(式目)則可比淡海公(藤原不比等)律令歟、彼者海内亀鏡、是者関東鴻宝也」とするような評価を、立法者自身の自負とみてよいだろうか。

御成敗式目は貞永元年八月、執権北条泰時のイニシアチブのもとに、太田康連・矢野倫重・斎藤浄円(いずれも本文三六・三七頁頭注参照)らの法曹系評定衆を主要な起草者として編纂された。その体裁(条文の排列)・内容に当時の公家法の影響を強く受けていること、採用さるべき篇目がまず決定され、次でそれに見合う内容が審議されたらしいこと、などについては1・9・15条等の補注に略述した。

問題は、どのような基準によって篇目(何を)が選択され、またどのような立法趣旨(どうするか)が本文にもり込まれているか、という点にある。もし幕府法の骨格的な基本法典たることを意図したとすれば、既成法たると新立法たるとを問わず、最も原則的な主題が列挙され、かつそれに対応する規範そのものを直截に明示するはずであり、原則にかかわる例外的な事項や、当面するきわめて臨時的な課題は除外されるべきであろう。

ところが式目全体を通してみれば、そのような性格は意外に稀薄であるといわざるを得ない。御家人の自由任官の禁止、相続にあたっての親の自由処分権、さらに二十年当知行年紀法、これらの最も原則的な規範は、いずれもその適用上の細則、もしくは例外規定などを立法主題とする条文に当然の原則として、あるいは立法趣旨を引き出すための必要から登場するにすぎない(8・39条補注および26条頭注「先条」参照)。いわばこれらの諸原則は条文の主人公としてではなく、脇役的な存在としてその姿をみせるにすぎないのである。39条補注で記したように、もし付加したり部分的な修正を加える必要がなかったとしたら、これらの原則を式目に見出すことはできなかった可能性がきわめて大きい。

一例をあげよう。16・17両条は承久の乱の戦後処理を主題とする法である。両条のもつ緊急性、およびその規範を必要とする相論の多発性は疑いもない。しかしもし制定者に、式目を半永久的な基本法たらしめようとする意識が強ければ、この両条のごときは当然除外されてしかるべきであったろう。そしてもしこの両条を収載するのであれば、同じ承久の乱に端を発し、しかも両条に比べれば、より長くより重要な規定として意識されるべきはずの新補地頭をめぐる所務規定が、全く式目に見出せないのは何故であろうか。私はその理由を、貞応二年六月の宣旨(追加9条)を基本原則として、以下式目制定時までに積み重ねられた多くの細則（追加10―14・19・23―27・29・36―41条等）によって、式目の一法として収むべき当面の必要性をもたず、篇目の選定そのものから除外されたがゆえに、と考えたい。

式目は限定つきとはいえ、網羅性をもつ、中世幕府法中唯一の、つくられた法典である。しかしその網羅という意味は、基本法そのものを集積するのではなくて、従来慣習的に存在した基本法規の部分的修正、もしくは現実に対応してより具体化する必要あるものを選択集積するという意味におけるものであり、おそらく、立法時点における裁判の争点も、そこに集中されていたものと考えられる。

このように見てくると、それならば式目を特殊な対象とみる意識や、強い尊崇観が生まれてくるのは何時であり、またその原因は何か、ということが次の課題となるだろう。しかしこれについても、はっきりしたことは何一つ判っていない。ただごく巨視的かつ常識的な推測を加えるならば、一応次のようなことが考えられてよいと思う。

㈠　幕府内部にあっては、鎌倉後期における北条得宗権力の専制化に伴なって、従来保持してきた権益を侵害される危険に直面した御家人たちにとって、権力から一応切り離された抽象的な法の権威、とくにその象徴としての式目の権威を意識的に高める必要が生じたのではあるまいか（前掲吾妻鏡の記事のごときは、その最もよい現われではないだろうか）。

㈡　幕府外部においても、同じ頃から悪党問題をはじめとする深刻な社会体制の動揺不安に見舞われ、頑迷な武士軽蔑論者たる北畠親房すら称賛の言葉を惜しみ得なかった、古きよき時代としての泰時治世の伝説化が生まれる。立法時点では庄園領主に対する一定の打撃であった泰時的「道理」も、鎌倉末から南北朝に入れば、それはすでに憧憬すべき道理に変化し、ここに式目への一種の尊崇観念が広まる素地がつくられたのではあるまいか。

このほか式目について論ずべき点は多々あるが、補注において、いくつかの条文に関連づけて若干の問題点を指摘しておいた。それらについては三浦周行「貞永式目」（『続法制史の研究』）、植木直一郎『御成敗式目研究』、上横手雅敬「式目の世界」（『北条泰時』）、羽下徳彦「鎌倉時代の武家法制――御成敗式目について――」（『歴史教育』昭和三十八年七月号）、および

『中世法制史料集』第一巻解題、等のすぐれた研究を参照されることを希望する。また、10条補注に紹介した佐藤氏の原式目論は、現在なお一つの仮説にとどまるが、その進展如何では、式目論の凡ゆる側面にわたる再検討を必要とする可能性があることを付記しなければならない。

なお前述のごとく式目の写本は数多く、いわゆる古写本としても、鶴岡本・世尊寺本・平林本などを数えることができるが、本書では鶴岡本を底本として諸本を対校して作られた、佐藤進一・池内義資編『中世法制史料集』第一巻の校本に準拠した(式目写本については、植木直一郎、前掲書参照)。

二　追加法

追加法とは、八月八日付の泰時書状(四〇頁参照)に「これ(式目)にもれたる事候はゞ、おう(追)てしるしくわ(加)へらるべきにて候」と見えるように、本来は式目を本とし、これを補塡しこれに付加するという意味の単行法令の名称であった。したがって原義的には式目以後立法の法令に限定されるべきであるが、すでに一部の追加集が、承久以後式目以前の法令(追加1~41条)を収載し、現在の学界でも、立法時点の如何によらず、式目を除くすべての幕府法の総称として用いられているので、本書でもその例にならっている。

ところで追加法の研究は、式目に比べてもさらに一段と未開拓な現状にある。僅か十数年前までは、どのような追加法が存在したのか、それすらもきわめて不充分な形でしか学界に提供されていなかった。われわれが今みることのできる追加法の大半は、種々の名称をもつ追加集所載のものである。ところが、各追加集の写本は、いずれもその書写年代が近世以降に属すると推定され、したがって法令本文の錯簡、とくに立法年次不明の法文が少なくない。また印刷に付されていないものも多く、研究者の利用を著しく阻害してきた。昭和三十年に始まる『中世法制史料集』第一巻・第二巻の刊行は、厳密な校訂と、追加集のみならず文書・記録類に及ぶ史料の博捜によって、このような事情を一変させた。同書によって、法令原文の確定と集積という最も基礎的な作業が一応完結し、追加法の研究はようやく次の段階に進むことができるようになったのである。

しかし追加法研究の進化のために同じく不可欠な基礎的作業でありながら、研究の停滞の著しい分野がのこされている。それは、追加法の主要な史料である各追加集自身を直接対象とする研究である。現存追加集には、四十条に近いものから僅か十条前後のものまで、その収載法令数に大きな懸隔があるほか、室町幕府法をあわせ載せるもの、法令を内容的に分類して収載するもの(新編追加・吉田家本追加)、なかには豊後の守護大友氏の発布法を含むもの(後日之式条)等々、その内容・形態は種々様々である(『中世法制史料集』第一巻解題参照)。このような種々諸々の追加集のおのおのを、何時、誰が、如何なる原拠史料によって編纂したのか、それらの問題はほとんど解明されないままに放置されているのである。

ところで、『中世法制史料集』によって簡便に追加法法源に接しうる今日なお、追加集の史料的解明が追加法研究の必須の一部門というのは何故であろうか。それは幕府追加法のみならず、中世法一般の、まさに中世その当時における法としての存在形態が、近代法のそれとは全く異なっているからにほかならない。現在のわれわれは、六法全書のような書物によって、少なくも物理的にはごく容易に現行法の法源を手中にすることができる。しかし中世人にとって、中世法はこのように身近なものでは決してなかった。一般民衆はもとより、地頭御家人ですら、何時如何なる法令が幕府で立法され、彼らを拘束し保護しているのか、それを知ることはきわめて困難であり、極端なことをいえば、幕府当局自身ですら、それまでの発布法のすべてを、完備した形で手中にしていたかどうかさえ疑わしいのである。

一、二の例を挙げよう。本書には掲載しなかったが、寛元年間に「諸国御家人跡、為領家進止之所々御家人役事」と題する法令が立法された(追加210条)。この法令は、新編追加および近衛家本追加の二つの追加集に収められているが、問題はその立法年次である。二つの追加集所載法文ではいずれも「寛元二年八月三日」とするが、島津家文書・多田院文書・東寺百合文書等の関連史料によれば、これは「寛元〻年八月三日」が正しいことがわかる。この誤りのもとはといえば、「〻」と「二」の書体の類似からきたごく単純な誤写に起因することは明らかであるが、本条の場合、これを追加集書写の際のミスとして済ませてしまうわけにはいかないのである。というのは、立法後約三十年たった文永十一年五月、若狭太良庄の一御家人の申状(東寺百合文書)に、「且如寛元元・二両度関東御教書者…」と、同じ法令が寛元元年と二年の両度にわたって立法されたように意識されているからである(『中世法制史料集』第一巻、補注29参照)。同じ内容の規範がくり返し立法されることは、幕府法にかぎらず中世法一般の一特徴であって、中世法の時間的効力の限界を示す一根拠とみなし得るが、この場合はそうではなく、一つの法令に年次の異なる二つの史料が存在していたとみなければなるまい。とすれば二つの追加集は、いずれもこのうち誤記された方の史料を材料として編纂されたことが明らかであろう。しかも念のいったことには、吾妻鏡もまた本法を寛元二年八月三日の日付にかけて記事としているのである。だいたい吾妻鏡の法制記事を検討してみると、同書のもつ多くの誤謬と混乱は必ずしも編纂の際における疎漏にのみ帰せられるべきではなく、原拠史料の量的・質的な貧困に原因する側面も想定され、少なくも整備された追加法集のごときを素材として利用し得ず、恐らく奉行人の家に伝来した個々ばらばらの史料が利用されたにすぎないと考えられる(笠松「吾妻鏡と追加法と」『中世の窓』八号)。

事のついでにいま少しの臆測が許されるならば、吾妻鏡の編纂と現存追加集の一部(とくに条文数の多いもの)の成立とはなんらかの関連をもっているように思われる。その一つの論拠は、追加集所載法令の年次的な片寄りにある。すなわち貞応元〜嘉元元年の八十二年間の年次をもつ条文が七〇九カ条であるのに対し、以後元弘三年に至る三十年間は僅か九カ条にすぎない。巨視的にいうと、追加集所収の法令は大体永仁・正安どまりといってよい(以後のものはその成立後に追記されたものとみることは充分可能である)。しかもこれ以後、幕府の立法そのものが急減したわけでは決してない。『中世法制史料集』の編者は、追加集以外の史料類(すなわち偶然的な伝存しか期待し得ない)から、この三十年間に三十四カ条に及ぶ法令を探索しているのである(同書第一巻、解題四四七頁参照)。一方、吾妻鏡の成立時期といえば、これまた周知のように定説はないが、十三世紀の終わりか十四世紀の初め、すなわち永仁の末か正安頃とみるのが最も確度が高い。このきわめて暗示的な事実から推測すると、吾妻鏡の編纂が追加集の成立に一つの契機を与えたとみることが可能となるのではあるまいか。もしかりに両者の成立が無関係であるとしても、時期的な接近は否定し得ないと思われる。

要するに、鎌倉の全時代を通じて、正確な法文を網羅した追加法令集のごときものは、法制定の幕府当局すら所有していなかった、といってもさほどの極論ではない。もし前述の追加210条について、幕府法廷において、ある者は寛元元年説を、ある者は二年説を、そして他の一人が元・二両度説を主張したとしたら(幕府法の性格から、そのようなことは全く無意味であり、万が一にもあり得ることではないが)、幕府当局に、これを結着させうる史料的な能力はなかったのではあるまいか。

次に幕府当局ではなくて、御家人の側に眼を転じてみよう。彼らの中に追加法は如何なる形態で存在したのだろうか。建治元年から始まった紀伊国阿氏川庄の領家寂楽寺と地頭湯浅宗親の相論で、宗親は「文永五年四月廿五日関東平均御式目」(一〇七頁、追加683条頭注「先度定め下さる」参照)なる一追加法を証文として提出した。ところが領家方雑掌は、この「式目案」は偽書であって、そのような法令は実在しないと反駁し、以後この真偽をめぐって数回の訴陳状が応酬されることになる(高野山文書)。成文法令の実在・非実在が、法令の発布者たる幕府(この場合は直接には六波羅)の法廷で争われること自体、追加法のあり方を最も直截に物語る事実といえようが、その点についてはすでに記したことがあるので、ここでは省略する(「中世法」(岩波講座『日本歴史』中世2))。

さてこの応酬の中で、宗親がこの「式目案」をどこから手に入れたのかが判明する。すなわち彼のいうところによれば、この「式目案」は「花山院内大臣(師継)家御分国因幡国雑掌本願」の許で書写したものであり、いまその真偽が問題となったので、もとの資料である「大巻式目案」を本願から借用して随身している、というのである。幕府の御家人たる彼がなぜ幕府の法令を、いわば他所者にすぎない因幡の国雑掌などから借りて来なければならなかったのだろうか。理由はごく簡単である。地方の一御家人にすぎない彼の手許などに、幕府の制度として追加法立法の事実が知らされてくることもなければ、まして法文の写しなどが送られてくることは全くなかったからにほかならない。

追加法は、多くの法文自体に「某月某日評」といった注記をもつことによって知られるように、関東の評定会議において立法される。そしてその必要があれば、即日(永仁徳政令の六波羅通達が、立法後数ヵ月を経過した後であったことについては、追加662－664条補注「関東より」参照)、六波羅・鎮西探題の出先機関、あるいは引付等の幕府内部機関に送付される。現存追加法令の多くがこのような下達文書の形式をとっているのはその故である。しかし制度としての法令の伝達はそこまでであって、その先はない。もちろん軍事関係や一部の検断法規が、幕府→守護→御家人の経過をたどって御家人の許に通達されたことは明らかであって、文書類にのこされている追加法の大部分はこの類に属する。だが追加法の圧倒的部分を占める裁判法規は、決してこのような伝達が行われることはない。現に宗親の副進した文永五年法もまた六波羅あての関東御教書形式をとる法文であった。知らされなければ知る由もない。知らなければ裁判で法を引用してその適用を求めることはできない。当事者の請求がなければ、法が効力をもつ可能性は、当事者主義の原則に支配される幕府裁判にあっては、ほぼ皆無に等しい。これがごく一般的な追加法のあり方であった。前節において、式目が世に周知の法令であり、それが式目の特殊異様な性格であると述べたのは、正にこうした一般幕府法(追加法)とのきわだった差異を強調したかったことにあることを、繰り返しておこう。『中世法制史料集』のごとき書物を簡便に利用できるわれわれは、当時の御家人たちはさらに完備した法令集を手にしていたかのような錯覚にとらわれる。しかしそれはあくまで錯覚にすぎないのである。

本書では、『中世法制史料集』第一巻所収の法文約九〇〇条の中から、内容上重視すべきと思われるもの二一一ヵ条をえらび、これを法令の種目別に分類し、一つの分類中では年代順に排列した。選択の基準が主観的であることを免れないのはもちろん、分類の基準もごく大まかなものである。一つの法令が、たとえば主従法にも検断法にも、そして手続法にも関連することはむしろ普通であって、種目別分類の構成をとること自体、編者の誤れる主観のおしつけや読者の誤解の因となることを恐れるが、にもかかわらず、なおかつこの体裁を採用したのは、関連史料をなるべく接近させて、法文理解の一助にしたいと考えたからである(なお、本書に収載した追加法の逐条索引を目次四頁にのせた)。

なお法令原文の確定や年次の考証などについては、ほぼ全面的に『中世法制史料集』に依拠し、各条文の出典などはすべて省略した。同書が存在しなければ、少なくも本書「追加法」のごときは全くあり得なかったことを明記しておかねばならない。また同書の条文番号は、すでに学界共通のものとして定着していると判断されるため、本書においても、それをそのまま採用した。

追加法そのものを主題とした論考はほとんど皆無であるが、前節にあげたもののほか、『法制史論集』第一〜四巻に収められた中田薫氏の多くの論文、牧健二『日本封建制度成立史』、石井良助『中世武家不動産訴訟法の研究』、佐藤進一『鎌倉幕府訴訟制度の研究』、小早川欣吾『日本担保法史序説』等の古典的業績が、多くの個別追加法についてすぐれた考察を加えている。また瀬野精一郎編『鎌倉幕府裁許状集』Ⅰ・Ⅱは追加法研究に最も密着した史料集である。

三　室町幕府法

後醍醐天皇の建武政府を京都から駆逐して発足した室町幕府は、武家政治の復活をスローガンとして武士の結集をはかり、前代幕府の継承者をもって自任した。旧幕府の機構・制度の大半をそのまま受け継いだのをはじめ、たとえば前代発給文書の公験としての価値等について、基本的には一切変更を加えなかった。しかも創立期幕府の行政・司法面を担当した足利直義の政策が泰時時代への復古を指向するものであったために、現実社会の変化を前提とする新しい法律制度を組み立てるという方針をとらず、鎌倉的秩序の踏襲を基本におき、個別の法制によって現実面に追随するという色彩がさらに濃厚であった。従って幕府の存続した全期間を通じて、式目に比肩し得るような新法典の編纂は行われず、随時個別法令を立法して、これを前代と同じく式目に追加する意味で追加法とよんだ。式目―(鎌倉)追加法―(室町)追加法をもって、中世幕府法の外見上の系列とみなす通説成立の所以である。

ただ幕府の発足と全く同時に制定された建武式目は、右の系列にそのままあてはめることのできない特異な存在であり、後述するように、これを室町幕府法の範疇に入れること自体、一種の抵抗があり得る。以下、その理由を含めて、建武式目・追加法の二項にわけて簡単な解説を加えることにする。

1　建武式目

建武式目には、戦陣の余煙を濃厚にただよわせている条文がある(たとえば5条にいう京中空地をめぐる「巷説」)。それも当然であって、同法の制定は、九州から西上した尊氏軍との京都周辺での戦に敗れて叡山をおりた後醍醐天皇が持明院統光明天皇に神器を授け、尊氏政権の合法性が獲得されてから僅か五日後の、建武三年十一月七日のことであった。

本文にみられるように、建武式目は政権の所在地を何処におくべきかという第一項と、当面の基本政策十七カ条をもつ第二項によって構成されているが、第一項に明らかなように、この時点では政権の所在地でさえ未決定の段階にあり、まして行政・司法すべてにわたる制度的な整備は一切果たされず、すべては今後にかかっていた。建武式目がきわめて現実的な問題を提起しながら、一般の幕府法に比べてはるかに観念的・道徳的な解答を示すにとどまらざるを得なかったのは、当然ながらその立法時点の特異性に支配されていたのである。

ところで本法は、その形式においても通常の幕府法とは異なる特徴をもっている。すなわち一般の法令が、将軍・評定会議等、幕府の最高意志決定機関における決定を下達するという形をとるのに対し、ここでは将軍尊氏からの諮問に答える上申書(勘文)という形式をとり、しかも第一項のごときは答申自体明確な結論を示し得ていない。またこの答申をふまえて、正式な決定が発布法として立法された形跡ものこされていない。さらにいえば、本法最古の古写本ですら文明年間の尊経閣本であり、「建武式目」なる名称も当時のそれと断定することはできない。

明治以来、荻野由之・小中村清矩氏らが、建武式目は単なる意見書であって制定法の一とはみなし得ないとする説を立てた根拠も、ここにあった。これに対し、実効力をもつ発布法であるとみなす見解もまたさらに古くから存在するが、その最新の所論である佐藤進一氏の見解は次のごときものである。すなわち本法は「幕府の再開と政策の要綱を将士に宣示するという政治的意図より出たものと見るべく、かかる諮問に対する答申は、もしそれが採択されたならば、必ずやその趣旨は公表されたに相違ない。その場合、当然、政策に関する部分は当局者自身を拘束すると同時に、対象に対する法的な拘束力をもったと見なければならない」として、公表および効力の二面から単なる意見書説を否定し、さらに「答申書をそのままの形で公布するという方式」をとったとみることも可能であるとし、荻野氏がその論拠の一つに用いた弘安七年五月二十日の三十八カ条の「新御式目」(将軍の行為に関する規制法。追加491－528条)を、逆に本法形式の先行事例とみなすのである(『中世法制史料集』第二巻、解題四〇八頁)。

これに若干の私見をつけ加えるならば、一つは、中世幕府法について「発布法」たるか否かを論ずることはさして重要な意味をもたないという点である。その理由はすでに前節で述べたように、一般の幕府法は幕府機構内部の伝達にとどまるのを普通とし、秘密法ではないが積極的に公布されるものでもない。特に本法のような具体性の稀薄な内容をもつ法が公布の手続きをとられることは、元来あり得ないことに属するといえよう。またその形式においても、年代未詳の追加719条が「問注所返答」と明記するように、各担当部局から評定におくられた勘申をそのまま法文化したとみなし得る法令が追加集に収載されているのをみるとき、勘文(当時すでに上部の最終決定をそのまま拘束したと思われる使庁の諸官評定文、院文殿の勘文、また引付勘録など、勘文自体の価値の上昇という他の側面を考慮に入れる必要があろう)なる形式もまた、本法の評価を決定づけるほどの意味をもたないと思われる。

次に勘申者について。本法の答申に参加したメンバー八人は、本文頭注にその出自を略記したように、明法官人たる是円・真恵、異色の公家日野藤範・学僧玄恵、それに旧幕府の奉行人とおぼしき四人の武士によって構成されており、如何にも幕府の揺籃期を思わせる雑多な寄せ集め的色彩が濃い。しかし事実上の立案者は是円・真恵の兄弟、なかでも「是円雖受李曹之余胤…」と本文にただ一人その名を載せる是円であったことは疑いない。彼は三冊本「御成敗式目平仮名抄」所載の中原系図に、

章職―章継―章任
　　　　　├道昭　是円、依後醍醐院之勅還俗、号章賢、又後出家
　　　　　└真恵

とあり、また式目抄が「是円、俗名ハ道昭、中原章職ガ孫也」と紹介するように、明法官人中原氏の出で、章継の子、真恵の兄にあたる人物である。ただ俗名道昭は中原氏としては如何にも不審であって、系図の注記にみえる章賢が本来の俗名であったかも知れない。彼の経歴は、元弘三年十二月十八日の「雑訴決断所評定文案」(勝尾寺文書)・「建武元年雑訴決断所交名」二番におのおのその名をつらねているところからみて、建武新政のごく初期から決断所に登用されていたことぐらいしかわかっていない(付言すれば、是円・真恵・明石行連・布施道乗の四人が旧決断所職員であったことは、一応注目されよう)。このような恩顧ある後醍醐天皇と何時訣別し、どの時点で足利氏と接触したのか、これはすこぶる興味深い点であるが、現在は何の手がかりも発見し得ない。

ただ一つ特筆すべきは、彼がいわゆる「是円抄」の筆者であることであろう。この書物については、第一節および式目47条補注でふれたが、建武式目に先立つこと二十三年も前の正和元年、式目五十一ヵ条の各条文に関連の「律令格式之正文」を引いてつくった一種の式目注釈書である。残念ながらその本文は今に伝わらないが、二、三の式目写本等にその奥書が載せられており、また式目抄に若干の紹介文が記されている。彼の法意識を知る上で好個の史料と思われるので、その奥書を引用しておこう。

格曰、観時草制、為政之要枢、論代立規、済民之本務、是以明王馭俗、術非一塗、哲后理邦、豈拘膠柱、貞永御成敗式目蓋此義也、而彼式目者、別立法制、不当律令云々、然案之、是雖破律令、皆為律令之条流、式目者亦雖非法意、終帰法意淵奥、仍就五十一之篇目、悉引律令格式之正文、或因循而加補益、或相反而成文理、但庸浅之性、旁迷比附、銓諿之趣、定多紕繆歟、雖為桑門之質、猶携李曹之文、嘲哲之基、兼以忸怩、時也正和元年初夏上旬、粗終抄写、即加愚点而已、（この書については、植木直一郎、前掲書五二九頁参照）。

まず気づくのは、建武式目との文章の類似部分であって、建武式目が彼自身の筆になったことをあらためて裏づけてくれる。次には、公武両法が究極の法理において一致することを強調し、その融和点を発見することに努力した形跡がうかがわれる点も無視し得ない。すでに出家していた彼がいち早く建武政府に登用され、いままた建武式目の起草者にえらばれたのは、このような公武両法に明るい能力と折中的な法思想の持ち主であったことと無関係ではあるまいと思われる。

ところで、本法制定の本当の黒幕、すなわち諮問内容や勘申者を選択決定し、勘文の結論をおのずから一定の方向に導いていった者は誰であろうか。私はそれは足利直義その人をおいて他にあり得ないと考える。幕初以来から行政・司法面の総責任者であった直義が、本法勘申と無縁の場にあったことは、もとよりあり得ない。それればかりでなく、幕府所在地についての鎌倉への執着、「吏務職」に一貫する彼の守護観（7条頭注「政務の器用」参照）、裁判の「興行」、華美の風潮に対する強い嫌悪感、泰時治世の讃美等々、その後における直義の「政道」と符合する点が余りにも多い。また一五四頁頭注で記したように日野藤範を参加させたのも、直義ならではの人事といえよう。さらに臆測することを許されるならば、建武式目が正規の法令形式をとらなかったこと自体、当時における直義の政治的立場となんらかの関連があったのではあるまいか。

本書の本文は、前田家尊経閣本を底本とし諸本をもって校訂された、佐藤進一・池内義資編『中世法制史料集』第二巻所収のものに拠った。なお、参考論文には、水戸部正男「建武式目について」（『法制史研究』一五号）がある。

2 追加法

室町幕府追加法の性格は、基本的には鎌倉幕府のそれと変わることはないと思われるので、一、二の特徴点を指摘するにとどめる。

その第一は、徳政令・撰銭令などの立法によって、法が直接対象とする層が拡大され、従って法の告知形式などに変化が生じた点である。制札・高札による民衆への周知徹底、仮名まじりの読み下し文を使用することによる法文の平易化など、前代にはみられなかった新側面が登場してきた。これは幕府をとりまく政治的・経済的環境の変化に伴なう必然的現象であろうが、形式面のみに着目すれば、後の分国法に至る一過程とみることもできよう。

第二は、法の内容にかなりの片寄りが見出される点である。すなわち主従法・族縁法・手続法などの分野は初期の一部を除いて急激に減少し、これに代わって徳政令を中心とする売買貸借法が激増してくる。その理由の一つとして、室町追加法の主要な追加集である「建武以来追加」(同書については、赤松俊秀「建武以来追加について」(『歴史と地理』二八巻三号)、上横手雅敬「建武以来追加の成立」(『小葉田淳教授退官記念国史論集』)、『中世法制史料集』第二巻、解題参照)の編纂に用いられた原拠史料そのものの片寄り、すなわち室町幕府において中心的な部局であった政所関係の史料がその主要部分であったために、経済関係法規が集中的に伝来したのではないか、と説明する立場もあり得るであろう。

しかし右の点を考慮に入れても、なおかつ経済関係以外の立法の減少は否定し得ない事実である。その原因を、たとえば主従法と族縁法の接点ともいうべき相続法の分野にさぐってみると、一方では単独相続の普遍化によって、多数の相続権者による遺領配分をめぐる紛争が減少する。他方、相続人の決定は、上部権力たる幕府や守護の容喙あるいは家臣団の動向など、すぐれて政治的な場においてなされる。いずれにしても、幕府が立法による一元的な規範を設定する必要度も、また法が実効力をもち得る期待も、必然的に低下せざるを得ない。また手続法分野でみれば、将軍の親裁権が少なくとも原理的には極点にまで上昇したところに成立するいわゆる「御前沙汰手続」が、引付を主軸とし、当事者の権利保護を重視する旧来の訴訟制度にとって代われば、手続法はいちじるしく簡易化され、法というよりはむしろ故実の支配する場に代わる。さらに一般的には、次第に裁判の実際上の運営・帰結をその手中におさめつつあった奉行人集団の法意識、すなわち新法の定立よりも、古法や判例の発見・演繹によって事案の処理をはかろうとする方向が時代を追って強まっていく。きわめて大まかにみれば、このような要素が重なり合って、新法の定立を減少せしめたものと思われるのである。

室町後期の主要な裁判機関である右筆方の発行する意見状(将軍に上申する判決案。事実上、判決を最終的に拘束する)等にみられる古法や傍例の重視、そこから抽象的かつ論理的にみちびき出される判決は、あたかもかつての明法勘文(律令・格式の明文のみに準拠する)にも似て、新しい規範の設定によって現実に直面しようとするだけの、意欲を見出すことはできない。それは、幕府法がもはや中世法のリード役としての立場を失ったことを意味するといえるだろう。

なお、本書には、少数の著名な法文を、いわば室町追加法のサンプルとして収載したにすぎず、従って鎌倉追加法の場合に用いた種目別分類は行わず、すべて年代順に配列した。法令本文の校訂等を『中世法制史料集』第二巻に全面的に依拠したことは、建武式目の場合と全く同じである。

武家家法

勝俣鎮夫

本書においては、幕府法・家訓・一揆契状とならべて、武家家法という一篇をもうけたのであるが、武家家法とは何かという問題に対しては武家家法の系譜・内容・発展過程等の大綱が明らかにされておらず、武家法発達史の上に武家家法が正しく位置づけられていない現在の研究段階においては、これを厳密に定義づけることは私にとって困難である。そこで、この解題においてはまず、現在までの研究において最も妥当と思われる佐藤進一・池内義資・百瀬今朝雄編『中世法制史料集』第三巻の解題の、家法の定義を紹介し、次いで家法の大半を占める戦国家法につき、その成立の前提となっていると考えられる当該期の法に対する観念について若干の考察を行うことにより、解題に代えさせていただきたいと思う。

『中世法制史料集』の編者は左のごとく家法を定義する。

(1) 武家家法を狭義に解する立場をとって、武家家訓とよばれるものを一応除外する。武家家法を広義に解して、法と道徳の未分化の現象に注目すれば、武家家訓もまた武家家法の一種と言いうるであろうけれど、家訓と家法が次第に分化し、観念的にも両者が弁別されてゆく現象に着目して、両者を別種のものとして取り扱うのが、中世法そのもののあり方に即していると考える。ただし、このことは両者未分化の現象の存在を全面的に否定し、また両者の性格の類似や両者の相互影響を無視することを意味するものではない。

(2) 法の基本的性格は、法権の主体と法の規制対象との関係によって決定されるといえるが、この観点から武家家法を分類すれば、(A)一族子弟を規制対象とする家長の法、(B)従者を規制対象とする主人の法、(C)領域内の被支配者を規制対象とする領主の法、である。この三種のうち、(A)は武家家法の形成段階で中心的位置を占めた点、およびその後の発展段階でも「家法」意識を支えるものとして無視しがたい役割を果たした点で、重視しなければならないけれど、家法とその他の諸法すなわち幕府法・公家法・本所法等との関係を考えるには、(C)にこそ注目しなければならないであろう。

(3)　家法にはまた、制定目的・形式および効力を異にする二種の制定法規がある。一は制定者がその家の法全体の基礎とする目的で制定したものであって、大むね長期的見通しの下で重要と見なされる事項が網羅され、恒久的効力が付与される。いわばその家の基本法規であって、今日一般に戦国家法とか分国法とかよばれるものはこれに当たる。これに対して他の一つは、随時必要に応じて制定された個別法規である。

以上のごとく定義され、この家法のうち「領主法の基本法規」という定義に該当するものとして、(1)宇都宮家式条・(2)宗像氏事書・(3)相良氏法度・(4)大内氏掟書・(5)今川仮名目録・(6)塵芥集・(7)甲州法度之次第・(8)結城氏新法度・(9)六角氏式目・(10)新加制式・(11)長宗我部氏掟書・(12)吉川氏法度、の十二種を選ばれた。なおこのほか、小野寺家家法・最上家家法・吉良宣経式目・里見家法度の四種の存在が知られているが、これらについては、信頼すべき伝本が存在しないこと、内容的になお検討の余地があることとの理由から、除外されている。

本書の家法篇では個別法規を除外し、以上の「領主法の基本法規」十二種のうちから六種をえらんだ。まず、鎌倉時代の領主法として宗像氏事書を、一揆契状から家法へというシェーマを考慮して比較的契状的性格の濃厚な相良氏法度をえらんだ。つぎに戦国大名は、その地域の発展段階に応じてその存在形態に差異があり、通常先進地域(畿内を中心としてその周辺部)・中間地域(東海・山陽地方など)・後進地域の大名に大別されているゆえ、この研究史の成果の上にたって、先進地帯の大名の家法として六角氏式目を、中間地帯の大名の家法としては甲州法度之次第(信玄家法とも称される)の母法的関係にある今川仮名目録を、後進地帯の大名の家法としては、その内容の多様性を重視して、塵芥集・結城氏新法度を選択し、収録した。

さて以上のごとく領主法の基本法規の性格を有する家法は、十二点が今日伝存するが、このうち十点までが応仁の乱以後のものである。そしてこの事実が示すことの意味は、決して史料の残存の偶然性に帰すべき性格のものではなく、当然のことながら、戦国大名がこのような性格の基本法規の制定を必要としたという点に求めなければならないと思われる。現在基本法規の制定の事実が知られていない毛利氏のごとき戦国大名でも基本法規の制定を強く志向していたことは、「如レ此之条、弓矢には大勝之事候之条、此時ありやうの法度政道を被レ行、有道之儀にこそ可レ被二申付一本意に候へ共、于レ今雲州強敵に候。……然時者、弓矢には面むきは勝候様に候へども、いまだ更々安堵之思無レ之候事候条、政道法度も滞、口惜事迄候〳〵」(家訓3、毛利元就書状(四)参照)とあることによっても十分うかがえる。また戦国大名の典型とされ、多くの民政に関する個別法の存在が知られる関東の後北条氏にも、法典化された基本法規は存在しないが、その個別法令の中には、一般の法度と明瞭に区別され、領国一円を対象としその強制力が特に強調されている「国法」(人返令・城譜請法など)なるものが存在した。これらは法典化されてはいないが、おそらく基本法規と意識されたものであろう。

以上簡単にみたごとく、多数の戦国大名の中で、特定のものだけしか法典化された基本法規を遺していないが、戦国大名がその領国支配を行うにあたり、基本法規の制定(できうれば法典化された形での制定)を必要としていたことは明瞭であると思われる。そしてこのことは、基本的には戦国大名の権力の性格と密接不可分の関係にあると思われるが、それは解説にゆだね、ここでは、何故「基本法」が必要とされたかを、主として法による支配を必要とした背景にある当該期の「法」に対する観念のあり方に限定して、簡単に一つの想定を行ってみたい。

まず注目すべきことは、戦国大名が困難な事柄の説得、強い処罰を行う根拠にしきりに「法」の存在をあげている事実である。たとえば、「右雖レ為二権門之地一、国法間、急度可二召返一旨被二仰出一者也」(永禄十二年三月廿日、後北条氏印判状、相州古文書)とか、「被レ背二国法度一(一向宗の禁)上、役者小使被レ為二生涯一事」(永正十八年二月、長尾氏被官連署契状、上杉文書之一)とあるごとくである。また、基本法規たる家法においても、「かくのごとくの輩、たとい至極の理運たりとも、法度を背き候うへ、成敗を加ふべきなり」（塵芥集39条）、「如レ此法度をき候所へ…」（結城80条）、「出陣の上、人数他の手へくはゝり、高名すと云共、背二法度一之間、不忠之至也」（今川追加4条）などとあるごとく、随所にみられるのである。このような表現は、鎌倉・室町幕府法にはみられないもので、幕府権力が有していたごとき「支配の正当性」をもたない戦国大名の権力のあり方と深く結びついたものと思われ、「法」をふりまわしてみずからの主張を権威づけざるを得なかった戦国大名の姿の一端をうかがわせるとともに、それ故にこそ先述のごとく家法、できうるならば基本法としての家法が、支配の有力な武器として他の権力以上に、大名によって希求されたのであると思われる。

さて、戦国大名がこのように「法」をみずからの支配権の中に位置づけることを意識的に行ったとするならば、当然そこには制定する側にも、またその規制対象の側にも、特に前者においては、理念的にいわば法の独自の絶対性（権力から切り離された法独自の権威）を認める考え方が前提とされなければならないが、この点に関し結城氏新法度25条には、軍役をおこたる者を多数見知っているけれども「法度をあげて可二申付一存、堪へ候」とあり、この意識の存在をある程度うかがわせる。またこのことと関連して注目されるのは、塵芥集の「法度」の用法であって、39条では先掲のごとく法が「至極の理運」を破るものであることが強調されているが、いずれも道理の意識を「法」によってたちきる目的で「法度」なる語が使用されていることである（78・80・152条参照）。楠正成の軍旗には、「非理法権天」なる五文字がしるされてあったと伝えるが、これは「非は理に勝たず、理は法に勝たず、法は権に勝たず、権は天に勝たず」という四句を圧縮したものであるという。中田薫氏は「この語が正成の旗の銘であったかどうかは別として、此句は中世法における理と法との相互関係を最も簡潔明快に表明した名文句である」（「古法雑観」（『法制史論集』四））とされるが、むしろ鎌倉幕府法では、法イコール理という意識の傾向が濃厚であって、伊達氏の法に対するこのような「理を破る法」という観念の異常なまでの強調は、法の機能に対する当該期特有の大名の姿勢を示すものと把握しうるであろう（なお元和元年の武家諸法度第三条に「以レ法破レ理以レ理不レ破レ法」とあるが、寛永十二年の武家諸法度以降この句は姿を消すという（中田薫、前掲書））。

ところで、このような制定者側の法に対する観念の意図的強調は、規制対象者側にまったくその観念の受容基盤がないならば意味をなさないのであり、一定の受容基盤があったと推定されるが、当該期には村法・一揆契状など、社会の諸階層がみずから「法」を制定し、みずからの属する集団の行為を律していこうとする現象が広汎にみられ、その受容基盤は、規制対象者側の、みずから法を制定し、その行為を規制していこうとする「法」に対する意識と決して無関係ではありえないであろう。そして、このような基盤によるがゆえに、かえって大名はこれらを止揚した形での、みずからの支配のための基本法の制定を強く求めたものと思われるのである。

また、このようなある意味における「法」の権威の絶対視の観念の成立は、逆に「法」がその制定主体たる大名をも規制する機能をもつものとして意識されるにいたるのは、当然のなりゆきであって、やや特殊な例とはいえ、重臣が「主君六角氏の恣意の施政を禁止する」ことを一つの目的として、みずから起草した六角氏式目の成立は、その端的なあらわれであって、ここでは「法は権に勝つ」という意識が前提とされていることが明瞭にうかがえるのである。

さて以上のごとき制定者側・規制対象者側の法に対する観念を前提とする時、戦国家法は専制君主の一方的、威嚇的立法を特徴とするという見解の根拠は成立しえなくなるが、事実その例証とされる喧嘩両成敗・連座制・「一銭切」の刑罰などは、この時代ひろく在地に根を下ろしていた慣行であったことが証されるのである。今日、戦国家法の性格について、御成敗式目の強い影響を認める見解と、在地で形成された一揆契状の発展形態を基本的性格とするという見解の二つが存在するが、後者を基本的に認めた上で、なお前述のことと関連させるならば、中田薫氏の、戦国家法の特質を「法律的に対立してゐた公家法・武家法・民間慣習の三者を綜合して一となした点にある」(前掲書)という指摘はきわめて重要であると思われる。

すなわち、律令法・本所法・幕府法などが時代の推移のなかで、現実の社会生活の変化に応じて淘汰・取捨選択され、「大法」・「通法」・「定法」などという形でそのうちの一部が、室町時代に現実の日常生活を律するものとして深く社会に定着するにいたる。一方、律令制下においても、また鎌倉時代においても、法の概念のうちに入らなかった民間の慣習の法的価値が次第に増大し、制定法に対する比重が高まり、室町時代の中期にはこれも実生活の中で取捨選択されて、その或るものは「大法」とよばれるものになっていたのである。

以上のごとく、戦国家法の成立の前提として、その法源を異にするとはいえそれぞれ実生活の場で取捨選択された「法」がそれぞれの階層・地域性などに応じて、それゆえにこそ強い規範性をもつ「大法」という形で存在していたのである。このような「法」のあり方が、前述したごとき法に対する規制者・被規制者の観念の背後に存在したことは間違いないと考えられ、戦国家法も基本的にはこの「大法」を基礎にそれぞれの地域性・社会構造に応じて選択され、大名権力によりその支配との関係で再構成されたものと位置づけることができると思われる。

以下、本書に収載した家法のそれぞれについて概説するが、宗像氏事書は石井進、結城氏新法度は佐藤進一、その他は勝俣の執筆である。

一　宗像氏事書

宗像氏事書は、古く日本と朝鮮を結ぶかけ橋としての海北道中にいつき祭られた宗像神社の支配者であった大宮司家宗像氏によって、正和二年(一三一三)正月九日に制定された宗像神社領支配のための基本的法規である。制定者はその三ヵ月ほど前の正和元年十月九日、まだ幼少の嫡子松法師丸(のちの氏範)に大宮司職以下の所職所領を譲与したばかりの前大宮司宗像氏盛であり、全文十三ヵ条より成る。冒頭に示されているように、神事・仏事の興行・勤行、諸社・寺堂の修造・修理、勧農以下所務・雑務等を規定した「大札」とよばれる基本法規がすでに五十年ほど以前の正嘉三年(一二五九)に発布されているが、この事書はその「大札」を前提としつつ、大宮司の代替わりや、宗像社の幕府直領化による年貢の増加などの新たな事態に対応する基本法規として、制定されたものと考えられる。

十二世紀中葉の鳥羽院政期に、宗像社家は中央の院と私的関係を結ぶことに成功し、宗像社領は一種の皇室領庄園となった。最高支配者としての本家職は鳥羽院からやがてその最愛の娘八条女院の手に移り、宗像社領は皇室領庄園の最大のブロックの一つとしての八条女院領の中に編入され、大宮司は寄進地系庄園の寄進者、在地の管理者としての立場をもつようになった。鎌倉幕府の成立後、大宮司は御家人として頼朝の下にはせ参じ、宗像社領の地頭の地位につく。以後、承久の乱の結果として、本家職は幕府に没収され、宗像社は一旦幕府の直領とされ、有力武士三浦氏が預所となった。しかし三浦氏の滅亡後、幕府は本家職を後嵯峨院に寄進したので、宗像社領はふたたび皇室領に復帰し、その下で宗像大宮司家の在地における支配もようやく確固たるものになっていった。ところが乾元元年(一三〇二)、蒙古襲来合戦後の北九州の防禦体制の強化、その地域の幕府による直接把握という政策の一環として、幕府は他の地方に三ヵ所の替地を寄進する代わりに宗像社領を再び幕府の直領にくり入れてしまった。この幕府直領化、実質上は北条氏の得宗領化による年貢の増大は、大宮司家にとって大きな負担であり、事書六条に見えるように一種の非常事態宣言を発して、従者への公田や米の給恩の一時停止を命ずるまでに至ったのである。

この事書は、こうした非常事態に即応しつつ、しかも支配の中心にあった大宮司の代替わりという時点で発布されただけに、危機に対処して領内支配をさらに貫徹しようという志向があらわである。たとえば第13条の武具や馬の独占的統制をはじめとして、全規定まさしく宗像氏による支配・統制の強化をめざしたものといって過言ではない。もとよりその実効力がはたしてどこまで及んだか、社領の構成もけっして一元的ではなく、「本神領宮方」とよばれる大宮司の一円支配地と、「別符方」とよばれる在地の名主・小領主が基本的支配権を有した地域、さらに、国衙との両属地域である「半不輸」地や、大宮司の私的所領地などの複雑な地域から成り立っていたことを考えれば、過大評価は慎まねばなるまい。しかしそれにしても鎌倉時代の後期に、在地の領主が所領支配の基本法規を有していた実例として、この事書の価値はきわめて高いものであると考えられる。その点、分量の多さなどから本書には収録できなかったが、下野宇都宮社の社務職で、同時に幕府の有力御家人であった宇都宮氏が弘安六年(一二八三)に発布した宇都宮家式条(全七十条)(『中世法制史料集』第三巻所収)とまさに好一対をなす初期の武家家法といえよう。また、後継者松法師丸の幼少という条件のために、「内談」とよばれる合議機関の比重の大きさが表面に現われていることなど、在地領主の支配構造の一端をかいまみせてくれる点でも興味深い素材である。

なおこの事書の性格、発布にいたるまでの状況、事書の意義づけなどについてのより詳細は、とりあえず石井進「十四世紀初頭における在地領主法の一形態」(『日本中世国家史の研究』)の叙述を参照されたい。本書収載の本文は『中世法制史料集』第三巻に拠った。

(石　井　　進)

二　相良氏法度

相良氏法度は、戦国時代肥後国人吉を本拠とし、同求摩郡・蘆北郡・八代郡の三郡を領した大名相良氏の法度である。この相良氏法度は、いずれも制定原本は伝存せず、(1)前二代の法度を収める「為続・長毎両代之御法式」、(2)三代の法度を収める「御法度条々」、の二種の写本(慶応義塾大学附属図書館蔵)が存在するのみである。前者は、端裏書に「為続様長毎様御壁書案文」とあり、表の第一行に「為続長毎両代之御法式」、末尾に「天文十八己酉五月吉日押レ之　税所新兵衛尉継恵(花押)」の日付奥書がある。それゆえ、この本は、為続・長毎両法度の天文十八年の写しで、長毎は永正十五年五月十一日(長毎法度の制定年次は不明であり、為続の明応九年六月卒去よりこの時点までの間の制定である)に卒し、晴広の代であり、このとき壁書を押したということは、この両代法度が晴広により、その効力が保証されたことを意味する。後者は、端裏書「御法度条々」とあり、表には「為続様長毎様御両代御法式」として両法度を掲げ、続いて「晴広様被二仰定一条々」

として晴広法度を記している。書写年代は書風より中世末期、遅くも文禄を下らないとされている（以上『中世法制史料集』第三巻解題による）。本書の本文は『中世法制史料集』第三巻によったが、これは為続・長毎両法度は書写年代の古い⑴写本を底本とし、⑵写本をもって対校したもので、晴広法度は、⑵写本を底本としたものである。

さて、戦国期の相良氏の支配構造は他の大名領にくらべて著しい特徴をもつ。すなわち、その支配領域の三郡にそれぞれ、在地の小領主によって形成され自己完結性と独立的主体性をある程度保持した郡中惣が存在し、相良氏権力を厳しく規定していた。この郡中惣は、通常の惣結合にみられる老者（地頭層と思われる）・中老・若衆という階梯のあり方を示し、老者により指導されたが、衆儀という衆中の意志決定機関をもち、重大事件（たとえば戦闘の開始の決定）に際しては、衆中の全会一致の原則によってこれを決定した。

相良氏の法は、八代領の場合、⑴相良氏により制定されるものと、⑵郡中惣によって起草され、相良氏の承認によって制定されるものの二種が存在したが、いずれも八代衆儀の議決によりその効力が保証されたのである（拙稿「相良氏法度の一考察」（『日本社会経済史研究』中世編））。ところで、以上の前提をおいてこの本文の相良氏法度をみる時、いずれも相良氏制定の法であることは当然であるが、晴広法度が⑴のパターンに属するのに対し、長毎法度は前者が39条で相良氏自身を「爰元」と称しているのに対し、19条には「上様より直に可ㇾ被二召上一候」とあり、⑴よりむしろ⑵のパターンに属するのではないかという想定が成り立つ。そして、晴広法度が直接対象としたのは求摩郡であることは、34条より明瞭であるが、同じく為続・長毎法度も天文二十四年二月七日には八代に法の制定が伝達されていないことなどから、同じく求摩郡を直接の対象としたものと思われ、これは本来の成立時点では実質的には求摩郡の郡中惣の掟ないしは一揆契状とよばれうる性格の法であろうと想定される。またその内容においても両者を比較した時、後者は前者にくらべて契状的性格が濃厚である。そのような意味で、戦国分国法を一揆契状の発展系列の上に位置づける観点からすれば、この相良氏法度は一揆契状と分国法をつなぐ、いわば分国法の原点に位置づけることができよう。なおこの相良氏法度は、その成立時点においては、その形式・内容からみて基本法の性格をもつものとして制定されたものでないことは明瞭であるが、他に多くその制定が知られる個別法(八代日記参照)のうち何故この相良氏法度のみが、36条一向宗の禁止、37条素人の祈念の禁止などのごとく、江戸時代にもその効力を保持するものとして伝存したかについては不明である。

三　今川仮名目録

今川仮名目録は、大永六年(一五二六)四月十四日、今川氏親(一四七三～一五二六)が制定したものである。今川氏は、南北朝期以来足利一門の守護として駿河にその勢力を築いてきたが、氏親の代に飛躍的に勢力を増大させた。氏親は永正七年(一五一〇)遠江守護に任ぜられ、同十四年、遠江から完全に斯波氏の勢力を駆逐した。このような版図の拡大とともに領国支配においても、従来の支配体制の転換の方向が打ち出され、その発給文書からは、領国内領主層と室町幕府の関係は、永正末年から大永のはじめにかけ、完全に絶ち切られていること、また棟別・段銭などの賦課形態も戦国大名としての賦課体系に切り替えられていることが知られる。また大永四年には検地が施行されており、おそらくこの永正末～大永のはじめに、氏親は守護から戦国大名への体制の転換に成功したものと思われる。このような状況のなかで、仮名目録は、「当時人々小賢しくなり、はからざる儀共相論之間、此条目をかまへ、兼てよりおとしつくる物也」とあるごとく、新しい状況に応じて、新しい体制としての独自の裁判基準を積極的に定立しようとして制定されたものと位置づけることができる。また仮名目録の末尾には、従来今川氏が発布した個別法令、天下の法度の効力継続が記されているが、これらの法と仮名目録との関係は、仮名目録のなかに従来発布された個別法令が「先年此定を置と云共、猶領主無沙汰ある間、重而載レ之歟」(22条)などとあるごとく、明瞭に一つの目的をもった選択により採用されていることが知られ、仮名目録は一般の個別法より、より高次の強い拘束力を有する領国の基本法という意識のもとに制定されたものであることがわかるのである。

このようにして制定された東国最古の分国法の影響は大きく、武田氏の甲州法度之次第(五十五カ条本の原形である保阪潤治氏二十六カ条本)は、その半数近くの十二カ条が、仮名目録の条項を意識して立てられたものである。ところで両者を比較した時、今川氏の場合、「旧規よりの法度」(4条)を積極的に改変し、戦国大名としての新しい方向を打ち出しているのに、武田氏の場合(24条)、これを意識しながら「旧規よりの法度」によるべきことを定めていることに典型的にみられるごとく、仮名目録は戦国大名の分国法として、より「革新的」性格が濃厚である。

仮名目録追加は、今川義元(一五一九〜一五六〇)により天文二十二年(一五五三)二月二十六日制定されたものであるが、氏親が基礎を築いた戦国大名としての領国支配をより進展させていることが法の上からも十分うかがえ、文字通り「自分の以二力量一、国の法度を申付」という表明にふさわしい、戦国期における最も戦国大名の分国法と呼ぶにふさわしい完成度を示している。

今川仮名目録の現存する写本には、今川記本と黒川本(明治大学刑事博物館所蔵)とがある。今川記は『続群書類従』巻六百二に収められているほか、内閣文庫(文化六年本・明治七年本)・静嘉堂文庫(文化八年本)等にも所蔵されている。今川記本と黒川本の条数は、追加はともに二十一カ条よりなるが、仮名目録は現存のものは、前者が三十三カ条、後者が三十一カ条よりなり、後者は23条および31条が欠けているが、23条は誤脱であることが証明されている。その他、条文の順序・語句等にも異同がみられ、さらに黒川本には、制定年次は不明であるが、今川義元により制定されたと目される訴訟条目十三カ条が付されており、両者は本来その祖本を異にするものと考えられている。なお両者とも語句の誤りや脱文があり、いずれを善本とも決し難いが、本書の拠った『中世法制史料集』第三巻は年次署所部分について、今川記本の記載様式の方が黒川本よりもありうる可能性の大きい体裁であるという理由により、宮内庁書陵部所蔵『続群書類従』写本を底本とし、黒川本で対校し、さらに内閣文庫本を参考にして校訂されたものである(『中世法制史料集』第三巻解題による)。

四 塵芥集

塵芥集は天文五年(一五三六)四月十四日、伊達稙宗(一四八八〜一五六五)によって制定された法典である。この法は諸本ともに塵芥集と題しており、この名称が原題である。この塵芥集という語の意義について、(1)塵芥を種類の多いことの意にとり、塵芥集を「世事万般のことを規定せる法典」とする説(滝川政次郎『日本法制史』)、(2)塵芥が和光同塵という吉田兼倶の神道説に由来するものでそこに教訓的意義が含まれているとする説(木島誠三「塵芥集について」(『歴史と地理』二七巻六号))、(3)塵芥は多様という意のみでなく、その根底に「軽微」「汚穢」の意を含むとする説(小林宏『伊達家塵芥集の研究』)がある。

塵芥集の体裁は、前書・本文・稙宗の署名・花押に続き、家臣の起請文で終わっているが、この体裁は、御成敗式目の伝本のそれと一致し、また文章も式目の文章をそのまま和文化していることより、古くから三浦周行氏(『法制史の研究』)・植木直一郎氏(『御成敗式目研究』)・木島誠三氏らによりその継受関係が説かれているが、その実質的効力の影響は意外と少なく、その点で、他の分国法とくらべて特に塵芥集が式目の影響が濃厚であるとはいえない(第1条補注参照)。

さて、塵芥集制定段階における伊達氏は、隆盛期にあって、塵芥集制定の背景は、今川仮名目録の制定の場合と共通性をもつ。伊達氏は、源頼朝の奥州征伐に従軍し功をたて、陸奥伊達郡内に地頭職を与えられた伊達朝宗に始まる。室町時代、伊達氏は奥州の有力国人として、主として伊達・信夫両郡を中心にその勢力を着々と伸長させてきたが、稙宗の代の天文四年には、その版図は、出羽置賜地方の上長井・下長井・屋代、陸奥においては刈田・柴田・名取・伊具・宇多・伊達・信夫の諸郡に及ぶ広大なものになっていた。そして大永三年(一五二三)ごろ、稙宗はその実力の上に立って陸奥国守護職(奥州探題職)補任を強く望んで、幕府よりこれを与えられることに成功した。この奥州守護の補任を契機として、稙宗は急速に戦国大名への道をめざす。天文四年の棟役日記(伊達家文書之一)、天文七年の御段銭古帳(仙台市立博物館所蔵)の作成はそのあらわれの一端であり、恐らくこの段銭帳作成の前提としては、領国一円の検地が行われたと考えられ(国分文書・伊達家文書之二など参照)、天文五年の塵芥集の制定も、稙宗のこの政策の一環として位置づけるべきものと思われる。

塵芥集の条数は伝本によって異なるが、最も完備した村田本は百七十一カ条をおさめ、分国法中最大の法典であり、その内容も「塵芥」の名称にふさわしく多種多様であるが、特に刑事関係の条項、下人関係の条項、地頭・百姓関係の条項は、その数も多く注目すべき特色をもつといえる。

塵芥集の伝本は、(1)原本の体裁をもつ村田親重献上本(仙台市立博物館所蔵)、(2)百六十七カ条を収める佐藤彦兵衛献上本(仙台市立博物館所蔵)、(3)百六十二カ条に続けて蔵方之掟十三カ条を併記した狩野文庫本(東北大学図書館所蔵)のほか、最近小林宏氏(前掲書)によって紹介された、(3)系統に属しそれより古いとされる猪熊本(猪熊兼繁氏所蔵)がある。本書が拠った『中世法制史料集』第三巻は、(1)を底本とし(2)および(3)によって校訂されたものである。

蔵方之掟は、塵芥集110条に「質屋にて失物の事、蔵方の掟のごとくたるべきなり」とある、質屋に関する法令であり、参考法令として収録した。伝本は、底本とした伊達家本(仙台市立博物館所蔵)のほか、狩野本・猪熊本がある。

なお塵芥集を直接対象とした研究としては、以上あげたほか、内田銀蔵「伊達氏の塵芥集」(『史学雑誌』七編一〇号)、細川亀市「戦国時代に於ける伊達氏の法制」(『日本法の制度と精神』)、ウィルヘルム・レール「塵芥集――日本中世法への一寄与――」などがある。

五　結城氏新法度

結城氏新法度は、「弘治二年丙辰十一月廿五日　新法度書之　政勝(花押)」とある奥書によって、制定者および制定年次を知ることができる。政勝はすなわち下総国結城の城主結城政勝である。もっとも、右奥書の文章は書写奥書と解せられないでもないが、94条に「孝顕の日十三日」に公界の寄合いを禁じ、他にこの種の規定のないことから推して、制定者が結城政朝(孝顕寺殿宗明孝顕)の嗣子政勝であること疑いなく、また70条に、「去夏之一戦にも覚えたる事候」とあるのは、弘治二年四月五日に政勝が北条氏康の援をかりて、小田氏治の属城常陸の海老島を攻略した事実を指すと考えられるから、右の奥書は制定者自身による制定記と解してよいであろう。

結城氏は、常陸の豪族小山政光の男朝光が源頼朝に仕えて、結城七郎と称したのに始まり、近世初頭に至るまで、関東の名家の一つとして世に重んぜられた。この間、十一代氏朝のとき結城合戦で一時衰えたが、十四代氏広、十五代政朝に至って再び勢いを復し、政朝は「結城中興」をもって称せられた(結城家之記)。政朝の子政勝また父の遺業をついで経略につとめ、宇都宮・小田両氏を制圧し、北条氏と結んで佐竹氏と対峙して譲らぬほどの強盛をもたらした。結城代々系図に「永禄二乙未八月朔日五十六歳」と見える歿年を信ずれば、この法度の制定は政勝の晩年五十三歳の時に当たる。

この法度は冒頭に法度制定の趣旨を述べた前文があり、ついで百四カ条に及ぶ本文がある。前文によれば、家中の統制を目的としてこの法度が制定されたことは明らかであり、82・83条等に、家中のおそらくは一部の重臣たちに諮問し、その結論を得てこれを立条した旨が見えていて、部分的ながら制定手続きを知ることができる。本文は刑事・民事・裁判・軍事・家中統制・領内支配等諸般の事項を含んでおり、戦国時代の大名が自家の基本法典となすべく制定した家法の一つの典型と認めることができる。また、一々の条文について、立法趣旨すなわち立法を必要とする家中の状況や立法の理由を説明している場合が甚だ多いことは、あらかじめ家中に諮問し、その結論を採用した旨の立法手続きの記載があることと相まって、この法度を戦国大名諸家法の中での特徴ある存在たらしめている。

本文の後に制定奥書、その後に二カ条の追加、家臣連署の請文があり、最後に政勝の次代晴朝署判の一カ条がある。

伝本としては、結城氏の後裔松平基則氏の所蔵本を明治二十二年五月に影写した東京大学史料編纂所本(松平基則氏所蔵文書の中に収める)がある。原の松平本は太平洋戦下の災火で焼失した由である。

史料編纂所本によれば、松平本は写本ながら戦国時代の書風をのこす善本と認められる。文体は仮名交り文、方言・訛語と覚しきものを多く含む。また書写の際のものか、若干の誤脱があり、前半部にことに多くの虫損があって、読解困難な部分が多い。

この法度の刊本としては宮川満氏『太閤検地論』第Ⅲ部所収のものと、佐藤進一・池内義資・百瀬今朝雄編『中世法制史料集』第三巻、武家家法Ⅰ所収のものとがある。本書の本文は、後者を底本とした。また、頭注・補注も、同書の補注を利用した場合が多い。

なお本文の作製に当たって、欠損文字を残画によって判読した場合、および文意その他によって欠損文字を推定解読した場合は、それぞれの部分に番号を付し、各条下に、前者には「…」は判読、後者には「…」は推定、と注記した。判読・推定ともに困難な欠損文字は、およその字数を考えて、□(一字分)、□□(二字分)、□□□(三字分)、□　□(四字分以上)、□(下欠、字数不明)などの符号でこれを示した。

終わりに、この法度を主題とした研究は見当たらないが、松本新八郎氏「室町末期の結城領」(同氏著『中世社会の研究』所収)がこの法度の背景を知る上に有益であることを付言しておく。

(佐藤 進一)

六　六角氏式目

六角氏式目は、近江南半を領した大名六角氏が永禄十年(一五六七)四月制定した家法である。この法が世に知られるにいたったのは比較的新しく、昭和十二年牧健二氏が発見・紹介(「義治式目の発見と其価値」(『法学論叢』三七巻五号)されたのに始まる。この紹介以来本法は義治式目という名称で呼ばれているが、これはもちろん原題ではなく、当時は「置目」(永禄十年七月十八日三雲成持書状、蘆浦観音寺文書)と称されており、その後発見された伝本には、六角義治単独のもの、義治と父承禎と連署のものなどがあり(三〇五頁頭注「承禎・義治」参照)、『中世法制史料集』第三巻では六角氏式目と題しているので、これに拠った。

六角氏は、鎌倉幕府創業の功臣佐々木定綱以来、佐々木氏の嫡流として代々近江国の守護を世襲してきた名家であり、室町時代、庶流佐々木高氏の系統(京極氏)に近江北半の五郡(浅井・伊香・坂田および犬上・愛智)の守護権の一部が割き与えられたが、近江守護として、蒲生郡観音寺城を居城として南半を領していた。ところが応仁の乱後、京極氏の下から興った江北の浅井氏が強盛となり、六角定頼死後、次第におされ家運が衰退に向かう。さらに定頼の子義賢(承禎)が家督を子義治に譲った翌永禄六年十月、義治が重臣の一人後藤賢豊父子を暗殺した事件を端緒として内乱(観音寺騒動)が起こり、その余波がまだ沈静しない永禄九年、六角氏は浅井長政の兵と戦って惨敗し、危機に瀕する。六角氏式目は、このいわば六角家危急存亡の際に、分国内の混乱をしずめ、体制の再建を目的として制定されたものといえる。

ところで、この六角氏式目は、三上越後守恒安以下二十人の六角氏重臣(年寄全員と若衆の一部を含む奏者)により起草され、六角氏がこれを承認するという手続きを経て制定され、法の遵守を誓う起請文を主君六角氏と重臣との間に相互にとりかわすという、特異な形式をとっていることが知られる。この主君六角氏と家臣相互の起請文交換行為は、この法が家臣のみならず六角氏をも規制することを意味するが、この法制定手続きにみられる形式の意味は、当然のことながら法の内容においても貫徹している。たとえば「一　御糺明を遂げられず、一方向の御判ならびに奉書を成さるべからざる事」(37条)のごとく、六角氏の行為を規定したものが全六十七条のうち半数をこえている。この点、「重臣らは単なる式目起草者たるにとどまらず、式目制定の主唱者であり、彼らの主たる目的は、主君六角氏の恣意の施政を制約するにあったとすべきであろう」(『中世法制史料集』第三巻解題)という指摘は、この法の性格を正しくついたものといえよう。

一方それでは、重臣たちがみずから主唱者として立法し、大名に遵守を誓い、法によってみずからを規制しようとしたものは何であったかといえば、領主相互間における利害の対立を捨てた領主層の協調、一言でいえば領主相互の協約であると考える。そして、この一種の領主間協約の締結と大名六角氏の恣意的施政の制約という二つの特質が、領主権益の擁護という方向で結び合わさって成立しているところに、本法典の最大の特質があるといえる。

この六角氏式目の条数は六十七条、神社・寺院の規定に始まり、所領相論・年貢収納・刑事犯罪・家族関係・債権関係・訴訟手続きなど多岐にわたるが、最大の特色は、14〜24条に規定されている十一カ条にわたる年貢収納その他農民支配の条項であり、この詳細な条項の存在の意味は、単に先進地域の一般的現実の反映としてのみならず、先述のこの式目の基本的性格との関連で理解されるべきものと思われる。

なお六角氏式目の伝本は、今日阿波国文庫本(阿本)のほか、滋賀県野州町大谷雅彦氏所蔵本(大谷本)、滋賀県高月町布施巻太郎氏所蔵本(布施本)、滋賀県大津市和田滋穂氏所蔵本(和田本・和田一本)の五本が存在するが、本書が拠った『中世法制史料集』第三巻は比較的誤脱の少ない大谷本を底本とし、他の四本を以て対校したものである(『中世法制史料集』第三巻解題による)。なお、六角氏起請文の後に、大谷本には、徳政に関する追加三カ条、阿本・和田本・和田一本には、目安状幷訴訟銭に関する追加三カ条が付けられているので、これを参考史料として収録した。

家訓・置文・一揆契状

石井進

以下、家訓・置文・一揆契状の各編ごとに若干の解説を加えるにあたってまず一言述べておきたいのは、これら三編の分類が必ずしも決定的なものではなく、三者間の境界線はきわめて流動性に富んでいたという事実である。たとえば家訓編に北条実時家訓と題して収録したものは、置文に分類することも十分可能であり、また本書では武家家法編の最初に編入した宗像氏事書は大宮司の代替わりに際して出された置文の一種、その極限的形態とみることも必ずしもまったく不可能ではない。とくに武家家法の典型をいわゆる戦国家法に求めるときには、宗像氏事書を置文との中間的形態として位置づけ、初期の武家家法自体をいまだ未熟のものと規定する見方が当然出されてこよう。これらの問題点を知りつつ、本書では一応の目安としてある程度便宜的な編別に分類を行っているので、読者は全体の相互関連を考えながら利用していただきたい。

また本書各編の間には、あるいは地域的、あるいは内容的に関連の深いものが分散して収録されている場合がある。たとえば竹崎季長絵詞と置文編二の竹崎季長置文、また家訓編の毛利元就書状と一揆契状編一五の福原広俊以下連署起請文、一六の福原貞俊以下連署起請文の密接な連関はいうまでもないが、後者をめぐってさらにひろく安芸国という地域的連関を考えるならば、一揆契状編一〇の安芸国国人連署契約状、あるいは小早川氏関係の一三の小早川本庄新庄一家中連判契約状、置文編七の小早川円照置文、八の安芸沼田庄市場禁制、一一の小早川陽満置文、一二の小早川弘景置文など、いずれも関連をもっている。こうした場合にも、各編別をこえ、あるいはその排列の順をこえて、相互に参照されるよう願うものである。

一　家　訓

　家訓とは一般的にいって、父や家長が子孫・一族、あるいは家臣を対象として解き明かした訓誡であるといえよう。家が社会集団の基本単位をなしていたわが中世において、このような家訓は多く作り出され、今日まで残り伝わってきたものの数も少なくないが、中でも武家家訓として総括されるものはかなりにのぼり、中世武士層の生活と、そこに生きてはたらいていた思想のあり方をたずねる上に好個の資料となっている。

　本編ではそれら武家家訓の中から、中世前期を代表するものとして二種の北条重時家訓と、末尾のみの残欠しか伝わってはいないが、これと対比すべき内容をもつ北条実時家訓をえらび、中世後期に属する家訓としては、いかにも戦国大名の作らしい個性をもつ朝倉英林壁書と早雲寺殿廿一箇条、それに切々たる心情を吐露した毛利元就書状四通を加えた。北条重時家訓は武家家訓として伝わってきた最古のもので、しかも内容豊富であり、両者を比較することによって一層理解が深まり、興味がますであろうと考えて、いわゆる六波羅殿御家訓と極楽寺殿御消息の二編を収録したのであるが、そのために中世後期の家訓をこれ以上収載する余地がなくなってしまった。しかし朝倉孝景・伊勢長氏(北条早雲)・毛利元就という、それぞれ戦国大名の一面を代表するような三人の武将の家訓によって、中世後期の家訓の基本的特色は一応理解していただけることと思う。

　ここに収めた家訓のうち、北条重時・北条実時・毛利元就三人のものは、父が子に与えた訓誡として、ある意味で狭義の家訓にもっとも適合的な内容を示しており、一方、伊勢長氏の早雲寺殿廿一箇条は、家支配に擬制された大名領国下の家臣団を対象とした広義の家訓の一例といえよう。朝倉孝景の壁書は基本的には前者の狭義の家訓の類型に属するものの、その範囲をこえて、時に戦国武家家法の一つに分類されるほどの内容を示している。

なお家訓には、しばしば偽作や仮託にかかるものが含まれており、史料批判の必要が大きいことにも注意しておかねばならぬ。問題点については個々の家訓に即して、以下それぞれの解説の際に言及するが、ここには比較的問題のないものをえらんだとはいえ、なお若干疑問の残るケースがある。しかし重時家訓のうち極楽寺殿御消息・朝倉英林壁書・早雲寺殿廿一箇条の三種について、もっともきびしい批判的態度を貫いた場合、後述するように多少の疑問点は残るとしても、それぞれ当該時代の武士の何人かの作、あるいは原形に多少の改竄を加えたものと考え、それなりに利用することはさしつかえないであろう。

中世武家家訓の研究書としては、筧泰彦『中世武家家訓の研究』(風間書房、一九六七年)の大著が、倫理思想史研究の立場から、二種の重時家訓、伊勢貞親教訓、多胡辰敬家訓などの本文研究や内容の検討を行っており、ほとんど唯一の専著といえる。桑田忠親『武将の家訓』(創元社、一九四四年。一部分削除の上、『武将と人生訓』と改題して、一九七一年に新人物往来社から刊行)は、近世の武将の家訓をも含む相当数の家訓の口語訳と解説であり、先駆的業績といえよう。六波羅殿御家訓・北条実時家訓・毛利元就書状㈣以外、本編に収めた家訓はすべて採り上げられている。ただ全文の完全な口語訳ではなく、時に省略された部分があることに注意しなければならない。

北条重時家訓の筆者重時は、義時の三男で泰時の弟にあたる。建久九年(一一九八)に生まれ、承久元年(一二一九)に小侍所別当となり、寛喜二年(一二三〇)には六波羅探題として上洛、以後十八年間その職にあったが、宝治元年(一二四七)には鎌倉に帰って幕府の連署となり、女婿の時頼とともに幕政を指導した。康元元年(一二五六)に連署の職を辞して出家し、鎌倉極楽寺の山荘にあったが、弘長元年(一二六一)六十三歳で死去した。その間、信濃・若狭・和泉・讃岐諸国の守護を歴任し、とくに信濃守護として長く在任したことが知られる。その経歴からも理解されるように北条氏一族中の有力者であり、執権政治時代の幕府の首脳部の一人である。

この重時の家訓として伝えられているものが二種あり、武士の家訓としてはもっとも古くまた内容も豊富で著名である。一は通常、六波羅殿御家訓と称され、原本は天理図書館蔵。昭和二十二年、桃裕行氏の校訂解説になる『北条重時の家訓』が公刊されてから、はじめて広く世に知られた。他は極楽寺殿御消息と題され、原本は尊経閣文庫所蔵、はやく明治二十一年に『日本教育文庫　家訓篇』に収録されて、広く流布したものである。前者の御家訓は、奥書によればすでに南北朝初期の貞和三年(一三四七)、重時の家訓として書写されており、本文2条の表現からも、重時の家訓とみてまずさしつかえあるまい。(なお、この奥書の見せ消ちの部分には「予或所ニテ一見セシカバ夜鶴聴訓抄ト題セリ」とあるが、佐藤進一・桃裕行両氏の御教示によれば、『金沢文庫古文書』五八四七号の長井貞秀書状に、貞秀が文庫から借用した書物として「夜鶴庭訓抄」の名がみえるが、「聴」は漢音「テイ」で「庭」に通ずるから、両書は同一の書名となり、鎌倉末期の金沢文庫にはこの書が蔵されていたことが知られる。もっとも「夜鶴庭訓抄」にはすでに、(1)平安末期の書道の大家世尊寺伊行の息女に与えた書道の秘伝書か、(2)平安末期の楽書として知られる両書があるから、ただちにこれを重時家訓そのものと決定することは困難である。これらの点について太田晶二郎氏の論文「太公家教」(『日本学士院紀要』七巻一号)を参照されたい。)

後者の御消息には、直接重時家訓であることの確証は認められないけれど、御家訓の内容との共通性があることからも、重時家訓という伝承は一応承認してもよいように思われる。ただ問題なのはこの御消息の異本ともみられるものが、すでに室町期から北条時頼の家訓と称せられて、ひろく世に行われていたことである。現在、尊経閣文庫に所蔵される西明寺殿教訓書と題する一本は室町期の古写かと思われるし、また戦国期の薩摩島津氏の老臣上井覚兼の日記の次の一節「直心抄とて西明寺殿子息相模太郎殿へ被遣候、是など読申候、其内に有歌にて候、憂世にはかゝれとてこそ生れつれ理しらぬ吾泪かな、是を各感じ候て、日を暮し候也」(『大日本古記録』上井覚兼日記、中、八七頁)と、御消息の94条とを比較すれば、この「直心抄」という一書も同類の本であることが判明する(この点、桃氏の御教示を頂いた)。御消息といわゆる時頼家訓との関係については、これまで必ずしも徹底的な検討がなされたとはいえないが、寛氏の説かれるように、重時家訓の一部を改竄して時頼の作に仮託したものとみるのがもっとも妥当な見解かと考えられる。

以上、重時家訓の史料批判については何分にもきめ手が乏しく、明快な結論をみちびくことがむずかしい。しかし、後に述べる北条実時家訓については、それが実時ゆかりの金沢文庫所蔵本の紙背文書として伝来してきたものであり、最近にいたるまでまったく人の目に触れることのなかった事実から、その信憑性には疑問の余地がない。実時家訓と対比すれば、類似点の多い六波羅殿御家訓を重時の家訓とみることは無理がなく、極楽寺殿御消息を重時の作と考えることにも間接的な補強材料を与えることになろう。かりに数歩譲って御消息を重時家訓にあらずとしても、鎌倉期の武家家訓であることはまず動くまいし、それがおそらくは北条氏一族の誰人かの手になるものであろうことには、それほどの大きな異論を生じないのではあるまいか。

次にこの二種の家訓を重時のものであるとして、その成立時期と対象などについて考えよう。御消息は内容に仏教的色彩の濃く現われている点からみて、重時出家後、極楽寺谷の山荘に隠棲したその歿年近い頃の作で、対象としては長時・時茂・業時・義政らの子息たちや、さらに孫たちをも含んでいたと推定されており、これにはほとんど異論がない。一方、御家訓の方は内容からみてより以前の作と思われるが、成立時期を物語る確証がない。桃氏は「六波羅相模守」という内題を生かして、重時相模守就任の嘉禎二年(一二三七)から六波羅探題離任の宝治元年(一二四七)までの期間で、その中でも宝治元年にごく近い頃、妻を迎えてやがて六波羅探題の地位につこうとする子の長時の教訓のために作成されたものと推定された。これに対して筧氏は、より幼い時代の長時を対象に書かれたものとみるべきだとされ、桃氏の推定より数年早く、長時元服の際にこの家訓が作られたと説いておられる。いずれにもせよ、重時壮年期の作であることは一致した推定である。

次に内容であるが、御家訓は全四十三条(あるいは一、二カ条の脱落があるかも知れない)より成り、若年の子息に対して、一家の主人としての心得、ひろく世間に交わるときの注意を事細かに記したものである。冒頭の1条に「仏・神・主・親ニ恐ヲナシ、因果ノ理ヲ知リ、後代ノ事ヲカヾミ、凡テ人ヲハグヽミ…」以下と規定された人間像こそこの家訓の描く理想であろうが、本文に展開された教訓は、ほとんどそのうちの「人ニ称美セラレ」、「万人ニ昵ビ、能ク思ハレ」るための心得に終始している。そのための注意は逐一まことに懇切丁寧をきわめており、あたかも現代人の「処世訓」の類にも似たおもむきさえ呈している。そこではもっぱらある行為が「世間」の人にどう思われるかという、いたって外面的・功利的立場からの関心が優越しており、16条前半に、日常、家中での自己の行為についても、つねに世間での評判に注意するとともに、身辺の従者にも自分の心中をさとられぬようにせよ、と述べている部分が一種の総括的部分と見なされるが、世間の評価にきわめて神経質であると同時に、従者の取り扱いにも細心の注意を払っているのが、この御家訓の特徴といえるだろう。その意味では、内容はきわめて具体的であり、全体を通じて一種の迫力がみなぎり、当時の幕府上層武士の思想と生活の一面をよく物語ってくれる。

これに対し、出家後の作と推定される御消息の方は、御家訓がはっきりと対象を限定しているのに対して、むしろ一般的な子孫への教訓を意図していることもあって相当に抽象的であり、また仏教的色彩が全篇九十九条をおおっていて、一見、同一人物の作になるものとは思われない。しかし日常生活への注意や、日常道徳を重視している点では御家訓と共通しており、御家訓4・5・39条と御消息25・26条のように同趣旨の条文も存在するので、むしろ御家訓から御消息への、同一人物の思考の変化、発展のあとを示す素材として取り扱うことが可能であろう。御消息の中には、日常道徳を仏教的な思想と結びつけて説明する態度が濃厚であり、神仏の照覧をうけるために人は正直の心をもつべきことが強調されて、抽象化された道徳律が説かれ、また浄土思想が顕著にあらわれている。これは桃氏がいくつかの新資料を駆使されつつ、前著の欠を補われた論文「極楽寺多宝塔供養願文と極楽寺版瑜伽戒本」上・下(『金沢文庫研究』六一・六二号)で明らかにされたように、重時と近い北条氏一族出身で浄土宗西山派の僧侶宗観が極楽寺のごく初期の住持であったという事実、そして重時晩年の信仰もまた浄土宗西山派の深い影響下にあったであろうという推定によって、説明することができよう。

なおこの両家訓の内容や相互の比較、その意味づけなどについては、上記の桃・筧両氏の著書などに詳細に述べられている。ついて参照されることを希望する。また両家訓の解釈についても両氏の研究に学ばせていただいた点が多く、とくに桃氏には直接御教示をいただいた。心から御礼を申し上げたい。後学として本書には何とか多少の新味を出したいと努力したつもりであるが、私には難解な箇所が少なくなく、かえって誤解を重ねた点が多いかも知れない。そうした箇所は大方の御教示をいただいて、今後いくらかでもよいものに近づけたいと願っている。

北条実時家訓の筆者実時は、重時の弟実泰の子であり、金沢文庫の基礎をきずいた好学の武人として著名である。実時の子越後六郎実政にあてたもので、現存するのはその末尾の部分にすぎないが、すでに述べたように、史料批判上、実時家訓とみることへの疑問点がなく、重時家訓との比較に有益であるので収録した。

実時もまた北条氏一門の有力者で、若くして小侍所別当となり、ながく評定衆・引付頭人の要職にあったが、建治二年(一二七六)十月二十三日、数え年五十三歳で死去した。さて本家訓の成立年時は七月二日とあるのみで、年を詳らかにしない。最後の部分に「病モ日ニソヘテ重ク、年ツモリ候テ、今ハ手モフルヒ、目モ見ヘズ候ヘドモ」とあるところから、死去の年の建治二年とみるか、あるいは佐藤和夫氏の説のように、名充人の実政が九州に特派された建治元年(一二七五)とみるか(「『北条実時書状』の武家家訓としての評価」(『弘前大学国史研究』四二号))、確証はないが、いずれにもせよ最晩年の作であることは疑いない。金沢文庫に伝来した「聯句集」の紙背文書として伝存したため、前欠であって全貌を知りがたいうらみがあるが、現存の部分ではもっぱら従者を召し使う主君の心がまえを説いており、重時家訓の、とくに御家訓との共通性が認められる。

朝倉英林壁書は、越前の守護朝倉孝景の制定した家訓であって、通常は朝倉敏景十七箇条、朝倉孝景条々などとよばれているが、本書では黒川本(後述)の題号をとった。朝倉孝景(敏景と称したともいうが、確実な同時代史料では確認できない)は、本来越前守護斯波氏の重臣であったが、その権威はようやく主家をしのぐ勢いとなり、応仁の乱に際してははじめ西軍に属して活躍した後、東軍に転じ、その功賞として文明三年(一四七一)斯波氏に代わってとくに越前の守護に任命され、戦国大名朝倉氏の基礎をきずいた人物である。

本家訓は孝景の制定と伝えられており、その成立年代はかれの守護任命後、文明十三年(一四八一)七月の死亡までの十年間に擬定されている。内容的には単なる家訓の域をこえ、領国支配の基本法規ともみるべきものを含んでおり、しばしば戦国武家家法の一つとしても取り扱われている。因習にとらわれぬ合理主義を打ち出した条文が多く、いかにも戦国大名の支配の特色を示しているかに思われるけれども、一方はたしてこの家訓のすべてが孝景の制定にかかるものかどうか、いささかの疑惑が感じられなくもない。たとえば14条など、ある意味では江戸幕府の一国一城令の先駆とみてもよいような大名権力の集権性のみごとな表現であり、それ故にしばしば高校の日本史教科書にも引用されている条文である。しかし現実の朝倉氏領国では、その末期にいたるまで朝倉一族の有力者や伝統的国人層がなおそれぞれの本拠地に根をはっていたのが実相であり、後にいたっても、14条の意図が容易に実現したとはとうてい考えられない。これはそもそも家訓であって法令ではなく、また法令であっても直ちに現実化したとはいえない、として弁護できるかも知れないけれど、すでに十五世紀の後半にこの種の規定が生み出されたとすることには、やはりまだ若干の疑問が残るように思う。

本書が依拠した『中世法制史料集』第三巻では、本家訓の伝本として、(イ)黒川本・(ロ)新井白石本の二本をかかげ、朝倉始末記所収本は「他の二本に比べて学問の素養ある者の手に成ることを思わせる漢語が随所にみられるほか、書留め文言がまた異様である。後世の改竄の疑を存する本といえよう」とされている。そして5条において、黒川本が「四座之猿楽切々呼下」とだけあるのに、白石本・始末記本が「従二京都一四座の猿楽…」と、大和猿楽の四座を京都から招聘するように記しているのは、「当時の猿楽師の生活状況の上からも、朝倉氏の興福寺との関係の上からも適切でないように思われる。この点で黒川本は白石・始末記両本より善本であると云えよう。黒川本は最も文章簡潔であって、家訓の原形に最も近いと考えられる。白石本は黒川本に比して説明が多いばかりでなく、明らかに、黒川本と意味内容を異にする文章語句を用いた箇所が少くない。或いは、孝景以後、原形を大幅に改補した結果を示すものかもしれない」と解説を加えられている。本書では黒川本を採用したが、その黒川本についても「家訓の原形に最も近い」という評価が加えられていることは、『中世法制史料集』の編者の本家訓に対する批判的立場を表明されたものと考えられる。しかし、その場合でも「家訓の原形」の存在は認められるわけであり、かつ桑田氏の上掲書はもとより、和辻哲郎『日本倫理思想史』下巻(岩波書店、一九五二年)をはじめ諸書にとり上げられるなど著名な家訓であるので、上述したような史料批判上の問題が感じられるにもかかわらず、敢て本書に収録して、さらに今後の研究の進展を期待することとした。

早雲寺殿廿一箇条は、駿河守護今川氏の食客から身を起こして、伊豆・相模両国を支配し、のちに関東地方一帯に雄飛する戦国大名後北条氏の基をひらいた伊勢長氏(宗瑞、また北条早雲とよばれることもある)の作になるものといわれている。北条五代記の記述によって、すでに江戸時代初期から早雲作と伝承されていることが判明するが、直接の明証があるわけではない。子孫よりも家中の武士への教訓というべき内容であるが、広義の家訓とみることができる。平易な文章で、家臣の日常生活と主君への奉公の心得を説いているが、きわめて実際的な種々の教訓を貫いている基本的態度は、5条などにみえる「正直」に、「有りのまゝなる心持」をもてという態度であり、14条の「上下万民に対し、一言半句にても虚言を申べからず」という箇条にも同様な精神が反映している。

戦国期の家訓としては、武田信繁家訓(信玄家法の下巻として知られており、全九十九箇条)が長大であり、内容も豊富で有名であるが、それは全文が和風漢文で書かれ、ほとんどすべての条が中国の古典の引用によって基礎づけられている。これと対比すれば、早雲寺殿廿一箇条は平明・簡潔、実際的であって、実力によって成り上がった戦国大名にいかにもふさわしい家訓ということができよう。いささか突飛な連想かも知れないが、眼光鋭く、いたちが法衣を着たような早雲の画像に見られる一種個性的な風貌と、この家訓との間には、一脈相通ずるものがあるように思われてならない。上述したように本家訓を早雲作とすべき明証はないとしても、何となく所伝を肯定したい気持がわくのである。

なお本家訓は上掲の桑田・和辻両氏の著書をはじめ、しばしばとり上げられているが、とくに専論はないようである。

毛利元就書状として収録した四通は、安芸の一国人領主から身を起こして、ついに安芸・備後・石見・周防・長門をはじめその周辺の諸国を征服した大大名となった元就が、子息の隆元（長子。毛利家の継承者）・元春（次子。北安芸の国人領主吉川家をつぐ）・隆景（三子。南安芸の国人領主小早川家をつぐ）三人にあてた教訓の書状である。元就は筆まめで、事あるごとに書状を子息らに与え、種々の教訓や指示を書き残しているが、ここにはその中でもとくに有名なもの、興味あるもの四通を選んでみた。

㈠は弘治三年（一五五七）十一月二十五日、元就が三人の子息に対して一致協力、毛利の家をもり立てるべく教えさとしたものである。この年四月、毛利氏による周防・長門両国の征服が成功したのを機会に、元就は隠退をくわだて、長子隆元の決死の反対によってやむなくこれをあきらめた。11条末尾の記述はその間の事情に触れた文章であるが、一旦決意した隠退を翻意した直後、とくに三人の子息にあてた訓誡がこの書状である。まことに懇切丁寧な教訓であり、かつてひろく世間に流布された三本の矢の物語——死の床についた元就が三人の子息を枕もとに呼びよせ、一本ずつの矢は折れることはあっても、三本の矢が折れることはないとして一致協力をさとしたという物語の実説版ともいうべきものであるが、10〜13の各条などには、戦国の世をたくみに生き抜いてきた老雄の感慨がもらされ、7・8条にみえる亡妻への想いや長女の宍戸隆家の妻への心づかいとともに、何かその心の奥底がうかがえるような気がする。多くの戦国大名のうちでも、以下の三点の書状や本書に未収録の他の多くの書状をも含めて、これほど率直に胸中を書き残した人物はそうはいないのではなかろうか。

㈡は㈠と同時に、とくに長子の隆元一人に与えた書状である。ここでも兄弟三人の協力を強調しているが、1・2条に他国はもちろん当国にも、さらには毛利氏の家中にさえも毛利氏に対する反感が充満していると、はっきり言い切っているのは注目される。

㈢は年未詳であるが、内容からすると天文十九年（一五五〇）七月、元就が権臣井上元兼の一族三十余人を殺害するという家中の大粛清を敢行したすぐ後の書状ではないかと思われる。小早川氏に入嗣していた隆景が、元就の井上氏一族族滅にまねて、小早川氏家中の反対派の粛清を考え、元就にはかったのに対し、それをいましめたものである。井上氏一族の殺害はまことにやむをえない非常手段だったとして弁解をこころみ、家臣の一人をも殺すことなく、しかも家中を統制するのが「器用」な主人であると、若い隆景を教訓したものである。

(四)は年月日未詳の隆元あての書状であるが、(一)・(二)と同じ頃か、その少し後の時期のものであろう。1・2条では、長防両国の征服によってにわかに版図の拡大した毛利氏における支配の困難な諸局面について語り、その認識とのかかわりで、毛利氏家中の現状につき、家臣団のおごりと統制の難かしさについての不満を述べているのが、4〜7条である。とくに4条の内容は、(三)でこれまで井上氏一族の横暴をたえぬいてきたと語っていることと対比して読めば興味深い。7条では、長防両国の征服に成功した段階で、「有様の法度・政道」を施行したいのが本意であるが、家臣団の実状からみると、とても実行できる状態ではない、と残念がっている。戦国大名の基本法規制定への志向をよく示したものとして注目すべき発言であるが、後に一揆契状編の一五・一六等の解題にも述べるように、毛利氏においては、家臣団間の誓約によるいわばヨコの契約を、タテの戦国大名領国支配体制の中に吸い上げ、くみこむという形式で実質上の家法を成立させていた。このような現実とのかかわり合いを考えるとき、元就の基本法規制定への志向をどのように評価すべきか、興味ある問題である。

なおこれらの元就書状については、三卿伝編纂所編『毛利元就卿伝』上巻(六盟館、一九四四年)の詳細な叙述をはじめ、いくつかの元就伝などに解説されている。

二　置　文

置文とは、古文書学上、①所領譲与の際に、子孫に対する遺言・遺命の類を記した文書と、②所領譲与とは直接関係なく、将来にわたって遵守すべき事項を列挙した文書の二つの意味に用いられている。①は本来、譲渡対象を列挙した処分目録などの末尾に書き加えられた文言の部分が独立して作成され、ついには家訓ないし家法的色彩をもつようになったものといわれており、こうした処分目録からの分離・独立の際に、それまでとくに寺院などで多く行われていた②の、将来、一同でながく遵守すべき事項を列挙した置文の形式が参考にされたのではないかと思うが、とにかく①②の両者は相互に影響を与えあっているように考えられる。中世武士の作成したこの種の文書も数多く伝来しているが、本稿では主として内容上興味あるもの十三点を選び、作成年代順に排列した。

①の意味の置文に記される内容とは、一般には以下のようなものとされている(佐藤進一『古文書学入門』法政大学出版局、一九七一年、二六四頁)。

(イ) 相続人の範囲や相続順位について。――女子に対する譲与の禁止、女子の一生の間だけの譲与(一期譲り)など。

(ロ) 相続の対象物の保護について。――惣領を中心とした一族結合(惣領制とよばれる)の維持、所領散逸の防止のための譲渡の制限、氏神や氏寺の祭祀など宗教的行事や家産の保護。

(ハ) 年貢・公事などの貢租や諸負担について。――鎌倉時代の御家人の置文には、関東御公事以下の負担を惣領が庶子に配分し、庶子はこれにしたがって勤仕すべきことを記したものが多い。

(ニ) 遺命違犯者に対する制裁。――たとえば違犯者に対しては譲与を取り消し、一族の他の者(庶子が違犯した場合は多く惣領)に与えるというようなものである。

1

本編に収めたもののうち、明らかにこの①類の置文に属するものは、一・三・四・一〇・一一・一二・一三である。以下、順次に解説を加える。

一 渋谷定心置文は、相模国渋谷庄を中心に発展した武士団渋谷氏の一族、定心が寛元三年(一二四五)、子息らに書き残した置文であり、鎌倉武士の置文の中でも比較的早期の代表的一例である。冒頭の「定め置く公事幷びに諸事に付して子息等存知すべき子細の状」という事書に明示されているように、上述の譲状の内容の(ハ)に当たる部分を中心に(1〜11条)、(ロ)などをも含めた種々の条項を記し、最後に「この状をば上下万人僻事とは候まじき也。一事といふとんゆめ〳〵違ふべからず」とその遵守を強調している。内容的には、1〜5条にみえる関東御公事の分配の基準の算定法——すなわち、定心が亡父光重から譲られた所領のうち関東御公事の対象となる公事定田十九町四反を、定心が子息らに分配した所領の「本田数」(国衙など上部から賦課対象地として把握された田地)の比率に応じてわりあてた数値が、ほぼ子息らの「公事定田」となるという方式、あるいは6〜11条の各課役の内容とその負担の方式、また14・15・18条などで、一族内部の規制として、「上まで申さず」に屋敷の没収・配分を定めていることなどが注目される。この置文の理解のために参考になる研究としては、朝河貫一『入来文書』(英文)、杉山博「相模国高座郡渋谷庄について」(『史苑』二五巻三号)がある。

三 相良蓮道置文は、肥後国人吉庄南方の地頭であった相良蓮道(長氏)が、延慶四年(一三一一)に記した置文である。1条によれば、現存はしていないが、これに先立って子息らに譲状を書き与えたようであり、置文ではもっぱら上述の内容の(ロ)(ハ)に関する事項が規定されている。最後の結びの部分では「もし思い出す事あらば、をて書き置かんために、紙の奥を残す也」として、一旦置文を書き終わった十日ほど後にまた1条が追加して書き記されている。また同じく結びの部分で、「いづれもこの趣を存知して、互に不審あらせじために、見苦しけれども、自筆に書き置くところ也。敢て違犯すべからず」と記していることも、この置文の重要性を示す部分である。

内容上では、6・7条にみえる兄弟間の関係、とくに弟は兄を親と思い、兄は弟を子と思えという趣旨の表現の中に、鎌倉時代的な惣領・庶子の関係がよく表現されていること、また7条に、合戦の時の勲功は兄弟別々に上申せよ、「身狭き物は、さやうの時こそ広くもなる事なれ」と言い切っていることなどが、9条の安堵申請の時は各自別々にせよという規定とともに、注意さるべきである。とくに6条に馬・具足をもてないほど窮乏している庶子の存在が想定されていることを参照すれば、これらの内容の意味はますますはっきりしてくる。多少事情はちがうとしても、別に解説した竹崎季長の場合も連想されてくるのであって、この置文は鎌倉末期の比較的小規模の武士団の思想を示す好史料といえよう。なお、相良氏や人吉庄に関する研究としては大山喬平「地頭領主制と在家支配」（日本史研究会史料部会編『中世社会の基本構造』御茶の水書房、一九五八年）などいくつかあるが、本置文に関しての専論はないようである。

四 早岐正心置文は、肥後国六箇庄小山村の地頭だった早岐正心の正和三年（一三一四）の置文である。内容的には、正心の実子かと思われる正ゐんなる人物に一度譲り渡した地頭職を悔い返して、孫の菊池九郎隆信に譲り直したことについての措置（なお隆信への譲状は正和元年十二月二十一日に、正ゐんへの義絶状は同二年五月十六日に書かれ、それぞれ今日まで伝存している）と、2・3条にみられる領内の「民百姓」の支配についての注意、また所領を無事に治めよという規定が注目される。とくに後者は、比較的小規模の領主も、鎌倉後期には所領の支配者としての意識をもち、「撫民」の思想が強まっていたことを示す好例である。なお、この置文についても専論はとくにないように思われる。

10 渋谷重門置文⑵は、九の重門置文⑴が、いかにも②類的な置文であるのと対比して、①類の置文の特色をよく示すものである。渋谷重門は一の置文の筆者定心より六代目にあたるその後裔で、薩摩国入来院の地頭として活動し、守護島津氏に対抗する有力な在地領主として南朝方に立って戦った。建徳二年（一三七一）という南朝年号はそれを示している。内容は、同じ日付の譲状で相伝の所領をすべて子息重頼に譲与し、それまでの伝統的な分割相続から新たに単独相続へと切りかえた重門が、以後は惣領の単独相続法によるべきことを改めて置文として子孫に残したものである。同じ日付の譲状も今日に伝わっており、両方を比較することができるが、この置文の文章は譲状の中にも引用され、「且は後証のため、置文の趣を書き載する所なり」と記されている。譲状と置文の密接な関係と、両者の機能の分離を示す好例である。なお入来院や渋谷氏に関する個別研究は数多く発表されているが、とくにこの置文に関する専論はない。九の重門置文についても事情は同じである。

二　小早川陽満置文は、七・八の市場統制令を発した安芸国沼田庄の地頭小早川氏から分出した有力な庶子家で、沼田庄に隣接した都宇竹原庄を根拠として発展していった竹原小早川氏の惣領陽満(実名弘景)が、嘉吉三年(一四三)に記した置文である。当時の武士の置文の一例としてここに掲げた。内容的には、一・三などのいかにも鎌倉期的な置文で大きな比重を占めていた上述の置文の内容(ハ)に相当する部分の消滅が注目される。これはまったく、いわゆる惣領制的関係の崩壊を物語る現象にほかならない。それに代わり、貢租や諸負担については領内の「代官・沙汰人」以下の家臣団に対する考慮(7条)、あるいは「村々」に対する賦課の際の心得(13条)が表面に出てきており、在地領主制の支配のあり方の転換を示唆している。とくに12条の「領内徳人共」への懇切な保護の配慮に注目する必要がある。6・9条に明らかなように、竹原小早川氏は本宗家沼田小早川氏と対立的関係に立ち、むしろ周防・長門を本拠とする大名大内氏に接近しつつ、瀬戸内海の海上交通にかかわりをもって発展する方向をえらんでいた。「徳人共」とはまさに、交通・商業に従事しつつ富裕化していった層にちがいなく、竹原小早川氏もまた、本宗家と同様に領内の市場・商人の保護・統制策を採用していたにちがいない。そして先の七・八が市場・商業の統制に力点をかけているとすれば、ここではむしろ楯の反面である保護・育成の面が強調されているといってよかろう。

三　小早川弘景置文は一一の陽満の孫にあたり、実名を同じくする弘景の置文である。書かれた年は明らかでないが、前後の関係からすれば、おそらく十五世紀の末頃であろう。かなりの長文であるが、全文これ家臣団統制の問題を扱い、広義の家臣団を大きく(a)一族・親類(1〜9条)、(b)内之者(10〜29条)、(c)中間(30条)の三者に区分し、それぞれの姓名を列挙して序列・区分を明らかにした上で、個々の家臣への評価を述べ、さらに最後の31条で全体を総括している。きわめて具体性に富んだ内容で、それだけに難解であるが、しばしば国人領主とよばれている当時の武士団の支配体制の実体をうかがう上からも無二の好史料といえよう。

まさに鎌倉期的な惣領制的結合を離れて、家臣団の組織による領内支配へと転換していたからこそ、家臣間の序列・区分は国人領主にとって領内支配の実現のための最大の問題となったのであり、この弘景置文のように、全文をこの問題についての条項にささげる置文が出現したのであろう。置文の末尾に「はや風前とぼし火の心ちして、ふしぎに此事を思ひ出し候ば、心よく〳〵なり候間、あさましく候」と、みずから驚くほど、弘景にとってこの置文の主題は重要な課題だったと思われる。しかも「ついに弘景代共三代は、然るべき一家・内者たおし候はず候つる」という誇りは、すでにみた毛利元就書状㊂における「第一、其家の主人、内之者を失い候事は、手足を切るにてこそ候へば、悪き事の最上にて候」等々の教訓とも共通する内容をもっており、しかもそれが曾祖父仲義・祖父弘景以来の竹原氏歴代の業績と観念されているところに、置文はやはり家の置文であり、単なる個人のものではないことが十分に示されていると思う。

以上二つの置文については、これを初期分国法の先駆、その一形態として位置づけられた能島正美「小早川氏の置文」(『史学研究三十周年記念論叢』)、一二の置文について国人領主の家臣団構成の具体例として分析された永原慶二「下剋上の時代」(『日本の歴史』一〇巻、三一六〜三一九頁、中央公論社、一九六五年)、沼田小早川氏などの家臣団構成との対比と位置づけを行われた田端泰子「室町・戦国期の小早川氏の領主制」(『史林』四九巻五号)などの論考があり、それぞれ参考になる。

ただ一二の弘景置文にみえる家臣団の構成について、能島氏は置文が五分類をとり、(1)庶子(一族衆)——「別分をもちたる庶子」、(2)家の子——庶子家の被官化したもの、(3)内の者(譜代)、(i)戦功を立てたもの、(ii)名主の被官化、(iii)被官の扶持者の抜擢の三種、(4)新参衆、(5)中間の五つに区分しているとされる。また永原氏は六分類をとられ、(1)一家一族で別分をもつもの、(2)別分をもちたる庶子、(3)家の子、(4)一族でない一般家臣、(5)内之者、(6)若党・中間、に区分される。両氏の分類法は置文の内容の読解のためには非常に参考になるが、私見では置文自体の分類はあくまでも、(a)親類・(b)内之者・(c)中間の三種であって、それはそれぞれの末尾9・29条、そして31条にも、なお不審があれば質問せよとの同じ意味の文章が繰り返されていることでも明らかだと考える。両氏の分類は、それらの副分類、あるいは実体に即した分類と考えるべきであろう(なお永原氏の(1)と(2)、(4)と(5)はそれぞれ同一実体のもので、特に区別の必要はない)。

(三)赤穴郡連置文は、石見国の東南隅の佐波郷を本拠とした豪族佐波氏の庶家で、国境をこえて隣接する出雲国赤穴庄の領主となった赤穴氏の惣領郡連が、永正二年(一五〇五)に記した置文である。内容は佐波氏と赤穴氏の系譜、赤穴氏の赤穴庄支配の由来、惣領佐波氏と赤穴氏の関係の歴史、赤穴氏の佐波氏への忠節の実例、ことに赤穴弘行が佐波梁山のためにつくした忠節などを語ってまことに詳細であり、さながら赤穴氏の家の歴史を読む感が深い。上述したように置文が単なる個人のものではなく、まさに家の置文であったとすれば、こうした内容の置文が出現するのは当然であろう。その一例として本編に収録したが、なかなかに興味ある内容を含んでいる。

赤穴氏の惣領家佐波氏は室町将軍家に直接奉公する奉公衆の一人であって、所領安堵なども将軍から得ているが、一方、赤穴氏は出雲守護京極氏に属して、守護からの所領安堵をうけるのが普通である。いわば(A)将軍—奉公衆と、(B)将軍—守護—御家人という、室町幕府体制下の国人領主の一般的な二類型が、佐波氏と赤穴氏において、国境をはさんで併存していたわけであるが、しかも佐波氏と赤穴氏とは惣領—庶子関係によって結ばれていた。石見国佐波郷内に赤穴氏が保有している所領は佐波氏の最終的支配権の下に立っているという意味では、惣領制的関係が残っていたわけである。こうした複雑な関係の下にあった赤穴氏の歴史は、それだけに多くの問題を含んでいる。この置文の中で郡連が主張しているのは、一貫した赤穴氏の佐波氏への忠誠であるが、しかしそれは佐波氏が赤穴氏の本領赤穴庄の押領を企てた際に、赤穴氏が武力をもって抵抗することを排除するものではない。「これ又、惣領への不儀にあらず。惣領より倒さんと仕給へば、倒されじと仕たるまで也」と置文は述べているのである。また赤穴弘行が佐波梁山をたすけて惣領の地位につかせるまでの経過、あるいはその一命を救った物語なども注目すべき内容と思う。一方、赤穴氏と京極氏との関係、一時的には「主なしのやうにて候つる」状態だったことなども、十分検討すべき問題であろう。

赤穴氏の歴史については、藤沢秀晴「相続関係文書にみえる知行の推移について」(『島根史学』九号)、藤岡大拙「赤穴氏について」㈠・㈡（『島根県高校教育研究連合会研究紀要』二号および『松江南校研究紀要』二号）等があり、さらに中川真一郎「山陰における国人層の存在形態」（東大文学部一九七一年度卒業論文、未発表）が研究を深め、最近、岸田裕之「守護山名氏の備後国支配の展開と知行制」（『日本中世史論集』吉川弘文館、一九七二年）においても論及されている。

2

次に冒頭にかかげた②の類型の置文、所領譲与とは直接関係なく、将来にわたって遵守すべき事項を列挙した文書に属するものは、本編では二・七・八・九である。

二 竹崎季長置文は、正応六年（一二九三）、別に収録した竹崎季長絵詞の作成者季長その人の書き記した置文である。海東（頭）御社とは、補注に引用した秋岡氏所蔵文書本には「海頭郷御社」とあるので、季長が文永の役の恩賞に地頭職を与えられた肥後国海東（頭）郷にまつられた、郷社ともいうべき存在と考えられる。本編には収録しなかったが、地頭がみずから建立したりしてその独占的支配下に属した氏寺などに関して、この置文と同形式で種々の規定を制定することは、鎌倉時代からいくつも例のある事実である。したがって、この海東社もまた地頭季長の氏寺に類した、いわば氏社ともよぶべき存在のように考えられやすいが、本来は海東郷の郷社であって、もともと地頭の独占的支配下にあった神社ではなかったと思う。この置文は、むしろこうした海東社を、みずからの支配下に繰り込もうとする地頭季長の努力を物語る資料とみるべきであろう。

この置文の最初の部分に列挙されている海東社の祭事の費用を支弁するための祭田や、神官らの給田、さらに修理田、これらはおそらく地頭季長の権限によって承認され、あるいは寄進されたものであろう。中でも6・8条に詳しく規定されている修理田からの年貢米を出挙する際の条件は、まことに興味深い内容である。一地方武士、それも中級の御家人にすぎなかったと思われる季長が、いかにして季長絵詞のような見事な絵巻物を作成しえたのか、大きな疑問とされているが、この置文に見える内容、とくに出挙米に関する詳細な規定は、季長の在地における支配のあり方の一端を示しており、農民への出挙がその支配の大きな役割をになったであろうことを示唆している。

また14条の、毎年の歳末、海東郷の百姓一人ずつに二斗の米を与えるという規定は、地頭の「撫民」的政策という以上に、かなり古い、伝統的な郷の百姓の共同の信仰の中心であったと思われる海東社の役割を想定させるものであり、ある場合には出挙米もまた、こうした海東社の役割とからみあって機能したのではないかと思う。6条の百姓の「農料」(農業経営・耕作のための費用)分の出挙についての特例もまた、それを考えさせる。

ともかくこの置文は、当時の地方武士の所領支配のあり方の一部、とくに領内の村落の信仰の中心だったかと思われる郷社をみずからの支配下に繰り入れ、所領支配を強固にしようとしている状況を物語ってくれる興味ある内容を含んでいるだけでなく、さらに竹崎季長その人の作にかかるという点でも重要な史料である。これまで季長絵詞の成立年代論とのかかわりで若干言及されたことはあるが、その内容の立ち入った検討はまったく今後の課題であり、その結果いかんによって、あるいは季長絵詞の理解の上に新たな光を投ずることができるかも知れない。

七　小早川円照置文、**八　安芸沼田庄市場禁制**の二点は、安芸国の東南端、沼田庄の地頭として鎌倉時代以来発展をとげた小早川氏本宗家が、領内の市場統制、家臣団の商業との接触の禁止のために発布した置文である。写であるため、とくに七の方に誤写ではないかと思われる箇所がいくつかあるが、七は暦応三年(一三四〇)、当時の小早川本宗家の惣領円照(実名宣平)が、家臣団の市場への居住を禁止した置文で、八はおそらく円照の子貞平と思われる本宗家の惣領が、その十三年後の文和二年(一三五三)、家臣団の市場への居住・市場住人の女子との婚姻の禁止、市場の検断・雑務の裁判権の掌握を宣言して、さらに一歩を進めた市場統制にのり出した禁令である。八は形式からみて、置文よりもむしろ単行の法令、禁制とみた方がよいかも知れないが、とりあえずここに収めた。

古代以来、海上交通の大動脈であった瀬戸内海には、いくつもの河川が流れ込んでいるが、内陸部との交通の接点をなすそれぞれの河口近くには、いずれの地点にも商業集落が成立し、市場が繁栄していたと思われる。現福山市の蘆田川の川底に埋まっていた草戸千軒町もその好例であるが、沼田庄の市場もまた、ほとんど同じような環境の地に発展をとげていた。小早川本宗家の居館からはほぼ六キロほど下流の地点、沼田庄内を貫流する沼田川がかつて海に注いでいたあたり、川をはさむ両岸の自然堤防の上に、沼田庄の本市・新市が相対して存在したのである。小早川氏の市場統制令として著名なこの二つの置文は、中世武士団の商業とのかかわりを論ずる際、つねに引用されるといってよいほど重要な史料であり、そこには、市場の直接統制・支配と、家臣団の商業からの隔離という二つの指向があらわに表現されているといってよい。古く、今井林太郎「安芸国沼田庄における市場禁制」(『歴史教育』一一巻九号)の論文以後、この置文に論及した研究は数多い。比較的最近の研究には佐々木銀弥『荘園の商業』(吉川弘文館、一九六四年)がある。

九 渋谷重門置文(1)は、すでに一〇の重門置文(2)の解説で言及したように、正平二十二年(一三六七)、薩摩国入来院の領主渋谷重門が発布した家臣の軍功に対する恩賞の規定であり、むしろ単行法令ともみるべきものであるが、末文に子々孫々に至るまでこの規定に違背するなと強調している点、①類の置文と②類の置文の相互交渉を如実に示している。このころ渋谷氏は南朝側に立って守護島津氏と戦いを交えており、本置文の作成もそうした状況の反映であろう。

3

以上、置文の①類・②類に分かって、それぞれに解説を加えてきたが、ただ五・六の二点の菊池氏関係のものには言及しなかった。これはともに起請文の形式をとっており、一見、置文とはやや性格を異にするように思われるであろうからである。

五 菊池武重起請文は、しばしば菊池武重家憲とよばれ、有名なものである。古代後期以来、肥後国北半を中心に強固な勢力をきずいてきた武士団である菊池氏は、とくに南北朝期に南朝方の有力な武士として大きな活動を行い、ひろくその名を知られた。菊池武重は、元弘の変の際、早く後醍醐天皇に応じて挙兵・敗死した武時の長子であり、この起請文は延元三年(一三三八)、かれが八幡宮(おそらく菊池氏の本城に近い深川八幡宮であろう)の神前にささげた血判の誓約書である。

「寄合衆の内談の事」と書きはじめる事書によっても知られるごとく、その主要な内容は、菊池氏一族の惣領である武重と、そのもとに一族の有力者から構成されていた合議機関である「寄合衆の内談」との間の、権限の分割と明確化という点におかれている。「天下の御大事」すなわち南北朝の対立の激化した当時、そのいずれを支持すべきかという態度の決定は、最終的には武重の権利であり、これに対して「国務の政道」(武重が肥後守に任命されていたことからも、菊池氏の領内支配を「国務」と表現したのであろう)は内談の決定を尊重することが強調されている。いわば菊池氏の外交は武重が、内政は寄合衆が最高責任者として運営し、相互に権力を分割するとともにバランスをはかることが、その目的であった。終始南朝方に属して戦った菊池氏一族の内部にも、あるいは当時かなり批判的な空気が存在したのではないか、それへの対応として出されたのがこの起請文ではないか、とも考えられる。ともかく当時の在地領主間にひろく存在したと思われる合議機関としての「内談」「寄合」について、これだけはっきりと規定したものは稀であり、まことに注目すべき内容といえよう。ある意味では①類の置文の一種ともいえる宗像氏事書の「内談」に関する規定と、対比・検討すべきである。

六 **菊池武士起請文**は、武重起請文より四年あとの興国三年(一三四二)、武重のあとをついだ弟の武士が同じ八幡宮の神前に捧げたもので、武重起請文を前提としつつ、あらためて惣領武士と一族中の有力者である「寄合衆」(「内談衆」)との権限調整をはかり、「寄合衆」の決定の尊重をうたった内容である。ここに現われる対馬殿・林原殿・島崎殿・須屋殿の四名が「寄合衆」「内談衆」の正式メンバーであり、大城殿・片保田殿の二人は臨時の第二次的構成員と認められる。中でもその序列が第一位で、2条にとくに「対馬殿の申され候といふとも、人々の一同なくば、用ゐ奉るべからず候」と記されている武士の庶兄「対馬殿」木野武茂が、武重起請文2条にみえる「管領」にあたるのであろう。それ以外のメンバーである菊池氏一族については、あるいは本来菊池氏の一族以外かと思われる大城殿をのぞいて、いずれもみな「菊池系図」上に同姓の家名を見出すことができるが、個人を同定はできない。しかし系図上では、武士からみて相当に遠い昔に分かれた家も認められる。

以上五・六の二点を合わせみることによって、菊池氏の場合、惣領の権力行使を制約する一族の代表者の合議機関の果たす役割の大きさをうかがい知ることができよう。

さて、菊池氏についてはとくに南北朝期の政治的役割に焦点を合わせた多くの研究が発表されており、その際この二点の起請文についても言及されることが多い。ここでは最近の研究の代表的なものとして杉本尚雄『菊池氏三代』(吉川弘文館、一九六六年)だけをあげておく。

ところで、この二通の起請文を置文編に分類した理由について、最後に触れておかねばならぬ。五がしばしば武重家憲とよばれていることは前述したが、それが書かれて一月たたぬ延元三年八月十五日、武重の弟で六からは当時の「管領」と推定される木野武茂も起請文を捧げ、「武茂弓箭の家に生て、朝家に仕ふる身たる間、天道に応て正直の理を以て家の名をあげ、朝恩に浴して身を立せん」以下八カ条を誓約した。その中の一条に「舎兄肥後守子々孫々までいましめを定置れ候て、正法護持之志至誠にまし〳〵候はゞ、武茂随喜仰信の心を発候て、子々孫々までに誠を定置候て」と記されている。してみれば、五は武重が神に対してなした誓約であるとともに、一家・子孫に対する誡めでもあったのであり、これを家憲とよぶことにも十分の理由がある。しかし、それはまた単なる家訓・置文ではなかった。武茂以外にも、この後、何人かの菊池氏の一族が、単独で、あるいは数人で、類似した起請文を捧げており、それはちょうど六の書かれる時期までにわたっている(以上いずれも「広福寺文書」(『熊本県史料』中世編第一))。武茂の起請文が、また武茂の子孫に対する誡めでもあったように、これらの起請文群は総体として菊池氏の全一族をおおう子孫への訓誡であるとともに、それぞれ神に対する誓約という形式をとりながら、相互に契約を取り交わす、いわば一種の一族一揆契約の役割を果たしたものと考えられる。五・六はその意味で、惣領の武重・武士が一族庶子に対して与えた契約であるともいえよう。こう考えてくると、五・六は家訓・一揆契状との接点に立ってはいるものの、やはり置文編におくのが比較的妥当かと思われ、一応ここに分類しておくこととした。

三　一揆契状

一揆とは、本来、揆を一にすること、すなわち一致・同心・一味することを意味しており、一揆契状とは、人々が一揆することを契約した文書で、ほとんどの場合、神仏に一揆を誓約する起請文の形式をとった上、参加者おのおのが連署を加えるのが普通である。南北朝期以後の中世後期は、ある意味で一揆の時代ともいえるくらい、武士・庶民、僧侶・俗人を問わぬ一揆が社会の特徴ともなった時代であったから、作成された一揆契状の数も当時はきわめて多かったと考えられるが、今日まで伝存してきたものだけでも相当の量にのぼっている。その中でも本編が対象とする武家の一揆契状は非常に大きな部分を占めているが、ここでは比較的に典型的と思われるものや、興味あるもの十七通を収録した。もとより武士層の一揆契状の、ほんの一斑を示すにすぎないが、以下に解説する一揆の諸類型のそれぞれを代表し、かつ問題提示的な内容を含むものを選択したつもりである。なお排列はほぼ年代順であるが、四〜九の六点は松浦党関係で一括し、そのうち四〜六は下松浦党全体の一揆、七〜九はその下部にあった五島列島在住の小一揆関係でまとめたので、この部分のみは排列の年代が前後しているところがある。

中世後期の武士層の一揆といっても、その中には多くのタイプがあり、種々の分類が可能である。ここではまず諸説中もっとも網羅的と思われる福田豊彦氏の所説(「国人一揆の一側面」(『史学雑誌』七六編一号))による四形態の分類を紹介すると、

〔一〕は、軍事指揮官が戦陣で武士を同一の旗や服装によって、一手一手にまとめたもので、多くは戦闘の際の一時的集団である。太平記に描かれた諸合戦に登場する赤験一揆・白旗一揆などがその例である。

〔二〕は、庶子家の自立を前提とし、惣領を立てながら一族の和合協力によって戦乱期をのり切ろうとする一族一揆である。

〔三〕は、当時、国人とよばれた在地領主の地縁的結合体としての国人一揆である。

〔四〕は、一国的な規模で国人が結集する国一揆・惣国一揆であって、〔二〕〔三〕がその一構成員として参加している場合もある。

以上の四形態に共通する特色は、構成員が平等の発言権をもち、その意味で共和的・同盟的結合体としての行動の統一をはかっている点にある、これが福田氏の所説の要約である。

ただこの分類のうち〔一〕は、主として一時的な戦闘単位であるためか、一揆契状を残さないのが一般であり、しかるべき実例を発見できなかったので、本編では除外せざるをえなかった。また、もしそれが単なる一時的な戦闘の単位ではなかったとすれば、その基礎には以下の〔二〕〔三〕の実体があったにちがいない。〔一〕の類型とは異なるが、戦闘の際の軍事的協約としては別に一四の越後衆連判軍陣壁書を収めてあるので、ついて参照されたい。〔二〕〔三〕〔四〕の類型については、説明の便宜上、本稿ではa一族一揆、b地域的一揆、に大別した上で、さらに二、三のタイプを区別してみよう。

1

まずa一族一揆については、すでに福田氏の〔二〕の紹介に述べた通りである。中世前期に普遍的であったと考えられる武士団の惣領制的結合(分割相続を前提としつつも、一族が嫡流の惣領を中心に結合し、団結して一族の所領を支配して行くあり方)がくずれ、分割相続から嫡子単独相続へと移行(たとえば置文編一〇の渋谷重門置文(2)を参照)するとともに、かつて惣領家に従属していた庶子家はそれぞれ独立した家となりながらも、しかもかれらは一族との協力・盟約にもとづいて一団となり、新たな時代に対処して行こうとする、そうした集団が一族一揆であった。そこでは「一族」であることが一揆の結合原理であって、その意味で、aは族縁的集団とよぶことができる。本編に収録したなかでは、一の山内一族、一二の高梨一族、一三の小早川一族の場合が、それぞれ異なる側面をもちながらもaの類型に属している。一方aとbの中間的形態ともいえるのが、二の隅田一族と、四〜九の松浦党の場合である。これをa′の類型としてとらえ、以下、個々に解説を加えて行くことにしよう。

一 山内一族一揆契約状は、中国山地にかこまれた備後国の奥の地毗《じび》庄(現広島県庄原市一帯)を中心に、鎌倉時代以来の地頭として勢力を拡張していた山内首藤一族十一人が貞和七年(一三五一)に連盟した一揆契約である。本文に「去年の秋比より、両殿御不和の間、世上いまに静謐に属せず。…国人等所存区《まちまち》たり」と述べているように、南北朝の対立とよばれる吉野朝廷と足利幕府の対抗、さらに幕府側の二大指導者であった将軍足利尊氏と弟直義との対立・抗争の表面化にともない、備後国でも尊氏方・直義方・南朝側の三勢力に分裂して在地の国人たちの動きがはげしくなっていた。とくに中国地方では直義の養子の直冬の勢力が強かったが、貞和という年号を使用しているところからみて、この山内一族も直義＝直冬方に属していたことは明らかである。

してみるとこの一揆契約状は、天下三分の形勢のなかで直義＝直冬方にかけた山内氏一族が、戦火の拡大のなかであらためて一族の団結と協力を誓い合ったものとみることができよう。惣領の熊寿丸とその後見人浄覚を中心に連署した一族の範囲については補注を参照されたいが、庶子家の名字はいずれも地毗庄内の地名であり、分割相続によってこれらの地域を支配しつつ、ある程度は惣領家の統制に服していたものであろう。連署者のうちで最高位にある惣領と、後見人浄覚の二人の署判が他よりも一段と高く、また系図と対比すると署判の順も一定の序列にしたがっているらしいことは、この一族一揆がまだ完全に平等な一族の契約ではないことを物語っている。

なおこの契約状についての研究には、三木靖「備後国地毗庄・藤原姓山内氏一族一揆」(鹿児島短期大学『研究紀要』一号)をはじめ、いくつかの論文がある。

三 高梨一族置目は、宝徳元年(一四四九)、北信濃、現在の中野市の付近を根拠地に、千曲川の両岸にひろく勢力を拡大していた有力な国人領主高梨氏一族十五人が連署して、一族間の対立・紛争を未然に回避しようとして取り結んだ協約である。高梨氏の子孫に伝来して今日に及んだものであるが、『信濃史料』編者の注によれば、江戸時代の書写にかかる写であって、本文にも誤写ではないかと思われる箇所がまま見うけられるけれど、内容には興味あるものが多いので敢て収録した。領内の農民支配、とくに百姓の負物・土地売買・逃散等に関する一族間の相論を避けようとする規定が豊富である点に注目したい。それはまさしくこうした一族間の協約を必然的ならしめた現実の状況の反映なのである。

高梨氏には、すでに南北朝初期の建武五年(一三三八)、一族間の田地在家の支配権をめぐる相論を「一門輩」の「披判」(批判)によって裁き、「衆中一同之儀」をもって連署の裁許状を出している事実がある(『信濃史料』補遺、巻上、二三九〜二四一頁)。こうした伝統の上に立って、一族間協約により、みずからの領主権を擁護しようとするこの置目が生み出されたものであろう。またいま一つ、この信濃国が守護領国制の確立が困難をきわめ、後述する国人一揆の勢力が強固だった地域であることにも注目しておかねばなるまい。

なおこの置目についての研究は乏しい。わずかに佐藤進一「守護制度史上の信濃」(『信濃』二〇巻一〇号)に簡潔な、しかも核心をついた評価が述べられており、湯本軍一「信州における国人領主制の確立過程」(『信濃』二二巻一一号)が、高梨氏の族的結合を中心に論究しているだけである。

㈢ **小早川本庄新庄一家中連判契約状**は、宝徳三年(一四五一)、安芸国の東南部、瀬戸内海にそそぐ沼田川の流域にひろがる沼田庄を中心に一族発展していた豪族小早川氏の庶子家に属する十三名が連署して、相互援助と対立の回避を契約したものである。連署者の平等性をもっともよく表現し、後に傘連判とよばれるようになった署名形式の好例としても有名である。補注の系図に示したように、この一揆契約への参加者は広範囲にわたっているが、その中心となったのは、主として沼田新庄(主として沼田川の上・中流地域)を基盤とした小早川季平系統の一族中での嫡流家にあたる椋梨子氏であった。椋梨子利平が傘連判の下部の中央に署判していることは、その地位のおのずからなる表現であろう。

2・3条の内容から明らかによみとれるように、惣領家である沼田小早川氏の本宗家によるこれら庶子家への支配の強化、家臣団への組み入れに対する抵抗が、この一揆契約状の基本的モティーフである。したがって、この一揆への本宗家の参加などむろんありえず、沼田庄に隣接する都宇竹原庄を本拠として、このころ本宗家と肩をならべるほどに独自の支配地域を拡大しつつあった竹原小早川氏もまた加わっていない。この一揆はその意味では完全な一族一揆ではなく、沼田新庄を中心とする沼田小早川氏の庶子家の連盟であるといえよう。しかしながら、4条に本宗家に敵対する一族への処罰規定が加えられていることからすれば、本宗家に反撥・抵抗しつつ、しかも本宗家の下に吸引されつつあるのが、この一揆の実体であって、ある意味ではこれら庶子家が総ぐるみで本宗家の家臣団に吸収されようとしつつある状況の反映が、この一揆契約状であるとも考えられる。すでに置文編一二として収録した小早川弘景置文は、この一揆契約状が書かれたやや後の時期の、竹原小早川氏の家臣団のあり方をよく表現しているが、そこでは竹原氏の一族・親類がほとんど家臣団の内部に組み込まれている事態が明白によみとられる。沼田小早川氏においても、この一揆契約状が作成されたのは、ほぼ同様な事態を迎える前夜に当たっていたのではないか。

小早川氏に関説した研究・論文はまことに数多く、一々列挙しきれない。この一揆契約状に関する比較的最近の論文としては、田端泰子「室町・戦国期の小早川氏の領主制」(解題五二九頁に引用)、能島正美「椋梨川流域における小早川庶子家の動向」(『芸備地方史研究』六五・六六合併号)の二つだけをあげておく。

2

次にa′の類型は族縁的結合体たる一族一揆と、地縁的結合体との混合・中間的形態である。まず、**ニ 隅田一族等連署起請文**は、紀伊国東北隅の紀ノ川流域で、高野山の北方に位置する隅田庄(はじめは石清水八幡宮領。南北朝以後にその南半は高野山領となった。現和歌山県橋本市付近)を中心に蟠踞し、隅田党と通称される武士団を結成していた集団が正平十年(一三五五)に作成した文書である。隅田庄内には石清水八幡宮の別宮である隅田八幡宮がまつられ、庄の鎮守として、隅田一族の結合の精神的中核として、大きな役割を果たしていた。隅田党の中心となった隅田氏は、平安時代後期以来、この隅田八幡宮俗別当職と隅田庄の下司・公文職などの地位を世襲した有力な家で、鎌倉時代、少なくとも文永年間以後は北条氏の一族、重時(本書三一〇頁、北条重時家訓の筆者である)の系統の家の代々の被官として現われ、隅田庄の地頭代(地頭は主人の北条氏)の地位につき、六波羅などでもしばしば政治的に活躍していた。やがて鎌倉幕府の滅亡を迎えて、隅田氏の主流は北条氏に殉じて滅んだが、一部分は生き残って庄内の他の小領主とともに連盟を結成し、南北朝の動乱に対処してゆく。

この起請文はあたかもその時期に、隅田党の団結強化の目的をもって、かれらが隅田八幡宮の神前に集まり、八幡宮の神用米の未進者に対する制裁以下の条項を決議し、誓約したものである。神用米の未進者に対しては八幡宮の神宝を神輿に乗せて移動させる制裁を行うことを規定しているが、1条の農民の逃亡・死亡による未進への対策、4条の「馬にも乗りて出づべからん人」が欠席した際の処罰規定などはとくに興味をひく。乗馬で出るべき人とは、まさに武士を指すが、これを一般的な戦闘への参加の場合の規定であると解する(佐藤和彦「在地領主制の形成と展開」(『史観』七八冊))のが適切であるかどうかは問題である。私はむしろこの起請文の内容に即して、八幡宮の神事とか、未進者に対する制裁の場合などに限定して解釈すべきではないかと思っているが、それにしても注目すべき内容といえよう。

この起請文に連署した二十五人は「次第不同」と記されていて、参加者の平等性を示しているが、最初に署名した了覚は隅田氏の一族で葛原を名字とし、庄内の北部を根拠地として、隅田氏主流なきあとの隅田党の中心人物となった人であるから、この起請文の成立にも当然、主導的役割を果たしたものと思われる。補注に述べたように、連署者それぞれの身元などは不明な者が大部分であるが、名前に共通の字を用いている点などから、いくつかのグループの存在が推定され、隅田葛原氏を中心に、主として隅田庄北半部の小領主たちが連合していたことが推定されよう。かれらは「隅田一族」と称して団結を固めていたが、そのすべてが血縁的な一族であったとは思われず、むしろ後述する松浦党の場合とも似通ったような、実質上は地縁的な結合体であったらしい。そして南北朝末期以降には、近隣の高野山領官省符庄を根拠地とする小領主層の、ほぼ相似の結合体である「政所一族」をも含み込んだ「隅田一族」の連合体へと拡大・発展してゆく。これはいわば、a一族一揆からb地域的一揆への展開ともいうべき基本的コースをもの語る好個の事例といえよう。

さて隅田庄と隅田党に関する研究も数多く、とくに基本史料である高野山史編纂所編『高野山文書』第十巻の発刊を機として、一九三七〜三八年に、奥田真啓「武士の神社信仰と荘園制との関係」(『社会経済史学』七巻一二号)、同「隅田党の研究」上・中・下(『史蹟名勝天然記念物』一五巻四・五・六号)、佐藤三郎「中世社会に於ける族的団結」(『社会経済史学』八巻三号)、舟越康寿「隅田庄と隅田党」一・二・三(『経済史研究』二〇巻三・四・六号)などの著名な論文が集中的に発表され、さらに戦後は我妻健治「十四世紀における紀伊国隅田庄の在地構造」(『歴史』一八号)、佐藤和彦の前掲論文などの、それぞれにすぐれた作品がある。なかでもこの起請文に関しては、佐藤氏の論文がもっとも多く言及している。

四〜九の諸一揆契約状は、いずれも九州の西北端、「日本の多島海」と称される現長崎県、さらに佐賀県の西北部をも含む地帯にその勢力を拡張していた小武士団の連合体である「松浦党」関係のものである。そのうち(イ)四〜六の三点の松浦党一揆契諾状は、ときに「下松浦党」と通称される、五島列島から本土一円にかけての相当に広範囲の武士団の連盟(ロ)と対比して「大一揆」ともいう)の契状であり、(ロ)七〜九の三点は主として五島列島の北半、宇久島・中通島を中心に分布していた宇久・有河・青方・多尾氏などと称する小領主の武士団の連盟(イ)と対比して「小一揆」ともいう)の契状である。(イ)と(ロ)はそれぞれに連合の規模・性格を異にするので、別個のグループとして年代順に排列してある。

まず(イ)**四・五・六 松浦党一揆契諾状**は、中世の小武士団連盟の契諾状としては、もっとも代表的なものとして著名である。補注に示したように、その署名者には三点ごとにかなりの出入りがあるが、肥前国下松浦郡を中心として、本土から五島列島にまでひろがる広大な地域に分布していることは共通である。かれらのほとんどは漢字一字を用いる名前を共通にしており、「松浦一族」と称しているが、すでに長沼賢海氏が松浦党研究の古典ともいうべき『松浦党の研究』(九大文学部国史研究室、一九五七年)で詳述しておられるように、その中には本来の血縁関係をもたぬ異姓の家がいくつも地縁的関係によって包摂されていた。したがって(イ)の武士団連合は、まさにaとbの中間、b′の類型として把握されるべきであろう。

さて(イ)の三つは六の後文に「子細多しと雖も、先日契諾の状に条々書き載せらるるの間、多分は省略せしむるものなり」と記しているように、前後相関連しており、一体のものとしてとらえられる必要がある。三点はどれも1条に「公方」や「君」すなわち室町将軍家への忠節・奉公を約しているが、主たる内容はむしろ一族中の同心・協力の誓約、談合の際の衆議(多分の儀)による決定、一揆衆中の武力衝突の禁止、夜討・強盗以下の重罪人に対する検断権の発動、所務・境相論等の解決法、土民百姓・下人らの逃亡に関する、いわゆる「人返し」規定等々の部分におかれている。在地の小武士団間における紛争の解決・禁止のための連合体の規約という性格を顕著に認めることができよう。

そこでは死罪の判決にまで及ぶ重罪の検断権、所務・雑務の相論の裁決などが、この武士団連合の手中に握られており、もしこの内部構成員が公方に訴訟を提起しようとする時には、一揆中にはかり、それが承認された場合には、一同が「吹挙」を行うとしている。在地における領主層の連合体がもっていた裁判権以下の強さと厚みとを如実に示す例といえるであろう。

さらにこの三点に共通するのは、いわゆる「人返し」に関する規定であって、原則的に、逃亡した土民百姓に対しては「御成敗式目」42条以来の伝統にもとづき、年貢未納・負債などがなければ本領主のもとに返還せず、としている一方、下人に対してはこれも「式目」以来の主人の追求権を認め、本来の領主の手に返還するとしている。藤木久志氏の図式化にしたがうならば、「「百姓」去留の自由と「下人」緊縛の法」(「室町・戦国期における在地法の一形態」(『聖心女子大学論叢』三一・三二合併号))という原則的相違が認められるのである。しかし、六の4条「百姓逃散の事。領主より訴訟ある物においては、是非を論ぜず、領主弁へて返付せらるべきなり」を頭注に述べたように理解するならば、この場合、百姓去留の自由が認められていたとすることは困難であり、六にいたっては百姓もまた「緊縛の法」のもとに組み入れられるにいたったと考えるべきではなかろうか。それにしてもこの種の規定が三点ともに盛り込まれているのは、百姓・下人らの逃亡、その追求、返還要求による領主間の相論が、この時点で見のがしえない重大な問題と化しており、対農民支配の動揺、そのしめ直しが、この領主間契約成立の一つの契機であったことを物語っている。

なおこの地域がまさに「日本の多島海」であり、漁業が主要な産業の一つだったこと、その際に網野善彦氏の注目されている「海夫」とよばれる漁民のあり方なども、この人返し規定を考察する際に忘れられてはならぬ問題である(網野善彦「青方氏と下松浦一揆」(『歴史学研究』二五四号)。同「日本中世における海民の存在形態」(『社会経済史学』三六巻五号))。

ところで以上のような特色をもつ下松浦党の一揆契諾状成立の背景には、どのような条件が考えられるであろうか。この問題解明に一つの興味あるアプローチを試みたのが瀬野精一郎氏の論文「松浦党の一揆契諾について」(『九州史学』一〇号)であり、氏は、(イ)系列の大一揆は、惣領制の崩壊後、独立割拠する小領主層を、なお残存する一族意識を巧みに利用しつつ軍事力に組織化しようとする室町幕府側の、とくに鎮西探題今川了俊の工作の結果であると主張される。これは後にb_1タイプの亜種として解説する三の肥後・薩摩・大隅・日向国人一揆契約状をもって、同じ今川了俊の対島津氏封じこめのための国人層組織の成果であるとされる後述の川添昭二氏の視角と相通ずるものであり、奇しくも両論文は同じ『九州史学』一〇号を飾っていることも思い合わされる。ただ瀬野氏の場合、(イ)系列と(ロ)系列はまったく切り離して理解されており、(ロ)系列は「軍事的色彩は認められず、小範囲な地縁的関係による自発的一揆で」、「より具体的日常生活と直結した問題を取りあげている」とされる。たしかに(イ)系列の一揆契約状はこの以後のものが伝存せず、果たしてこの範囲の連盟がどれだけ機能し続けたかは疑問がある。(イ)系列の成立にとって、今川了俊の対南軍戦略が何ほどかの作用を及ぼしたことも十分考えられてよい。しかし、(イ)系列の契約状の眼目は将軍に忠誠を誓った1条にあり、それ「以下の条々はこの第1条の目的達成のため、一揆衆の団結を強固ならしむるための補助的契諾に過ぎない」と述べられる瀬野氏の評価は、いささか一面的にすぎる感がある。三の肥後など四ヵ国国人一揆の契約の内容と比較するとき、両者の差はあまりにも歴然としており、(イ)系列における2条以下の内容の充実ぶりは明らかである。また瀬野氏が(イ)系列の一つに分類された七の宇久・有河・青方・多尾一族等契約状が、実は(ロ)系列に入るべきものであることが明らかであるとすれば、(イ)と(ロ)との峻別という瀬野氏の主張は、この面からもまた無理を生じてくるであろう。私はやはり(イ)系列においても在地における領主間の連盟的機能の存在を重要視し、今川了俊による「未組織軍事力の組織化工作」という観点を「補助的」契機と考えた方がよいと思う。

(ロ)系列には、上述したように、五島列島の主として北半部を根拠とする小領主層間の一揆契状を収めた。**七 宇久・有河・青方・多尾一族等契約状**は、五島列島の諸島に居住する小領主たちが、それぞれ「一族」の意識に結ばれながら、さらに連合を結成している状態がよみとれる。年代的には応安六年(一三七三)のもので、(イ)系列のどれよりも早い成立である。内容的にみれば、将軍への奉公、軍忠の誓約、一族中の団結・談合・多分の儀による解決法、一族間の訴訟の裁決などが主要なものであって、(イ)の三点の原型ともいうべき性格を表わしているが、(イ)よりは素朴な感がふかい。

八 宇久浦中一揆契諾状は、応永二十年(一四一三)、宇久島内の小武士団が、「宇久浦中」「御一族内人々」あるいは「御一家」として連盟した契諾状である。1〜3条は宇久氏の宗家の相続者として松熊丸を立てることを誓約し、たとえ親類以下の反対者があってもこれをつらぬいて、もし連署者中からこの契約に背く者が出たら討ち果たすか追い出すかすると決定したものである。松熊丸は宇久浦中の阿野氏の出で宇久覚の養子となり、後に勝と名乗る人物らしいが、その宇久家相続をめぐって紛争が起こった際、宇久浦中の一族がこれを支持する契諾を結んだのである。

それと同時に4・5条では、かれら小領主間の所領の境界をこえぬよう禁制するとともに、百姓・下人の逃亡に関しても規定している。ここでは上述したような(イ)系列の人返しの原則と異なって、百姓も下人も同じ扱いをうけ、領主の緊縛の下におかれていることに注意しなければならない。

九 五島某浦住人等一揆契約状は、補注でも述べたように、おそらく青方浦を中心とした地域の住人らの応永二十一年(一四一四)の一揆契約状である。これに参加した者は、それぞれきわめて小規模の村落領主と考えられるが、2条にも現われているように、その支配をつらぬくために共同している側面がよくうかがわれる。中でも3条の喧嘩両成敗法は、勝俣鎮夫氏も今川仮名目録8条補注(四五二頁)で指摘しておられるごとく、両成敗法の初見であり、こうした在地の小領主間の現実に根ざした一揆契約状の中にはじめて両成敗法が登場するという事実は、一体どのように説明したらよいのか、はなはだ興味深い課題というべきである。上述した百姓・下人の両者の緊縛令といい、あるいはこうした在地の小領主支配のなかに、むしろある種の専制的支配が表現されているのかも知れない。

(イ)の大一揆と対比される(ロ)の小一揆には、これらの契約状のほかにも所領相論・堺相論等々の裁決や、漁場の利用をめぐる規定についての決定をつたえる数通の史料がのこされており、その分析はきわめて興味ある課題であるが、詳細は上掲の長沼・網野両氏の労作や、羽原又吉『日本漁業経済史』上巻(岩波書店、一九五二年)所収の関係論文にゆずる。ただ網野氏によって、この小一揆は入会地(漁場)の支配を中心に成立した小領主連合としてとらえられていることだけを紹介しておきたい。

3

次にb地域的一揆の類型とは、aの一族一揆から転化して、ある地域の武士団が一揆を結成したものであり、地縁的結合ということができる。本編に収録したなかでは、三・一〇・一一・一四・一五・一六・一七の七種がこの類型に属するが、時代的な前後と内容からして、これを以下の三タイプに分け、解説してゆくことにする。

i

b_1　数郡から一国に及ぶ地域の、「国人」と通称される、在地に根をはった領主層の結合体としての「国人一揆」。一〇の安芸国国人一揆、一一の陸奥国五郡一揆がその好例である。これと比較してやや規模が大きく、特殊性がみられる三の肥後・薩摩・大隅・日向国人一揆を、このタイプの亜種としておく。

10　安芸国国人連署契約状は、応永十一年(一四〇四)、安芸国の中央部に位置する高田郡を中心として、国内のほとんど諸郡におよぶ国人三十三名が連署してとり結んだ契約状であり、いわゆる国人一揆の一典型である(なお、この一揆を一郡程度の規模とみなす見解があるが、それは事実に即していない)。この一揆結成の直接の動機は、前年の応永十年、従来の守護渋川満頼(鎮西探題。それまでの安芸守護には探題兼務の場合が多く、そのために守護の国内支配体制の弱体化を招きやすかった)に代わった新守護山名満氏(当時、但馬・因幡・備後の守護だった山名時熙の一族)が、新任以来おし進めてきた領国支配に対する抵抗にあった。この応永十一年六月、幕府は国内地頭御家人らの当知行地、新恩地と本領の支配の証拠文書の提出を守護に命じ、満氏はこの指令をテコとしながら、国内の領主たちの所領の調査、その安堵、守護の支配下に属したことへの褒賞を行っていったが、国人一揆が結成されたのは、ちょうどその時期であった。その契約の第一条「故なくして本領を召し放たるるに至りては、一同に歎き申すべき事」は、まさしく上述した新守護の領国支配が、安堵・褒賞というアメの裏に、国人の所領没収というムチをかくし持ち、ある場合にはそれを発動しようとしたことへの反抗運動だった事実を物語っている。

一揆への参加者が、知られうる当時の安芸国内の国人領主のすべてを網羅していないのも、これと関係がある。たとえば小早川氏(沼田・竹原両家とも)や吉川氏など、幕府の奉公衆、もしくはこれに准ずる幕府直属の有力国人が一人も加盟していない事実、また一族五人も連署したこの一揆の主導者の一人毛利氏の内部でも、この直前に守護代の手に属したと褒賞されている毛利福原氏の広世などはついに一揆に名を連ねていない事実、これらはともに反守護の一揆であったとみることによって容易に理解できる事実である。

平賀系図の所伝によれば、南安芸を根拠地とした国人の平賀弘章(沙弥妙章)は、すでに前年から守護山名満氏と戦いをまじえ、本城を攻められて十二月にはその子宗良が討死し、さらに他の子息三人をも失ったという。すでに新守護と国人との対立は火を吹いていたわけで、平賀弘章はむろんこの一揆に加盟しているから、契約の3条「弓矢の一大事」における協力の規定はきわめて緊急の必要性をもっていたわけである。翌応永十二年十一月、隣国石見の豪族益田兼宗が守護代に率いられて安芸に出陣したことが知られるから、この二、三年間、国内では守護とこれに反抗する国人一揆の武力闘争が繰りひろげられ、守護方はついに隣国よりの援軍を必要とするに至っていたことが推察される。

こうした対立が続いた末、応永十三年(一四〇六)の閏六月、ついに守護満氏は罷免されて帰京し、新たに山名熙重がこれに代わり、一方、一揆の中心であったと思われる毛利光房・平賀弘章らが起請文を提出して幕府に帰服を誓うとともに、幕府は主要メンバー七人の赦免の御教書を送り、討伐軍の派遣を中止することを決定した(『大日本史料』七編之八、一二四～一二六頁)。ここに四年間にわたった抗争は、両者の妥協によってようやく収拾されたが、守護満氏の罷免をかちとったという限りでは一揆側も一応の勝利を得たといえよう。そもそも契約の5条、将軍への忠誠の誓約は、この一揆が反守護運動ではあっても、けっして将軍―守護体制全体への反抗ではないことを当初から明示していたのであり、その意味では妥協による収拾は当然の帰結であった。契約の2条は、幕府が守護を通じて賦課してくる一国全体への臨時課役である国役について、事情により国人が談合してしかるべく処置すると述べており、ある場合には守護を通ぜずに、何らかの手段によってこの国人一揆の負担すべき国役を幕府に納入することを含意しているように判断される。してみれば、2条は5条とセットされた、その経済的側面の表現であったといえよう。

この安芸国人一揆は、ほぼ同じ頃、信濃守護に任命された小笠原長秀が、同じく国人の私領支配を否認したりしたため、応永七年(一四〇〇)、信濃全域の国人領主が「国一揆」と号して蹶起し、「大塔合戦」の結果、ついに守護は敗北して京都に逃げ上るにいたった信濃の事例とともに、反守護運動を契機とする国人一揆の典型と考えられており、稲垣泰彦氏の論文「土一揆をめぐって」(『歴史学研究』三〇五号)に、そうした観点からの分析が加えられている。その後、佐藤和彦「国人一揆の研究視角」(『歴史評論』二〇四号)には、さらに在地の情勢をもふまえた研究の深まりが示されている(なお出雲国でも十五世紀後半に国人らの反守護の一揆が起こったらしいことは、置文編一三の赤穴郡連置文を参照)。

二　陸奥国五郡諸族一揆連判契状は、応永十七年(一四一〇)、現在の福島県浜通り地帯の岩崎・岩城・楢葉・標葉・行方の五郡を根拠地とする諸豪族の連盟した一揆契状である。簡単な内容であるが、(1)一揆メンバーの相互援助、(2)談合による「公方」への忠節、(3)所務相論の解決法など、当時の国人一揆の契約の主要な側面はみな含まれている。一三の小早川氏一族の連判と同じように、のちに傘連判と通称される円形の連判は、連署者の相互の平等性を象徴するものであり、これらの点では典型的な国人一揆契状といえよう。

しかし、連署者が単に名字のみを記して個人名を記していないことは、それぞれの家の結合がまだ強固なこと、個人の連盟ではなく家の連合であることを示しており、この点、安芸国人一揆などとは相異している。なおここに現われる「公方」とは、鎌倉の関東公方の代理者として、陸奥・出羽両国を管轄するために、南奥州、現福島県の郡山市と須賀川市内にあたる笹川(篠川)と稲村に派遣された笹川公方足利満直・稲村公方足利満貞の二人であるが、この一揆が両公方の側からの働きかけによって組織されたものか、あるいは逆にむしろ両公方に対立する傾向をもったものか、両説あって必ずしも明らかにされていない。

なおこの一揆については永原慶二『日本封建制成立過程の研究』(岩波書店、一九六一年、三九四頁)に多少の言及があるほか、豊田武・田代脩「中世における相馬氏とその史料」(『東北大学日本文化研究所研究報告』別巻第三集)、『福島県史』第一巻(一九六九年、福島県、七二八～七二九頁)に比較的詳細な叙述がある。

b_1類型の最後に、一つの亜種として上の二つとはやや異なる側面をもつ **三 肥後・薩摩・大隅・日向国人一揆契約状**をとり上げよう。その成立は南北朝期の永和三年(一三七七)にさかのぼり、範囲は南九州の四カ国にまたがって総計六十一名の国人たちが連盟した、きわめて大規模な一揆の契約状である。

すでに川添昭二氏が論文「今川了俊の南九州経営と国人層」(『九州史学』一〇号)で詳しく解明されたように、当時、南朝方の菊池氏の勢力に大打撃を加え、九州全域の支配権確立へと進もうとしていた九州探題今川了俊が、これに抵抗する強敵の薩摩・大隅両国守護島津伊久・氏久の勢力を封じこめようとする目的をもって、反島津派の国人層多数を精力的に組織し、島津氏勢力を囲むあつい包囲網を完成しようとしたのが、この一揆成立の主要な契機なのであった。「将軍家御方」

としての「忠節」の誓約に始まり、契約中に顕著な「公方上意」「上裁」の尊重・重視は、まさしく了俊によって上から組織されたという、この一揆の特色に対応するものである。

ただもちろん、連署者たちの下からの要求、国人領主側の自律的な契機がまったく現われていないのではない。とくに2条などにはそうした色彩がたしかに看取される。しかし、これまでにみてきたようなa、a′、b_1の諸類型に属する契状と比較するとき、この文書にはその側面がもっとも薄弱だといわなければなるまい。了俊の失脚後、この大連合は瓦解し去り、後にほとんど痕跡を残していない。本編で取り扱ったような諸一揆の成立の契機や、その結合が一時的・臨時的なものにすぎなかったかどうかという問題を考えるとき、上からの組織化とその一時的性格を強調する見解がありうるが、この四国国人一揆はまさしくそうした見解を支える好例となろう。だが、それは同時に、そうした性格が果たして諸一揆をつらぬく普遍的なそれであったかという疑問の提出をうながすのである。

なおこの一揆については、川添氏以後、三木靖「禰寝文書、永和三年十月廿八日、一揆契約状神水案文の問題点」(鹿児島『中世史研究会会報』二六号)の研究が発表されている。

ii

b_2　b_1の類型の国人一揆的連合、あるいはa′の地域的小武士団連合が、解体・転化して戦国大名領国の支配体制の中に吸収・転形されてゆく形態。時期的には中世末期にあたり、一四の越後衆連判軍陣壁書が、特殊な分野のものではあるがその初期的形態を示し、一五・一六の毛利氏領国の場合は戦国大名領国制への吸収と転化の終了を物語っている。

まず**一四　越後衆連判軍陣壁書**は、享禄四年(一五三一)、越後国北部の国人領主の系譜をひく豪族武士を主体とする越後の武士十八名が連署して、陣取・陣払・喧嘩口論の禁止など、戦陣における規約七カ条を定めたものである。上述したように、戦闘の際の軍法、戦陣の規約の一例としても意味をもつが、これをb_2タイプに分類したのは、実は文書の裏、差出書の上部にあたる箇所に越後国守護代長尾為景が花押をすえている事実を重視するからである。

あたかもこの前年享禄三年十月には、越後守護上杉氏の一族上条定憲が反為景の兵をあげ、以後約十年に及んだいわゆる越後の享禄・天文の大乱の幕が切って落とされている。為景がこの裏に花押を加えて、その内容を認証しているところからすれば、この十八名は為景指揮下に戦闘に参加したものにちがいなく、上条定憲の居城上条城を攻撃する為景軍の間で定められ、連署してその遵守を誓いあったのがこの壁書と推定される。以後、大乱の中でこの壁書に連署した越後北部の豪族たちはいずれも反為景派に走ったのであるが、乱の勃発当時、かれらが為景方にくみしていたことがこれによって理解されるのである。

このような国人層の動向と、事実上の越後国主ともいうべき地位についていた守護代為景がわずかに裏花押をすえるのみで規約の表面に現われず、その内容も形式も、国人層が主体となった連盟となっていることが、この壁書をb_2タイプの初期形態と評価する理由なのである。

なおこの壁書についての専論はないようであるが、羽下徳彦「越後に於る永正―天文年間の戦乱」(『越佐研究』一七号)、井上鋭夫『上杉謙信』(人物往来社、一九六六年)の関係部分の叙述は参考になる。

一五 福原広俊以下連署起請文、**一六 福原貞俊以下連署起請文**の二つは、享禄五年(一五三二)、天文十九年(一五五〇)と、ほぼ二十年をへだてており、安芸国の山間の小盆地吉田庄付近を中心とする毛利元就のもとでの戦国大名領国支配の初期的形成と成熟の過程を反映しつつ、いわばヨコの小領主結合としての一揆契約が、いわばタテの戦国大名領国支配体制のなかに吸いこまれ、位置づけられてゆく経過を鮮明に表現している。

まず一五は、元就が傍流から毛利氏惣領の地位をついで十年目、毛利氏の重臣たち三十一名の連署による誓約である。内容は、1条が用水の取入れ口である河川の流路を固定できない技術段階にあるため、かれらの所領村落の用水網が、洪水によってしばしば流れが変わり、機能を果たさなくなってしまう状況への対策であって、井手は「自他の分領」によらず、適当な場所で河川をせきとめて取り入れてよく、溝については他領を通る際に溝料を出すという規定である。2・3

条は、各領主の従者・下人らが、負債などによって他領に逃亡した場合、少なくともこの毛利氏家臣団内部では相互に協議して、しかるべく決定するという、いわゆる人返しの規定であった。

そのいずれも毛利氏の下に結集していた比較的小規模の領主たちの支配の維持、支配下の村落の農業再生産のためにはきわめて重要な問題であり、かれら小領主個々の力のみによっては処理しえない課題であった。それを相互の連署による誓約によって解決しようとした点で、これは上述のa'あるいはb_1タイプと類似するのではあるが、この起請文は単なる神への誓約ではなくて、まさに主君元就への「謹言上候」にはじまり、誓約の違反者に対しては、元就がかたく「御下知」をなされることを要請して終わっているのであって、協約の保障者として戦国大名権力がよび出されていることに注意しなければならない。

ここで、主君元就の側であたかもこの当時の状況を回顧して述べたかのような述懐がある。すでに家訓編に「毛利元就書状」として収めた、とくにその㈢と㈣であるが、この起請文連署者中、一族だけで九名、ほとんど三分の一に近い多数をほこる井上氏一族に対しての発言である。一例をひこう――「我々などは、井上之者共に、興元死去以来四十年に及び、悉皆彼者共を主人に仕候而こらへ候。其内之口惜さなどは、いかばかりと思召し候哉。長々しき勘忍、申もおろかに候〳〵」と。主君としてのぞんではいても、それは家臣団のヨコの連合体がかつぎ上げ、よび出した権力者にすぎず、ある意味で「プリムス・インテル・パーレス」(同輩中の第一人者)でしかなかったのである。

以後二十年、元就は次男元春、三男隆景を、安芸国内の南北隅に勢威をはり、かつてそれぞれ室町幕府に直接結びついていた有力な豪族吉川・小早川両家の養子に入れて、実質上両家を乗っとり、周防・長門両国を根拠とする大内氏に臣従して安芸国内に着々と支配権を拡張していった。そして天文十九年七月、元就はついに井上氏一族の粛清を決行し、過去四十年に及ぶ長年の宿題にけりをつけたのであるが、一六はその直後、家臣二百三十八名から提出させた起請文である。

その1条はまず井上氏一族の誅伐は「尤《もっとも》に存じ奉り候」と元就の行動を是認し、各人の忠誠を誓約するところに始まり、

2条では以後「御家中の儀、有様《ありよう》の御成敗たるべきの由、各に至りても本望に存じ候」と、井上氏粛清後の元就による家中支配に全面的支持を与え、さらにその命令の遵守を誓っている。これらの点からみれば、これは明らかに主君元就の命によって提出を命ぜられたものであって、そもそも一揆契約状の分類に入れること自体が問題であるかも知れない。元就を「殿様」「上様」とよび、家臣間の喧嘩に関する元就の裁定に対する全面的服従(3・7条)、軍事動員令への服従(14・17・18条)を誓約したこの起請文は、たしかに戦国大名権力に対する家臣団の全面的服従のあかしのように見える。

しかし、より子細に検討するとき、この起請文は①「言上条々」1〜13条と、②「上様より弓矢に付て条々」14〜18条の二つの部分から成立しており、②が主君として軍事指揮権をもつ元就の意思の直接の反映、その命令の表現だとすれば、①はかつての一五の系列に属する家臣団の誓約の元就への言上という形式をとっていることが判明する。そして①の後半部の諸条は、ことに従来の領主間協約でしばしば主題とされた人返し(8条)、牛馬の他領への侵入(9条)、入会山の用益(10条)、狩猟の際の鹿の取り分の規定(12条)等々を含んでおり、依然、在地領主間の連盟による規定という性格をつよく残している(なお11条「河は流れより次第之事」とは、所領の境界線となっている河川の流路変化の場合の規定であろうか)。さらに②系列の中にも、16条の「御褒美有るべき所を、上様に御感なきにおいては、年寄中として申し上げらるべきの事」のように、主君元就の恣意を家臣団として制約する条項が見られることからすれば、この起請文自体を一揆契約状の系列においてとらえ、それがまさに戦国大名権力の中に包摂されつくそうとしている極限的な事例とみることが可能であろう。

iii

b_3　b_2とは異なり、b_1の類型の国人一揆的連合、あるいはa′の地域的小武士団連合の連合体が、一国の主要部、あるいは一国全体を支配した「惣国一揆」。一七のみがこの類型に属する。

一七　伊賀惣国一揆掟書は、伊賀の北に境を接する近江国甲賀郡一帯の山間部に蟠踞していた小武士団の連合体である甲賀郡中惣の一方の有力者であった山中氏の家に伝来した写であり、本来、差出書に加盟者の連署が存在したはずであるのにそれが見えず、また誤写などもあるらしくて、かなり難読の文書である。かつて牧野信之助氏がはじめて利用されて以来、もっぱら甲賀郡中惣の掟書と誤解され、しばしば引用されてきたものであるが、最近石田善人氏が鋭く指摘されたように、(1)11条の文意からみて「当国」と「甲賀」とは全く別個の存在であり、(2)当時の用例で甲賀「郡中」を「惣国」と呼称することは絶対になく、そして(3)甲賀郡と接近していたこの「惣国」が近江でもなく、大和でもないとすれば、これはまさしく伊賀惣国一揆以外ではありえないのである。一種の「コロンブスの卵」にも比すべき石田氏のこの発見（「甲賀郡中惣と伊賀惣国一揆」（『史窓』二一号））によって、われわれはここにはじめて惣国一揆の現存唯一の掟書に接することができるようになったのである。

惣国一揆といえば、まずとりあげられるのは山城の国一揆である。文明十七年（一四八五）十二月、「三十六人衆」とよばれる組織をもって、南山城の国人たちは集会を開き、当時畠山政長・義就両派に分かれて戦闘をくりかえしていた畠山氏の軍勢の国外退去を要求してこれを実現し、以後八年間にわたって国人たちの自治政治を行ったといわれる。この山城の国一揆は、かつて明治の末年、三浦周行氏の論文「戦国時代の国民議会」（『日本史の研究』岩波書店、一九二二年）によって発掘されて以来、しばしば学界での研究の対象とされ、戦後はほとんどすべての高校日本史教科書にとりあげられるまでに著名な存在となった。

畠山軍退去以後、国一揆は、(1)以後畠山軍両派が国中に入ることを認めない、(2)寺社本社領は本所の直務として、他国の輩を代官に用いない、(3)年貢等の未進を行わない、(4)新関を立てない、などの「一国中面々掟法」を定め、翌年二月には宇治平等院で集会を開き、さらに「国中掟法」を追加・決定したという。一揆はみずから「惣国」と称し、集会を開いて重要な事項を決定するとともに、「月行事」として月番の代表者をおき、通常の政務を執行させた。少なくとも宇治川以南の南山城において、惣国一揆は、検断権（＝軍事警察権）を行使し、半済を実施したのである。

それは上述のb_1あるいはa'の連合が発展して、一国のかなりの部分を含む広域の政治支配権を獲得し、しかも数年間にわたってこれを維持したという点でまことに注目すべき事例であったが、のこされた史料が少なく、とくに「国中掟法」の原文はまったく伝えられていない。その点で、この伊賀惣国一揆掟書は、まことに珍らしい史料ということができる。

伊賀惣国一揆掟書制定の年代については、関係史料皆無であるが、石田氏は7条の「三好方」の表現から、三好長慶が幕府の実権を掌握した天文二十一年(一五五二)以後、近江南半を領有していた戦国大名六角承禎父子が織田信長に本拠観音寺山城を追われ、甲賀に遁入した永禄十一年(一五六八)九月の前年までの十五年間とみておられる。成立の事情もまた不明であるが、三好方、あるいは大和国人との対立が発火点に達し、伊賀惣国一揆が甲賀郡中惣との同盟をたよりに戦闘状態に入ろうとする、まさにその時点で制定されたものと思われる。全編これ臨戦体制の表現ならぬはなく、内容もまた興味ぶかいものが多い。3条の軍事動員の年齢が十七歳から五十歳であることは、上述した山城国一揆の集会への参加者は十五、六歳から六十歳までの間だったことと対比され、おそらくこの時代の在地の村々での年齢階梯制の反映と認めることができる。また、「惣国諸寺」の老者は「国豊饒」の祈禱を、「若仁躰」は在陣せよというのも、惣国の総力を結集しようとする態度をよく示している。

伊賀惣国一揆の成立や構造を物語る史料もまたあまりにも数少ない。伊賀南部の東大寺領黒田庄ではすでに鎌倉中末期から「悪党」と呼称される在地の小領主・庄官層の反東大寺の動きが活潑であり、かれらの結合は南北朝期には名張「郡内一族」と称するまでの地域的連合に成長した。一方、北伊賀の東大寺領に対しても南北朝期から「悪党」の反東大寺の行動が活潑となるが、その実体はこの地域に根をはった服部党・柘植党・河合党などの連合した一種の国人一揆であった。このように伊賀国には早くからa'・b_1タイプの活動がみられたのであるが、江戸初期、元和四年(一六一八)から寛永十五年(一六三八)の著作で比較的内容も信頼がおけるという「勢州軍記」(『続群書類従』二十一輯上)には次のように記されている。「仁木伊賀守滅亡之後、伊賀国四郡之諸侍六十六人一味同心守二諸城一、治レ国立レ法、万端参二会於平楽寺一談合評定、以二誓紙一一決之云々、仁木・柘植・河合・服部・福地・福富・森田・守岡・名張・上野・山田・吉原・下山・福田山・北村・西岡等也」と。またさらにいくらか下った時期の著作である「勢陽雑記」も、ほとんど同一内容を記したあと、つけ加えていう、「平楽寺に会合し、万事誓紙を以、別心有まじき約諾定め、其頃伊賀起請とてかくれなき事也」と。少なくとも中世末期にいたって、南・北伊賀の小領主たちの地域連合は大同団結して、伊賀惣国の地域連合となり、国府にもごく近く、現上野市の市街の北部の岡の上にあった平楽寺を会合の場所として、一国の共同支配を行っていたのである。『改正伊乱記』等の所伝によると、国人たちは守護家の子孫仁木友梅をたずね出してきてかれを首領とあおいでいたが、後に天正五年(一五七七)友梅を追放したという。その実権が国人一揆連合の側にあったことはいうまでもあるまい。

このような成立の経過からしても、伊賀惣国一揆は、国内のいくつかの地域的な国人・小領主の結合体の連合であった。惣国一揆の重要事項は全員の会合によって決定されたが、日常の政務処理機関としては十名からなる「奉行」がおかれていたことが判明している。その単位集団となった地域的結合体こそ、3条などにみえる「在々所々」「里々」における「惣」であって、戦時にはそれぞれに「武者大将」が決定されて、かれが「惣」の軍事指揮権を握るのである。周囲を山々にかこまれた伊賀の小盆地の村々に危機を告げる寺々の鐘の音(その寺々はまた「国豊饒」の御祈禱のされる場でもあった)が鳴りわたるとともに、こうした戦時体制がしかれるわけであったが、6・8条にみるごとく、外敵への内応者、あるいは戦闘への非協力者に対する厳格な処置も規定されていた。それだけに惣国の団結も実はきわめてもろい一面をもっていたと考えなくてはなるまい。現に失敗はしたものの天正七年(一五七九)、織田(北畠)信雄の伊賀侵入は、一揆メンバーの一人下山氏の手引きによるものであったし、天正九年の信長による総攻撃に際しても国人福地氏がこれに内応している。

また4・5・7条などからすると、伊賀惣国一揆の構成員は「諸侍」であって、「足軽」「百姓」とは区別された身分であり、忠勤した「百姓」に対しては褒賞とともに「侍」身分に昇格させる権限を一揆が握っていたことが注目される。これは6条にみえる「跡を削」る処罰規定――財産没収と名字の剝奪――に対応しており、名字の授与が惣国一揆によって行われていたことを示唆するであろう。とくに4条では一揆構成員の「惣国諸侍」の「披官」に対して、「国如何様に成行候共、主同前」(惣国一揆の運命の如何にかかわらず、主人に服従して行動を共にする)という起請文を「里々」に書かせると規定している。ここに至っては惣国一揆の基盤が国人・小領主層の上のみにおかれており、いわばかれらによる一国支配の機関が惣国一揆であったという性格を明白に露呈したものといえよう。小泉宜右氏の論文「伊賀国黒田庄の悪党」(稲垣泰彦・永原慶二共編『中世の社会と経済』東京大学出版会、一九六二年)は、上述した「悪党」の歴史に関する綿密な研究であって、惣国一揆の前史をさぐる上に有益であるが、小泉氏の引用された「時元記」によれば、すでに文亀二年(一五〇二)二月、伊賀国には次のような事件が起こっていた。すなわち「彼国百姓等緩怠之間、国民侍加二退治於百姓一之処」、逃亡した「百姓牢人」の一部が愛宕山の衆徒山伏ら数十人と、かれらの「相語」らった合計四百余人の軍勢でふたたび伊賀国に侵入したが、結局「国民」らに夜討ちされてほとんど全滅してしまった、というのである。ここには、惣国一揆と百姓との対立が激化していた事実がよく現われている。

こうした「国民侍」たちと「百姓」との関係、惣国一揆の基礎単位であった「里々」の「惣」結合における両者の関係の仕方について、残念ながら伊賀に関する史料はこれ以上語ってはくれない。しかし、山脈をへだてたすぐ東側の伊勢国一志郡小倭《おやまと》地方の「小倭七郷」とよばれる地域では、「小倭衆」とよばれる全郷的な地侍・小領主の一揆的結合と、その下部に各村の百姓衆単位の結合があるという、いわば重層的な構造をなしていたことが、瀬田勝哉氏の興味深い論文「中世末期の在地徳政」(『史学雑誌』七七編九号)によって明らかにされている。伊賀においても事態はおそらく同様であったと思われる。小倭七郷の場合には、地侍・小領主層と百姓衆との間には被官関係の形成がかなりの程度まで進行している一方、百姓衆総計三百四十数名の連署によってささげられた明応三年(一四九四)の起請文の第一条に、「就二田畠山林広野等一、境をまぎらかし、他人作職を乞落、一切作物を盗穏(隠)、作物を荒地畠(ママ)、諸事猛悪無道なる事不レ可レ仕」と誓約させられているような、百姓衆の違乱・乱妨が地侍・小領主層の支配の根底をゆるがしている事態が明らかにされているが、この点もまた伊賀惣国一揆の場合にうつして考えることができよう。

このように内外ともにいかにもきびしい状況の下におかれていただけに、惣国一揆は支持者・同盟者を切望していた。ほぼ同様な性格をもつと考えられる甲賀郡中惣はその第一の同盟者であり、伊賀・近江両国の国境に惣国一揆が出張して「野寄合」(野外集会)を行い、両者協議しようという11条は、まさにその事態を物語っている。

山城国一揆に比して、この伊賀惣国一揆ははるかに長くもちこたえることができた。その理由の一つは山脈にかこまれたこの地域の地理的条件に求められよう。外部からの侵入の径路はいくつかに限られ、2条にみえるような対策を立てれば、山間の要害で一方からだけの外敵を防禦することは、さほど困難ではなかったと思われるのである。これらの要所を城塞の場合のように「虎口《こぐち》」とよんでいるところに、伊賀盆地自体がいわば天然の要塞をなしていた事情がうかがわれる。しかし天正九年(一五八一)九月、すでに中国地方の経営に乗り出していた織田信長の命の下に四方から一気に伊賀に侵入した織田信雄らの総攻撃をうけて、伊賀惣国一揆はついについえ去った。

かつて惣国一揆の共同会議の場であった平楽寺も、国内のほとんどすべての寺社と同じく焼打ちされて灰燼に帰した。やがてその廃墟の上には新たに伊賀国主として君臨した筒井定次の城がつくられ、さらに藤堂高虎によって大規模な伊賀上野城が完成した。今日、復興天守閣のはしりといってもよい現上野城の上に立てば、今もなお伊賀盆地の村々里々を間近に指さすことができるが、しかし観光の町上野において惣国一揆の歴史は、わずかに「天正伊賀の乱」として記憶されているにすぎない。いわば国一揆・惣国一揆の極北にも位置するといってよい、その存在さえも、忘却の裡に葬られているのである。

竹崎季長絵詞

「竹崎季長絵詞」は、文永・弘安の役とよばれている十三世紀後半の日本をおそった二度の蒙古襲来に際して、肥後国の武士竹崎季長のたてた武功を描写した絵巻物である。「蒙古襲来絵詞」ともよばれ、その方が有名でもあるが、この絵巻はあくまでも季長個人の立場から描き出されており、蒙古襲来合戦の全貌を描写することを目的としたものではないから、「竹崎季長絵詞」の方が内容に即した名称といえよう。

さてこの絵巻は現在皇室御物となっているが、明治二十三年(一八九〇)宮内省に献納される以前は、肥後国天草郡の大矢野城主で細川氏の家臣となった大矢野家に伝来してきた。その間、一度海中に落ちて鱏という魚の腹中から再び発見されたという伝説があるが、その実否はともかく、はなはだしい損傷をうけていることは事実である。そして文化二年(一八〇五)以前のいつか、熊本藩に仕えた本居宣長門下の長瀬真幸(一七六五〜一八三五)らによってあらためて二巻に整理され、現在の形に調巻されたのである。したがって現在の絵巻はけっして本来の完全な形をとどめたものではなく、かなりの部分を失っており、また排列が本来の順序通りかどうかにも疑問がいだかれる。そのために、本絵巻の錯簡の整序は研究の第一の課題となり、多くの先学の業績が発表されてきたが、しかも諸論はなお完全な一致をみていない現状である(宮次男「蒙古襲来絵詞について」(『日本絵巻物全集』Ⅸ))。幸いなことに詞書の排列の順序については画面の場合ほどに大きな見解の差はないので、本書では詞書の部分のみをぬき出して、現在の順序のままに排列し、一連番号をふって段落を示すことにした。詞書に対応する画面をすべて省略せざるをえなかったのは残念であるが、内容の理解にはそれほどの支障はないと考える。ただより十分な理解のためには、できるならば読者が絵巻全体の複製を参照されることを希望したい。

本絵詞は現在〔一〕から〔八〕までが上巻、以下〔九〕から〔十五〕までが下巻に収められているが、内容からは大きく四部分に分類される。まず第一は文永十一年（一二七四）十月二十日の文永の役における季長の武功を物語る部分で、〔一〕から〔四〕まで。その前後に欠失部分が想定されるが、現存部分の排列についても多少の意見対立がある。〔一〕〔二〕のあとに、〔三〕—〔四〕が連続することについては諸説一致しているが、〔一〕〔二〕については、(a)〔一〕—〔二〕の順、(b)〔二〕—〔一〕の順、(c)〔二〕最後の「せめ赤坂に…はせむかふ」の部分—〔一〕—〔二〕の大半部分の順、の三説がある。ここでは(c)説にしたがっておきたいが、いずれにせよ第一の文永の役の部分には欠失・朽損がかなり多く、後の〔七〕の叙述を参照して内容の理解につとめるとしても、現存部分の排列について決定的な結論に達することはなかなか困難であろう。

さて文永の役に際して、一門とわかれて主従わずかに五騎（季長と姉婿の三井資長・旗指の資安・郎従の藤源太・中間一人であることが画面からわかる）の小勢で、ひたすらに戦の先陣を駈けようとはやる季長は、首尾よく一番がけの殊勲をたて、当日の大将武藤景資の認知をうけることができた。ところが最高指揮官の一人である景資の兄武藤経資から季長に与えられた書下の感状には、季長の負傷が戦功として記載されているだけで、一番がけの功績が記入されていなかった。これは幕府からの指令の中で一番がけの戦功を調査対象としていなかったためではないかと思われるが、「弓箭の道、先をもて賞とす。たゞ懸けよ」とひたすら一番がけの栄誉を求めて戦った季長にとって、まったくやり切れないことだったにちがいない。ついにかれはみずから鎌倉にのぼって、直接この事情を訴えようと思い立ったのである。

季長の鎌倉出訴とその成功を物語る絵詞の第二の部分、〔五〕から〔八〕まではこうして始まる。この第二の部分は、〔五〕以前に詞書の欠失部分が想定されるほかは、排列順序は現状どおりで特に異論を生じないところである。朽損部分も少なく、当時の幕府政治の指導者安達泰盛への上訴と、泰盛との緊迫した問答、泰盛に認められて首尾よく恩賞を得、肥後国海東郷地頭職に任命され、さらに泰盛から馬具をつけた馬をおくられる破格の待遇をうけた事情などを知ることができる。

第三の部分〔九〕より〔十三〕までは、弘安四年（一二八一）五月から閏七月にかけての再度の蒙古襲来、いわゆる弘安の役に際しての季長の活躍を主題としている。この部分の詞書には、前後欠あるいは前欠のものもあり、文永の役の場合の〔七〕にあたる叙述もないので、錯簡の整序、全体の把握に少なからず困難を感ずるが、詞書に関する限り、〔九〕―〔十三〕―〔十〕―〔十一〕―〔十二〕の順になることは諸説一致している。その前半〔九〕〔十三〕は六月の博多湾・志賀島合戦に関する部分で、詳細は不明であるが、季長は今度もまた一番がけの功績をたて、肥後国の軍勢の指揮にあたる同国守護代安達盛宗(泰盛の次男)の認知をうけたことを記している。その後半〔十〕〔十一〕〔十二〕は、閏七月一日、暴風雨に遭遇して大きな損害をうけた蒙古軍を肥前国鷹島付近の海上に追撃した戦いに関する部分で、みずからの兵船が回漕されてこない状態で、季長が種々の苦心をしてともかくも敵船に乗り移り、勲功をたてるまでの次第を記録した部分である。

最後に残された第四の部分〔十四〕〔十五〕は、これまでの詞書とは若干性質を異にし、付属文書あるいは奥書と見られる部分である。本絵巻の作成の目的や時期ともからんで、もっとも問題の多い箇所である。従来、絵詞の奥書として特に疑われていなかったこの部分を「本絵詞とは一応切り離して考えた方がよい」とされ、付属文書とみるべきことを提唱されたのは宮次男氏であったが(「蒙古襲来絵詞について」『日本絵巻物全集』Ⅸ)、その根拠は、この部分の紙幅・紙質が他と異なり、現在の損傷状態が本来巻子の最末尾に位置していたとは考えがたいこと、朽損のとくにひどいことなどであった。これは注目すべき主張であり、おそらく妥当な説であろうが、さりとて〔十四〕〔十五〕を絵巻そのものと全く切り離してしまうことは行き過ぎであろう。〔十四〕にいう泰盛の大恩への感謝の念は絵巻の中に十分に現われており、さらに、泰盛の子盛宗と武藤景資は文永・弘安両役の指揮官として絵詞の中に重要な役割を占めるだけでなく、画面の上でもその姿は「似絵」のように入念に描写されて精彩を放っている。〔十五〕にみえる甲佐大明神への報謝の念をあらわす部分は、直接、現存の絵巻の中にはうかがえないけれど、末尾の「神のめでたき御事を申さんために、これをしるしまいらす」の一句は、絵巻自体の製作の目的を物語ったものとみるのが、もっとも自然な解釈であろう。

そうすると本絵巻は、永仁元年(一二九三)二月九日、竹崎季長自身によって甲佐大明神の神徳への報謝と、安達泰盛らへの報恩の念をあらわすために作成されたものと考えられるのであるが、実はその成立時期には大きな問題がある。それは永仁元年への改元は八月五日であって、そもそも「永仁元年二月九日」という日付けは存在せず、これが後年の追書であることは明白だからである。この事実をはじめて発見された荻野三七彦氏（「蒙古襲来絵詞に就いての疑と其解釈」『歴史地理』五九巻二号）はさらに、(1)〔十三〕にみえる島津久長は久経の子で初名忠長、正和五年（一三一六）八月一日に久長と改名した人物であるから、本絵巻の作成はそれ以後である、(2)詞書のふりがなや画面にみえるいくつかの注記は室町時代の絵巻物の特色であるから、本絵巻の作成もほぼ南北朝期以降にくり下げるべきであろう、という所説を展開され、季長以外の人物によってこれが作成されたといわれる。荻野氏の鋭い批判的見解はまことに重要な点をついておられるが、私は別稿において述べたように（「『竹崎季長絵詞』の成立」『日本歴史』二七三号）、(1)の久長は弘安当時活躍した島津長久を誤って顛倒したもので、正和五年以後説は成立せず、(2)詞書のふりがなや画面の注記のみでは南北朝以降の作成と断ずる確証とはいえない、と考える。

むしろ荻野氏が発見・指摘され、本書の置文編にも収録した正応六年正月二十三日竹崎季長置文の存在によって、正応六年＝永仁元年が季長個人の生涯で、何かある一つの重要な画期をなしていたらしいと判断できること、季長の菩提寺塔福寺の創建もまたこの正応六年と伝えられていることを思えば、本絵巻の作成が発意されたのはこの年だとみることは十分に可能性がある。

また外的条件からしても、本絵巻で報恩の対象となっている安達泰盛・盛宗・武藤景資の三人は、弘安八年（一二八五）十一月、幕府内部のいわば御家人勢力の代弁者である安達氏らと、北条氏嫡流家（得宗家）の専制政治をおし進めようとする得宗家の被官の指導者平頼綱らとの武力衝突事件である霜月騒動で、御家人派としていずれも敗死した人物であること、しかもこの正応六年四月には平禅門の乱が起こって、霜月騒動後幕政を握っていた平頼綱らが得宗北条貞時に殺され、以後旧安達氏派にも一種の政治的復権が与えられた事実に注目する必要がある。いわば一種の政治的「雪どけ」ともいうべきこの条件が、直接絵巻の作成を発意させたとはいえないかも知れないが、その作成の促進にある種の役割を果たしたとみることは十分に可能だと思う。

「永仁元年二月九日」という日付は、それが同年八月以後の追書であることを証しこそすれ、その年次をはるか後年に繰り下げるべき根拠となるものではない。むしろ実例からは、改元の同じ年にこうした表現をとった例が見出されるのであって、改元の年は改元年号で一貫するという原則に立ったものと考えれば、改元の月日を忘れ去ったはるか後年、この追書が行われたと解釈する必要はないのである。私は今のところ、この日付を季長による本絵巻作成の発願の日と考え、完成後さかのぼってその日が記入されたと考えている。

以上、かなり論争のある問題点について、私なりの一応の見解を述べた。詳細については別稿(石井進、前掲論文)に譲り、最後に本絵詞の特色について一言しておきたい。画面の描写のかなりなまでの忠実さ、しかも「むま具足にせゑ」、あるいは「妻戸は不レ可レ有レ之処、絵師書違也」などの画面への注記などからみて、本絵巻作成の発起者はまぎれもなく季長その人であり、できるかぎり事実に忠実であろうとする態度をみてとることができるが、その特色は詞書自体にも十分に貫かれている。地方武士、しかも肥後国に本来かなりの勢力を張った武士団の一員でありながら、「本訴」と記されている訴訟事件によって本領を失い、にわかに「無足」の御家人に転落した一武士が蒙古襲来合戦の奮闘によって再び郷の地頭職を獲得し、中堅御家人としての地位を得るまでの苦闘を物語って、本絵詞はまさにあますところがない。蒙古襲来に直面した当時の地方武士団の対応の仕方やその心情を示すばかりでなく、中世武士団の思想と行動の一面を直截に表出した好個の記録といえるであろう。

本絵巻に関する研究文献は数多いが、『日本絵巻物全集』IX「平治物語絵巻・蒙古襲来絵詞」(角川書店)が、原色版・グラビアで全体の複製を行った上、いくつかの研究論文や文献目録をつけ加えてもっとも便利である。

解説

石母田正

本書の上巻には、幕府法・武家家訓・置文・一揆契状・武家家法・竹崎季長絵詞等の多様な史料がおさめられている。そのうち主軸をなしているのは、中世武家法関係の史料である。したがってそれを中心として解説し、そのなかで法以外の史料について述べることとする。中世武家法関係の史料は、法制定の主体の相違によって、ほぼ三つの系列に分けることができる。一つは御成敗式目と追加法であり、一つは中世在地領主法であり、一つは戦国家法である。それぞれの史料については別に詳細な解題と補注があるから、ここでは右の三系列の法の歴史的関連を念頭におき、補足のコメントを加えておきたい。

一　御成敗式目の成立

貞永元年(一二三二)に制定された御成敗式目は、一つの「公権力」としての鎌倉幕府の基本法であって、幕府の首長たる鎌倉殿の家法ではない。より正確にいえば、鎌倉政権が一個の公権力として自己を確立するための法典であるといえよう。たとえば式目のなかに、幕府権力の直接の基礎をなす御家人と鎌倉殿との関係(御家人の権利義務、御家人関係の成立要件等々)について、一義的または一般的規定がみられず、また鎌倉殿は、平家没官領をふくむ直領、すなわち「関東御領」にたいしては庄園本所の地位にあるにかかわらず、本所法的関係が式目のなかに規定されていないのが、その一例である。右の二つの側面とは異なった公権力としての幕府の側面が式目の規定する主たる対象であるとすれば、それはつぎの二重の意味においてである。一つは、頼朝の時代、一つの叛乱者の集団または私的な権力として出発した政権が、所与の国家的または法的秩序のなかで、いかにして公権力として確立し得たかという問題であり、式目の制定はこの問題の一部をなしている。第二は、鎌倉殿の権力または幕府権力が、その階級的基礎をなしている御家人または「侍」身分一般（非御家人をふくむ在地武士団）の私的な権力にたいして、独自の公権力として確立する問題である。式目の法としての機能も、その制定の意義も、この問題との関連なしには考えることはできないのである。できるだけ式目に即して、第一の側面からみてゆきたい。

1

第一の側面は、神社修理および祭祀に関する第一条（第二条もこれに準ずる）にすでにあらわれている。それはかつて「当時の神事・仏寺を尊重する信仰上の観念」のたんなる反映と解釈されてきた。[1] それが式目の冒頭にかかげらるべき重要な条文であることが明らかになったのは、初期鎌倉政権のいわゆる「東国政権」としての性質が確定されてからである。[2] 第一条は、先行の公家法の体裁と文言を模倣したものであるが（本書、御成敗式目1条補注）、そのさい従来の太政官符が、神社の「大破」の場合に、諸国司に命令した「各勤二在状一不日言上者、同宣、奉レ勅任二彼符一、慥令二遵行一」（続左丞抄、第二）の文言を、「言二上子細一、随二其左右一、可レ有二其沙汰一矣」に改めることによって、実は「関東御分国々幷庄園」における鎌倉殿の祭祀権を法によって確定したのである。諸国の祭祀権は、律令制国家の統治権の不可分の一部をなすものであるから、従来太政官―国司の系列に属した国家の祭祀権を、右の限定された領域にかぎって、鎌倉殿―守護―地頭・神主の系列に収めることを明確にした第一条は、国制史上の大きな変化であり、この原則は鎌倉時代を通じて堅持された（吾妻鏡、建長二・七・廿二、同、弘長元・二・廿九条)。これらの諸法令にいう「関東御分の国々」は、鎌倉殿の「知行国」とは区別された特殊な領域をなすところのいわゆる「東国」である。この「東国」の範囲内において鎌倉殿がもっていた国法上の特殊な権限の一部としての祭祀権は、式目がはじめて規定したものではなく、すでに文治二年(一一八六)、頼朝が「東海道」諸国について勅許を蒙っていた権限であり(同上、文治二・五・廿九、二・六・九条)、式目はそれを幕府の基本法の一つとして恒久的なものにしたにすぎない。式目の成立の問題が、東国政権としての鎌倉幕府の成立と関連させなければ説明しがたいことを、第一条がすでに示唆しているといってよい。

治承四年(一一八〇)の挙兵以来、関東の武士団、とくに在庁官人化した豪族的領主層を直接の基盤として東国を征服した頼朝の権力が、一個の公権力として国制上の承認を獲得したのは、寿永二年(一一八三)のいわゆる十月宣旨によってである。それは、文治元年のいわゆる守護地頭設置の勅許とならんで、鎌倉幕府成立史上の一画期をなした。この宣旨は、東海・東山両道の庄園・国衙領にたいする領知を、内乱以前の状態にかえすことと関連して、右の両道の諸国衙を頼朝に従属させ、それを指揮する権限を頼朝にあたえたものである。これによって国法上正当化された頼朝のいわゆる「東国沙汰権」の内容は、その性質上、行政・司法にわたる広汎な権限をふくむものであるが、その核心が右の所領返還に服従しないもの、すなわち「不服之輩」にたいする追捕権または検断権にあったことは明らかである。このさい追討または検断の対象となるべき「不服之輩」は、特定された対象ではなく、不特定または一般的に規定されていること、いいかえれば、これによって頼朝は、東海・東山両道にたいする一般的検断権を獲得したことが重要である。一個の政治権力が「国家」権力となるためには、最小限二つの条件が必要であろう。一つは、自己の権力の意志を強制し、それに対抗する諸勢力または服従しない分子を抑圧し破砕し得るだけの物理的強制力を保有していることであり、権力が「組織された強力」として存在することである。一つは右の権力が、一定の領域にわたって一般的に行使されること、いいかえれば権力が一個の領域的権力として存在することである。右の観点からすれば、寿永二年の段階における頼朝の権力は、たんなる「政権」ではなく、東国に成立した新しい「国家」またはその端緒であることが知られよう。守護の権限についての式目第三条の規定がもつ歴史的意義は、右の観点から評価される必要がある。

鎌倉幕府の背骨をなす「組織された強力」の基本は諸国守護体制とそれを中央で統率する上級機関としての侍所である。守護の職権の中核は戦時において管国内の御家人を統率し出陣する軍事的性格にあり[3]、いわゆる大犯三ヵ条の一つとしての大番役催促は、平時におけるその転化した形態にすぎない。守護を中核として編成されたこの組織的武装力なしには幕府権力は存在し得ないという点で、それは権力の中核をなしている。そのさい第一に守護体制が領域的に編成されていることが重要な点である。個々の御家人は人格的隷属関係によって個別的に鎌倉殿に臣従関係を結んでいるが、かれらを組織された武装力として編成する仕方は、「国」という領域的・行政的な原理、つまり非人格的な原理にもとづいているのである。この点が、鎌倉幕府をたんなる武士団の「棟梁」の権力ではなく、一個の公権力または国家権力たらしめている一つの特徴である。侍所は、それだけをとりあげれば、政所・問注所等とならんで権門または貴族の家産制的ないし庄園本所的体制の系譜をひく鎌倉殿の「家政機関」にすぎないけれども、それが統轄する下部組織としての諸国守護職の右の特徴を媒介として考えれば、侍所―守護体制が権門的組織とは異質の権力構造であったことが理解されよう。和田義盛の討滅後、侍所の別当職は北条義時に移り、それ以降執権北条氏が一貫してその職を独占するにいたった事実も、けっして偶然ではなく、侍所―守護体制がもつ特別の性質に由来したことはいうまでもない。

侍所―守護体制として編成された軍事的な強力組織のもつ平時的な側面が検断である。それは一切の権力支配の前提または基礎としての治安警察である。犯罪人の捜索・捕縛・糺問・断罪から刑の執行にいたる強力を保持することなしには、どのような階級支配も可能ではないからである。式目第三条がいわゆる大犯三ヵ条、前記の大番催促をふくむ謀叛・殺害人(付、夜討・強盗・山賊・海賊)等の重罪人の検断を守護固有の職権として明文化しているのは、それが幕府にとって最小限の、いいかえればそれなしには幕府が公権力として存在し得ない本質的な権限であったからにほかならない。それは国家権力の本質に関する問題であるだけに、旧来の国家および本所の秩序とのはげしい矛盾のなかで確立されなければならなかったのであって、式目第三条はその歴史過程の法による総括にほかならなかった。犯罪人または「不服之輩」にたいする追捕・検断が、前記の十月宣旨によって、頼朝の東国における一般的権限として承認されて以来、それが文治元年の行家・義経の追捕権を契機として全国的警備権として拡大され、(おそらく奥州討伐後の建久元年を一つの画期として)「惣追捕使」から「守護」に転化し体制化される歴史、公家または本所側からの反撃のなかで不安定で弱体であった頼朝時代の守護が、承久の乱を画期として諸国守護—御家人・地頭体制として確立されてくる前史が、式目第三条の基礎にあった。(4) いわゆる大犯三カ条のほかに夜討・強盗・山賊・海賊の数条が加えられて守護固有の職権として式目に定式化されるにいたるまでの歴史過程もけっして単純ではなかったのである。(5) 大犯三カ条に限って、犯人の引渡しを本所に要求し得るという守護の権限は、それ自身が独自の検断の体系をもっていた本所法との対立のなかではじめて成立してきた規定だからである。(6) それは基本的には頼朝の時代に確立されていた。たとえば式目制定以前の承元三年(一二〇九)の関東御教書案において、本所一円地たる宇佐宮領の内封四カ郷における犯過人の検断権はすべて神宮に属し、したがって武士の「出入」は禁制とされ、そのさい謀叛・殺害人にかぎっては本所から守護所に引き渡すという慣行が、「右大将家の御時之例」とされていることは(到津文書『鎌倉遺文』三ノ一八二〇号)、第三条の規定を「右大将家の例」に拠るとする式目の文言が仮託ではなく歴史的事実を述べていることをしめしているといってよいだろう。式目が国衙および本所との対立のなかで公権力として確立されてくる頼朝以来の歴史の、法の形における総括であるという特徴が、ここにもあらわれているのである。

侍所—守護の検断権の中世法としての特徴を知るためには、実体法的部分と手続法的部分とに一応区別して考察する必要がある。前者は式目および追加法における刑罰規定がそれである。古代専制国家の刑法典としての律のように、一定の原理にもとづいて編纂された体系的法典としての性質をもたない式目においては、笞・杖・徒・流・死の正刑を一般的基準とし、それに官人および僧尼に適用される閏刑を加えて整然と構成されている律に対抗するような、独自の刑罰体系が欠けているのを特徴としている。この非体系性が中世法の一つの特徴である。そこには律にみられない刑罰、たとえば追放刑や火印・片鬢剃・指切等の新しい種類の刑罰が規定されているけれども、総体的にみれば、律の刑罰体系を若干の修正をもって適用しているといってよい。むしろ式目の特徴は、刑罰が身分制に従属しているところにあり、この点に律の刑罰体系とは原理的に区別される中世法としての特徴があったのである。(7)ここでは刑罰が身分に対応して、すなわち「侍」と「郎従」と「凡下」という基本的身分集団の区別、また「侍」身分は御家人と非御家人という区別にしたがって差別的に課されるのが原則であった。式目第十三条・第十五条・第三十四条がその一例である。手続法もまた実体法の右の特徴に対応していることは注目すべきことの一つであろう。前記のように管国内の検断権をもっているのは守護であるが(鎌倉中の検断権のみは侍所の所管)、しかし守護は、たとえば地頭自身の犯罪については、たとえそれが大犯三カ条の一つである殺害の場合ですら、犯人の追捕・処罰をおこなうことはできず、たんに犯罪事実の調査をなし得るにすぎないこと、追捕・処罰は関東または六波羅の裁断をまたねばならないということ、一般的にいえば、守護の検断権は地頭御家人身分には及ぶことができず、非御家人と凡下の身分に限定されるという原則が法によって確立されていたことは、手続法もまた前記の身分制によって規定されていたことをしめしている。(8)幕府の検断諸機関の編成、たとえば守護と侍所または六波羅検断方との職務体統制も、右の手続法に基礎をおいていた。

鎌倉幕府の検断に一貫する前記の諸身分の編成自体は、幕府法が新しくつくり出した秩序ではない。中世的身分秩序の特徴である「侍」身分さえ、平安時代の国衙領においてすでに成立していた身分階層であって、(9)幕府法はそれを法によって固定し一般化したにすぎないのである。幕府法の特徴は、侍(御家人・非御家人)と郎従と凡下(雑人)と、その下層にあって法的には権利能力を認められていない奴隷(奴婢・下人・所従)等から成る基本的諸身分の体系を、法によって確立した点にあった。それは、幕府の支配権の圏外にある官人貴族身分および副次的意義しかもたない僧侶・神官等をのぞけば、所与の社会における全身分集団を包摂するものである。かかる身分体系の創出は、それらの個々の諸身分を超えた権力、すなわち公権力または国家権力によってのみ可能である。鎌倉殿は、「侍」または御家人身分のたんなる首長または棟梁ではなく、侍身分を超えたより高次の権力として、いいかえれば侍をもふくむ社会全体の身分秩序を確立する主体として、機能しているのである。どのような身分体系も所与の社会における階級的・身分的分裂を土台にしているけれども、後者はまたなんらかの国家的・法的秩序による上からの権力的規制なくしては、身分体系としては確立しがたいとすれば、中世的身分秩序の確立過程において幕府法の果たした独自の役割を正しく評価する必要があろう。このことは、民事訴訟法の問題にも関連してくるのである。

2

以上が、鎌倉殿によって代表される武士団また領主層の階級的支配が、公権力として存在するための最小限の条件である強力装置の法的表現の大要である。しかし一つの政治権力が公権力たるためには、右の条件以外に多様な機能を果たさなければならず、その機能の内容と範囲は、その権力のおかれている歴史的条件によってあらかじめ規定されているのである。守護の職権についていえば、管国内の社寺および駅路に関する行政的機能がそれであり[10]、北陸道守護人が同時に「鎌倉殿勧農使」として[11]、すなわち春耕に先立って現地に下向し、作田を割り宛て、種子農料を貸与し、「満作」に努力し、年貢の額を決定するというような機能をもつ官使としてあらわれるのもその一つである[12]。これは内乱期の特徴であって、平定直後の奥州における隣郡からの種子農料の運搬、立市等の「土民安堵」の施策もその一つである(吾妻鏡、文治五・十一・八条)。頼朝書状にいう「土民或は梟悪の意を含み、動もすれば奇怪を現わす」ような院政期に始まる新しい階級関係にあっては、「国中静謐」のためにはもはや強力だけでは十分でなく、勧農をふくむ広汎な社会的・公的機能を遂行しなければ、支配権力たり得なかったことをしめしている。それらの機能は本来すべて国衙の機能であり、幕府は守護・鎮西奉行・奥州惣奉行等の設置によってそれを継承したのである。そのうち式目との関連で重要視しなければならないのは、国衙裁判権の継承であろう。人民の訴訟の裁断は、公権力たるための欠くことのできない機能である。奥州平定後、陸奥国留守職の任命と同時に、「民庶之愁訴」の取次を命じているのはそのためである（同上、建久元・四・十五条）。幕府が東国において国別においた「雑人奉行」はそれを制度化したものであり、[13] この裁判権は頼朝の東国支配の時期にまでさかのぼるとみなければならない。式目の若干の規定のなかに国衙裁判権との関連で理解すべきものがあるのは、幕府と国衙権力との密接な歴史的関係を前提とすれば、むしろ自然の結果であろう。

たとえば式目第八条の知行年紀法、第四十一条の奴婢雑人の所有権に関する年紀法がその一つである。前者はいわゆる「知行論争」[14]をよび起こした中世法の基本法理に関する重要問題である（8条補注）。この法理は律令には存在しなかったのであるから、平安時代の法慣行にその起源をもつとされてきたのは当然であるけれども、それを漠然と荘園制の発展または武家慣習にもとめるのは、かかる法理がその性質上、荘園や武士等の個別領主制の内部からは生まれず、それらを超えた公権力の場においてのみ成立し得ることをみのがしているといえよう。延久四年（一〇七二）、石清水八幡宮領河内国三宅山の免田二十三町歩の知行について「年紀多積」を根拠としてあげたのは、国衙の解状であり（『平安遺文』三ノ一〇八三号）、式目の二十年という年限の先駆として指摘されている貞応元年（一二二二）の関東下知状案に引く文言も[15]（『鎌倉幕府裁許状集』上三一号）、大宰府問注所の勘状であることは、偶然ではないだろう。おそらく式目制定以前の国衙法または国衙の判例においては、国々によって、田畑領掌の習は、多年の領作に依らず、相伝の証文を基礎とすべしという正統的な法理のほかに、式目の年紀法の先駆となる異質の法理や時効完成の年序の異なった期間が法慣行として成立していたのであって、式目第八条の意義は、後者を選択し幕府法として確定した点にあったのではなかろうか。この選択の基礎となったのは、一般的には式目第七条とならんで現在の御家人の所領知行を保証しようとする幕府の御家人保護の政策であり、[16] 特殊的には承久の乱後の混乱、すなわち新旧の御恩が一つの所領の上に競合し、幕府の現在の秩序をおびやかすという事情にあったろう。[17]

奴婢雑人の取得時効についての第四十一条の規定が、右の不動産物権より古い起源をもったであろうことは、奴婢すなわち動産は土地と比較してその所在の移転、占有者の変更がはるかに容易であり、それだけ取得時効が成立しやすい性質からも推定され、また奴婢の所有権が法上の問題になる場は、奴婢を所有する領主層の内部ではなく、奴婢所有者相互間の相論であり、したがって訴訟当事者を超え、一定の領域的支配権の上に立つ公権力すなわち国衙の裁判であるとかんがえるのが自然であろう。時効完成の期間を十年として法的に確定したのは幕府法であったとしても、それに先行する法慣行は国衙法のなかに存在したと推定するのである。式目第四十二条の百姓逃散についての規定にみられるところの、去留は民意に任すべしという原則についても(42条補注)、かかる原則が個々の庄園領主または在地領主の個別的・人身的支配を基礎にして発生したとはかんがえられず、逃散農民を個々の領主を超えて把握し得る領域的支配権をもつ国衙の支配権を前提として成立し得る原則とみるべきであろう。逃散農民または移住農民を、その逃亡先または移住先で編戸し調庸を課す国衙法の原則は平安初期には確立されていたことを想起すべきである。鎌倉幕府が国衙の裁判権を継承したさい、そこに蓄積されていた判決例や法慣行を継承することなくして、有効な裁判をおこない得たとかんがえる方がむしろ不自然な想定であろう。たとえば式目第四十七条および追加法にしばしばみえる過怠物を社寺修理料に宛てる刑罰も(祇園・清水橋の用途に宛てる場合もふくめて)、黒田庄において追放刑に処せられた犯罪人の所領を八幡宮に寄進した例や(『鎌倉遺文』三ノ一五五八号)、人倫売買銭を大仏に寄進した例をみれば(追加三〇四条)、一見本所法に由来するようにも見えるが、一概にそう断定はできないだろう。平安初期に、管国内の「浪人」に刑罰の代わりとして国衙の官舎の修理に宛てる慣行がみられることをかんがえれば、転化した形として、過怠料を管内寺社の修理料に宛てる法慣行が国衙法の一部として成立していたという可能性も、少なくとも念頭におかねばならないからである。

以上は一つの想定にすぎないが、在地武士団または関東御家人層の棟梁の権力が、一つの政治権力であるためには、所与の国家的・法的秩序およびその基礎にある諸階級の関係に規定されて、広汎な公的機能を果たさなければならず、したがって裁判権をふくむ旧来の国衙権力を継承する必要があり、式目の一側面もかかる公権力の主体としての鎌倉殿の性質からみなければならないことを述べたのである。しかし式目は過去の法のたんなる集成ではなく、そこには一定の立場からする選択があり、修正があり、新しい法の創造があった。その立場とはいうまでもなく、鎌倉殿の権力が御家人層または在地領主層の人格的臣従関係の上に基礎をおいていたという事実である。この領主層が、それに対立する「農奴的小農民」を階級的に支配するためには、なんらかの形態で、土地所有の位階制的編成と武装した武士団を特徴とする「共同体」または「連合体」を形成しなければならず[18]、鎌倉幕府はその端緒的形態であったといってよい。ただこのさいこの「連合体」の首長の地位にある鎌倉殿は、それに臣従する領主層の階級的利害を全体として代表しながらも、両者のあいだにある対立的モメントを見うしなうべきではない。いいかえれば、鎌倉殿の権力は、その階級的基礎をなす御家人＝領主層の個別的・私的利害に対立して、自己を公権力として確立し、それにたいする服従を強制することなしには、この「連合体」は、少なくとも永続的な権力体系となり得ないのである。式目の成立自体も、またその内容も、右の観点から理解しなければならないとおもう。鎌倉殿と地頭御家人層との対立は深刻で、「忠誠」または臣従という倫理やイデオロギーだけによってはささえられないところに特徴があった。最終的には強力によって保障される法的強制を鎌倉殿が掌握すること、前記の例でいえば、管国内検断権をもち、「御家人奉行」として軍事的統率権をもつ守護にたいして、幕府が地頭御家人についてのみは検断権をあたえず、それを侍所または六波羅検断方に集中し独占したことに、前記の対立的モメントが典型的にあらわれている。しかし鎌倉幕府を特徴づけるものは、右の強力的側面よりは、地頭御家人層を上から編成してゆく組織化の機能であろう。この第二の側面は、編成さるべき地頭御家人層の歴史的な構造、とくにその物的基礎によって規定されているので、その要点だけは述べておく必要があろう。

地頭御家人層の基礎は「所領」にあった。式目において地頭御家人は所領を所有する身分として前提され、律令制の官人貴族層にたいする官位貶奪の刑に対応して、所領の没収が式目の地頭御家人にたいする刑罰規定を特徴づけるのもその結果である。地頭御家人層が、名主・百姓層にたいする支配と収奪の主体として、また国家・本所・幕府等々の上級権力に対抗する主体として、その権利を主張し得たのはすべて相伝の所領の知行を基礎としている。それは律令制の国家的土地所有の解体のなかで開発領主または根本領主の形において、あるいはそのような法的擬制をとって、成立したところの私領一般の特徴として、第二にはまだ後代の封建主君の位階制的土地所有に完全には編成されていない段階の特徴として、相続・譲渡・売買の可能な私的土地所有の一形態であった。しかしそれは「自由な」私的土地所有として存在したのではない。在地領主の所領の中核をなす堀内・土居等によってかこまれ、門田・門畑あるいは「堀内鎮守」や下人小屋等の付属する屋敷地を別とすれば、公領・庄園の所々に散在する所領の総体は、それぞれ国衙法と本所法の秩序のなかに組みこまれた形でのみ存在し得たからである。所領が「職」の形で知行の客体として存在するのがその表現である。「職」という重層的な不動産物権の独得の性質から複雑な権利関係が発生した。つぎに所領の知行の主体そのものが、分割相続の結果として、家督と庶子から成るいわゆる惣領制的結合をなし、そこでは家督が所有権を、庶子が占有権をというように明確に分離しがたい集団的所有の形態が支配的であった。ここからまた複雑な権利関係が発生する。かかる血縁的結合の原理は、所与の生産力と生産関係に規定された領主制の構造に根底をもっていたのである。

まえに、鎌倉殿がその権力を一個の公権力として確立するためには、侍(御家人・非御家人)・郎従・百姓凡下・奴婢(所従・下人)という一般的身分秩序を法によって確立する必要について述べたが、この秩序形成の問題において、右の諸身分のうち、幕府権力の直接の階級的基盤をなす御家人層の秩序が特別の意義をもつ課題であったことはいうまでもない。かれらを組織された強力として編成すること、この上からの組織化の能力いかんに幕府の存立がかかっていたからである。前記の侍所—守護—地頭御家人が、幕府のつくり出した組織であり、その特徴は戦時・平時を問わず軍事的に編成されていることである。この組織は、前記の御家人の所領の構造によってあらかじめ客観的に規定されているが、その条件のもとで幕府が主体的につくり出した新しい側面を正しく評価しなければ、国家や法の上部構造のもつ独自の意義が見うしなわれよう。鎌倉時代に特徴的ないわゆる「惣領制」は、東国においてとくに強力であった領主層の血縁的結合の原理をモデルとして、とくに幕府にたいする軍事的な動員と奉仕、およびそれと表裏をなす御家人の公事の徴収の目的のためにつくり出された第二次的な組織であり、それを領主層の社会的結合形態と同一視することはできない(19)。式目もまた幕府のかかる利害関心につらぬかれている。法は上からの組織化の一形態だからである。たとえば式目第二十二条は、財産相続にさいしての親の恣意にたいして干渉し、幕府に「労功」を積んだ御家人を法によって保護して、嫡子の所領の五分の一をあたえることにしているのは、御家人体制の基礎がくずれるのを防ぐためである。これは式目の一貫した立法精神の一つであった。

しかし重要なことは、地頭御家人層の内部にたいする幕府の権力の干渉には限度があったということである。式目第四十八条は、恩領の売買を禁止するところに立法の精神があるけれども、同時に「相伝の私領」の売却については、これを「定法」として承認しているのがそれである。相伝の私領の処分権を承認することは、その所有の主体である前記の家督―庶子の集団的所有の内部に幕府が干渉しないこと、たとえば御家人の所領がどのような形で分割相続されるかということは法の規制外にあり、したがってその集団の自律の物的基礎を法によって承認していることである。同時にこの集団は、自己の支配する郎従・家人および自己の所有にかかる装備をもって武装した集団として、内部の名主百姓および外部の武士団にたいして自立的な集団として対立している。古代専制国家は強力を組織するだけでなく、それを独占し、公権力独自の武装力をもつ方向に向かうけれども、中世国家はそれとは逆に、右の自律的かつ自立的な集団を強力の主体として承認することの上に成立しているといってよい。このことはまた、それぞれの集団が、独自の法秩序と権利の主体であることを幕府法によって承認されていることにほかならないのである。この点に鎌倉殿と地頭御家人層から成る前記の「連合体」または「共同体」に独自な構造上の特徴があり、両者のあいだにある対立と緊張の深さが認められる。

右の構造を前提として、鎌倉殿の権力がどのような場において、またどのような機能を果たすことによって、一個の公権力として地頭御家人層の上に君臨し得るかという問題をかんがえる場合、この時代に特徴的な訴訟法が問題となろう。ここでは前記の強力や組織化とは異なった第三の側面、地頭御家人層の訴訟を裁断する幕府の機能、すなわち訴人・論人としてあらわれる両当事者にたいして、いわば第三の権力として君臨する役割が前面に出るからである。式目五十一ヵ条のうち、訴訟に直接関連する条文は十七条におよび、その面からいえば式目の特徴は裁判規範にあるといってもよいほどである。このことは民事裁判の機能が幕府権力の成立している重要な場であったことをしめすものである。このさい前記のように幕府は地頭御家人層の内部に干渉しないのを基本原則とし、その内部に相論があって自己の力で解決することができず訴訟として幕府に提起された場合にかぎって、第三者として干渉するにすぎなかった。したがって幕府の裁判の主要な対象は、第一に地頭御家人相互間の、第二に本所領家と地頭御家人とのあいだの、第三に百姓と地頭間の相論であり、第四に「西国境の事は聖断たるべし」という基本原則によって問題を東国に限定すれば、複数の本所間の訴訟もまた幕府裁判権の対象であった[20](一本所内における裁判権は、式目第六条によって幕府裁判権の対象にはならない)。右のことは、幕府の裁判権が、主として諸集団・諸身分・諸勢力が相互に関係し対立する場において機能していたことをしめすものである。それは地頭御家人にせよ、本所領家にせよ、その集団または勢力の内部には干渉しないという前記の原則と表裏の関係にある。このことは、かつてヘンリー・メインがローマ法の成立する場を国際関係に譬えたことを想起させる[21]。メインは、ローマの市民社会は、家父の家子にたいする専制的支配、すなわち「生殺の権」をもふくむ刑罰権を特徴とするところの家長権を基礎にした家族《ファミリア》という自律的集団を「単位《ユニット》」として構成され、その内部に国家法が干渉しなかったから、自律的諸集団相互間の関係は「国際関係」に類似するというのである[22]。西欧の学者が好んで引用するこの比喩をかりれば、民事訴訟の領域における鎌倉幕府の裁判権の主たる機能は、自律的な諸集団・諸身分・諸勢力間の「国際関係」を規制し調停するところに特徴があったといえよう。この比喩にいくばくかの真実があるとすれば、それが公権力の成立してくる一つの側面を正しく指摘したためである。日本の古代国家は(一般にアジアの古代国家は)、東洋的専制国家であり、その法体系は継受法として完成されたから、公権力成立の右の側面は前面に出ないけれども、中世国家の成立史の場合にはその過程を具体的に跡づけることができるのである。民事裁判は訴訟当事者が権利の主体として対立することを前提とするけれども、日本の古代の場合には、主要な生産手段である土地の私的所有の欠如を特徴とするから、権利の主体自体が発達せず、したがって訴訟当事者にたいして第三の権力として機能することによって、公権力が成立してくる側面が前面に出ないのは当然であり、前記の私領の成立によってはじめて公権力の右の機能が登場してくるのである。式目の前提としている前記諸集団間の相論が、主として所領についての相論であるのは、右のことと関連している。

右の観点からみた場合に、式目の裁判規範において、注目すべき側面は、実体法よりもむしろ手続法の部分であろう。前者の立法精神は、前記のように御家人体制の維持という幕府の主要な利害関心につらぬかれているが、後者はそのような実体的内容ではなく、相論を解決するためのルールをつくることを目的としている。式目第六・七・十二・十四・二十九・三十・三十一・三十五・三十六・四十九・五十一条がそれにあたる。それはのちに引付の成立によって、訴状の提起から始まり、正式の判決文が引付頭人の手から勝訴人に渡されることで終わるまでの有名な引付訴訟手続によって完成された形をとる。(23) この手続法が公権力成立にとってもつ優越的な意義を明らかにするのは、新しい裁判形式としての「和与」、とくに所務沙汰におけるそれであろう。それは㈠訴訟当事者相互の和解または協定の成立、㈡一定の方式によって記載された和与状の交換、㈢和与状の提出と下知状すなわち和与認可の裁許状の申請、㈣幕府の裁判機関による和与状の形式・内容にわたる審査、㈤訴論人の両者にたいする下知状の下付の手続を経て完了し、それによって和与状の記載内容は既判力をあたえられ、和与契約当事者の相続人まで拘束する法的効力をもつにいたる。(24) この場合、幕府は和与状を審査および認可する権限をもつけれども、注目すべきことは、認可・不認可の基準が、手続上の瑕疵の有無に限定されていたらしいことで、ことに領家・地頭間の和与については、その内容が幕府法の規範から逸脱することがあっても、それを認可することが法によって認められていたことである。右のことは、法規範の実体的内容のもつ意味が背景に退き、または極小となり、手続法が規定的地位に立ったことをしめしている。ここでは幕府という公権力は、私的利害の衝突を法的に処理する形式としての裁判において、その機能を主として手続またはルールを設定することに限定していること、また、かかる媒介的機能を自律的な諸集団または諸勢力のあいだで持続的に果たすことによって、幕府はそれらの私的権力を超えた公権力あるいは第三の権力として不断に再生産されていることに注意すべきである。公権力としての幕府をつくりあげることを課題とした執権泰時が(泰時にたいする中世人の高い評価は、かれの美徳や「善政」よりも、公権力としての幕府をつくりあげたことに理由があろう)、同時に和与形式の裁判に深い関心をもった政治家であったことは偶然ではないだろう。右に述べた特徴は、国家の類型によって、そのあり方は異なるけれども、すべての国家権力が多かれ少なかれ果たさなければならない機能であるという点では、一つの普遍的問題でもある。たとえば前記のローマ共和政期の民事訴訟法における通常裁判では、判決を下すものは政務官ではなくして訴訟当事者が選択する審判人であることを原則とし、政務官は当事者の面前における手続を構成することを承認しまたは承認を拒絶することに止まったこと、承認を与えられることによって当事者の履行する手続が国家的に承認された審判手続であり、政務官が当事者の履行する権利救済の手続に協力することが「法を宣言する」ことにほかならなかったとされる。[25] ここにもみられる手続法の優位、ルールの設定の機能と役割、すなわち国家の機能を私権力間の媒介的手続に限定することによって起こる「公」と「私」の特徴的なあり方が、国家の法体系の総体のなかでいかなる地位を占めるかは、国家の歴史的類型を規定するさいの一つの指標となるだろう。

3

以上で式目は、鎌倉殿の権力が一個の公権力または国家権力に転化するための法であることを、二つの側面から、すなわち第一に所与の国家的・法的秩序のなかで公権力として成立する側面と、第二にその直接の階級的基礎をなす地頭御家人の私的な権力にたいして、それを超えた公権力として成立する側面からかんがえてきた。つぎの問題は、かかる公権力として成立した鎌倉殿の権力が、なぜ御成敗式目という形態での法典を制定しなければならなかったか、あるいはなぜそれが可能であったかという具体的な問題である。ここでは、それに関連する若干の論点についてふれておくこととする。

　幕府の成立期にあっては、関東御家人層の共同利害を代表するものは、頼朝の人格であった。内乱期の軍事的統率者、政権の奪取者、源氏の正統につながる「貴種」としてのかれの「カリスマ」的権威にたいする御家人層の人格的臣従なしには、鎌倉殿を頂点とする「連合体」は存続し得なかったろう。しかし頼朝の権力は、その当初から前記のような公権力としての性質をもたざるを得なかったために、権力の組織化ないし制度化は必至であり、侍所の設置に始まる貴族制的な家政機関がその端緒であった。しかしそれさえ御家人の抵抗にあったことは注意すべきである。建久三年(一一九二)の政所始の儀式にさいして、頼朝自身の署判や袖判をもつ文書形式を(頼朝の人格の表現された文書形式を)、政所の家司の連署による政所下文に(機関の意志の表現された文書形式に)改めたさい、御家人の抗議にあって、両様式の文書をあたえざるを得なかったのも、その一例である[26]。御家人自身の構造が身分的・族制的であり、相互に排他的な集団であったから、かれらは鎌倉殿をたえず人格的な権威として再生産し、それに臣従することによってのみ一個の「連合体」として相互に結合することができた。したがって頼朝の死は幕府内部の政治危機をもたらし、それにつづく梶原景時の失脚、比企能員の乱、平賀朝政の変、和田義盛の乱等の連続的な変乱は、連合体の内部からの解体の危機をしめすものである。この危機を解決する道は、鎌倉殿の人格からも、また個々の御家人の私的利害からも相対的に独立した非人格的な機関の創造以外になかったであろう。その意味で嘉禄元年(一二二五)の評定衆の設置は画期的であった。将軍の地位は名目的なものとなり、政務および訴訟機関としての評定衆が、連合体を代表する最高の機関となった。それは執権・連署・評定衆から構成される合議体としての機関であるが、それが将軍からも御家人層からも、また合議体を形成する個々の構成員からも独立した自律的団体たるためには、それ独自の理念と内部規律をもつことが必要である。式目に付載されている「御評定の間、理非決断の事」と題する起請文にしめされた理念と規律は、幕府がいわゆる得宗専制の段階に変化するまでのあいだ、引付をふくむ諸機関の合議の基本原則となったものであるが、その簡潔明晰な規定は、前近代の合議体の規範としてはおそらく最高の水準に属するといってよい。そこでの評定沙汰は多数決原理によった。「多分の道理」にもとづく合議体制の制度は中世寺院法の一特徴であったが、評定衆等のそれをその影響に帰することは正しくあるまい。すべての諸関係が私的・人格的関係で覆われている体制のなかで、それを超えた非人格的な、公的な機関をつくり出す場合、有力御家人による合議体という形でそれをつくるということは、幕府の前記の危機を克服するための唯一の道であったとみられるからである。そのことさえいかに困難であったかは、神々の冥罰という超人間的な霊威にたいする畏怖を媒介とする誓約・起請文の形で合議体の規範が保障されている点にあらわれている。

構成員の個々の人格を超えた機関としての合議体は、同時に個別的意志を超えたところの、客観的に定立された、したがって非人格的な規範なしには、少なくとも自律的団体としては存在することはできないだろう。それは構成員のすべてを拘束する共同の規範として準拠さるべき規範である。式目制定の基本的動因はここにあったといってよいだろう。しかし追加法をふくむ幕府法の全体をかんがえるとき、右のことと関連して官僚制の一定の発達という事情を念頭におかねばならない。幕府の諸機関の分化発展は必然的に準拠すべき法を要求するという点である。たとえば幕府が、六波羅探題・鎮西奉行・奥州惣奉行等の地方機関を媒介として、諸国の守護—地頭御家人に命令を示達する場合、一般的に定式化された法令として、かつ文書形式でそれが伝達されなければ、職務体統制的に組織された全体の官僚制的な機構は運転しないということがある。幕府の諸機関内部にもまた官僚制的秩序が発達していた。たとえば引付における引付頭人—引付衆—奉行人の体制は、官僚制的に組織されていた。この官僚制は律令制のそれに比較すれば小規模で原始的であり、主君にたいする臣従または忠誠を基礎にしているいわゆる家産制的官僚制ではあるが、しかし鎌倉幕府においてもつ意義を過小に評価してはなるまい。幕府の職務執行はかれらに依存していたからである。これらの頭人—奉行人の実務は、準拠すべき法規を要求する。訴訟文書の審理、訴論人の召喚と対決、訴訟記録の作成等の実務は、たんなる慣行だけではおこないがたいとみられるからである。たとえば書面審理によって訴訟を受理するか否かを決定するためには、あらかじめ訴訟手続が、客観的に定立されていなければならないだろう。このさい裁判のもつ特殊性を念頭におく必要がある。事件を法的に処理する形式としての裁判は、個々の相論と一般的規範との結節点であり、事実の世界を法の世界に媒介する主要な場であるから、訴訟の激化は、公権力にたいして権利の所在を明確にする一般的規範の設定を要請するのである。幕府は、訴訟の提起にさいして、公権力としての機能を果たすために、裁判諸機関と官僚制を発達させるにしたがって、それ自身の法をも発展させることを要求される。

幕府の公的職務執行の主体としての諸機関と官僚制の成立によって、鎌倉殿の権力は、その階級的基盤である地頭御家人から相対的に独立し、それに対立する公権力に転化してゆく。この公権力の共同の規範が式目であった。しかし式目を理解するためには、他の側面、すなわち右の鎌倉殿の公権力が、所与の国家的・法的秩序および本所法との対立のなかで成立したという対抗関係を基礎におかねばならない。それはたとえばつぎの諸点にあらわれている。

第一に、式目は、幕府の権力と公家または本所の権力との接触する場を規定しようとしていることである。第一条の祭祀権の規定における「関東御分の国々」という限定がそれであり、第三条の大犯三カ条についての守護の権限が国司のそれとの関連で規定されているのもその例である。本所法との関連では第五・六条等がそれにあたる。関東―六波羅―守護―地頭御家人という幕府の内部的権力体系は、法史料から帰納的に推定されてくるだけであって、式目に一義的に規定されているのではない。個々の官職の権限、官職相互の職務体統制が職員令によって規定されている令制と対比すれば、両者が異質の法系に属することが知られよう。式目の場合には、自己の権力の限界と範囲を規定することによって、いわば消極的な形で、逆に自己の支配権を積極的に確定しようとしているのである。御家人と公家権力との関係を規制した第二十五・三十七・三十九の諸条および鎌倉中の僧徒についての禁制第四十条も、その例である。以上の特徴は、所与の国家的・本所的秩序における幕府の客観的地位からきていることはいうまでもない。

第二に、右の特徴は式目が公家法との交渉なしには制定され得なかったことをしめしている。第二十三条等の諸条のように意図的に「法意」にもとづることを明示した場合も、そうでない場合も、国衙法をふくむ公家法との交渉を前提としていた。それは内容だけでなく、法の形式面にもあらわれている。式目の刑事法関係条文の排列が、法曹至要抄の排列の影響をうけているのもその一例である。(27) このほかに問題になるのは公家新制との関連であろう。式目第一条がとくに寛喜新制の条文を範型として条文をなしたとする指摘(28)はしたがいがたいが、祭祀に関する条文を冒頭においたのは、公家新制の慣行をモデルとしたと推定してもよいであろう。新制は三代の格の退化した形態であるとしても、公家法の代表的成文法であり、幕府法と密接に関連していたからである。(29) 以上のような公家法との交渉は、式目の法典としての水準の高さと関係があろう。式目第十八条の「右、男女の号異なるといへども、父母の恩これ同じ」等の文言のような、規定の根拠または理由を法文のなかに入れる形が法としての形式上の未熟をしめすことは、律令と対比すればただちに理解される。しかし式目は、全体としてみれば倫理や宗教からの分離が完成しており、ことに泰時書状にいう東国の「夷戎《えびす》ども」が制定した法典としては高度に醇化された形をとっているといえよう。このことは公家法との交渉を前提としてのみ可能であったとみなければならない。

第三に、式目の制定は日本の法史上画期的な事件であった。その一つの理由は国家の主権または統治権に関連する問題をふくんでいたからである。それは式目の個々の条文、ことに行政法に当たる諸条が、国家の統治権にふれる内容をもっているという意味においてでなく、「御成敗式目」という法典を制定したという事実自体から起こる問題である。式目は律令のように一定の原理にしたがって体系的に編纂された法典ではない。しかし式目は、それ以前に幕府が出した単行法のたんなる集成でもないのである。承久の乱後の政治状況にたいする幕府の利害関心をふくむ一定の基準にもとづいて、過去の単行法のなかから選択をおこない、さらにそれを法として一般化したばかりでなく、新しい条文を加え、編纂に当たっては幕府の公的機関の審議と決裁を経て制定され、条文の排列についても前記のような配慮がみられるとすれば、律令に比較した場合の非体系性を理由として、それを法典でないとはいえまい。それは律令とは異質の類型に属する新しい中世的法典であり、中世の法意識においてもそのようにみなされていたのである。かかる意味での法典の制定は、幕府にとってけっして単純なことがらではなかった。それは古代以来天皇の大権に属することであったからである。令が「天皇《すめらが》朝廷《みこと》の敷きたまい、行いたまえる国法」(続紀)であるという性質は、弘仁格以下三代の格にも妥当し、「新制」(または「制符」)の「制」がミコトノリ＝勅旨の意であり、新制とは天皇の勅旨による宣旨および太政官符の編纂制定にほかならなかった。(30) かかる法理の支配する国家秩序のなかで、鎌倉殿が式目によって法制定の主体になることが単純な問題でなかったことは、泰時自身がよく認識していたらしい。その書状のなかで、式目起草者から提案された「式条」という用語をしりぞけて、「目録」の意を加味した「式目」に決定したのがそれである。「式条」の語を「ことぐ\しきやうに」考えたのは、それが建久二年の新制にもみられるように、本来公家法上の用語であったからであろう。幕府が新法典を制定した事実がふくんでいる画期的意味を、「式目」の名を冠することで公家のまえに伏せておこうとしたのである。

第四に、式目の制定は、承久の乱なくしては起こり得なかったであろうことを述べておきたい。承久の乱の結末による新しい事態が、とくに本所領家と地頭御家人とのあいだに、地頭御家人相互間に、また当知行主と旧知行主とのあいだに所領の相論を激化し、それにたいする幕府の対応という側面をぬきにしては、式目制定の現実的動機の一つが見うしなわれよう。同時に、承久の乱における幕府の勝利による公武間の力関係の変動なくしては、前記の公家法の法理をのりこえて、みずから法制定の主体になるということもできなかったのではなかろうか。この問題は鎌倉初期の法意識と関係している。この時期の代々の新制は検断または追捕について鎌倉殿とその郎従の権限を認めているにすぎず、鎌倉方の法令もまた宣旨を遵行または施行する立場に立ち、たとえば「守二宣下之旨一、可レ令二計下知一」のように、幕府の下知は宣旨によっておこなわるべきだとかんがえられていた。これは頼朝以来の伝統である。ところが、式目制定にさいして「式条」という用語をもちいることさえ憚った幕府が、延応元年(一二三九)に六条の「制符」を制定したとされ(吾妻鏡)、仁治三年(一二四二)

にはみずから「関東新制」と称する法令を制定施行している(追加一七四条以下)。ここに法制定権にかんする意識の変化が認められるとすれば、承久の乱または式目制定がその画期であったろう。

泰時はその書状で、「且は書き写して守護所・地頭には面々にくばりて、その国うちの地頭御家人ともに仰せ含められ候べく候」と述べているが、これを理由として式目の内容までが、守護—地頭御家人体制の内部を規制した私的な法であるとかんがえるべきではあるまい。前述のように、式目は鎌倉殿の権力が一個の公的・国家的権力であろうとするための法であったからである。式目の執筆者が、それを「式条」と名づけたい理由として、「政《まつりごと》の体」をも注し載せられたことをあげたが、これも式目の内容が公家新制と同じく天下の政治に関連する法令であることが自覚されていたからである。泰時書状は、式目の制定が当然ひき起こすべき公家側の非難にたいする弁解の仕方を教えたものであるから(彼もまた頼朝以来の政治的策略を身につけていた)、書状の意味は式目自体の内容の分析をもとにして批判的に読む必要がある。前記の宣下—遵行という関係も同様であろう。この形式から実体を判断すべきではなく、逆に権力が現実に行使されている実体的諸関係から右の形式を分析しなければならない。かりに「東国」に限定していえば、幕府は領域全体について検断権をもった上に、民庶をふくむ諸身分の訴訟を裁断し、勧農や祭祀をふくむ各種の行政権を行使し、独自の身分秩序を形成し、一言でいえば公権力または国家権力に必要なすべての機能を果たすことによって領域全体の「秩序」を保持し、そのことによって複数の本所間の訴訟にたいする裁判権のみならず、公家および本所領家の年貢所当の収取を保障したのである。ここで欠けているのは鎌倉殿の知行国以外の「東国」諸国の国司の任免権であろう。「西国」については若干の限定が必要であるが、鎌倉殿の権力が本所的・権門的政権ではなく、独自の公権力または国家であることが知られよう。独自の公権力の一つの特徴は、独自の法体系をもつことであり、より上級の法規範によって拘束されない独立の法制定権を行使する力をもつことである。「道理」以外にはいかなる「本文」にも依拠しなかったと泰時は述べている。「格は律令の条流」といわれる場合にみられるところの法規範の階層関係は(貞観格序)、公家法と式目との間には存在しない。かかる権力と法の実体的諸関係にもかかわらず、なお宣下—遵行的形式がなぜのこるかはまた別個の問題である。それは鎌倉殿の権力の総体が依拠している基盤自体の問題である。よく知られているように、幕府は荘園制や国衙領の秩序を破壊しようとしなかったばかりか、それに依存していた。それは地頭が「職」としてしか存在し得ないような秩序である。それは下人・所従をふくむすべての諸身分・諸階級の総体的関係によって規定されている秩序であって、宣下—遵行的形式はその一つの表現にすぎない。吾妻鏡の編者は式目制定の記事につづけて、「是則ち淡海公の律令に比すべきか、彼は海内の亀鏡、是は関東の鴻宝なり」と記している。編者は、編者なりに式目制定の意義を理解しており、小稿で述べたことなどは自明のことがらであったにちがいない。

(1) 三浦周行「貞永式目」(『続法制史の研究』岩波書店、一九二五年、所収)。
(2) 佐藤進一『鎌倉幕府訴訟制度の研究』畝傍書房、一九四三年。同「寿永二年十月宣旨について」(『歴史評論』一〇七号、一九五九年)。石井進『日本中世国家史の研究』岩波書店、一九七〇年。いわゆる「十月宣旨」に関連する諸家の戦後の論議およびそれらについての批評は、右の石井進氏の著書を参照。
(3) 佐藤進一「光明寺残篇小考」(『増訂鎌倉幕府守護制度の研究』東京大学出版会、一九七一年、所収)。
(4) 佐藤進一、前掲『増訂鎌倉幕府守護制度の研究』の「結語」を参照。
(5) 石井良助「鎌倉幕府の裁判管轄」(『法学協会雑誌』五七巻九・一〇号、一九三九年)。同「大犯三ヶ条」(『大化改新と鎌倉幕府の成立』創文社、一九五八年、所収)。
(6) 羽下徳彦「中世本所法における検断の一考察」(石母田正・佐藤進一編『中世の法と国家』東京大学出版会、一九六〇年、所収)。
(7) 牧英正「鎌倉幕府の国家的権力と幕府法の刑罰体系」(法制史学会編『刑罰と国家権力』創文社、一九六〇年、所収)。
(8) 佐藤進一、前掲『鎌倉幕府訴訟制度の研究』第三章。
(9) 石井進「中世成立期軍制研究の一視点」(『史学雑誌』七八編一二号、一九六九年)。同「院政時代」(歴史学研究会・日本史研究会編『講座日本史』2、東京大学出版会、一九七〇年、所収)。

(10) 佐藤進一、前掲『増訂鎌倉幕府守護制度の研究』。

(11) 田中稔「仁和寺文書拾遺」(『史学雑誌』六八編九号、一九五九年)。

(12) 石井進、前掲『日本中世国家史の研究』I、第六章。

(13) 佐藤進一、前掲『鎌倉幕府訴訟制度の研究』第二章。

(14) 滝川政次郎「王朝時代の動産所有権」(『日本法制史研究』有斐閣、一九四一年、所収)。小川清太郎「年序法成立の歴史的背景」(滝川博士還暦記念論文集刊行委員会編『滝川博士還暦記念論文集』(二)日本史編、一九五七年、所収)。

(15) 田中修実「年紀法覚書」(『日本史論叢』第一輯、一九七二年)。ただ田中氏は問題の文言を、『鎌倉幕府裁許状集』にしたがって、「雖レ須下以二通昌一廿年之知行上」と訓まれているが、『大日本史料』第五編之一のように、「雖レ須下以二通昌廿年之知行一為上レ宗」と訓むべきであろう。

(16) 上横手雅敬「承久の乱」(岩波講座『日本歴史』中世1、一九六二年、所収)。

(17) 笠松宏至・羽下徳彦「中世法」(岩波講座『日本歴史』中世2、一九六三年、所収)。

(18) マルクス＝エンゲルス『ドイツ・イデオロギー』岩波文庫、一九五六年。

(19) 中田薫「仏蘭西の parage と日本の総領」に始まる惣領制についての研究史およびそれについての批評は、羽下徳彦『惣領制』(日本歴史新書)、至文堂、一九六六年、を参照。

(20) 佐藤進一、前掲『鎌倉幕府訴訟制度の研究』第一章。

(21) H. Maine, Ancient Law (Everyman Library), p. 74.

(22) 論議の多いローマの〝家内裁判権〟については、片岡輝夫「ローマ初期における刑法と国家権力」(前掲『刑罰と国家権力』所収)、柴田光蔵『ローマ裁判制度研究』世界思想社、一九六八年、第二章第三節、を参照。

(23) 石井良助『中世武家不動産訴訟法の研究』弘文堂、一九三八年、第一篇第二章。

(24) 石井良助、前掲書。平山行三『和与の研究』吉川弘文館、一九六四年、第三章第二節。

(25) 船田享二『ローマ法』第五巻、岩波書店、一九七二年、第六編第二章。

(26) 佐藤進一『古文書学入門』法政大学出版局、一九七一年、第三章。
(27) 佐藤進一「御成敗式目の原形について」(『新訂増補国史大系』第三十三巻、吉川弘文館、一九六五年、月報一五、所収)。
(28) 三浦周行「新制の研究」(第七回)(『法学論叢』一六巻一号、一九二六年)。
(29) 水戸部正男『公家新制の研究』創文社、一九六一年、第四・五章。
(30) 三浦周行、前掲論文。水戸部正男、前掲書、第五章。

二　中世在地領主法の諸形態

1

在地領主層が、置文や一揆契状等の形で、みずから法制定の主体となるのは、鎌倉中期とくにその末期以後である。前節で述べたように、幕府法は、特殊な場合をのぞいては、在地領主制の内部には干渉しないのを原則とし、したがって後者は前者にたいして自律的な集団として存在したから、そこにはその内部を規制する独自の秩序と法規範が存在したことはいうまでもない。しかしその規範が領主自身が制定した「法」として、いいかえれば客観的な法規範として確立されるのは、領主制の発展の一定の段階をまたなければならなかった。もちろんこのことは、それまでの間に在地領主制が法の領域にあらわれなかったということではない。領主制は自律的な集団ではあっても閉鎖的ないし孤立した集団ではなく、つねに上位の法体系との交渉のなかでのみ成立し発展してきたからである。たとえば、領主制は本所法の体系のなかで、各級庄官職等の形で存在した。ここでは本所法または庄園自体の性質に制約されて、領主権の一側面としての得分の面、たとえば庄官・地頭等に給与される給田・給名にたいする用益権、あるいは庄内の犯罪人より没収する財物(検断物)の分配にあずかる権利等々の面が、主として法の領域にあらわれることになる。つぎに幕府法にあらわれる領主制もまた幕府法の性質によって規定されていた。承久の乱の没収地に補任されたいわゆる新補地頭の得分についての規定を別とすれば（追加第十〜十四条）、地頭の収取内容については、それに先行する下司等の先例を継承するのを基本原則とし、また御家人にたいする所領安堵は所領内部の旧来の秩序の変更をふくまなかったから、領主制が幕府法の体系に編成される仕方もおのずから限定されたのは当然である。

前項で述べたように、式目は裁判規範としての性質を強くもったから、地頭と名主百姓との権力関係も訴訟法を媒介として法の領域にあらわれるという特徴をもつ。たとえば、百姓と地頭の相論にさいして、百姓に正当な根拠があれば、妻子所従以下資財作毛等は百姓に糺返し、田地・住屋は地頭の進止とする重要な条文は「雑人訴訟」に関連して規定されているのであり（追加第二六九条）、また中世領主法を通じて重要な問題である「越界下人」についての幕府法の規定は、それについての相論に関連して、地頭の所従と百姓の下人とでは取扱いを異にすべし、という訴訟法上の原則をつらぬくために法として規定されてくるのである（追加第二〇七条）。そこに見られるのは領主制の一側面にすぎない。たとえば地頭の領主的支配の根幹をなしたはずの名主・百姓にたいする裁判権は、鎌倉時代に確実にかつ普遍的に存在したにかかわらず、幕府法にその規定が欠けているのは、雑人訴訟にたいする基本的態度が一貫して「消極的かつ閉鎖的」であったという幕府法の性質に由来している[1]。

しかし右のことから、幕府法が在地の領主的支配に与えた影響の大きさを否定してはならないだろう。その一例は豊後大友氏が制定し、その支配領域内に施行した法令、すなわち「新御成敗状」とその追加、あわせて四十四カ条である（追加第一七二〜一九九、二一七〜二三三条）。これは大友氏が守護として、幕府法を受令施行したのであり、その意味では幕府法の一環をなすものであるが[2]、同時に式目と追加法のなかからどの条文を選択するかは大友氏の主体的判断によったという点では、在地領主法としての性格をもつといえよう（なかでも追加第一八一条の後段、「次違二背主人一、離二別父子一」以下の条文は、あるいは大友氏の増補にかかる部分ではなかろうか）。これは幕府法が、守護—地頭体制を媒介として在地領主法の一部に転化してゆく一例となすことができよう。これとならんで注目すべき在地領主法として、宇都宮氏の「宇都宮家式条」があり(『中世法制史料集』第三巻)、そこにみられる充実した手続法および所領内のあらゆる階層のあらゆる紛争を解決しようとしている領主裁判権の存在が注目されている。(3) この式条が、その冒頭に「私に」定め置く条々ととくに記していることが、幕府法を意識して制定されたことをしめすとすれば、これも大友氏の前記の例と同じく、幕府法との連関において理解さるべきであろう。

公家法と幕府法、また後者と在地領主法との連関または継承関係をかんがえるさい、重要なことは、同じ法令がそれぞれの法体系のなかで異なった意味をもってくるという点であろう。たとえば安芸国三入新庄の地頭が、六波羅下知状によって殺生禁断の法令を領内に施行した場合、それは外部の「甲乙人等」が領内に乱入して狩猟や草木伐採の狼藉を防ぐためであり(熊谷家文書、三二号)、幕府法の一禁制は、在地領主の論理と階級的利害に組みいれられ、それに従属した形で、法として機能しているのである。もともと殺生禁断の法は公家新制中の一つであり、幕府は公家新制を「遵行」することを一つの槓杆としてその権力を在地に拡大していったと同じ関係が、幕府と在地領主のあいだにも存在したといえよう。同じく新制・幕府法にみられる「博奕」の禁制は、後述する置文の一条としてものこるが、そのうちの一つ、渋谷定心置文の第十八条にみられるそれは、博奕によって地頭の子息等がその屋敷等をうしなうことを防ぐためであり、この禁制にそむいたものの所領を没収・配分するという「惣領制」的秩序を確立するためであった。また豊後の「角違一揆」の契約条々に規定する博奕禁制は、一揆が戦闘にさいして「発途之儀」をうしなうという、この集団自身の利害にもとづいていたことも参考となろう。法は一人歩きするものではなく、先行する法のうち何がのこるかは、選択する主体の判断に依存しているのである。

在地領主制が法の世界にあらわれる他の形態は、「和与」である。たとえば、鎌倉以前からの伝統的在地領主層の収取形態を典型的にしめしていることで有名な紀伊国和佐庄の場合、その内容が、本所と在地領主(下司・公文等々)とのあいだで合意された和与状の形でのこっていることに注意すべきである(歓喜寺文書)。前項で述べたように、相論が幕府に提訴され、和与状が幕府によって認可された場合には(とくに幕府の裁許状のなかに和与状の内容が記載された場合には)、その合意内容は法的効力を付与され、その意味では幕府法の一部をなす可能性があるけれども、しかし和与状が在地領主側の主体的意志と承認なしには成立しないという面からみれば、それは領主の制定した法に接近しているのである。幕府法と関係なしにも、和与状自体がすでに在地領主法の一つの形式であった。それは幕府権力を拠点とする在地領主層の本所領家にたいする攻勢の、法における反映であることはいうまでもない。

2

在地領主制が既存の法体系のなかにあらわれる諸形態は、ほぼ以上のようなものであった。在地領主制自体は平安末期に成立していながら、それが鎌倉末にいたるまで自己の制定にかかる独自の法をもち得なかった事実は、第一に本所領家・国衙および幕府権力にたいする領主層の依存関係から、第二には領主制の内部構造がもっていた古い諸関係から、説明されるであろう。置文という形での法は、領主制の内部から成立してきた最初の法規範として、原初的ではあるが、中世法の基本的な一形式であり、領主層の結合体の法規範としての「一揆契状」を理解するための基礎をなすものである。置文の成立は譲状と不可分の関係にあった(解題参照)。それは譲状にふくまれている規範的部分が、独立の、定式化された法規範として分化した形式であり、比較的初期の形をしめしている渋谷定心置文などにその特徴がみられる。譲状は、幕府法のもとで、私領たると恩領たるとを問わず、父祖はその所領を子孫妻妾に自由に処分し、かつ自由に嫡子を立てることができたという事実の反映であり、かかる領主の自律性が譲状のなかに独自の規範を設定する余地を与えたのである。しかしそれが「置文」という客観的に定立された法規範として分化するためには、領主制の内部に構造の変化がなければならなかった。分割相続から嫡子単独相続への転換、または一般に惣領制の解体といわれている現象がそれである。渋谷重門置文が、単独相続への転換の機会に制定されているのは、そのことを端的に物語っている。庶子の独立による惣領制の解体が、鎌倉殿―惣領―庶子という幕府の体制に変更をせまり、幕府がはじめは嫡子と庶子とで異なっていた安堵状の様式を一様に外題安堵に改め、とくにモンゴール戦争後の鎮西において「庶子惣領相並ぶべし」と定めて、庶子の惣領からの独立を認めたのがそれである。(4)相良蓮道置文の第七・九条の規定は、かかる庶子の惣領からの独立を反映している。

惣領制の基礎をなした諸子分割相続から嫡子単独相続への転換は、第一に女子に与える所領を一期分とし、さらに進んでは譲与を禁止すること、第二に他人にたいする所領処分の禁止、および庶子にたいする所領配分の制限またはその死後における嫡子進退という形でおこなわれた。この転換は地域的にも不均等に進行し、(5)個々の領主によっても異なるが、その一般化は南北朝の内乱を一つの画期とするといってよい。それは、惣領と庶子による共同知行とは異なった新しい型の「家」の物的基礎の成立を意味した。置文が譲状と区別される一つの特徴は、この家産を基礎とした「家」の成立と関連している。譲状にしるされている規範的文言は、被相続人たる父祖と相続人たる子息等のあいだに成立する規範にすぎず、それはまだ特定の父祖の人格または意志から分離していない。それは子息たちにたいする親権に基礎をおいている。これにたいして置文は「すゑ〳〵までも怠る事あるべからざる状」であり(早岐正心置文)、「子々孫々」を規制し、「後日のために定め置く」ところの恒久的規範として制定された規範である(渋谷重門置文(1))。この点に法規範としての置文の一つの特徴があった。また親権(それは鎌倉時代においてはほとんど絶対的であった)のおよぶ子息にたいする命令から「子々孫々」にたいする規範への転化は、同時に置文の制定者を、特定個人から「家」を代表するものに転化させ、それだけ規範を非人格化する。小早川弘景置文において、制定者が「弘景の代まで三代四代」にわたっておこなわれた法慣行をしるしたと述べているのがそれである。置文は、家督をふくむ現実の生きた家族成員を越えたところの「家」の法規範として成立したのである。ここにいわゆる「家法」の原初形態があるといってよい。このことは、赤穴郡連置文がなぜ「置文」とされたかを説明するだろう。この置文は法規範としての置文の性質を、まったくといってよいほど欠いている。ここでは所領の由来、祖先の歴史が語られているにすぎない。しかし嫡子単独相続にもとづく領主の「家」は、その「歴史」なしには存在しないのである。それは、領主の「家」にとって系図(ここでもローマの古代家族と同じく、「女性は系譜の終点」である)が不可欠なのと同じ理由からである。置文と家訓は将来に規範として設定された「家」であり、系図や歴史は過去に投影された「家」であって、それを象徴するのが「家名」や重代の鎧ということになろう。

この在地領主の「家」は、その階層によって、またそれをかこむ歴史的な事情によって、多様な内容の置文を制定した。竹崎季長置文がその一つである。本書に収載した「竹崎季長絵詞」とあわせ読むならば、モンゴール戦争で武勲をたて郷地頭の地位を獲得した西国の一領主の二つの側面が浮かび上がってくるだろう。この置文は海東社という神社の祭事についての貴重な資料であるが、この神社はおそらく「氏社」や「堀内鎮守」のような地頭の家の神社ではなく、季長の地頭職補任以前から存在した在地の神社とみられる(解題参照)。たとえば、第六〜八条に規定されている修理田からの年貢米の出挙に関する規定は、養老儀制令のいわゆる「春時祭田」における出挙についての古記の記事を想起させる。地頭または一般に在地領主は、伝統的な祭事として表現される在地の秩序のなかで、なんらかの役割、とくに神社の経営と維持の役割を演ずることなしには支配できないのである。季長の置文はかれのそのような役割をしめしているといってよい。

祭事(または仏寺)についての規定も置文の一つの特徴であった。渋谷定心置文第十一条の五所宮祭についての規定がその一例である。置文が起請文の形をとる小早川円照置文の場合には、在地の「沼田七社」の神々の冥罰にたいする畏怖が、法をささえる観念的なよりどころになっている。(置文の前身である譲状の文言に、「死骸敵対」という意味不明の言葉が散見し、それはたとえば「為二不孝子孫一之上者、可レ為二死骸敵対父子敵対一」というように用いられるが、親の命令への服従が、「孝」という儒家的倫理だけでなく、おそらく死者についての禁忌や畏怖と結びついた感情によってささえられていたとすれば、このこともまた起請文形式をとった置文と関連することになろう。)しかし伝統的な祭祀儀礼がもつより重要な意義は、それが在地の身分秩序を固定させる機能を果たす点にある。たとえば小早川弘景置文第十五条の「正月御弓の事、一番親類、二番山田・萱野、三番手島衆」という規定は、竹原小早川家の家臣団の身分序列を反映し、かかる恒例の儀式が毎年定期的にくりかえされることは、その序列を一つの伝統として再生産する役割を果たすのである。

右の小早川弘景置文は、十五世紀末の在地領主制の内部構造、とくに身分的に編成された家臣団の構成を規定したものとして、置文形式の法規範のなかではもっとも発展した形態をしめすものである。したがって学者の論議の対象となることも多かったのであるが(解題参照)、ここでは実体論ではなく、この置文が何を目的として制定されたかについてだけ述べておきたい。置文は、主君たる竹原小早川家の家臣を、㈠親類・㈡内之者・㈢中間という三つの基本的集団に区分しているが、かかる区分にしたがって家臣または従者の家格の上下を法的に規定するのが、その眼目であったとみられる。この置文のしめす身分序列の特徴は、家格の上下を規定する基準自体がひじょうに多元的なことであろう。(イ)家臣の知行する所領の性質と由来、(ロ)主君との血縁関係の遠近、(ハ)嫡流・庶流の別、(ニ)同格であれば長幼の区別、(ホ)名字の有無、(ヘ)古参と「新参之者」の区別、(ト)主君にたいする忠勤の度合等々がそれである。これらの多元的な基準の一つ一つは、竹原小早川家がその領主制を発展させるなかで、それぞれ歴史的に意味をもったものであったに相違ない。嫡子単独相続制への移行は、庶子家を多かれ少なかれ嫡流に扶養されるか、またはそれに臣従する「親類」に転化させてゆくし、またこの段階の竹原小早川家のようにまだ「親類」の家々の主君にたいする相対的独立性がみられ、したがって主君はおそらくそれに対抗する意味もあって、手島衆のような地侍クラスを「内之者」として組織編成する必要も生まれ、また支配領域の拡大は古参譜代のものと新参者との区別を生み出す等々の事情である。そこに複雑な身分序列が自然生的に形成されるのはむしろ当然の結果であったといってよい。相互に複雑な身分関係にある実体に一つの秩序をあたえること、すなわち前記の基本的三区分を設定してそれを家臣の家格決定の基本とすることが、この置文制定の目的であったとみられるのである。したがってそれは既存の身分関係をより単純な基準を基礎にして再編成または変革するものではなく、たんに枠組をあたえるだけであったから、全体としてそれを「家臣団」の編成と称することさえためらわれるほど伝統的で古風であるといわねばならない。身分秩序の制定は主君の強力で独自の権力がなければならないが、この置文から推定されるかぎりでの竹原小早川家はまだそこまでは到達していなかったと推定される。

右の例は、在地領主の発展による内部構造の複雑化が、置文という法規範を、形式・内容ともに発展させたことをしめしている。ことに支配領域の拡大、新しく服属した分子等の異質な要素の内部への包摂は、伝統主義的な秩序に依存する支配体制にとって、法という客観的規範の定立を必要ならしめたであろう。なかでも現物経済を基礎とする在地領主の領域内における市場の発展は、小早川円照置文およびそれと関連する安芸沼田庄市場禁制にみられるように、置文形式の法のなかから、市場を対象とする特別法を分化させてゆく一つの動因をなしたことをしめしている。後者の第三条、すなわち市場の検断以下の沙汰についての規定はいずれ禁制・制札等として独立しなければならないからである。ここにはもはや譲状から分化したばかりの初期の置文のもっていた鎌倉的・惣領制的法規範のへその緒は断ち切られて、戦国大名の法令の端緒がすでにみられるのである。この置文が竹原小早川家よりもはるかに大規模な領主支配を展開させた小早川本宗家の法令であることに注意すべきであろう(6)。

置文形式の法規範の成立と展開が領主制の内部構造の変化と密接に関連していることは、以上によって理解されたかとおもう。しかしこのことは置文の展開において対外的な契機がもつ役割を否定することではない。中世の個々の在地領主は孤立した閉鎖的な体制ではなく、相論や戦争によるにせよ、また交通や商品流通によるにせよ、周辺の領主層と密接な交渉関係にあり、またかれらが守護や室町将軍等の上級権力との関係のなかで興亡したことは、前記の赤穴郡連置文が自家の歴史のなかでも述べているところである。この意味で小早川陽満置文の第六条が、公方および当時対抗関係にあった小早川本宗家にたいしてとるべき態度を規定し、さらに大内氏と接近する方針を明らかにしているのは注目すべきである。かかる具体的政策が規定されていることは、法が政治から分離していない置文の未熟さをしめすものではあるけれども、同時に対外関係が在地領主法の展開の一契機をなしていたことをしめすものである。「世間忩々」の時、ことに内乱期においては、対外関係と戦争は個々の領主の興亡を決定した。同じ置文の第五条が「要害」について規定し、前記の市場についての禁制も、小早川本宗家の「御内被官」を領主の「御館」の周囲に結集して有時に備える軍事的配慮と関係するとすれば、戦闘に関連する多くの置文の規定は、すべて領主の対外的契機が生み出したものといえよう。鎌倉期の置文の初期形態から室町期の置文への発展は、在地領主の対外的交渉関係を捨象してはかんがえることはできないのである。

右の条件は在地領主法における「内」と「外」の分化に明瞭に表現された。この点で南北朝期の菊池武重起請文と菊池武士起請文は貴重な史料といわなければならない。ここではまず、「天下の御大事」に属する領域と、「国務の政道」に属する領域が明確に分離されている。前者はたとえば南北朝の対立と戦争のような大事にさいして自己の去就を決定しなければならない対外事項であり、後者は菊池氏の領主支配の内部事項である。両者はともに「寄合衆」または「内談衆」とよばれる合議体の審議によって、すなわち菊池氏の一族および家臣団中の宿老から構成される「内談」によって決定されるが、そのさい、「天下の御大事」と「国務の政道」とでは、その手続を異にしたのが特徴である。前者は、最終的には菊池武重の意志と裁断によって決定され、後者は「管領已下の内談衆一同せずば」、たとえ武重の発議であっても採択されないという取決めがそれである。前者の権限は、緊急事態という事情のほかに、おそらく軍事指揮権と関係する事項であり、これに関する最終的な裁断権が最小限武重に保留されていなければ、菊池氏自身の支配権の根本がくずれるという性質をもっている。また対外関係と軍事指揮権とは、そこにおける意志の分裂が、集団自身の解体をもたらすという共通の性質でむすびついている。これにたいして、内政事項に関する「内談衆」の審議においては、有勢な宿老や首長たる武重も特権的地位をあたえられず、そこでの決定は、この合議体を構成するすべての人を拘束する規定である。内外両側面についての異なった規定は、この集団の内部の矛盾、すなわち首長と構成武士団とのあいだの対立を表現している。この対立は、客観的に存在するところの、解決しがたい対立であるからこそ、首長をふくむ構成員の個々の人格を超えた「内談衆」という機関が創造され、その審議・決定の手続が非人格的規範として定立されたのである。しかしそれが首長さえも拘束する規範であるためには、超越的な力に依存するほかないだろう。二つの法が起請文の形式をとり、神々の冥罰にたいする畏怖によって保障されているのは、そのためである。菊池氏を首長とするこの集団の以上のような構造は、つぎに述べる一揆契状という法形式を理解するための基礎をなすものであろう。

この菊池氏の二つの起請文にしめされている独自の統治体制が、中世在地領主法のなかで孤立した存在でないことは、すでに一個の在地領主法として確定され、本書にも収載されている「正和二年宗像社事書条々」との関連からも明らかである(7)(『中世法制史料集』第三巻)。ここでも強固な在地領主としての支配権をもつ宗像氏のもとに、その一族および家人の有勢者から成るとみられる「内談」とよばれる合議体があり、その決議が全会一致を原則とする事実をみるならば、前記の菊池氏の「内談衆」との関連を見出すことは容易であろう。しかし宗像氏の体制と菊池氏のそれとの直接的系譜関係よりは、むしろ中世在地領主法にかかる類型に属する体制がひろく存在し、両者はたまたまその史料がのこされたものとみるべきであり、それを特殊的な事例とすることは正しくあるまい。

宗像氏の右の「事書条々」はすでに置文的な法の段階ではなく、広く一般に公布される法令になっているのである。菊池氏の場合も、形式は武重または武士の起請文となっているが、実体は菊池氏を頂点として広く在地領主層を結集した一家一門的体制全体の恒久的かつ共同の法規範としての性質をそなえているようにみえる。宗像氏と菊池氏との差異をもとめるとすれば、前者の規定にもみえる「天下御大事出来之時」が、南北朝内乱期に属する後者では現実の事態になったこと、それによって一門の去就を決定する場合における武重の専断を法によって確定したことにあろう。かかる対外的契機の変化が、置文から一揆契状に移行するさいに独自の役割を果たすのである。

3

在地領主制にとって対外的契機のもつ以上のような役割は、法の新しい形態である「一揆契状」についてはさらに明瞭にあらわれる。「一揆」という集団の成立自体が、南北朝から戦国期にいたる中央・地方の変動や動乱にたいする在地領主層の対応の一形態であったからである。本書にその契状をおさめられたどの一揆集団の成立と歴史をみても、対外的契機をぬきには理解しがたいものばかりである(解題参照)。それは、㈠松浦大一揆や肥後・薩摩・大隅・日向国人一揆が今川了俊によって、一定の政治的意図のもとに、上から組織されたとされる場合にせよ[8](豊後角違一揆もまた将軍—守護大友氏の働きかけによるとされる)[9]、あるいは、㈡安芸国人一揆および高梨一族一揆が守護勢力に対抗するために成立した場合にせよ[10]、また㈢宝徳三年(一四五一)の小早川氏の本庄新庄の一揆集団が本宗家に対抗して庶子家が結集した場合にせよ[11]、いずれも対外的契機が一揆集団結成の主要な動因をなしていたようにみえる。しかし対外的契機は、いかにそれが一見規定的要因にみえようとも、それはつねに政治的契機の一つでしかないことを念頭におく必要があろう。この契機の析出は政治史には貴重な指摘であったとしても、なぜその契機がほかならぬ「一揆」という形態をとって結果したかという問題が解決されずにのこっているのである。法の歴史が問題にしなければならないのはこの側面である。それには問題を基本的なところへ返さねばならないだろう。

「一揆」という在地領主の形成する「連合体」は、法制定の主体であるとともに、一つの権力の主体であった。その権力は、一揆がその構成員にたいしてもつ独自の命令権または「沙汰」権(四ノ2、七ノ3)[12]であり、この集団はたんなる「一味同心」や「水魚の思」という理念だけによって結合しているのではない(なおこれらの理念はいわゆる惣領制的結合にも存在する)。この命令権による強制力なしには、いかなる一揆契約も有効とならず、集団として共通の行動もあり得ないだろう。この命令権をささえているのは、集団がもつ制裁権または刑罰権であり、「衆中成敗」権がそれにあたる(一三ノ4)。それは「擯出」(八ノ4、九ノ1)または「衆中を放つ」(一三ノ5)という共同体からの排除または追放を基本とし、事情によっては死罪以下の重罪も科し得るし(四ノ3)、また「神宝を振る」という特殊な形もあり得る(二ノ前文)。最小限、集団から排除する権限を一揆がもたなければ(それが契状に明示的に示されると否とにかかわらず)、集団は独自の団体として存立し得ないだろうし、また一揆がおこなう各種の裁判(所務相論から喧嘩にいたる)も実効的なものにならないことはいうまでもない。この権力はまた戦闘にさいしては、軍事指揮権にも転化するのである。さらに一揆集団が、領域的支配をおこなう場合には、たとえば松浦大一揆においては、夜討・強盗・山賊および盗人の現行犯にたいしては死罪をも科すのである(四ノ3)。

かかる検断権と裁判権が実効的に行使され得るのは、個々の領主が人民にたいしてもつ権力がその基礎にあるからにほかならない。一揆の権力が個別領主のそれから区別されるのは、前者が特殊な機関の権力として存在すること、その機関が「寄合」「評議」「評定」等々の名でよばれる合議体であることである。たしかに、往々指摘されてきたように、一揆内部には中核的分子とそうでない分子との差があるが、しかしそれは一揆の実体的側面であって、一揆を一揆たらしめている形式上の特徴は、構成員が相互に対等または平等の地位に立つことを保障している合議体の存在にあるといってよい。一揆の機関は、「寄合」という原初的形態から始まるが、場合によっては、豊後角違一揆のように分化することがあった(田北学編『編年大友史料』自正和二年至正平六年、七四八号)。ここでは一揆の機関は、「御旗役人」「合戦奉行」「内談衆」「奉行人」等に分化し、戦陣においては合戦奉行が指揮権を掌握し、その他の場合には内談衆という合議体が多数決制によって決定したらしい。前項で述べた内談衆という合議体をもつ宗像氏および菊池氏の体制が、より拡大された規模でみられるのである。かかる発展した形の一揆集団ではあっても、構成員相互の「闘論」にさいして集団の命にしたがわない場合には「惣衆之辞儀」を経た上で衆中から追放するという、一揆に共通する最小限の権力の上に立っている点では、他の原初的な一揆と異なるところはない。

一揆集団が個別領主権の集中された形として右のような独自の権力をもつ場合、両者の区別または一揆のもつ権力に固有な性質がなんであるかがつぎの問題となる。この問題は一揆集団の権力がどのような場で、どのような機能を果たしているかを明らかにすることによって解決されるだろう。一揆契状から知られるかぎり、それはつぎの三つの主要な場で機能していた。㈠一揆構成員または個別領主相互間の喧嘩・闘論についての一揆集団の調停または成敗が、契状にみられる特徴的な規定である(五ノ2、七ノ2、九ノ3、一二ノ1、一六ノ3・7等)。㈡重要な地位を占めているのは所務相論または境相論についての一揆集団による調停または裁判である(三ノ2、四ノ5、五ノ2、六ノ2、七ノ2、九ノ1、一一等)。㈢百姓の逃散(二ノ1、四ノ4、五ノ5、六ノ4、八ノ5、一五ノ2等)および下人の逃散(四ノ6、五ノ5、一二ノ10、一五ノ3等)についての規定またはいわゆる「人返し」の法が、一揆契状のなかで重要な地位を占めていた。右の三者に共通する特徴は、一揆集団の権力が、それを構成する個々の領主権が相互に関係し交渉する場において主として機能していること、同じことだが、それは個々領主権の内部には介入しないという原則に立っていることである(もちろん例外はみられる)。いいかえれば一揆契状形式の法は、自律的な個別領主相互間の権利関係を、その境界領域において、一般的・法的な規範によって規制しようとするところに成立している。それは構成員すなわち衆中の合意または契約によって制定されるのであるから、個別領主法としての置文とは異なった形態の新しい法制定の主体が成立したとみなければならない。それは形式的にも中世在地領主法の新しい段階とみなすべきである。

契状形式の法の内容を規定するものは、いうまでもなく個別領主の構造である。その内部で解決できない諸問題が、相論として一揆集団の場に提起されるからである。右の「人返し」の法の基礎には、個別領主の内部における百姓および下人の逃亡がはげしくなり、それにたいする追求と返還要求が、領主間の相論の対象として前面に出てきたことを意味する。前記の置文形式の法の一つの特徴は、所領内の名主・百姓についての規定がほとんどみられない点にあり、わずかに早岐正心置文第二条に、「民百姓」についての領主の倫理的規制がみられる程度である。個々の領主制内部における領主と百姓および下人との対抗関係は、家父長制的な保護と被保護にもとづく伝統的・人格的支配に覆われているから、それが個別領主の法または客観的規範として定立されることは困難であるけれども、そのことは両者の対抗関係が中世在地領主法の根本にあることを否定するものではなく、一揆契状はそれを法の形で明確にしている。逃亡農民の問題が守護の対策を必要としたほど重大化した播磨国矢野庄のような例[13]は普遍的ではないとしても、それに発展する諸条件は普遍的に存在したのである。しかし一揆契状に規定されているのは、領主と百姓・下人の関係の全体ではなく、その一側面、すなわち「人返し」といわれる逃亡百姓・下人についての領主間協定の面だけである。それは、個別領主相互間の関係を規制するという前記の契状の性質からきている。逃亡百姓・下人の問題は、もともと個別領主の内部では解決できないところに特徴があった。たとえば熊谷直会が「領内退散」の「重代相伝の下人」について「返沙汰」をその「置文」に規定しても(熊谷家文書、一〇五)、周辺の他の諸領主との協定なしには、それを実現できず、問題は個別領主権を超えた地域的な場で解決されるほかないのである。置文に代わって一揆契状にそれが登場するゆえんである。同じことが前記の所領相論または境相論について、また領主相互間の喧嘩および武闘についてより明瞭にあらわれるのはいうまでもない。以上のことは、個別領主制の置文的な法では規制しがたい諸矛盾が、その内部においても、また領主相互間においてもはげしくなった段階の法形式として、契状的法規範が成立したことをしめすものである。

4

「人返し」法が典型的にしめしたように、一揆集団は百姓・下人に対抗した諸領主が、その共同利害をまもり主張するための共同組織にほかならず、この共同組織は、百姓・下人の逃散、領主相互間の所領相論や喧嘩という問題の性質上、地域的な結合形態が必然的にたどるべき一揆の方向であった。一揆の諸類型のうち「白旗一揆」的な一時的形態をしばらく別とすれば、「一族一揆」と「国人一揆」すなわち地域的に結合した一揆形態との歴史的連関が一つの問題となろう(解題参照)。一般的にいえば、一族一揆の契状は、山内一族一揆契約状にせよ、また小早川本庄新庄一家中連判契約状にせよ、その規定のなかに、前記の百姓・下人や、所領相論等の問題が規定されていないのを特徴とする。そこでは一族の同心と相互援助が強調されているだけである。高梨一族置目は、百姓の負物、利銭・出挙・売券、出百姓・逃散百姓の遺跡、中間・下人等々の規定をふくみ(一二ノ2〜4・6・9・10)、一族一揆としては例外的な特徴をもつけれども、これは高梨一族の支配の実体が、族的結合であると同時に、領域的支配であったことと関係があろう。高梨氏は、その一族内の在家田畑の相論について「衆中一同之儀」をもって裁判をおこなった建武年間の段階から(『信濃史料』補遺、巻上)、右の「置目」を制定した宝徳年間までのあいだに所領の発展があり、一族の所領は少なくとも十四郷村をふくむところのまとまりのある地域的支配に転化していることが注目される。(14) いいかえれば、形式は一族一揆でも所領の構造からみれば地域的・国人一揆的実体をもつのであるから、前記のような百姓・下人についての豊富な規定をもったのは当然であったといえよう。同様のことは、形式は族的結合で、実体は異姓をもふくむ一揆集団による領域的支配であった松浦大一揆についてもいえよう(解題参照)。同時に、国人一揆の類型に属する契状が、前記のように上から組織されたと指摘されている肥後以下四カ国の一揆の場合でさえ、「所領相論以下煩はしき事」(三ノ2)の解決を一課題としており、対外的契機をぬきにしてはその成立をかんがえられない陸奥国五郡諸族一揆の連判契約状においても、「私の所務相論」を一揆の沙汰として裁許することを規定していることに注意すべきであろう。

以上の諸例はつぎのことをしめしている。第一に、室町時代以降の階級関係および階級闘争を特徴づける百姓・下人層の逃散および在地領主層内部の相論・武闘を解決するための領主の共同組織として、一族一揆という惣領制の遺制の上に立つ血縁的連合体は、すでに狭隘な形式となったことである。百姓・下人の逃散の問題はもちろん、所領または境相論も、相互間の喧嘩・武闘も、その性質上、相互に隣接するかまたは相互に地域的交通関係にある領主間の問題として提起されるのを特徴とする。領主層の一族的連合体がそれに対応できないのは当然であった。一族一揆から国人一揆への発展は、高梨氏のように古い形を保存したまま転化するにせよ、また血縁的原理とは関係なく新しく結成される場合にせよ、その一揆集団が解決すべき右の課題の性質自体に規定されて、中世後期の特徴的な傾向となる。したがって一揆契状の諸類型のうち、一族一揆の契状ではなく国人一揆のそれを、室町時代の階級関係を特徴的に表現する在地領主法の正統的・典型的な形とみなさなければならない。また血縁的原理から地域的原理にもとづく連合への発展は、領主層の経済的土台に規定されていたことをみのがしてはならないだろう。この点で福原貞俊以下連署起請文に、「山之事、往古より入候山」について、また「河は流より次第之事」および「井手・溝・道」等について規定されていること（一六ノ10・11・13）、あるいは福原広俊以下連署起請文において、洪水によって被害をうけた諸領主の在所々の「井手・溝」が問題になっていることは（一五ノ1）、個々の領主経済に欠くことのできない条件であると同時に、その性質上、地域的に結合した連合体に共通する問題としてのみ解決し得るところの山野河海と人工灌漑施設の問題が、一揆集団の規定として登場していることに注目すべきであろう。一族一揆によっては解決され得ない共通の地域経済的諸問題が、国人一揆の連合体の一つの基礎となっていることを知ることができる。このことは、松浦党のいわゆる小一揆においてより明瞭にあらわれる。たとえば、宇久浦中一揆契約状にみえる「各々御知行之所領境山野河海の狩・漁、同木・松・竹きり、其外付ニ万事ニ他の境に越ゑて、先規の外雅意に任せられ候はば、その輩擯出あるべく候」（八ノ4）という規定は、入会地としての漁場の問題が領主にとって重要な生産上の問題となってきた段階において、一方では領主による入会地の分割が進行するとともに、他方では漁場をめぐる領主間協定が必要になってきたという状況(15)を反映するものといえよう。ここでも、山野河海という共通の再生産の客観的諸条件と一揆結合との関連がみられるのである。

第二に、一揆集団の成立は、前記のように対外的契機をぬきにしてはかんがえられないが、その契機がとくに一揆という特殊な形式をとるための諸条件は、在地領主制の内部構造の変化、そこにおける対抗関係の発展にあったことは、以上の事例からも推定できよう。中世後期が「一揆の時代」とまでいわれるにかかわらず、もちろん一揆が在地領主層の結合の普遍的な形態であったわけではなく、また結ばれた一揆のすべてが「契状」という、成文化され客観的に定立された法規範をもったわけでもないだろう。しかし特定の対外的または政治的契機があれば、広汎に各級各種の一揆が結ばれ、契状の形での法規範を生み出すところの前記の諸条件の存在の方がより重要な問題である。一揆という連合形式自体は、歴史的諸事情によっては解体し消滅する。とくに大規模な一揆、たとえば前記の豊後角違一揆のような形は、解体しやすく、松浦党の小一揆のような形はより存続しやすいという傾向があろう。しかし個々の一揆の転変は別として、一揆とくに国人一揆をつくり出した在地領主制に内在する諸条件は存続するばかりでなく、それは戦国家法の成立をかんがえるさいの不可欠の前提となるのである。

一揆契状を問題にする場合、重要な点は、この「共和」的で、構成員の「平等」の原則の上に立つ連合体がもつ固有の矛盾であろう。それは一揆契状よりは、戦国期に大名となるべき封建主君毛利元就にたいする連署起請文にあらわれるところの在地領主特有の権威志向的な側面である。それは長禄年間(一四五七〜五九)の起請文に端緒的にあらわれ、天文年間(一五三二〜五四)のそれにおいては明確である(解題参照)。ここで、「殿様」または「上様」としてあらわれる元就にたいする在地領主層の隷属の意識は、たんに両者の力関係から説明さるべきではあるまい。たとえば「御傍輩中喧嘩之儀、殿様御下知御裁判、不レ可二違背申一事」(一六ノ3)のような規定の場合に、在地領主または家臣団相互間の喧嘩は、個別領主またはそのレベルにおいては相互の自主的な和解以外には解決不可能なのであって、つねにそれを越えたなんらかの権威による裁判または下知によってのみ解決されることを念頭におく必要がある。その権威の一つの形態が一揆集団であり、他の形態がより上級の主君の権力である。いいかえれば、在地領主層は、個別領主にとっては制御しがたい相互の喧嘩または武闘によって自滅しないためには、みずから一揆集団をつくってこの問題を解決するのでなければ、より上級の主君の権力に依存して、その解決をまつしかないのである。同じ連署起請文のなかで、在地領主の側から「喧嘩之儀、仕出《シ》候者、致二注進一、其内は堪忍仕候而、可レ任二御下知一之事」(一六ノ7)と主君に「言上」している条文が、それをよく物語っていよう。喧嘩または武闘にあらわれる領主相互間の矛盾は、否応なしにより上級の権威または権力を要請し、不断に再生産するのであって、この関係が、領主側の意識においては、主君の御成敗が恣意的でなければ「至《リテ》レ各も本望に存候」(一六ノ2)という承認の仕方をとってあらわれるのである。ここに在地領主層の権威志向的な側面が明瞭にあらわれている。

一揆集団の結成という自律的な形式と、右の権威依存的な形式とは、在地領主にとって二者択一的な二つの形式として存在するのではない。一揆契状自体が在地領主層の権威依存的な意識をしめすなによりの史料であることは、本書収載の契状がしめしている。冒頭の山内一族の一揆契約状が、足利直義の御恩にたいする軍忠を誓っているのをはじめとして、公方にたいする忠誠の誓約が多くの契状にみられるのがそれである(三ノ1、五ノ1、六ノ1、一一等)。一揆が反守護的勢力として、当面の支配権力と闘争している場合でさえ、一揆はそれに代わるべき他の権威または権力を志向し、それに依存しようとしているにすぎない。一揆自体の内部に自律的な面と権威志向的な面とが統一されていたというべきであろう。それは一揆集団が個別領主の共同組織にすぎず、前記のように一揆の権力は在地領主が相互に関係し交渉する面を規制するだけであって、個別領主権自体を異質の権力に止揚するものではなかったから、個別領主の意識が一揆のそれを規定するのは当然であった。いうまでもなく個別領主は、所領内の名主・百姓・下人等にたいする人格的支配を基礎とするから、そのことはまた領主みずからがより上級の権力に人格的に依存し臣従し、また不断に新しい権力をつくり出すことによってのみ領主として存在し得るという関係によるのである。封建的ヒエラルヒーは、在地領主制に固有な矛盾から生まれる歴史的な運動の結果として成立してくるとみるべきであろう。したがって一揆の成立にさいして、いかに上からまたは外からの組織力が作用しようと、それは組織さるべき在地領主の側にそのための条件が、観念の上でも準備されていたからであり、たとえば前記の今川了俊の働きかけは、下からの歴史的運動にとって一つの契機とみなすべきである。この運動は、領主制内部における名主・百姓・下人と領主との対立がはげしくなり、また生産力と社会的分業の発展によって商品交換と貨幣の流通が現物経済に浸透して、領主経済の閉鎖性がそれだけ困難になればなるほど、その条件に適応できない領主は没落しなければならないし、国人一揆自体が狭隘な共同組織に転化するだろう。ここにもまた戦国家法の成立を準備する条件の一つがあった。

大づかみにいえば、中世の在地領主法は、鎌倉幕府法の支配する段階においては、若干の例外をのぞけば、本所法または幕府法にふくまれた形で存在するか、あるいは惣領制的体制に対応する譲状の形式をとって成立してきたのであるが、惣領制の解体と嫡子単独相続制への転化は、譲状から法規範的部分が独立して置文形式の法を発生させた。一揆契状という新しい法の形式は、置文を制定した個別領主の連合体の法規範として成立するけれども、このことは一揆契状が置文にとって代わったことを意味するものではない。一揆契状は、個別領主が相互に関係する場を規制するだけで、個別領主制の内部の秩序には干与しないという前記の性質によって、一揆契状がひろく発生する段階になっても、個別領主の置文すなわち原初的な家法は、それとは独立に存続するのである。むしろ戦国家法は形式的には後者を起点として成立してくるのであって、前者すなわち一揆契状に表現された中世の法規範は、そのなかに包摂または吸収されるという形でもって、その歴史的意義を終えるといってよいであろう。そのことは、前記の福原貞俊連署起請文にみえる前半の一揆契状的な法規範が、やがて戦国大名に成長する毛利元就の軍事指揮権に在地領主が隷属したことをしめす後半部とならんで規定されているところに(一六ノ14〜18)、その端緒形態がすでにみられたのである(解題参照)。戦国家法は、ここにみられる元就のような軍事指揮権を根幹として、その家法として成立してくる。

(1)　笠松宏至「中世在地裁判権の一考察」(宝月圭吾先生還暦記念会編『日本社会経済史研究』中世編、吉川弘文館、一九六七年、所収)。
(2)　佐藤進一・池内義資編『中世法制史料集』第一巻、岩波書店、一九五五年、解題。
(3)　笠松宏至、前掲論文。
(4)　佐藤進一「幕府論」(『新日本史講座』中央公論社、一九四九年、所収)。
(5)　永原慶二「東国における惣領制の解体」(『日本封建制成立過程の研究』岩波書店、一九六一年、所収)。
(6)　田端泰子「室町・戦国期の小早川氏の領主制」(『史林』四九巻五号、一九六六年)。小早川氏についての従来の研究文献もこの論文によられたい。
(7)　石井進「一四世紀初頭における在地領主法の一形態」(『日本中世国家史の研究』岩波書店、一九七〇年、所収)。

(8) 瀬野精一郎「松浦党の一揆契諾について」(『九州史学』一〇号、一九五八年)。川添昭二「今川了俊の南九州経営と国人層」(『九州史学』一〇号)。
(9) 福田豊彦「国人一揆の一側面」(『史学雑誌』七六編一号、一九六七年)。
(10) 稲垣泰彦「土一揆をめぐって」(『歴史学研究』三〇五号、一九六五年)。湯本軍一「信州における国人領主制の確立過程」(『信濃』二二巻一一号、一九七〇年)。
(11) 田端泰子、前掲論文。なお、国人一揆についての研究史および問題点については、佐藤和彦「国人一揆の研究視角」(『歴史評論』二〇四号、一九六七年)を参照。
(12) 本書収載の一揆契状の通し番号と条文番号を示す。たとえば(七ノ3)は、「七 宇久・有河・青方・多尾一族等契約状」の第3条を指す。以下同じ。
(13) 鈴木良一「純粋封建制成立における農民闘争」(『社会構成史体系』1、日本評論社、一九四九年、所収)。宮川満「播磨国矢野庄」(柴田実『庄園村落の構造』創元社、一九五五年、所収)。
(14) 湯本軍一、前掲論文。
(15) 網野善彦「青方氏と下松浦一揆」(『歴史学研究』二五四号、一九六一年)。

三　戦国家法について

1

家法について述べるまえに、本書におさめられている家訓を問題としたい。詳しいことは解題にゆずり、ここでは家法を知るためにはなぜ家訓を読む必要があるかという問題についてだけ言及する。家訓は家法と関係なしにも、中世の思想史の史料として独自の意味をもっている(ここでいう「思想史」は、独創的な思想家または思想史上のピーク、あるいは仏家思想・儒家思想等々の既成の思想体系とのかかわりだけをとりあげる思想史ではなく、たとえば重時の第一家訓にみえる「世間ノ聞ヘ」とある場合の「世間」というのは、この時代の「恥アル者」といわれる階級にとって、どのような構造と意味をもつ世界なのか等々をも分析してくれる「思想史」である）。しかし家訓と家法は、中世領主層の「家」という一本の幹が繁らせた枝葉であり、両者はきりはなせない関係にある。前節に述べた「置文」という家法の原初形態は、制定者個人の人格ときりはなせない法形式であるが、この特徴は戦国家法のように高度な法形式をとり、したがって法制定の主体がそれだけ非人格化された法典の場合にも完全には払拭されてはいない。戦国家法の成立を家法の長い歴史のなかでとらえるとすれば、法制定の主体としての個々の主君の人格が問題となるのである。この場合の人格は、「家」という超世代的な集団を代表する地位を人格化したものであり、「家」という世界のなかでのみ個別化し得る人格である。それは法の場合には、その背景に退くけれども、家訓のような道徳的規範の場合には、人格的側面がより強く前面にあらわれてくる。ことにその家訓が、その家の定礎者のものである場合には、家訓に表現された倫理や思考方法はその家の伝統または家風を規定する一要素となるのである。

家法が家訓ときりはなせないのは、置文や戦国家法のなかにも道徳的要素があり、家訓のなかにも法規範的要素があるという相互関係にだけ理由があるのではない（たとえば、重時家訓はそのまま「置文」といっても中世の用語法ではさしつかえあるまい）。家訓と家法の成立は、家長が従来の伝統的な仕方に依存していては家中を統治することが困難であるような状態が認識されている点で共通している。それにはまず「家」という集団内部が一個の政治的小世界を形成していることを述べておく必要があろう。たとえば血縁的原理で結ばれている家督と庶子との関係は、前節で述べた後者の独立による変動のために従来の惣領制的な観念や秩序にだけ依存しきれないような対立を生み出し、また主人と従者＝家臣との関係も、従者が前者からの土地の給与を媒介とする主従関係に変化して、古代的・人身的な隷属関係では律し得ない対立関係が生まれてくる事情がそれである。このような「家」内部の新しい形の対立による、伝統的・家父長的支配から政治的小世界への転化が、家訓と家法という客観的に定立された規範が必要になってくる根底にあったといってよい。その端緒は、現在知られているかぎり中世最古の家訓である北条重時と実時のそれにすでにあらわれている。家訓の後半部をのこすにすぎない後者においても、「家中乱レテ」「勝事」にいたるような事態、あるいは「召ツカフ輩」すなわち従者＝家臣が「偏ニ上ヲ軽ズル故ニ」「所領配分」の事が「落居」しない状況が語られている。そこにしめされている主人の従者＝家臣にたいする根強い不信の念、すなわち「エセ者」を排し、「ソノ器量ニアラザラン者」には「大事」を聞かせても相談してもならないという主人の孤立は、重時家訓にも共通してみられる特徴であった(六波羅殿御家訓、第二条)。後者に規定されている従者にたいする主人の細かい配慮は、「家」という政治的小世界に特徴的な主人の統治技術であるが、それは、前節で言及した小早川弘景の置文が、「内者をめしつかい候事大事にて候」(第二十九条)と述べたところの、すべての中世領主層に共通した課題であったのである。重時・実時ともに鎌倉執権政治の最高首脳に属する武家であるから、その家訓には在地領主にはみられない鎌倉武士的「教養」がみられるが、そのことによって両者に共通する面を見失ってはならないだろう。まえに述べたように、在地領主の置文には、領内の名主・百姓にたいする問題は、少数の倫理的規定しか見出せないのであるが、反対に重時家訓にはそれについての機微にふれた訓誡が記されていること、またこのような配慮が家訓として必要になってきた名主・百姓層と領主との関係が発生してきたことに注目すべきであろう(極楽寺殿御消息、第七十四・七十五条)。

重時家訓と実時家訓のあいだには、注目してよい相違があるようである。前者は、さすがに泰時の弟らしく、人の讒言によって家臣をただちに成敗してはならず、その「是非」と「道理」にしたがって成敗すべきことを訓誡しているのにたいして(御家訓、第十条)、後者では専ら「賞罰ヲ明カニ」することが強調されているのがそれである。「賞罰」を明らかにすること、「賞罰二柄」の掌握が君主権の固有の属性であるとする理論は奈良時代にもみえるが、それはいうまでもなく中国古代法家の理論であり、日本の古代においても儒家思想とならんで政治と法の根本にある思想であった(従来、その側面は過小評価されてきた)。戦国家法を読むひとは、その根本思想がいかに法家の思想に類似しているかを知るだろう(武家家法解題参照)。長宗我部氏掟書にみられるように、刑罰とともに賞=褒美をも法のなかに規定しているのは、戦国家法の一つの特徴であろう。

日本の戦国諸大名は、領国において全一的支配権を確立しながら、その権力を一つの倫理的体系、たとえば儒家思想によって正当化することも、また自己を神格化することもせず(全国統一後の徳川家康=東照権現にみられたように)、家法には宗教的イデオロギーによる支配の正当化もないのが特徴である。鎌倉殿の「宣下―遵行」的な上位の権力による正当化もみられない。いわば裸の権力として存在する戦国大名にとって「法」という客観的な非人格的な規範が、唯一とはいわないが、特別の意義と役割をもった事実は、右のことと関係があろう。日本の戦国期の法家的思想は、中国のそれと直接の思想的系譜関係はなく、両者の類似した対外的・対内的政治状況の所産とみるべきであるが、同時に実時家訓が、主人の賞罰権掌握の必要を力説したあとに、「コレ政ノ故実ニ候也」と述べていることも注意しておくべきであろう。法家の思想の特徴は、中国の例がしめすように、饒舌な儒家思想のように思想史の表面にあらわれず、統治と法の基礎原理として伝承される点にあるからである。しかし重要なのは、思想の系譜関係ではなく、実時家訓における法家的思想が、「家」という政治的小世界における対立と緊張の表現であるという前記の特徴である。朝倉英林壁書における、宿老を定むべからず、家臣の「器用」すなわち個人の能力と忠節だけを登用の基準とすべしという第一条は、法家の官僚制論と共通する思想であるが、これまた朝倉がその分国統治の官僚制化にあたって、伝統的家臣団=宿老とのあいだに生ずる対抗関係から理解すべきであろう。なお重時・実時両家訓を、古代官人貴族の家訓書の典型である吉備真備の「私教類聚」(その一部が伝わるにすぎないが)と対比すれば、古代と中世の大づかみな相違を知るうえに役立つであろうことを付記しておく。後者は、律令が継受法であったように、顔氏家訓をモデルとしてつくられたが、前者が自己の経験を基礎にして書かれた点だけでも、大きな進歩であろう。

家訓と家法とが統一されている朝倉英林壁書を例外とすれば、戦国家法は道徳と宗教からの法の分離が確立されており（おそらく高度な法体系としての公家法と密接な関連をもって成立した式目と追加法の伝統もそれに作用しているだろう）、したがって家法の研究は家訓からきりはなされてくるのは当然である。しかし家訓と家法が同じ幹の枝葉であり、前者が「家」の私的側面を、後者がその公的側面を代表するという関係は、つねに見失われてはなるまい。以下、いささか勝手な感想にすぎないことをことわったうえで、二、三の点について記しておきたい。

毛利元就は、長防二国を征服した後の第四書状のなかで、「此時有様の法度・政道を被レ行、有道之儀にこそ可レ被二申付一本意に候へ共」と述べ、四囲の状況によってそれが達成しがたいことを記し、「政道・法度も滞、口惜事迄候〳〵」と、その無念を披瀝している。書状のこの部分は、一つは、元就が征服と強力だけによっては支配と統治が可能でないこと、法による秩序または「法度」＝基本法規の制定が統治の一部として必要なことを自覚していたことをしめしている。それは元就の版図内外の政治的対立状況、すなわち第二書状の「当家をよかれと存候者は、他国之事は不レ能レ申、当国にも一人もあるまじく候〳〵」という、重時・実時の時代とは異質の戦国期特有の深刻な対立を内部にもっており、それは強力だけでは支配できないことを経験から知っていたからである。一つは法度の制定が長防二国の征服の後に問題にされている点である。前節で置文形式の法の発展が、在地領主の領土の拡大という対外的契機と不可分であることを述べたが、このことはここでも真実である。元就にとっても、版図の急速な拡大は、そこにおける独自の法規範をもつ自律的な在地集団、すなわち一揆的形態をとらないとしても、その条件をつねにそなえた他国の領主層の連合体を支配し組織することであり、したがって前記の福原貞俊以下の連署起請文にしめされたような、自国の領主たちの一揆契状的法規範を元就の軍事的指揮権のもとに包摂するような形では、もはや統治が困難な事態に到達したことを意味する。かれが法度の制定を問題にしたのはかかる状況と時点においてであったとおもう。しかし以上のことは、毛利氏だけではなく、基本的には戦国家法を制定したすべての諸大名に多かれ少なかれ共通する条件であった。家訓が家法を理解する上でゆるがせにできない理由の一つである。

元就書状にみられる個性的な面は、かれがつねに自己の経験と家の歴史をよりどころとして訓誡していたことであろう。元就は、家と所領の歴史を書くことがそのまま「置文」だとかんがえた前記の赤穴郡連と同じ類型の人間であったらしい。これにたいして、北条早雲(伊勢長氏)は、その家訓とされる早雲寺殿廿一箇条から知られるかぎり、反歴史的な類型の人格であったようである。元就はまだしも安芸の国人領主の出自であるが、早雲は駿河守護今川氏の「食客」から身を起こしたと推測されているだけで、その出自その他はいまだに判明せず、かれの引用した言葉を借りれば、おそらく伊豆・相模を支配するまでには、文字通り「天に跼《くぐまり》、地に蹐《ぬきあし》す」る状況であったにちがいないのである。早雲は元就など比較にならないほど自己の経験と歴史について語るべき豊富で深刻な前半生をもったに相違ないにかかわらず、「廿一箇条」にはその片鱗さえみせていない。かれにとっては現実または事実だけが問題であり、「有るをば有るとし、無きをば無きと」するかれの精神にとっては(第五条)、過去と歴史は「無き」ものの一つであり、綿々と経験を語ってやまない元就などは、かれにとって無縁な人間であったろう。かれの目には、家臣がかれに将来の忠誠を誓約した起請文などは、現に「有る」ものではないとの理由から、おそらく反古にひとしく、また過去の武勲も現在には通用せず、ただこの「廿一箇条」の規定の一つ一つ、たとえば「厩面より裏へ廻り、四壁・垣根・犬のくゞり所をふさぎ拵さすべし」(第十八条)、あるいは「夕には台所・中居の火の廻り」を自分で見廻るべしという規則(二十条)を確実に日々実行しているかどうかという事実だけが、家臣の評価の唯一の基準であったにちがいない。

後北条氏がなぜ塵芥集のような法典を制定しなかったかという問題をかんがえるとき、私は「廿一箇条」から連想される早雲の右のような性格、それによって定礎された後北条氏の伝統と家風を、唐突ではあるが、想起するのである。後北条氏の大名領は、ここにこそ戦国家法の制定があってしかるべき統治構造をもっていたようにみえるが、ここでは法典的な法の制定がみられない。しかし後北条氏は領国一般を対象として発布された「国法」的なものを個々に制定しており、かかる特別法の分化と集積は、いずれは一般法としての法典を必要とする段階にいたることは、法の発展史からみても、また後北条氏の権力構造からみても、当然予想されなければならない。そのような条件をそなえ、その方向に向かいながら、なお法典を制定しなかったとすれば、あるいは伊達の塵芥集にみるような堂々たる家法の制定は、後北条氏の伝統にあわないところがあったのではなかろうか。伊達稙宗は、大永三年(一五二三)に、南北朝以来足利一門の独占してきた奥州探題職を継承して奥州守護職に補任され、頼朝の奥州征討にさいして武勲を立てたという祖先の歴史をつくりあげ、(1)おそらくそれと関連して、塵芥集の制定にさいしては、必要以上に御成敗式目を模倣した。早雲の精神からすれば嗤うべき権威志向的な在地領主の一側面である。「有るをば有るとし、無きをば無きと」する精神にとって、この戦国期において「有るもの」は、自己をふくめて諸国の封建主君が、その領域の人民にたいして全一的な支配権を行使しているという事実だけであり、天皇と室町幕府をふくむ上位の権力がすでに「無き」ものに属しているという事実だけである。この精神にとっては、右の歴史的な事実を、今川仮名目録のように昂然と言挙げする必要もなければ、結城氏法度のように、すでに「無き」ものに属する公権力のまえに、自己の法典を「私法度」と卑下する必要もなく、また甲斐武田氏のように、隣国の法典をモデルとして基本法を制定することもいさぎよしとしなかったのではなかろうか。後北条氏が法典を制定したとすれば、右のいずれとも異なった形のものであったろうことが、早雲の家訓を伝統とする後北条氏の家風から予想されるのである。中世領主層の一面をそれぞれしめしている毛利元就・北条早雲・伊達稙宗等の異なった人間類型は(それはさらに多くをあげられるだろう)、家法よりも家訓に生き生きと表現されるのであり、法制定者の人格との関連を断つことのできない家法の性質上、両者はあわせ読まれる必要があるのである。

2

戦国家法が、従来の公家法・武家法・民間慣習の三者を統合した点に法史上の意義があるという命題は、まず共通の前提として承認できる定式とみてよい(2)(武家家法解題参照)。しかしこの統合が、いかなる歴史的径路と媒介を経て達成されたかという問題が解かれなければ、それは一つの命題に終わるだろう。この課題にせまる研究はその緒についたという段階ではなかろうか。御成敗式目についての長い研究史と対比させれば、そのことは明瞭であろう。一切の研究の土台となる信頼すべきテクストが公刊されたのは、わずか七年前のことである。それに、それぞれの戦国家法の土台になっている領国内の階級関係、特殊的には主君と家臣団の権力関係の相違によって規定されている法の地域的多様性、先行の法の諸形態の統合の結果として起こる法規範の内容的複雑さ、単行法の集成としての大内氏掟書から、法典的に整えられた塵芥集にいたる編纂形式の多様さが、これに加わる。このさいそれぞれの大名領を、社会的・経済的発展段階によって先進地帯(畿内・近国地方)・中間地帯(東海・山陽等)・後進地帯の三つに区別することは、戦国家法の多様性を統一的に把握するための一般的基準となる。しかし同時に戦国家法はそれぞれの領国の特殊な歴史的な権力関係によって規定されているのであって、たとえば同じ後進地帯に区分される九州の相良氏法度と四国の長宗我部掟書とは同じ類型の家法とすることができないほど、異質である。右の一般的基準を前提としながら、戦国家法がまず個別的に検討されなければならない理由もその点にある。小稿では戦国家法に先行する法の諸形態との歴史的関連が主な課題なので、もっとも原初的形態をしめしている相良氏法度をまずとりあげることとする。

相良氏法度およびその基礎にある相良氏の支配権力についての研究が明らかにした特徴的な性格は、つぎの諸点にみられる(3)。法度の制定主体である相良氏は肥後国の三郡(求摩・蘆北・八代郡)の在地領主層が形成する連合体の主君または首長の地位をしめるが、㈠法の起草および制定の実質的主体は「郡中惣」にあり、相良氏の承認によって法として発布されること、㈡郡中惣または「所衆談合」は、「老者」集団によって指導または代表され、中老・若衆から構成される合議体であり、その衆儀は独自の審議および意志決定機関である。㈢右の衆儀は、訴訟手続において主君の裁決に優先する第一次裁判権をもち、また相良領の重要な政治問題(主君の家督の決定、戦争開始等々の問題)について発議権をもっている。右の特徴は、第一に相良氏法度が一揆契状形式の法の直接の継承のうえに立っていることをしめしている。郡中惣が法制定の実質的主体であるばかりでなく、相良氏とのかかわりなしにも法制定の主体たり得たことは、在地領主の連合体としての一揆が、契状という形で法制定の主体たり得た先行条件なしには起こり得ないとみられるからである。第二に、在地領主層の合議体としての郡中惣が、西国とくに九州において一つの歴史的伝統をもつことは、前節で述べた宗像氏および菊池氏の体制における内談衆および豊後角違一揆の内談衆の存在からも推測され、また同じ肥後国の「国中衆」による「国中成敗」の存在からも知られるところであり、(4)相良氏のそれはそれと無関係にはかんがえられない。第三に、前節で述べたように、一揆集団の特徴は、それを構成する個別領主の内部では解決しがたい問題または領主相互間の境界領域を法的に規制することを特徴とするが、相良の訴訟体系において、郡中惣が民事訴訟において相論を解決する第一次裁判権をもつ事実は、それを継承したものとみられる。相良氏法度のうち、「為続長毎両代之御法式」は一揆契状的性格が濃厚であるが(解題参照)、右のことはその内容からも推定される。その第四条の下人についての「人返し法」が、一揆契約状に特徴的な領主間協定であり、第七条の境相論および第八条の「水」の問題が、一族一揆から地域的な結合体に転化した領主連合体(相良の郡中惣もその典型)に固有な問題であることも前節で述べたとおりである。

しかし相良氏法度が戦国家法の歴史的類型の一つとしてもつ独自の特徴は、たんに法制定の主体の問題および法規範の実体的内容において、先行する一揆契状的法形式を継承しているという事実だけにあるのではない。むしろこの法度が提起している問題は、右の事実が、主君たる相良氏の権力とのあいだに生み出しているところの独自の対抗的関係にあるといってよい。この問題は、三郡の郡中惣に結集している在地領主層にたいして、公権力として対立しているところの相良氏の権力が、前記の諸条件のなかで、どのような場で、どのような機能を果たすことによって、成立していたかという問題と関連する。第一に目につくのは対外的契機である。相良氏がその宿敵名和氏との和睦にさいして、その支配下の三郡の老者集団が独自にかつ個別的に契状交換をおこなっている事実は、郡中惣が講和の唯一の主体であったかつての一揆集団の遺制であることをしめすが、同時にその手続が、主君としてその効力保証の唯一の存在である名和—相良両氏相互の契状交換で完了するという側面が重要であろう。とくに相手方の名和老中契状において、相良氏が「公」とされ、老者集団が「私」とされていることは注目すべきである。三郡の郡中惣の総体を対外的に代表し得る権威は主君相良氏以外にないという事実は、後者を公権力たらしめ、前者を私権力たらしめてゆく一契機となるからである。前節で述べた肥後の菊池武重の起請文において、対外関係＝「天下の御大事」については、首長たる武重の最終裁決に委任されるという規定をここで想起する必要がある。相良氏にとっても、対外的交通、とくに戦争は、右の講和の場合に端緒的にあらわれた相良氏の「公」的性質を発展させ、相良氏領内の武士団が単一の戦闘集団として行動する場合には、その「公」は強力で単一の軍事指揮権と必然的に結合するだろう。対外的契機はつねに相良氏内部の権力関係に反作用せざるを得ないからである。三郡の郡中惣を外にたいして最終的に「代表」するという場と機能が、相良氏権力が公権力に転化する一つの契機であった。

第二に、相良氏の権力が成立している場は、検断の領域である。一揆契状的性格をもつ前記の「両代之御法式」が民事・刑事の双方の事項をふくむのは、前節で述べた一揆契状の継承として当然の結果であるが、相良氏による制定と推測されている「晴広法度」の方が(解題参照)、検断についてのより豊富な規定をもつ事実も注意に価する(第二十四〜二十九条等)。たしかに相良氏の検断にさいしては、老者集団の同意または協力という制約があったにせよ、他の領域に比較すれば、相良氏独自の公権力は、法度に規定された検断についての一般的規定を郡中惣のうえに強制してゆく側面にあらわれてくるのではなかろうか。このさい、「晴広法度」の方が、「他方」すなわち他国との関係を規制(これは発達した戦国家法で重要な意義をもつ)していることは、第一の点とあわせて注意すべきであろう(第三十四・三十五条)。

第三に徴税権である。郡中惣は、相良氏の権力体系のなかで独自の公的な機関として存在するが、徴税権、すなわち「晴広法度」の第一・第二条の規定する賦役や段銭のような統一的な税目の賦課権は相良氏独自の権限であったろう。第四に民事訴訟は相良氏の権力のうちもっとも弱い側面であり、前記のように、郡中惣の所衆談合が実質上の公的な裁判権を保有していた。しかし同時に、そこで解決されない性質の相論が増大すれば、主君にたいする「上聞」のケースがそれだけ増大し、その面において第三の権力または上級裁判権の保有者として君臨する相良氏独自の地位・権能が法的に保留されていることも注意すべきである。第五に、以上の相良氏の公的側面の執行機関として、主君独自の官僚制が端緒的に形成されている点が重要であろう。「人吉三奉行」または「八代四奉行」としてあらわれる奉行は、主君独自の権力機構の中枢的役人として、「役人在所」に常駐する官僚である。この奉行が在地領主であり、相良氏と主従関係にあるという実体的側面はここでは重要ではなく(それは家産制的官僚制の共通の特徴だから)、むしろ主君—奉行という官僚制的権力が、郡中惣的・社会的体制から独立し、それに君臨する独自の機構として成立している事実が重要なのである。相良氏がいかなる公的機能を果たそうと、それだけでは権力にはならず、組織された強力的機構だけが「機能」を公的権力に転化させるのである。

相良氏の支配体制は、右の形の公権力のほかに、もう一つの「公」が存在したところに特徴があった。相良氏法度第十八条にみえる「公界論定」または「公界の批判」の「公界《くがい》」がそれである。この「公界」の実体は「所衆談合」であり、郡中惣にほかならないことが明らかにされている。(5) 公界=所衆談合は、相良氏の権力がその裁定権を法的に承認し、かつそれに介入しないところの自律的な公的権力である。所衆談合=郡中惣が、「公界」または一個の「公」的存在としてあらわれ、またそのように意識される理由は、それを構成する個々の成員またはそれに全体として支配される階層にとっては(所衆談合を指導する「老者」の実体は地頭層であった)、所衆談合という合議体は、一つの超越的な集団であったからにほかならなかったからであろう。それは、その先行形態たる一揆の合議体が、個別領主および領内の名主百姓にとって公権力として存在したのと同じ事情からである。相良氏は、一揆契状的な法をその法度のうちに包摂しなければならなかったように、一揆の遺制としての所衆談合という合議体をも一個の公的機関として認めざるをえなかったのである。ここにみられる二つの「公」の対立こそ相良の支配体制を特徴づけるものである。相良氏の「公」が分国内の唯一の支配権力に転化すれば、それは戦国家法におけるいわゆる「公儀」の権力に発展する。いずれの「公」が支配的になるかは、それぞれの領国の内外の歴史的諸事情に依存するだろう。しかし「公界」＝所衆談合的な「公」が、中世に存在したということは、日本の思想史上、忘れてはならない事実である。戦国家法にみられる「公儀」の絶対化、たとえば「公儀」による強力および刑罰権の独占への志向が実現するとすれば、それは、在地に成立していた既存の諸々の一揆的「公」権力の否定（征服によるにせよ服属によるにせよ）のうえにのみ可能であったのである。相良氏法度のなかにまだ頑強に自己を主張している一揆的勢力は、現実の諸分国の歴史のなかでは公儀の権力によって形としては否定され、かつての公権力から私権力に転化する方向に向かうけれども、しかし後者は一揆契状にしめされた法規範の内容を自己の家法の内部に継承し包摂することによってのみ、現実に法として機能することができ、その否定を実現し得たことを忘れてはならないだろう。それは「人返し法」一つをとっても明瞭である。中世法の総括としての戦国家法の一側面をここにもみることができるのである。

相良氏法度において、相良氏の制定にかかると推定される「晴広法度」と郡中惣によって起草されたと推定される「両代之御法式」が、分離しながら並存している形式は特徴的である。それは二つの「公」のうち、いずれか一方が、他方を圧倒し得ない状態をしめているからである。この事実は前節の終わりに言及した福原貞俊以下連署起請文をただちに想起させるだろう。ここでは一揆契状的な前半部と、主君毛利元就の軍事指揮権を規定する後半部が、一つの起請文のなかに統合されていたが、相良氏法度の場合には両者が明瞭に分離され、法の内容も発展している。前者においては、元就はすでに「公儀」とされていることは注目されるが（第六条）、しかしこの場合の「公儀」は戦国家法にみるような唯一の公権力として存在しているのではなく、在地領主＝家臣団と元就との関係は、まだ一方が他方を圧倒し得ない状態であるところに注目したいとおもう。これは「法」が成立してくる一つの類型的な事例とみなすことができよう。いずれにせよ右の二つは、一揆的中世法から戦国家法へ転化する媒介項をしめす貴重な法史料といわねばならない。

相良氏における訴訟制度は、日本の中世法の理解にとって重要なもう一つの側面を明らかにしている。それは相論または紛争が解決される第一段階として、両当事者が私的に第三者を調停人に選び、そこで解決されない場合に、第二段階としての所衆談合の場にもちこまれるという手続である。(6)かかる手続がとくに相良的な法慣行でないことは、豊後国の在地領主の「衆中」による相論解決の同じ方式からも推定される。(7)しかし以上の在地法が、一揆契状にその先駆をもったことに注目する必要がある。とくに当事者が上訴しようとする場合に、その近隣衆がそれを抑止するために加える圧力は、たとえば松浦大一揆の契約状が、所務以下の相論発生の場合について「先づ近所の人々馳せ寄せ、時宜を宥むべし」と明瞭に規定しているところである。また近隣衆または仲間内における「談合」を訴訟に先行する紛争解決の第一段階として規定している一揆契状には、中世における共同体と個との関係が表現されているといってよい。相良の郡中惣は、たんに地頭層の百姓・下人にたいする地頭＝在地領主の階級的支配だけでなく、それに共同体的秩序が結合しているところに特徴があった。老者―中老―若衆というわゆる年令階層《エイジグレード》自体は、本来階級社会以前の、または未開社会の身分的分化様式であり、性別とならぶ自然生的分業の秩序である。地頭＝領主が「老者」集団としてあらわれ、地侍＝「若衆」集団を衆儀を媒介として指導し代表する権威として存在することは、階級的原理が共同体的または未開社会的原理と結合して支配していることをしめしている。各種の相論において個または家長が権利の主体として自己主張しようとするとき、それを制御し得た力は、裸の地頭の権力だけではなく、それが結合している共同体または集団の強力な力であったことを、右の法慣行がしめしているといえよう。また相論の大部分が、近隣衆から郡中惣にいたる各級共同体の内々の調停・談合・妥協・和解で解決されるという法慣行の支配は、たんに中世法の一面を特徴づけるだけではなく、古代法にたいしても一つの視野を広げるものである。隋書倭国伝は、七世紀の日本人の特徴として(おそらく中国人と比較してであろう)、「人頗る恬静にして争訟罕《まれ》に、盗賊少なし」と記しているが、争訴がまれなのは、「恬静」という国民性の結果ではなく、第一に訴訟の主体たる人民の諸権利が古代的所有形態によって制約されているという、第一節で述べた事情が基礎にあり、第二には、訴訟が右に述べた中世の法慣行がしめす各級共同体の内部で「内々に」処理されるのを原則とした結果、公権力の問題になることがそれだけ少なかったためではなかろうか。相論や紛争の解決方式は、個が共同体的強制力またはそれと結合している支配層の権力から自立する問題の一部として存在するのである。右のことは、また中世国家における裁判権の特殊なあり方とも関係するだろう。日本中世において、裁判権の掌握が、中世ヨーロッパのそれに対比した場合、権力の拡大と滲透の手段としての役割がより小さいという現象(8)は、訴訟または裁判が中世社会の全体においてもつ前記の制約された意義から理解すべきではなかろうか。ここでは、裁判権という制度化された権力を掌握するよりは、右の形で現実にその権力を行使している諸共同体またはそれを支配する人格を把握することに、政治権力の重点がおかれるだろうからである。

3

六角氏式目は、畿内近国の先進地帯を典型的に代表する近江国南半部の守護大名が制定した家法として、戦国諸家法のなかで独自の類型に属している。制定手続上の特徴は、この式目が、二十名からなる六角氏重臣団によって主唱され起草され、主君がそれを承認するという手続を経て制定され、この法の遵守を誓約する起請文を主君と重臣団とのあいだで交換するという形をとっていることである。いいかえればこの式目の実質的制定者は重臣団にあった。全六十七条のうち半数以上の条文が六角氏の行為または権限を規定しているが、この規定または制約の実質的主体が重臣団という集団であったことは注目すべきである。いま六角氏式目から、主君の行為を規定した右の部分をのぞいてみれば、残りの部分が二十名の重臣団＝領主相互間の関係を規制した条文であることが知られよう(9)。右の側面からみれば、その部分は、領主層の連合体としての一揆集団の法規範と本質的に変わるところがないのである。たとえば他人の知行押領についての主君の行為を規定した第四条の後段の部分、すなわち「おのおの一味同心仕り相働くべし。しかるうへは、押妨の輩、たとひ縁者・親類その外黙止難き族たりといへども、いささかもつて荷担いたすべからず云々」の部分だけをとりあげて読むならば、これは一揆契状の一条ではないかと疑う人も出るであろう。それは領主間協定であり、集団の自己規制にほかならないのであるから当然の疑問なのである。もちろん一揆契状的法規範が独立の法度として存在した相良氏法度と異なって、ここでは式目全体のなかからその部分を析出し得るというにすぎず、二十名の重臣団も一揆的結合をなしているわけではない。しかしかかる側面が存在するということが、六角氏式目を理解するための基本的観点として必要なことは明らかである。

六角氏式目を相良氏法度から本質的に区別する点は、前者が、後者の後進的な社会的・政治的秩序とは異なった先進地帯の階級的秩序のうえに成立しているということであろう。たとえば相良氏の支配体制は、三郡の郡中惣という組織を一個の公的権力の一部として内部にふくみ、相良氏法度は、郡中惣の秩序が安定しているという前提のもとでのみ、一個の法として存在し、かつ機能し得るのであるが、六角氏の場合には、その領国の後進地帯においてさえ、右の郡中惣的秩序が解体または変質しようとした点に一つの特徴があったのである。それは六角氏の被官として組織され、近江の山間地において六角氏権力の一つの基盤となっていた甲賀郡中惣の分析からも知ることができる。ここでは前節で説明を省略した本書収載の「伊賀惣国一揆掟書」との関連もあるので、この問題から述べることとしたい。

伊賀惣国一揆は、隣接する近江甲賀郡の郡中惣と同盟関係にあり、伊賀の「諸侍」＝小領主層が一国的な規模で結集した地域的な連合体であるが[10]、ここで注目したいのは、第一にその「掟書」の第四条にみえる「惣国諸侍」と被官との関係であり、第二に第五条の忠節の「百姓」を恩賞として「侍」にとりたてるという点である。ことに後者は前節でみたどの一揆契状にもみえなかった新しい特徴である。それは惣国一揆の「諸侍」と「百姓」層との対立関係を念頭においてはじめて理解し得る条項である(解題参照)。伊賀に隣接する伊勢の一志郡小倭郷において、地侍クラスの一揆衆＝小倭衆の支配に対抗して各村落の「百姓衆」が独自に結合した勢力として成立している事実[11]、また前記の近江甲賀郡中惣において、檜物下庄の「名主・百姓」は相論の当事者であり、「若党ならびに百姓」が独自に定めたことは「三方惣」によっては承認されないという形で、百姓層が侍＝領主の惣と対立している事実[12]は、戦国期における伊賀周辺地帯での侍身分と名主・百姓層との対立の進展をしめすものであり、この事実を基礎におかなければ、なぜ伊賀惣国一揆が忠節の「百姓」を「侍」にとりたてることを一揆掟書に規定したかの理由が明らかにならないだろう。これらの名主・百姓層の一部は階級的には「小領主」層に成長していながら、身分的には「侍」とは区別され、卑しめられた「凡下」「百姓」身分であったからこそ、(13)右の条項は意味をもったのである。惣国一揆の運命如何にかかわらず、被官が主人＝侍に服従して行動するという起請文を「里々」に書かせることを規定した前記の第四条も、この時期の侍と被官との関係を土台として、その意義を知ることができる。甲賀郡中惣に属する山中氏についていえば、一方では被官は古い人身的隷属のもとに束縛されながら、他方では主人の経営から独立し、家督職・知行を支配し、作職保有者に成長しており、(14)したがって伊賀の惣国一揆も被官の起請文提出を要求しなければ、かれらを一揆に結びつけておくことができなかったのであろう。

六角氏の権力の一つの基盤をなした後進地帯の甲賀郡中惣でさえ、相良氏の郡中惣に比較すればはるかに先進的な分解をしめしていること、またここでは地頭・保司等の庄園制的土地所有につらなる土地関係文書は十六世紀初頭に跡を絶ち、以後買得による領主の所領拡大が進行することをあわせかんがえれば、この後進地域も、中世において農業生産力と商品流通および貨幣経済のもっとも発達した近江国の一部であることが知られよう。六角氏式目が成立したのはかかる先進地帯においてであって、相良氏法度とは基盤が質的に異なるのである。六角氏式目の特徴が、第十四条から二十四条にいたる所務関係の立法であることは、この式目の発見当時から指摘され、(15)その内容が近江国の発達した社会的・経済的諸条件にもとづく諸階級間の対立の独自なあり方と不可分であることも明らかにされている。(16)第一に、右の所務関係条文の大部分が百姓の年貢未進にたいする領主層の対抗措置の規定であることは、六角氏式目のまもろうとする領主の共同利害が、かつての一揆契状の重要項目であり、かつ諸戦国家法もそれを継承している逃散百姓・下人についての「人返し法」的段階から区別される新しい段階の収取内容であったことをしめしている。第二に、この年貢収取の実現に対抗する力は、かつての個別的または集団的な百姓の逃散ではなく、守護の発動する強権にたいして、「諸口を切り塞ぎ、出合はざる在々所々(第二十二条)であり、また「一庄一郷申し合はせ、田畠荒らすべきの造意は、悪行の至り」(第二十四条)と非難されたところの「惣」に結集した名主・百姓の階級的な力であった(21条補注参照)。

畿内近国地方の一部としての近江国における階級関係を特徴づけるものは、甲賀郡の相良的・郡中惣的な古い型の「惣」ではなく、先進的な平野部における名主・百姓の「惣村」的な惣結合であり、それは室町時代以降の先進地帯の社会的・経済的発展の帰結として成立してきたものである。[17] 惣村の特徴は、㈠共同体が、有名な菅浦の自検断にみられるような独自の権力の主体であり、㈡その自立の物的基礎としての惣の共有財産を所有し、㈢共同体独自の機関、すなわち、惣の集会および乙名《おとな》=老・年寄・年行事等の執行機関をもつにいたり、㈣最後に、惣掟の制定の主体であったことである。この時代における惣掟または村法の成立[18]は、置文的・一揆契状的な法形式のなかから新しい法制定の主体が分離したことを意味し、中世法の歴史における一つの画期をなすものである。それは古代以来の「集落共同体」から厳密な意味の自律的な「村落共同体」への転換をしめす一つの指標であり、先進地帯の階級関係の、法の領域における特徴的表現であった。六角氏式目の実質的制定者である二十名の重臣たちによって代表される近江南部の領主層が、その共同利害たる年貢収取のために、成文化された共同の法規範を必要としたのは、以上のような惣村的結合のもとにある名主・百姓層との闘争のためには、個別領主の自己規制が要求されたからであり(第十七条・十八条等)、この自己規制はもはや惣村に対抗する個別領主の内部問題としては解決不可能であり、したがって、個別領主にたいする強制をともなうところの集団的規制、いいかえれば客観的に定立された法規範による拘束が要求されたからである。ここにかつて「人返し法」という領主間協定をつくりあげた一揆契状的な法形式の新しい歴史的段階における展開をみることができよう。

六角氏式目の所務関係条文の中心にある「年貢」がたんに従来の荘園領主的・地頭領主的土地所有にもとづく地代形態としてのいわゆる「本年貢」ばかりでなく、そこに加地子得分としての年貢もふくまれていたとすれば(14条補注参照)、六角氏式目のもつ先進地帯的特徴は、さらに明確に浮かび出ることとなる。後者は、十五世紀以降急速に進行する名主職の買得による加地子得分の集積を経済的基礎とする小領主層の成立によって、先進地帯の特徴的な地代形態となったものである。[19]六角氏式目がこの加地子得分の収取をも領主層の共同利害として擁護しようとしたとすれば、それは「惣」とのあいだに剰余生産物の配分をめぐるはげしい対立をまねくことは必至であろう。この加地子得分の増大は二つの条件に依存している。第一は前記の本年貢の収取率が固定化していることであり、それは室町時代の庄園本所にたいする名主百姓層の強訴・逃散等による長期の闘争の帰結として存在するものである。第二は農業および手工業の領域における生産力の発達であり、それは加地子得分の増加の物的基礎をなすとともに、近江における周知の商業と社会的分業の発展をもたらした土台にある条件であった。以上のことは六角氏式目の基本的特徴が、戦国期の先進地帯に特有の政治的・経済的諸条件からのみ理解し得ることをしめすものである。

しかしこの式目成立の問題は、近江南半部の領主層の共同利害を擁護すべき共同の法規範としてのこの基本法規が、なぜ一揆契状的な法形式をとらず、主君六角氏の家法として成立しなければならなかったかにある。この式目に規定された主君の行為または権限に関する条文の解釈がそれに関連する。主君六角氏の権力は守護の公権と、家臣および被官にたいする人格的主従関係にもとづく主人権の二側面からなり、これが六角氏の地位を「公儀」(第十条)たらしめている基礎にあるものである。この「公儀」としての六角氏の権力は、重臣層に代表される領主層がその内部からつくり出した、あるいはそれが付託した権力ではなく、またプリムス・インテル・パーレスとして存在したものでもなく、室町幕府のもとにおいてすでに守護として存在した権力である。領主層は式目によってこの歴史的所与として存在する権力にたいして限定を加えているにすぎない。㈠領主権の侵害人にたいする「御退治」または「御成敗」という強力的措置(第四条等)、または年貢未進にたいする六角氏の「御中間」および「譴責使」派遣による強制執行権(第二十一・二十二条等)は、検断権(第十二・十三条)とともに守護公権の一つであり、式目はその強権発動をいかなる場合に、いかなる目的で行使すべきかを規定しているにすぎない。いいかえれば、強権発動の内容を規定しているのは、前記の領主層の共同利害にほかならないが、そこで前提されている強権発動の主体の権力はこの式目によって付与されたものではない。㈡守護役の賦課も守護公権の一つであり、式目はたんに新儀の賦課を制約しているにすぎない(第三十五条)。㈢主君の公正な裁判についての規定(第三十七条)も、本来守護公権の一部であったと推定される裁判権のあり方を規定しているのである。いいかえれば、守護公権自体は前提として承認されているといえよう。[20]

第二の主君の主人権の側面についても、㈠家臣の恩賞についての規定(起第五条)にせよ、また領主の課役賦課等の非法の停止の規定にせよ、守護公権の場合と同じことがいえよう。守護公権と主人権の統合された六角氏の「公儀」としての権力は(その中核には最高軍事指揮権の掌握があろう)、現実にはいかに弱体であろうと、領主層にとって超越的な、いわば法外的権力として存在するのであって(だからこそ重臣たちはそれを法によって規制することが必要であったのである)、その権力の発動の目的および仕方がいかに広汎に法によって規定されようと、権力の総体が法のなかに包摂されることはない。この式目の実質的制定者が重臣団であっても、それが主君の「御諚」を得て起草され、「上覧」に備え、その「御許容」を待ってはじめて「法」となった(起第一条)という形式面、いいかえれば式目が六角氏の「家法」としてしか成立し得なかったという面を過小評価できないのは、右の点があるからである。六角氏式目の制定様式の独自性にもかかわらず、基本的には戦国家法の一類型にほかならないのもそのためである。二十名の重臣によって代表される南近江の領主層が、観音寺騒動にみられるような弱体な守護でさえ、なぜ法外的権力として再生産せざるを得なかったかという理由については、第一に前記の「惣」との対立にみられるようなはげしい階級関係のなかでは、個別領主はもちろん、それの一揆集団的結合でももはや収取を実現し得なくなった結果であり、特殊的には織田信長の脅威にたいする対抗(甲賀郡中惣の成立もこれに関連する)、および江北の浅井氏への対抗という対外的契機が、領主層を外部に「代表」し得る唯一の地位である「公儀」の権威への依存を深めたからではなかろうか。

右のことは、式目制定の意義を過小に評価することではない。逆に式目の制定、またはその制定に反映された領国内の歴史的・階級的変化は、守護領国制から戦国大名へ、または「守護」から「公儀」への転換をしめす重要な指標をなすものとみなければならない。なぜなら室町幕府の守護公権には、領国独自の「国法」または「法度」を制定する権限は存在しなかったはずだからである。守護公権自体は自己運動するものではなく、つねにその支配の対象となる管国内の諸階級との対抗関係のなかでのみ、その質を転換させるのである。御成敗式目・置文(および家訓)・一揆契状等の法形式と同じく、戦国家法もまたそれに固有な対立と緊張を内在させていたからこそ、それは現実に法として機能し得たのではなかったろうか。右の対立のあり方は現実には多様であるから、六角氏のようにその統治権の発動の仕方を家臣団によって規制される型もあれば、形式的には主君の自己規定として国法が成立する場合もある。両者に共通する点は、支配層が従来の形では統治しがたい諸対立が発展し、法的秩序を必要とする諸事情が領国内に発生したということであろう。

畿内近国地方は多様な型の法を発展させた。一方の極には六角氏式目があり、他方の極には惣村の掟があるが、その中間に形成された法について問題にする必要がある。成文法または制定法だけが法ではないからである。たとえば丹後国の一連の売券の「罪科文言」が、文明を境として、従来の公方罪科文書が消滅して「公方」と「地下」を連記した文言に変化し、永禄―天正期には「時ノ公方」と「地下」の連記に変わるという注目すべき事実が指摘されている。(21) ここにみられる「地下」の登場、すなわち売買の永続性と安定性を保証する独自の法秩序の主体としての、なんらかの「地域的共同体」の登場こそ、戦国期の法の歴史を特徴づける一要素である。右の「地下」=「地域的共同体」の実体は不明であるが、郡中惣的法秩序は少なくともその一つではなかろうか。甲賀郡中惣についていえば、幕府・守護等の御教書・施行状が、応仁・文明期を境として姿を消し、惣形式の裁許状が出現すること、(22) 鈴鹿山脈を中にしてそれと隣接する前記の伊勢の小倭郷において、徳政に関する相論解決のために、相良の郡中惣と同じく、「老分衆」(=「老者」)による調停と裁判がおこなわれている事実は、(23) 右の「地下ノ沙汰」または地域的法秩序の主体がなんであったかを示唆している。前節で、かりに領主の「一揆」という形での連合体は解体しても、それをつくり出した諸条件はのこると述べたが、右の地方的な法秩序維持の機能もその一つである。売買・貸借・寄進等の純粋に私法的関係でも、それは通例、個別領主内部の秩序を超える関係であるから、つねにそれを超えたより上位の法秩序をつくり出さざるを得ない。かかる志向と同時に、近江でみられる商品―貨幣経済および市場の発展は、より広域的な法秩序の存在を要請し、その発展はまた、右の甲賀郡中惣または小倭郷的な法秩序の狭隘さを暴露するだろう。戦国家法による領国支配の必然性はここにもみられる。また戦国家法についても、御成敗式目と同じように、「民間の慣行」を法のなかにとりいれたといわれるけれども、そのようなことが無媒介には起こり得ないだろう。「民間」の潜在的な規範を法規範に転化させる主要な媒介は、相論と訴訟と裁判にほかならないから、前記の地域的法秩序、すなわち紛争解決の「地下」的な場は、「民間の慣行」を戦国家法につなぐ一つの回路をなしたのではなかろうか。いわゆる「大法」[24]の成立もこの点からかんがえるべきであろう。

4

東国の戦国諸家法の特徴を知るためには、一方に相良氏法度をおき、他方に六角氏式目をおいてかんがえるのが便利であろう。まず前者との対比でいえば、結城氏新法度に法制化された支配体制は、郡中惣的秩序のうえに立つ相良の支配体制とは異なった構造をもっていたと認められる。ここでも「公界」という語が散見するけれども、それを相良氏法度の規定する公的機関であり、かつ自律的集団としての郡中惣＝所衆談合と同一視することはできないようである。訴訟手続を規定した第二十九条の「公界」は、漠然と「世間」の意味に解するか、または結城氏の支配する公的な場と解するかのいずれかであろうが、第三十条の私的な氏寺から区別された「公界寺」および第四十二条の「公界之儀」との関連でかんがえれば、後者の意味に使用されているのではなかろうか。いずれにせよ、それが相良氏の所衆談合的実体を欠いた「公界」であることは確実であり、結城氏の支配体制の実態からみても[25]、公的機関としての郡中惣的なものを想定することはできないようである。相良の場合には、「私」に対立する「公」は、郡中惣と主君の二つがあったのであるが、結城の場合には「私」に属さないものは、ただちに結城氏の「公」に属する、またはそれにつながるという相違があったのではなかろうか。塵芥集第一三七条の「公界の道」も同様とみられるので、かかる「公」と「私」のあり方に東国大名領の構造の特徴の一つがあらわれていることを念頭におく必要がある。

六角氏式目の特色が所務関係立法にあったのにたいして、伊達の塵芥集を特徴づけるのは第十六〜七十五条の六十カ条におよぶ刑事法規である。この対比のなかに、二つの基本法規の性格の相違および二つの大名権力がそれぞれの階級的諸関係のなかで設定した法制定の目的の相違が、端的に表現されているといってよい。したがってここでは塵芥集の刑事法規の特徴をみることとしたい(26)。伊達氏が塵芥集において確立しようとした基本原則は、「私成敗」の禁止、すなわち主君による刑罰権の独占である。この場合に対象になるのは殺人・強窃盗等々の重罪または公的犯罪であることにまず注意しておく必要がある。重罪以外の犯罪は、伊達氏の権力の及ばない領域で解決されていたことをしめしているからである。公的性質をもち治安に関連する犯罪にたいする刑罰権の掌握はすべての公権力存立のための前提条件であった。まえに述べた松浦党大一揆が夜討・強盗以下の重罪にたいする刑罰権を掌握しているのは、一揆が個別領主のうえに立つ公的権力であるためには、後者の内部では解決し得なくなったこの機能を継承しなければならなかったからである。問題はどの階級、またはどのような性質の権力が、すべての公権力に共通するこの機能を掌握するかにあるのであって、塵芥集の制定にさいして当面した伊達稙宗の最大の課題はこの問題にあったといってよい。稙宗の時代、伊達氏の支配と強制力は、被官化した在地領主にたいしてさえ、出軍の督促にとどまり、後者が在地においてもつ広汎な権力の内部には干渉できない段階にあったから(27)、軍事的指揮権のつぎにくるものは、当然それと表裏の関係にある刑罰権の把握の問題でなければならなかったのである。

私成敗禁止の基本原則がどの程度に、どのような形で貫徹されるかは、伊達氏またはそれに結集した家臣団の権力と、在地領主層が歴史的に保持してきた権力との相対的な力関係で決定される。在地領主のもつ刑罰権は、個別領主、典型的には塵芥集にみえる「地頭領主」がその支配下にある「在家」百姓にたいして、また後者がその所有する「下人」にたいして保持しているところの支配権の一部をなしている。それは先進地帯に比較してはるかにおくれた東北の社会的生産力に基礎をおく生産関係として存在するのであるから、伊達氏のいかなる強力をもってしても、そこに私成敗禁止の原則を貫徹することは不可能であったのである。塵芥集が、被官にたいする主人の私成敗権および領内の百姓にたいする地頭領主の私成敗権を、法によって承認しなければならなかったのはその証拠である(第七十八条)。これが基本原則にたいする第一の制約であった。第二の制約は、伊達氏の刑事裁判権が職権主義ではなく、いわゆる被害者訴追主義の原則に立っていたことである。後者の原則は、被害者の申告を法によって義務づけているから、純粋な形ではないけれども、しかし被害者の申告をまってはじめて公権が発動するという意味では職権主義ではない。主君の刑罰権は当初から制約された場に限定されていたのである。第三に重要なことは、たとえば強窃盗について、被害者＝訴人が伊達氏すなわち守護所に訴え出た場合に、証人であるとともに被疑者の性質をもつところの「生口」を披露し、挙証責任を義務づけられるのは当の被害者＝訴人であるということである。それは当然、訴人自身の手による「生口」の捕縛が前提となり、この原則は、殺人・傷害についてもほぼ同様であったと推定されている。この前提に立てば、公権力の機能は罪の認定をおこなうことに限定されることとなる。また犯人を追捕し成敗するのも、被害者であって公権力ではなかったらしい(第十八条)。

以上のことは、主君伊達氏による刑罰権の独占がいかに制約されていたかを、しめすものである。現実にあるのは、百姓・下人にたいして強力な私成敗権をもつ自律的な在地領主層であり、それらの個別領主または集団相互間の秩序の特徴は、自力救済の原理によってささえられているという点である。かかる伝統的な在地法の秩序は塵芥集に明瞭に反映されている。たとえば訴人＝被害者が、生口＝証人＝被疑者を捕える場合に、近隣の郷村の者、主人・縁者・親類等が、実力をもってそれを奪う場合を想定している第五十二条の規定は、その生口の背後に集団が存在することをしめし、また、訴人の手をのがれた生口が逆に訴人を生口として伊達氏に訴える場合を規定している第五十三条の規定は、公権力のまえに同格な存在として対立している二つの集団を前提していることをしめすものである。また訴人が犯人を私に成敗するさいに、犯人を庇護している「在所」の主人がそれを承認しない場合には、伊達氏に披露し、それから「在所」を捜さねばならぬという第三十七条の規定も、その「在所」を支配している自立的な集団の存在を前提としているのであって、ここでの公権力の権能は、「他領」の内部への入部、そこでの追捕を、訴人すなわち他の集団に属するものにたいして認可することにとどまっているのである。いいかえれば伊達氏に固有な権能は、犯罪人の罪の認定と、「他領」への入部および追捕・成敗権について、諸集団相互間の関係を規制することにあったといってよい。ここでは窃盗のような個人的犯罪も、つねに集団間の問題として提起されるのである。第一二七条の「国質」にもそれが明瞭にあらわれている。「国質」というのは、債権・債務関係において、債務者が債権者の負債返還要求に応じなかった場合、債権者がその損害賠償を求めて、債務者の同国人または同国人の財産を私的に差し押える行為であるが、ここにみられるのは、強烈な報復主義と相殺観念である。(28)ここにも個人対個人の関係が、集団対集団の関係に転化する傾向が典型的にあらわれてくる。

自律的な集団相互間の関係を調整または規制するという伊達氏の右の権力は、もともと一揆集団がその構成員にたいして果たした機能であったことを、ここで想起すべきである。前節で述べたように、集団＝領主相互間の喧嘩・闘諍を調整または規制することは、契状に規定された一揆の重要な任務であった。自力救済の方法だけによって相論を解決することは、全体の自滅を招く以外にないからである。それを避けるためには、相互間の関係について一つの法的規制をみずからの手でつくり出さねばならない。喧嘩口論の解決方式として越後の国人領主が生み出した「古法」とよばれる法規範も、おそらく右の必要から自生的に生み出されたものであろう(越後衆連判軍陣壁書、3)。東北地方にも、前節で述べた陸奥国五郡諸族一揆をはじめ多くの一揆集団が成立していて、それが一族的結合から地域的結合へ変化する傾向があったことは、すでに指摘されており、(29)これらの国人一揆が解決すべき課題が集団相互間の所務相論と喧嘩・闘諍の解決にあったことはいうまでもない。東北の在地領主層にとっても、個々の集団＝領主にとっては制御できないところの報復主義と自力救済によって自滅してしまわないためには、一揆集団を結成し、その規範によってみずからをしばるか、または、より上級の権力に依存し臣従することによって集団相互間の関係を規制されるかの二つの道しか存在しなかったはずである。伊達氏の前記の機能が、後者の要求にこたえるものであったことはいうまでもない。伊達氏は強力だけによって支配しているのではなく、在地領主固有の矛盾を解決する権力として存在しているのである。ただ西国と異なる点は、一揆的結合が公権力のなかに定着しなかったとみられることである。本項のはじめに述べたように、相良の郡中惣＝所衆談合的な自律的な合議体が、東国では少なくとも公権力の一部として存在した形跡はなく、それが「公界」を実体のない観念に転化させている。したがって一揆結合の伝統は、相良氏のような二つの「公」の並存という形ではのこらず、かつて一揆集団が自律的に果たした機能は、公権力としての伊達氏のなかに直接吸収され、一揆的原理とは対立的な原理にもとづく大名の全一的支配のもとに編成されてしまうという傾向をとったのではなかろうか。

しかし伊達氏の権力には右の側面とともに、大名固有の利害と論理があった。それは塵芥集がかかげている私成敗禁止、刑罰権独占の原則に典型的に表現されているものである。そこには軍事指揮権についで刑罰権の領域でも単一の権力を確立しようとする伊達氏の強烈な意志が表現されている。塵芥集も、すべての法と同じように、所与の階級関係や権力関係のたんなる「反映」や総括ではない。それは所与の現実に働きかけ、自己の権力の利害によって、それに一つの公的な秩序をあたえようとする意志の所産だからである。いうまでもなく伊達氏は地頭領主レベルの権力ではなく、そこから出自しながら、逆にそれらを強力で圧倒し、そのレベルを超えた封建主君または公儀の権力を確立しようとしており、塵芥集の制定も公権力に転化するための努力の一つであった。しかし重要なことは、右の努力が実現するかどうかは、東北地方の客観的な諸条件に依存していたことである。それは塵芥集によればつぎのような関係にあった。

私成敗禁止の原則のもつ現実的な意義は、地頭領主の百姓にたいする、また主人の被官・下人にたいする支配が、塵芥集制定の時代において、動揺しはじめていたという事情にあった。前者については第七十六〜八十三条の八条にわたる規定が、百姓の地頭領主にたいする対捍を明瞭にしめしている。その基礎には、鎌倉末、とくに南北朝以降にみられる地頭領主の私営田領主的な構造と経営形態の変化、とくに「在家」百姓が、眷族・被官・名子・下人をふくみ、後者に田畠を「由緒分」として割り与えているところの家父長制的大家族に成長している事実(第八十条)、同時にこの階層が「地主」として「在家」の所持権を認められ、かつそれを売買処分する権利さえ獲得しているという事実がある。(30) これに対応して、第八十一条に指摘されている地頭領主の所領が、新恩または替地の宛行い、とくにその売買によって、在家を単位として数郷・数郡に散在するという分散的傾向が特徴的である。伊達氏によっておかれた「惣成敗」(第七十八条)の性格にはまだ検討すべき問題がのこされているが、少なくともそれが右にみた地頭と在家百姓との対抗関係の発展、前者の所領構造の変化という条件を基礎として、伊達氏の権力を旧地頭領主層の支配の内部に浸透させる機能を果たすものであったことはまちがいあるまい。私成敗禁止の原則もこの政策の一部であったとみられる。

さきに述べたことと関連して、前節で説明をはぶいた享禄四年(一五三一)の越後衆連判軍陣壁書にふれておかねばならぬ。越後国北部の国人領主十八名が定めた戦陣の規約七ヵ条は一揆契状の特殊な例であるが、ここで問題となるのは戦国家法との関連である。長宗我部氏掟書に「第一弓馬可二心懸一事、軍法別紙在レ之」(第七条)とみえる規定によれば、一般法としての掟書のほかに特別法として成文化された「軍法」が別個に存在したことが明らかである。その内容は不明であるが、戦国諸大名がかかる軍法を制定していたであろうことは、その権力の軍事的性格からみて当然想定されるところである。かかる軍法の成立過程をかんがえるとき、右の軍陣壁書は一つの手がかりをしめす点で貴重な史料である。この壁書の実体は、一揆契状的な法規範であるが、その文書の裏、差出書の上部に当たる箇所に越後国守護代長尾為景が花押をすえている事実からみて(解題参照)、大名によって認可された法であり、戦国家法の一部となりつつある点で、一般の一揆契状と区別される性質をもっている。戦国家法の一部をなす軍法は、その性質上、主君の恣意や独断によって制定されることはできない。軍隊の指揮・戦術・編成等の主体的面から装備・城塞や地形をふくむ客体的な面にいたる諸条件が軍法のなかに集約的に表現されなければ、軍法は法として機能し得ないばかりでなく、それが軍隊＝武士団自身の過去の戦闘経験を基礎にした規範でなければ、軍隊の服従を確保し得ないだろう。陣払・陣取を規定したこの軍陣壁書は初歩的な軍法であり、それと戦国諸大名の統一的な軍法とのあいだには当然大きな距離があったはずであるが、しかし後者はこのような原初的な軍法を土台として、過去の経験を集約しなければ軍法となり得なかったにちがいない。軍陣壁書は、一揆契状と戦国家法とを媒介する一つの径路をしめすところの貴重な例証というべきであろう。

一揆とくに国人一揆の場合、それが解体した場合でも、それをつくり出した条件は後代に生きることを、前節で述べた。その一つの例証を、同じ越後の大名領における在地領主層の「近所之義」にみることができる。(31) 領主は大名方に提訴する前に「近所之義」に期待してその調停に委ねる法慣行が存在し、この「近所之義」はさらに逃亡下人・犯人に関する領主間の「人返し」協定として発動する。地域的に結合した国人一揆の遺制がそこに生々と存在したことを知ることができる。領国の法秩序をささえていたのは、戦国家法の上からの強制ではなく、逆に「近所之義」にみられる在地法的秩序こそ、大名権力の総体を下部でささえていた真の力であった。豊後国の「方角衆」、すなわち在地領主の地域的結集体として自律的団体をなし、相談・助言等の機能を果たした集団になれば、国人一揆集団との連関はさらに明瞭である。(32)

5

順序からいえば、いわゆる「中間地帯」に属する今川仮名目録について述べねばならないが、ここではそれを省略し、戦国家法一般に関する若干の問題について検討することとする。それは戦国家法が中世法の発展においてもつ歴史的意義に関連するが、前記のように個々の戦国家法についての研究がまだ端緒的段階にある現状においては、一つの想定以上のことを述べることができないのは当然であろう。

第一に問題となるのは、戦国家法と御成敗式目との関連である。よく知られているように、戦国家法のなかには、明示的にせよ、そうでない形においてにせよ、式目の法令が継承されており、ことに塵芥集の場合には、法典の体裁をふくめて、式目の著しい影響が認められる(1条補注参照)。この事実にもとづいて、戦国家法の段階においても、式目は「基本法」の地位にあったとする見解が生まれる。[33] この見解はつぎの諸点からみて正しくないだろう。㈠まず戦国家法は、相良氏や六角氏の場合をもふくめて、最終的には各大名領の主君の認証によって法として制定され公布される点では、共通の特徴をもっている。いいかえれば法制定の形式上の主体はつねに主君にあり、主君のこの法制定権は、室町幕府をふくむより上級の権威または権力によって拘束または規制されていることをしめす証拠はない。戦国家法の制定および効力発生の手続は主君の認証をもって最終的に完了する。㈡式目および追加法(室町幕府のそれをふくむ)の個々の法規は、戦国家法のなかに継受されたかぎりにおいてのみ、現行法として法的効力をもつ。㈢法制定権が主君にある以上、式目の条文を家法のなかに採用することも(したがって採用しないことも)、またそれを修正することも、主君の自由な権限と選択に属する。たとえば塵芥集の境相論についての規定が、式目をほぼ全面的に踏襲した場合も、また恩領の売却に関する式目の規定を、甲州法度之次第がそれに重要な除外例を付し、修正したうえで継受している場合も、そのことは家法の制定者の自由な権限に属するのである。㈣今川仮名目録が、三十三カ条の家法制定について「此外天下の法度、又私にも自二先規一の制止は、不レ及レ載レ之也」と規定している場合、ここにいう「天下の法度」が幕府法を意味するとしても、それが今川氏の制定にかかる過去の法令と同一レベルにおかれ、かつ仮名目録に従属した意味しか付与されていないことに注意すべきである。

以上のことは式目または幕府法が、戦国家法の上に存在するより上位の法規範として存在したのではないこと、同じことではあるが、主君の家法が領国内における最高の法規範であったことをしめしている。結城氏新法度がみずから「私法度」と称したのは、今川氏の「天下の法度」の存在を前提としてであろうが、このことはその法度が領国内の最高の法規範であることと抵触しない。式目または幕府法が、戦国家法にとって「基本法」であったかどうかという問題をあつかうさいには、法の「妥当性《ヴァリディティー》」と「実効性《エフィカシー》」を一応区別しておく必要があろう。家法によって式目または幕府法が明示的に継受され、あるいは「天下の法」または「古法」として意識されていたことは、それが法としての「妥当性」をまだもっていたことをしめすけれども、しかしその「実効性」はすでにうしなわれていたのであり、だからこそ領国支配のための家法が制定されるにいたったのである。

「妥当性」のみで「実効性」を欠く法は、たんなる理念上の存在にすぎない。式目が理念の領域において戦国期にまで生命を保っていた事実は、中世の法意識を考察する場合には、重要な意義をもつけれども、その事実から式目を戦国家法の「基本法」とみなすことは正しくあるまい。式目は「基本法」としてではなく、家法の制定の主体の意志と選択によって、その一部だけが生かされてきたのであり、そのかぎりにおいてのみ法として実効性を与えられ、生命を付与されたにすぎない。式目または幕府法は廃棄されることなく、たんに十六世紀以降、法として死滅するにすぎないのだから、それが実効性を消失する過程は、いうまでもなく漸時的であり、地域的に不均等である。室町幕府法は、その適用範囲が山城周辺地帯に限定され、あるいはその内容も農民支配の要素を欠くという形で、国家法としての実効性を次第にうしない、それに対応して、諸国の守護または大名が、いわゆる基本法としての戦国家法ではないとしても、領国にたいする独自の「国法」または「法度」を公布するという転換が、それぞれの領国で進行する。

第二に、戦国家法は、数郡または数カ国にわたるそれぞれの支配領域において、特別法または付属法規とは区別された一般法としての地位をしめる。長宗我部氏掟書の文言をかりれば、戦国家法は、「国中」において、「亀鑑」たるべき条々であり、「貴賤共令二信用一、全可二相守一」き基本法である。したがってそれは、身分的に限定された特別法、たとえば右の「掟書」に付属している「近習之輩可勤存条々」または「中間小者可相守条々」等々の系列の特別法とは区別される（『中世法制史料集』第三巻）。また戦国家法は、領国内の特殊な地域だけを対象とした特別法、たとえば吉川氏法度に付属する「町中掟」の系列に属する法令から区別される（同上）。最後に、それは領国行政の一部門のみを対象とした特別法、たとえば塵芥集に付属する「蔵方之掟之事」または後北条氏の交通・伝馬に関する法規の系列に属する法から区別される。

右の三種の特別法のうち大名統治のための法体系のなかで、法として重要な地位をしめるのは最後の系列に属するものである。ここでは前節との関連もあり、従来あまり注意されてこなかった「軍法」にふれておきたい。「軍法」は、「軍役」についての法令、たとえば吉川氏法度第三条とそれに付属する第七十七〜八十六条の軍役規定とはその性質を異にする。それは今川仮名目録追加第四条の出陣のことを規定した「軍法」、あるいは武具の統一、正月・七月の武具改め、正月四日の主君による閲兵等を規定した後北条氏の「いくさ法度」または「軍法掟」に該当するものである(小和田哲男編『北条氏邦文書集』四八号)。後者も「永代法度」として制定された国法であり[34]、前節で述べた一揆契状的「軍陣壁書」と異なって、戦国大名の指揮下にある発達した軍隊編成を前提とした法である。戦国期の法を研究するさいに起こり得る偏向は、一般法としての戦国家法の過大評価であろう。右の軍法についていえば、一般法たる長宗我部氏掟書の第七条の規定だけをとりあげれば無内容に近い一般的規定であり、法の生命は「別紙」に記され、往々秘密法にされているところの特別法としての軍法であった。戦国大名のうち基本法としての家法が存在するのは十種にすぎず、それ以外の大名統治が基本法の制定なしに可能だったのは、右の特別法系列の法の制定があったからである。いいかえれば、発達した統治構造をもつ大名領、たとえば後北条氏のそれであっても、基本法の制定なしに支配は可能だったのであり、戦国大名の個別法規または特別法の方が、戦国期の法の一般的かつ主要な内容であった(それのテクストの早期公刊が望まれるのはそのためである)。

右の特別法から区別された一般法としての戦国家法は、ドイツ中世の封建法におけるラントレヒト＝「分国法」に相当する。それは内容が六法の全部にわたり、レーンレヒト、ホーフレヒト、ディーンストレヒトおよび都市法等々の特別法《ゾンダーレヒト》と区別された意味における一般法であり、身分的その他の限定なしに、封建主君の支配する領国《ラント》全体に適用される一般法としての特徴をもつ。前記の長宗我部氏掟書の、「貴賤」を問わず、「国中」の「亀鑑」たるべき戦国家法はラントレヒトの性格をしめすものといってよい。ラントレヒトとしての戦国家法は基本法として、多くの特別法をそれの付属法規としてもち、現実にはその総体が大名領の法を形成している。かかる法体系としての戦国家法は、個々の所領・庄園・村落との関係においてのみ成立し、それを越えた一般性をもたない個別領主法・本所法・村法と区別され、むしろ領国内に存在する後者をその内部に包摂するところの、主君の領土高権にもとづく法であるという性質をもつ。この側面からだけいえば、戦国家法は国衙法にもっとも類似しているといえよう。

第三に、ラントレヒトとしての戦国家法の主体は、形式的には主君＝公儀であるが、その実体は主君によって代表されるところの公権力または国家である。それはつぎの三つの条件をそなえているからである。㈠ここでは権力が一つの機構として組織されている。たとえば今川仮名目録は、特定の宿老と奉行によって構成され、「諸公事裁断」のために開かれる月六日の評定とその細則を法によって規定し、ことに大内氏掟書の奉行人掟書条々は、奉行人の定員、合議の開催日と場所、当番制、主君と合議体との手続事項等々について詳細に規定している(第四十六〜五十条、八十〜八十四条)。かかる組織体として権力のあり方は大名領によって多様であるが、相良氏の原初的形態をふくめてなんらかの機構をもつことは共通しているといってよい。㈡右の組織の下部機構として官僚制の一定の発達がみられる。後北条氏でいえば評定衆または奉行衆に統率され、領国内に配置されている郡代・代官がそれであり、両者のあいだには機関と機関との官僚制的秩序が成立している。それは主君の本城を中心として支城—領—衆という領域的編成に対応し、奉行人も地域的に配置される傾向をもち、また行政の分化とともに、大内氏にみられるような寺奉行・御城奉行等の行政事務の分担がおこなわれる(一四六・一六四条)。かかる官僚制的秩序はすべての大名領に多かれ少なかれ共通している。㈢評定衆または奉行を頂点とする右の行政機構は、その統治が準拠すべき非人格的な法規を客観的な規範としてつくり出している。戦国家法は、基本法および付属法規をふくめて、大部分が行政法に属する事実は、それが領国の行政機構の法規範であったことをしめすものである。以上三つの特徴をそなえた権力の組織体が、その分国という一定領域の人民を包括的に支配し、かつ最終的にはその支配を強制し得るところの組織された強力を保持している場合、それを国家または公権力と規定することは正しく、戦国家法の成立の歴史は、右の公権力＝国家権力の成立の一側面として存在するのである。それは大名＝封建主君の独自の権力体系が、社会から独立した権力として成立する過程であり、家法の成立はその一部として理解しなければならない。ただ一つ限定が必要なのは、右の官僚制が主従関係または御恩と奉公の忠誠関係を基礎とするいわゆる家産制的官僚制であり、土地の知行から独立した俸禄制をまだ確立していないこと、したがってその国家の社会からの「独立」もそれによって制約されていたということである。しかしこの限定は、戦国大名の権力を国家権力の歴史的一類型とみなすことをなんらさまたげるものではない。

第四に問題になるのは、右の家産制国家の法としての戦国家法の成立過程であろう。この場合、戦国家法が、「家法」という法形式をとっている事実にまず注目しなければならない。「法権の主体」または法制定の主体と、法の規制対象との関係によって、武家家法を分類すれば、(A)一族子弟を規制対象とする「家長の法」、(B)従者を規制対象とする「主人の法」、(C)領域内の被支配者を規制対象とする「領主の法」の三種類に分類することができる(35)。戦国家法の成立過程は、この「家法」の展開の歴史を基軸として把握する必要がある。前節で述べた初期の例でいえば、渋谷定心置文が(A)の「家長の法」の、小早川弘景置文が(B)の「主人の法」の、宗像氏事書および宇都宮家式条が(C)の「領主の法」の典型とみなすことができよう。戦国家法が(C)の型であり、それに前記の長宗我部氏掟書のような場合には、近習または中間・小者についての(B)の法を付属法規としているといえる。一つの家の家法の歴史または家法一般の展開過程をかんがえる場合、かならずしも(A)→(B)→(C)という形はとらないけれども、それは一つの基準とはなり得るだろう。戦国家法は(C)型のうちもっとも発達したラントレヒト的な法形態をとっているが、その場合でも家法本来の性質をうしなうことはない。戦国家法のうちもっとも新しい吉川氏法度は、主君広家が従来制定・発布した個別法令を集成し、家の重書および重代の太刀とともに、その嗣子に与えた法度であるが(36)、ここに置文と同じ性質がよくあらわれている。初期の「領主の法」の典型である宗像氏事書もまた置文としての側面をもった事実は、最後まで保存されるのである。

「領主の法」としての宗像氏事書と戦国家法とのあいだには南北朝の内乱、一揆の時代、戦国期の動乱があり、歴史的には両者はストレートに結びついてはいない。法の性格を決定するものが、法制定の主体と法の規制対象との関係にほかならないとすれば、前記の相良・六角・伊達等の領国内にみられる両者の関係が、鎌倉末の在地領主のそれとは質的に区別さるべきであり、前者はすでに一個の家産制的国家の法にまで転化していたのである。「領主の法」にこの質的変化をもたらしたものは、それぞれの所領または領国における法制定の主体と法の規制対象(すなわち、在地領主・名主・百姓・下人等々)との関係、すなわちそこにおける階級的諸関係の総体的変化であり、戦国家法の成立の問題は、この基本的観点をはなれれば、一面的になるほかはないのである。いうまでもなく、多くの歴史的諸契機が戦国家法の成立に作用している。最大の契機が守護公権であることは、今川・六角以下多くの戦国家法の制定主体が室町幕府の守護の家であったことからも知られよう。しかし守護から戦国大名＝公儀の権力への過程には連続性とともに断絶と質的転化がある。室町幕府の守護公権からは、ただちに戦国大名またはその家法につながらないのである。たとえば守護の裁判権は、室町幕府法における守護の法的権限には存在しなかったものであり、それは幕府からの法的な権限授与によってではなく、「実力」によっていつしか獲得された権限である。(37)しかも守護裁判権の確立過程において、守護は一貫して消極的であり、すべて当事者から守護への提訴を原因として、守護の「一国所務沙汰権」が成立してきたとされる。(38)越後における在地領主相互間の相論・紛争・矛盾が守護から戦国大名への質的転化の基礎にあることが、ここにも認められる。守護六角氏の戦国大名への転化についてはすでに述べた。裁判権のみならず、領国内の「法度」または「国法」の制定権、戦国諸大名が施行した検地にみられる領国内検注権等々、守護公権からは導き出せない項目をあげることはそれほど困難ではないのである。戦国家法は、最後まで在地領主の「家法」の展開として、すなわち家法に内在する法制定者とその規制対象とのあいだの内的矛盾の展開としてとらえねばならないのである。そのうえで守護公権という契機は生かされてくるだろう。

第五に、戦国家法の成立は、同時に「私」から「公」への転化過程である。前記の宇都宮家式条が、公権力の法としての幕府法にたいして(第一節参照)、「私に」制定された法規範であったように、「領主の法」はすべて、本来は「私」の法であった。それが領国における最高の法規範としての公儀の法に転化する過程が中世法の歴史の根本にあった。この一般的な過程は個々の戦国大名においては、個体の歴史として再生産される。越後上杉氏の発給文書は、大名みずから花押を加える判物形式から、重臣層連署の奉書形式に変化するが、(39)主君の個別的な意志と人格と不可分な前者の文書形式が主として恩状・宛行い等について、また主君と家臣団の共同の意志を表現する後者の文書形式が制札・法度等の領国内行政事項について、発給されていること、また奉書形式の文書への変化が、永禄初頭における謙信の領主支配の発展期にあたることは、主君個人の人格的権力が、共同の規範としての法の制定に対応して、公的権力へと転化してゆく過程をしめすものである。後北条氏の発給文書も判物形式から有名な虎印判状に転化するが、初見の虎印判状が郡代・代官と百姓との関係を規制した文書であることは、象徴的である。(40)花押から印への変化自体がすでに個人的なものから公的権威への変化をしめしているからである。(41)出自が守護であるとないとにかかわらず、右のような転化はすべての戦国大名に共通した特徴であったであろう。慣行または法度によって規定された評定衆等の機関と奉行―郡代・代官の官僚制的秩序の発展は、主君の権力をそれだけ非人格化し、かれを家産制国家の「公儀」の権力に転化させ、かれの意志と命令を「国法」=「国家意志」に高めるのである。

以上のことは、封建主君としての戦国大名が、その領国内において、(イ)最高の軍事指揮権をもち、(ロ)徴税権と検注権をふくむ行政権および裁判権を掌握し、(ハ)より上級の権威または法規範によって拘束されない独自の法制定権を行使し、(ニ)未熟ながら家産制的官僚制をつくりあげることによって、一個の公権力として成立したことを意味する。のこる問題は対外関係だけであろう。これについては慶長十一年(一六〇六)、暹羅国から薩摩の島津家久に送った国書の正文に、「奉二日本摂子馬国王麾下一」とあり、島津氏が薩摩の「国王」とされていた事実に注目すべきである(島津家文書)。しかしこれは初期耶蘇会士にとっても同じであって、西国の諸大名は独立の「国王」とみなされ、かれらが派遣した天正の遣欧使節は欧洲各国の国王と同格の儀礼をもって迎えられたという。(42)耶蘇会士の観察によれば、諸大名がその領国内において、人民にたいし「生殺与奪の権」を握り、とくに「司法権」を掌握していた事実が、「国王」とみなした理由であった。戦国大名をそれぞれ独立の「主権的」国家とみる右の理解をもって、一つの誤解とする見解は、以上の考察によれば正しくないのであって、法の歴史のしめすところでは、初期耶蘇会士の理解は正当で自然な把握であったことが知られよう。主権が全国の戦国諸大名に分裂したことが、御成敗式目から戦国家法にいたる中世法の展開の歴史的帰結であった。それにもかかわらず、戦国諸大名の中央にたいする権威志向的側面があるとすれば、それは法とは別個の領域の問題として提起されなければならないだろう。中世における天皇制についてのイデオロギーもその一つである。(43) 法の歴史がそれに関連するとすれば、一つは古代法以来、日本の法が「礼」との密接な関係をもってきたという特徴をあげておかねばならない。

戦国家法の注目すべき特徴の一つは、「礼」に関する規定が、そのなかで見のがすことのできない部分をしめていることである。長宗我部氏掟書でいえば、近習や中間・小者についての付属法規の内容はほとんど「礼」の規定であり、基本法規の第五・第九十三条の客礼以下、多くの「礼」の規定をみいだすことができる(第六・八・二十四・三十二条)。いうまでもなく「礼」の原理は身分の尊卑を明らかにすることにあり、戦国諸大名の統治のなかで、それは法とならんで重要な機能を果たしたのである。たとえば毛利氏の家臣の正月揆挨日を記した「毛利氏正月佳例書」が、譜代・御中間衆以下、版図の拡大によって複雑となった家臣団の序列を確定するために果たした役割をかんがえねばならぬ。(44) それはまえに小早川弘景置文で指摘した儀礼のもつ機能の完成された形態である。法と統治権の領域では独立で主権的な権力を確立した戦国諸大名も、「礼」の側面においては室町将軍の秩序のなかに組み入れられていたことは、かれらの公的な称号である「屋形」号が示唆している。「屋形」号は「大名」と異なって対外的にも正式の称号であり(遣欧使節を派遣したさいの西国諸大名の称号もそれであった)、それは幕府の統治権の領域とは別個に存在する身分的格式であったらしい。自己の支配領域において「礼」の秩序を確立しようとした戦国大名は、同時にまた将軍家または天皇を頂点とした「礼」の秩序に編成され、両者は尊卑の原理によって統一されているという側面があり、このことが本来権威志向的な特徴をもつ在地領主層のイデオロギーにどのような役割を果たしたかは、今後の検討に価する問題である。中国と異なって日本では律令と別個に「礼」を制定することはなかったが、唐礼は令のなかに組み入れられた形で、無視できない地位を占めている。公家新制は国家の統治法としてはほとんど無内容に近いが、「礼」の観点からすれば、その意義を再検討しなければならず、関東新制も同様である。尊卑の秩序を確立する権能は、日本の公権力の一つの側面であり、戦国家法もまた、前記のように「礼」的要素を多分にふくんでいることを考慮しなければならないだろう。

戦国期において特徴的な法形式である前記の惣掟または村法の意義も、右の観点から問題にする必要がある。惣村または村落共同体の指導的な階層は、室町期の社会的生産力の発展を土台とする名主・百姓層であり、中世において在地領主層の所産であった前記の「家」は、戦国期においては名主・百姓層にまで拡大されてくる。この事実が、日本独自の祖先崇拝＝家永続の願い」という観念を広汎な名主・百姓層にまで拡大した(45)。新しく「家」をもったこの階層の村落共同体は、同時にその下層には、下人・所従のほかに、共同体から排除された中世独自の被差別民をもっていたことは重要である(46)。「家格」によって秩序づけられた村落共同体の自律は、上にたいしてばかりでなく、そこから排除された「賤民層」および下人・所従にたいする自律でもあった。年ごとに繰り返される村落の祭祀儀礼はそのためにみのがすことのできない機能を果したのである(47)。かかる在地における「礼」の秩序は独自の身分的尊卑の観念を再生産する。戦国家法の多くが、神社と祭祀についての規定を冒頭においているのは、御成敗式目を模範とした結果であろうが、塵芥集が「村里」の祭祀と神職にまで言及しているのは(第二条)、村落共同体の祭祀のもつ右の機能を考えるとき、大名領国内における身分的尊卑の観念を固定化し再生産する「礼」の秩序が、法と結合して末端にまでおよんでいるのを知ることができる。中世末期における天皇制の問題は、法や国家権力の問題でなく、身分的尊卑の観念であるとすれば、上から下まで一貫する「礼」の秩序の側面をみのがすわけにはゆかないのである。

(1) 小林宏『伊達家塵芥集の研究』創文社、一九七〇年、第三編第五章。
(2) 中田薫「古法雑観」(『法制史論集』第四巻、岩波書店、一九七一年、所収)。
(3) 勝俣鎮夫「相良氏法度についての一考察」(宝月圭吾先生還暦記念会編『日本社会経済史研究』中世編、吉川弘文館、一九六七年、所収)。
(4) 藤木久志「室町・戦国期における在地法の一形態」(『聖心女子大学論叢』三一・三二合併号、一九六九年)。
(5) 笠松宏至「中世在地裁判権の一考察」(前掲『日本社会経済史研究』中世編、所収)。
(6) 勝俣鎮夫、前掲論文。
(7) 藤木久志、前掲論文。
(8) 笠松宏至、前掲論文。
(9) 勝俣鎮夫「六角氏式目における所務立法の考察」(『岐阜大学教育学部研究報告』人文科学一七、一九六八年)。
(10) 石田善人「甲賀郡中惣と伊賀惣国一揆」(『史窓』二一号、一九六二年)。
(11) 瀬田勝哉「中世末期の在地徳政」(『史学雑誌』七七編九号、一九六八年)。
(12) 高木昭作「甲賀郡山中氏と「郡中惣」」(『歴史学研究』三二五号、一九六七年)。
(13) 朝尾直弘「兵農分離をめぐって」(『日本史研究』七一号、一九六四年)。
(14) 高木昭作、前掲論文。
(15) 牧健二「義治式目の発見と其価値」(『法学論叢』三七巻五号、一九三七年)。
(16) 勝俣鎮夫、前掲「六角氏式目における所務立法の考察」。
(17) 三浦圭一「惣村の起源とその役割」(『史林』五〇巻二・三号、一九六七年)。石田善人「郷村制の形成」(岩波講座『日本歴史』中世4、一九六三年、所収)。研究文献はこれらの論稿によられたい。
(18) 前田正治『日本近世村法の研究』有斐閣、一九五〇年。同「領主法上の刑罰権と村制裁権との関係」(法制史学会編『刑罰と国家権力』創文社、一九六〇年、所収)。

(19)　永原慶二「室町幕府＝守護領国制下の土地制度」(『経済学研究』一五号、一九七一年)。黒川直則「十五・十六世紀の農民問題」(『日本史研究』七一号、一九六四年)。尾藤さき子「畿内小領主の成立」(前掲『日本社会経済史研究』中世編、所収)。従来の研究文献は後者によられたい。

(20)　室町時代の守護の裁判権については不明であるが、越後国については、羽下徳彦「越後に於る守護領国の形成」(『史学雑誌』六八編八号、一九五九年)、藤木久志「戦国法形成過程の一考察」(『歴史学研究』三二三号、一九六七年)を参照。なお、『大日本史料』第八編之四、文明三年五月十六日条所引の佐々木文書に、「出雲隠岐両国一族中・国人・被官幷寺庵等事、不帯守護吹挙状、猥雖及直訴訟、不可有御許容」云々とあることによって知られる幕府の態度、および『越前若狭古文書選』所収の寛正三年十二月の大谷寺規式の中に、寺中において解決不能の相論は「国方御成敗」をうくべきことが、何の不思議もなく規定されていることにみられる住民の意識の変化などから、それを実質的に「公権」の一つとみることは可能であろう。右の二史料は笠松宏至氏の教示による。

(21)　笠松宏至、前掲論文。

(22)　高木昭作、前掲論文。

(23)　瀬田勝哉、前掲論文。

(24)　中田薫「日本古法に於ける追奪担保の沿革」(『法制史論集』第三巻上、岩波書店、一九七一年、所収)。

(25)　松本新八郎「室町末期の結城領」(『中世社会の研究』東京大学出版会、一九五六年、所収)。

(26)　勝俣鎮夫「塵芥集に見られる伊達氏の司法警察権についての一二の問題」(『中世の窓』一〇号、一九六二年)。小林宏、前掲書、第三編第三章。

(27)　小林清治「伊達氏における家士制の成立」(『史学雑誌』六二編八号、一九五三年)。

(28)　勝俣鎮夫「国質・郷質についての考察」(『岐阜史学』五六号、一九六九年)。

(29)　豊田武「初期の封建制と東北地方」(古田良一博士還暦記念会編『東北史の新研究』文理図書出版社、一九五五年、所収)。

(30)　小林清治「東北大名の成立」(前掲『東北史の新研究』所収)。

(31) 藤木久志「戦国法形成過程の一考察」(『歴史学研究』三二三号、一九六七年)。
(32) 藤木久志、前掲「室町・戦国期における在地法の一形態」。
(33) 植木直一郎『御成敗式目研究』名著刊行会、一九六六年、第三篇第一章。
(34) 小和田哲男「戦国期土豪論」(『日本史研究』一二五号、一九七二年)。
(35) 佐藤進一・池内義資・百瀬今朝雄編『中世法制史料集』第三巻、岩波書店、一九六五年、解題。
(36) 前掲『中世法制史料集』第三巻、解題。
(37) 羽下徳彦、前掲論文。
(38) 藤木久志、前掲「戦国法形成過程の一考察」。
(39) 藩制史研究会編『藩制成立史の綜合研究—米沢藩』吉川弘文館、一九六三年、第二章第四節。
(40) 中丸和伯「後北条氏と虎印判状」(稲垣泰彦・永原慶二編『中世の経済と社会』東京大学出版会、一九六二年、所収)。
(41) 相田二郎『日本の古文書』上、岩波書店、一九四九年、中編第四部。
(42) 牧健二「初期耶蘇会士の大名国王観と其の効果」(法制史学会年報『法制史研究』四号、一九五三年)。同「日本の封建制度に対する開国以前における西洋人の理解及び解釈」(『法制史研究』一号、一九五一年)。
(43) 網野善彦「中世における天皇支配権の一考察」(『史学雑誌』八一編八号、一九七二年)は、この問題についての最近の労作である。
(44) 村田修三「戦国大名毛利氏の権力構造」(『日本史研究』七三号、一九六四年)。
(45) 竹田聴洲『祖先崇拝』平楽寺書店、一九五七年、第六章。
(46) 永原慶二『日本の中世社会』岩波書店、一九六八年、Ⅲ3。黒田俊雄「中世の身分制と卑賤観念」(『部落問題研究』三三号、一九七二年)。
(47) 有泉貞夫「柳田国男考」(『展望』一九七二年六月号)。

〔付記〕　この解説を書くにあたっては、石井進・笠松宏至・勝俣鎮夫・佐藤進一の四氏から、それぞれ教示をうけた。心からのお礼を申し上げたい。

日本思想大系 21
中世政治社会思想 上

1972 年 12 月 5 日　第 1 刷発行
1988 年 1 月 14 日　第 10 刷発行
1994 年 2 月 7 日　新装版第 1 刷発行
2001 年 12 月 5 日　新装版第 2 刷発行
2016 年 11 月 10 日　オンデマンド版発行

校注者　石井《いしい》 進《すすむ》　石母田《いしもだ》 正《しょう》　笠松宏至《かさまつひろし》
　　　　勝俣鎮夫《かつまたしずお》　佐藤進一《さとうしんいち》

発行者　岡本 厚

発行所　株式会社　岩波書店
〒 101-8002　東京都千代田区一ツ橋 2-5-5
電話案内　03-5210-4000
http://www.iwanami.co.jp/

印刷／製本・法令印刷

ISBN 978-4-00-730527-6　　Printed in Japan